Das Subjekt und das Gesetz
Die Rückkehr des verdrängten Subjekts

Franz J. Hinkelammert

Franz J. Hinkelammert

DAS SUBJEKT UND DAS GESETZ
Die Rückkehr des verdrängten Subjekts

Edition ITP-Kompass Band 7

Bibliographische Information der Deutschen Bibliothek:

Die Deutsche Bibliothek verzeichnet diese Publikation in der Deutschen Nationalbibliographie; detaillierte bibliographische Daten sind im Internet über <http://dnb.ddb.de> abrufbar.

© 2007 Edition ITP-Kompass, Münster
Alle Rechte vorbehalten

Herstellung: Books on Demand GmbH, Norderstedt
Titelbild: Tanja Goldbeck, Öl auf Leinwand, Ohne Namen
Satz und Layout: Christine Berberich, Michael Ramminger
Printed in Germany
Dieses Buch wurde im On-Demand-Verfahren hergestellt.

ISBN-10: 3-9809421-5-5
ISBN-13: 978-3-9809421-5-7

Die Veröffentlichung dieses Buches in deutscher Sprache wurde ermöglicht durch die finanzielle Unterstützung zahlreicher Personen, die unserem Anliegen verbunden sind. An dieser Stelle möchten wir folgenden Spenderinnen und Spendern herzlich danken:

Ulf Baumgartner, Peter Bernd, Dick Boer, Carl-Peter Clusmann, Giancarlo Collet, Ulrich Duchrow, Urs Eigenmann, Bernd Empen, Reinhold Fertig, Heiner Fink, Ilsegreth Fink, Kuno Füssel, Alexandra Hippchen, Ferdinand Kerstiens, Maria Klemm, Elmar Klinger, Jutta Lehnert, Bernhard Lübbering, Otto Meyer, Axel Niemeyer, Silke Niemeyer, Martin Ostermann, Pallottiner – Haus Wasserburg, Annebelle Pithan, Gunter Prüller-Jagenteufel, Michael Ramminger, Egbert Reers, Stefan Reinders, Ingeborg Roel, Dagmar Schmieder, Mechthild Schuchert-Borcher, Rachel Seifert, Hermann Steinkamp, Joseph Thali, Reinhold Waltermann, Ludger Weckel, Gabriele Zimmermann, Peter Zimmermann.

INHALT

Einleitung .... S. 3

Vorwort .... S. 5

Kapitel I
Die Irrationalität des Rationalisierten:
Methodologische Anmerkungen zur instrumentellen Rationalität
und zu ihrer Totalisierung .... S. 13

Kapitel II
Die Umkehrung der Menschenrechte:
der Fall John Locke .... S. 63

Kapitel III
Die negative Haltung gegenüber den Werten menschlicher Emanzipation
und die Rückeroberung des Gemeinwohles .... S. 109

Kapitel IV
Humes Methode und die Fehlurteile der Moderne .... S. 143

Kapitel V
Der Markt als selbstregulatives System
und die Kritik von Marx .... S. 213

Kapitel VI
Nietzsche und die Moderne:
Ein Psychogramm dessen, was Nietzsche über Nietzsche sagt .... S. 233

INHALT

Kapitel VII
Die Menschenrechte in der globalen Welt .... S. 263

Kapitel VIII
Die Rebellion auf der Erde und die Rebellion im Himmel:
Der Mensch als Subjekt .... S. 331

Kapitel IX
Gegenüber der Globalisierung:
die Rückkehr des verdrängten Subjekts .... S. 397

Kapitel X
Fülle und Knappheit: Wer den Himmel
auf Erden nicht will, schafft die Hölle
Fülle und Knappheit als Orientierungen des Handelns .... S. 415

Epilog
Eine kritische Theorie und Kritik der mythischen Vernunft .... S. 439

EINLEITUNG

„Die Kritik einer kritischen Theorie ist konstituiert durch einen bestimmten Gesichtspunkt, unter dem die Kritik stattfindet. Dieser Gesichtspunkt ist der der menschlichen Emanzipation und also der Humanisierung der menschlichen Beziehungen selbst und der Beziehung zur Natur insgesamt. Emanzipation ist Humanisierung und Humanisierung mündet in Emanzipation." Mit dieser schlichten Erinnerung ist der Ausgangspunkt des neuen Buches von Franz J. Hinkelammert präzise beschrieben. Die gesammelten Aufsätze in diesem Band drehen sich alle um diesen einen Punkt: Um die Analyse und Kritik einer Moderne, die alles andere ist als dieses kritische Denken. Der Autor rekonstruiert minutiös und mit scharfem Blick eine Moderne, die im Namen eines vermeintlichen „Allgemeininteresses" nur Verwüstung und Elend produziert, Kriege führt und Umweltzerstörung vorantreibt. Er kommt zu dem vernichtenden Urteil: Die Moderne und ihre Vordenker haben längst ihre Fähigkeit zur Selbstreflexivität verloren und können deshalb nur gegen sich selbst gerettet werden.

Gegen die Logik einer Welt, die ihre Verheißungen unter die Bedingung der Unterwerfung unter den totalen Markt stellt, fordert Hinkelammert eine Ethik der konkreten und endlichen, der körperlichen Subjekte. „Diese Ethik, die auf Gerechtigkeit gegründet ist, drückt das Allgemeinwohl aus. Allgemeinwohl ist nicht identisch mit dem Allgemeininteresse, von dem die Tradition des Wirtschaftsliberalismus spricht. Denn dort drückt sie eine Ideologie der Macht aus, die die bedingungslose Unterwerfung unter die Macht – letztlich die ökonomische Macht – als das Interesse aller ausgibt."

Die Transzendenz des Menschen besteht darin, dass er sich selbst das höchste Wesen ist; seine Existenzmöglichkeit das Wahrheitskriterium aller Ethik, die unter dem Diktum steht, dass Ich nur sein kann, wenn der Andere ist.

Dies ist wohl die gefährliche Erinnerung, die uns Franz Hinkelammert in diesem Buch mitgibt, das nicht nur sinngemäß, sondern auch geographisch von der anderen Seite der Welt her geschrieben ist. Seit

EINLEITUNG

Jahrzehnten lebt der Ökonom, Sozialphilosoph und Theologe in Lateinamerika. Zunächst als Professor an der katholischen Universität Santiago de Chile während der sozialistischen Volksfrontregierung Allendes, arbeitet er bis heute in Costa Rica am Ökumenischen Forschungszentrum DEI, in dem tausende von MultiplikatorInnen von Basisgemeinden und Volksbewegungen in der Kritik politischer Ökonomie, Befreiungstheologie und befreiender Pädagogik ausgebildet werden, um in ihren Ländern gegen die herrschenden Verhältnisse weiterzuarbeiten.

Seine christliche Herkunft und seine Arbeit mit der Befreiungstheologie erklären auch seinen Satz: „Dass der Mensch das höchste Wesen für den Menschen ist, ist eine andere Art zu sagen: ‚Gott ist Mensch geworden'". Er wirbt damit für die Einsicht, dass sowohl marxistischer Humanismus als auch christliche Tradition diesen gemeinsamen Punkt – wenngleich historisch oft genug konterkariert – besitzen. Die kritische Theorie – so Hinkelammert im Anschluss an Marx – setzt ihren „Spruch gegen alle himmlischen und irdischen Götter", die nicht anerkennen, „daß der Mensch das höchste Wesen für den Menschen sei" und in deren Namen „der Mensch ein erniedrigtes, ein geknechtetes, ein verlassenes, ein verächtliches Wesen ist". „*Gloria dei, vivens homo:* Die Ehre Gottes ist es, dass der Mensch lebt.", so die Befreiungstheologie.

Vielen hier in der Bundesrepublik ist Franz Hinkelammert bereits durch seine Bücher bekannt. Wir verdanken ihnen das meiste von dem, was wir über die Geschichte des kapitalistischen Neoliberalismus, über die unbarmherzige Logik des Westens im Umgang mit Menschen und Natur wissen. Deshalb haben wir uns auch gefreut, als Franz Hinkelammert uns dieses Buch zur Veröffentlichung anbot. Umso mehr, als es in Lateinamerika mit dem zum ersten Mal ausgelobten Preis „Premio Libertador al Pensamiento Crítico" der venezulanischen Regierung ausgezeichnet wurde. Damit wurde sein „sozialphilosophisches Werk kritischen Denkens im strengsten Sinne des Wortes" honoriert und die Bedeutung des Autors für Lateinamerika unterstrichen. Und in Zeiten der Globalisierung dürfen wir wohl auch sagen: auch für Europa.

Michael Ramminger,
Institut für Theologie und Politik, Münster

VORWORT

Die Postmoderne ist hemmungslose Moderne, Moderne in extremis. Diese These liegt den Artikeln des Buches zugrunde. Der Exzess, in den die Moderne geraten ist, muss in doppelter Hinsicht zum Gegenstand der Reflexion werden. Zum einen muss man darüber nachdenken, an welchem Punkt die Moderne gegenwärtig angelangt ist. Fälschlicherweise bezeichnet man diesen Punkt häufig als Postmoderne. Zum anderen muss die Moderne eine reflexive Haltung zu sich selbst einnehmen. Das bedeutet nicht, die Moderne hinter sich zu lassen, sondern in ein neues Verhältnis zu dem Kurs zu treten, den die Moderne eingeschlagen hat.

Die Entwicklung der Moderne wird schon seit langer Zeit diskutiert. Das hier vorgelegte Buch will sich in den Gang dieser Diskussion einschalten. Aber es versucht zugleich einen Schritt darüber hinaus zu tun. Aus diesem Grunde unterscheide ich mich mit meinem Begriff der Moderne von vielen anderen Theorien. Ich verstehe die Moderne als jene historische Epoche, in der die gesamte Gesellschaft dem Konzept formaler Rationalität bzw. – in der Sprache Max Webers – der Zweck-Mittel-Rationalität unterworfen und ihr entsprechend interpretiert wird. Damit rückt meine Deutung zwar in die Nähe von Adorno und Horkheimer. Aber anders als diese beiden Autoren sehe ich das Heraufziehen der Moderne bereits im 14. bis 16. Jahrhundert und bestreite auch nicht, dass ihre Vorboten schon in den Anfängen der griechischen Kultur zu finden sind. Im 14. bis 16. Jahrhundert durchdringt die vom Individuum ausgehende Zweck-Mittel-Rationalität die gesamte Gesellschaft auf allen Ebenen. Die empirische Naturwissenschaft entsteht. Die Astronomie entdeckt, dass die Erde rund ist. Mit der Eroberung Amerikas entwickeln sich Imperien, die danach streben, die gesamte Welt zu beherrschen. Produktionsunternehmen beginnen damit, die neuen wissenschaftlichen Erkenntnisse anzuwenden. Mit der Erfindung der doppelten Buchführung etablieren sich die ersten kapitalistischen Unternehmen als juristische Personen, auch wenn sie immer noch als individuelles Eigentum gelten. Mit dem Kolonialhandel entsteht ein Weltmarkt mit Massenwaren, auf dem weltweit agierende Unternehmen operieren.

VORWORT

Zur gleichen Zeit kommt die Reformation in Gang. Sie individualisiert die Beziehung des gläubigen Menschen zu Gott und bricht deshalb mit der mittelalterlichen Kirche. Auch das moderne utopische Denken, das seine Utopien mit Hilfe vermeintlicher Sozialtechniken entwirft, tritt auf den Plan. Die Dimension des wirtschaftlich-technischen Fortschritts ersetzt den mittelalterlichen Himmel durch die Idee des zukünftig unendlichen Forschritts, der wie eine Jakobsleiter die Erde mit dem Himmel verbindet.

Die neue Rationalität, die das menschliche Handeln bestimmt, gewinnt in wenigen Jahrhunderten eine ungeheure Macht über die gesamte Erde, ohne dass sich an irgendeiner Stelle ein nennenswerter Widerstand gemeldet hätte. In den folgenden Jahrhunderten uniformiert sie die gesamte Welt.

Die meisten Theorien über die Moderne nehmen nicht zur Kenntnis, dass die Moderne bereits in der Zeit zwischen dem 14. und 16. Jahrhundert konstituiert wird. Sie sehen den Beginn der Moderne in einigen ihrer typischen Kennzeichen, die aber erst viel später in Erscheinung treten und im Verlaufe der Entwicklung an den Rand gedrängt werden. Das wird insbesondere deutlich am Fall Lyotard. Für sein Konzept von Moderne beruft er sich auf die Theorien von Rousseau und Marx, die er geringschätzig als „Legitimationserzählungen" bezeichnet. Ist dieses Denken erst einmal als obsolet entwertet, fällt es nicht schwer, von Postmoderne zu reden. Mit dem Denken von Rousseau und Marx jedoch beginnt bereits die Kritik an der Moderne. Sofern man heutzutage die Moderne als ein Konglomerat aus dem Denken von Rousseau und Marx definiert, lässt sich die Demontage dieses Denkens leicht als Postmoderne bezeichnen. In Wahrheit aber bekommen wir es zu tun mit einer unverblümten Moderne, die keine Kritik mehr zulässt. Heute organisiert sich die Moderne auf der Basis dieses Einheitsdenkens.

Die Aufklärung des 17. und 18. Jahrhundert zum Beginn der Moderne zu erklären, wie Habermas es tut, erscheint mir ebenfalls nicht zutreffend. Gewiss artikuliert sich die Moderne insbesondere durch die Aufklärung. Aber die Moderne ist kein Denken, sondern eine historische Epoche. Eine historische Epoche aber entsteht nicht dadurch, dass sie zuerst im Denken formuliert wird, sondern das Denken entwickelt sich aus der Epoche. Tatsächlich ist die Aufklärung einer der Höhepunkte der in Entwicklung befindlichen Moderne.

VORWORT

In der Terminologie Lyotards könnten wir sagen: die Aufklärung erarbeit die „Legitimationserzählung" für die gesamte Moderne. Gleichzeitig jedoch macht sich ebenfalls zur Zeit der Aufklärung das erste kritische Denken über die Moderne bemerkbar, und zwar im Denken Rousseaus und seinem Entwurf von der Demokratie der freien und gleichen Bürger. Die „Legitimationserzählung" der Moderne wird eher in der englischen Aufklärung erarbeitet, deren wichtigste Repräsentanten John Locke, David Hume und Adam Smith sind.

Lyotard spricht nie von der Legitimationserzählung der Moderne. Er kann es sich auch gar nicht erlauben. Würde er nämlich davon reden, fiele sein Konzept einer vermeintlichen Postmoderne in sich zusammen. Die aus der Aufklärung stammende Legitimationserzählung der Moderne hat sich heute gegen fast alle Kritiken, Widerstände und guten Gründe durchgesetzt. Ihre Konsequenzen bedrohen das Überleben von Mensch und Natur auf der Erde.

Die Legitimationserzählung der Moderne setzt sich aus drei „Erzählebenen" zusammen, die sich in Kürze folgendermaßen resümieren lassen:

Die Erzählung des John Locke (Ende des 17. Jahrhunderts). Im Denken von Locke finden wir in säkularisierter Terminologie den ersten Entwurf für ein Weltimperium. Er entwirft ein bürgerliches Weltimperium, das jeder vorbürgerlichen Gesellschaft überlegen. Er legitimiert das Bürgertum, die Welt in ein einziges Imperium zu verwandeln, in dem es selbst über das uneingeschränkte Recht verfügt, sich die Welt zu unterwerfen. Der englische Imperialismus der folgenden Jahrhunderte hat seine Begründung zwar im Denken von Locke gefunden. Aber Locke ist nicht der Denker des englischen Imperialismus, sondern der Denker des bürgerlichen Weltimperiums. Locke ist kein Nationalist, sondern Imperialist zugunsten eines einzigen Weltimperiums, nämlich des bürgerlichen. Dass nun gerade England das imperialistische Land wird, das dieses Verlangen nach dem Weltimperium in die Tat umsetzt, gehört nicht zum Kernbestand des Denkens von Locke. Aber deshalb ist er sicherlich kein anti-englischer Denker. Locke schreibt eben in einem historischen Moment, in dem der Aufruf zu einem bürgerlichen Weltimperium nur von England in die Tat umgesetzt werden kann. Und nur in diesem Sinne kann man sein Denken als englisch bezeichnen. Wie

VORWORT

Ludwig XIV. von sich sagen konnte, er sei der erste Diener des Staates, so kann das England jener Epoche von sich sagen, es sei der erste Diener des Imperiums.

Zwischenbemerkung: Wenn Antonio Negri[1] heute das Imperium als Neue Weltordnung bezeichnet, das die früheren nationalistischen Imperialismen beerbt, verfällt er einem historischen Irrtum. Der Moderne ging es stets um's Imperium, wenn auch erst heute eine einzige Macht – die USA – allein fähig ist, sich gegen alle anderen Mächte weltweit als erste Dienerin des Imperiums durchzusetzen. Die Konzeption des Imperiums jedoch ist nicht neu. Die Auseinandersetzungen zwischen imperialistischen Mächten in den vergangenen Jahrhunderten waren stets schreckliche Kämpfe um den Platz des ersten Dieners des Imperiums. Heute besetzen die USA diesen Platz und kämpfen darum, dass ihnen in der Zukunft niemand diesen Platz streitig machen kann. Aus diesem Grunde hat die Moderne es niemals mit – im strengen Sinne – nationalistischen Imperialismen zu tun gehabt. Der Nationalismus war nur das Banner, hinter dem man um den Platz des ersten Dieners eines Imperiums kämpfte, das immer Weltimperium war. Diesen Standpunkt vertritt auch die Imperialismustheorie, die vor allem von marxistischen Autoren seit dem Ende des 19. Jahrhunderts entworfen wird.

Nicht einmal die Eroberung Amerikas war nationalistisch. Auch sie hatte ihren Ausgangspunkt in der Vision von einem Weltimperium, dessen Diener Spanien und Portugal waren. Es handelte sich jedoch um ein christliches, noch nicht säkularisiertes Imperium. Erst Locke säkularisierte es zugunsten des Bürgertums und konnte so seine große Theorie über das bürgerliche Weltimperium entwickeln.

Die Erzählung des David Hume. Er begründet die Zweck-Mittel-Rationalität, die das Kausalitätsdenken (das Ursache-Wirkung-Denken) der Naturwissenschaften mit dem Zweck-Mittel-Denken der Gesellschaftswissenschaften verbindet und im Markt und im Privateigentum vereint. Die Rationalität der Naturwissenschaften und die Rationalität der Gesellschaftswissenschaften führt er so zusammen, dass eine Konzeption von empirischen Wissenschaften entsteht, die alle Wissenschaften umfasst. Der Ort des Handelns, an dem sie alle zusammenwirken, ist für Hume der Markt mit Privateigentum.

---

[1] Vgl. Michael Hardt, Antonio Negri: *Empire – Die neue Weltordnung*. Frankfurt/Main 2002b

Aber Hume ist kein Empiriker. Spätere Interpretationen (z. B. George Edward Moore: Principia Ethica, 1903) wollen ihn häufig darauf reduzieren. Hume begründet jedoch keine wertfreie empirische Wissenschaft, sondern entwickelt unter dem Namen der Wissenschaft eine bestimmte Ethik, und zwar ausschließlich eine Ethik des Marktes.

Die Erzählung des Adam Smith. Ausgehend von David Hume, der dem Markt eine zentrale Rolle in der modernen Gesellschaft zuweist, entwickelt Adam Smith die These von der Selbstregulation des Marktsystems. Das Marktsystem braucht im Prinzip den Staat nur dazu, mit Hilfe der auf das Privateigentum konzentrierten Gesetzgebung die Marktethik durchzusetzen und zu garantieren. Auf diese Weise gibt er nahezu ausschließlich dem Markt die Funktion, ethische Werte hervorzubringen und Ressourcen zuzuweisen. Die Ethik folgt den Markttendenzen. Smith prägt für seine Hauptthese den Begriff der „unsichtbaren Hand". Er behauptet folglich, dass der Markt jener gesellschaftliche Bereich ist, der durch die ihm eigene Logik das Allgemeininteresse der Gesellschaft sichert. Zwar produziert der Markt Waren; aber diese Warenproduktion setzt Ethik voraus – Max Weber nennt sie später Marktethik – und führt zur Realisierung des höchsten Wertes, eben des Allgemeininteresses, das den Begriff des Gemeinwohls früherer Ethiken ersetzt.

Dieses Gefüge des Denkens von Locke, Hume und Smith macht die Legitimationserzählung der Moderne aus. Auf dieses Gefüge beziehen sich Rousseau und Marx in ihrem Denken. Zwar entwickeln die drei Klassiker der Legitimationserzählung der Moderne ihr Denken in Übereinstimmung mit der bürgerlichen Gesellschaft und legen den Grund für den Kapitalismus ihrer Epoche. Aber wir können sie trotzdem mit Recht als Denker der Moderne bezeichnen und nicht nur des Kapitalismus. Selbst der historische Sozialismus, der nach dem ersten Weltkrieg entsteht, ist von den Paradigmen dieser Denker geprägt, obwohl man einige zentrale Bezugsgrößen ändert; zum Beispiel wird das Privateigentum durch das sozialistische Eigentum ersetzt und die Tendenz des Marktes zum Allgemeininteresse durch die Tendenz zum Kommunismus. Trotz dieser veränderten Bezugsgrößen entwickelt sich die sowjetische Gesellschaft in enger Analogie zur bürgerlichen Gesellschaft, wenn auch häufig unter umgekehrten Vorzeichen. Diese Erkenntnis gibt uns das Recht, das Denken von Locke, Hume und Smith als konstitutiv für die Moderne insgesamt und nicht nur als konstitutiv für den Kapitalismus zu bezeichnen. Zwar sprach man zu Zeiten des historischen Sozialismus von kapitalistischer Produktionsweise einerseits und von sozialistischer Produktionsweise andererseits, aber zweifellos können wir beide als unterschiedliche Produktionsweisen der Moderne verstehen. Nach dem Zusammenbruch des historischen Sozialismus wird das Denken von Locke, Hume und Smith – die Legitimationserzählung der Moderne – wieder eindeutig mit dem heutigen Kapitalismus identifizierbar.

Sobald jedoch dieser Kapitalismus zum einzigen Weltsystem mit Einheitsdenken mutiert, gerät er in die Krise. Diese Krise ist keine konjunkturelle und auch keine Krise der Kapitalakkumulation im Innern des Systems. Das kapitalistische Weltsystem selbst gerät in die Krise, weil es – auf dem Wege von indirekten Effekte, die häufig nicht-intentionale Effekte sind – die Reproduktion des menschlichen Lebens global bedroht. Die Geschäfte gehen gut, eine ökonomische Krise ist nicht feststellbar. Aber der Kapitalismus führt das Überleben der gesamten Menschheit in eine Krise, obwohl das strukturelle Machtgefüge keine Krise spüren lässt. Deshalb lautet das Motto des Kapitalismus: Es gibt keine Alternative. Dieses Motto selbst offenbart eine uneingestandene Verzweiflung. Sie stellt sich ein, weil der Kapitalismus mehr und mehr die Bedingungen zerstört, die menschliches Leben möglich machen: er schließt große Teile der Menschheit aus, er untergräbt die Beziehungen der Menschen untereinander, er zerstört mehr und mehr die Umwelt. Genau betrachtet gerät nicht der Kapitalismus, sondern das menschliche Leben selbst in die Krise, und zwar auf Grund von indirekten, nicht-intentionalen Effekten des Kapitalismus. Die Dissidenz- und Widerstandsbewegungen, die sich heute überall zu Wort melden, reagieren auf die Gefährdung der Lebensbedingungen und machen diese zum Ausgangspunkt ihrer Konfrontation mit dem Kapitalismus. Je mehr diese Bewegungen in die heutige kapitalistische Gesellschaft intervenieren und darauf aufmerksam machen, dass sich etwas ändern muss, wird die Krise des Kapitalismus spürbar. Die Struktur gerät nicht aus sich selbst in die Krise. Sondern die Menschheit, die sich durch die indirekten Effekte der herrschenden Struktur bedroht sieht, klagt das Recht ein, jetzt und in

VORWORT

Zukunft sicher leben zu können. Aus diesem Grunde greift sie die Strukturen des heutigen Kapitalismus an und macht seine Krise sichtbar. Der Kapitalismus gerät nicht in Konflikt mit einer bestimmten gesellschaftlichen Klasse, sondern mit jenem Teil der Menschheit, der aufsteht und das Recht auf Leben einklagt.

Auf die Krise gibt es ganz unterschiedliche Reaktionen. Häufig sind sie ganz einfach irrational, aber auf eine neue Weise irrational, deren Ausmaß man bisher nicht kannte: Es gibt immer mehr Selbstmord-Attentate. Bereits in den achtziger Jahren werden sie in den USA zu einem Phänomen. Schon bald begegnet man ihm in Europa und Japan, danach in China, in Afrika, in der Ukraine. Es verbreitet sich in der gesamten Welt. Einen makabren Höhepunkt findet die Serie der Selbstmordattentate im Angriff auf die Türme in New York, aber auch in Israel und Palästina.

Gleichzeitig jedoch gibt es Rebellion. Absichtlich spreche ich von Rebellion, weil es sich nicht um eine revolutionäre Lage handelt. Aber die Rebellion greift um sich, und zwar in allen gesellschaftlichen Klassen. Diese Rebellion fordert eine andere Gesellschaft. Deshalb lautet ihr Motto: Eine andere Welt ist möglich, wie bei den Weltsozialforen von Porto Alegre zu hören war. Dieses Motto disqualifiziert den Anspruch des Systems, dass es keine Alternative gebe.

Die andere Welt, die man heute einklagt, soll eine Welt sein, in der alle Platz haben, auch die Natur. Das Motto haben zuerst die Zapatisten in Mexiko formuliert. Aber sie haben darüber hinaus einen Aspekt dieses Mottos zur Sprache gebracht, der ebenfalls mit bedacht werden muss, dass nämlich in dieser zukünftigen Welt, in der alle Platz haben, auch die vielen Welten verschiedener Kulturen und Traditionen Platz haben müssen.

Der heutige Kapitalismus hat darauf keine Antwort, sondern stammelt immer nur den gleichen Satz: Es gibt keine Alternative. Auch daran wird seine Krise sichtbar.

In diesem Kontext entsteht eine neue Diskussion um das Subjekt. Es handelt sich nicht mehr um das Subjekt des Descartes, sondern um den Menschen, der dafür offen ist und danach verlangt, Subjekt zu werden. Der Mensch als körperliches, lebendiges Subjekt klagt das Recht ein, als Subjekt in der Gesellschaft anerkannt zu werden. Die Diskussion um dieses Subjekt wird gegenwärtig in vielen Teilen der Welt geführt, in Lateinamerika, in den Ländern des historischen Sozialismus Osteuropas, in Westeuropa und in Indien. Diese Diskussion macht die im Untertitel des Buches enthaltene These sichtbar: die Wiederkehr des verdrängten Subjekts.

Damit ist auch der Leitfaden benannt, nach dem die elf Kapitel des Buches geordnet sind.

Es beginnt mit einer Diskussion der „Irrationalität des Rationalisierten". In diese Irrationalität mündet schließlich die Totalisierung der instrumentellen Vernunft. Das Kapitel enthält dazu methodologische Anmerkungen und kann als Einführung in die Kapitel II bis VI gelesen werden.

Ihm folgt die Analyse des Weltimperiums und der Emanzipationskämpfe bei John Locke (Kapitel II und III), eine Methodologie der Wissenschaften nach David Hume (Kapitel IV), das Konzept des Marktes als eines selbstregulierten Systems bei Adam Smith und die Kritik daran durch Karl Marx (Kapitel V), schließlich die Zerschlagung des Menschenrechtskonzepts durch den Willen zur Macht im Denken Nietzsches (Kapitel VI).

Das folgende Kapitel behandelt das Thema der Menschenrechte im Kontext der indirekten (oft nicht-intentionalen) Effekte des globalisierten Kapitalismus mit ihrer Bedrohung der Lebensbedingungen des Menschen und kann als Einführung in die nächsten Kapitel (VIII bis XI) gelesen werden.

Im letzten Kapitel wird die These von der Wiederkehr des verdrängten Subjekts behandelt, die ich als das Ergebnis der vorangegangenen Analysen betrachte (Kapitel X und XI).

Franz J. Hinkelammert

KAPITEL I

DIE IRRATIONALITÄT DES RATIONALISIERTEN
METHODOLOGISCHE ANMERKUNGEN ZUR INSTRUMENTELLEN RATIONALITÄT UND ZU IHRER TOTALISIERUNG

DIE IRRATIONALITÄT DES RATIONALISIERTEN

Vor einigen Jahren saß auf einem Flug von Santiago de Chile ein chilenischer Unternehmer neben mir. Im Gespräch mit ihm redete ich auch über die Folgen der Strukturanpassungsmaßnahmen für Lateinamerika, über die zunehmende Umweltzerstörung, über den Ausschluss und die Verarmung eines wachsenden Teils der Bevölkerung. Der Unternehmer antwortete mir: „Das alles ist richtig. Aber Sie können nicht leugnen, dass wirtschaftliche Effizienz und Rationalität zugenommen haben." Diese Antwort offenbart das Problem wirtschaftlicher Rationalität in unseren Tagen. Wir preisen Rationalität und Effizienz, aber zerstören unsere Lebensgrundlagen, und kommen doch nicht auf den Gedanken, die Auffassung von Rationalität auf den Prüfstand zu stellen. Es geht uns wie den beiden Wettbewerbern, die auf dem Ast eines Baumes sitzen und ihn absägen. Der effektivste ist jener, der am schnellsten den Ast absägen kann, auf dem er sitzt. Er fällt zwar als erster, hat aber trotzdem den Effizienzwettbewerb gewonnen.

Ist eine solche Art von Effizienz wirklich effizient? Ist solche wirtschaftliche Rationalität wirklich rational? Das Innere unserer Häuser wird immer sauberer, während die Umgebung immer schmutziger wird. Die Unternehmen steigern zwar die Arbeitsproduktivität jedes Arbeitsplatzes. Aber wenn wir das Produkt in Relation zur verfügbaren Arbeitskraft bringen und darin auch die gesamte ausgeschlossene Bevölkerung einbeziehen, und wenn wir darüber hinaus die externalisierten Kosten unternehmerischer Tätigkeit bewerten, dann sehen wir, dass die Arbeitsproduktivität stagniert, ja möglicherweise sogar abnimmt. Was als Fortschritt erscheint, entpuppt sich als Sprung ins Leere.

Effizienz und Rationalität gelten heute als Grundpfeiler für Wettbewerbsfähigkeit. Unter dem Maßstab der Wettbewerbsfähigkeit werden Effizienz und Rationalität zu höchsten Werten.[1] Diese Art

---

[1] Mit Bezugnahme auf die lateinamerikanische Wirtschaftsorganisation SELA (Systema Económica Latinoamericana) lautete ein Titel: „SELA betont regionalen Fortschritt. Lateinamerika bereit für die Globalisierung". Im Beitrag hieß es: „Der Sekretär der SELA, Salvador Arriola, bestätigt, dass Lateinamerika für die großen Herausforderungen in der Zukunft und für ein erfolgreiches Bestehen der Globalisie-

von Wettbewerbsfähigkeit führt zum Verlust des Realitätsbewusstseins. Realität wird nur noch virtuell wahrgenommen. Ein Mantel, der nicht wettbewerbsfähig produziert werden kann, darf nicht produziert werden, auch wenn er wärmt oder gegen Regen schützt. Die „virtuelle" Realität, in der alles seinen Wert nur der Tatsache verdankt, wettbewerbsfähig zu sein, schafft den Gebrauchswert als Kriterium ab. Das Formalkriterium gilt mehr als der Gebrauchswert. Und diesem formalen Kriterium werden alle Werte des menschlichen Lebens unterworfen. Auch solche menschliche Kultur, die keine Wettbewerbsfähigkeit hervorbringen kann, muss verschwinden. Kinder, die als Erwachsene voraussichtlich keine wettbewerbsfähige Arbeitsleistung erbringen können, dürfen nicht geboren werden. Menschliche Emanzipation darf nur verwirklicht werden, sofern sie die Wettbewerbsfähigkeit fördert. Stört oder hemmt sie gar die Wettbewerbsfähigkeit, hat sie zu unterbleiben. Die Herrschaft der Wettbewerbsfähigkeit gestattet nicht einmal, jene destruktiven Effekte zu beseitigen, die sie selbst hervorbringt. Sie macht es sogar unmöglich, diese Zerstörung überhaupt zur Kenntnis zu nehmen.

Das nenne ich die Irrationalität des Rationalisierten, die sich zugleich als Ineffizienz der Effizienz erweist. Der zunehmende Rationalisierungsprozess, der mit der Entwicklung der Moderne einhergeht, lässt zugleich immer mehr Irrationalität um sich greifen. Man kann nicht mehr von Fortschritt sprechen, wenn dessen Konsequenzen regressiv sind. Er verliert seinen Sinn. Unsinnig gewordene Lebensführung aber hindert eine Gesellschaft auch daran, überhaupt Lebenssinn zu entwickeln. Das menschliche Leben verliert seinen Sinn. Der Ruf nach dem „Ende der Utopien" bestätigt nur einmal mehr, dass man den Lebenssinn verloren hat. Und dieser Verlust ist die

---

rung gerüstet ist. Vor dem XX. Rat der SELA, der sich vom 1.-3. Juni im mexikanischen Finanzministerium trifft und an dem 27 Länder teilnehmen, machte er darauf aufmerksam, dass die Region vor der Aufgabe steht, sich in der Konkurrenz auf dem Weltmarkt zu behaupten ... Er betonte erneut die Bedeutung des Wettbewerbs für ein Bestehen in der ökonomischen Globalisierung, deshalb sei das Motto des Treffens auch ‚Solidarität für den Wettbewerb'. Im Rahmen von SELA gibt es ein Forum für Industriepolitik, in welchem die verschiedenen Erfahrungen in der Region diskutiert werden, ‚damit Lateinamerika nicht vom Pfad des Wettbewerbs abkommt', sagte der Sekretär der Organisation." (La Nación, San José 1.6.1994). So wird formale Effizienz zum höchsten Wert erklärt.

DIE IRRATIONALITÄT DES RATIONALISIERTEN

Folge dessen, dass diese Gesellschaft sich auf eine Entwicklung festgelegt hat, die keinen Sinn mehr hat. Ein Leben, das keinen Sinn hat, kann keinen Sinn geben. Der Nihilismus steckt in den Köpfen, weil die Wirklichkeit sich in Richtung Leere bewegt.

1. Die Theorie des rationalen Handelns in der Tradition von Max Weber

Diese Irrationalität des Rationalisierten bringt uns mit der üblichen Begrifflichkeit des rationalen Handelns in Konflikt. Max Weber hat für rationales Handeln eine klassische Formel geprägt, die bis heute herrschende Meinung geblieben ist. Er hat seine wichtigsten Analysen in den beiden ersten Dekaden des 20. Jahrhunderts durchgeführt. Der von ihm formulierte Begriff rationalen Handelns liegt auch der neoklassischen Wirtschaftstheorie zugrunde, die wenige Jahrzehnte zuvor entworfen wurde. Zuerst von William Stanley Jevons in England und zeitgleich von Carl Menger und Eugen von Böhm-Bawerk in Österreich und Deutschland entwickelt, behält diese Theorie bis heute ihre fundamentale Bedeutung für die Wissenschaft vom Wirtschaften, zusammen mit den darauf aufbauenden Theorien von Walras und Pareto sowie mit den nach dem II. Weltkrieg gebildeten Property-Rights- und Public-Choice-Theorien in den USA. Die heute herrschenden neoliberalen Theorien können noch als eine bestimmte Variante dieser neoklassischen Wirtschaftstheorie verstanden werden.

Der Begriff des rationalen Handelns, der diesen Theorien entspricht, begreift das Handeln als lineare Aktivität; sie verbindet Mittel und Zwecke in linearer Form. Nach dieser Theorie gilt ein Handeln dann als rational, wenn es die angewandten Mittel zur Verfolgung bestimmter Ziele optimal einzusetzen vermag. Ob Mittel rational eingesetzt wurden, lässt sich an den Kosten erkennen. Ein (formales) Rationalitätskriterium entscheidet daher über die Rationalität des Handelns: Es geht darum, einen bestimmten Zweck mit einem Minimum an Kosten zu erreichen. Die nach diesem Kriterium zu verfolgenden Zwecke können also keine allgemeinen Ziele sein, wie zum Beispiel die Ehre des Vaterlandes, die Menschheit oder die *Gloria Dei*. Es kann sich nur um spezifische Zwecke handeln, die durch ein kalkulierbares Handeln des Menschen erreichbar sind. Die Zwecke von

Wirtschaftsunternehmen haben durchweg diesen Charakter. Sie verfolgen den Zweck der Produktion (von Schuhen, Weizen, Autos, etc.) oder bieten Dienstleistungen an (Wäschereien, Fondsverwaltung durch Banken, Produktion von Filmen, etc.).

Um solcher Art Zwecke zu erreichen, braucht man Mittel. Um Schuhe zu produzieren, braucht man Leder als Produktionsmittel. Um Möbel zu produzieren, braucht man Holz. Darüber hinaus braucht man zur Realisierung jedes Produktionszieles als weiteres notwendiges Mittel menschliche Arbeit, die in Arbeitsstunden gemessen wird.

So werden Zwecke und Mittel linear miteinander verbunden. Der Zweck ist kein Mittel, sondern der Zweck entscheidet über die Mittel. Die heute herrschende Theorie rationalen Handelns geht von dieser Zweck-Mittel-Beziehung aus. Sie fragt daher nach der Effizienz dieser Beziehung, indem sie die zu verfolgenden Zwecke und die dazu eingesetzten Mittel miteinander vergleicht. Die Effizienz wird gemessen an den Kosten, die für die Mittel zur Erreichung des Zwecks aufzuwenden sind. Die Effizienz kann also quantitativ nur beurteilt werden, wenn sowohl die Zwecke wie die Mittel in Geldgrößen ausgedrückt werden. Der Zweck und die Mittel haben dann eben Preise. Die Verwirklichung des Zweckes gilt dann als effizient, wenn sie mit Mitteln erreicht wird, deren Kosten, in Geld ausgedrückt, niedriger sind als der Preis des erreichten Zweckes. Die Mittel gelten als input, als Produktionsfaktoren für ein Produkt. Die Zweck-Mittel-Beziehung verwandelt sich in das Verhältnis der Produktionskosten zum Preis des Produkts. Es geht also um das Verhältnis von input und output zueinander. Damit wird Effizienz quantitativ messbar; an ihr misst man die Rentabilität des Produktionsprozesses. Dieser ist rentabel, wenn er einen Gewinn abwirft; der Gewinn gilt als Index dafür, dass der Preis des Produkts höher ist als seine Produktionskosten. Übersteigen dagegen die Produktionskosten den Preis des Produkts, ergibt sich ein Verlust. Insofern lässt sich Effizienz an der Rentabilität messen.

In der Gesellschaft existieren durch den Produktionsprozess die verschiedensten Zweck-Mittel-Beziehungen, die durch das Verhältnis von Produktionskosten zum Produktpreis gemessen werden, nebeneinander. Auf dem Markt werden sie zwar miteinander verbunden, aber diese Verbindung entsteht nur durch einen Kampf hindurch, in dem sich die verschiedenen Unternehmen miteinander befinden. Diesen Kampf bezeichnet man als Wettbewerb. Das Ergebnis des Wettbewerbs entscheidet über die Effizienz eines jeden Produzenten. Das Ergebnis deckt tautologisch auf, welche Produktionen Bestand haben und welche nicht. Der Gewinner beweist, dass er effizienter handelt, und zwar einfach dadurch, dass er gewonnen hat. Daher gibt es in diesem Kampf auch Gefallene. Es sind diejenigen, die sich im Kampf nicht durchsetzen können.

Wenn die gesamte Gesellschaft sich einem solchen Effizienzkriterium, das aus dem Kampf der Märkte hervorgeht, unterwirft, werden Effizienz und Wettbewerb zu höchsten Werten, die über die mögliche Geltung aller übrigen Werte entscheiden. Die gesamte Rationalität des Handelns lässt sich zusammenfassen in Effizienz und Wettbewerb. Werte, die die Wettbewerbsfähigkeit erhöhen, werden bestätigt, und alle Werte, die die Wettbewerbsfähigkeit eingrenzen oder stören, werden ausgegrenzt. Die Wettbewerbsfähigkeit selbst bringt keine Werte hervor, sondern wird zum obersten Kriterium für die Geltung aller Werte. Daher hat es den Anschein, als sei Wettbewerb selbst kein Wert. Tatsächlich ergeben sich aus dem Wettbewerb auch keine bestimmten ethischen Werte. Ihre Funktion, entscheidendes Kriterium für die Geltung aller Werte zu sein, macht die Wettbewerbsfähigkeit zum höchsten Wert.

Daher rechtfertigt die entsprechende Theorie rationalen Handelns diesen Charakter der Wettbewerbsfähigkeit, oberstes Kriterium über alle Werte zu sein. Das geschieht insbesondere durch eine Theorie, die aus dem 18. Jahrhundert stammt und zuerst von Adam Smith vorgestellt wurde: Der Wettbewerb bringe auf nicht-intentionale Wiese die soziale Harmonie hervor, indem er das Allgemeininteresse verwirkliche. Adam Smith bezeichnet diese angebliche Tendenz zum Gleichgewicht als „die unsichtbare Hand", die im Marktautomatismus alle produktiven Tätigkeiten koordiniert und dadurch das Allgemeininteresse verwirklicht. Diese These lässt sich auch anders formulieren: Das Rationalisierte kann niemals Irrationalitäten schaffen. Mit dieser Formel wird die Ethik der Theorie des rationalen Handelns sichtbar, der die Wettbewerbsfähigkeit als oberstes Kriterium über alle Werte gilt.

Diese Theorie rationalen Handelns präsentiert sich selbst als „Realismus" und behauptet zugleich, sie sei ethisch neutral und fälle keine ethischen Urteile. Das geschieht ausdrücklich, seit Max Weber ihr die entsprechende Formulierung gab. Dabei handelt es sich in Wahrheit um eine große Utopie. Diese These wollen wir hier unter Beweis stellen.

Weber behauptet, alle empirische Wissenschaft über rationales Handeln treffe ausschließlich Urteile über Zweck-Mittel-Beziehungen. Diese Urteile bezeichnet er als „zweckrationale Urteile". Daher behauptet Weber auch die Wertneutralität der Wissenschaft. Unter der Voraussetzung, dass die Ziele gegeben sind, hat die Wissenschaft über die Rationalität der Mittel zu urteilen. Diese Rationalität nennt Weber „formale Rationalität". Die von der Wissenschaft zu treffenden Urteile sind für Weber Tatsachenurteile, keine Werturteile. Die Auswahl der Ziele hingegen gehört nicht zur Rationalität der Wissenschaften. Die Auswahl der Ziele bezeichnet Weber als „Wertrationalität". Er übergibt damit den Komplex dieser Auswahl einem reinen Dezisionismus. Für Weber handelt es sich bei der Auswahl von Zielen um Urteile „materialer Rationalität". Das Wort entstammt der Juristensprache und bezeichnet daher nicht etwa die Materialität von Sachen, sondern den Inhalt einer Form. Diese Definition verführt Max Weber dazu, alle Urteile materialer Rationalität als Geschmacksurteile zu behandeln. Wenn ich von zwei Blusen, die bis auf die Farbe einander genau gleichen, die blaue der weißen vorziehe, treffe ich eine solche Auswahl. Das Motiv für diese Auswahl nennt Weber einen Wert, der sich aus der materialen Rationalität ergibt. Manchmal folgt Weber auch der Nutzenwertlehre und redet dann von Nutzen. Der Wert bezieht sich in diesem Fall auf einen Wunsch; der Wunsch entscheidet über ein spezifisches Ziel, auf das sich dann nach Nutzenschätzungen die Zweck-Mittel-Beziehung richtet. Diese Art Werte können natürlich auch Verbote darstellen, die bestimmte spezifische Ziele ausschließen. Aber es geht immer um spezifische Ziele.

Auf diese Weise überträgt Weber die Theorie des rationalen Handelns, die alle Rationalität auf Zweck-Mittel-Beziehungen reduziert, auf das gesamte Feld der Epistemologie und Methodologie in den empirischen Wissenschaften. Instrumentelle Rationalität wird zur grundlegenden epistemologischen und methodologischen Haltung in der Wissenschaft. Die Wissenschaft kann nur Urteile fällen, die sich auf Zweck-Mittel-Relationen beziehen. Alles, was darüber hinausgeht, ist nicht mehr wissenschaftlich. Daraus folgt, dass die Wirklichkeit nur noch vorkommt als der Raum, in dem diese Zweck-Mittel-Urteile, die sich auf spezifische Zwecke und Mittel beziehen, falsifiziert bzw. verifiziert werden.

Diese Theorie rationalen Handelns leugnet schlicht und einfach, dass ein handelnder Mensch eine nicht-lineare Beziehung zur Wirklichkeit haben kann, und bestreitet folglich den wissenschaftlichen Wert jedes Urteils über solch eine nicht-lineare Beziehung.

2. Über Sachurteile, die nicht Urteile im Rahmen der Zweck-Mittel-Rationalität sind

Kehren wir noch einmal zurück zum Beispiel der beiden Akteure, die den Ast absägen, auf dem sie sitzen. Beide folgen einem Zweck-Mittel-Kriterium. Die Arbeit eines jeden Akteurs und die Säge als Instrument sind die Mittel; der Zweck besteht darin, den Ast abzusägen. In Termini der von Max Weber formulierten Theorie rationalen Handelns geht es also um eine Zweck-Mittel-Beziehung, über die die Wissenschaft nur sagen kann, ob die Mittel dem Zweck entsprechen. Die Wissenschaft kann nur darüber urteilen, ob die Art des Vorgehens zweckmäßig bzw. ob die Säge scharf genug ist. Dann kann sie auch das wissenschaftlich feststellbare Ergebnis vorhersagen, nämlich dass der Ast abgesägt wird.

Damit haben wir ein kurioses Ergebnis. Wenn der Akteur erfolgreich handelt, fällt er und verunglückt tödlich. Was wird in diesem Falle aus der Zweck-Mittel-Rationalität? Der Handelnde wird ja durch das Ergebnis ausgeschaltet und vernichtet. Er hat das Ziel, den Ast abzusägen. Aber in dem Moment, in dem er sein Ziel erreicht, kann er überhaupt keine Zwecke mehr haben, weil ein Toter keinen Zweck mehr verfolgen kann. Folglich annulliert sich das Ziel bei seiner Verwirklichung selbst, weil der Handelnde nicht mehr feststellen kann, ob er es erreicht hat. Nun gibt es zwei Möglichkeiten. Der Handelnde, der den Ast absägt, auf dem er sitzt, kann wissen, dass das Ergebnis seines Handelns sein Tod sein wird. In diesem Fall begeht er Selbstmord als intentionalen Akt. Aber ist Selbstmord ein Zweck? Zweck ist es, den Ast abzusägen. Das Ergebnis des Zwecks aber ist der Selbstmord.

KAPITEL I

Es gibt sogar Techniken des Selbstmords, und es gibt Bücher, die verschiedene Möglichkeiten des Selbstmords zur Entscheidung vorlegen[2]. Schon Seneca kommentierte mehrere solcher Möglichkeiten[3]. In

---

[2] Ein solches Buch unterscheidet sich jedoch erheblich von einem Lehrbuch zur Herstellungstechnik von Schuhen. Die beste Schuhmacherlehre kann uns ein Schuster erteilen. Er kann sagen, welche Methoden zweckmäßig sind und welche nicht. Aber wer ein methodisches Lehrbuch für den Selbstmord publiziert, kann nicht von eigenen erfolgreichen Erfahrungen berichten, höchstens von seinen fehlgeschlagenen Versuchen. Der Selbstmörder kann uns also – anders als der Schuster – keinen Selbstmord beibringen, weil diese Erfahrung nicht wiederholbar und überprüfbar ist. Wer ein Lehrbuch über Selbstmord-Techniken veröffentlichen will, kann sich dafür nur auf die Erfahrungen anderer berufen, die aber seine Aussagen nicht mehr bestätigen können. Selbstmord ist also kein Ziel, dem wir uns durch Versuch und Irrtum annähern können. Selbstmord bedeutet, dem Leben ein Ende zu setzen und damit die Bedingung zu beseitigen, überhaupt Ziele zu haben. Daher ist auch das Leben selbst kein Ziel, sondern die Fähigkeit, Ziele zu haben. Also lässt sich die Zweck-Mittel-Rationalität nicht auf Entscheidungen über Leben und Tod anwenden. Aber dennoch handelt es sich hier um Entscheidungen, denen Sachurteile zugrunde liegen. Wer die Wissenschaftlichkeit auf Zweck-Mittel-Rationalität reduziert, muss aus seinem Bewusstsein verdrängen, dass solche Sachurteile notwendig sind.
Begründungen für die Zweck-Mittel-Rationalität beginnen daher untrüglich stets mit der Voraussetzung des perfekten Wissens. Demzufolge argumentieren sie vom Standpunkt eines „transzendentalen Subjekts" aus. Putnam spricht vom „Auge Gottes". Eine solche Voraussetzung beseitigt den Zusammenhang mit der Frage auf Leben und Tod. Friedman entwickelt seine Begründung auf folgende Weise: „Bedenken wir zunächst das Verhalten einer Konsumeinheit unter den Bedingungen absoluter Gewissheit. Unterstellen wir, sie kennt mit Gewissheit die exakte Menge, die sie in jedem Augenblick erhalten kann; sie kennt die Preise der Konsumgüter, die in jeder Epoche angeboten werden, und den Zinssatz, zu dem Geld verliehen bzw. geliehen werden kann." (Friedman, Milton, *Una teoría de la función de consumo*. Madrid, Alianza 1973, S. 22) Die Vorstellung absoluter Gewissheit abstrahiert vom Tod. Später (S. 30) führt er den Begriff „Unsicherheitseffekt" ein.

[3] „Gefällt dir das Leben, so lebe! Gefällt's dir nicht, so hast du die Freiheit, wieder dort hinzugehen, von wo du kamst. Um Kopfschmerzen zu lindern, hast du dir schon oft Blut abnehmen lassen. Um das Körpergewicht herabzusetzen, läßt man dich zur Ader. Es ist nicht vonnöten, der Brust eine klaffende Wunde zuzufügen: mit einem kleinen Messerchen öffnet man sich den Weg zur großen, ewigen Freiheit – die Sorgenfreiheit und Ruhe kostet nur einen Stich." So schreibt Seneca an Lucilius (70. Brief). Alle sind durch den Tod frei: „Man darf nicht glauben, nur große Männer hätten die Kraft besessen, die Schranken der irdischen Knechtung zu zerbrechen. Man soll auch nicht meinen, so etwas könne nur ein Cato vollbringen, der seiner Seele mit der Hand den Weg ins Freie öffnete, nachdem es dem Schwert nicht gelungen war. Auch Menschen einfachsten Standes haben sich mit wildem Elan in die Sicherheit des Todes geflüchtet. Da sie nicht nach ihrem Wunsche sterben und nach

DIE IRRATIONALITÄT DES RATIONALISIERTEN

der Theorie des rationalen Handelns von Max Weber können Zwecke materielle Produkte oder Dienstleistungen sein. Zu welchem von beiden gehört der Selbstmord? Als Zwecke können die Produktion von Schuhen, eine Dienstleistung der Bank oder die Vorführung eines Films im Kino dienen. Ist der Selbstmord ein weiterer Zweck in diesem Sinne, oder ist er etwas anderes? Auch eine ärztliche Behandlung, zum Beispiel eine Blinddarmoperation, kann ein Zweck sein, der, wenn die Behandlung erfolgreich verläuft, den Kranken heilt. Aber ist eine ärztliche Hilfe zum Selbstmord eine ärztliche Dienstleistung des gleichen Typs? Das Ziel ist ja, dass der Patient stirbt. Im Erfolgsfall kann er sich nicht einmal bedanken. Wem hat dann der Arzt gedient? Wenn der Patient nach einer Operation stirbt, handelt es sich um eine verunglückte Dienstleistung. Aber wenn die Dienstleistung darin besteht, den Patienten zu töten, welchen Dienst hat der Arzt dem Patienten dann geleistet? Der Tod beweist ja nur, dass die Dienstleistung erfolgreich war. Kann der Tod des handelnden Menschen der Zweck einer rationalen Handlung sein?

Belieben die Todesinstrumente aussuchen durften, griffen sie nach allem, was gerade zur Hand war, und machten gewaltsam Dinge zu Waffen, die von Natur harmlos und unschädlich sind." (ebd.) Es gibt bei Seneca eine gewisse Not, in den Tod zu fliehen, und der freiwillige Tod wird zum Sieg über den Tod: „Bei keinem Lebensvorgang müssen wir der seelischen Verfassung mehr Rechnung tragen als beim Tode: der Mensch mag den Lebensabschluß wählen, zu dem ihn innerer Drang treibt, ob er zum Schwerte greift, zum Strick, zum Gift, das durch die Adern strömt – wohlan! er soll nur die Fesseln der Knechtschaft zerreißen! Für das Leben braucht jeder die Rechtfertigung anderer Menschen, für den Tod nur die eigene: der beste Tod ist der, der uns gefällt." (Seneca an Lucilius, 70. Brief)
John Locke sagt dies in gleicher Weise und schlägt seine Selbstmordtechnik vor: „Wenn aber jemand tatsächlich durch eigene Schuld, durch irgendeine Handlung, die den Tod verdient, sein eigenes Leben verwirkt, so darf derjenige, an den er es verwirkt hat (wenn dieser ihn in seine Gewalt bekommt), seine Hinrichtung aufschieben und ihn zu seinem eigenen Dienst gebrauchen, womit er kein Unrecht an ihm begeht. Denn wenn jener glaubt, daß die Mühsal seiner Sklaverei den Wert seines Lebens überwiegt, so steht es in seiner Macht, durch Widerstand gegen den Willen seines Herren den gewünschten Tod herbeizuführen." (Locke, John, Zwei Abhandlungen über die Regierung (2. Buch, § 23), Frankfurt a.M. 1967, 216).
Diese Ratschläge aus der Küche des Selbstmords sind Sachurteile, aber keine zweckrationalen Urteile. Kriterium ist nicht der Gegensatz von wahr und falsch, sondern von Leben und Tod.

Es gibt aber noch eine andere Möglichkeit. Es ist durchaus möglich, dass der Handelnde, der den Ast absägt, auf dem er sitzt, sich nicht darüber im Klaren ist, dass er seinen Tod bewirkt, wenn er mit seiner rationalen Handlung Erfolg hat. In diesem Fall ist sein Tod das nicht-intentionale Ergebnis seines Zweck-Mittel-Handelns. Es handelt sich zwar wiederum um einen Selbstmord; aber dieser Selbstmord ist kein intentionaler Akt. Der Handelnde stirbt in der Konsequenz seines eigenen, im Sinne der Zweckrationalität völlig rationalen Handelns. Sein Tod ist die nicht-intentionale Folge seines rationalen Zweck-Mittel-Handelns und daher ein konsequentes Ergebnis seiner Zweck-Mittel-Rationalität. Aber die Aktion ist offensichtlich widersprüchlich im Sinne eines performativen Widerspruchs. Indem der Handelnde sich selbst vernichtet, vernichtet er den Zweck, um dessentwillen er handelte. Er zerstört aber nicht nur diesen Zweck, sondern alle Möglichkeit, Zwecke zu haben. Im Volksmund heißt es deshalb: „Du sollst nicht den Ast absägen, auf dem du sitzt".

Diese Volksweisheit hat eine normative Form, sie spricht ein Sollen aus. Aber auch hier handelt es sich nach der Theorie rationalen Handelns nicht um ein Werturteil. Die Aussage ist: Du sollst nicht Selbstmord begehen, selbst dann nicht, wenn es nicht deine Absicht ist. Ist der Selbstmord rationales, wertorientiertes Handeln im Sinne Max Webers? Kann man im Namen der Wertneutralität vom Tod auf gleicher Ebene als Wert sprechen wie man es vom Leben tun kann? Im Tod gibt es keine Werte, genauso wie wir vorher gesagt haben, dass es im Tod keine Ziele gibt. Indem wir Tod hervorbringen, lösen wir nicht nur die Ziele, sondern auch die Werte auf.

Ist der Selbstmord ein Verbrechen? Ein Verbrechen setzt Werte voraus, die verletzt werden, und kennt daher Strafen. Der Selbstmord aber hebt alle Werte auf; daher gibt es für ihn, im Falle des Erfolgs, keine Strafe. Der Selbstmord kann also kein Verbrechen sein, obwohl in der Verweigerung des Selbstmordes alle Wirklichkeit begründet liegt, nämlich die Möglichkeit, überhaupt Zwecke und Werte zu haben.[4]

---

[4] Wittgenstein hat in diesem Sinne über den Selbstmord nachgedacht, später aber verwarf er diese Überlegungen völlig: Wenn der Selbstmord erlaubt ist, dann ist alles erlaubt. Wenn etwas nicht erlaubt ist, dann ist der Selbstmord nicht erlaubt. Dies wirft ein Licht auf das Wesen von Ethik. Denn Selbstmord ist sozusagen die elementare Sünde. Und wenn man ihn untersucht, so ist es, wie wenn man den Quecksilberdampf untersucht, um das Wesen der Dämpfe zu erfassen. Oder ist nicht auch der

DIE IRRATIONALITÄT DES RATIONALISIERTEN

3. Der Sinn des rationalen Handelns

Die Theorie rationalen Handelns gibt keine Antwort auf das Problem der Beziehung von Tatsachen und Werten zueinander. Sie nimmt alles als gegeben an. Damit aber entgeht ihr das Problem, dass rationales Handeln einen Sinn haben muss. Weber erwähnt es durchaus, um dann aber zu versuchen, es seinem Begriff des rationalen Handelns zu unterwerfen. Daher definiert er das rationale Handeln auf folgende Weise:

> „Handeln" soll dabei ein menschliches Verhalten (einerlei ob äußeres oder innerliches Tun, Unterlassen oder Dulden) heißen, wenn und insofern als der oder die Handelnden mit ihm einen subjektiven *Sinn* verbinden. ,Soziales' Handeln aber soll ein solches Handeln heißen, welches seinem von dem oder den Handelnden gemeinten Sinn nach auf das Verhalten *anderer* bezogen wird und daran in seinem Ablauf orientiert ist.[5]

In unserem Beispiel des Wettbewerbs zwischen zwei Personen, die den Ast absägen, auf dem sie sitzen, wobei jeder sich anstrengt, der effizienteste zu sein und seinen Ast als erster durchzusägen, handelt es sich zweifellos um ein rationales Handeln im Sinne der Definition Webers. Der „gemeinte Sinn" liegt in der Anstrengung, die Effizienz des anderen in diesem Wettbewerbsrennen zu überbieten. Der eine bezieht sein Handeln jeweils auf das Handeln des anderen. Das Handeln ist zwar soziales Handeln, wird aber bei einem Wettbewerb dieser Art, in dem beide den Ast absägen, auf dem sie sitzen, sinnloses Handeln, obwohl es den in der Weberschen Theorie gemeinten Sinn behält. Einen Ast abzusägen kann als soziales Handeln nur dann Sinn haben, wenn beide nicht den Ast absägen, auf dem sie sitzen, sondern irgendeinen anderen Ast, z. B. um Brennholz zu bekommen. In diesem Fall behält der „gemeinte Sinn" zumindest die Chance, sinnvoll zu sein, weil er als Zweck-Mittel-Rationalität aufgefasst werden kann, während der Zweck der Aktion als wertorientierte Entscheidung be-

---

Selbstmord an sich weder gut noch böse!" (Ludwig Wittgenstein, Tagebücher 1914-1916, Eintrag vom 10.1.1917) Wenn er dies wirklich ernst genommen hätte, hätte er sein späteres Denken nicht so entwickeln können.
[5] Weber, Max, Soziologische Grundbegriffe. § 1, in: ders., *Wirtschaft und Gesellschaft*, hrsg. von J. Winckelmann, Tübingen ⁵1977, S. 1.

griffen werden kann: z. B. die Sorge um das Wohlergehen der Familie des Handelnden. Aber wenn eine Handlung darauf abzielt, den Ast abzusägen, auf dem die Handelnden sitzen, verliert die Handlung ihre Sinnhaftigkeit, obwohl sie den nach Webers Theorie „gemeinten Sinn" behält. Soll die Handlung den in Webers Theorie gemeinten Sinn behalten, muss man vom Handelnden und seinem Leben abstrahieren. Aber wenn wir vom Handelnden abstrahieren, gibt es das Handeln eben auch nicht. Die Handlung könnte also Sinn für andere haben, nicht aber für den Handelnden. Da die Theorie des Handelns jedoch notwendig vom Handelnden ausgehen muss, kann eben der Handelnde, der den Ast absägt, auf dem er sitzt, seinem Handeln keinen Sinn geben. Die Sinnlosigkeit ist objektiver Bestandteil eines solchen Handelns. Sägt der Handelnde dagegen einen Ast ab, auf dem er nicht sitzt, behält das Handeln die Möglichkeit, sinnvoll zu sein. Die Sinnhaftigkeit des Handelns ist aber nicht dadurch definiert, dass es sich um ein zweckorientiertes Vorgehen handelt, nämlich, den Ast abzusägen, auf dem man nicht sitzt. Der mögliche Sinn hängt vielmehr vom „gemeinten Sinn" ab. Der Handelnde kann die Absicht haben, Brennholz zu besorgen oder Möbel herzustellen, oder Land für die Landwirtschaft zu gewinnen, usw. Aber damit das Handeln überhaupt die Möglichkeit behält, sinnvoll zu sein, darf das Ergebnis – weder intentional noch nicht-intentional – nicht der Selbstmord sein. Was ist der Sinn des Lebens? Sein Sinn ist, es zu leben. Es kann keinen Sinn des Lebens geben, der von außen an das Leben herangetragen wird[6]. Dies wäre so etwas wie das Sein des Seins. Aus diesem Grunde kann ein Handeln nur potentiell Sinn behalten, wenn es nicht den Selbstmord des Handelnden impliziert.

---

[6] Nach dem alten Katechismus bestand der Sinn des Lebens darin, Gottes Willen zu tun, um in den Himmel zu kommen. Dieser Sinn wird an das Leben ebenso von außen herangetragen wie der Sinn, der aus der Theorie rationalen Handelns abgeleitet wird. Für diese der neoklassischen Wirtschaftstheorie zugrunde liegende Theorie besteht der Lebenssinn darin, die Zweck-Mittel-Beziehung zu maximieren und effizient zu sein. Für sie heißt es eher sterben, als mit einer Produktion von Gebrauchswerten zu leben, die nicht von Wettbewerb und Effizienz bestimmt ist. Große Teile der Bevölkerung, die heute ausgeschlossen werden, bezeugen die katastrophale Wirkung solcherart Bestimmung von Lebenssinn.

DIE IRRATIONALITÄT DES RATIONALISIERTEN

Falls der Selbstmord der nicht-intentionale Effekt einer zweckrational orientierten Aktion ist, ergibt sich ein Sinn, der im Widerspruch zum Handeln steht. Der Handelnde, der den Ast absägt, auf dem er sitzt, weiß möglicherweise nicht, was er tut. Er mag zwar den gemeinten Sinn seines Handelns darin erkennen, Brennholz für seine Familie zu besorgen. Aber selbst wenn er sich dessen nicht bewusst ist, verfällt sein Handeln objektiv der Sinnlosigkeit, weil es den nicht-intentional verwirklichten Selbstmord nach sich zieht. Zwar interpretiert er sein Handeln als ein dem gemeinten Sinn entsprechendes zweckrational orientiertes Handeln. Objektiv aber verwirklicht er ein sinnloses Handeln, weil es seinen möglichen Sinn zerstört.

Diese objektive Sinnlosigkeit seines Handelns kann der Handelnde jedoch nur entdecken, wenn er sein Handeln nicht ausschließlich von der Zweck-Mittel-Relation her denkt, sondern sich selbst als Subjekt dieses Handelns einbezieht. Tut er das nicht, wird die objektive Sinnlosigkeit seines Handelns den „gemeinten Sinn" eben dieses Handelns untergraben und schließlich das Handeln selbst zerstören. Denkt er sich aber als Subjekt dieses Handelns mit, kann er frei darüber entscheiden, ob er auf diese Aktion verzichten und eine andere an ihre Stelle setzen will, oder ob er absichtlich Selbstmord begehen will. Die Nicht-Intentionalität des Handelns löst sich auf und das Handeln wird intentional: entweder er sägt den Ast nicht ab, auf dem er sitzt, oder er sägt ihn ab, um Selbstmord zu begehen. In beiden Fällen aber verliert das Handeln, das darin besteht, den Ast abzusägen, auf dem man sitzt, seinen Sinn.

Solange die Theorie des rationalen Handelns sich ausschließlich auf den strikten Rahmen der linearen Zweck-Mittel-Rationalität beschränkt, bleibt sie für diese Sinnlosigkeit des Handelns blind. Da sie den Handelnden nicht in das Kalkül der Bestimmung der Mittel für die Zwecke einbezieht, abstrahiert sie a priori vom möglichen Effekt, den die verwirklichten Zwecke auf das Leben des Handelnden ausüben können. Dieser Effekt wird nicht etwa leichtfertig übersehen, sondern die Denkkategorien als solche machen die Problematik dieser Effekte unsichtbar. Die Effizienz der Zweck-Mittel-Beziehung und der Wettbewerb als Mittel, durch das man die Effizienz maximiert, gelten als letztbegründende Denkkategorien, so dass man im

Namen der Wissenschaft die Beziehung zwischen den zu verwirklichenden Zwecken und dem Leben des Handelnden aus der Analyse ausschließt.

Die von Weber entwickelte Theorie rationalen Handelns schließt Urteile dieses Typs aus der Zuständigkeit der Wissenschaft aus, er behandelt sie, als ob es Geschmacksurteile wären. Ausdrücklich eliminiert er die Beziehung zwischen den Zielen und dem Leben des Handelnden.[7] Dies ist nur zu verstehen, wenn wir uns von der Theorie rationalen Handelns, wie wir sie bisher untersucht haben, trennen. Sie orientiert sich an einer Zweck-Mittel-Rationalität und setzt zweckrationale Urteile (Urteile orientiert am Zweck) mit Tatsachenurteilen gleich. Sie streitet die Möglichkeit ab, dass Tatsachenurteile keine zweckrationalen Urteile sind. Wenn wir Urteile fällen, deren Ziele mit dem Leben des Handelnden in Beziehung stehen, dann handelt es sich nicht um zweckrationale Urteile. Das Leben des Handelnden gilt nicht als Ziel, dessen Realisierung durch die Berechnung der Mittel gesichert werden kann. Diese Theorie rationalen Handelns legt partielle Ziele zugrunde. Man kann nur von einem Ziel sprechen, wenn verschiedene Ziele konkurrieren. Wenn eine Konkurrenz mehrerer Ziele im Spiel ist, so meint Weber, kann keine Wissenschaft zur Entscheidung beitragen, denn sie muss alle Urteile in Bezug auf Entscheidungen zugunsten eines der Ziele als Geschmacksurteile ansehen.

Das Leben des handelnden Menschen kann jedoch kein Zweck sein, der mit anderen Zwecken konkurriert. Folglich kann es auch nicht als Zweck behandelt werden. Wer den Tod wählt, wählt keinen Zweck, sondern das Ende aller Möglichkeit, Zwecke zu haben. Wenn wir auf einen Räuber stoßen, der uns mit der Drohung konfrontiert: „Geld oder Leben", bietet er uns keine Alternativen an, zwischen denen wir wählen könnten. Entscheiden wir uns für das Geld gegen das Leben, verlieren wir Geld und Leben. Es gibt nur eine einzige Lösung: das Leben zu wählen (und das Geld zu verlieren). Das Leben ist

---

[7] „Es ist an sich konventionell, daß man allerdings in spezifisch betontem Sinn an die Deckung der Alltagsbedürfnisse, an den sog. materiellen Bedarf denkt, wenn von Wirtschaft die Rede ist. Gebete und Seelenmessen *können* in der Tat ebensogut Gegenstände der Wirtschaft werden..." (Weber, Max, Typen der Vergemeinschaftung und Vergesellschaftung § 1, in: ders., *Wirtschaft und Gesellschaft*, hrsg. von Johannes Winckelmann, Tübingen 1977.

DIE IRRATIONALITÄT DES RATIONALISIERTEN

kein Zweck, sondern die Möglichkeit, Zwecke zu haben. In diesem Sinne ist es existenzial. Betrachten wir daher den handelnden Menschen als Lebewesen, das sich seinen Zweck-Mittel-Beziehungen gegenüber verhält, dann verstehen wir ihn als Subjekt. Das Subjekt wird erst zum handelnden Menschen, wenn es über Zwecke und die dazu erforderlichen Mittel – einschließlich seines eigenen Handelns – entschieden hat. Subjekt zu sein geht der Konstituierung der Handlung voraus.

Der Handelnde also, der entdeckt, dass er den Ast absägt, auf dem er sitzt, und der sich dann für sein Leben entscheidet, handelt als Subjekt, das aus der Zweck-Mittel-Beziehung heraustritt und sich ihr gegenüber verhält. Er tut dies aber nicht in einer etwa veränderten Form des Kalküls einer Zweck-Mittel-Beziehung, da diese Entscheidung gar nicht kalkulierbar ist. In den Termini des Kalküls ist sein Leben eine unendliche Größe, und ein Kalkül mit unendlichen Größen ist schlechthin unmöglich. Als Subjekt tritt er dem Kalkül der Zweck-Mittel-Beziehung gegenüber. Es handelt sich dabei durchaus um eine Rationalität, aber sie ist keine Zweck-Mittel-Rationalität. Die Zweck-Mittel-Rationalität ist linear, während diese andere Rationalität kreisläufig und daher reflexiv ist. Es ist die Rationalität des Naturkreislaufs des menschlichen Lebens. Sie liegt aller Zweck-Mittel-Rationalität zugrunde. Es handelt sich um eine reproduktive Rationalität, denn sie bezieht sich auf die Bedingungen der Möglichkeit des menschlichen Lebens. Daher kann keine Handlung, die als Zweck-Mittel-Rationalität kalkuliert ist, rational sein, wenn ihre Durchführung das Subjekt und damit den handelnden Menschen eliminiert.

Diese zugrundeliegende fundamentale Rationalität macht sich bemerkbar, weil das Zweck-Mittel-Kalkül nicht aufdeckt, welche Effekte ein realisierter Zweck auf die Bedingungen der Möglichkeit des menschlichen Lebens ausübt. Im Licht der Zweck-Mittel-Rationalität kann ein Handeln vollkommen perfekt sein; dennoch kann es im Licht der reproduktiven Rationalität ebenso vollkommen irrational sein. Der Handelnde, der den Ast absägt, auf dem er sitzt, kann aus der Zweck-Mittel-Rationalität seines Handelns keineswegs das Ergebnis ableiten, dass er als Erfolg seines Handelns in den Abgrund stürzt. Er hat gut kalkuliert. Die Säge ist von guter Qualität und gut geschliffen, und seine eigene Arbeit ist mit einem Maximum von Produktivität eingesetzt. Und den Zweck, nämlich den Ast abzusägen, erreicht er optimal. Nur hierüber entscheidet die Zweck-Mittel-Rationalität. Als Subjekt denkt der Handelnde jedoch ganz anders. Als Subjekt urteilt er darüber, was die Verwirklichung dieses Zweckes für sein Leben und Überleben bedeutet. Das Subjekt verwendet natürlich auch Kalküle. Aber dabei handelt es sich nicht um ein Zweck-Mittel-Kalkül, sondern um ein Sachurteil, das die Wissenschaft nicht nur fällen kann, sondern auch fällen muss, das in der Begrifflichkeit Webers jedoch ein Urteil materialer Rationalität ist. Es handelt sich um Leben-Tod-Urteile. Weber lehnt für sein Verständnis von Wissenschaft hingegen solche Urteile radikal ab und verbannt sie in das Gebiet der Werturteile, was in dieser Diktion eben Geschmacksurteile bedeutet. Aber ein handelnder Mensch, der ernsthaft auf solche Leben-Tod-Urteile verzichtet, ist wie ein Mensch, der in der Dunkelheit durch Gegenden voller Abgründe wandelt. Ohne Vorsichtsmaßnahme würde er gewiss in einen dieser Abgründe fallen. Er bräuchte also ein Licht, aber im Namen des Verbots von Werturteilen verbietet man ihm, eine Laterne zu benutzen. Das Ergebnis ist die Irrationalität des Rationalisierten. Wer also die Zweck-Mittel-Rationalität vollständig anwendet, wird eben gerade nicht daran gehindert, völlig irrationale Schritte zu tun. Im Gegenteil: Je mehr er der Zweck-Mittel-Rationalität vertraut, umso größer ist die Gefahr.

Die reproduktive Rationalität kann nur ins Spiel kommen, wenn wir den Handelnden als Menschen verstehen, der über die Zweck-Mittel-Beziehungen hinaus denkt und handelt. Dann begreifen wir ihn als Subjekt, während er innerhalb der Zweck-Mittel-Beziehung Handelnder ist. Als Subjekt ergreift der Mensch die Möglichkeit, Zwecke zu haben. Und die Möglichkeit, Zwecke zu haben, macht das Leben des Menschen aus. Aber als Subjekt darf er nicht alle Zwecke verwirklichen, die realisierbar erscheinen. Er muss vielmehr alle Zwecke ausschließen, deren Verwirklichung die Möglichkeit gefährden würde, zu leben und daher weiterhin Zwecke zu verwirklichen. Als Subjekt kann der Handelnde als die Gesamtheit aller seiner möglichen Zwecke verstanden werden. Dabei muss die Verwirklichung eines jeden Zweckes jedoch mit seiner Existenz als Subjekt in der Zeit vereinbar sein. Wird diese Vereinbarkeit nicht gesichert, zerstört der Handelnde sogar die Möglichkeit zu existieren, das aber heißt, er sägt den Ast ab, auf dem er sitzt.

DIE IRRATIONALITÄT DES RATIONALISIERTEN

Der Handelnde ist ein Naturwesen und als solches ist er sterblich. Er ist ständig der Todesgefahr ausgesetzt, weil er körperlich zur Natur gehört. Aber gerade weil er als körperliches Wesen Teil der Natur ist, kann er auch Subjekt sein, das Zwecke mit geeigneten Mitteln zu verwirklichen sucht, indem es diese Zwecke und Mittel in den Naturkreislauf seines Lebens integriert und damit der reproduktiven Rationalität unterwirft. Innerhalb eines solchen Naturkreislaufs des menschlichen Lebens verhält sich der Mensch als Subjekt. Man könnte sogar von einem Stoffwechsel zwischen dem Naturwesen Mensch und der ihn umgebenden Natur sprechen.

Als Subjekt verstanden ist der Handelnde die Gesamtheit seiner möglichen Zwecke. Daher geht er als Subjekt jedem spezifischen Zweck voraus. Dieses Subjekt muss seine Zwecke innerhalb des Naturkreislaufs des menschlichen Lebens spezifizieren. Deshalb hat das Subjekt Grundbedürfnisse, ohne dass irgendein spezifischer Zweck wirklich notwendig ist. Der spezifische Zweck ist immer auch durch einen anderen spezifischen Zweck ersetzbar. Die Integration in den Naturkreislauf des menschlichen Lebens ist aber die Bedingung dafür, dass der Handelnde überhaupt leben kann. Daher geht einerseits der Mensch als Subjekt all seinen Zwecken voraus, und andererseits geht der Naturkreislauf des menschlichen Lebens wiederum dem Subjekt voraus. Aber diese Voraussetzung ist die Bedingung der Möglichkeit des menschlichen Lebens, und eben nicht durch eine vorgängige Spezifizierung der Zwecke gesetzt. Der Handelnde spezifiziert seine Zwecke, muss sie aber, wenn er sich selbst nicht zerstören will, in den Naturkreislauf des menschlichen Lebens einordnen, da dieser die Bedingung der Möglichkeit aller zu spezifizierenden Zwecke ist.

Eine Anekdote erzählt, dass die Königin Marie Antoinette zu Beginn der französischen Revolution vor ihrem Schloss großen Lärm von menschlichen Stimmen vernahm. Sie fragte ihren Staatsrat nach dem Grund. Dieser antwortete: „Majestät, sie haben kein Brot". Darauf entgegnete die Königin: „Warum essen sie dann keinen Kuchen?" Diesen Zynismus hat sie sehr teuer bezahlt, als nämlich das Volk sie auf die Guillotine schickte.

Aber dennoch hatte sie in gewissem Sinne recht. Dem Volk fehlte nicht spezifisch Brot. Maistortillas, Reis und Bohnen, Kartoffeln, aber auch Fisch und Fleisch, sogar Kuchen hätte seine Bedürfnisse befriedigen können. Es handelte sich eben nicht um irgendein spezifisches Bedürfnis. Aber das Volk hatte ein Grundbedürfnis, das es nicht befriedigen konnte. Wenn der Staatsrat antwortete, dass dem Volk Brot fehlte, bezog er sich nicht notwendig auf Brot als spezifischen Zweck. Er bezog sich auf das Grundbedürfnis zu essen und er brachte es dadurch zum Ausdruck, dass er das Brot nannte, das eben in Frankreich als Grundnahrungsmittel galt. Wenn es kein Brot gab, hätte gewiss auch ein anderes Nahrungsmittel genügt. Aber der Verweis des Staatsrates darauf, dass das Volk kein Brot hatte, bedeutete eben auch, dass es über keinen Brotersatz verfügte. Folglich hatte es Hunger. Wäre Ähnliches in Berlin geschehen, hätte der Staatsrat vielleicht gesagt: Majestät, sie haben keine Kartoffeln. In Peking hätte er gesagt: Majestät, sie haben keinen Reis. Marie Antoinette war sich darüber im Klaren, und deshalb war ihre Antwort zynisch.

In Begriffen der Theorie könnten wir formulieren: das Grundbedürfnis zwingt den Menschen dazu, innerhalb des Naturkreislaufs des menschlichen Lebens zu leben. Außerhalb des Naturkreislaufs gibt es kein Leben, außerhalb des Naturkreislaufs geht der Mensch unter. Dennoch ist kein einziges spezifisches Gut als Zweck unbedingt notwendig. Der Mensch als Subjekt spezifiziert seine Bedürftigkeit in spezifischen Zwecken, und zwar unter den Rahmenbedingungen des Lebens als Naturwesen. Das einfache Zweck-Mittel-Kalkül bedeutet aber keine Sicherheit, dass diese Integration in den Naturkreislauf auch gelingt. Das Zweck-Mittel-Kalkül kann diese Integration auch verhindern oder gar zerstören. Daher muss der handelnde Mensch als Subjekt darauf hin wirken, dass die Zweck-Mittel-Rationalität nicht in Widerspruch zu dieser Integration des Menschen in den Naturkreislauf des menschlichen Lebens gerät. Aus diesem Grund erweist sich die reproduktive Rationalität als grundlegendes Kriterium für die Zweck-Mittel-Rationalität.

Die Bedürftigkeit des Menschen bestimmt alles an der Zweck-Mittel-Rationalität ausgerichtete Handeln. Wird sie jedoch nicht als begründendes und aller Zweck-Mittel-Rationalität vorangehendes Kriterium ins Spiel gebracht, entwickelt sich die Irrationalität des Rationalisierten, die dann sogar die Existenz der Menschheit bedroht.

DIE IRRATIONALITÄT DES RATIONALISIERTEN

Die Bedürftigkeit des Menschen als Naturwesen ist körperlich, aber nicht einfach „materiell". Die Bedürftigkeit ist vielmehr zugleich materiell und spirituell. Der Mensch lebt nicht vom Brot allein, sondern vom gesegneten Brot. Aber der Segen kann das Brot selbst nie ersetzen. Diese materielle Seite der Befriedigung von Grundbedürfnissen ist unersetzlich, wenn sich auch die Grundbedürfnisse historisch erheblich unterscheiden. Die Eingeborenen von Feuerland vor dem Völkermord, der am Anfang des 20. Jahrhunderts zu ihrer Ausrottung führte, lebten fast unbekleidet in einem Klima, in dem ein Europäer heute unter den gleichen Bedingungen nur wenige Tage überleben könnte.

Das Subjekt der reproduktiven Rationalität ist im eigentlichen Sinne nicht ein Subjekt von spezifischen Bedürfnissen, sondern ein bedürftiges Subjekt. Als Naturwesen erlebt es sich als bedürftiges Subjekt dadurch, dass es die Bedingungen der Möglichkeit seiner Existenz befriedigen muss. Diese Notwendigkeit der Befriedigung seiner Grundbedürfnisse spezifiziert es durch Zwecke, die es dann als Handelnder verwirklicht, indem es die dafür erforderlichen Mittel anwendet. Als bedürftiges Subjekt ist es dazu verpflichtet, diese Zwecke der reproduktiven Rationalität zu unterwerfen, indem es sie in den Naturkreislauf des menschlichen Lebens integriert.

Kann ein solches Subjekt zum Objekt der Erfahrungswissenschaften werden? Das scheint mir offensichtlich zu sein. Aber diese Feststellung bedeutet einen Bruch innerhalb der Theorie rationalen Handelns, die sich von Weber herleitet. Der Bruch kann diese Theorie natürlich nicht einfach ablösen oder durch eine andere ersetzen. Das Problem besteht ja nicht darin, dass ihre Geltung bestritten werden müsste, sondern dass sie einen entscheidenden Wirklichkeitsbereich einfach aus dem Zuständigkeitsbereich der Wissenschaften eliminiert. Dadurch macht sie die Irrationalität des Rationalisierten unsichtbar und totalisiert ohne irgendeine Begründung die Zweck-Mittel-Rationalität. Dieses Problem ist gerade ans Licht zu heben, damit die Irrationalität des Rationalisierten sichtbar wird. Erst dann kann das Handeln rational werden. Damit wird die Theorie rationalen Handelns einer tiefgreifenden Veränderung unterworfen, ohne ihre weitere Verwendung damit zu widerlegen. Dabei ist überhaupt nicht bestritten, dass jede Erfahrungswissenschaft auf Sachurteilen und nicht auf Werturteilen gegründet sein muss. Das entscheidende Problem liegt vielmehr darin, dass Sachurteile und Zweck-Mittel-Urteile miteinander identifiziert werden. Es gibt eben Sachurteile, die keine Zweck-Mittel-Urteile sind und auch nicht darauf reduziert werden dürfen. Mit dieser Aussage zerbrechen wir allerdings die scheinbare Konsistenz der Weberschen Theorie rationalen Handelns.

Die Theorie rationalen Handelns geht von der linearen Zweck-Mittel-Beziehung aus, von ihrer Effizienz und von der Bedeutung, die sie durch die Rentabilität im Marktwettbewerb gewonnen hat. Da diese Theorie alle Realität von ihrer partiellen Zweck-Mittel-Beziehung her analysiert, besteht ihr Gültigkeitskriterium letztlich in Falsifizierung oder Verifizierung, also in Versuch und Irrtum. Wenn ein Zweck erreichbar ist, kann man die Mittel aufweisen, die zu seiner Erfüllung genügen. Dieser Nachweis wird falsifiziert, wenn die angegebenen Mittel nicht den vorgesehenen Zweck erreichen. Entweder muss man dann den Zweck aufgeben oder andere Mittel zur Verwirklichung des Zwecks finden. Dieser Prozess von Falsifizierung/Verifizierung ist so partiell wie die Zweck-Mittel-Beziehung selbst. Auch seine Rationalität ist linear.

Urteilen wir hingegen vom Standpunkt des Subjekts und seiner reproduktiven Rationalität aus, lassen sich die Aussagen nicht falsifizieren. Es geht hier eben nicht um empirische Zweck-Mittel-Beziehungen, sondern um eine zirkuläre Rationalität, die das Leben des handelnden Menschen als Subjekt des Handelns einschließt. Das Handeln kann in dieser zirkulären Form nicht falsifizierbar sein. Greifen wir noch einmal auf unser Beispiel zurück: Wer den Ast absägt, auf dem er sitzt, fällt in den Abgrund und findet dabei den Tod. Der Handelnde kann diesen Satz weder falsifizieren noch verifizieren. Der Satz enthält zwar falsifizierbare Elemente, z. B. dass es sich um einen Baum handelt, dass sich darunter ein Abgrund befindet und dass der Handelnde tatsächlich auf dem Ast sitzt, den er absägt. Der oben wiederholte Satz ergibt sich analytisch einfach aus der Tatsache, dass der Handelnde, als Subjekt seiner möglichen Akte, ein Naturwesen ist. Niemand stirbt partiell oder nur ein bisschen. Das Subjekt kann nach der Durchführung der Aktion auch nichts mehr verifizieren, weil es dann tot ist. Also kann es den Akt auch nicht wiederholen, um nach der Methode von Versuch und Irrtum vorzugehen. Nur Beobachter könnten etwas verifizieren, aber sie sind nicht Subjekte des Handelns, über das sie sprechen möchten.

DIE IRRATIONALITÄT DES RATIONALISIERTEN

Bei den Urteilen reproduktiver Rationalität ist einerseits immer das Subjekt als die Gesamtheit seiner möglichen Akte im Spiel, ebenso wie andererseits die Integration des Subjekts in den Naturkreislauf des menschlichen Lebens als Bedingung der Möglichkeit dieses Lebens. Es handelt sich um Beziehungen, die nicht im Rahmen der Zweck-Mittel-Rationalität analysierbar sind. Ihr Wahrheitskriterium lässt sich daher nicht in der Falsifizierung/Verifizierung von Zweck-Mittel- Beziehungen finden.

Das Urteil, um das es geht, handelt davon, ob das Subjekt mit den Ergebnissen eines nach Zweck-Mittel-Kriterien kalkulierten Handelns leben kann. Das Urteil über diese Möglichkeit geht davon aus, dass sich das Subjekt in den Naturkreislauf des menschlichen Lebens zu integrieren hat. Es handelt sich folglich um ein Urteil, das darüber zu befinden hat, ob die beiden Rationalitäten miteinander vereinbar sind, und zwar indem die reproduktive Rationalität über die Zweck-Mittel-Rationalität entscheidet. Das Wahrheitskriterium dieses Urteils ist daher das von Leben und Tod. Das Problem besteht darin, Klarheit darüber zu gewinnen, ob Handlungen, die sich an Zweck-Mittel-Relationen orientieren, mit der Reproduktion des Lebens der Subjekte kompatibel sind. Wahr/richtig ist jene Handlung, die beide Rationalitäten miteinander kompatibel macht. Falsch/unwahr ist jene Handlung, die beide Rationalitäten in Widerspruch zueinander bringt.

Wenn Leben und Tod das Wahrheitskriterium der reproduktiven Rationalität ausmachen, dann muss es auch das Kriterium in letzter Instanz sein. Die Zweck-Mittel-Rationalität verliert ihre Legitimität, wenn sie in Widerspruch gerät – und zwar in einen performativen Widerspruch – zur Reproduktion des Lebens des handelnden Subjekts. Damit ist die Zweck-Mittel-Rationalität der reproduktiven Rationalität untergeordnet. Die Irrationalität des Rationalisierten besteht darin, dass die beiden Rationalitäten in einem offenen Widerspruch zueinander stehen. Dann erdrückt die Zweck-Mittel-Rationalität das menschliche Leben (und das der Natur), so dass ihre potenzielle Irrationalität zu Tage tritt.

Unter dem Blickwinkel reproduktiver Rationalität betrachtet ist das Produkt eines Handelns im Sinne der Zweck-Mittel-Beziehung ein Gebrauchswert, das heißt ein Gegenstand, den zu besitzen über Leben und Tod entscheidet. Dies bedeutet keineswegs, dass die Verfügbarkeit eines bestimmten Produkts über Leben und Tod entscheiden muss. Es bedeutet vielmehr, dass jedes als Gebrauchswert verstandene Produkt zur Gesamtheit der Gebrauchswerte gehört, deren Fehlen den Tod bringt. Dies wiederum hat zur Voraussetzung, dass der handelnde Mensch sterblich ist, dass er also eines Tages unvermeidlich stirbt. Aber das Fehlen von Gebrauchswerten ist der spezifische Grund für einen spezifischen Tod. Daher kann das Leben nur gesichert werden, wenn der Zugang zu den Gebrauchswerten gesichert ist, die das Leben erst möglich machen, die also Bedingung seiner Möglichkeit sind.

Die Theorie rationalen Handelns, die der neoklassischen Tradition des Wirtschaftsdenkens bis heute zugrunde liegt, weigert sich, die Produkte des Zweck-Mittel-Handelns als Gebrauchswerte überhaupt zu erörtern. Auf diese Weise abstrahiert sie von der fundamentalen Bedürftigkeit des Subjekts; sie verwandelt das Subjekt vielmehr in ein Subjekt von Präferenzen. Sie spricht vom Nutzen der Produkte, aber versteht unter Nutzen im Grunde ein Geschmacksurteil, das den Wünschen und Präferenzen des Konsumenten folgt. Auf diese Weise boykottiert sie die wissenschaftliche Diskussion darüber, dass das Subjekt als Naturwesen in den Naturkreislauf des menschlichen Lebens integriert sein muss.

4. Der Zweck-Mittel-Kreislauf und seine Totalisierung

Je mehr das Handeln sich an der Zweck-Mittel-Rationalität orientiert, um so schwerer wird es, die notwendige Unterscheidung der Rationalitäten zu leisten. Tatsächlich ist Zweck-Mittel-Rationalität nur selten so transparent wie am Beispiel des Handelnden, der den Ast absägt, auf dem er sitzt. Die schwindelerregende Entwicklung der sozialen Arbeitsteilung und der entsprechenden Warenbeziehungen in der Moderne verändern die Zweck-Mittel-Rationalität. Mit der wachsenden Komplexität der modernen Gesellschaft haben die Warenbeziehungen einen Zweck-Mittel-Kreislauf begründet, der heute den ganzen Planeten erfasst. Mit wenigen Ausnahmen ist in diesem Kreislauf jeder Zweck das Mittel für einen anderen Zweck. Zwecke und Mittel gehen ineinander über. Der Schuh, der für den Schuster ein

DIE IRRATIONALITÄT DES RATIONALISIERTEN

Zweck ist, ist für den Käufer ein Mittel, um sich zu bewegen. Das Buch, das für den Autor ein Zweck ist, ist Mittel für den Leser. Der Zweck des Produzenten ist ein Produkt oder eine Dienstleistung. Aber dieser Zweck ist wiederum Mittel für den Produzenten, um Einkommen zu erwerben und Zugang zu Produkten zu haben, die er braucht, aber nicht selbst produziert. Was unter dem einen Gesichtspunkt ein Zweck ist, wird unter dem anderen zum Mittel.

Wir haben es mit einer Zirkularität zu tun, die wir auf paradoxe Weise als lineare Zirkularität beschreiben können. Das lineare Zweck-Mittel-Kalkül eines jeden handelnden Menschen integriert sich in einen Zweck-Mittel-Kreislauf, in dem jeder Zweck gleichzeitig Mittel und jedes Mittel zugleich Zweck ist, ohne seinen linearen Charakter zu verlieren. Diese Zirkularität lässt sich am klarsten am Begriff des Marktes erkennen, den die neoklassische Wirtschaftstheorie vermittelt. Sie unterbricht das lineare Kalkül der Handelnden nicht, konstituiert aber einen Markt, der heute zum Weltmarkt geworden ist, indem sie die Zweck-Mittel-Beziehungen linear verbindet. Wir können uns die Zirkularität in Analogie zur Geometrie des Kreises vorstellen. Um den Kreis kalkulieren zu können, wird er in der Geometrie ebenfalls auf paradoxe Weise in Vorstellungen linearer Zirkularität dargestellt. Man kann dabei vom Dreieck als einfachster Form eines Vielecks ausgehen. Die Ecken sind durch gerade Linien verbunden. Wir können uns dann Vielecke mit einer größeren Zahl von Ecken vorstellen. Über das Viereck gelangen wir zum Fünfeck. Erhöhen wir die Zahl der Ecken immer mehr, so werden die geraden Linien, die die Ecken verbinden, immer kürzer und das Vieleck nähert sich immer mehr der Form eines Kreises an. Gehen wir zu einem Vieleck mit unendlich vielen Ecken über, werden diese Linien unendlich kurz. An dieser Grenze wird der Kreis mit dem Vieleck identisch. Mit Hilfe dieser Spekulation errechnet man die Zahl Pi (Pi=3,14...), um den Umfang und die Ausdehnung eines Kreises kalkulieren zu können. Daraus ergibt sich die lineare Zirkularität.

Den Zweck-Mittel-Kreislauf können wir auf analoge Weise erfassen. Jeder handelnde Mensch verwirklicht weiter sein lineares Zweck-Mittel Kalkül, während alle zusammen jene Zirkularität konstituieren, die wir Markt nennen. Nun wird der Markt zum Ort der Zweck-Mittel-Rationalität, und zwar als Zirkularität auf der Grundlage der linearen Kalküle der Handelnden. Durch die Umwandlung der vielen chaotischen Zweck-Mittel-orientierten Akte in die Zirkularität des Marktes entsteht der Markt als Ordnungsgefüge. Dieses Ordnungsgefüge des Marktes entsteht durch einen indirekten (nicht-intentionalen) Effekt der Aktionen eines jeden Handelnden, die sich an Kalkulationskriterien ausrichten, die vom Markt (von Preisen) abgeleitet sind. Seit Adam Smith nennt man die Konstituierung des Marktes die „unsichtbare Hand"; sie bringt die Ordnung auf dem Markt hervor. Das bürgerliche Denken interpretiert diese „unsichtbare Hand" in einem ausschließlich harmonischen Sinn, sodass man ihr eine automatische Tendenz zum Gleichgewicht und zur Verwirklichung des Allgemeininteresses zuschreibt.

Der Markt als Zweck-Mittel-Kreislauf wird sowohl in der Wirklichkeit als auch in der Theorie konstituiert. In beiden Fällen – in der Wirklichkeit und in der Theorie – nimmt man eine Abstraktion vor. Damit der Markt sich als Zweck-Mittel-Kreislauf konstituieren kann, muss das Unternehmen seine Kosten unter Ausschluss der reproduktiven Rationalität kalkulieren. Dies geschieht auf der Basis der doppelten Buchführung. Effekte auf die reproduktive Rationalität erscheinen dann als Externalitäten. Alle Kosten werden durch Preise ausgedrückt. Dies gilt sowohl für den Preis der Arbeitskraft als auch für den der Natur. Sie stellen Extraktionskosten dar, die über die Notwendigkeit der Reproduktion keine Auskunft geben (können). Das Zweck-Mittel-Kalkül wird zur instrumentellen Vernunft.

In diesem Sinne abstrahiert das Unternehmenskalkül auf allen Gebieten von der reproduktiven Rationalität. Es handelt sich um einen realen Prozess der Abstraktion, denn ein Unternehmen, das darauf verzichtet, verliert tendenziell seine Wettbewerbsfähigkeit. Die Theorie des rationalen Handelns und die Wirtschaftstheorie führen auf theoretischem Gebiet die gleiche Abstraktion durch, sobald sie sich die Legitimierung der Konstitution des Marktes als Zweck-Mittel-Kreislauf zur Aufgabe machen. Sie behandeln die Abstraktion von der reproduktiven Rationalität als Problem der Wissenschaftlichkeit, sodass sie alle Urteile, die sich auf die reproduktive Rationalität beziehen, für nicht wissenschaftlich erklären und als Werturteile bezeichnen. Mit der Entstehung der neoklassischen Wirtschaftstheorie Ende des 19. Jahrhunderts gewinnt diese Orientierung der Wissenschaften immer mehr an Boden und wird von Max Weber methodologisch begründet. In ihrer heutigen extremen Form wird alles bürgerliche Wirtschaftsdenken dazu gebracht, im Namen der Wissenschaftlichkeit von der reproduktiven Rationalität zu abstrahieren und sich durch eine Theorie des rationalen Handelns zu begründen, die sich ausschließlich auf die Zweck-Mittel-Rationalität stützt. Weber reduziert als erster alle Sachurteile auf Zweck-Mittel-Urteile. Da sich aber die Erfahrungswissenschaft nur auf Sachurteile stützen kann, werden so die Zweck-Mittel-Urteile zu den einzig legitimen Urteilen der Erfahrungswissenschaften. Alle anderen Urteile denunziert Weber als wertrationale Urteile, ohne auch nur den Versuch zu machen, die Wertrationalität zu definieren. Er bestimmt sie rein negativ als Rationalität aller Urteile, die nicht Zweck-Mittel-Urteile und folglich nicht zweckrational orientiert sind. Solche Urteile fallen nicht in die Kompetenz der Erfahrungswissenschaft. Ihre Rationalität bezeichnet er als materiale Rationalität, der die formale Rationalität der Erfahrungswissenschaft gegenübersteht. Auf diese Weise gelten dann alle Urteile über die reproduktive Rationalität als materiale Rationalität, die in den Wissenschaften keine Rolle zu spielen hat. Damit spiegelt die Methodologie der Wissenschaften perfekt den realen Abstraktionsprozess, der auf dem Markt geschieht, und legitimiert ihn im Namen der Wissenschaftlichkeit. Beide Abstraktionen gehören zusammen. Die Produkte der menschlichen Arbeit werden nun nicht mehr als Gebrauchswerte betrachtet, sondern ihr Wert ergibt sich aus den Wünschen und Präferenzen der Konsumenten, die nach subjektiven Wertschätzungen urteilen.

Sowohl der Markt wie das theoretische Denken werden im Hinblick auf die reproduktive Rationalität völlig orientierungslos. Dem Kriterium des Marktes gelten alle zweckrationalen Handlungen als rational, selbst wenn sie nach den Maßstäben der reproduktiven Rationalität zerstörerische Wirkung haben. Der Markt treibt die zerstörerischen zweckrationalen Handlungen ebenso voran wie jene, die mit der reproduktiven Rationalität kompatibel sind. Den Ast abzusägen, auf dem wir sitzen, ist ebenso rational, wie einen Ast abzusägen, auf dem wir nicht sitzen. Damit entwickelt der Markt unvermeidlich eine Tendenz zur Zerstörung sowohl des Menschen wie der Natur, die die Bedingung der Möglichkeit des menschlichen Lebens ist. Der Wissenschaft aber wurde im Namen der Wissenschaftlichkeit verboten, hier Einspruch zu erheben. Das bezeichnen wir als die Tendenz zur Irrationalität des Rationalisierten. Jeder Schritt vorwärts entspricht dem Diktum des brasilianischen Putschgenerals, der nach dem Militärputsch von 1964 in Brasilien sagte: Brasilien stand vor einem Abgrund; mit dem Militärputsch haben wir einen großen Schritt vorwärts getan.

Aber die Tendenz zur Zerstörung des Menschen und der Natur muss keineswegs irgendeiner bösen Absicht folgen. Sie stellt sich vielmehr als das nicht-intentionale Ergebnis der Zweck-Mittel-Rationalität und ihrer Totalisierung heraus. Der Markt selbst als Koordinationssystem der sozialen Arbeitsteilung bringt dieses Ergebnis hervor. Selbstverständlich können Zerstörungen auch intentional verursacht werden, aber die heutigen Zerstörungsprozesse sind offensichtlich als nicht-intentionaler Effekt der Zweck-Mittel-Rationalität und ihrer Totalisierung zu deuten. Wenn die neoklassische Theorie überhaupt von solchen Effekten spricht, redet sie daher von den „externen Effekten" der Unternehmen. Im Hinblick auf das zweckrationale, linear kalkulierte Handeln mögen sie als extern bezeichnet werden. Wenn man sie aber unter dem Blickwinkel der reproduktiven Rationalität betrachtet, betreffen diese Effekte die menschliche Gesellschaft insgesamt intern.

Diese destruktiven Effekte sind heute überall sichtbar. Die Ausgrenzung eines großen Teils der Menschheit aus der sozialen Arbeitsteilung, die fortschreitende Naturzerstörung und die zunehmende Zerrüttung der sozialen Beziehungen selbst sind nicht zu übersehen. Auch extreme Neoliberale bestreiten sie nicht. Leicht zu übersehen aber, weil nicht unmittelbar sichtbar, ist die Tatsache, dass diese Effekte sich indirekt und damit durchaus nicht-intentional aus den herrschenden Effizienzbegriffen und der Totalisierung der Zweck-Mittel-Rationalität ergeben. Alle Märkte werden dem zentralen Kriterium der Wettbewerbsfähigkeit hemmungslos unterworfen. Die Komplexität des Zweck-Mittel-Kreislaufs tendiert dahin, den kausalen Zusammenhang zwischen der Zweck-Mittel-Rationalität und den Zerstörungsprozessen zu verstecken. Die herrschende Wirtschaftstheorie und die herrschende Methodologie der Wissenschaften tun das Ihrige, um zu verhindern, dass dieser kausale Zusammenhang bewusst wird.

Wir brauchen also eine Erfahrungswissenschaft, die von den Bedingungen der Möglichkeit des menschlichen Lebens und folglich von der reproduktiven Rationalität ausgeht. Diese Erfahrungswissenschaft hat sich als kritische Theorie der heutigen Lebensbedingungen zu verstehen. Aber nicht jede Kritik ist per se schon kritische Wissenschaft. Es geht hier um eine Wissenschaft, welche die Zweck-Mittel-Rationalität auf kritische Weise mit ihrer Grundlage konfrontiert, nämlich mit dem Ensemble der Bedingungen für die Ermöglichung menschlichen Lebens. Die Bedingungen der Ermöglichung menschlichen Lebens schließen notwendig das Leben der Natur ein, weil der Mensch ein Naturwesen ist. Mit dieser reproduktiven Rationalität hat die Erfahrungswissenschaft die Zweck-Mittel-Rationalität zu konfrontieren, und zwar mit dem Ziel, zu begründen, warum das zweckrational orientierte Handeln dem Kriterium der Integration der Menschen in den Naturkreislauf des menschlichen Lebens zu unterstellen ist und welche Chancen es dafür gibt.

Methodologisch ausgedrückt aber setzt eine solche Erfahrungswissenschaft voraus, dass Sachurteile möglich sind, die keine Zweck-Mittel-Urteile sind. Eine kritische Erfahrungswissenschaft kann heute nur von dieser grundlegenden Behauptung entwickelt werden. Das Wahrheitskriterium solcher Sachurteile ist das Kriterium von Leben und Tod und nicht das von Falsifizierung bzw. Verifizierung (Versuch und Irrtum). Die Erfahrungswissenschaft auf der Basis solcher Sachurteile zielt darauf, das zweckrational orientierte Handeln so zu analysieren, dass es mit der reproduktiven Rationalität vereinbar bleibt, und Kriterien für Interventionen zu entwickeln, die gegen ein solches Handeln immer dann eingreifen können, wenn sich herausstellt, dass ein bestimmtes zweckrational orientiertes Handeln mit der reproduktiven Rationalität unvereinbar ist. Implizit ist damit gesagt, dass diese Erfahrungswissenschaft zugleich das Handeln daraufhin zu orientieren hat, eine Gesellschaft und ein Wirtschaftssystem zu konstituieren, die gestatten, das zweckorientierte Handeln an der reproduktiven Rationalität zu messen. Eine solche Erfahrungswissenschaft hat zugleich die Illusionen jedes Wirtschaftssystems aufzudecken, das der Vorstellung eines sich selbst regulierenden Marktautomatismus erliegt, diesen totalisiert und die Maximierung der wirtschaftlichen Wachstumsrate als zentrales Kriterium für Effizienz deutet. Eine solche Erfahrungswissenschaft zeigt auf, was ist, und verfällt dabei keineswegs beliebigen Werturteilen oder Urteilen über das Seinsollen.

Die Marktordnung weist also eine doppelte Dimension auf: Positiv ergibt sich die Marktordnung aus einem sich selbst ordnenden Chaos, zugleich aber bringen ihre destruktiven Tendenzen gegenüber Mensch und Natur eine tödliche Unordnung hervor. Es geht also darum, eine Ordnung zu entwickeln, die auf die Tendenz zur tödlichen Unordnung zu reagieren in der Lage ist.

5. Die Wiederkehr des Verdrängten

Auffällig ist, dass jene Analysen, welche die Zweck-Mittel-Beziehung totalisieren, nahezu vollständig darauf verzichten, ihre eigene Methodologie kritisch zu reflektieren. Die bedeutendsten und einflussreichsten Autoren erfahrungswissenschaftlicher Methodologie – Weber, Wittgenstein, Popper – bemühen sich kaum darum, ihre eigenen Argumente mit Hilfe der von ihnen vertretenen Methodologie zu überprüfen[8]. Daher überrascht es nicht, dass ihre explizite Methodologie immer wieder mit der in ihrer Argumentation implizierten Methodologie in Widerspruch gerät. Argumente, denen sie in ihrer expliziten Methodologie alle Wissenschaftlichkeit absprechen, benutzen sie, um eben diese Methodologie zu vertreten oder auch um die Erfahrungswirklichkeit zu analysieren. Popper lehnt alle Dialektik mit Hilfe dialektischer Argumente ab. Max Weber begründet die Totalisierung des Zweck-Mittel-Kreislaufs und die ausschließliche Wissenschaftlichkeit der formalen Rationalität, die auf zweckrationalen Beziehungen beruht, mit Argumenten materialer Rationalität, die er nach den selbst entwickelten Kriterien seiner Methodologie eigentlich als Werturteile bezeichnen und daher als unwissenschaftlich qualifizieren müsste. Die Autoren bestreiten auch transzendentale Begriffe und die Konzeption eines transzendentalen Subjekts mit Argumenten, die auf transzendentalen Begriffen und der Vorstellung eines transzendentalen Subjekts beruhen. Daher überrascht es auch nicht, dass die weit verbreiteten antiutopischen Argumentationen von der völlig utopischen Vorstellung einer Gesellschaft ohne Utopien leben.

---

[8] Eine Ausnahme machen jene Autoren, die in der Methodologie der Wissenschaften kaum berücksichtigt werden, insbesondere Freud und Einstein. Immer wieder reflektieren sie die in ihren Argumenten enthaltene Methodologie. Die methodologischen Reflexionen Einsteins aber spielen für die genannten Autoren keine Rolle. Und Freud wird neben Marx von ihnen zur Vogelscheuche gemacht.

DIE IRRATIONALITÄT DES RATIONALISIERTEN

Die Gesellschaft, die sich selbst als realistisch bezeichnet und behauptet, ohne Mythen auszukommen, mythologisiert sich selbst, ohne sich dessen bewusst zu werden, dass der von ihr behauptete Realismus selbst eine Mythologie darstellt.

Die Widersprüche sind die Folgen der Totalisierung des Zweck-Mittel-Kreislaufs. Die Widersprüche decken auf, was wir als Wiederkehr des Verdrängten bezeichnen könnten.

Die reproduktive Rationalität verliert in der Realität ihre Wirksamkeit, wenn man die Zweck-Mittel-Rationalität totalisiert und sie allein als Rationalität für wissenschaftliches Denken gelten lässt. Die reproduktive Rationalität ist eben keine Erfindung des Denkens, sondern ein Postulat der Wirklichkeit, das man nicht einfach beiseite schieben kann. Die Totalisierung der Zweck-Mittel-Rationalität bringt zwar das Denken über die reproduktive Rationalität in Misskredit, kann aber die Realität, aus der es stammt, keineswegs zum Verschwinden bringen. Die reproduktive Rationalität wird verdrängt, drängt sich aber durch die Realität immer wieder auf. Je mehr man die reproduktive Rationalität zu delegitimieren sucht, desto negativer macht sich das rein zweckrational orientierte Handeln in bestimmten Effekten bemerkbar, wie zum Beispiel der Ausgrenzung von großen Teilen der Bevölkerung, der Zerstörung der Umwelt, der Unterentwicklung usw. Die Befriedigung der Grundbedürfnisse wird auf unerträgliche Weise beschränkt oder gar unmöglich gemacht. Diese melden sich daher durch Proteste zu Wort. Wo aber lautstarker Protest nicht möglich ist, wie etwa im Falle der Umwelt, wird die Missachtung der reproduktiven Rationalität in Umweltkrisen sichtbar. Luftverschmutzung, Klimaerwärmung, Ausdehnung der Wüsten und zunehmende Erosion sind die Indikatoren dieser Missachtung. Und wo gesellschaftlicher Protest unmöglich ist, da werden soziale Krisen zu Indikatoren für die Missachtung reproduktiver Rationalität: die Krise des menschlichen Zusammenlebens, Migration, Kriminalität und Korruption.

Angesichts dieser Phänomene kehren die verdrängten Bedürfnisse zurück, allerdings bleiben sie in ihrer negierten Form. So sagt etwa Lyotard:

> Das Recht kommt nicht aus dem Leiden, es kommt daher, daß dessen Behandlung das System performativer macht. Die Bedürfnisse der am meisten Benachteiligten dürfen nicht aus Prinzip dem System als Regulator dienen; denn nachdem die Art, sie zu befriedigen, ja

schon bekannt ist, kann ihre Befriedigung seine Leistungen nicht verbessern, sondern nur seine Ausgaben belasten. Die einzige Kontraindikation ist, daß die Nichtbefriedigung das Gefüge destabilisieren kann. Es widerspricht der Kraft, sich nach der Schwäche zu regeln[9].

Das Grundbedürfnis erscheint als extreme Grenze, dessen Rationalität und Legitimität abgelehnt wird. Nicht die Bedürftigen leiden, sondern das System leidet an den Folgen. Das Unterdrückte ist zurückgekehrt.

Auch Max Weber behandelte die Grundbedürfnisse in ihrer rationalen und legitimen Form, als er das Marktsystem zu begründen versuchte. Aber für ihn sind es keine Grundbedürfnisse gegenüber dem System. Das Marktsystem verdankt ihnen die Existenz, aber er kommt nicht zu dem Ergebnis, dass es sich an ihnen zu orientieren hätte.

Das Gleiche geschieht mit dem Schlüsselbegriff der Totalität in Verbindung mit Utopie. Wir haben schon gesehen, dass der Begriff der Totalität sich von der Rationalität der Reproduktion ablöst, indem die Rationalität der Reproduktion in das Grundbedürfnis des Subjekts mündet, sich in den natürlichen Kreislauf menschlichen Lebens einzufügen. Das Subjekt, die Gesellschaft und die Natur begründen sich von dieser Bedingung der Möglichkeit menschlichen Lebens im Totalen her.

Aus der Perspektive der Theorie rationalen Handelns ist die Transformation des Subjekts, ist die Gesellschaft und die Natur im Totalen nicht fassbar. Diese verschwinden aber nicht einfach. Vielmehr wird Totalität anerkannt und indem man sich in sie einfügt, totalisiert das Denken den Zweck-Mittel-Kreislauf. Diese Totalisierung ersetzt die Totalität. Sie kennt verschiedene Ausdrucksformen. Eine der bedeutsamsten ist in der These von der „unsichtbaren Hand" des Adam

---

[9] Lyotard, Jean-François: Das postmoderne Wissen. Ein Bericht. Graz/Wien, 1986, S. 181. Hans Albert sagt das Gleiche mit anderen Worten: „Er muß dabei auch denjenigen ihrer Bedürfnisse und Ideale Rechnung tragen, die unter Umständen nur auf Kosten ihrer Freiheit berücksichtigt werden könnten, also unter Einschränkung ihres Spielraums für autonome Entscheidungen. Zwar wird man heute kaum noch so vermessen sein vorauszusetzen, daß die Staatsgewalt für das Glück der ihr Unterworfenen verantwortlich sei. Aber man muß von ihr zumindest erwarten, daß sie eine freiheitliche Ordnung nach Möglichkeit attraktiv für die Bürger macht, indem sie danach strebt, den Wert der Freiheit für sie zu erhöhen und zu verdeutlichen." (Albert, Hans: Traktat über rationale Praxis, Tübingen 1978, 157f.).

Smith, die wiederum in der These vom Marktautomatismus und dessen „Tendenz zum Gleichgewicht" in der neoklassischen Wirtschaftstheorie weitergeführt wird. Das, was die kritische Theorie von der rationalen Reproduktion fordert, nämlich die Notwendigkeit der Einfügung in den natürlichen Kreislauf menschlichen Lebens, wird in dieser Totalisierung des Zweck-Mittel-Kreislaufs zur Verheißung als Folge blinder Unterwerfung unter den Marktautomatismus, der mit dem „allgemeinen Interesse" identifiziert wird. Genau der Marktautomatismus, der durch seine indirekten Effekte menschliches Leben und Natur zerstört, wird jetzt total gesetzt und als sicherster Weg gefeiert, Leben und Natur zu retten. Dies ist die Utopiegläubigkeit der Bourgeoisie. Diese Totalisierung des Zweck-Mittel-Kreislaufs ist bei Max Weber deutlich sichtbar. Einerseits betont er die Voreingenommenheit menschlicher Erkenntnis:

> Das Licht, welches jene höchsten Wertideen spenden, fällt jeweilig auf einen stets wechselnden endlichen Teil des ungeheuren chaotischen Stromes von Geschehnissen, der sich durch die Zeit dahinwälzt.[10]
> Alle denkende Erkenntnis der unendlichen Wirklichkeit durch den endlichen Menschengeist beruht daher auf der stillschweigenden Voraussetzung, daß jeweils nur ein endlicher Teil derselben den Gegenstand wissenschaftlicher Erfassung bilden, daß nur er ‚wesentlich' im Sinne von ‚wissenswert' sein solle.[11]

Wenn Weber die erste Aussage ernst nimmt, dann darf er nicht vom allgemeinen Gleichgewicht der Märkte sprechen, sondern muss sich darauf beschränken, vom Gleichgewicht im Kohle- oder Stahlmarkt zu sprechen. Und wenn er behauptet, die Wirklichkeit sei unendlich, dann spricht er nicht von einem Teil der Wirklichkeit, sondern von der Totalität. Er spricht davon, um zu behaupten, dass kaum ein Teil davon bekannt ist. Er argumentiert mit dem Ganzen, um zu zeigen, dass die Wissenschaft von ihm nicht sprechen kann. Warum zeigt er uns nicht, dass unsere Erkenntnis begrenzt ist, ohne in diesem Argument auf den Begriff unendlicher Totalität der Wirklichkeit zurückzugreifen? Es ist offensichtlich, dass dies ein logisch unmögliches

---

[10] Weber, Max, Die „Objektivität" sozialwissenschaftlicher und sozialpolitischer Erkenntnis, in: ders., Gesammelte Aufsätze zur Wissenschaftslehre, Tübingen 1968, 146-214, 213f.
[11] Ebd., 171.

Anliegen wäre. Deshalb ist sein Argument in sich widersprüchlich. Nähme man den Bezug auf die Totalität der Wirklichkeit weg, bliebe es reines Geschwätz.

Aber Weber bezieht sich auf das Ganze der Wirklichkeit nicht nur in diesen negativen Begriffen. Wenn er vom allgemeinen Gleichgewicht der Märkte spricht, denkt er auch in positiver Weise über die Totalität der Märkte nach und entdeckt in ihnen die „unsichtbare Hand" des Adam Smith:

> Diese Erscheinung, daß Orientierung an nackten eigenen und fremden Interessenlagen Wirkungen hervorbringt, welchen jenen gleichstehen, die durch Normierung – und zwar sehr oft vergeblich – zu erzwingen gesucht werden, hat insbesondere auf wirtschaftlichem Gebiet große Aufmerksamkeit erregt: sie war geradezu eine der Quellen des Entstehens der Nationalökonomie als Wissenschaft." [12]

Er rechnet der Totalisierung des Gesamten aller Märkte einen analogen Effekt zu, wie der Orientierung, die „durch Normierung – und zwar sehr oft vergeblich – zu erzwingen gesucht wird", das heißt, von einer Ethik der Brüderlichkeit. Das ist das allgemeine Interesse des Adam Smith. Es ist eben nicht „ein endlicher *Teil* der Wirklichkeit", sondern eine unendliche Totalität, von der er gesagt hat, dass sie von der Wissenschaft nicht behandelt werden könne. Aber es ist eben nicht das konkrete Ganze des natürlichen Kreislaufs menschlichen Lebens, sondern eine Totalisierung des Marktautomatismus.

Aus der Totalisierung des Zweck-Mittel-Kreislaufs und aus der Missachtung des Naturkreislaufs des menschlichen Lebens entwickelt sich in der Moderne die ständige Tendenz zum Totalitarismus. Heutzutage macht die neoliberale Politik mit ihren Strukturanpassungsmaßnahmen diese Tendenz zum Totalitarismus erfahrbar. Die Demokratie, die den Neoliberalismus betreibt, erweist sich immer mehr als eine von totalitären Zügen bestimmte Demokratie. Schon früher haben wir es mit solchen Entwicklungen zu tun gehabt. Insbesondere der Stalinismus war ein Produkt dieser Totalisierung des Zweck-Mittel-Kreislaufs. Das „Allgemeininteresse", das der Kapitalismus als Ergebnis der „unsichtbaren Hand" des Marktautomatismus bezeichnet, wird im Stalinismus „Kommunismus" genannt, der auto-

---

[12] Weber, Max, Soziologische Grundbegriffe § 4, in: ders., Wirtschaft und Gesellschaft, hrsg. von J. Winckelmann, Tübingen ⁵1980, 15.

matisch aus der zentralen Planung hervorgehen wird. Sogar der Nationalsozialismus weist eine ähnliche Struktur auf. Er verheißt zwar kein Allgemeininteresse, aber eine Bestimmung des Menschen jenseits eines jeden Humanismus ebenfalls auf der Grundlage des Zweck-Mittel-Kreislaufs, der vom Paroxysmus des totalen Krieges angetrieben wird. Dieser Totalitarismus erweist sich zugleich als erster extremer Antiutopismus der Moderne.

Diese Tendenz des totalisierten Zweck-Mittel-Kreislaufs zum Totalitarismus beweist wiederum, dass die Totalität nicht verschwindet, wenn die Totalität des Naturkreislaufs des menschlichen Lebens geleugnet wird. Das Verdrängte kehrt in pervertierter Gestalt zurück.

6. Das Subjekt als Objekt der Erfahrungswissenschaften und die Behauptung des Subjekts als Subjekt

Wenn empirische Wissenschaft von den Bedingungen der Möglichkeit des Subjekts als Naturwesen spricht, dann spricht sie als kritische Wissenschaft vom Subjekt auf paradoxe Weise. Um vom Subjekt zu sprechen, muss sie es als Objekt behandeln. Vom Subjekt als Subjekt zu sprechen, transzendiert die Kompetenz jeder Erfahrungswissenschaft. Dieses Transzendieren geschieht in der Philosophie, in der Theologie und im Mythos.

Aber die Notwendigkeit, die empirische Wissenschaft zu transzendieren, ist weder philosophisch noch mythisch. Sie ist vielmehr empirisch. Diese Notwendigkeit ergibt sich aus der Tatsache, dass sich die Probleme der reproduktiven Rationalität nicht mit Hilfe eines Kalküls lösen lassen, das dem Kalkül der Zweck-Mittel-Rationalität vergleichbar wäre, weil dieses Kalkül sich selbst genügt.

Am besten lässt sich dies am Unternehmen verdeutlichen, das Kosten und Gewinne kalkuliert. Gewinne entstehen durch die Differenz zwischen den Produktionskosten und dem Preis des hergestellten Produktes (bzw. der Dienstleistung). Die Maximierung der Zweck-Mittel-Beziehung misst man mit Hilfe des erzielten Gewinnes.

Die Kosten sind reine Extraktionskosten. Im Lohn spiegeln sich die Extraktionskosten menschlicher Arbeitskraft. Nicht nur die Arbeitskraft anderer wird extrahiert, sondern der Unternehmer extrahiert auch eigene Arbeitskraft. Wie man den anderen Arbeitskraft entzieht, so entzieht der Unternehmer sich auch selbst Arbeitskraft. Aus diesem Grunde kalkuliert der Unternehmer auch seine eigene Arbeitskraft mit Hilfe des „Unternehmer-Einkommens", das er sich selbst als Eigentümer auszahlt.

Ebenso wird der sogenannte „Rohstoff" aus der Natur extrahiert. Aber die Natur erhält dafür keinen Lohn[13]. Die Extraktionskosten für den „Rohstoff" setzen sich zusammen aus der für die Förderung der natürlichen Ressourcen notwendigen Arbeitskraft mit den zur Extraktion notwendigen Produktionsmitteln. Um der Natur die natürlichen Ressourcen abzuringen, entstehen die Kosten. Den Erfolg solcher Aktivität misst man wieder durch die Gewinne. Wenn das der Natur abgerungene Produkt zu einem Preis verkauft wird, der höher ist als die bei der Extraktion entstandenen Kosten, entsteht ein Gewinn, der die Zweck-Mittel-Rationalität des Vorgehens nachweist.

Aus all diesen Gründen tauchen die möglichen destruktiven Effekte, die sich aus diesem Kalkül für den Menschen und die Natur ergeben können, im Kalkül des Unternehmens nicht auf. Aus dem Blickwinkel des Unternehmens handelt es sich um indirekte bzw. externe Effekte. Die Kosten für das Fällen eines Baumes entstehen aus der Entlohnung der dafür eingesetzten Arbeitskraft und dem Preis für das verwendete Produktionsmittel (z. B. eine Säge). Wenn sich irgendwo durch massenhaftes Fällen von Bäumen die Wüste ausbreitet oder das Klima katastrophal verändert, wird das Unternehmen diese Folgen nicht als Kosten betrachten. Und zwar nicht nur, weil das Unternehmen diese indirekten Effekte faktisch nicht als Kosten

---

[13] Neoklassische Wirtschaftswissenschaftler aber glauben das. So sagt Samuelson: „Niemand erwartet, daß der Wettbewerbslohn eines Menschen der gleiche sei wie der eines Pferdes." II, 261.
Das ist Zweck-Mittel-Fantasterei. Ich wüsste nicht, dass Pferde Lohn bekommen, und schon gar keinen Wettbewerbslohn. Bekommt die Erde einen Lohn, wenn man sie düngt? Bekommt der Sklave einen Lohn, wenn er etwas zu essen bekommt? Diese Begriffskonfusion unserer Wirtschaftswissenschaftler hat nur einen Sinn: den der Gehirnwäsche für Studenten der Wirtschaftswissenschaften. Sie sollen lernen, dass die Wirklichkeit Geld ist und die konkrete Wirklichkeit eine Illusion, bestenfalls eine Quelle von Reibungsverlusten. Sie sehen dann die Wirklichkeit *sub specie competenciae perfectae*, so wie man sie vorher *sub specie aeternitatis* sah.

in Rechnung stellt, sondern weil es dazu gar nicht in der Lage ist. Weder ein kapitalistisches noch ein sozialistisches Unternehmen könnte ein solches Kalkül vornehmen. Diese Art von Kalkül ist die Bedingung dafür, dass das Kalkül sich selbst genügen und dass das Unternehmen als eigenständige Produktionsinstanz existieren kann. Dennoch untergraben die indirekten Effekte der Zweck-Mittel-Rationalität die reproduktive Rationalität des menschlichen Lebens und der Natur, deren Reproduktion notwendige Voraussetzung für das Leben des Menschen ist. Die Totalisierung der Zweck-Mittel-Rationalität ist für diese indirekten Effekte verantwortlich. Deshalb können sie auch nicht durch eben diese Rationalität überwunden werden. Die indirekten Effekte machen die Irrationalität des Rationalisierten sichtbar.

Die reproduktive Rationalität ist also nicht auf das Kostenkalkül reduzierbar. Sie ergibt sich vielmehr erst aus diesem Kalkül. Das Kalkül eines autonomen Unternehmens lässt sich überhaupt nur erstellen, weil das Unternehmen die Kosten auf die Extraktionskosten reduziert. Dafür müssen sowohl die Kostenfaktoren als auch der Zweck sich an begrenzten Mitteln orientieren. Sobald irgendein Kostenfaktor sich als unendlich erweist, wird das Kalkül unmöglich. Jedes Kalkül rechnet mit Mengen; das Unendliche aber ist keine Zahl, sondern ein Grenzwert jenseits jeglicher erfassbaren Zahl. In der Logik reproduktiver Rationalität dagegen haben wir es mit Kosten zu tun, die nach unendlich tendieren. In Kalkulationsbegriffen dargestellt verursacht der Tod für den Handelnden unendliche Kosten; deshalb lässt sich die Beziehung zum Tod nicht durch ein Kostenkalkül erfassen. Dasselbe gilt, wenn fruchtbares Land in Wüste verwandelt wird. Ein eindeutiger Kostenausdruck dafür ist gar nicht möglich, sondern es handelt sich schlechthin um eine Katastrophe für all jene, die dort gelebt haben. Es gibt auch keine Opportunitätskosten. Es handelt sich um eine Katastrophe, die eben verhindert werden muss, aber nicht kalkulierbar ist.

Kalkulation lebt von Voraussetzungen, die nicht auf das Kalkül reduzierbar sind. Aus diesem Grund ist jede Kalkulation sekundär und von relativer Bedeutung. Reproduktive Rationalität zwingt uns folglich zu nicht quantifizierbaren Kriterien[14]. Diese Ausgangslage verpflichtet

---

[14] Diese Behauptung bedeutet für die Wissenschaft, die aus der Zweck-Mittel-Ratio-

KAPITEL I

dazu, den Blickwinkel einer Wissenschaft zu transzendieren, die das Subjekt als ihr Objekt betrachtet, und uns darum zu bemühen, das Subjekt als Subjekt in seiner Subjektivität erkennen zu können.

7. Das „Paradox des Lebemanns" und die Objektivität der Wirklichkeit

Das Paradox des Lebemanns lautet: „Das Leben ist zu teuer geworden; ich werde mir eine Kugel in den Kopf schießen, um das wenige zu sparen, das ich noch habe." Darin besteht der Paroxysmus der Zweck-Mittel-Rationalität. Das Paradox zeigt, wo diese Rationalität ihre Grenze hat. Das Wenige, das man hat, wird durch den Selbstmord annulliert. Der Gedankengang selbst aber ist in den Termini der Theorie rationalen Handelns von Max Weber logisch völlig einwandfrei. Der Zweck besteht im Sparen, und das Mittel dafür ist, nicht weiterzuleben. Die Absurdität aber, in die das Beispiel führt, beweist, dass auch die Zweck-Mittel-Rationalität nur dann möglich ist, wenn der handelnde Mensch leben kann. Zu leben und zu überleben, ist die letzte Instanz aller Rationalität. Wenn man diese Bedingung nicht ausdrücklich in das Kalkül einführt, führt das Kalkül zu der Absurdität, für ein endliches Ziel unendliche Kosten als Mittel aufzuwenden. Damit aber wird es unmöglich, das Zweck-Mittel-Kalkül überhaupt anzuwenden. Das gilt jedoch nur, solange es im Rahmen der angeblichen Geltung der Theorie rationalen Handelns angewendet werden soll. Will man das Zweck-Mittel-Kalkül innerhalb der Grenzen des Möglichen anwenden, lässt sich das nur dadurch erreichen, dass man die Zweck-Mittel-Rationalität der reproduktiven Rationalität unterwirft. Die von Max Weber entworfene Theorie rationalen Handelns kann das Problem nicht einmal sehen. Deshalb wird sie schließlich sinnlos und absurd, solange nicht die Bedingungen der Möglichkeit des Zweck-Mittel-Handelns in die Theorie eingeführt werden.

---

nalität eine totalisierende Größe macht, einen Horror. Max Planck behauptet: Wirklich ist, was messbar ist. Solcherart Reduktion der Realität auf das Kalkulierbare untergräbt jegliche reproduktive Rationalität und macht eine zukunftsfähige Gesellschaft unmöglich.

Das Paradox lässt sich nur lösen, wenn man die Sprache selbst transzendiert. Sie wird nicht durch eine Metasprache transzendiert, sondern durch das lebendige Subjekt[15], das sich als Subjekt sowohl des Handelns als auch der Sprache versteht. Indem es die Sprache transzendiert, kann es dem Sprechen einen Sinn geben. Die Alltagssprache ist eindeutig, weil sie darauf verweist, dass sie transzendiert werden muss. Dagegen ist die analytische Sprachphilosophie keineswegs eindeutig. Aus diesem Grunde enthüllt die Frage nach der Menge aller Mengen – das sogenannte Russel-Paradox – , dass kein einziges formales System in sich selbst konsistent ist. Nur das menschliche Leben vereint die Menge aller Mengen. Das Leben ist nicht die Menge aller Mengen, sondern die Bedingung der Möglichkeit für alle Mengen. Das Subjekt führt alle Mengen zusammen, weil es die Totalität des Lebens darstellt.

Aber auch die Diskursethik landet bei diesem Paradox. Wenn alle Sprecher gemeinsam und einstimmig den kollektiven Selbstmord beschließen, haben sie eine universale Norm formuliert, die dieser Ethik

---

[15] Vgl. Arthur Millers „Tod eines Handlungsreisenden": Der Handlungsreisende begeht in einer verzweifelten Lage Selbstmord, um seiner Familie die von ihm abgeschlossene Lebensversicherung auszahlen zu lassen. Die Handlung wahrt einen Anschein von Sinn, weil der Handlungsreisende sich nicht mit dem Ziel umbringt, die Lebensversicherung selbst ausgezahlt zu bekommen. Der scheinbare Sinn beruht auf dem Lebensopfer. Er opfert sich, damit seine Familie leben kann. Aber die Familie weist dieses Opfer zurück, weil sie ihn liebt und nicht das Geld, selbst wenn sie nur unter schwierigen Bedingungen weiterleben kann. Unsinnig wird das Opfer dadurch, dass der Handlungsreisende sich von seiner Subjektivität verabschiedet. Er macht sich selbst zu einem Objekt. Gleich unsinnig wäre die Maxime: „Säge den Ast ab, auf dem der andere sitzt, und nicht du!" In der christlichen Tradition gibt es ein anderes Phänomen, das man manchmal als Opfer bezeichnet, nämlich das Martyrium. Martyrium bedeutet Zeugnis. Es unterscheidet sich völlig vom Opfer. Der Märtyrer wird umgebracht, weil er sich selbst als Subjekt versteht und damit auch die Subjektivität anderer Menschen bekräftigt. Der Märtyrer behauptet seine Subjektivität, selbst wenn man ihn umbringt. Daher sind weder der Tod des Erzbischofs Romero noch jener der Jesuitenkommunität von San Salvador als Opfer zu betrachten, sondern als Zeugnisse. Der Märtyrer hält selbst dann an seinem Zeugnis fest, wenn er weiß, dass man ihn umbringen wird. Jene, die ihn umbringen, begehen das Verbrechen des Menschenopfers: „Es ist besser, wenn ein Mensch für das Volk stirbt, als dass das ganze Volk zugrunde geht". Also ist das Martyrium selbst beredte Subjektivität, während die Ermordung die gewalttätigste Form der Verweigerung von Subjektivität darstellt. Wahr ist, dass die christliche Tradition gegenüber dem Martyrium zweideutig ist. Häufig wurde es zum Opfer reduziert. Aber jedes Menschenopfer ist ein Verbrechen.

gemäß gültig sein muss. Sollte allerdings diese Norm angewendet werden, würde sich die Wirklichkeit auflösen, denn sie lässt sich nur einmal anwenden. Der Diskurs mündet also in Sinnlosigkeit und Absurdität. Apel glaubt, die Auseinandersetzung mit dem Skeptiker führen zu müssen. Aber das ist falsch. Er müsste sie mit dem Selbstmörder führen. Um ihm zu antworten, muss man die Bedingung der Möglichkeit des Diskurses einführen, die die Bedingung der Möglichkeit des gesamten menschlichen Lebens ist. Damit wird der sprechende Mensch zu einem körperlichen Naturwesen, das durch die Sprache sein konkretes Leben reflektiert. Wenn dieses Naturwesen nicht leben kann, kann es auch über die Wirklichkeit nicht sprechen. Die Wirklichkeit ist eine Sache von Leben und Tod, und nicht ein Problem der „Objektivität der Dinge" als solcher. Das Denken des sprachbegabten Naturwesens Mensch wird dann paradox, wenn es als sprachbegabtes Wesen von der Tatsache abstrahiert, dass es ein Naturwesen ist. Dieses Paradox weist auf den performativen Widerspruch hin.

8. Das Lernen gegenüber dem Kriterium von Leben und Tod

Unter dem Blickwinkel der Zweck-Mittel-Rationalität versteht man Lernen als das Ergebnis von trial and error, von Versuch und Irrtum. Ein Experiment ist unter jeweils anderen Bedingungen und wieder neuen Lernerfahrungen solange wiederholbar, bis es ein Ergebnis zeitigt. Dem Lernmodell von Versuch und Irrtum liegt die Vorstellung einer reversiblen Welt zu Grunde. Durch Versuch und Irrtum hindurch sucht und findet man die Mittel für einen bestimmten Zweck. Will man zum Mond, sucht man die Mittel, bis man sie findet. Dient das eine Mittel dem Zweck nicht, sucht man ein anderes. Auch in solchen Lernprozessen verbirgt sich stets eine – funktionale – Ethik. Es geht um formale Werte des Handelns wie Disziplin, Aufmerksamkeit, Verantwortung usw. Im Kontext der Totalisierung des Zweck-Mittel-Kreislaufs fördern diese Werte eine Haltung der Demut im Sinne der Unterwerfung unter die Erfordernisse des Zweck-Mittel-Kreislaufs. Wenn man von Anthropozentrismus redet, meint man diese Rationalität. Aber der Mensch steht gar nicht in ihrem Mittelpunkt. Es handelt sich vielmehr um einen Marktzentrismus bzw. Kapitalzentrismus, der den Menschen nach seinem eigenen Bild erschafft als ein Wesen ohne Körper, aber mit einer Seele, die ihren Platz in der Geldbörse hat. Noch allgemeiner betrachtet könnte man von einem „Seelenzentrismus" sprechen, der nicht nur den Kapitalismus, sondern auch den historischen Sozialismus umfasst. Es geht also um ein Phänomen der gesamten okzidentalen Zivilisation, nicht nur um einen klar umrissenen Teil innerhalb dieser Zivilisation.

Unter dem Blickwinkel der reproduktiven Rationalität ergibt sich ein ganz anderes Verständnis des Lernprozesses. Das Subjekt weiß sich mit dem Tod konfrontiert und lernt, den Tod zu vermeiden. Bei diesem Lernprozess geht es nicht darum, einen bestimmten Zweck zu verwirklichen, sondern alles dafür zu tun, dass kein Zusammenbruch geschieht, der das Subjekt aller Chancen zur Verwirklichung von Zwecken beraubt. Hinter dieser reproduktiven Rationalität steht die Bedrohung durch den Tod. Die bedrohliche Nähe des Todes erfährt man im „Quasi-Unfall". Ein Unfall mit Todesfolge lässt solche Erfahrung nicht mehr zu. Der Quasi-Unfall hingegen gehört zur Alltagserfahrung. *Media vita in morte sumus.* Der Quasi-Unfall begleitet alles Leben als ständige Erfahrung und als Aufforderung zum Lernen. Aus der Bejahung des Lebens folgt die Entscheidung, alles zu vermeiden, was als Quasi-Unfall erlebt wurde, und zu verhindern, dass sich so etwas wiederhole, auch unter anderen Bedingungen. Diese Lernerfahrung steht im Gegensatz zu jener durch Versuch und Irrtum. Das Lernen aus dem Quasi-Unfall ist negativ: Man muss alles tun, damit sich die Situation nicht wiederholt. In der Bejahung des Lebens geht es also nicht um die Verwirklichung eines bestimmten Zweckes, sondern um ein Projekt, nämlich um das Projekt, sich als Subjekt zu erhalten, das bestimmte Zwecke verwirklichen will, also um das, was der Verwirklichung aller Zwecke zu Grunde liegt. Das diesem Projekt entsprechende Handeln zielt darauf, alle Zwecke in das Projekt, das das Leben ausmacht, zu integrieren, das heißt alle Lebensbedrohungen auszuschalten, damit im Leben Zwecke verwirklicht werden können. Zwecke, die sich in ein solches Projekt nicht integrieren lassen, gelten als illusionär, selbst wenn sie sich technisch realisieren ließen. Würde das Subjekt solche Zwecke verwirklichen, sägt es den Ast ab, auf dem es sitzt. Der Quasi-Unfall bietet die Chance zu lernen, um den Unfall zu verhindern. Der Unfall mit Todesfolge dagegen bietet keinerlei Lernchance mehr, weil er jeden möglichen Lernprozess unterbindet. Daher ist der Unfall eben nicht mit dem Irrtum zu verwechseln, der im Lernprozess von Versuch und Irrtum eine Hypothese falsifiziert. Aus diesem Grund kann es hier nicht darum gehen, einen möglichen Irrtum im Kontext einer Hypothese zu vermeiden, sondern den Tod zu vermeiden, der das Projekt des Lebens beendet[16]. Das Projekt des Lebens aber ist nicht notwendig nur das Projekt eines Einzellebens, sondern kann auch das Projekt des Lebens der Menschheit sein, in das alle Zwecke der Menschheit integriert werden müssen, damit das Projekt möglich bleibt. Das Lernen in der Logik der reproduktiven Rationalität bezieht sich daher auf eine unbekannte Zukunft mit der Möglichkeit des Scheiterns. In dem dieser Logik entsprechenden Handeln sind ebenfalls implizit Werte im Spiel, aber andere als jene der funktionalen Ethiken: Werte der Solidarität, der Achtung vor dem eigenen Leben und dem Leben der anderen, einschließlich der Natur, Werte der Weisheit und der Vorsicht. Solche Werte relativieren die Zweck-Mittel-Rationalität und geben ihr den Charakter einer untergeordneten, sekundären Rationalität. Schon diese Relativierung selbst ist eine Frage auf Leben und Tod. Denn die totalisierte Zweck-Mittel-Rationalität übersieht, dass diese Werte als Bedingung der Möglichkeit menschlichen Lebens notwendig sind.

Das Lernen aus der Konfrontation mit Leben und Tod begleitet notwendig jedes Zweck-Mittel-orientierte Handeln und erweist sich geradezu als seine wirkliche Grundlage. Die Möglichkeit, ein Handeln nach Versuch und Irrtum, also als reversibles Handeln, zu verstehen,

---

[16] Popper spricht über „Gesetze wie das, nach dem der Mensch nicht ohne Nahrung leben kann [...]", vgl. Popper, Karl: Elend des Historismus, S. 50/51, Fußnote 15. Popper hält diesen Satz für eine falsifizierbare Behauptung. Diese Behauptung zu falsifizieren, hieße aber, den eigenen Tod oder den Tod anderer herbeizuführen. Die Falsifikation wäre also als Mord oder als Selbstmord zu bezeichnen. Hier geht es um das Wahrheitskriterium von Leben und Tod, nicht um Falsifikation bzw. Verifikation. Wissen entsteht nicht ohne einen lebendig handelnden Menschen. Dieser ist Subjekt. Der Lernprozess des Subjektes beruht auf unumkehrbaren Prozessen. Deshalb lässt er sich nicht in Begriffen der Hypothese erfassen, die eine Reversibilität im Sinne von Versuch und Irrtum zur Voraussetzung hat. Der handelnde Mensch als Subjekt kann die im Popperschen Satz behauptete Erfahrung nicht zweimal machen; falls das Resultat des Experiments negativ ausfällt, wird er es nicht mehr zur Kenntnis nehmen können.

ist immer beschränkt. Immer ist die Leben/Tod-Beziehung gegenwärtig und zeigt, dass Reversibilität nur vorläufig ist. Bereiche der Reversibilität lassen sich systematisch entwickeln, z. B. in Werkstatt und Laboratorium. Aber der GAU droht immer, nie ist die Sicherheit garantiert, einen Prozess wiederholen zu können; und jede Wiederholung ist immer nur eine annähernde Wiederholung. Nach der Versuch/Irrtum-Methode kann man nicht einmal eine vielbefahrene Straße überqueren. Ständig droht der Unfall. Ständig lernt man aus Quasi-Unfällen. Ständig droht die Gefahr, aus dem Naturkreislauf des menschlichen Lebens herauszufallen, vor allem, wenn die Befriedigung körperlicher Grundbedürfnisse nicht gesichert ist. Daraus ergibt sich ständig das Bemühen, sich in den Naturkreislauf des menschlichen Lebens zu integrieren und diese Integration zu sichern. In diesem Kreislauf muss man einen Platz haben, um auf seiner Basis weiterhin Zwecke verfolgen zu können.

Die reproduktive Rationalität muss man als ebenso „erfahrungswissenschaftlich" qualifizieren wie die Zweck-Mittel-Rationalität. Die Erfahrungswissenschaft muss sich mit ihr auseinandersetzen, wenn sie wirklich den Anspruch erhebt, empirische Wissenschaft zu sein. Damit aber wird die traditionelle Unterscheidung von Erfahrungswissenschaften und Geisteswissenschaften, von Erfahrungswissenschaft und Philosophie (sowie Mythos, aber auch Theologie) weitgehend obsolet.

Das Lernen in der Konfrontation mit Leben und Tod transzendiert die Zweck-Mittel-Beziehung. Die Erkenntnis, die dieses Lernen erwirbt, kann also nicht auf Zweck-Mittel-Beziehungen reduziert werden. In dieser Erkenntnis erfährt sich das Subjekt vielmehr ständig als ein Subjekt, das sich nicht darauf beschränken kann, sich als individualistisch handelnder Mensch zweckrational zu verhalten. Wenn das Subjekt in diesem Lernprozess Urteile fällt, bleibt es stets ein Subjekt, das sich selbst und andere als ein Subjekt behandelt, das Objekt der Erkenntnis ist.

Damit ist zugleich die Grenze erreicht, das Subjekt als Objekt zu analysieren. Jenseits dieser Analyse tritt eine Dimension zutage, von der wir zwar sprechen können, die aber nicht Gegenstand der Analyse werden kann. Diese Dimension ist vielmehr die Bedingung dafür, dass das Subjekt überhaupt handeln kann. Es geht um die Dimension der gegenseitigen Anerkennung zwischen Subjekten. Ohne diese gegenseitige Anerkennung findet das Subjekt in seinem Handeln nicht zu der Bestätigung, die es für sein Leben braucht. Das Subjekt muss das Leben des anderen Menschen möglich machen und damit bestätigen; nur dann wird es auch das eigene Leben anerkannt und bestätigt finden. Es geht in diesem Fall nicht darum, dass Dialogpartner sich gegenseitig als sprechende Menschen anerkennen. Es geht vielmehr darum, dass die Subjekte sich gegenseitig als Naturwesen anerkennen, die nur dann existieren können, wenn sie einander dazu verhelfen, sich in den Naturkreislauf des Lebens zu integrieren. Leben und Tod gegenüber kann sich niemand allein retten.

9. Die Rationalität der Verrücktheit und die Verrücktheit der Rationalität

Die Vorstellung von einem Individuum, das sich aus sich selbst und für sich allein konstituiert, stellt eine Falle dar. Charles Kindleberger weist in seiner Analyse von Börsenpaniken nach, worin diese Falle besteht.[17] An der Börse wird die Problematik des totalisierten Zweck-Mittel-Kreislaufs, der den Markt als Automatismus begründet, am deutlichsten sichtbar. Gerät die Marktordnung in eine Krise, werden die in der Marktordnung enthaltenen Sachzwänge und die durch sie verdeckte Unordnung erkennbar. Die Marktteilnehmer werden durch die Krise in einen Strudel gezogen, aus dem sie keinen Ausweg wissen. Die Irrationalität des Rationalisierten triumphiert. Nach Kindleberger bringt ein Börsenspekulant die Falle mit diesem Satz auf den Punkt: „When the rest of the world are mad, we must imitate them in some measure."[18]

Die Totalisierung des Marktes führt zum Verzicht auf jedes rationale Vorgehen. Rational ist jetzt, verrückt zu sein. Alle Kriterien geraten durcheinander, aber ein Ausweg ist nirgendwo zu finden, obwohl

---

[17] Kindleberger, Charles P.: Manias, Panics and Crashes: A History of Financial Crises. Basic Books, New York, 1989.
[18] Kindleberger, a. a. O., S. 33.

alle sich von ihrem individuellen Standpunkt aus rational verhalten. Wohin diese „verrückte Rationalität" führt, fasst Kindleberger in dem Satz zusammen:

> Each participant in the market, in trying to save himself, helps ruin all.[19] (Wenn jeder sich selbst zu retten versucht, trägt er zum Ruin aller – also auch zu seinem eigenen – bei.)

Alle wollen sich selbst retten, aber indem jeder sich ganz individuell und allein retten will, machen alle gemeinsam die Rettung aller unmöglich. So verhält man sich nicht nur an der Börse, sondern auch im Markt, wenn dessen Automatismus totalisiert wird.

Es ist eine notwendige, aber keine hinreichende Bedingung, sich selbst retten zu wollen. In einer solch verrückten Lage müssen alle menschlichen Beziehungen neu bestimmt werden. Es gibt nur dann einen Ausweg, wenn alle sich gegenseitig als Subjekte anerkennen, die auf der Grundlage dieser gegenseitigen Anerkennung einander dazu verhelfen, die Grundbedürfnisse zu befriedigen, und den Zweck-Mittel-Kreislauf diesem Ziel unterwerfen. Von dieser Anerkennung aus ist eine Solidarität nötig, die nur möglich wird, wenn sie getragen wird.[20]

Es geht also nicht nur um gegenseitige Anerkennung als Marktteilnehmer, sondern um gegenseitige Anerkennung als Naturwesen mit Grundbedürfnissen. Solche Anerkennung ist nur möglich durch Solidarität und diese wiederum muss von dieser gegenseitigen Anerkennung der Subjekte getragen sein. Solange dies nicht gelingt, wird die Rationalität der Verrücktheit nur stets zu neuen Krisen führen, deren Ausmaße jegliche Lösung immer mehr erschweren, wenn nicht gar verhindern.

---

[19] Kindleberger, a. a. O., S. 178/179.
[20] In der Mexiko-Krise gab es einen jener Fälle von Börsenpanik. Erst als man zur Solidarität überging, gab es Aktionen zur Rettung der Börse, wobei deren einziges Ziel war, jenes System fortsetzen zu können, in dem das Verrückte rational und die Rationalität verrückt erscheint. Es scheint, als sei eine der Bedingungen für die Finanzhilfen durch die Regierung der USA die Niederschlagung der Aufstände in Chiapas gewesen. Der Völkermord geht weiter, die Verrücktheit ist seine Basis.

KAPITEL I

10. Die gegenseitige Anerkennung der Subjekte als bedürftige Naturwesen und die Grundlegung objektiver Wirklichkeit

Subjekte, die einander als Naturwesen mit ihren Bedürfnissen anerkennen, transzendieren die Marktbeziehung, um über sie zu urteilen. Sie transzendieren damit selbstverständlich auch die Sprache. Dieses Transzendieren ereignet sich stets innerhalb der Markt- und Sprachbeziehungen, aber es bleibt diesen nicht unterworfen, sondern konfrontiert sich mit ihnen, um Markt- und Sprachbeziehungen mit Realitätsgehalt zu erfüllen. Dieser Realitätsgehalt entscheidet über die formalen Schemata von Markt und Sprache und ist subjektiv bestimmt. Denn das Subjekt, das entscheidet, befindet sich stets am Scheideweg zwischen Leben und Tod. Diese Grundentscheidung konstituiert die Realität der Welt, mit der Markt und Sprache zu tun haben. Eben deshalb ist diese Subjektivität von unvermeidlich objektiver Gültigkeit. Aus diesem Grund konstituieren auch Sachurteile, deren Wahrheitskriterium aus Leben und Tod besteht, objektiv Realität. Realität existiert nicht unabhängig von solchen Sachurteilen. Ein Handeln, das sich von solchen Sachurteilen leiten lässt, schafft oder verhindert Realität. Objektive Realität ist keine Größe, die unabhängig vom Leben des Menschen existiert. Der Mensch, der durch sein Leben schaffendes Handeln dem Tod auszuweichen sucht, schafft und erhält die objektive Realität. Deshalb löst sich im Selbstmord die Realität auf; im kollektiven Selbstmord der Menschheit würde sich die Realität definitiv auslöschen. Eine objektive Welt ohne Menschen gibt es nicht. Dann verschwindet auch die Objektivität der Welt selbst. Die objektive Realität ist nicht zuerst da und dann der Mensch, sondern sie ist sowohl Voraussetzung als auch Folge menschlichen Lebens.

Sachurteile nach dem Modell der Zweck-Mittel-Rationalität übergehen diesen Charakter der Realität. Daher kann eine auf solchen Urteilen basierende Vorstellung von der Welt auch keine Auskunft über die Objektivität der Dinge geben. Weil sie die Objektivität nicht subjektiv begründen kann, muss sie ständig hin- und herschwanken zwischen der Infragestellung der dinglichen Welt (von Bentham bis Baudrillard) und dem dogmatischen Postulat ihres objektiven Existierens (Putnam), und zwar mit Argumenten, die sich auf einen puren *circulus vitiosus* stützen. Sachurteile dagegen, die sich auf das Wahrheitskriterium von Leben und Tod stützen, konstituieren die objektive Realität, sobald sie die Realität ihrem Urteil unterziehen. Folglich ist die Objektivität subjektiv begründet, aber der subjektive Charakter des handelnden Menschen ist ein objektives Faktum. Die Negation des Subjekts widerspricht daher auch den Fakten und verhindert zugleich die objektive Erkenntnis der Realität. Wo keine Grundbedürfnisse existieren, gibt es auch keine objektive Welt mehr. Objektiv existiert die Realität ausschließlich im Blickpunkt des Subjektes als bedürftigem Naturwesen.

Bertolt Brecht ersann eine berühmte Anekdote. In der Antike rief ein chinesischer Kaiser alle Weisen zu einem Kongress zusammen, um ein für alle Mal zu entscheiden, ob die Welt nun objektiv real existiere. Die Weisen diskutierten wochenlang, ohne sich einigen zu können. Plötzlich erhob sich ein mächtiger Sturm; die von ihm ausgelöste Überschwemmung riss den Kongress in den Untergang. Viele Weise starben; die Überlebenden zerstreuten sich in alle Winde. Wegen dieser Naturkatastrophe ist das Problem der objektiven Realität ungelöst geblieben.

Cristina Lafont kritisiert die These, dass die deutsche hermeneutische Philosophie „den Vorrang des Signifikaten vor dem Referenten" behaupte und dementsprechend die „linguistische Wendung" („linguistic turn") interpretiere. Sie dagegen stellt in der Linie des Denkens von Putnam[21] das dogmatische Postulat von der Objektivität der Dinge auf. Wenn sie sich jedoch auf die „Wiederkehr des Verdrängten" bezieht, greift sie zu folgender Argumentation:
Es ist eine nur schwer plausible Hypothese, zu unterstellen, dass die Sprache *a priori* über das entscheidet, was in der Welt erscheinen kann, im voraus und völlig unabhängig von dem, was sich tatsächlich in der Welt ereignet (bzw. ist es zumindest schwierig zu erklären, dass die Spezies wegen einer vergleichbaren Adaptation nicht schon längst untergegangen ist.) [22]

---

[21] Putnam, Hilary., El lenguaje y la filosofia. Cuadernos de Crítica, UNAM, Mexico 1984.
[22] Lafont, Cristina, Sprache und Welterschließung. Frankfurt 1994, S. 223

KAPITEL I

Wenn dieses Argument von Lafont richtig ist, dann ist die Argumentation von Putnam falsch. Aber dann ist auch das Ergebnis der Analyse von Lafont selbst falsch. Ohne sich darüber im klaren zu sein, wendet sie einen Satz an, dessen Wahrheitskriterium Leben bzw. Tod ist. Dieses Kriterium ist der Grund dafür, dass die Spezies und die objektive Welt existiert. Das ist ein subjektives Kriterium. Ein solches aber ist unvereinbar mit dem dogmatischen Postulat der objektiven Realität von Putnam, dem Lafont zustimmt.

Der Fehler der deutschen hermeneutischen Philosophie steckt nicht darin, dass sie dem Signifikaten den Vorrang vor dem Referenten einräumt. Sie geht fehl in ihrer Unfähigkeit, das Subjekt in den Mittelpunkt zu rücken, dessen Wahrheitskriterium das von Leben und Tod ist. Die deutsche hermeneutische Philosophie ersetzt das Subjekt durch die Tradition (Gadamer) bzw. durch die „Lebenswelt" (Habermas). Lafont weist auf brillante Weise die Problematik dieser Konzeptionen nach, die vollständig die Realität selbst relativieren; es gelingt ihr aber nicht, über sie hinauszukommen. Der Berg kreißte und gebar ein Mäuslein. Sie ist der Lösung nahe, aber es ergeht ihr wie jener Journalistin, die die Nachricht des Jahrhunderts fand, aber nicht erkennen konnte, dass es eine Nachricht war.

Das Subjekt bewegt sich in einem objektiven Horizont, nämlich Leben und Tod; dieser ist ihm als Subjekt objektiv gegeben. Und eben deshalb ist es auch Subjekt. Dieser Horizont macht es frei gegenüber den Voraussetzungen von Tradition und „Lebenswelt".

Ohne diesen Freiheitsraum, der alle Traditionen und „Lebenswelten" transzendiert, gäbe es nicht einmal Traditionen. Tradition wird nur dort gebildet, wo wir sie überschreiten können. Was wir nicht transzendieren können, konstituiert auch keine Tradition. Der Herzschlag wiederholt sich bei allen Generationen. Aber eben weil wir ihn nicht überschreiten können, bildet er auch keine Tradition. Andererseits wird das, was wir heute tun, in der Zukunft für unsere Kinder zur Tradition. Wären wir durch unsere Tradition festgelegt, könnten wir nichts schaffen, was in Zukunft zur Tradition gehörte. Unsere Kinder könnten sich direkt an die Tradition wenden, ohne uns zu berücksichtigen. Weil das aber bei allen vorangegangenen Generationen genauso gewesen wäre, gäbe es gar keine Tradition.

DIE IRRATIONALITÄT DES RATIONALISIERTEN

Das dogmatische Postulat einer objektiven Realität fällt auch unter dieses Paradox. Wenn die Realität objektiv und unabhängig vom Wahrheitskriterium Leben/Tod existierte, könnten wir nicht erklären, warum die Spezies immer noch weiter lebt. Aber dadurch, dass man heute die Vernunft auf die Zweck-Mittel-Rationalität reduziert, die vom Wahrheitskriterium Leben/Tod völlig abstrahiert, ist das Überleben der Spezies bedroht. Wir können nur überleben, wenn wir den subjektiven Charakter der objektiven Realität anerkennen und in diesem Sinne dem Signifikaten Vorrang vor dem Referenten einräumen. Eine vom Wahrheitskriterium Leben/Tod unabhängige Realitätsauffassung zusammen mit den entsprechenden Sachurteilen jedoch, die der Theorie vom zweckrationalen Handeln zugrunde liegt, betreibt den kollektiven Selbstmord der Menschheit.

Wenn Subjekte sich gegenseitig als bedürftige Naturwesen anerkennen, haben sie jedoch immer noch nicht „das Leben" anerkannt. Die Anerkennung des Lebens setzt voraus, dass die Realität bereits durch die gegenseitige Anerkennung der Subjekte objektiv konstituiert ist. Diese wiederum impliziert die Anerkennung des Naturkreislaufs ebenso wie die Naturverbundenheit des menschlichen Lebens. Auch die objektive Realität der Natur wird durch die gegenseitige Anerkennung der Subjekte konstituiert. Dabei handelt es sich jedoch nicht darum, die „Spezies Mensch" als Objekt einer Überlebensstrategie anzuerkennen. Die „Spezies Mensch" als Objekt abstrahiert völlig von der gegenseitigen Anerkennung der Subjekte, ja macht sie geradezu unmöglich. Es geht ausschließlich darum, den anderen Menschen und sich selbst in gegenseitiger Zuwendung als bedürftige Naturwesen anzuerkennen. Eine solche Anerkennung darf keinen Menschen ausschließen. In diesem Sinne ist sie universal, stellt aber keinen abstrakten Universalismus dar. Diese gegenseitige Anerkennung gilt vielmehr als universales Kriterium zur Beurteilung aller möglichen abstrakten Universalismen (wie zum Beispiel des abstrakten Universalismus des totalisierten Marktes). Damit wird es zu einem konkreten Kriterium mit universaler Geltung. Dennoch lässt sich dieser konkrete universale Charakter des Kriteriums noch genauer spezifizieren. Die gegenseitige Anerkennung der Subjekte wird schließlich zur Option für bestimmte Subjekte, das heißt zur Option für jene, deren Leben unmittelbar bedroht ist. Das Wahrheitskriterium über Leben und Tod, das in der gegenseitigen Anerkennung der Subjekte als bedürftige Naturwesen impliziert ist, wird zum Wahrheitskriterium, in dessen Zentrum der als Opfer (im span. Original: víctima; d. Ü.) bedrohte Mensch steht. Auch dieser bedrohte Mensch ist kein Sein zum Tode, sondern ein Sein zum Leben. Das Wahrheitskriterium ist also der Mensch, der den Verhältnissen zum Opfer fällt.[23]

Übersetzung: Norbert Arntz

---

[23] Zur Verwandlung der gegenseitigen Anerkennung der Subjekte als bedürftige Naturwesen in die Option für die Opfer der Verhältnisse vgl. Dussel, Enrique, Ethik der Gemeinschaft. Die Befreiung in der Geschichte, Düsseldorf 1988 (Original: Etica comunitaria. Petrópolis 1986); „Die Lebensgemeinschaft und ‚Die Interpellation des Armen'", in: Fornet-Betancourt, Raúl (Hg.), Ethik und Befreiung. Aachen 1990; Lévinas, Emanuel, Wenn Gott ins Denken einfällt. Diskurse über die Betroffenheit von Transzendenz. Freiburg i.Br. / München 1985.

KAPITEL II

DIE UMKEHRUNG DER MENSCHENRECHTE: DER FALL JOHN LOCKE

DIE UMKEHRUNG DER MENSCHENRECHTE: DER FALL JOHN LOCKE

Der Krieg im Kosovo hat uns aufs Neue gezeigt, wie ambivalent und zweideutig die Menschenrechte sind. Um die Geltung der Menschenrechte zu sichern, hat man ein ganzes Land zerstört. Nicht nur den Kosovo, sondern auch ganz Serbien. Man hat Krieg ganz ohne militärische Auseinandersetzungen geführt. Man vernichtete Kosovo und Serbien einfach. Die NATO setzte eine Todesmaschinerie in Gang, um die Vernichtungsaktion durchzuführen. Sich gegen diese Aktion zu verteidigen war nicht möglich. Daher hatte die NATO auch nicht einen einzigen Kriegstoten zu beklagen; alle Toten waren Serben oder Kosovaren, und die allermeisten davon Zivilisten. Die Piloten handelten wie Henker, die einen wehrlosen Verurteilten hinrichten. Wenn sie von diesen Hinrichtungsflügen zurückkehrten, sagten sie, sie hätte eine „gute Arbeit" getan. Es war die gute Arbeit des Henkers. Die NATO war stolz darauf, nur ein Minimum an Todesfällen verursacht zu haben. Tatsächlich hat sie die Lebensgrundlage einer ganzen Bevölkerung zerstört: die wirtschaftliche Infrastruktur des Landes einschließlich aller wichtigen Produktionsanlagen, die Verbindungswege einschließlich aller Brücken, die Elektrizitäts- und Trinkwasserversorgung, Schulen, Krankenhäuser und viele Wohnungen. Ausnahmslos alles zivile Objekte, deren Zerstörung dem Militär allenfalls Kollateralschäden zufügte. Der Angriff richtete sich nicht direkt gegen das menschliche Leben, aber gegen die Mittel, die für das Leben des ganzen Landes notwendig waren. Und damit auch gegen das Leben selbst, wie Shakespeare sagt: „You take my life when you do take the means whereby I live." (Ihr nehmt mir mein Leben, wenn ihr mir die Mittel nehmt, von denen ich lebe).

Die NATO übernahm keine Verantwortung für ihre kriegerischen Akte. US-Präsident Clinton erklärte, dass die Serben und Milosevic die Verantwortung für die Vernichtung ihres Landes selbst trügen. Die Mörder erklären, dass der Ermordete die Schuld trägt. Die gesamte Aktion der NATO ging einher mit einer massiven Propaganda, die den Serben zum Vorwurf machte, im Kosovo die Menschenrechte verletzt zu haben. Je mehr Menschenrechtsverletzungen bekannt gemacht wurden, desto mehr fühlte sich die NATO im Recht, ja sogar moralisch verpflichtet, die Vernichtungsaktion fortzusetzen.

KAPITEL II

Die Propaganda machte aus den Menschenrechtsverletzungen der Serben einen kategorischen Imperativ zur Vernichtung Serbiens. Die Menschenrechtsverletzungen wurden zum Öl für die Todesmaschinerie der NATO. Daher erklärte man die Vernichtung des Landes zur „humanitären Intervention", zu einer Art chirurgischer Operation am Volkskörper, und sprach kaum mehr von Krieg.

Die Menschenrechte wurden in humanitäre Aggression verwandelt: Man verletzte die Menschenrechte all derer, die Menschenrechte verletzt hatten. Hinter diesem Vorgehen steht die Überzeugung, dass alle, die Menschenrechte verletzen, keine Menschenrechte beanspruchen können. Wer die Menschenrechte verletzt, wird zum Monster gemacht, zu einer wilden Bestie, die ohne Rücksicht auf Menschenrechte eliminiert werden kann, weil sie nicht mehr als menschliches Wesen gilt. Es handelt sich um eine Beziehung wie die zwischen dem heiligen Georg und dem Drachen; der Drache hat natürlich keine Menschenrechte. Im Gegenteil, der Vernichtete ist für seine eigene Vernichtung verantwortlich. Wer hingegen die Vernichtungsaktion durchführt, hat die Ehre, die Menschenrechte verteidigt zu haben. Das Blut, das dieser Menschenrechtsheld vergießt, befleckt ihn nicht, sondern reinigt ihn.

Aber das Vorgehen der NATO hat noch eine andere Konsequenz. Um ein Land vernichten und schließlich unterwerfen zu dürfen, braucht man nur zu beweisen, dass die Regierung dieses Landes die Menschenrechte verletzt. Andere Gründe sind nicht verlangt und brauchen auch nicht diskutiert zu werden. Man braucht nur glaubwürdig zu beweisen, dass die Situation der Menschenrechte in dem Land, auf das man es abgesehen hat, untragbar geworden ist. Man darf es dann legitim mit Vernichtung bedrohen und effektiv vernichten, wenn es die Unterwerfung verweigert. Diese Art von Menschenrechtspolitik kann offensichtlich nur ein Land betreiben, das die Macht dazu hat. Es braucht dazu die entsprechende Militärmacht und die Herrschaft über die Kommunikationsmittel. Verfügt das Land über diese Macht, dann werden Menschenrechtspolitik und Machtpolitik identisch. Der Mächtige kann durchsetzen, was er will, und er wird seine Politik gegen seine Gegner stets als Durchsetzung der Menschenrechte legitimieren.

DIE UMKEHRUNG DER MENSCHENRECHTE: DER FALL JOHN LOCKE

Mit dieser Umkehrung der Menschenrechte werden die Menschenrechte selbst untergraben. Diese Umkehrung hat eine lange Geschichte. Im Grunde ist die Geschichte der modernen Menschenrechte zugleich als Geschichte ihrer Umkehrung zu lesen, durch die Menschenrechtsverletzungen in den kategorischen Imperativ des politischen Handelns verwandelt werden. Die spanische Eroberung Amerikas begründete man, indem man die dortigen Kulturen anklagte, Menschenopfer darzubringen. Die spätere Eroberung Nordamerikas wurde ebenfalls damit begründet, dass die indigenen Völker die Menschenrechte verletzten. Die Eroberung Afrikas wurde als Kampf gegen den Kannibalismus erklärt und die Eroberung Indiens richtete sich gegen die Verbrennungen von Witwen. Die Zerstörung Chinas durch die Opiumkriege wurde ebenfalls im Namen der Menschenrechte gerechtfertigt, die angeblich in China verletzt wurden. Der Okzident hat die Welt erobert, kolonialisiert, versklavt, erniedrigt, ganze Kulturen und Zivilisationen vernichtet und dabei nie gekannte Genozide verübt, aber all das geschah nur, um die Menschenrechte zu verteidigen.

Deshalb hinterlässt das Blut, das der Okzident vergießt, keine Flecken. Im Gegenteil: dieses Blut wäscht den Okzident rein und verleiht ihm die Aura eines Garanten der Menschenrechte. Mehr als drei Jahrhunderte Zwangsarbeit in den USA beschmutzen heute immer noch die Nachkommen der Schwarzen, die unter der Zwangsarbeit zu leiden hatten, während die Nachkommen der Herren, die solche Zwangsarbeit anordneten, Seelen haben so weiß wie Schnee. Die gigantische ethnische Säuberung, der die große Mehrheit der eingeborenen Völker Nordamerikas zum Opfer fiel, beschmutzt noch heute die wenigen Nachkommen dieser Völker. Selbst heute noch werden sie in Wildwestfilmen verleumdet und beleidigt, wenn man sie beschuldigt, für ihre Vernichtung selbst verantwortlich zu sein. Wildwestfilme sind häufig reine Völkermordpropaganda. Alle Länder der Dritten Welt müssen heute über ihre Menschenrechtslage vor jenen Ländern Rechenschaft ablegen, die den Sturm der Kolonialisierung entfachten und Jahrhunderte lang selbst die Menschenrechte in diesen Ländern mit Füßen getreten haben. Die ideologische Verwendung der Menschenrechte und ihre Umkehrung dient nur als Nebelwand, hinter der sich einer der größten Völkermorde unserer Geschichte vollzieht; aber dieses Argument beherrscht immer noch unsere gesamte Geschichtsauffassung in Bezug auf die Kolonialisierung der Welt. Die verantwortlichen Länder hingegen übernehmen keine Verantwortung für das, was sie angerichtet haben, sondern treiben im Gegenteil gigantische Auslandsschulden ein, die sie auf betrügerische Weise selbst erzeugt haben. Das heißt, die Opfer werden schuldig gesprochen und zu Schuldnern gemacht, sie haben ihre Schuld vor den Herren der Menschenrechte zu bekennen und die Schulden notfalls mit Blut zu bezahlen.

Hinter dieser Umkehrung steckt Methode, so dass die Opfer zu Schuldigen und die Henker zu unschuldigen Richtern über die Welt werden können. Klassische Autoren haben diese Methode entwickelt. Der wohl wichtigste Autor ist zweifellos John Locke. In einem entscheidenden Moment des Kolonialisierungsprozesses brachte er diese umgekehrte Interpretation der Menschenrechte auf den Begriff. Lockes Interpretation bestimmt auch heute noch die Politik des Imperiums, wie der Kosovo-Krieg beweist. Aus diesem Grund will ich im Folgenden die Auffassung der Menschenrechte analysieren, wie sie John Locke entwickelt hat.

1. Die Welt von John Locke

John Locke legt sein Denken über Demokratie und Menschenrechte in seinem Buch „Second Treatise of Government" dar, das er im Jahre 1690 in England veröffentlichte. Das Buch ist für die angelsächsische Tradition ein Gründungstext und definiert bis heute die herrschende imperiale Politik, zunächst die in England und heute in den USA.

Das Buch erscheint in einem entscheidenden geschichtlichen Moment. In England hatte sich eine bürgerliche Revolution siegreich als Glorious Revolution von 1688 durchgesetzt. Nach der Revolution von 1648-49, die den König enthauptet hatte, war dies tatsächlich eine zweite Revolution, die zum Thermidor der ersten wurde. Sie transformierte die anfängliche Volksrevolution in eine rein bürgerliche Revolution. Sie erklärte einige fundamentale Rechte, wie den Habeas Corpus (1679) und die Bill of Rights (1689). Hiermit war tatsächlich die Gleichheit des Menschen vor dem Gesetz erklärt. Das

Gesetz garantierte die Anerkennung des Parlaments als Volksvertretung und des Privateigentums. Nachdem sich diese Vorgänge ereignet hatten, entwarf John Locke die entsprechende politische Theorie.

Eine solche Theorie war notwendig, weil die Gleichheitserklärung aus der Sicht des Bürgertums einige Probleme aufwarf, für die Locke die Lösung anbot. England steckte in der Gründungsphase seines Imperiums. Als imperiale Macht voller Expansionsdrang geriet es in Konflikt mit den bereits konstituierten imperialen Mächten seiner Zeit, insbesondere mit Spanien und den Niederlanden. Durch den „Navigation Act" Cromwells (1651) wurde ein unmittelbarer Konflikt mit den Niederlanden ausgelöst. Aber die Expansion richtete sich vor allem auf Länder außerhalb Europas. Nordamerika war dafür das wichtigste Ziel; englische Auswanderer begannen, es zu erobern. Aber auch eine weitere Expansion in den Fernen Osten war bereits im Gange. Sie richtete sich insbesondere auf Indien und führte damit zum Konflikt mit Frankreich, das seinerseits Indien zu erobern suchte. Auf der anderen Seite hatte England großes Interesse, das Monopol für den im 17. und 18. Jahrhundert wohl gewinnträchtigsten Handel zu erringen, den Sklavenhandel, dessen Monopol bis dahin Spanien besaß. John Locke selbst hatte sein persönliches Vermögen im Sklavenhandel angelegt[1], ebenso wie später auch Voltaire.[2]

Diese Expansionslinien waren in der Zeit von Locke bereits klar sichtbar. Sie prägen das 18. Jahrhundert, in dem England durch den Frieden von Utrecht 1713 das Monopol des Weltsklavenhandels zwischen Afrika und dem spanischen Amerika erringt, Nordamerika endgültig erobert und Frankreich in Indien besiegt, so dass es von Mitte dieses Jahrhunderts an ganz Indien als Kronkolonie besitzt.

Die Ausgangslage des Imperiums zeigt deutlich, wie dringlich eine neue politische Theorie war. Zuvor hatte Europa seine koloniale Expansion durch das göttliche Recht der Könige bzw. im Falle von Spanien und Portugal durch die auf die zu erobernden Länder bezogenen päpstlichen Konzessionen begründet. Nach der englischen bürgerlichen Revolution hingegen, die das göttliche Recht der Könige abge-

---

[1] Nach Maurice Cranston, John Locke. A Biography 1957, angeführt bei Macpherson, Crawford B.: Die politische Theorie des Besitzindividualismus, Frankfurt a.M. 1990, 285 Fn. 152.
[2] Nach Poliakov, Léon, Geschichte des Antisemitismus. V. Die Aufklärung und ihre judenfeindlichen Tendenzen. Worms 1983, S. 110.

schafft und den König auf einen konstitutionellen, d. h. vom Parlament eingesetzten Monarchen reduziert hatte, verlor auch die bisherige Legitimation imperialer Expansion ihre Gültigkeit.

Bereits im Spanien des 16. Jahrhunderts war nach der Eroberung Amerikas ein solcher Konflikt aufgetreten. Ginés de Sepúlveda legitimierte die Eroberung noch durch ein vom Papst gewährtes göttliches Recht, aus dem man ein universales Herrschaftsrecht für christliche Autoritäten herleitete. Demgegenüber entwickelte Francisco de Vitoria die erste liberale politische Theorie, um die Eroberung Amerikas zu legitimieren. Die Theorie Vitorias lässt sich in der von Locke entwickelten Theorie wiederfinden, weil diese weitgehend mit Vitoria übereinstimmt, sie aber zu Extremen weitertreibt, die Vitoria noch fremd waren. Zur Zeit von John Locke hatte in England Robert Filmer das Prinzip des göttlichen Rechts der Könige vertreten; gegen ihn schreibt Locke seinen „First Treatise of Government" (Erste Abhandlung über die Regierung).

Das Legitimitätsproblem, das zur Zeit von John Locke auftaucht, ist leicht zu erkennen. Mit Habeas Corpus und der Bill of Rights hatte das Bürgertum liberale Menschenrechte aufgestellt, auf die es nicht verzichten wollte. Mit diesen Rechten war es gegen das göttliche Recht der Könige aufgestanden. Diese Rechte garantierten die körperliche Integrität des Menschen und das Eigentum gegenüber der politischen Autorität und machten aus der politischen Autorität eine Instanz zum Schutz dieser Rechte. Die deklarierte Gleichheit – beim Wort genommen – schloss die Zwangsarbeit durch Sklaverei und die gewaltsame Enteignung von Territorien der Eingeborenen in Nordamerika aus. Damit traten die vom Bürgertum beanspruchten Rechte in Konflikt mit den Hauptzielen der kolonialen Expansion zur Errichtung des Imperiums, die das Bürgertum selbst verfolgte. Die unzweideutige Interpretation der Rechte entsprach überdies der ersten englischen Revolution von 1648-1649 bis zur Auflösung des Parlaments der Heiligen im Jahre 1655, und wurde von den wichtigsten revolutionären Gruppen, den Independentisten und ihrem radikalen Flügel, den Levellern, entschieden vertreten.[3]

---

[3] Diese Positionen hängen mit der radikalen Reformation der vorherigen Jahrhunderte in Europa zusammen. S. Williams, George H.: La reforma radical. FCE. México, 1983. Zu den Independentisten und dem Parlament der Heiligen s. Kofler, Leo: Contribución a la historia de la sociedad burguesa. Amorrortu. Buenos Aires, 1974 und Mac-

DIE UMKEHRUNG DER MENSCHENRECHTE: DER FALL JOHN LOCKE

Die Erklärung der Gleichheit aller Menschen vor dem Gesetz geriet also in Widerspruch zu den Machtpositionen des expandierenden Bürgertums. In dieser Lage zeigte John Locke einen Ausweg aus dem Dilemma auf, indem er einen theoretischen Gewaltakt unternahm. Er suchte keine halbherzigen Lösungen durch Ausnahmeregelungen für bestimmte geschichtliche Situationen. Stattdessen kehrte er die Menschenrechte, wie sie in der ersten englischen Revolution vertreten worden waren, einfach ins Gegenteil um. Das Ergebnis dieser theoretischen Umkehrung wurde äußerst rasch vom englischen Bürgertum übernommen und begeisterte später das Bürgertum der ganzen Welt. Man kann dieses Ergebnis in einem Paradox zusammenfassen, das sehr getreu das Denken Lockes wiedergibt. Er sagt, dass „alle Menschen von Natur aus gleich sind", was bedeutet

> jenes *gleiche* Recht, das jeder Mensch auf seine *natürliche Freiheit* hat, ohne dem Willen oder der Autorität irgendeines anderen Menschen unterworfen zu sein. (§ 54)[4]

Daraus zieht Locke – und darin besteht der überraschende theoretische Kraftakt – den Schluss: Daher ist die Zwangsarbeit durch Sklaverei legitim. Und fügt hinzu: Daher kann man die indigenen Völker Nordamerikas bedingungslos enteignen und Indien gewaltsam kolonisieren.

Locke leitet diese Gewalt gerade aus seinem Verständnis der natürlichen Gleichheit aller Menschen ab und hält sie daher für legitim. Die Gewalt verletzt nicht etwa die Menschenrechte, sondern ergibt sich aus ihrer getreuen Anwendung. Die Gleichheit aller Menschen anerkennen heißt für Locke, die Zwangsarbeit durch Sklaverei für legitim zu erklären. Das Eigentum zu garantieren, heißt für Locke, die Völker Nordamerikas bedingungslos und uneingeschränkt enteignen zu können. Einerseits wird verständlich, warum sich das Bürgertum mit solcher Begeisterung die politische Theorie von Locke zu eigen machte. Andererseits wird erkennbar, dass Big Brothers Parole „Freiheit ist Sklaverei" nicht von George Orwell erfunden wurde, sondern von John Locke.

---

pherson, C. B.: Die politische Theorie des Besitzindividualismus, Frankfurt a.M. 1990.
[4] John Locke, Zwei Abhandlungen über die Regierung, Frankfurt a.M., 1967. Im Folgenden wird aus dem zweiten Buch (S. 199-366) in diesem Band lediglich durch Verweis auf den entsprechenden Paragrafen zitiert.

Das ist wirklich ein theoretischer Gewaltakt. Aus ihm geht die Umkehrung der Menschenrechte hervor, die alle liberale Interpretation der Menschenrechte durchzieht.

2. *Das Hauptargument Lockes*

Locke entwickelt den Prototyp seines Arguments aus der Analyse des Naturzustands. Der Naturzustand bildet für Locke den Hintergrund allen gesellschaftlichen Lebens. Die bürgerliche Gesellschaft ist nur die Bestätigung dessen, was im Naturzustand gilt, und zwar durch eine politische Autorität, die hauptsächlich als Richter fungiert. Daher stehen Naturzustand und bürgerliche Gesellschaft nicht im Widerspruch zueinander; in ihnen herrscht vielmehr das gleiche Naturrecht. Darin unterscheidet sich Locke von Hobbes, für den der Naturzustand im Krieg aller gegen alle besteht, den die bürgerliche Gesellschaft überwindet, indem sie an die Stelle des Chaos die Ordnung setzt. Bei Locke hingegen vervollkommnet die bürgerliche Gesellschaft das, was im Naturzustand bereits gilt.

Daher liegt der Naturzustand der bürgerlichen Gesellschaft zu Grunde und ist bereits überall dort wirksam, wo es noch keine bürgerliche Gesellschaft gibt. Locke behauptet, dass Amerika (Nordamerika) unmittelbar im Naturzustand lebt, weil dort noch keine bürgerliche Gesellschaft konstituiert ist, während in Asien bereits eine solche besteht. Bürgerliche Gesellschaft ist für Locke die politische Gesellschaft mit institutionalisierter Autorität.

Der Naturzustand ist nach Locke ein Zustand der Gleichheit und Freiheit. „Aber obgleich dies ein *Zustand der Freiheit* ist, so ist es doch kein *Zustand der Zügellosigkeit.*" (§ 6) Vielmehr hat auch der Naturzustand seine Ethik:

> Wie ein jeder *verpflichtet* ist, sich selbst zu erhalten und seinen Platz nicht vorsätzlich zu verlassen, so sollte er aus dem gleichen Grunde, und wenn seine eigene Selbsterhaltung nicht dabei auf dem Spiel steht, nach Möglichkeit auch *die übrige Menschheit erhalten*. Er sollte nicht das Leben eines anderen oder, was zur Erhaltung des Lebens dient: Freiheit, Gesundheit, Glieder oder Güter wegnehmen oder

verringern, – es sei denn, daß an einem Verbrecher Gerechtigkeit geübt werden soll. (§ 6)
Dieses „Gesetz der Natur" verlangt „den Frieden und die Erhaltung der ganzen Menschheit" (§ 7).

Das Gesetz der Natur gründet auf der Achtung vor der körperlichen Integrität des Menschen und auf der Respektierung seines Eigentums. Diese Voraussetzung betrachtet Locke als evident; daher entwickelt er sie nur sehr kurz und begründet sie nicht ausführlicher. Ausführlich hingegen beschäftigt ihn das Recht, das er aus diesem Naturgesetz ableitet: es ist das Recht eines jeden, im Naturzustand als Richter auf der Basis dieses Naturrechts zu fungieren. Locke besteht darauf, dass

in jenem Zustand die *Vollstreckung* des natürlichen Gesetzes in jedermanns Hände gelegt [ist]. Somit ist ein jeder berechtigt, die Übertreter dieses Gesetzes in einem Maße zu bestrafen, wie es notwendig ist, um eine erneute Verletzung zu verhindern. (§ 7)

Es handelt sich um einen „Zustand vollkommener Gleichheit" (§ 7), in dem „jeder einzelne den anderen für ein begangenes Unrecht bestrafen darf" (§ 7). Daher hat nicht nur der Mensch, der zum Opfer einer Übertretung des Naturgesetzes wurde, das Recht, dem Verbrecher gegenüber dieses Gesetz zu vollstrecken, sondern jeder Mensch auf der ganzen Welt. Damit rückt die Figur des Schuldigen, dem gegenüber jeder als Richter auftreten kann, ins Zentrum der Analyse. Locke macht aus dem Schuldigen ein wahres Monster:

Mit seiner Übertretung des natürlichen Gesetzes erklärt der Missetäter, nach einer anderen Vorschrift als der der *Vernunft* und der allgemeinen Gleichheit zu leben, die Gott den Menschen zu ihrer gegenseitigen Sicherheit als Maßstab für ihre Handlungsweise gesetzt hat. Er wird eine Gefahr für die Menschheit, denn er lockert und zerreißt jenes Band, das sie vor Unrecht und Gewalttätigkeit schützen soll. (§ 8)

Dies bedeutet „ein Vergehen gegen das ganze Menschengeschlecht", „gegen seinen Frieden und seine Sicherheit [...], die vom Gesetz der Natur festgelegt wurde" (§ 8). Es handelt sich um ein „Verbrechen der Gesetzesverletzung und des Abweichens vom rechten Weg der Vernunft, wodurch der Mensch entartet und erklärt, von den Prinzipien der menschlichen Natur abzuweichen und ein schädliches Geschöpf zu sein." (§ 10). Außerdem erklärt Locke, dass ein solcher Mensch

> die Vernunft, die den Menschen von Gott als gemeinsame Regel und Richtschnur gegeben wurde, durch die ungerechte Gewalt- und Bluttat, die er an einem Menschen begangen hat, verleugnet [...] und damit der gesamten Menschheit den Krieg erklärt, und deshalb wie ein *Löwe* oder *Tiger* vernichtet werden darf, wie eines jener wilden Raubtiere, mit denen der Mensch weder in Gemeinschaft noch in Sicherheit leben kann (§ 11).

Der Schuldige muss vernichtet werden, denn er ist eine „Gefahr für die Menschheit", als Mensch „entartet", ein „schädliches Wesen" und muss „wie ein wildes Tier" behandelt werden. Er hat sich gegen die ganze Menschheit erhoben, hat damit aufgehört, Mensch zu sein, weshalb „für ihn das Gesetz der Vernunft" nicht gilt. Mit dem Verbrechen hat er bewirkt, dass die Menschenrechte für ihn keine Geltung mehr haben. Er ist ein Wesen, das zur Vernichtung freigegeben ist.

Ganz ähnlich behandelt Locke das Eigentum des Schuldigen. Das Recht, den Schuldigen zu vernichten, führt nicht zu der Berechtigung, sich dessen Eigentum anzueignen oder es zu plündern. Unter dem vorher geltenden Recht der Könige hatte der Sieger das Recht, das Eigentum des Besiegten zu plündern. Ein solches Recht kann Locke nicht akzeptieren. Dennoch will auch Locke, dass der Sieger sich das Eigentum des Besiegten aneignen kann. Aber er will, dass dies auf legale Weise geschieht. Daher besteht er darauf, dass derjenige, dem irgendein Schaden entstanden ist, „ein zusätzliches Recht" erhält, „von dem, der ihn geschädigt hat, *Wiedergutmachung* zu verlangen" (§ 10):

> Der Geschädigte hat das Recht, eine solche Entschädigung in seinem eigenen Namen zu fordern, und nur er allein kann auf sie *verzichten*. Diese Gewalt, den Besitz oder die Dienstleistungen des Übertreters zu beanspruchen, hat die geschädigte Person durch ihr *Recht auf Selbsterhaltung*... (§ 11)

Danach wird jetzt dem Schuldigen nichts geraubt, auch wenn ihm alles genommen wird, vielmehr erhält der Gerechte nur eine Entschädigung für seinen Schaden. Hier scheint bereits die Dimension einer rechtmäßigen Sklaverei als Ergebnis der Anwendung der Menschenrechte durch. Locke spricht davon, dass der Geschädigte „den Besitz oder die Dienstleistungen des Übertreters" beanspruchen kann. Wenn er Dienstleistungen fordert, dann wird Sklaverei legitim.

Dieser Naturzustand ist für Locke kein Friedenszustand, sondern ein Zustand ständiger Bedrohung durch potenzielle Schuldige, allesamt wilde Bestien und Monster. Locke führt Krieg im Namen des Friedens. Diesen Krieg gibt es nur, weil Feinde die physische Integrität und das Eigentum bedrohen.

Wenn Locke von diesem Naturzustand spricht, redet er nicht über eine ferne Vergangenheit, sondern über die Gegenwart. Er bezieht sich im Text stets auf Amerika, um klar zu machen, dass dort der Naturzustand herrscht, aber keine politische oder bürgerliche Gesellschaft. Ebenso spricht er über bürgerliche Gesellschaften in der Gegenwart, sei es in England selbst wie auch in anderen Teilen der Welt, einschließlich Indiens, auf das er sich bezieht, wenn er über Ceylon (Sri Lanka) spricht. Weil Locke die bürgerliche Gesellschaft als jene Gesellschaft versteht, in der eine politische Autorität das natürliche Gesetz durchsetzt, untersteht auch die bürgerliche Gesellschaft der Grundordnung des Naturzustandes, die den Rahmen absteckt, innerhalb dessen sich die ganze Gesellschaft zu organisieren hat. Mit dem Feind, über den Locke in diesem Abschnitt spricht, sind alle gemeint, die der Ausweitung der Bourgeoisie im Wege stehen. Locke betrachtet sie alle als wilde Bestien, als schädliche Wesen, die sich gegen die Menschheit erheben, und die alle vernichtet werden müssen. Auf der Grundlage seiner Theorie vom Naturzustand sieht Locke sich selbst und das Bürgertum in einem Krieg auf Leben und Tod gegen lauter Feinde, die sich gegen die Menschheit erhoben haben, indem sie der bürgerlichen Expansion Widerstand entgegensetzen. Deshalb analysiert er in weiteren Kapiteln seines Werks diesen Kriegszustand, der aus dem Naturzustand hervorgeht.

3. Der Kriegszustand

In der Tat befindet sich nach Locke die Gesellschaft eigentlich im Kriegszustand. Locke verwendet den Naturzustand einfach wie ein Kriegsbanner. Wo noch der Naturzustand herrscht, ist dieser zu zivilisieren und in eine zivile und bürgerliche oder politische Gesellschaft zu überführen (Nordamerika). Wo die bürgerliche Gesellschaft oder politische Gesellschaft funktioniert, muss man sie dem Naturgesetz des Naturzustands unterwerfen (Rest der Welt, vor allem aber Indien). Damit macht er aus der Theorie über das Verbrechen gegen den Naturzustand und dessen Eindämmung einen Konfliktstoff, der Locke und mit ihm das Bürgertum in einen Krieg mit der ganzen Welt führt. In dieser Argumentation besitzt der Naturzustand die Schlüsselfunktion. Durch Rückgriff auf den Naturzustand kann Locke allen Widerstand gegen die Expansion des Bürgertums als Angriffskrieg, als Aggression brandmarken, den das Bürgertum um des Friedens und der legitimen Verteidigung der „Menschheit" willen bekämpfen muss. A priori hat für das Bürgertum jeder Konflikt mit Gegnern zu tun, die sich wie schädliche, wilde Bestien gegen die Gattung Mensch, gegen die Vernunft und folglich gegen Gott im Aufstand befinden. Alle vom Bürgertum geführten Kriege werden zu heiligen Kriegen, zu Kreuzzügen. Die Gegner aber erklären mit ihrem Widerstand gegen das Naturgesetz selbst, dass die Menschenrechte für sie keine Geltung haben. Folglich entspricht man ihrem Willen, wenn man ihnen keine Menschenrechte zugesteht. A priori ist jeder Krieg des Bürgertums ein gerechter Krieg, ein Krieg zur Verteidigung der Gattung Menschheit, während alle Gegner des Bürgertums *a priori* einen ungerechten Krieg gegen die Gattung Mensch führen. Daher kann man sie mit allen guten Gründen der Welt einfach vernichten. Das Menschenrecht selbst als Recht der Gattung Menschheit dringt auf die Vernichtung der Gegner. Wenn sie schließlich besiegt sind, haben sie natürlich die Kriegskosten dessen zu bezahlen, der gegen sie den gerechten Krieg geführt hat. Das Bürgertum und seine Regierung schätzen natürlich selbst ihre Kriegskosten ein und verlangen sie völlig zu Recht und ohne jede Plünderung als Reparationen zurück.

Locke entwickelt diesen Gedankengang im Kapitel III über den Kriegszustand. Den Begriff des Kriegszustands konstruiert er mit Hilfe von Projektionen einer völlig imaginären Welt. Das von ihm konstruierte friedliche „Wir" steht in Konfrontation mit allen anderen, die zeigen, dass sie einen Anschlag auf „unser" Leben planen:

> Der *Kriegszustand* ist ein Zustand der Feindschaft und Vernichtung. Wer deshalb durch Wort oder Tat einen nicht in Leidenschaft und Übereilung gefaßten, sondern in ruhiger Überlegung geplanten An-

schlag auf das Leben eines anderen kundgibt, versetzt sich dem gegenüber, gegen den er eine solche Absicht erklärt hat, in den *Kriegszustand* ... Man darf einen Menschen, der einem den Krieg erklärt oder der eine Feindseligkeit gegen seine Existenz gezeigt hat, aus demselben Grund töten, aus dem man einen *Wolf* oder einen *Löwen* tötet. Denn solche Menschen sind nicht durch das gemeinsame Gesetz der Vernunft gebunden und kennen keine anderen Regeln als die der rohen Kraft und Gewalt. Sie dürfen deshalb wie Raubtiere behandelt werden, wie jene gefährlichen und schädlichen Geschöpfe, die einen mit Sicherheit vernichten, sobald man in ihre Gewalt fällt. (§ 16)

Die anderen haben „Hass gezeigt", deshalb können sie wie wilde Tiere behandelt werden. Was aber sind die „geplanten Anschläge" gegen das Leben anderer Menschen?

Daraus ergibt sich, daß jemand, der versucht, einen anderen Menschen in seine absolute Gewalt zu bekommen, *sich dadurch ihm gegenüber in einen Kriegszustand versetzt*. Denn das muß als die Erklärung eines Anschlags auf sein Leben aufgefaßt werden. Aus vernünftigen Gründen muss ich folgern, daß jemand, der mich ohne Zustimmung in seine Gewalt bringen möchte, über mich willkürlich verfügen wird, wenn er mich erst einmal in seine Gewalt gebracht hat. Er wird mich, wenn er Lust verspürt, sogar töten. Denn niemand kann den Wunsch haben, *mich in seine absolute Gewalt zu bekommen*, wenn er mich nicht gleichzeitig gewaltsam zu etwas zwingen will, was gegen das Recht meiner Freiheit verstößt, d. h. mich zum Sklaven machen will ... Wenn es also jemand *versucht*, mich *zum Sklaven zu machen*, versetzt er sich dadurch mir gegenüber in einen Kriegszustand. (§ 17)

Wer sich also uns gegenüber in Kriegszustand versetzt, ist derjenige, der „nach seinem Belieben über mich verfügen" will. Wer hat nun solche feindlichen Bestrebungen? Einerseits sind es für Locke die absoluten Monarchien seiner Zeit. Er kann dafür auf bestimmte Tendenzen im England seiner Zeit verweisen, die zum göttlichen Recht der Könige zurückkehren wollen. Aber auch die absoluten Monarchien des europäischen Kontinents oder „Ceylons" – damit ist bereits auf Indien verwiesen – haben sich „uns" gegenüber in Kriegszustand versetzt, indem sie uns die Freiheit des Naturzustands geraubt haben. Sie haben „uns" den Kriegszustand erklärt, obwohl sie es gar nicht wissen und auch nicht die geringste Absicht dazu haben. Andererseits denkt Locke bei den Gegnern auch an die Völker, die im Naturzu-

KAPITEL II

stand leben und sich dem Übergang in die bürgerliche Gesellschaft widersetzen. Die Völker Nordamerikas haben sich durch ihren Widerstand „uns" gegenüber in Kriegszustand versetzt, indem sie sich gegen uns verteidigten. Damit führen sie „gegen uns" einen ungerechten Krieg, denn im Naturzustand haben eben alle das gleiche Recht, sich überall niederzulassen. Die europäischen Eroberer kommen in den Augen Lockes ganz friedlich nach Nordamerika. Die dort lebenden Völker wollen dies aber im Widerspruch zum Naturrecht verhindern. Damit versetzen sie sich gegen die friedliebenden Eroberer in Kriegszustand. Daraus schließt Locke, dass sie die Eroberer zu Sklaven machen wollen. Deshalb müssen diese nach dem Naturrecht handelnden, friedliebenden Eroberer die gesamte Bevölkerung wie wilde Tiere behandeln und vernichten können. In Wahrheit – so stellt sich später heraus – sind Locke und das Bürgertum die einzigen, die Sklaven machen wollen. Weder die absoluten Monarchien noch die Bevölkerung im „Naturzustand" haben daran das geringste Interesse.

Wer aber ist nun mit „Ich" bzw. „Wir" gemeint? Locke spricht hier nicht einfach im Namen der englischen Eroberer oder des englischen Bürgertums. Vielmehr im Namen aller, welche die Gattung Menschheit sowie das Gesetz der Vernunft, das Gott ins menschliche Herz gelegt hat, verteidigen. Kurz: alle, die das Naturrecht durchsetzen. Dazu gehören eben auch John Locke und das englische Bürgertum: Sie verstehen sich als eine Art Avantgarde der Gattung Menschheit, und zwar nicht als auserwählte Gruppe, sondern als Missionare für die Gattung Menschheit. Sie allein entdecken, dass sich fast die ganze Welt gegen die Gattung Menschheit verschworen hat, mit Ausnahme derer, die diese Gattung Menschheit verteidigen.

Es handelt sich um einen wirklichen Kriegszustand, denn es gibt keinen Richter zwischen diesen Fronten. Aber, sagt Locke, wo kein Richter ist, da ist jeder der Richter. Der Krieg fällt das Urteil. Diesen Krieg versteht Locke als eine Vorwegnahme des Jüngsten Gerichts:

> In solchen Streitfällen, wo sich die Frage erhebt: *Wer soll Richter sein?*, kann damit nicht gemeint sein, wer den Streit nun entscheiden soll. Was *Jephta* uns hier sagt, weiß schließlich jeder, nämlich dass der *Herr, der Richter*, entscheiden wird. Wo es keinen Richter auf Erden gibt, bleibt nur die *Anrufung* Gottes im Himmel. Also kann jene Frage auch nicht bedeuten, wer darüber richten soll, ob sich ein anderer mir

gegenüber in einen Kriegszustand versetzt hat, und ob ich, wie es *Jephta* damals tat, den Himmel anrufen darf. Das kann nur ich allein mit meinem eigenen Gewissen entscheiden, da ich es an dem Tage vor dem höchsten Richter aller Menschen zu verantworten haben muss. (§ 21, s. auch § 176)

Der herrschende Kriegszustand verleiht jener Macht, welche die menschliche Gattung verteidigt, das Recht, Krieg zu führen. Sie ist nicht dazu gezwungen, Krieg zu führen, aber sie hat a priori das Recht dazu; und wenn sie in den Krieg zieht, dann führt sie immer einen gerechten Krieg, um die menschliche Gattung zu verteidigen. Im Zustand der bürgerlichen Gesellschaft bedeutet für Locke dieses Recht natürlich auch das Recht auf Revolution.

... ebenso wie man annehmen muß, daß derjenige, der im Gesellschaftszustand den einzelnen Gliedern dieser Gesellschaft oder dieses Gemeinwesens die ihnen gebührende *Freiheit* raubt, auch beabsichtigt, ihnen alles übrige zu nehmen, und daß man ihn deshalb als *in einem Kriegszustand* betrachten muss. (§ 17)

Obwohl es im bürgerlichen Staat Richter gibt, gibt es ein Recht auf Krieg, weil ja die Richter denjenigen zu Diensten sein können, die gegen die Menschheit kämpfen. Es gibt kein Recht und keine Verfassung, die dieses Recht auf Krieg verbieten können:

Ja, wo die Anrufung des Gesetzes und ernannter Richter offen steht, die Hilfe aber durch offensichtliche Verkehrung der Gerechtigkeit und unverhüllte Rechtsverdrehung verweigert wird, um die Gewalttätigkeit und das Unrecht einiger Menschen oder einer Partei zu protegieren und straflos zu halten, *da fällt* es schwer, sich etwas anderes vorzustellen als *einen Kriegszustand.* (§ 20)

Auch der bürgerliche Staat ist also durch den Naturzustand im Sinne Lockes und sein natürliches Gesetz bestimmt. Wenn der bürgerliche Staat sich nicht an das Gesetz der Natur hält, stellt er sich in einen Kriegszustand mit „uns". Zwischen uns und dem bürgerlichen Staat herrscht der Naturzustand. Der bürgerliche Staat ist im Kriegszustand mit „uns". Dann gibt es keine Richter mehr, weil jeder Richter ist. Jeder Mensch hat das Recht zu intervenieren, nicht nur die Untertanen des bürgerlichen Staates, sondern jeder Mensch in jeglichem Teil der Welt, wenn er die menschliche Gattung verteidigt. Folglich haben auch das englische Bürgertum und die englische Regierung das legitime Recht zu intervenieren, unter der Voraussetzung, dass sie den anderen das natürliche Gesetz aufzwingen.

Auf diese Weise unterstellt Locke der gesamten nicht-bürgerlichen Welt, sich in einen Kriegszustand gegen die Menschheit versetzt zu haben. Deshalb fühlt sich Locke dazu aufgerufen, einen Verteidigungskrieg gegen alle Welt zu führen, die sich gegen die Gattung Mensch erhoben hat, und sie zu erobern. Die Eroberung der Welt ist also nichts als ein gerechter Verteidigungskrieg. Das Bürgertum kann alle Länder erobern, und alle dazu geführten Waffengänge sind gerechte Kriege. Allen Besiegten kann das Bürgertum Reparationen abverlangen, um seine Kriegskosten zu bezahlen, denn diese hatten einen ungerechten Krieg geführt, als sie sich verteidigten. Deshalb eignet sich das Bürgertum zu Recht die Güter aller Welt an. Es kann die Welt erobern, es kann sich alle Reichtümer aneignen, aber es führt niemals einen ungerechten Krieg und eignet sich niemals unrechtes Gut an.

Locke legitimiert in seiner Theorie den Krieg des Bürgertums zur Eroberung der Welt und zur Aneignung aller ihrer Reichtümer. Und will zugleich begründen, warum der Krieg gerecht und die uneingeschränkte Aneignung der Reichtümer der Welt kein Raub ist. Aus diesem Grund wirft er im Namen des Bürgertums aller Welt vor, sich in Kriegszustand gegen das Bürgertum versetzt zu haben. Dieser Vorwurf legitimiert das Bürgertum, einen gerechten Krieg gegen alle führen zu können. Aller Welt wirft Locke vor, das Bürgertum versklaven zu wollen, damit das Bürgertum in einem gerechten Krieg alle versklaven kann. Aller Welt wirft Locke vor, das Bürgertum seines Reichtums berauben zu wollen, damit das Bürgertum sich den Reichtum aller Welt auf gerechte Weise aneignen kann. Alle, die Widerstand leisten, sind nur wilde Tiere, die man im Namen der menschlichen Gattung vernichten kann. So wird aus der Verpflichtung zur Durchsetzung der Menschenrechte ein Vernichtungsprogramm. Und indem Locke Gott als den letzten Richter anruft, macht er das Bürgertum zum letzten Richter, der im Namen des Naturgesetzes, der Gattung Menschheit und des Gesetzes der Vernunft unter Vorwegnahme des Jüngsten Gerichts die ganze Welt verurteilt und bestraft. Locke schafft das göttliche Recht der Könige ab und setzt an dessen Stelle ein ungleich despotischeres Recht.

DIE UMKEHRUNG DER MENSCHENRECHTE: DER FALL JOHN LOCKE

Locke formuliert hier ein klassisches Muster für die Umkehrung der Menschenrechte. Bis heute bietet dieses Muster den kategorialen Rahmen, innerhalb dessen auch das heutige liberale Imperium sein Recht legitimiert, seine Herrschaft der Welt aufzuzwingen. Alle Waffengänge des Imperiums gelten als gerechte Kriege, so dass kein Gegner dagegen Menschenrechte beanspruchen kann. Für die Gegner gelten die Menschenrechte nicht. Und wer für die Menschenrechte der Gegner eintritt, verliert selbst seine Menschenrechte, weil er ebenfalls gegen die Gattung Menschheit rebelliert.

Im Vietnamkrieg kämpften die Truppen der USA in einem Land, das tausende von Kilometern von den Grenzen der USA entfernt lag. Die Vietnamesen dagegen kämpften in ihrem eigenen Land gegen die von weither gekommenen US-Truppen. Unter dem Blickwinkel von Locke betrachtet, führten die USA jedoch keinen Angriffskrieg gegen Vietnam, sondern die Vietnamesen führten einen Angriffskrieg gegen die US-Truppen in Vietnam. Die US-Truppen führten einen Krieg zur Verteidigung der Menschenrechte gegen die Vietnamesen. Folglich führten sie einen gerechten Krieg und die Vietnamesen einen ungerechten Krieg. Die Vietnamesen hatten sich eben gegen die Gattung Menschheit, gegen das Naturrecht und gegen die Vernunft erhoben. Da in einer solchen Situation nach Locke jeder der Richter ist, hatten die USA das Recht und die Pflicht, die Gattung Menschheit zu verteidigen. Folglich war ihr Krieg ein gerechter Verteidigungskrieg, und der Krieg der Vietnamesen ein ungerechter Angriffskrieg. Die US-Truppen konnten völlig legitim die Vietnamesen bei lebendigem Leibe mit Napalm verbrennen, ohne irgendwelche Menschenrechte zu verletzen, denn jeder, der sich gegen die Gattung Menschheit erhebt, hat durch eigene Willenserklärung auf die Menschenrechte verzichtet und kann wie eine wilde Bestie vernichtet werden.

So hat die US-Regierung den Vietnamkrieg tatsächlich legitimiert. Sie konnte nicht einmal verstehen, warum so viele Menschen auf der Welt, die sich noch einen Rest Wirklichkeitssinn bewahrt hatten, die USA als Aggressor verurteilten. Die US-Regierung hatte sich doch mit Berufung auf John Locke, den Vater des Vaterlandes, der Demokratie und der Menschenrechte, legitimiert!

Ähnlich legitimierte die US-Regierung den von ihr angezettelten Krieg der Contra gegen die Sandinisten in Nicaragua. Auf der Grundlage des Naturrechts von Locke erklärten die USA es als ihr Recht und ihre Pflicht, militärisch zu intervenieren[5]. Die Sandinisten hatten sich schließlich gegen die Gattung Menschheit erhoben. Die US-Regierung erkannte für die Sandinisten keine Menschenrechte an. Der Krieg der Contra war einer der grausamsten Kriege, die je in Lateinamerika geführt worden sind, und ist nur mit dem Krieg des Sendero Luminoso in Peru und den Aktionen der Paramilitärs im heutigen Kolumbien zu vergleichen. Der US-Präsident Reagan selbst rechtfertigte dieses grausame Vorgehen, indem er sagte, es gelte, in Nicaragua ein Krebsgeschwür auszuschneiden. Als der Internationale Gerichtshof in Den Haag, vor dem die Regierung von Nicaragua die USA verklagt hatte, die USA wegen dieser Aggression verurteilte, verweigerten die USA die Anerkennung des Urteils und zogen ihre Mitgliedschaft zurück. Frei nach Locke: die Regierung der USA ist keinem irdischen Gericht unterworfen, sondern nur dem Jüngsten Gericht des Letzten Richters. Mit den gleichen Gründen wird die Blockade gegen Kuba gerechtfertigt. Seit mehr als einem Jahrzehnt findet in Lateinamerika eine Jagd auf Menschenrechtler statt. Sie werden bedroht, zum Exil gezwungen und häufig ermordet. Zur Zeit ist diese Jagd in Kolumbien besonders extrem. Man rechtfertigt diese Jagd nach dem gleichen Schema, das wir schon bei Locke finden und das die US-Regierung häufig anwendet.[6] Wer für die Menschenrechte

---

[5] Als Mitte der 80er Jahre der Präsident von Costa Rica, Oscar Arias, Friedensgespräche in Zentralamerika und Nicaragua vorschlug und begann, nahm die US-Regierung wie folgt Stellung: „The United States will work in good faith to support the diplomatic effort to ensure compliance with the Esquipulas accord. But we will not support a paper agreement that sells out the Nicaraguan people's right to be free ..." (La Nación, San José, 5.4.89).
Dieses Recht auf Freiheit ist objektiv und hat gar nichts mit dem Volkswillen oder mit Wahlen zu tun, denn die große Mehrheit der Bevölkerung unterstützte die sandinistische Regierung, die demokratisch gewählt war. Es war die Gattung Menschheit im Sinne von John Locke, in deren Namen sich die US-Regierung zum Richter machte. Wenn die Mehrheit in den Wahlen in Termini des „Naturgesetzes" nicht „frei" sein wollte, konnte man sie legitim dazu zwingen und da es keinen Richter gab, war jeder der Richter und die US-Regierung daher auch. Es handelt sich um das Argument, das den ganzen Prozess der Kolonialisierung der Welt seit Jahrhunderten begleitet hat.
[6] In den Dokumenten einer Konferenz der Geheimdienste der Amerikanischen Heere (CIEA), die im November 1987 parallel zur Konferenz der Amerikanischen Heere (CEA) in Argentinien, Mar de la Plata, tagte, werden fast alle autonomen Menschenrechtsorganisationen, die in den Dokumenten als Solidaritätsorganisationen er-

derer eintritt, denen man keine Menschenrechte zugesteht, verliert selbst seine Menschenrechte. So ist auch zu erklären, warum gerade die US-Regierung die großen Menschenrechtserklärungen des 20. Jahrhunderts nicht ratifiziert hat. Weder die Menschenrechtserklärung der UNO noch die darauf folgenden Menschenrechtskonventionen oder auch die Interamerikanische Menschenrechtserklärung sind für die US-Regierung geltendes Recht.

John Locke hat die klassische Formel für die Umkehrung der Menschenrechte geliefert, so dass im Namen der Menschenrechte die Menschenrechte verletzt und sogar annulliert werden können, wenn sich Widerstand gegen die bürgerliche Gesellschaft und ihre Logik der Macht meldet. In den Kommunikationsmedien beherrscht die Umkehrung der Menschenrechte nahezu jegliche Stellungnahme. Für die Interpretation der Menschenrechte bestimmt Lockes Denken immer noch die Kategorien des liberalen Imperiums.[7]

Damit haben wir also das Hauptschema in Lockes Argumentation offen gelegt. Es ist tautologisch. Die Frage, wer in einem Konflikt Aggressor ist oder nicht, wird nicht durch ein Urteil über die Wirklichkeit entschieden, sondern durch ein deduktives Urteil. Recht hat derjenige, der Recht hat: so kann man diese Tautologie zusammenfassen. Zugleich ist das Schema apokalyptisch. Wer dem Schema entsprechend einen gerechten Krieg führt, antizipiert das Jüngste Gericht. „Apocalypse now" beginnt mit John Locke. Zugleich löst ein solches Denken die Menschenrechte gerade im Namen der Men-

---

wähnt werden, als subversiv und prokommunistisch gebrandmarkt. Da diese Organisationen der Meinung waren, dass auch verfolgte Kommunisten Menschenrechte haben, galten sie selbst als kommunistisch. Die Dokumente sind veröffentlicht in Duchrow, Ulrich u.a. (Hg.): Totaler Krieg gegen die Armen. Geheime Strategiepapiere der amerikanischen Militärs. Kaiser. München, 1989.

[7] Aber nicht nur des liberalen Imperiums. Als ich diesen Artikel vorbereitete, las ich aufs Neue die Reden des Hauptanklägers der Sowjetunion in den Stalinschen Säuberungen der 30er Jahre (vgl. Pirker, Theo (Hg.), Die Moskauer Schauprozesse 1936-1938. DTV, München, 1963). Die Sprache Wyschinskis ist die an sowjetische Verhältnisse angepasste Sprache von John Locke. Auch für Wyschinski hatten sich die Angeklagten gegen die Gattung Menschheit erhoben. Deshalb zog er den Schluss, dass man sie wie „tollwütige Hunde" erschlagen müsse. Diese „tollwütigen Hunde" haben ihre eigene Geschichte. Sie tauchten auch auf, als die Regierung der USA ihren Luftangriff auf Libyen mit dem Ziel durchführte, Ghaddafi umzubringen. Der damalige Vizepräsident Bush erklärte, dass man Ghaddafi wie einen „tollwütigen Hund" umbringen müsse.

schenrechte auf. Die Menschenrechte werden mit den Rechten des Bürgertums identifiziert und zu Rechten aller, denen das Bürgertum diese Rechte zuerkennt.

Das allgemeine Schema wendet Locke dann auch auf zwei spezifische Grundsituationen seiner Epoche an: zum einen auf die Legitimierung der Zwangsarbeit durch Sklaverei, zum anderen auf die Legitimierung der Enteignung und der weitgehenden Vernichtung der indigenen Völker Nordamerikas durch die europäischen Eroberer. Locke erarbeitet diese Legitimierung durch seine besondere Art, Menschenrechte anzuerkennen. Sklaverei und Enteignung verletzen die Menschenrechte nicht, sondern sind durch die Anwendung der Menschenrechte begründbar. Beide Legitimierungen gründen auf der von Locke durchgeführten Analyse des Kriegszustands.

4. Die Legitimierung der Zwangsarbeit durch Sklaverei

Zwangsarbeit legitimiert Locke auf sehr einfache Weise durch seine Analyse des Kriegszustands und durch seine Behauptung, dass jeder Gegner, der einen ungerechten Krieg geführt hat, alle seine Menschenrechte verliert, weil er sich gegen die Gattung Menschheit erhoben hat. Die Menschenrechte werden ihm nicht etwa genommen; er hat vielmehr durch seinen Aufstand selbst erklärt, dass er keine hat. Locke beginnt seine Argumentation mit der Erklärung, dass alle das Menschenrecht haben, von absoluter und willkürlicher Gewalt frei zu sein:

> Diese Freiheit von absoluter oder willkürlicher Gewalt ist so notwendig und eng mit der Erhaltung des Menschen verbunden, daß er sie nicht aufgeben kann, ohne dabei gleichzeitig seine Erhaltung und sein Leben zu verwirken. Denn da der Mensch keine Gewalt über sein eigenes Leben hat, *kann* er *sich* weder durch einen *Vertrag* noch durch seine eigene Zustimmung *zum Sklaven* eines anderen *machen*. Er kann sich auch ebensowenig unter die absolute und willkürliche Gewalt eines anderen stellen, die es jenem erlauben würde, ihn zu töten, wenn es ihm gefiele. Niemand kann mehr Gewalt verleihen, als er selbst besitzt. Und wer sich sein eigenes Leben nicht nehmen darf, kann keinem anderen eine Gewalt darüber verleihen. (§ 23)

DIE UMKEHRUNG DER MENSCHENRECHTE: DER FALL JOHN LOCKE

Der Mensch ist nicht nur frei, sondern er hat die Pflicht, frei zu sein. Er darf niemals auf seine Freiheit verzichten und sich nie zum Sklaven eines anderen machen. Dennoch legitimiert nach Locke eben diese Freiheit die Zwangsarbeit des Sklaven. Der Mensch kann die Freiheit verlieren, obwohl er nicht auf sie verzichten kann. Er verliert sie immer dann, wenn er einen ungerechten Krieg führt, also einen Krieg gegen die Gattung Menschheit. Dann ist er ein Feind der Freiheit, und für die Feinde der Freiheit gibt es keine Freiheit:

> Wenn aber jemand tatsächlich durch eigene Schuld, durch irgendeine Handlung, die den Tod verdient, sein eigenes Leben verwirkt, so darf derjenige, an den er es verwirkt hat (wenn dieser ihn in seine Gewalt bekommt), seine Hinrichtung aufschieben und ihn zu seinem eigenen Dienst gebrauchen, womit er kein Unrecht an ihm begeht. Denn wenn jener glaubt, daß die Mühsal seiner Sklaverei den Wert seines Lebens überwiegt, so steht es in seiner Macht, durch Widerstand gegen den Willen seines Herrn den gewünschten Tod herbeizuführen. (§ 23)

Der Schluss erscheint logisch. Wer einen ungerechten Krieg verliert, verliert alle Menschlichkeit. Dann erwirbt der Sieger eine völlig willkürliche Macht über ihn. Der Sieger kann den Unterlegenen legitim töten, kann aber ebenso legitim „seinen Tod aufschieben" und seine Arbeit als Zwangsarbeit benutzen, „ohne ihm damit ein Unrecht zu tun". Wenn der Unterlegene das aber nicht will, bleibt er immer noch frei, Selbstmord zu begehen. Locke ist zynisch genug, dem Unterlegenen allein diesen Ausweg noch offen zu lassen. Er nennt diese Macht „despotische Gewalt" und erklärt, dass die Natur unter keinen Umständen diese Gewalt zugesteht:

> [...] *Despotische Gewalt* ist eine absolute, willkürliche Gewalt, die ein Mensch über einen anderen hat, sein Leben zu nehmen, wann immer es ihm gefällt. Es ist eine Gewalt, die einem weder die Natur gibt, weil sie keinen solchen Unterschied zwischen dem einen Menschen und dem anderen gemacht hat, und die man auch durch keinen Vertrag erhalten kann, weil der Mensch keine solche willkürliche Gewalt über sein eigenes Leben hat, daß er eine solche Gewalt einem anderen verleihen könnte. (§ 172)

Diese despotische Gewalt geht für Locke gerade aus den Menschenrechten hervor und gilt deshalb zweifellos als legitim:

KAPITEL II

Sie [die despotische Gewalt] ist vielmehr *nur eine Folge der Verwirkung* des eigenen Lebens für den Angreifer, wenn er sich einem anderen gegenüber in den Kriegszustand versetzt. Denn da er sich von der Vernunft abgekehrt hat, die von Gott verliehen wurde, damit sie den Menschen untereinander als Richtschnur diene und ihr gemeinsames Band sei, das Menschengeschlecht zu einer einzigen Gemeinschaft und Gesellschaft zu vereinigen, da er weiter auf den Weg des Friedens verzichtet hat, den die Vernunft uns lehrt, und die Gewalt des Krieges gebraucht, um einem anderen seine ungerechten Absichten aufzuzwingen, wozu er kein Recht hat, und da er letztlich von seiner eigenen Art zu derjenigen des Tieres herabsinkt, weil er genau wie die Tiere die rohe Gewalt zu seiner Rechtsgrundlage erhebt, – setzt er sich selbst der Gefahr aus, von der geschädigten Person und von allen übrigen Menschen, die sich mit ihr zur Vollstreckung der Gerechtigkeit vereinigen werden, vernichtet zu werden, wie jedes andere wilde Tier oder schädliche Vieh, mit dem der Mensch weder in Gemeinschaft noch in Sicherheit leben kann. So sind *Gefangene* aus einem rechtmäßigen und gerechten Kriege, und nur sie, *einer despotischen Gewalt unterworfen*. Denn da diese Gewalt aus keinem Vertrag hervorgegangen ist, so ist sie auch keines Vertrages fähig; sie ist vielmehr der fortgesetzte Kriegszustand. Denn welcher Vertrag kann mit einem Menschen geschlossen werden, der nicht Herr seines eigenen Lebens ist? (§ 172)

Und er fügt hinzu:

> [...] Die *Gewalt*, die *ein Eroberer* über diejenigen *erlangt*, die er in einem *gerechten Krieg* überwindet, *ist eine völlig despotische Gewalt*: er hat eine absolute Gewalt über das Leben derer, die ihr Leben verwirkt haben, indem sie sich in den Kriegszustand versetzten ... (§ 180)

Die Unterlegenen sind nicht mehr Herren ihres eigenen Lebens, obwohl sie als Kriegsgefangene noch leben. Aber weil sie sich gegen die Menschheit erhoben haben, haben sie ihre Freiheit und ihre Rechte als Menschen verloren:

> Und *Verwirkung verleiht* die dritte, nämlich *despotische Gewalt*, den Herren zu ihrem eigenen Vorteil über diejenigen, die jeglichen Eigentums bar sind. (§ 173)

Wenn der Sieger es so will, ist er dazu legitimiert, sie bis zu ihrem Tod als seine Sklaven zu halten:

> Es gibt aber eine andere Art von Knechten, die wir mit einem besonderen Namen als *Sklaven* bezeichnen. Das sind Menschen, die in einem gerechten Krieg gefangengenommen wurden und somit nach dem Recht der Natur unter der absoluten Herrschaft und willkürlichen Gewalt ihrer Herren stehen. Diese Menschen haben, wie ich schon sagte, ihr Leben, und damit gleichzeitig ihre Freiheit verwirkt, und sie haben ihren gesamten Besitz verloren. Da sie sich im *Zustand der Sklaverei* befinden und zu keinerlei Eigentum fähig sind, so können sie in diesem Zustand auch nicht als ein Teil der *bürgerlichen Gesellschaft* betrachtet werden, da deren Endzweck die Erhaltung des Eigentums ist. (§ 85)

Locke besteht wiederholt auf diesem Recht zur absoluten Willkür, das der Sieger erwirbt. Diese despotische Gewalt bezeichnet Locke als den „vollkommenen Zustand der Sklaverei" (§ 24), der nur als „der fortgesetzte Kriegszustand zwischen einem rechtmäßigen Eroberer und einem Gefangenen" (§ 24) zu verstehen ist.

Die legitime Willkür enthält für Locke auch das Recht, den Verlierer zu töten, zur Zwangsarbeit zu zwingen, seinen Körper zu zerstückeln und ihn beliebig zu foltern. Locke verweist zunächst auf historische Beispiele, in denen solch eine Willkür nicht gestattet war:

> Ich gebe zu, wir finden sowohl bei den *Juden* als auch bei anderen Völkern, dass Menschen sich verkauften. Doch sie verkauften sich offensichtlich nur zu *schwerer Arbeit, nicht aber in Sklaverei*. Denn offenbar stand die verkaufte Person nicht unter einer absoluten, willkürlichen und despotischen Gewalt, da der Herr nicht die Macht haben konnte, denjenigen jederzeit zu töten, den er zu einem bestimmten Zeitpunkt als einen freien Menschen aus seinen Diensten entlassen mußte. Der Herr eines solchen Knechtes besaß also alles andere als eine willkürliche Gewalt über dessen Leben. Er konnte ihm nicht einmal beliebig Verletzungen zufügen. Schon der Verlust eines Auges oder eines Zahnes setzte ihn wieder in Freiheit, Ex 21. (§ 24)

Locke erkennt diese authentische Sklaverei durch die despotische Gewalt der Sieger in einem gerechten Krieg gegen die Verlierer ausdrücklich an. Aber Locke ist natürlich auch um die Güter der Besiegten besorgt:

> Denn angenommen, sie [die Kinder des Besiegten] haben am Kriege infolge ihrer Unmündigkeit, Abwesenheit oder aus freier Wahl nicht teilgenommen, so haben sie seine Güter durch nichts verwirkt, *und*

der Eroberer hat auch keinerlei Recht, sie ihnen deshalb wegzunehmen, nur weil er denjenigen überwältigt hat, der mit Gewalt seine Vernichtung herbeizuführen suchte. Vielleicht kann er ihnen gegenüber ein gewisses Recht geltend machen, daß ihm der Schaden vergolten werde, den er durch den Krieg und die Verteidigung des eigenen Rechtes erlitten hat. (§182)
Verfolgt der Eroberer eine gerechte Sache, so hat er ein despotisches Recht über die Person aller, die den Krieg gegen ihn wirklich unterstützt und an ihm teilgenommen haben, und auch ein Recht, sich für seinen Schaden und seine Kosten aus ihrer Arbeit und ihrem Vermögen zu entschädigen, sofern er nicht das Recht eines anderen verletzt. (§ 196)
Wer durch Eroberung ein Recht über die Person eines Menschen hat, daß er ihn, wenn er will, töten kann, hat damit noch lange *kein* Recht, *sein Vermögen* in Besitz zu nehmen und es zu genießen ... Aber es ist allein der erlittene Schaden, was ihm ein Anrecht auf die Güter eines anderen Menschen gibt. (§ 182)

„Aus diesem Besitz des Besiegten und Versklavten sind daher ... die Verluste des Siegers ..." (§ 183) zu bezahlen. Der Eroberer raubt nichts, sondern deckt seine Kosten, die er gehabt hat, um die Eroberung durchzuführen. Weil die Eroberten einen ungerechten Krieg führten, ist dies gerechtfertigt. Alles ist streng legal. Der Versklavte hat aus seinem Besitz den Krieg zu finanzieren, den der Herr geführt hat, um ihn zu versklaven.

Auf diese Weise kann Locke eine uneingeschränkte Sklaverei vertreten. Durch solche Argumentation erhielt die Zwangsarbeit durch Sklaverei, wie sie in Nordamerika bereits eingeführt war, ihr gutes Gewissen. Die Eroberer konnten jetzt ohne Probleme den Grundsatz akzeptieren, nach dem „alle Menschen von Natur aus gleich sind". Er begründete ja sogar die Zwangsarbeit, die sie eingeführt hatten.

Locke legitimiert die Sklaverei auf viel extremere Weise als irgendein Autor der gesamten Geschichte vor ihm. Die aristotelische Legitimation der Sklaverei erscheint daneben geradezu altväterlich. Ebenfalls geht er weit über Hobbes hinaus, der die Sklaverei einfach als eine Tatsache hinnahm, ohne sie auf irgendeine Weise zu legitimieren. Der Gesellschaftsvertrag von Hobbes bezieht die Sklaven nicht ein und begründet auch keine Sklaverei. Zwischen Gesellschaft und Sklaven herrscht vielmehr immer noch der Kriegszustand, der dem Gesellschaftsvertrag vorausgeht. Folglich betrachtet Hobbes die Sklaverei als illegitim und billigt den Sklaven das Recht zum Aufstand zu. Bei Locke ändert sich das alles. Auch für Locke gibt es keinen Gesellschaftsvertrag, der die Sklaven einbezieht, aber das Naturgesetz verurteilt den Sklaven legitim zu seinem Zustand.

Die Position von Locke ist infam. Im Namen des Rechts wendet er sich gegen das göttliche Recht der Könige und den Absolutismus. Aber er begründet und legitimiert eine despotische Macht, die weit über all das hinausgeht, was das göttliche Recht der Könige beansprucht hatte. Locke begründet diese Despotie auf solch extreme Weise, dass die real durchgeführte Eroberung der Welt weit hinter dem zurückblieb, was die Theorie legitimierte, und gerade deshalb wiederum gerechtfertigt war. Der Eroberer kann tun, was er will: Alles, was er tut, scheint immer noch wenig zu sein im Verhältnis zu dem, was er legitim anrichten darf.[8]

5. Die legitime Enteignung der indigenen Völker Nordamerikas

Locke beginnt seine Argumentation wieder mit dem Naturzustand, in dem niemand Sklave ist und legitime despotische Gewalt nicht existiert. Aber der Aufstand gegen diesen Naturzustand führt zu Zwangsarbeit durch Sklaverei und zu legitimer despotischer Gewalt. Im Hinblick auf die legitime Expropriation beginnt er mit dem Argument, dass im Naturzustand die Erde allen Menschen gemein ist, um dann daraus zu schließen, dass einige sie unbegrenzt monopolisieren dürfen:

---

[8] Die Analyse von Macpherson, in vielen Punkten sehr erhellend, ist in Bezug auf die Verteidigung von Zwangsarbeit durch Sklaverei durch John Locke völlig blind. In Bezug auf die Problematik der ideologischen Umkehrung der Menschenrechte spricht Macpherson von einer „extravaganten" Sprache (Macpherson, S. 240). Auf die Apologetik der Sklaverei geht er nur in einer kleinen Fußnote ein, in der er sagt, dass Locke „of course" die Sklaverei rechtfertigte – „Locke did, of course, justify slavery also ..." (Macpherson, S. 246, Fußnote 1) – aber es ist doch wohl nicht selbstverständlich, dass Locke, der als Vater der Demokratie und der Menschenrechte herausgestellt wird, „of course" die Sklaverei legitimiert. Ich nehme an, dass dazu doch wohl etwas mehr zu sagen ist. Vgl. Macpherson, Crawford B., Die politische Theorie des Besitzindividualismus, Frankfurt a.M. 1990.

KAPITEL II

Gott, der die Welt den Menschen gemeinsam übertragen hat, hat ihnen auch Vernunft verliehen, sie zum größten Vorteil und zur Annehmlichkeit ihres Lebens zu nutzen. Die Erde und alles, was auf ihr ist, ist den Menschen zum Unterhalt und zum Genuß ihres Daseins gegeben. Alle Früchte, die sie natürlich hervorbringt, und alle Tiere, die sie ernährt, gehören den Menschen gemeinsam, weil sie wildwachsend von der Natur erzeugt werden; und niemand hat ursprünglich ein persönliches Herrschaftsrecht mit Ausschluß aller übrigen Menschen über irgend etwas, da es sich so in seinem natürlichen Zustand befindet. Doch da die Früchte den Menschen zu ihrem Gebrauch verliehen wurden, muß es notwendigerweise Mittel und Wege geben, sie sich irgendwie *anzueignen*, bevor sie dem einzelnen Menschen von irgendwelchem Wert oder überhaupt nützlich sein können. (§ 26)

Die Erde ist also den „Menschen gemeinsam" gegeben. Folglich sucht Locke nach der Begründung dafür, dass sie privat angeeignet wird. Nach Locke kann im Naturzustand jeder sich den Boden aneignen, den er braucht. Aber er kann sich nicht soviel Boden aneignen, wie er will und wie es seiner Laune entspricht, sondern nur so viel, wie er effektiv bearbeitet. Alles, was der Mensch auf diesem Boden produzieren kann, ist verderblich. Daher hat es auch gar keinen Sinn, mehr zu produzieren, als man braucht. Das Mehrprodukt verdirbt ja. Dies ändert sich erst mit dem Geldgebrauch, denn dieser macht eine Akkumulation möglich. Daher gibt im Naturzustand ohne Geldgebrauch die tatsächliche Bearbeitung des Bodens für die Bedürfnisse des Arbeitenden das Maß für das Bodeneigentum an. Jeder kann sich nur einen kleinen Teil des gesamten zur Verfügung stehenden Bodens aneignen. Aller andere Boden gehört weiterhin allen Menschen der Welt gemeinsam:

> Das Gras, das mein Pferd gefressen, der Torf, den mein Knecht gestochen, und das Erz, das ich an irgendeiner Stelle gegraben, wo ich mit anderen gemeinsam ein Recht dazu habe, werden ohne die Anweisung und Zustimmung von irgend jemandem mein *Eigentum*. Es war meine *Arbeit*, die sie dem gemeinen Zustand, in dem sie sich befanden, enthoben hat und die mein *Eigentum* an ihnen *bestimmt* hat. (§ 28)

Der Boden gehört dem, der ihn bebaut. Locke ist es gleichgültig, wer die Arbeit tut, ob der Eigentümer oder dessen Knecht. Wenn der

Knecht die Arbeit tut, gehört der Boden dem Eigentümer und nicht dem Knecht. Aber Locke besteht darauf, dass die Aneignung enge Grenzen hat:

> So viel, wie jemand zu irgendeinem Vorteil seines Lebens gebrauchen kann, bevor es verdirbt, darf er sich durch seine Arbeit zum Eigentum machen. Was darüber hinausgeht, ist mehr als sein Anteil und gehört anderen. Nichts ist von Gott geschaffen worden, damit die Menschen es verderben lassen oder vernichten. (§ 31)

Soweit ist die Schlussfolgerung von Locke einfach. Die Völker Nordamerikas, die Indianer, haben keine Eigentumsrechte über das ganze Land, sondern nur über jenen Teil, den sie wirklich bewirtschaften. Alles andere ist Gemeineigentum und gehört der ganzen Menschheit. Deshalb können die Europäer, die Engländer oder wer auch immer, kommen und sich den Boden aneignen, und die Indigenas haben kein Recht, dies zu verhindern. Wer es nimmt, der besitzt es:

> So war es die *Arbeit*, die zuerst *ein Eigentumsrecht verlieh*, wo immer der Mensch sie auf das Gemeingut verwenden wollte. (§ 45) So war anfangs, und zwar weitaus mehr als es heute der Fall ist, die ganze Welt ein *Amerika* ... (§ 49)

Wenn diese Völker nun einen Krieg gegen die Eindringlinge führen, dann ist dies ein ungerechter Krieg. Und weil die Europäer im Recht sind, führen sie einen gerechten Krieg und dürfen die Gegner wie wilde Tiere töten, sie despotischer Gewalt unterwerfen und versklaven. Sie können das Eigentum als „Wiedergutmachung des erlittenen Schadens" (§ 183) aneignen und damit die Kosten für den Krieg decken. Aus der Sicht von John Locke haben die indigenen Völker alle ihre Rechte und ihr Eigentum verwirkt.

Verständlich wird, warum Locke in Bezug auf die Besitzverhältnisse so ausführlich das analysiert, was im Naturzustand vor der Entstehung einer bürgerlichen Gesellschaft gilt. Für Locke gab es zu seiner Zeit in Nordamerika noch keine bürgerliche Gesellschaft, so dass der von ihm entworfene Naturzustand für die indigene Bevölkerung und die europäischen Eroberer gemeinsam gilt. Aber in Wirklichkeit will Locke sehr viel mehr, als er bisher abgeleitet hat.

Mit der bisherigen Argumentation kann Locke nur begründen, dass die Eroberer Nordamerikas genau das gleiche Recht auf den Boden haben wie die Eingeborenen. Sie treten ebenfalls in den Naturzustand ein und jeder kann sich dann soviel Land aneignen, wie er zu seiner eigenen Bedürfnisbefriedigung benutzen kann, ohne diese Grenze überschreiten zu dürfen. Alles andere Land gehört weiter allen Menschen gemeinsam. Das aber ist für den Eroberer nicht genug. Locke braucht ein Argument, das begründet, warum die Eroberer selbst den Boden unbegrenzt akkumulieren können.

Dafür kann Locke nicht auf den Gesellschaftsvertrag rekurrieren, der den Übergang zur Bürgergesellschaft begründen würde. Er setzt vielmehr voraus, dass es einen solchen Gesellschaftsvertrag noch nicht gibt. Würde Locke argumentieren, dass nun ein solcher Vertrag abzuschließen sei, dann müsste er die Eingeborenen in diesen Vertrag einbeziehen, so dass Eroberer und Eingeborene als gleichrangige Partner diesen Vertrag zu schließen hätten. Aus offensichtlichen Gründen umgeht Locke diese Möglichkeit und sucht einen Vertrag, der anders ist als der Gesellschaftsvertrag, der die Bürgergesellschaft begründet. Daher behauptet er folgendes:

> Gott gab die Welt den Menschen gemeinsam. Doch da er sie ihnen zu ihrem Nutzen gab und zu den größtmöglichen Annehmlichkeiten des Lebens, die sie ihr abzugewinnen mochten, kann man nicht annehmen, er habe beabsichtigt, daß sie immer Gemeingut und unkultiviert bleiben sollte. Er gab sie dem Fleißigen und Verständigen zur Nutznießung (und Arbeit sollte seinen *Rechtsanspruch* darauf bewirken), nicht aber dem Zänkischen und Streitsüchtigen für seine Launen oder Begierden. (§ 34)

Er sucht einen Grund dafür, dass jene Zugang zu diesem Eigentum haben sollen, die die „größtmöglichen Annehmlichkeiten" zu ihrem Nutzen anstreben und daher eben die „Fleißigen und Verständigen" sind. Es sind jene, die Reichtum akkumulieren und Effizienz in der Anwendung der Mittel versprechen. Im Naturzustand, in dem die Erde gemeinsam ist, ist genau dies nicht gegeben. Denn diese Akkumulation geht über die „wirklich nützlichen Dinge" hinaus:

> Der größte Teil der für das Leben der Menschen *wirklich nützlichen Dinge*, nach denen jene ersten Menschen, denen auf der Welt alles gemeinsam gehörte, schon aus der reinen Notwendigkeit suchen mußten – wie die *Amerikaner* es heute noch tun – *sind* im allgemeinen Dinge *von kurzer Dauer*, die, wenn sie nicht bald verbraucht werden, verderben und von selbst vergehen. (§ 46)

DIE UMKEHRUNG DER MENSCHENRECHTE: DER FALL JOHN LOCKE

> Es kann keinen klareren Beweis für irgend etwas geben, als ihn für diesen Fall verschiedene Völker *Amerikas* liefern, die reich an Land und doch arm an allen Bequemlichkeiten des Lebens sind. (§ 41) Ein Acre Land, der bei uns zwanzig Scheffel Weizen einbringt, und ein anderer in *Amerika*, der bei gleicher Bewirtschaftung ebenso einträglich wäre, haben zweifellos den gleichen natürlichen, inneren Wert. Aber dennoch ist der Ertrag, den die Menschheit im Jahr aus dem einen erzielt, 5 Pfund wert, der aus dem anderen vielleicht nicht einen Penny ... (§ 43)

Daher konstruiert er eine zwischenmenschliche Übereinkunft, die jeglicher Gesellschaft und jedem Vertrag vorausgeht. Es ist die Übereinkunft über den Gebrauch des Geldes und über das Privateigentum, aus dem das Recht folgt, unbegrenzt Land anzueignen:

> ... ist es einleuchtend, daß die Menschen mit einem ungleichen und unproportionierten Bodenbesitz einverstanden gewesen sind. Denn sie haben durch stillschweigende und freiwillige Zustimmung einen Weg gefunden, wie ein Mensch auf redliche Weise mehr Land besitzen darf als er selbst nutzen kann, wenn er nämlich als Gegenwert für den Überschuß an Produkten Gold und Silber erhält, jene Metalle, die in der Hand des Besitzers weder verderben noch umkommen und die man, ohne jemandem einen Schaden zuzufügen, aufbewahren kann. (§ 50)

Jetzt können die Eroberer Land in Besitz nehmen, ohne dass die indigenen Völker ein Recht hätten, sich dagegen zu wehren, und gleichzeitig wird die Grenze für Besitztümer, die es im Naturzustand gab, so weit ausgedehnt, dass man Land ohne Grenze aneignen kann.

> Und dennoch lassen sich immer noch *große Bodenflächen* finden, die *brach liegen* (weil sich die Bewohner nicht der Übereinkunft der übrigen Menschheit über den Gebrauch ihres gemeinsamen Geldes angeschlossen haben). Diese Flächen sind größer, als die darauf wohnenden Menschen wirklich gebrauchen oder nutzen können, und sind aus diesem Grunde auch jetzt noch Gemeingut. Das kann jedoch kaum bei jenem Teil der Menschheit der Fall sein, der sich für den Gebrauch des Geldes entschlossen hat. (§ 45)

Diese Übereinkunft über den Gebrauch des Geldes verbindet nach Locke das Privateigentum, die höhere Entwicklung der Produktivkräfte und die Mühe der Akkumulation. Diese „ausdrückliche oder stillschweigende" (§ 45) Übereinkunft durchbricht den Rahmen des

Naturstatus, selbst wenn sich noch keine bürgerliche Gesellschaft gebildet hat, und sie erlangt universale Ausmaße. Dies erlaubt es Locke, das Recht des Eroberers vom natürlichen Zustand abzuleiten – alles Land gehört der Menschheit – und mit dem anderen Recht zu verbinden, das die Grenzen dieses Naturzustands durchbricht. Im Naturzustand ist alles gemein. Wenn dann das Land angeeignet ist, bleibt dies so dank der Übereinkunft in Verbindung mit dem Geldgebrauch. Der Eroberer kann vom Naturzustand profitieren, wird dadurch aber nicht eingeschränkt. Er profitiert selbst dann, wenn sich inzwischen ein bürgerlicher Staat gebildet hat. Und die indigenen Völker haben keine Möglichkeit, die Übereinkunft abzulehnen. Wenn sie Geld akzeptieren, akzeptieren sie damit stillschweigend die Übereinkunft und haben sich damit dieser unterworfen. Wenn sie sich nicht unterwerfen, erheben sie sich damit gegen die Menschheit und können wie wilde Tiere behandelt werden. Es ist eine Falle ohne Ausgang.

Es überrascht also nicht, dass fast die gesamt Bevölkerung Nordamerikas im Rahmen der Anwendung dieser Strategie, die John Locke aufzeigt, ausgelöscht wurde.

6. Die Methode zur Ableitung der Menschenrechte bei Locke und ihre Kritik

Locke bietet keinen Menschenrechtskatalog an, sondern nennt Prinzipien, aus denen sich Menschenrechte herleiten lassen. Vier solcher Grundprinzipien erwähnt er ausdrücklich:
1. „daß alle Menschen von Natur aus gleich sind". (§ 54)
2. „Denn da der Mensch keine Gewalt über sein eigenes Leben hat, *kann* er *sich* weder durch einen *Vertrag* noch durch seine eigene Zustimmung *zum Sklaven* einen anderen *machen.*" (§ 23)
3. Über die despotische Gewalt: „Dies ist eine Gewalt, die einem weder die Natur gibt, weil sie keinen solchen Unterschied zwischen dem einen Menschen und dem anderen gemacht hat, und die man auch durch keinen Vertrag erhalten kann ..." (§ 172)
4. „Gott, der die Welt den Menschen gemeinsam übertragen hat ..." (§ 26)

DIE UMKEHRUNG DER MENSCHENRECHTE: DER FALL JOHN LOCKE

Diese vier Grundprinzipien leiten Locke bei seiner Ableitung der Menschenrechte. Aber er hat sie nicht erfunden. Sie stammen vielmehr aus der ersten englischen Revolution von 1648/49, in der die *Independentisten* und am radikalsten die *Levellers* sie vertreten. Diese Prinzipien galten als Maximen der Revolution, deren wichtigste die Gleichheit war. Die Revolution richtet sich gegen den Despotismus des Königs und der Aristokratie. Sie lehnt die Sklaverei ab, die sich damals noch nicht rassistisch gegen Schwarzafrikaner richtete, sondern jeden, unabhängig von seiner Hautfarbe, treffen konnte. Erst in der ersten Hälfte des 18. Jahrhunderts konzentriert sich die Sklaverei auf die Schwarzen. Mit der Zurückweisung der Sklaverei lehnen die Revolutionäre zugleich die Leibeigenschaft ab. Die *Independentisten* und *Levellers* bestehen ebenfalls darauf, dass die Erde allen Menschen gemeinsam gegeben worden ist und fordern daher, dass die Bauern Zugang zum Landbesitz erhalten und die Handwerker von den Fesseln der Zunftordnungen befreit werden. Die Revolutionäre bewegte die Utopie einer Gesellschaft kleiner Produzenten, die alle Zugang zum unabhängigen Privateigentum haben sollten. Deshalb zielten ihre Forderungen auf die Anerkennung der Gleichheit aller Menschen als bedürftiger Naturwesen und strebten eine Gesellschaft an, in der alle gleichermaßen würdig leben und ihre Bedürfnisse befriedigen können. Das Eigentum sollte der unabhängigen Existenz eines jeden Menschen dienen. Deshalb hatte für sie das Eigentumsrecht zentrale Bedeutung. Aber ihr Eigentumsverständnis darf nicht mit dem bürgerlichen Eigentumsrecht verwechselt werden. Die Revolutionäre vertraten keine radikale Gleichheitsideologie, sondern eine egalitäre Tendenz, die vor allem jene Gruppen im Blick hatte, die von den politischen und wirtschaftlichen Freiheiten ausgeschlossen waren.

Locke musste die Grundprinzipien der ersten englischen Revolution zum Ausgangspunkt nehmen. Die *Glorious Revolution* von 1688 kann man als „Thermidor" (als eine Art Konterrevolution) zur ersten Revolution bezeichnen, aber sie legitimiert sich dadurch, Nachfolgerin der ersten zu sein. Die *Glorious Revolution* bedeutete den endgültigen Sieg der bürgerlichen Revolution über die vorherige Volksrevolution. Die bürgerliche Gesellschaft und ihr imperialer Anspruch hatten den Sieg davongetragen. Aber ein einfacher Sieg reicht nicht aus. Das Bürgertum musste seinen eigenen Triumph als Sieg der gesamten englischen Revolution legitimieren. Diese Legitimation erarbeitete

Locke durch die entsprechende politische Theorie. Sein Buch handelt nicht über Politik, sondern macht Politik. Es legitimiert und stabilisiert die bürgerliche Revolution.

Für diese Revolution kehrt Locke die Menschenrechte um, indem er die Menschenrechte im Wesentlichen übernimmt, aber das Subjekt der Menschenrechte verändert. Das Subjekt der Menschenrechte ist nicht mehr das lebende, körperliche Subjekt, sondern eine kollektive Abstraktion, die Menschheit als Gattung („mankind"). Die Gattung Menschheit verfügt über alle Rechte und der einzelne Mensch als Individuum ist Träger dieser Rechte. Als Gattung ist die Menschheit durch das Eigentum konstituiert. Das Individuum hat dadurch Teil am Kollektiv Menschheit, dass es Eigentümer ist. Locke konstituiert keine Menschenwürde, sondern die Würde des Eigentums und die des Menschen nur insoweit, als er Eigentümer ist. Der Mensch als körperliches Subjekt, das Bedürfnisse hat, wird dem Menschen als Eigentümer völlig untergeordnet. Dessen Eigentum wird von Wettbewerb und Effizienz bestimmt, ist also bürgerliches Eigentum. Auch die Feinde, die Locke ständig im Auge hat, verteidigen ihr Eigentum. Die Eingeborenen Nordamerikas verteidigen ihr Land als ihr Eigentum. Auch die englischen Bauern und Handwerker verteidigten ihr Eigentum und strebten nach Eigentum. Aber für Locke gingen sie von einem anderen Eigentumsverständnis aus, nämlich vom Eigentum, das die Lebensmöglichkeit konkreter Menschen sichert. Locke kehrt diese Beziehung um. Er macht die Menschen zu Individuen, die leben, um Eigentum zu akkumulieren. Nur das Eigentum, das sich aus der Logik der Akkumulation ergibt, verteidigt er, indem er es von der Gattung Mensch her begründet. Das um den Menschen als lebendige Person konstituierte Eigentum dagegen hält er für illegitim und ein Hindernis des Fortschritts. Macpherson bezeichnet diesen Individualismus als Besitzindividualismus.

Mit der ersten englischen Revolution und der von Locke legitimierten Glorious Revolution prallen konträre Konzeptionen von Eigentum und letztlich auch von Menschenrechten aufeinander. Locke ersetzt die Menschenrechte durch Rechte des Gesellschaftssystems, dessen Stützen die Menschen sind. Die Menschen können nur noch Rechte beanspruchen, die sich aus der Logik des Gesellschaftssystems, aus dem bürgerlichen Gesellschaftssystem ergeben; als Menschen und lebende, körperliche Subjekte verlieren sie alle Rechte. Das Gesellschaftssystem ist absolut und Ergebnis des Willens Gottes.

Locke treibt diese Reflexion bis ins Extrem. Bei der Abhandlung über den Naturzustand – also vor der Übereinkunft über den Geldgebrauch – anerkennt er noch zwei Grundrechte des Menschen, nämlich das Recht auf körperliche Unverletzlichkeit und das Eigentumsrecht. Das ändert sich, nachdem er die Übereinkunft über den Geldgebrauch eingeführt hat. Danach anerkennt er nur noch ein einziges Menschenrecht, nämlich das Eigentumsrecht. Er löst das Recht auf körperliche Unverletzlichkeit im Eigentumsrecht auf, indem er das Recht auf den eigenen Körper als Eigentum in das Eigentumsrecht einbezieht. Die Unverletzbarkeit des Körpers wird einfach aus dem Eigentumsrecht abgeleitet. Damit verschwindet jede Menschenwürde, die über das Eigentumsrecht hinaus – das heißt auch über das System und seine Logik hinaus – Geltung haben könnte. Deshalb kann Locke behaupten, dass in der bürgerlichen Gesellschaft das *„Hauptziel die Erhaltung des Eigentums"* (§ 85) ist. Daraus schließt er, dass die Herren *„despotische Gewalt"* ausüben über jene, *„die jeglichen Eigentums bar sind"*. (§ 173) Diese Gewalt ist despotisch, weil jene, die jeden Eigentums bar sind, auch das Eigentum über ihren eigenen Körper verloren haben. Damit geht ihnen auch das Recht auf die Unverletzlichkeit des Körpers verloren, weil die Würde der menschlichen Person in diesem System keinen unbedingten Vorrang mehr besitzt. Die Gewalt der Herren kennt keine Schranken mehr und schließt das Recht ein, „die Eigentumslosen" zu töten, zu foltern, zu verstümmeln oder zu versklaven. Zu solchen Konsequenzen führt der Eigentumsbegriff von Locke, weil nicht die menschliche Person das Subjekt von Menschenrechten ist, sondern das Eigentum und damit die Gattung Menschheit.

Die von Locke praktizierte Umkehrung der Menschenrechte lässt sich auch in folgender Formel zusammenfassen: kein Eigentum für die Feinde des Eigentums. Zwar hat Locke selbst sie noch nicht benutzt, aber sie gibt seinen Standpunkt treffend wieder. Dabei darf man nicht übersehen, dass der Verlust des Eigentums auch den Verlust des Eigentums über den Körper und dessen Unverletzlichkeit nach sich zieht. Mit der genannten Formel lassen sich alle die Umkehrungen zusammenfassen, die Locke vollzieht. Zugleich lässt sich durch sie aller Staatsterrorismus erfassen, den die bürgerliche Gesellschaft legitimiert hat. Die Formel taucht bereits in der französischen Revolution bei Saint-Just auf: Keine Freiheit für die Feinde der Freiheit. Popper übernimmt sie in der Zeit des kalten Kriegs und wandelt sie entsprechend ab: Keine Toleranz für die Feinde der Toleranz. Deshalb überrascht auch nicht, dass Popper der Hofphilosoph für die totalitären Diktaturen der Nationalen Sicherheit in Lateinamerika wurde, insbesondere in Uruguay und Chile. Die gleiche Formel hatte zuvor bei den Stalinschen Säuberungen während der dreißiger Jahre des vergangenen Jahrhunderts in abgewandelter und an das System angepasster Form eine wichtige Rolle gespielt. Man kann sie in den Anklagereden von Wyschinski finden. Mit dieser Formel hat die Moderne in allen Systemen, die auf der Anerkennung von Menschenrechten gegründet sind, die Verletzung der Menschenrechte im Namen der Menschenrechte selbst stets begründet.

Die Formel legitimiert eben jene „despotische Gewalt", von der Locke so emphatisch spricht, und wird stets neu dazu benutzt, diese Gewalt zu begründen. Sie bringt die Menschenrechte des Menschen als Person, in denen Menschenwürde unabhängig vom und vorrangig vor dem Eigentumsrecht zum Ausdruck kommt, zum Verschwinden, und ersetzt sie durch Systemrechte, die als Menschenrechte proklamiert werden. Die Formel ist universal und lässt sich leicht an die je unterschiedlichen Situationen in der Geschichte der Moderne anpassen. Auch die gegenwärtige Globalisierungsstrategie lässt sich auf die gleiche Formel bringen. Diese Strategie kehrt die Menschenrechte als Ausdruck der Menschenwürde wiederum in die Rechte des sich globalisierenden Systems um, die über allen Menschenrechten stehen. Auch dieses System argumentiert wieder mit Verweis auf die Menschenrechte. Im globalisierten System sind die privaten Bürokratien der großen Unternehmen die Subjekte des „Gesetzes der Vernunft" von John Locke und daher die wahren Inhaber aller Menschenrechte. Sie verfügen über jene „despotische Gewalt", von der Locke spricht. Die Art, wie der Kosovo-Krieg durchgeführt wurde, zeigt exemplarisch diesen Gebrauch / Missbrauch der Menschenrechte. Da zerstört eine legitime „despotische Gewalt" im Namen der Menschenrechte ein ganzes Land.

Die Methode bleibt gleich, auch wenn sich die Worte ändern. Aber stets bezieht man sich auf die „Vorschrift [...] der *Vernunft* und allgemeinen Gleichheit [...], die Gott den Menschen zu ihrer gegenseitigen Sicherheit als Maßstab für ihre Handlungsweise gesetzt hat" (§ 8), stets findet man die „Verbrechen der Gesetzesverletzung und des Abweichens vom rechten Wege der Vernunft, wodurch der Mensch entartet und erklärt, von den Prinzipien der menschlichen Natur abzuweichen" (§ 10), und es verbindet sich damit stets die Anklage, dass der andere „damit der gesamten Menschheit den Krieg erklärte" (§ 11). Damit wird stets der Gegner zur wilden Bestie, der die legitime despotische Macht entgegentreten muss, um sie nach Gutdünken möglicherweise auch zu vernichten. Die Methode garantiert, dass für jene, die der Menschenrechtsverletzung angeklagt werden, Menschenrechte nicht gelten. Damit können sogar jene, die solche Menschenrechte verteidigen, auf die Anklagebank gesetzt werden, Menschenrechtsverletzungen zu billigen. Verletzen denn nicht jene, welche Menschenrechte von Menschenrechtsverletzern verteidigen, selbst die Menschenrechte?

Zwangsarbeit durch Sklaverei, Ausrottung der indigenen Völker und Kolonialisierung der ganzen Welt – all das leitete Locke aus der Geltung der Menschenrechte ab. Diese Umkehrung der Menschenrechte begründete er mit dem Gesetz der Vernunft. Das Gesetz der Vernunft realisierte sich für ihn durch unbegrenzte Akkumulation des Kapitals innerhalb des Systems des Privateigentums. Ende des 19. Jahrhunderts hörte man auf, vom Privateigentum als Naturrecht zu sprechen; man ersetzte es durch das Argument von Effizienz und Wettbewerbsfähigkeit nach Marktgesetzen. Das änderte jedoch nichts am formalen Argumentationsmuster zur Ablehnung der Menschenrechte à la Locke. Weiterhin kann im Namen der Menschenrechte die Logik des Systems an die Stelle der Menschenrechte treten, während man die Menschen ihrer Menschenwürde enteignet. Dieser Mechanismus taucht schon lange vor Locke auf, und zwar bereits bei der Konstituierung des Patriarchats. Damals etablierte sich der Mann in seiner Maskulinität als die Inkarnation der Gattung Menschheit, als das Gesetz der Vernunft, das Gott für alles menschliche Handeln vorgeschrieben hatte, so dass die Frau als Wesen galt, das zu zähmen war. Wenn sie Widerstand leistete und sich nicht zähmen ließ, war sie als wilde Bestie zu vernichten. In der Zeit nach Locke, im 18. Jahrhundert, tauchte es im Rassismus auf. Hier nimmt der weiße Mann die Position ein, das Gesetz der Vernunft zu repräsentieren, das ihn zum Vertreter der Gattung Menschheit gegenüber den als farbig bezeichneten Völkern erklärte.

Die Umkehrung der Menschenrechte ist bereits bei Locke mit einem weiteren Aspekt verbunden, und zwar mit dem Utopismus des technischen Fortschritts. Technischer Fortschritt, also die Zukunftsperspektive einer die Welt verbessernden Technisierung, ersetzt die humanisierende Entwicklung zwischenmenschlicher Beziehungen konkreter Menschen zueinander. Technischer Fortschritt wird mit solch unendlichen Verheißungen aufgebauscht, dass daneben irgendwelche Menschenrechtsverletzungen nicht einmal nennenswert sind.[9] Die Perspektive des unendlichen Fortschritts erdrückt die Möglichkeit, Menschenrechte konkret zu vertreten, weil die Menschenrechte die Akkumulation zu behindern scheinen, die den unendlichen Fortschritt gewährleistet. Dieser Utopismus ist bis heute in der gesamten Geschichte des Kapitalismus zu finden; auch im Stalinismus tauchte er mit ganz ähnlichen Konsequenzen auf. Dabei ist nicht die Utopie als solche das Problem, sondern deren Umkehrung, welche die Utopie zum Motor für die Umkehrung und damit für die Verletzung der Menschenrechte macht.

Dieser technologische Utopismus kann – wie bei Hayek zum Beispiel – sogar die Form des Nutzenkalküls annehmen:

> Eine freie Gesellschaft braucht Moral, die sich in letzter Instanz auf die Erhaltung von Leben reduziert: nicht auf die Erhaltung alles Lebens, denn es könnte notwendig sein, individuelles Leben zu opfern

---

[9] Locke sagt über die Werke des technischen und wirtschaftlichen Fortschritts: „Ich gebe bereitwillig zu, dass die Betrachtung seiner Werke uns veranlasst, den Schöpfer zu bewundern, zu verehren und zu preisen. Ja, ich erkenne ebenfalls an, dass sie, wenn sie in die richtigen Bahnen gelenkt wird, für die Menschheit segensreicher werden kann als die Zeugnisse einer vorbildlichen Wohltätigkeit, die von den Stiftern von Krankenhäusern und Armenanstalten mit so gewaltigen Kosten errichtet worden sind. Wer als erster die Buchdruckerkunst erfand, wer den Gebrauch des Kompasses entdeckte, oder wer auf die Wirkung und den richtigen Gebrauch des Chinin hinwies, hat für die Ausbreitung des Wissens, für Beschaffung und Vermehrung nutzbringender Güter mehr getan und mehr Menschen vor dem Tode bewahrt als die Erbauer von Studienanstalten, Arbeitshäusern und Hospitälern." Locke, John: Versuch über den menschlichen Verstand. Zwei Bände, Hamburg 1988. Bd. II, Buch IV, Kap. XII, Nr. 12, S. 333.

DIE UMKEHRUNG DER MENSCHENRECHTE: DER FALL JOHN LOCKE

um eine größere Zahl anderer Leben zu retten. Daher sind die einzigen Regeln der Moral diejenigen, die zu einem ‚Kalkül des Lebens' führen: das Eigentum und der Vertrag.[10]

Hier vom Kalkül zu sprechen, ist völlig unzutreffend und zugleich betrügerisch, denn das Kalkül setzt das Wissen von der Zukunft voraus. Aber außer Hayek kann niemand die Zukunft wissen. Solch eine Argumentation jedoch wird als effizientes Mittel eingesetzt, um alle Menschenrechte zu bestreiten. Die Menschenrechte prangern gerade an, „individuelles Leben zu opfern", denn das bedeutet, Menschenrechte zu verletzen. Das von Hayek angestellte „Kalkül des Lebens" klagt stattdessen die Verteidigung von Menschenrechten an, weil sie den Fortschritt daran hindern, „eine größere Zahl anderer Leben zu retten". Solche Argumentation macht es Hayek sehr leicht, jede Verteidigung von Menschenrechten als Angriff auf den Fortschritt zu denunzieren. Wiederum erdrückt die „Gattung Menschheit" die Menschenrechte und damit die Menschen, die ihre Menschenwürde reklamieren.[11] Mit dieser Logik lässt sich die Vernichtung ganzer Länder und die Ausrottung von Bevölkerungen in einen vermeintlichen Dienst an der „Gattung Menschheit" und an den Menschenrechten umwandeln, während die Menschenrechte als Garantie der Menschenwürde aufgelöst und in einen einfachen Mythos verwandelt werden.[12]

---

[10] Vgl. von Hayek, Friedrich. Interview Mercurio. Santiago de Chile 19.4.1981.

[11] In einem Interview mit dem Oberst Paul Tibbets, der mit 27 Jahren der Chefpilot des Flugzeuges war, das am 6.8.1945 die Atombombe über Hiroshima abwarf, sagte dieser: „Frage: Was ist das wichtigste, das Sie in Ihrem Leben getan haben? Antwort: Offensichtlich die Tatsache, Teil der Gruppe 509 gewesen zu sein, die ausgebildet wurde, um die Bombe anzuwenden ... Ich traue mich zu sagen, dass ich durch den Abwurf Millionen von Menschenleben gerettet habe ... Das einzige, was ich hinzufügen kann, ist, dass ich heute aufs Neue diese Entscheidung so fällen würde, um eine solche große Zahl von Leben zu retten." Das Interview wurde von Andrés Jiménez für die kolumbianische Zeitschrift Semana gemacht und war nachgedruckt in La Nación, San José, Costa Rica, 22.8.1999. Es ist offensichtlich, dass Tibbets den Angriff auf Hiroshima als Dienst an den Menschenrechten ansieht. Er macht ein „Kalkül des Lebens", ganz so wie Hayek es tut. Hält man diese Art Kalkül für gerechtfertigt, so kann man fast jede menschliche Bestialität als Dienst an den Menschenrechten darstellen.

[12] Hayek unterscheidet zwei Typen von Liberalismus, und zwar einen guten und einen schlechten. Der gute Liberalismus geht von John Locke aus, und der schlechte von Rousseau, vgl. Hayek, Friedrich A.: Individualismus und wirtschaftliche Ord-

KAPITEL II

Die Kritik an der Umkehrung der Menschenrechte und an deren Umwandlung in eine gigantische Rechtfertigung der Verletzung eben dieser Menschenrechte, die aus der Menschenrechtsverletzung schließlich einen kategorischen Imperativ macht, hat ihre besondere Geschichte. Carl Schmitt analysiert – sich dabei auf die Moralkritik Nietzsches stützend – wahrhaft brillant einige Aspekte dieses Phänomens in seinem Buch über den Begriff des Politischen. Aber Carl Schmitts Kritik hat nicht die Absicht, die Menschenrechte zurückzugewinnen. Ganz im Gegenteil beschuldigt Schmitt die Menschenrechte selbst, der Grund für ihre eigene Umkehrung zu sein. Auch dafür findet er in Nietzsche eine Stütze. Carl Schmitts Kritik führt direkt in die faschistischen Ideologien der dreißiger Jahre. Schmitt hilft zu erkennen, wie es mit Hilfe der Menschenrechte gelingt, absolute Feinde zu konstruieren, die es dann zu vernichten gilt. Da er die Menschenrechte als solche zur Ursache für diese Konstruktion erklärt, wendet er sich gegen die Menschenrechte in allen ihren Formen. Er löst also nicht deren Umkehrung auf, sondern verdoppelt das Problem. Seine Absicht war es, die Konstruktion von absoluten Feinden in Konflikten zu überwinden, die Konfliktpartner als reale Gegner zu respektieren und dadurch Konflikte zu humanisieren. Aber da er für seinen Lösungsversuch die Abschaffung der Menschenrechte voraussetzt, schafft er einen neuen Gegner in absoluter Feindschaft. Diese absoluten Gegner Schmitts sind alle, die weiterhin auf den Menschenrechten bestehen; sie müssen vernichtet werden, bevor die neue Zeit der realen Konflikte zwischen realen Gegnern anbrechen kann.[13] Diese Vorstellungen haben im Faschismus eine bedeutende Rolle gespielt. Sie machen begreiflich, warum der Faschismus sowohl den Kommunismus als auch den Liberalismus als absolute und zu vernichtende Feinde betrachtet. Diese Medizin war schlimmer als die Krankheit.[14]

---

nung. Zürich, 1952. S. 12.

[13] Carl Schmitt sagt: „Wer Menschheit sagt, will betrügen" und „Humanität, Bestialität". Dem entspricht der berühmte Ausspruch von José Antonio Primo de Rivera, dem Gründer der spanischen Falange: „Wenn ich das Wort Menschheit höre, habe ich Lust, den Revolver zu ziehen". Schmitt hatte sein ganzes Leben lang viele Verbindungen zum spanischen Faschismus.

[14] Schmitt, Carl, Der Begriff des Politischen, Berlin 1987. Vgl. auch Hinkelammert, Franz J., „El concepto de lo político según Carl Schmitt", in: Lechner, Norbert (Hg.),

DIE UMKEHRUNG DER MENSCHENRECHTE: DER FALL JOHN LOCKE

Auf die Umkehrung der Menschenrechte gibt es nur eine Antwort: die Menschenrechte des konkreten Menschen zurückfordern und dadurch die Menschenwürde zurückgewinnen. In dieser Absicht erinnere ich an ein Zitat aus „Der Mensch in der Revolte" (S. 124) von Albert Camus:

> Rechtfertigt das Ziel die Mittel? Das ist möglich. Doch wer wird das Ziel rechtfertigen? Auf diese Frage, die das geschichtliche Denken offenläßt, antwortet die Revolte: die Mittel.

Die Menschenrechte sind in der Tat kein Zweck, für den man die zweckrational bestimmten Mittel suchen müsste. Die Umkehrung der Menschenrechte entsteht gerade dann, wenn man aus ihnen das Ergebnis einer zweckrationalen Aktion macht, in deren Verlauf kalkulierbare Mittel eingesetzt werden, um den Zweck zu verwirklichen. Als Zweck behandelt, muss man die Menschenrechte zum Objekt einer zweckrationalen Aktion machen. Solche Zwecke aber verwandeln sich in Institutionen. Institutionen können mit angemessen kalkulierbaren Mitteln durchgesetzt und realisiert werden. Statt Menschenrechte zu sichern, sichert man dann Institutionen, die heute mit Menschenrechten identifiziert werden, zum Beispiel Demokratie, Markt, Wettbewerb und Effizienz. Indem diese Institutionen jetzt als Zweck genommen werden, sucht man nach den Mitteln, sie durchzusetzen. Nur: man kann sie nur durchsetzen, indem man diejenigen Menschenrechte verletzt, in deren Namen man sie durchsetzt. Auf diese Weise vernichten die Menschenrechte als Zweck die Rechte des konkreten Menschen, also ihren eigenen Ursprung. So geschieht eine Umkehrung der Menschenrechte, die jetzt zum kategorischen Imperativ für die Verletzung der Rechte der Menschen werden.

Demgegenüber stellt Camus die Frage nach den Mitteln. Wenn die Menschenrechte als Zweck durchgesetzt werden sollen, müssen sie durch die Mittel verletzt werden, die man zu ihrer Durchsetzung verwendet. Damit enthüllen gerade die Mittel den wahren Zweck. Der wahre Zweck können nicht die Menschenrechte sein. Der wahre Zweck besteht vielmehr darin, ein bestimmtes System von Institutionen und damit eine bestimmte Herrschaft durchzusetzen. Die Kritik der Mittel enthüllt, was der Zweck ist, und nicht die Deklamation

---

Cultura Política y Democratización. CLACSO, FLACSO ICI, Buenos Aires, 1987.

irgendwelcher Menschenrechte. Die Mittel sprechen ihre eigene Sprache, sie enthüllen die Wirklichkeit und offenbaren, in welchem Grade die deklamierten Zwecke Lügen sind.

Die Geschichte des Okzidents in all seinen Formen ist die Geschichte der Vernichtung von Ländern und der Ausrottung ganzer Bevölkerungen und Kulturen. Diese Sprache enthüllen die Mittel. Die Sprache der deklamierten Zwecke dagegen redet völlig anders. Sie spricht von der Last, die der weiße Mann trägt, um die Welt zu zivilisieren, sie mit Kultur und Menschenrechten auszustatten. Die Geschichte des Okzidents ist eine Geschichte von Höllen, die der Okzident geschaffen hat und immer noch schafft. In seinen Deklamationen hingegen spricht der Okzident nur von Himmeln, die er überall hinbringt. Die deklamierten Himmel machen die realen Höllen unsichtbar, die der Okzident hervorbringt. Es ist wie in der Hölle, in der die Teufel die Verurteilten Tag und Nacht quälen. Die Teufel aber, die die Hölle bedienen, quält niemand. Sie glauben sogar im Himmel zu sein.

Dem widersetzt sich die Sprache der Mittel und dementiert die Sprache der deklamierten Zwecksetzungen. Nur durch die Sprache der Mittel kann man die Menschenrechte zurückgewinnen. Menschenrechte sind keine Zwecke, sondern Beurteilungskriterien für die Mittel, die man zur Realisierung beliebiger Zwecke kalkuliert und einsetzt. Die Diskussion über die Menschenrechte muss daher zur Diskussion darüber werden, welche Mittel mit den Menschenrechten zu vereinbaren sind und welche nicht. Die Menschenrechte bieten Maßstäbe zur Beurteilung der Mittel. Auch wenn man die Zwecke durch Verweis auf die Menschenrechte heiligt, bleiben die Menschenrechte das Kriterium über die Mittel.

In diesem Sinne ist die Einforderung von Menschenrechten, wie Camus zeigt, eine Rebellion. Es ist die Rebellion des Menschen als lebendes Subjekt, das sich seiner Umwandlung in ein Objekt des Systems verweigert. Dieses Subjekt aber rebelliert ebenso gegen die in Zwecke verwandelten Menschenrechte und damit gegen die Herrschaft der Gattung Menschheit über den konkreten Menschen.

7. Der Schematismus John Lockes und die Postmoderne

Locke hat mit seinem Schematismus für die Umkehrung der Menschenrechte bis heute ununterbrochen Geschichte gemacht. Für die Moderne hat dieser Schematismus die Bedeutung dessen, was Lyotard als Legitimationserzählung bezeichnen würde. Der Schematismus liegt den Strukturen der gesamten Moderne bis heute zu Grunde und wird ständig an neue historische Situationen angepasst. Er ist ein Gründungsmythos der Moderne.

Gerade deshalb ist die Tatsache bemerkenswert, dass Lyotard diesen Schematismus von Locke nicht einmal zur Kenntnis nimmt, wenn er über die Legitimationserzählungen der Moderne spricht. Er verweist auf zwei andere Legitimationserzählungen, und zwar auf jene, die er vom Denken Rousseaus und von Marx ableitet. Sorgfältig versteckt er die Legitimationserzählung Lockes, obwohl sie den beiden anderen vorausgeht und obwohl Rousseau und Marx auf sie reagieren. Außerdem ist weder das Denken von Rousseau noch das von Marx ohne den Bezug zum Lockeschen Schematismus verständlich. Rousseau und Marx kritisieren diesen grundlegenden Schematismus. Rousseau formuliert seine Kritik auf der Grundlage des Begriffs vom Staatsbürger und Marx auf der Grundlage des Begriffs vom Menschen als bedürftigem Naturwesen. Aber beide konfrontieren sich mit dem von Locke sich ableitenden Schematismus.

Bei Lyotard hingegen erscheinen Rousseau und Marx als die Begründer der Moderne. Daher sein Schluss, dass die Postmoderne beginnt, sobald deren Denken seinen Einfluss verliert. Dabei muss man bedenken, dass bei Lyotard die Namen von Rousseau und Marx alle Emanzipationsbewegungen repräsentieren, die sich in der Geschichte des 19. und 20. Jahrhunderts den durch Lockes Schematismus entfesselten Kräften der Moderne entgegenstellten: die Emanzipationsbewegung der Sklaven, die im Laufe des 19. Jahrhunderts zur Abschaffung der Zwangsarbeit in den bürgerlichen Ländern führte, die Emanzipationsbewegung der Juden Ende des 18. Jahrhunderts, die Bewegungen zur Emanzipation der Arbeiter, die feministische Bewegung, der Pazifismus, die Unabhängigkeitsbewegung der kolonialisierten Länder und die Emanzipation der Kulturen in der kolonialisierten Welt.

KAPITEL II

Lässt man diese großen Emanzipationsbewegungen Revue passieren, dann fällt auf, dass sie zumeist von jenen Menschengruppen ausgehen, die im Schematismus von John Locke als „Gefahr für die Menschheit", als „entartet", als „schädliche" Wesen und als Leute gelten, die „Krieg gegen die Menschheit" geführt haben und deshalb als wilde Bestien behandelt zu werden verdienen. Die Menschengruppen, die im 19. und 20. Jahrhundert um ihre Emanzipation kämpfen, sind die wilden Bestien der grundlegenden Legitimationserzählung der Moderne, die sich von John Locke ableitet.

Aber eben sie sind es jetzt, die ihre Menschenrechte geltend machen, obwohl die Moderne sie ihnen verweigert. Locke billigt ihnen allen keine Menschenrechte zu, und zwar im Namen der Menschenrechte. Locke gesteht weder den nichtbürgerlichen Kulturen Rechte zu noch den Völkern, die sich der Kolonialisierung und Eroberung widersetzen. Sie sind nichts weiter als wilde Bestien, die der bürgerliche Eroberer vernichten kann und darf. Aber dennoch sind es gerade die Emanzipationsbewegungen, die die Menschenrechte in die Moderne überhaupt erst einführen. Durch diese Bewegungen tritt der Mensch als Subjekt von Rechten auf den Plan und lässt nicht mehr zu, dass diese Rechte aus irgendeinem Eigentum hergeleitet werden. Sie verlangen, dass der Mensch diese Rechte einfach deshalb besitzt, weil er ein Mensch ist, der Menschenwürde hat. Im 20. Jahrhundert werden diese Rechte zum ersten Mal in den großen Menschenrechtserklärungen festgeschrieben. Dagegen hat die sogenannte Erklärung der Menschenrechte in den USA von 1776 gar keine Menschenrechte zum Gegenstand, obwohl sie diesen Namen trägt. Die darin aufgeführten Rechte entsprechen der politischen Philosophie von Locke und haben eine entsprechende Bedeutung: Locke ist der wirkliche Vater dieser Erklärung. Damit wird begreiflich, warum nach der Proklamation der Erklärung von 1776 die Ausrottung der Urbevölkerung Nordamerikas überhaupt noch stattfinden konnte, ohne dass es zum Konflikt mit der Menschenrechtserklärung und der Verfassung kam. Ebenfalls wird erklärlich, warum die USA noch fast 100 Jahre nach ihrer Menschenrechtserklärung massive Zwangsarbeit durch Sklaverei zuließen. Das verwundert dann nicht mehr, wenn man in Betracht zieht, dass die Erklärung der Menschenrechte von 1776 aus der Tradition von John Locke stammt. Im Sinne dieser Erklärung garantiert Freiheit Sklaverei und Ausrottung.

DIE UMKEHRUNG DER MENSCHENRECHTE: DER FALL JOHN LOCKE

Die großen Emanzipationsbewegungen sorgen dafür, dass die Menschenrechte in die Moderne Einzug halten. Deshalb sind sie in der Menschenrechts-Charta der UNO nach dem II. Weltkrieg niedergeschrieben. Aber die Regierung der USA hat weder diese Charta noch spätere Menschenrechtskonventionen ratifiziert. Das sind die Beweise dafür, dass der Konflikt immer noch ungelöst ist.

Wenn nun Lyotard die Moderne mit diesen Emanzipationsbewegungen sowie mit dem Denken von Rousseau und Marx identifiziert und dann behauptet, dieses Denken habe als „Legitimationserzählung" der Moderne seine Geltung verloren, wirft diese Behauptung ein grelles Licht auf die von ihm verkündete Postmoderne. Die Postmoderne gewinnt in diesem Licht die Bedeutung einer Moderne in extremis. Die Postmoderne bestreitet der menschlichen Emanzipation jede Legitimität und zielt darauf ab, alle Menschenrechte wieder abzuschaffen, die mit Hilfe der Emanzipationsbewegungen des 19. und 20. Jahrhunderts erkämpft worden waren. Die Postmoderne wird zur nackten Moderne, die alle menschliche Emanzipation und allen Widerstand zur wilden Bestie erklärt, um sie beseitigen zu können.

Am Ende unseres Durchgangs durch die Argumentation von John Locke lässt sich konstatieren: Das Denken von John Locke bietet keine Theorie über die Wirklichkeit, sondern etwas ganz anderes. Dieses Denken schafft einen kategorialen Rahmen, der eine bestimmte Wirklichkeit selbst erst konstituiert. Deshalb lässt es sich mit Verweis auf die Wirklichkeit auch nicht widerlegen. Insofern konstituiert es einen Zirkel. Wenn man diesen kategorialen Rahmen übernimmt, stellt sich die Wirklichkeit so dar, wie Locke es behauptet. Eine andere Wirklichkeit kann man nur dann aufzeigen, wenn man dieses Denken als kategorialen Rahmen kritisiert. Aber auch diese Kritik kann demjenigen, der von diesem kategorialen Rahmen aus die Wirklichkeit sieht und denkt, keine andere Wirklichkeit sichtbar machen.

Dieser Schematismus als kategorialer Rahmen für die Interpretation der Wirklichkeit konstituiert nicht nur die bürgerliche Gesellschaft, sondern alle Moderne. Sobald sich die moderne Gesellschaft totalisiert, erscheint dieser Schematismus in reinster Form. Locke hatte ihn für die totale bürgerliche Gesellschaft formuliert. Jede sich totalisierende bürgerliche Gesellschaft lässt sich nur mit Hilfe des

Schematismus interpretieren, den Locke als erster darstellt. In diesem Sinne handelt es sich nicht um eine theoretische Erfindung von John Locke, sondern um eine Entdeckung. Locke entdeckt und formuliert den kategorialen Rahmen, ohne den eine bürgerliche Gesellschaft sich gar nicht totalisieren kann. Locke äußert also auch nicht einfach eine Meinung, sondern entdeckt die Kategorien, die in der bürgerlichen Gesellschaft selbst objektiv angelegt sind. Locke entdeckt eine Tatsache.

Auch der Stalinsche Sozialismus entwickelt im Prozess seiner Totalisierung auf der Basis des Konzepts von sozialistischem Eigentum einen ganz analogen Schematismus, der zwar den Lockeschen Schematismus transformiert, aber in seiner Struktur beibehält. Auch in diesem Falle erfüllt der Schematismus die Rolle eines kategorialen Rahmens, der die Wirklichkeit konstituiert und daher nicht widerlegbar ist. Im Faschismus geschieht etwas ähnliches. Wenn man im Lockeschen Schematismus die Bezugnahme auf die „Gattung Mensch" und das „Gesetz der Vernunft", mit deren Hilfe Locke die Umkehrung der Menschenrechte durchführt, durch den „Willen zur Macht" ersetzt, haben wir den Lockeschen Schematismus in seiner faschistischen Form. Daran lässt sich erkennen, dass alle Moderne ihre Wirklichkeit in den Termini des Lockeschen Schematismus konstituiert, sobald sie sich totalisiert und die Menschenrechte als Rechte des lebenden Subjektes Mensch eliminiert. Dann erweist sich dieser Schematismus als kategorialer Rahmen aller Moderne, auch wenn sich immer wieder Variabilitätsräume auftun, die Locke nicht vorhersehen konnte.

Eine Gesellschaft jenseits der Moderne müsste eine Gesellschaft sein, die diesen die Moderne begründenden Schematismus hinter sich gelassen hat. Heute ist vielen Menschen klar, dass dieser Schritt notwendig ist, um menschliches Leben auch zukünftig zu ermöglichen. Statt dessen entwickelt unsere heutige Gesellschaft mit ihrer Globalisierungsstrategie einen neuen Typ der Totalisierung, der den Schematismus von Locke aufs Neue reproduziert. Locke hatte die Totalisierung der bürgerlichen Gesellschaft nur projektiert, unsere heutige Gesellschaft hat darüber hinaus die Mittel zur Verfügung, sie bis zum bitteren Ende durchzuführen.

Übersetzung: Norbert Arntz

KAPITEL III

DIE NEGATIVE HALTUNG GEGENÜBER DEN WERTEN MENSCHLICHER EMANZIPATION UND DIE RÜCKEROBERUNG DES GEMEINWOHLES

Wir setzen die oben begonnene Analyse der Bedeutung der englischen Revolution und des Weltbildes fort, das John Locke daraus entwickelt hat. Wir haben es hier mit einer bestimmten Umkehrung von Menschenrechten zu tun. Es taucht ein Begriff von Gleichheit auf, der in den Ursprüngen der englischen Revolution so noch nicht vorhanden war. Er entwickelt sich im Transformationsprozess von einer bürgerlichen zur siegreichen Revolution und bekommt dann große Bedeutung. Locke bleibt ein Mann der Gleichheit, die er schon zu Beginn der englischen Revolution verkündet hat, aber diese Gleichheit ist nun im ganz engen Sinne eine Vertragsgleichheit. Er nutzt dieses Wort, um das formelle Wort zu vermeiden, welches die neue Bedeutung von Gleichheit nicht gut vermittelt.

Vertragsgleichheit bedeutet, dass wir Gleiche sind, denn wir handeln als Individuen, die untereinander Verträge abschließen und sich dann den Verträgen gemäß verhalten. Die Verträge sind verpflichtend. Und weil alles auf der Basis von Verträgen geschieht, basiert alles auf der Vertragsgleichheit der Beteiligten.

Wir sehen die Umkehrung der Menschenrechte, die hier vor sich geht. Sie geht aus von einer Vision bürgerlicher Herrschaft, die entsteht, in dem sie sich allen entgegenstellt, die sich dem neuen Prinzip der Gleichheit nicht unterwerfen. Die ganze Welt erscheint so, als erhebe sie sich gegen das bürgerliche Gesetz, die ganze Welt in Aufruhr, im Krieg; und die Bourgeoisie erobert die Welt in einem Verteidigungskrieg. Alle, die sich nicht unterwerfen, werden als wilde Tiere angesehen. Locke wiederholt den Ausdruck wilde Tiere mehrfach. Es handelt sich um Wilde, die man ruhig töten kann. Und wenn man sie nicht tötet, dann schiebt man das Töten nur hinaus, um bis dahin deren Arbeitskraft zu nutzen. In diesem Fall sind sie Sklaven.[1]

Bei Locke unterliegt alles dieser Perspektive der Herrschaft der Vertragsgleichheit über jene Gesellschaften, die sich außerhalb bürgerlicher Herrschaft befinden, und die gesamte bürgerliche Ideologie entspringt der Freiheit und der Vertragsgleichheit unter Gleichen. Diese Freiheit oder Vertragsgleichheit besteht vor allem im Vertrag

---

[1] Hinkelammert, Franz, La inversión de los derechos humanos: el caso de John Locke, in: Pasos, Nr. 85 (September/Oktober 1999).

über Kauf und Verkauf, mehr noch: aller Austausch wird jetzt in Begriffen des Vertrages verstanden. Diese Idee begleitet die bürgerliche Gesellschaft bis heute. Alles ist Markt: Markt der Abstimmungen, Markt der Stimmungen. Markt bedeutet, dass alles eine Angelegenheit des Vertrags ist und alles zwischen Gleichen sich abspielt, und auf dem Wege dieser Gleichheit sind sie frei. All dies zeigt sich in der Ideologie der englischen Bourgeoisie, die aber nicht ausschließlich englisch ist. England versteht sich als Vorreiter von Freiheit und Vertragsgleichheit in der Welt und mit einem universellen Auftrag ausgestattet, in der tiefen Überzeugung, sich in einem Verteidigungskrieg gegen all jene zu befinden, die nicht unterworfen sind. Diese werden als Aufständische angesehen. Grundlage für dieses Denken ist ein neuer Begriff von Eigentum. Eigentum ist nicht Mittel zur Subsistenz, sondern ein neuer Typus von Eigentum, akkumulierend, effektiv und in ständigem Wettbewerb.

Die Ideologie der „unsichtbaren Hand", die Adam Smith ausarbeitete, begann bereits mit Locke. Diese Ideologie besagt: Wenn jede menschliche Beziehung durch vertragliche Beziehungen geregelt ist, also durch Vertragsgleichheit, dann dient dies automatisch dem allgemeinen Interesse. Es gibt eine Vorstellung von Allgemeininteresse, die oft auch als Gemeingut bezeichnet oder damit verwechselt wird. Aber diese Vorstellung eines Allgemeininteresses entspricht weder dem Begriff des Gemeingutes im Mittelalter noch dem, was heute als Gemeingut in die Diskussion zurückkehrt. Adam Smith sprach von Allgemeininteresse. Das, was alle tun, ist im Interesse des anderen, wenn sie es im Rahmen der Vertragsgleichheit tun. Dann ist der Feind draußen. Und das sind diejenigen, die der Vertragsgleichheit noch nicht unterworfen sind. Locke ist darin sehr deutlich. Er geht nicht von einem Feind innerhalb des Staates aus. Die Vertragsfreiheit sieht er als eine Freiheit, die sich von allen Seiten aufdrängt, bis hin zur Vorstellung von der „unsichtbaren Hand". Die Vertragsfreiheit ist gut für alle, da alle ihre Interessen im Rahmen der Vertragsgleichheit oder der formalen Gleichheit realisieren, wobei ich denke, dass der Vertragsbegriff hier deutlich zeigt, worum es eigentlich geht. In Bezug auf die Verwirklichung des Allgemeininteresses sah Locke die internen Konflikte nicht voraus, die die Einsetzung der Vertragsgleichheit auslösen würden.

Nun können wir uns in diesem Zusammenhang die Französische Revolution ansehen. Diese Revolution ist von der englischen sehr verschieden. Es ist die zweite bürgerliche Revolution und nicht die erste, wie sie fälschlicherweise oft bezeichnet wird. Die Französische Revolution brachte eine neue Kategorie hervor. Bei Locke wird die ganze Gesellschaft der Kategorie des Bourgeois untergeordnet, der durch die Vertragsfreiheit definiert wird. Die Französische Revolution dagegen etablierte einen neuen Begriff des Bürgers, der über den Bourgeois hinausgeht; dieser Bürger ist zwar auch eine Person, die in Freiheit oder Vertragsgleichheit lebt, die aber in einer Weltverfassung grundgelegt ist, die erst mit dieser zweiten bürgerlichen Revolution auftaucht. Einen solchen Begriff des Bürgers als Bewohner (Ciudadano*), als Bürger mit Rechten, gibt es in der englischen Revolution so nicht. In der Französischen Revolution wird der Bourgeois auch zum Staats- oder Stadtbürger, was als universale Kategorie verstanden wird: alle sind Bürger. Dies hat zwar auch die Bedeutung, dass alle untereinander in Vertragsverhältnissen zueinander stehen, diese Bedeutung wird aber weiter gedacht: das Vertragsverhältnis konstituiert einen öffentlichen Raum, in dessen Rahmen das Freiheitsgesetz beschlossen und vom Staat als Repräsentant der Vertragsfreiheit garantiert wird. So bleibt Freiheit/Gleichheit gedacht als Raum der Emanzipation gegenüber den Mächtigen früherer Gesellschaften, also gegenüber Monarchie und kirchlicher Orthodoxie. Aber der Staat, der die Vertragsfreiheit seiner Bürger garantiert, eröffnet neue Dimensionen, die im Denken, dass sich aus der englischen Revolution entwickelte, völlig fehlen.

Das Auffälligste ist wohl das allgemeine Wahlrecht. Das allgemeine Wahlrecht – auch wenn es kein allgemeines ist, da es z. B. Frauen ausschließt – setzt eine Dynamik in Gang, die ein Jahrhundert später zu allgemeinen und unabhängigen Wahlen von Frauen und Männern führt. Es bringt auch einen Staat hervor, der in Bezug auf die Folgen der Vertragsgleichheit sehr interventionistisch sein kann. Der Staat der Französischen Revolution ist antimonopolistisch und kontrolliert die Preise. Aus der Perspektive von John Locke ist das sehr überra-

---

* Anmerkung des Übersetzers: Im Spanischen unterscheidet man „burgués" und „ciudadano", beides wird im Deutschen mangels Alternativen als „Bürger" übersetzt, meint aber zum Einen den (besitzenden) Bourgeois und zum Anderen den Bewohner mit Bürgerrechten.

schend. Darüber hinaus erklärt und beinhaltet der bürgerliche Staat die Emanzipation von Sklaven und von Juden, anders gesagt: es gibt eine Gleichheit jenseits der Vertragsgleichheit des Marktes, eine Gleichheit, die sich in konkreten Begriffen niederschlägt und stärker ist als die Vertragsfreiheit.

In diesem Sinn sind alle ohne Ausnahme Bürger. Faktisch gibt es zwar doch Ausnahmen, aber der Form nach sind alle Bürger. Und genau dies konstituiert einen öffentlichen Raum. Noch in der Generalversammlung 1792, in der dies beschlossen wurde, wurde auch die Befreiung und die Emanzipation der Sklaven und der Juden erklärt, denn es ist logische Konsequenz. Die Befreiung der Sklaven hat für Lateinamerika und die Karibik eine besondere Bedeutung: einmal erklärt, entwickelte sich als direkte Folge davon der Aufstand der Sklaven in Haiti. Der erste Befreier der Unabhängigkeitskriege in Amerika ist der Anführer der haitianischen Sklavenrevolution, Toussaint. In unserer Geschichte wird darüber wenig gesprochen, aber der Haitianer Toussaint und seine Sklavenrebellion, die direkt aus der Erklärung der Gleichberechtigung der Sklaven durch die Versammlung der französischen Republik erwachsen ist, steht am Anfang der Unabhängigkeitsbewegung Lateinamerikas und der Karibik. Er hatte zu der Zeit eine enge Beziehung zu Simón Bolivar – eine höchst interessante Entwicklungslinie.

Als der Aufstand in Haiti in vollem Gange war, war die Republik in Frankreich schon wieder Geschichte. Napoleon widerrief die Gleichberechtigung der Sklaven und kehrte zur Sklaverei im französischen Imperium zurück. In Haiti allerdings gab es keinen Weg zurück. Es blieb unabhängig, allerdings bis zuletzt von Frankreich verfolgt, so dass Haiti im Verlauf des 19. Jahrhunderts gezwungen wurde, eine Entschädigungszahlung für die Befreiung der Sklaven zu akzeptieren, weil die Sklavenbefreiung als unrechtmäßige Enteignung französischen Besitzes anzusehen sei. Das heißt: Die Befreiung der Sklaven wurde als unrechtmäßige Enteignung von Privatbesitz aufgefasst und Haiti musste dieses „Unrecht" anerkennen und dafür bezahlen. Dies war der Anfang der unbezahlbaren Auslandsschulden Haitis, die bis heute als legitime und zurückzuzahlende Schulden betrachtet werden.

Ganz anders geht man heute mit der Zwangsarbeit während des Zweiten Weltkrieges um. Deutschland, und jetzt auch Österreich, müssen diejenigen, die zur Zwangsarbeit gezwungen worden sind, wenn auch nur mit einem kleinen, eher symbolischen Betrag entschädigen. Nach 55 Jahren gibt nur noch wenige Überlebende, aber heute werden sie anerkannt. Die Direktive heißt: Wer unter Zwangsarbeit leiden musste, hat ein Recht auf Entschädigung. Das liberale Konzept dagegen lautete: wer unter Zwangsarbeit gelitten hat, muss demjenigen, der ihn ausgebeutet hat, den Eigentumsverlust ausgleichen, den er im Rahmen der Sklavenbefreiung erlitten hat. Dies ist juristisch gesehen sicherlich ein interessanter Fall.

Mit dem französischen Konzept des Bürgers entsteht ein öffentlicher Raum bürgerlicher Gesellschaft und damit eine Dynamik einer konkret verstandenen Gleichheit, wie sie in der englischen Revolution nicht zu finden ist. Aber diese Dynamik geht über das hinaus, was die Akteure der Französischen Revolution intendiert hatten. Mit der Französischen Revolution entsteht ein Staat, der in den Markt interveniert. Die Vertragsgleichheit bleibt die Grundlage, nur jetzt eben verstanden als eine politische Dimension. Innerhalb der Revolution gibt es einen Konflikt, der sich in einer Situation zeigt, die sehr eng mit der Vertragsgleichheit verknüpft ist. Zunächst ist es ein Konflikt um das allgemeine Wahlrecht. Mit der Französischen Revolution entsteht auch die Frauenemanzipation. Es entsteht eine Frauenbewegung, die ein wirklich allgemeines Wahlrecht fordert. Die Generalversammlung hatte allgemeine Wahlen verkündet, aber die Frauen nicht berücksichtigt. Olympe de Gouges ist vielleicht die erste Frau dieser politisch verstandenen Frauenbewegung, die nicht nur das Frauenwahlrecht fordert, sondern deren gleichberechtigte Mitwirkung im politischen Raum. Sie wurde zur Guillotine geführt. Die Guillotine war also nicht dem König und den Aristokraten vorbehalten, sondern auch Schicksal einer der Schlüsselfigur der Emanzipation.

Es gibt einen zweiten Fall, der den aufkommenden Konflikt zeigt. Alle Welt kennt Babeuf (François Noel). Aber nur wenige kennen Olympe de Gouges, obwohl beiden die gleiche Bedeutung zukommt, denn beide sind Schlüsselfiguren. Babeuf ist eine zentrale Figur in der Frage der Gleichberechtigung der Arbeiter, er steht aber für einen neuen Typus von Gleichheit, denn die Arbeiter hatten ihre Vertragsfreiheit erkannt, hatten das allgemeine Wahlrecht wahrgenommen – alle wählten. Mit Babeuf zeigte sich das Problem der Emanzipation der Arbeiter, und auch er fiel unter der Guillotine. Anschließend ermordete man den Führer des Sklavenaufstands in Haiti, der in einem französischen Gefängnis gefangen gehalten worden war. Während der Französischen Revolution zeigten sich damit schon Probleme, die erst später, im Verlauf des 19. Jahrhunderts, wirklich virulent werden sollten. Es deuteten sich neue, große Emanzipationsbewegungen – Arbeiter, Frauen, Sklaven – an, von denen man sagen kann, dass sie die bedeutendsten des folgenden Jahrhunderts werden sollten. Aber sie rufen große Auseinandersetzungen hervor und ihre Anführer werden enthauptet. Es entsteht ein neuer Konflikt, der nicht einfach ein Konflikt mit der vorherigen Gesellschaft oder mit denen ist, die außerhalb des Rahmens der Vertragsgleichheit der bürgerlichen Gesellschaft stehen, sondern es ist ein Konflikt, der von innen heraus entsteht: Die Arbeiter, die Frauen, die Sklaven erheben sich. Und weil sie zum System gehören, werden sie zu einem internen Problem des Systems. Es sind Kinder der ersten Emanzipation, die im Namen der Vertragsgleichheit durchgesetzt wurde, aber tauchen nun als innere Feinde des Systems auf. Es sind keine Feinde, von denen John Locke spricht und man kann sein Deutungsschema eigentlich hier gar nicht anwenden, aber indem man den Konflikten das Deutungsschema von Locke überstülpt, wird ein neues Feindbild produziert.

Den Richtungswechsel der Emanzipationsbewegung kann man auch an der Theologie des britischen Empire aufzeigen. Das Empire brachte sowohl im 18. wie auch im 19. Jahrhundert jeweils eigene Theologien hervor. Die Herrschaftstheologie des 19. Jahrhunderts ist von der des 18. Jahrhunderts sehr verschieden. Während die des 18. Jahrhunderts von Locke geprägt war, regiert im nachfolgenden Jahrhundert die „unsichtbare Hand". Danach ist eine neue, eine zweite Emanzipation völlig unnötig, da ja die Logik der Vertragsgleichheit das Gemeinwohl sichert. Darauf baut die Herrschaftstheologie des 19. Jahrhunderts auf, aus der sich auch eine veränderte Bedeutung des Wortes Emanzipation ergibt.

Im 18. Jahrhundert entwickelte sich das Denken von John Locke im Namen der Emanzipation. Dies ist sehr wichtig für das Verständnis, die Ausleuchtung des 18. Jahrhunderts bis hin zu Kant. Es ist die Emanzipation des autonomen Individuums. Das Auftauchen des autonomen Individuums wird als Emanzipation interpretiert. Emanzipation von Tradition, von despotischem Königtum, von einer Feudalgesellschaft und den Lehrsätzen der mittelalterlichen Gesellschaft und damit den überkommenen Dogmen christlicher Tradition, die bis zum 17. Jahrhundert alles beherrschten. Diese Begründung des autonomen Individuums, mit der ihm zukommenden Vertragsgleichheit, ist als seine Emanzipation formuliert worden. So definiert Kant Aufklärung als Auszug des Menschen aus der selbstverschuldeten Unmündigkeit. Und dieser Auszug aus selbstverschuldeter Unmündigkeit des autonomen Individuums wird im Kontext der Aufklärung als Emanzipation verstanden. Auch wenn diese Emanzipation zunächst eine des Individuums als Eigentümer ist, geht sie doch weit darüber hinaus und mündet in eine universal menschliche Emanzipation, allerdings individualistisch verengt. Soweit die erste Emanzipation.

Im 19. Jahrhundert veränderte sich die Situation grundlegend: Der Emanzipationsbegriff wandelte sich, indem sich eine Emanzipation der Arbeiter, der Frauen, der Sklaven entwickelte, nach und nach auch eine Emanzipation der kolonisierten Völker und der Kulturen, eine Emanzipation der rassistisch Unterdrückten. Dieser neue Begriff von Emanzipation ist Konsequenz der Folgen der Vertragsgleichheit und des Gleichheitsbegriffs von John Locke. Heute versteht man deshalb unter Emanzipation die Überwindung der Folgen des Gleichheitsbegriffs von John Locke im 18. Jahrhundert: die zweite Emanzipation, die sich den zerstörerischen Folgen der ersten entgegenstellt, ohne sie allerdings wirklich zu überwinden.

Es entsteht ein Konflikt, ein innerer Widerspruch, der sich aus der Einführung der Vertragsfreiheit von Kauf und Verkauf im Markt, aus der Einführung des Kapitalismus ableitet. Oder anders gesagt: Es gibt eine Opposition zum System, die aus dem Inneren des Systems selbst kommt, aber eben nicht darauf aus ist, zu früheren Gesellschaftsformen zurückzukehren.

Es taucht ein Subjekt auf, das kein Individuum ist und sich auch nicht als autonomes Individuum versteht, sondern das seine Freiheit gegenüber den Folgen, die die Vertragsfreiheit über die Menschen bringt, behauptet und verteidigt. In der Verbreitung der Vertragsgleichheit kann man eine Art inneren Bruch erkennen. Man kann sehen, dass im Innern der Vertragsgleichheit erneut Herrschaft aufscheint, Herrschaft, von der man behauptete, dass sie ja mit der ersten Emanzipation eben durch die Vertragsgleichheit überwunden worden sei. Man entdeckt eine Herrschaft, die von Innen heraus aus der Vertragsgleichheit wirkt und nicht aus einer Verletzung dieser Vertragsgleichheit entsteht. Diese Entdeckung der erneuten Herrschaft des Menschen über den Menschen innerhalb der Vertragsgleichheit ist es, die die Emanzipationsbewegungen des 19. Jahrhunderts antreibt.

Es gibt einen klassischen Text über diesen Bruch in der Logik der Vertragsgleichheit und über die Transformation der Logik der Vertragsgleichheit hin zu einer Logik der Herrschaft, die aus dem Inneren der Vertragsgleichheit entsteht und nicht aus ihrer Verletzung. Marx hat ihn verfasst. Es geht um eine Analyse des 19. Jahrhunderts, in dem sich ein neuer Typ von Herrschaft einstellt, die eben keine offene, auf gesetzlichen Regelungen aufgebaute Herrschaft ist. Das Mittelalter hatte eine sehr klare Herrschaftsform, den Feudalismus mit Leibeigenschaft: drei Tage Arbeit für die Herrschaft, zwei für den Leibeigenen usw. Es war eine auf Gesetzen beruhende Herrschaft. Nun aber taucht eine Herrschaft auf, die die Herrschaft reproduziert, die man mit der Abschaffung der Leibeigenschaft überwunden zu haben glaubte. Sie zeigt sich auf verschiedenen Gebieten, die größte Dynamik im 19. Jahrhundert aber entwickelt ohne Zweifel der Konflikt um die Emanzipation der Arbeiterinnen und Arbeiter. Das folgende Zitat von Marx bezieht sich auf die Herrschaft über den Arbeiter und zeigt die Ausrichtung der Veränderung im Innern der Vertragsgleichheit auf:

> Die Sphäre der Zirkulation oder des Warenaustausches, innerhalb deren Schranken Kauf und Verkauf der Arbeitskraft sich bewegt, war in der Tat ein wahres Eden der angebornen Menschenrechte. Was allein hier herrscht, ist Freiheit, Gleichheit, Eigentum und Bentham. Freiheit! Denn Käufer und Verkäufer einer Ware, z. B. der Arbeitskraft, sind nur durch ihren freien Willen bestimmt. Sie kontrahieren als freie, rechtlich ebenbürtige Personen. Der Kontrakt ist das Endresultat, worin sich ihre Willen einen gemeinsamen Rechtsausdruck geben. Gleichheit! Denn sie beziehen sich nur als Warenbesitzer aufeinander und tauschen Äquivalent für Äquivalent. Eigentum! Denn jeder verfügt nur über das Seine. Bentham! Denn jedem von den beiden ist es nur um sich zu tun. Die einzige Macht, die sie zusammen und in ein Verhältnis bringt, ist die ihres Eigennutzes, ihres Sondervorteils, ihrer Privatinteressen. Und eben weil so jeder nur für sich und keiner für den andren kehrt, vollbringen alle, infolge einer prästabilierten Har-

monie der Dinge oder unter den Auspizien einer allpfiffigen Vorsehung, nur das Werk ihres wechselseitigen Vorteils, des Gemeinnutzens, des Gesamtinteresses.

Beim Scheiden von dieser Sphäre der einfachen Zirkulation oder des Warenaustausches, woraus der Freihändler vulgaris Anschauungen, Begriffe und Maßstab für sein Urteil über die Gesellschaft des Kapitals und der Lohnarbeit entlehnt, verwandelt sich, so scheint es, schon in etwas die Physiognomie unsrer dramatis personae. Der ehemalige Geldbesitzer schreitet voran als Kapitalist, der Arbeitskraftbesitzer folgt ihm nach als sein Arbeiter; der eine bedeutungsvoll schmunzelnd und geschäftseifrig, der andre scheu, widerstrebsam, wie jemand, der seine eigne Haut zu Markt getragen und nun nichts andres zu erwarten hat als die – Gerberei.[2]

In diesem Text wird eine Umkehrung aufgezeigt. Die Vertragsgleichheit selbst wird zu einem Herrschaftsverhältnis, und zwar aufgrund ihrer inneren Logik, die eine Logik von Kauf und Verkauf ist. Aus ihr selbst erwachsen Mächte, die Herrschaftsverhältnisse establieren, die die Vertragsgleichheit nicht verletzen. Dies ist überaus wichtig: Die Vertragsgleichheit wird durch diesen Übergang von der Vertragsfreiheit zu einer Herrschaftsbeziehung nicht verletzt.

Von hier aus sehen wir nun, welche Idee hinter der zweiten Emanzipation steht. Wenn man Herrschaft als Ergebnis der Vertragsgleichheit feststellt und sieht, dass diese Herrschaft in der Logik der Vertragsgleichheit selbst liegt, lebt man eine Herabsetzung, eine Diskriminierung, die sich aber vollständig logisch aus der Gleichheit ergibt. Und an dieser Diskriminierung entlang erwächst die zweite Emanzipation, so wie sie sich im 19. Jahrhundert entwickelte und bis heute weiterexistiert. Das Wort Emanzipation bezieht sich deshalb heute auf die Antwort auf die Unterdrückung, die sich innerhalb der Vertragsgleichheit zeigt.

Dies muss man in vielschichtiger Weise sehen. Marx analysierte es aus der Situation des Arbeiters, des Kaufs und Verkaufs von Arbeitskraft. Sicherlich hat der Bruch in der Logik der Vertragsgleichheit hin zum Herrschaftsverhältnis viele Dimensionen, die sich an vielen Stellen zeigen. Hier sollen nur vier herausgearbeitet werden.

---

[2] Marx, Karl, Das Kapital. Kritik der politischen Ökonomie (Karl Marx/Friedrich Engels, Werke, Band 23), Berlin/DDR 1977, S. 189ff.

KAPITEL III

Die Emanzipation der Arbeiter als Reaktion auf die Unterdrückung in der Logik der Vertragsgleichheit und der daraus folgenden Ausbeutung: Es tritt die Arbeiterklasse auf, die nach Marx eben keine soziologische Kategorie ist und auch gar nicht sein kann, sondern eine Kategorie von Diskriminierung, weil es eben innerhalb der Beziehungen von Kauf und Verkauf der Arbeitskraft Diskriminierung gibt. Für uns allerdings ist dies nicht die einzige Dimension.

Mit der Emanzipation der Frauen tritt eine zweite Dimension in den Blick, die sich um so deutlicher zeigt, je mehr sich Vertragsgleichheit in den Beziehungen zwischen Männern und Frauen etabliert. Starke Dynamik erhielt diese Dimension mit dem Wahlrecht von Frauen nach dem Ersten Weltkrieg. Die Vertragsgleichheit hat von sich aus kaum Wesentliches an der Diskriminierung von Frauen geändert, denn das Problem der Frauendiskriminierung geht weit über die Etablierung von Vertragsgleichheit hinaus. Es ist hier nicht der Ort, um über das Patriarchat vor dem liberalen Zeitalter nachzudenken, denn die Vertragsgleichheit ist vom Patriarchat sehr verschieden. Das Patriarchat ist eine Institution, die durch legale Einsetzung regiert. Und hier gibt es kein eingesetztes Patriarchat, keinerlei legale Einsetzung. Heute sind – in Begriffen des Vertrages – Frauen und Männer völlig gleichberechtigt; es gibt kein Recht, nach dem die Frau nicht dem Mann gleichgestellt ist. Aber es gibt ein klare Einteilung von Männern und Frauen in unserer Gesellschaft und die Frauen stehen immer an zweiter Stelle. Es handelt sich um die gleiche Logik wie bei der Vertragsgleichheit, die auch hier mit einer bestimmten Diskriminierung einhergeht, welche von den Frauen, von der Frauenbewegung aufgedeckt und angeklagt wird. Wir glauben, dass man diese Diskriminierung nicht mit dem vorherigen Patriarchat erklären kann, denn sie entsteht im Kontext der Etablierung von Vertragsgleichheit, kann also nicht einfach als Restbestand einer früheren Gesellschaft behandelt werden.

Die dritte Dimension ist der Rassismus. Hier handelt es sich um eine Diskriminierung, die die Abschaffung der Sklaverei überlebt hat. So wie sich nach der Überwindung des Patriarchats die Ungleichheit von Frauen und Männern weiter fortsetzte, so reproduziert sich der Rassismus, obwohl die Sklaverei und die ihr folgende Apartheid im gesetzlichen Sinne überwunden wurden. Im Selbstverständnis der USA gibt es keine Rassentrennung und im Selbstverständnis Südafrikas gibt es keine Apartheid, alles erledigt: in den 50er Jahren wurde die Rassentrennung in den USA überwunden und in den 80er Jahren die Apartheid in Südafrika, aber deshalb ist der Rassismus noch lange nicht verschwunden. Der Rassismus ist ein ganz besonderes, weil modernes Phänomen. Das Patriarchat oder die Klassenherrschaft haben die ganze bisherige menschliche Zivilisation begleitet, nicht so der Rassismus. Er ist ein Produkt des 18. Jahrhunderts. In vorherigen Gesellschaftsformen wie auch in den abendländischen Gesellschaften des 15., 16. oder 17. Jahrhunderts gab es keinen Rassismus, oder zumindest keinen relevanten Rassismus. In der gesamten vorherigen Geschichte kannte man so gut wie keine rassistische Diskriminierung. Es gab Patriarchat, Klassenverhältnisse und es gab das Gegenüber von Zivilisation und Barbarei in dem Sinne, dass die großen Zivilisationen die jeweils Anderen als Barbaren betrachteten. Aber diese Auffassung der Anderen als Barbaren knüpft nicht an körperliche Kennzeichen oder Eigenheiten an, es ist kein Rassismus.

Der Rassismus taucht im 18. Jahrhundert auf und verbindet sich sofort mit der Sklaverei. In diesem Jahrhundert wird die Sklaverei rassistisch und als die Sklaverei später abgeschafft wird, verschwindet der Rassismus nicht. Für uns wird deutlich: Der Rassismus tritt zusammen mit der Erklärung der Gleichheit der Menschen auf. Er stellt eine Antwort dar auf die Erklärung der Gleichheit der Menschen: Wenn alle Menschen gleich sind, wenn wir alle die gleichen vertraglichen Rechte haben, dann erlaubt es der Rassismus, Ungleichheiten in Bezug auf die Vertragsgleichheit fortzusetzen. Wenn „einige nicht vollständige Menschen sind", dann „verdienen sie die Vertragsgleichheit nicht". Auf diese Weise ermöglicht es das rassistische Denken, die Vertragsgleichheit in einer Gesellschaft zu relativieren, in der die Gleichheit ein hohes Gut darstellt. Aber dies wirkt zerstörerisch. Später wird man mit dem Rassismus die Erklärung der Gleichheit der Menschen zerstören können. Und damit erklärt sich, warum sich der Rassismus im 18. Jahrhundert herausbildete. Es ist offensichtlich und auffällig, dass sich bei John Locke kein Rassismus findet. Wenn Shakespeare das Drama Othello schreibt; hat die Tatsache, dass Othello ein Händler und Schwarzer ist, nichts zu sagen, es gibt keine rassistische Bedeutung darin, einige sind Schwarze, andere sind es nicht. In der gesamten Geschichte vorher war die Hautfarbe oder ein anderes körperliches Merkmal niemals negativ belegt. Erst das 18.

Jahrhundert erschafft den Rassismus. Es gibt ihn erst dreihundert Jahre. Wir meinen, dass er eine wesentliche Form ist, eine hochheilige Vertragsgleichheit in einer Gesellschaft für einige bestimmte Menschen auszuhebeln.

In den letzten Jahrzehnten ist eine weitere, eine vierte Dimension aufgetaucht, die sich mehr und mehr zuspitzt: die Zerstörung der Natur aufgrund der Gefräßigkeit eines sich ausdehnenden Marktes, des Bereiches der Vertragsgleichheit der Mächtigsten also. Da die Natur als Hindernis für die Ausdehnung des Marktes erscheint, wird sie durch die Logik des Marktes zerstört. Aber die Natur als Betroffene kann sich nicht wehren; sie gerät in eine Krise. Es sind Menschen, die sie verteidigen, solche die wissen, dass der Tod der Natur auch den Tod der Menschen bedeutet, weil der Mensch ein natürliches Wesen und damit Teil der Natur ist. Auch in diesem Fall handelt es sich also um einen Konflikt zwischen Vertragsfreiheit und -gleichheit einerseits und den von den möglichen desaströsen Folgen einer Umweltzerstörung Betroffenen andererseits, auch wenn die Betroffenheit vielleicht manchmal nur indirekt ist.

Dies alles sind Diskriminierungen, die im Inneren der Vertragsgleichheit verankert sind, die also diese Gleichheit selbst nicht verletzen. Keine der Diskriminierungen verletzt die Gleichheit. In der Theorie von Marx ist für diese Situation das Problem der Arbeiterdiskriminierung zentral: die Ausbeutung verletzt nicht das Wertgesetz, sondern steckt im Innern des Austausches von Äquivalenten. Das hat die gleiche Bedeutung. Für Marx ist zentral zu zeigen, dass die Ausbeutung das Wertgesetz erfüllt, ihm nicht widerspricht. Das Wertgesetz ist die Form, in der die Vertragsgleichheit als Markt erscheint.

Durch diese Perspektive der Emanzipationen, die eben von einem Punkt ausgehen, der im Inneren der Vertragsgleichheit aufscheint oder auftaucht, entsteht einer neuer Typ von Menschenrechten. Dieser Diskriminierung kann man nicht durch die Stärkung der Vertragsgleichheit begegnen, sondern sie erfordert Antworten auf anderen Gebieten. Deshalb tritt hier der Mensch als Subjekt auf. Dies ist ein neuer Begriff, eine neue Idee des Subjekts. Das Subjekt ist körperlich und setzt seine Körperlichkeit ein, riskiert sie. Es geht um eine Ausweitung des *Habeas corpus,* das nicht mehr so eng gefasst wird wie im 17. Jahrhundert. *Habeas corpus* bedeutet jetzt, dass der Mensch als Subjekt die Anerkennung des Rechts auf Essen, auf Haus, auf Erziehung, auf Gesundheitsversorgung, auf Kultur und auf Geschlecht einfordert. All diese Dinge erscheinen jetzt als Menschenrechte, die allesamt emanzipatorische Menschenrechte angesichts der Defizite der Vertragsgleichheit sind.

Wir denken, dass man diese Menschenrechte nicht einfach als zweite Generation der Menschenrechte darstellen oder als Ergänzung der vorherigen Menschenrechte anfügen kann. Es zeigt sich ein Konflikt zwischen den Rechten der Vertragsgleichheit und diesen gerade genannten Menschenrechten; ein Konflikt im Innern der Gesellschaft, der sich mittels der Kritik ausdrückt und offenbart und in dem mündet, was in der Tradition des 19. Jahrhunderts als Ideologiekritik bezeichnet wird. Dies ist eine sehr spezifische Methode, die nur wirksam ist angesichts der Ideologien der Vertragsgleichheit. Diese Methode besagt: Ihr versprecht Gleichheit, aber was unsere Gesellschaft auszeichnet ist eine sich versteckende Ungleichheit. Kritisiert wird im Namen der Gleichheit, die von der Vertragsgleichheit versprochen wird, darüber hinausgehend wird die Gesellschaft selbst kritisiert. Es ist die Kritik jener Ideologie, die den ideologischen Bereich einer Gesellschaft als Bereich der Gleichheit und des allgemeinen Interesses bestimmt. Die Ideologiekritik, und dies ist typisch für Marx, stellt fest: Ihr versprecht Allgemeininteresse, aber was ihr schafft, ist das genaue Gegenteil. Deshalb rufen wir nach Befreiung von der Vertragsgleichheit.

Es gibt einen Kampf zwischen dieser Kritik und der Ideologie der Vertragsgleichheit selbst. Jetzt verstehen wir auch, warum diese Ebene bei Locke fehlte. Für ihn befanden sich die Feinde ausschließlich außerhalb, innen vermutete er keinerlei Probleme, alles befand sich in Harmonie. In der zweiten Hälfte des 19. Jahrhunderts erschütterte der Konflikt um die Emanzipation die westliche Gesellschaft. Überall entstanden Emanzipationsbewegungen: Arbeiterbewegung, Frauenbewegung, Pazifismus. Und es kam die Forderung nach Unabhängigkeit der Kolonien auf, wie die Unabhängigkeitsbewegungen in Indien. Nach der Abschaffung der Sklaverei in den USA entwickelte sich angesichts des Rassismus eine Auseinandersetzung um die Rassentrennung. Ein weitere unglaubliche Reaktion auf die Forderung nach menschlicher Emanzipation sind die faschistischen Ideologien.

Es kommt also zu einer Reaktion auf die Emanzipationsbewegung. Diese Reaktion ist mit der Philosophie von Nietzsche verknüpft, die einen tiefen Einschnitt im abendländischen Denken bedeutete. Alle Wurzeln der abendländischen Traditionen sind nun in Frage gestellt. Daher müssen wir uns sehr sorgfältig mit der Ideologiekritik beschäftigen: Sie arbeitet im Namen derjenigen Werte, die auch die herrschende Klasse teilt. Von hier aus konzentriert man sich auf das Allgemeininteresse und stellt fest, dass „euer Allgemeininteresse falsch ist"; „wir müssen das allgemeine Interesse verwirklichen". Der Liberalismus und der Marxismus operieren in einem Raum gemeinsamer Werte, auch wenn sie sich in einem tödlichen Konflikt befinden. Locke hatte die Werte zwar umgekehrt, aber die Werte selbst in umgekehrter Form erhalten. Die Reaktion gegen die Emanzipation richtet sich gegen diesen Raum gemeinsamer Werte. Deshalb reagiert Nietzsche gegen Locke genauso wie gegen die Emanzipation.

Nietzsche sucht nach einem gemeinsamen Nenner, um das Problem der Emanzipation und der gemeinsamen Werte, die beiden Emanzipationen unterliegen, zu lösen. Und wo findet er ihn? Im Christentum und im Judentum. Im Gesamt des Christentums und in seinen Ursprüngen: im Judentum. Nach Nietzsche sind Christentum und Judentum überall, in den Werken von Locke wie von Marx, bei den Anarchisten und den Sozialisten, den Liberalen, in der Forderung nach Gerechtigkeit, überall am Werk. Dies ist die Wertegemeinschaft, deren Gemeinsames sichtbar wird, wenn man erfasst, was Ideologiekritik ist. Das Feld der Werte, die gemeinsam sind und die man auch als Allgemeininteresse, Gemeingut oder mit ähnlichen Begriffen bezeichnen kann, hat immer die Gleichheit als gemeinsamen Referenzpunkt, wenn auch mit sehr unterschiedlichen Verständnissen belegt. Für Nietzsche ist dies der totale Feind. Von ihm aus stellt er das Ganze der Werte in Frage. Nicht nur die Werte der zweiten Emanzipation, sondern auch die Gleichheit, angesichts derer man die Emanzipation sucht. Es entsteht ein Aufstand gegen die Gleichheit selbst und die menschliche Würde.

Nietzsche spricht oft vom Christentum und historisch gesehen hat er wohl recht, denn das Christentum bildet eine entscheidende Wurzel, die Nietzsche immer mit dem Judentum in Verbindung bringt. Seine Argumentation wird an folgenden Zitaten sichtbar:

> Das Gift der Lehre „*gleiche* Rechte für alle" – das Christentum hat es am grundsätzlichsten ausgesät; das Christentum hat jedem Ehrfurchts- und Distanz-Gefühl zwischen Mensch und Mensch, das

heißt der *Voraussetzung* zu jeder Erhöhung, zu jedem Wachstum der
Kultur einen Todkrieg aus den heimlichsten Winkeln schlechter Instinkte gemacht – es hat aus dem *ressentiment* der Massen sich seine
Hauptwaffe geschmiedet gegen *uns,* gegen alles Vornehme, Frohe,
Hochherzige auf Erden, gegen unser Glück auf Erden ... Die „Unsterblichkeit" jedem Petrus und Paulus zugestanden, war bisher das
größte, das bösartigste Attentat auf die *vornehme* Menschlichkeit.[3]

Der Feind ist die Erklärung der Unsterblichkeit des Petrus und des
Paulus, das heißt: jedermann. Er erklärt, dass die Gleichheit der Feind
ist, Nietzsche beschreibt sie zugleich als Feind „unseres Glücks". Und
es ist „unser" Feind, wobei das „wir" hier nicht alle Menschen umfasst.

Klar, denn wer den Text liest und denkt, dass das „wir" hier „alle"
meint, hat ihn nicht verstanden. Das „wir" bedeutet: „Aristokraten",
„wir Aristokraten". Und der Pöbel? Nein, der Pöbel nicht! Im Namen
des Pöbels wurde „unser" Glück zerstört. Und die Emanzipation?
Nietzsche reagiert auf all das, was irgendeine Beziehung zur Unsterb-
lichkeitserklärung hat, auch gegen dessen säkularisierte Variante: die
Menschenwürde. An der Wurzel jeglicher Idee von Menschenwürde
sieht er die Unsterblichkeit von Petrus und Paulus. Für Nietzsche ist
jede Haltung für oder Unterstützung von Menschenwürde eine Un-
sterblichkeitserklärung von Petrus und Paulus, die er mit dem Christentum verbunden sieht und die er im Christentum bekämpft. Deshalb kann man weiterlesen:

> Nichts ist ungesunder, inmitten unserer ungesunden Modernität, als
> das christliche Mitleid. *Hier* Arzt sein, *hier* unerbittlich sein, *hier* das
> Messer führen – das gehört zu *uns,* das ist *unsre* Art Menschenliebe,
> damit sind *wir* Philosophen, wir Hyperboreer![4]

Auch hier spricht Nietzsche nicht im Namen von allen Menschen,
sondern im Namen seines „wir". Die hier formulierte Kritik am
Christentum ist eine Kritik an der Wurzel der Emanzipation, wie sie
gelebt wird. Nietzsche kritisiert das Christentum nicht unabhängig von
der Gesellschaft und seiner Konflikte:

> Wenn der Anarchist, als Mundstück *niedergehender* Schichten der Ge-
> sellschaft, mit einer schönen Entrüstung „Recht", „Gerechtigkeit",

---

[3] Nietzsche, Friedrich, Der Antichrist, Werke Bd. 2, hrsg. von K. Schlechta, München 1966, S. 1205.
[4] Ebd., S. 1169.

„gleiche Rechte" verlangt, so steht er damit nur unter dem Drucke seiner Unkultur, welche nicht zu begreifen weiß, *warum* er eigentlich leidet – *woran* er arm ist, an Leben ...[5]
Christenthum, Revolution, Aufhebung der Sklaverei, gleiche Rechte, Philantropie, Friedensliebe, Gerechtigkeit, Wahrheit: alle diese grossen Worte haben nur Werth im Kampf, als Standarte: *nicht* als Realitäten, sondern als *Prunkworte*, für etwas ganz Anderes (ja Gegensätzliches!).[6]

Christentum und Judentum sind für Nietzsche die Bündelung aller menschlichen Emanzipationen und somit seine Feinde.

Im gesamten Werk von Nietzsche kann man den Eindruck gespiegelt finden, den die Sklavenbefreiung in den USA bei ihm hinterlassen hat. Diese Befreiung versteht er als Bedrohung in dem Sinn, dass Emanzipationsbewegungen erfolgreich sein können. Nietzsche, das ist nun wieder kurios, lebte in Basel, wo er nie in seinem Leben einen Sklaven gesehen hat, so dass er eigentlich auch nicht wirklich wissen kann, was Sklaverei bedeutet. Aber als Nietzsche zu schreiben begann, lag die Sklavenbefreiung in den USA gerade mal fünf oder sechs Jahre zurück, oder besser: sie war für Nietzsche noch aktuell, ist Teil seiner Gegenwart, über die er in den Zeitungen erfahren konnte. Aufgebracht und voller Angst, dass diese Emanzipationsbewegungen erfolgreich sein könnten, begann er seine Analyse der Wurzeln und der Zusammenhänge. Und dann ist alles da: Christentum, Revolution, Aufhebung der Sklaverei, gleiche Rechte, Philanthropie, Pazifismus, Gerechtigkeit, Wahrheit. All dies erscheint als Gefahr, die aus Christentum und Judentum erwächst. Nur in diesem Zusammenhang kann man auch seine These vom Tod Gottes verstehen.

Der von Nietzsche öffentlich ausgerufene Tod Gottes ist kein Atheismus. Wenn man dies denkt, versteht man nicht, was der Tod bedeutet. Nietzsche predigt keinen Atheismus, sondern sieht den Tod Gottes als großen Sieg, den es noch zu vervollständigen gilt. Deshalb stellt er sich allen entgegen, die diesen Tod nicht akzeptieren, denn sie verhindern, dass dieser Gott, der gestorben ist, schließlich beerdigt wird und so der Verwesungsgeruch nicht mehr überall zu riechen ist, das heißt: bei den Marxisten, den Anarchisten und Sozialisten. Was

---

[5] Nietzsche, Friedrich, Götzendämmerung Nr. 34, Werke Bd. 2, S. 1009.
[6] Nietzsche, Friedrich, Der Wille zur Macht Nr. 80, Paderborn o.J., S. 65.

Nietzsche in seiner Sprache als Tod Gottes bezeichnet, meint den Tod des Sozialismus, den Tod des Christentums, den Tod des Judentums und all dessen, was Wurzel und Grund von Emanzipation gewesen ist; und es bedeutet den Tod all seiner Früchte: den Tod der Gerechtigkeit, der Menschenfreundlichkeit und der Barmherzigkeit.

Jetzt können wir die große Anti-Emanzipation, die alle Wurzeln des Abendlandes abschneidet, so dass nichts mehr bleibt, erkennen. Indirekt gehören auch noch Platon und Sokrates mit in diese Kategorie, und er schneidet damit unsere gesamte Vergangenheit ab.

Nietzsche tritt dem ganzen Abendland, das er als „Pöbel" begreift, entgegen und entwickelt von dort ein Denken der Zerstörung, das oftmals überrascht. Hier interessiert seine eigene Interpretation, die er so formuliert:

> … Es giebt Nichts am Leben, was Werth hat, außer dem Grade der Macht – gesetzt eben, daß Leben selbst der Wille zur Macht ist. Die Moral behütete die *Schlechtweggekommenen* vor Nihilismus, indem sie Jedem seinen unendlichen Werth, einen metaphysischen Werth beimaß und in eine Ordnung einreihte, die mit der der weltlichen Macht und Rangordnung nicht stimmt: sie lehrte Ergebung, Demuth u.s.w. *Gesetzt, daß der Glaube an diese Moral zu Grunde geht*, so würden die Schlechtweggekommenen ihren Trost nicht mehr haben – und *zu Grunde gehen*.[7]
> Nihilismus, als Symptom davon, daß die schlecht weggekommenen keinen Trost mehr haben: dass sie zerstören, um zerstört zu werden, daß sie, von der Moral abgelöst, keinen Grund mehr haben, „sich zu ergeben", – daß sie sich auf den Boden des entgegengesetzten Princips stellen und auch ihrerseits *Macht wollen*, indem sie die Mächtigen *zwingen*, ihre Henker zu sein.[8]

Es gibt die eine große Vision: den Tod Gottes und den Verlust jeglicher Hoffnung des „Pöbels". Diese Hoffnungslosigkeit zwingt die Herren, deren Henker zu sein, der letzte Schrei nach Macht des Pöbels liegt darin, die Herren zu zwingen, ihre Henker zu werden. Die Emanzipation wird negiert, die Wurzeln unserer gesamten Kultur werden abgeschnitten. Nietzsche kann sagen: „Du gehst zu Frauen? Vergiss die Peitsche nicht!"

---

[7] Nietzsche, Friedrich, ebd., S. 50f.
[8] Ebd., S. 51.

KAPITEL III

Auffällig ist der Widerspruch zum Leben von Nietzsche selbst. Wenn man sich in seiner Biografie nur ein wenig auskennt, weiß man, dass er wohl nie eine Peitsche dabei hatte, wenn er sich mit Frauen traf und er konnte auch niemals Sklaven haben. Als Person war er fein, sensibel und menschlich. So bricht er zusammen, als er sieht, wie ein Kutscher sein Pferd misshandelt, er stellte sich schützend vor das Pferd und bekommt dabei einen Peitschenhieb ab. Was er aber verkündet ist genau das Gegenteil. Damit lebt er eine innere Spannung, die ihn, weil es keine Lösung gibt, bis zu seinem Zusammenbruch begleitet. Nietzsche kommt dahin zu sagen:

> Es ist leicht, von allen Arten amoralischer Handlungen zu sprechen, aber wird man die Kraft haben, sie auszuhalten? Ich z. B. werde einen Wortbruch oder einen Totschlag nicht ertragen können; ich werde mehr oder weniger lang daran siech liegen und dann sterben, das wäre mein Los.[9]

Auch bei Nietzsche haben wir eine Umkehrung in Bezug auf die Menschenrechte. Er selbst spricht von einer Umkehrung und von einer Umwertung aller Werte. Es ist aber nicht die gleiche Umkehrung der Menschenrechte, wie wir sie bei Locke gesehen haben, denn aus Sicht von Nietzsche sind die Menschenrechte selbst – ob verkehrt oder nicht – das Problem, aus dem die menschliche Emanzipation in all ihren Dimensionen entsteht. Und gegen diese Emanzipation geht er vor.

In diesem Zusammenhang beklagt Nietzsche die Umkehr aller ursprünglichen menschlichen Werte und erhebt den Anspruch, dagegen vorzugehen. Diese Umkehrung, die Nietzsche entdeckt zu haben glaubt, besteht seiner Meinung nach in der Behauptung der menschlichen Würde und Gleichheit, die in der Moderne zur Einforderung menschlicher Emanzipation geführt hat:

> Die Juden sind es gewesen, die gegen die aristokratische Wertgleichung (gut = vornehm = mächtig = schön = glücklich = gottgeliebt) mit einer furchteinflößenden Folgerichtigkeit die Umkehrung gewagt und mit den Zähnen des abgründlichsten Hasses (des Hasses der Ohnmacht) festgehalten haben, nämlich „die Elenden sind allein die Guten, die Armen, Ohnmächtigen, Niedrigen sind allein die Guten,

---

[9] Zit. nach Camus, Albert, Der Mensch in der Revolte, Reinbek b. Hamburg, 1953, S. 86.

die Leidenden, Entbehrenden, Kranken, Häßlichen sind auch die einzig Frommen, die einzig Gottseligen, für sie allein gibt es Seligkeit – dagegen ihr, ihr Vornehmen und Gewaltigen, ihr seid in alle Ewigkeit die Bösen, die Grausamen, die Lüsternen, die Unersättlichen, die Gottlosen, ihr werdet auch ewig die Unseligen, Verfluchten und Verdammten sein!" ... Man weiß, *wer* die Erbschaft dieser jüdischen Umwertung gemacht hat. ...[10]

Nietzsche sieht hierin die Katastrophe. Es ist vom Judentum entwickelt und Paulus von Tarsus aufgegriffen und zugespitzt worden. Deshalb sieht er im Judentum und im Christentum, vor allen Dingen aber in Paulus die Schlüsselfigur, seinen Gegenspieler. In seinen letzten Jahren hat Nietzsche die Weltgeschichte auf Paulus von Tarsus und sich selbst polarisiert.[11] Paulus scheint das ganze Problem zu sein. Auch als er seinen *Antichrist* schreibt, ist der Christus, gegen den er sich wendet, Paulus von Tarsus. Auf diese Weise verkündet Nietzsche seine eigene Umwertung aller Werte als erneute Umkehrung derjenigen Werte, die aus der Umkehrung der Werte durch Judentum und Paulus von Tarsus entstanden sind. Nietzsche will die Werte zurückgewinnen, die durch die jüdische und christliche Tradition umgekehrt wurden. Seiner Meinung nach haben die durch die jüdische und christliche Tradition umgekehrten Werte die gesamte Entwicklung des Abendlandes und damit die gesamte Moderne bis zu seiner Zeit durchwirkt. Dies macht deutlich, dass sein eigentlicher Gegner nicht Paulus von Tarsus, sondern die menschliche Emanzipation und die ihr unterliegende Moderne ist.

Heute spricht man von der Theologie der Befreiung und der Option für die Armen: „Gottes Option für die Armen." Dies ist es, was Nietzsche als Umkehrung wahrer menschlicher und ursprünglicher Werte anklagt, eine Umkehrung, die er rückgängig machen will: Macht ist gut, der Mächtige ist glücklich und ihn liebt Gott.

Wir sind überzeugt, dass dies ein Denken der Zerstörung ist. Nietzsches Feind ist sicherlich gegenüber dem, den Locke in seinem Denken als Feind behandelt, ein anderer. Der Feind ist jetzt Teil des

---

[10] Nietzsche, Friedrich, Zur Genealogie der Moral Nr. 7, Werke Bd. 2, hrsg. von K. Schlechta, München 1966, S. 779f.
[11] Salaquarda, Jörg, Dyonisos gegen den Gekreuzigten. Nietzsches Verständnis des Apostels Paulus, in: Nietzsche. Wissenschaftliche Buchgesellschaft. Darmstadt 1980; Zeitschrift für Religions- und Geistesgeschichte XXVI (1974), S. 97-124.

Systems, kommt von innen, ist ein Subjekt, das seine Rechte im Namen der Gleichheit einfordert. Er fordert sie ein im Namen der Gleichheit der Menschen angesichts der zerstörerischen und diskriminierenden Folgen der Vertragsgleichheit. Das Subjekt fordert die Möglichkeit ein, in seiner Körperlichkeit leben zu können. Zweifelsohne steht dieses Subjekt nicht außerhalb der abendländischen Gesellschaft, sondern ist aus ihr geboren.

Wie sich Nietzsche auf das Bild einer Bestie bezieht, zeigt den Unterschied zu Locke, der dieses Bild ebenfalls oft gebraucht hat. Nietzsche schreibt:

> Wohl können edle (wenn auch nicht gerade sehr einsichtsvolle) Vertreter der herrschenden Klasse sich geloben: wir wollen die Menschen als gleich behandeln, ihnen gleiche Rechte zugestehen. Insofern ist eine sozialistische Denkungsweise, welche auf *Gerechtigkeit* ruht, möglich; aber wie gesagt nur innerhalb der herrschenden Klasse, welche in diesem Falle die Gerechtigkeit mit Opfern und Verleugnungen *übt*. Dagegen Gleichheit der Rechte *fordern*, wie es die Sozialisten der unterworfenen Kaste tun, ist nimmermehr der Ausfluß der Gerechtigkeit, sondern der Begehrlichkeit. – Wenn man der Bestie blutige Fleischstücke aus der Nähe zeigt und wieder wegzieht, bis sie endlich brüllt: meint ihr, daß dies Gebrüll Gerechtigkeit bedeute?[12]

Bei Locke wird die Bestie als Ungerechtigkeit verstanden, die die Vertragsgerechtigkeit nicht akzeptiert. Bei Nietzsche dagegen handelt es sich um eine Bestie, die Gerechtigkeit aus dem Inneren der herrschenden Vertragsgerechtigkeit heraus fordert.

Nietzsche setzt dieser Bestie keine „wahre" Gerechtigkeit entgegen, in deren Namen er sie eingrenzen will, wie es bei John Locke der Fall war. Nietzsche setzt dieser Bestie eine prachtvollere Bestie entgegen, die sich der Bestie entgegenstellt, die durch Forderung von Gerechtigkeit Erlösung will.

> Auf dem Grunde aller dieser vornehmen Rassen ist das Raubtier, die prachtvolle nach Beute und Sieg lüstern schweifende *blonde Bestie* nicht zu verkennen; es bedarf für diesen verborgenen Grund von Zeit zu Zeit der Entladung, das Tier muß wieder heraus, muß wieder in die Wildnis zurück – römischer, arabischer, germanischer, japanesischer Adel, homerische Helden, skandinavische Wikinger – in die-

---

[12] Nietzsche, Friedrich, Menschlich-Allzumenschliches Nr. 451, Werke Bd. 1, hrsg. von K. Schlechta, München 1994, S. 671f.

sem Bedürfnis sind sie sich alle gleich. Die vornehmen Rassen sind es, welche den Begriff „Barbar" auf all den Spuren hinterlassen haben, wo sie gegangen sind;[13]

Die blonde Bestie gegen die erlösende Bestie, das ist das Bild, das Nietzsche vom zukünftigen Kampf entwickelt. Dies führt Nietzsche zur extremen Gegenüberstellung, die er so formuliert: Barbarei statt Sozialismus.

Um sich aus jenem Chaos zu dieser *Gestaltung* emporzukämpfen – dazu bedarf es einer *Nöthigung*: man muss die Wahl haben, entweder zu Grunde zu gehn oder *sich durchzusetzen*. Eine herrschaftliche Rasse kann nur aus furchtbaren und gewaltsamen Anfängen emporwachsen. Problem: wo sind die *Barbaren* des zwanzigsten Jahrhunderts? Offenbar werden sie erst nach ungeheuren socialistischen Krisen sichtbar werden und sich consolidiren, – es werden die Elemente sein, die *der grössten Härte gegen sich selber* fähig sind, und den *längsten Willen* garantiren können.[14]

Das Thema Sozialismus oder Barbarei kommt von Nietzsche, nicht von Rosa Luxemburg oder aus den dreißiger Jahren. Es wurde später von ihr und dann von Denkern in den dreißiger Jahren, z. B. Adorno und vielen antifaschistischen Bewegungen übernommen. Aber sie gebrauchten es im entgegengesetzten Sinn: Sozialismus statt Barbarei.

Der Zugang Nietzsches enthält ohne Zweifel ein Denken der Zerstörung. Nietzsche drückt dies mit unvergleichlicher Gewalt aus, die sogar die Gewalt bei Locke übersteigt:

Nehmen wir den andern Fall der sogenannten Moral, den Fall der *Züchtung* einer bestimmten Rasse und Art. Das großartigste Beispiel dafür gibt die indische Moral, als „Gesetz des Manu" zur Religion sanktioniert. Hier ist die Aufgabe gestellt, nicht weniger als vier Rassen auf einmal zu züchten: eine priesterliche, eine kriegerische, eine händler- und ackerbauerische, endlich eine Dienstboten-Rasse, die Sudras. Ersichtlich sind wir hier nicht mehr unter Tierbändigern: eine hundertmal mildere und vernünftigere Art Mensch ist die Voraussetzung, um auch nur den Plan einer solchen Züchtung zu konzipieren. Man atmet auf, aus der christlichen Kranken- und Kerkerluft in diese

---

[13] Nietzsche, Friedrich, Zur Genealogie der Moral Nr. 11, Werke Bd. 2, hrsg. von K. Schlechta, München 1966, S. 786.
[14] Nietzsche, Friedrich, Der Wille zur Macht Nr. 868, Paderborn o.J, S. 600.

gesündere, höhere, *weitere* Welt einzutreten. Wie armselig ist das „Neue Testament" gegen Manu, wie schlecht riecht es! – Aber auch diese Organisation hatte nötig, *furchtbar* zu sein – nicht diesmal im Kampf mit der Bestie, sondern mit *ihrem* Gegensatz-Begriff, dem Nicht-Zucht-Menschen, dem Mischmasch-Menschen, dem Tschandala. Und wieder hatte sie kein andres Mittel, ihn ungefährlich, ihn schwach zu machen, als ihn *krank* zu machen – es war der Kampf mit der „großen Zahl". Vielleicht gibt es nichts unserm Gefühle Widersprechenderes als *diese* Schutzmaßregeln der indischen Moral. Das dritte Edikt zum Beispiel (Avadana-Sastra I), das „von den unreinen Gemüsen", ordnet an, daß die einzige Nahrung, die den Tschandala erlaubt ist, Knoblauch und Zwiebeln sein sollen, in Anbetracht, daß die heilige Schrift verbietet, ihnen Korn oder Früchte, die Körner tragen, oder Wasser oder Feuer zu geben. Dasselbe Edikt setzt fest, daß das Wasser, welches sie nötig haben, weder aus den Flüssen, noch aus den Quellen, noch aus den Teichen genommen werden dürfe, sondern nur aus den Zugängen zu Sümpfen und aus Löchern, welche durch die Fußtapfen der Tiere entstanden sind. Insgleichen wird ihnen verboten, ihre Wäsche zu waschen und *sich selbst zu waschen*, da das Wasser, das ihnen aus Gnade zugestanden wird, nur benutzt werden darf, den Durst zu löschen. Endlich ein Verbot an die Sudra-Frauen, den Tschandala-Frauen bei der Geburt beizustehn, insgleichen noch eins für die letzteren, *einander dabei beizustehn* ... – Der Erfolg einer solchen Sanitäts-Polizei blieb nicht aus: mörderische Seuchen, scheußliche Geschlechtskrankheiten und daraufhin wieder „das Gesetz des Messers", die Beschneidung für die männlichen, die Abtragung der kleinen Schamlippen für die weiblichen Kinder anordnend. – Manu selbst sagt: „die Tschandala sind die Frucht von Ehebruch, Inzest und Verbrechen (– dies die *notwendige* Konsequenz des Begriffs Züchtung). Sie sollen zu Kleidern nur die Lumpen von Leichnamen haben, zum Geschirr zerbrochne Töpfe, zum Schmuck altes Eisen, zum Gottesdienst nur die bösen Geister; sie sollen ohne Ruhe von einem Ort zum andern schweifen. Es ist ihnen verboten, von links nach rechts zu schreiben und sich der rechten Hand zum Schreiben zu bedienen: der Gebrauch der rechten Hand und des Von-links-nach-rechts ist bloß den *Tugendhaften* vorbehalten, den Leuten von *Rasse*.«[15]

---

[15] Nietzsche, Friedrich, Götzen-Dämmerung Nr. 3, Werke Bd. 2, hrsg. von K. Schlechta, München 1966, S. 980f

Diese Verfügungen sind lehrreich genug: in ihnen haben wir einmal die *arische* Humanität, ganz rein, ganz ursprünglich – wir lernen, daß der Begriff „reines Blut" der Gegensatz eines harmlosen Begriffs ist. Andrerseits wird klar, in *welchem* Volk sich der Haß, der Tschandala-Haß gegen diese „Humanität" verewigt hat, wo er Religion, wo er *Genie* geworden ist ... Unter diesem Gesichtspunkte sind die Evangelien eine Urkunde ersten Ranges; noch mehr das Buch Henoch. – Das Christentum, aus jüdischer Wurzel und nur verständlich als Gewächs dieses Bodens, stellt die *Gegenbewegung* gegen jede Moral der Züchtung, der Rasse, des Privilegiums dar – es ist die *antiarische* Religion *par excellence*: das Christentum die Umwertung aller arischen Werte, der Sieg der Tschandala-Werte, das Evangelium den Armen, den Niedrigen gepredigt, der Gesamt-Aufstand alles Niedergetretenen, Elenden, Mißratenen, Schlechtweggekommenen gegen die „Rasse" – die unsterbliche Tschandala-Rache als *Religion der Liebe*...[16]

Der Schluss des Zitates macht nochmals klar, dass sich das Hauptaugenmerk Nietzsches gegen die Emanzipationsbewegungen seiner Zeit richtete.

Mit dieser Zielrichtung, die das Abendland durcheinander wirbelte, begründete Nietzsche ein Denken, das das 20. Jahrhundert durchzog. Nietzsche findet sich oft an den Wurzeln der Denkrichtungen, die antiemanzipatorische Richtungen oder Linien vertreten und die heute das Ende der Utopie oder das Ende des Humanismus erklären. Von Nietzsche her versteht man die Richtung des Denkens, das die moderne Gesellschaft des 20. Jahrhunderts erschüttert hat. Im Moment seines gesundheitlichen Zusammenbruchs war Nietzsche noch völlig unbekannt. Die Veröffentlichung seiner Bücher hat er oftmals selbst finanziert. Er lebte zehn Jahre in geistiger Umnachtung. Als er starb, war er ohne Zweifel einer der bekanntesten Philosophen Europas und war bzw. wurde ins Französische und Englische übersetzt. Er begründete ein Denken, das vieles dem Erdboden gleichgemacht hat.

Auf diese Weise wurde ein grundlegender Bruch der Moderne deutlich sichtbar: Die Moderne produziert in sich selbst und von Nietzsche ausgehend eine heute möglicherweise schon dominante Bewegung, die die Wurzeln unserer Kultur abschneidet. Im 20. Jahrhundert ist ein antiutopisches Denken zentral. Man findet es in einer

---

[16] Nietzsche, Friedrich, Götzen-Dämmerung Nr. 4, Werke Bd. 2, hrsg. von K. Schlechta, München 1966, S. 981.

Formel von Popper, die wir alle kennen und die besagt: Wer den Himmel auf Erden will, schafft die Hölle auf Erden. Popper macht ihn allseits bekannt, er folgte damit aber Nietzsche. Es tauchen die Feinde Nietzsches auf, diejenigen, die nach dem Himmel auf Erden streben und die Hölle schaffen: die Juden, die Christen, die Liberalen und die Sozialisten. Das Ergebnis ist endgültig: Man muss mit dem Humanismus Schluss machen, damit das Menschliche gedeihen kann. Dieses Menschliche ist die prachtvolle Bestie, die durch die Welt streift im Namen des *business is war*, der Strategie der aktuellen Globalisierung.

Nietzsche hat die totale Verneinung der Werte der Emanzipation hervorgebracht, jener Werte, die einer Tradition von Tausenden von Jahren entstammen, der Tradition der Menschenwürde.

I. Emanzipation und Gemeinwohl

Angesichts dieser Tendenzen stoßen wir in der Gegenwart auf die Notwendigkeit einer Ethik des Gemeinwohls. Dabei geht es weder um eine metaphysische noch um eine vorsorgende Ethik, sondern vielmehr um eine Ethik, deren Notwendigkeit wir tagtäglich erfahren. Die Wirtschaftsbeziehungen, so wie sie heute um sich greifen und alles erfassen, produzieren Verwerfungen des menschlichen Lebens und der Umwelt, die das Leben selbst bedrohen. Diese Bedrohung erfahren wir. Wir erleben, dass der Mensch ein natürliches Wesen mit Bedürfnissen ist, die über reine Konsumneigungen weit hinaus gehen. Die Befriedigung dieser Bedürfnisse ist die Bedingung, die über Leben und Tod entscheidet. Die absolut gesetzte Wirtschaftsbeziehung dagegen kann nicht über Leben und Tod entscheiden, sondern wird zu einer großen Walze, die alles Leben niedermacht, das sich in den von ihr eingeschlagenen Weg stellt. Sie geht ohne jeden Unterschied über menschliches Leben und Natur hinweg. Gerettet wird nur, wer sich außerhalb des Weges befindet, den sie planiert.

Die Walze des Marktes versteht jeden Widerstand als „Verzerrung" oder „Störfaktor" der eigenen Logik und Verbreitung. Indem sie diese Widerstände aus dem Weg räumt, wird sie zur Bedrohung für menschliches Leben und für Natur. Sie wird zu einem Terminator für menschliches Leben und zu einem Element der Verzerrung der Entwicklung des Lebens. Aus der Sicht des Marktes als System sind die Forderungen menschlichen Lebens reine Verzerrungen, aus der Perspektive der Betroffenen ist die Walze eine Verzerrung menschlichen Lebens und der Natur.

Die Ethik des Gemeinwohls erwächst aus dieser Erfahrung der Betroffenen durch die Verzerrungen, die der Markt im Bereich des menschlichen Lebens und in der Natur hervorruft. Dies bedeutet: Wenn die Marktverhältnisse die Verzerrungen im Bereich des menschlichen Lebens und der Natur nicht produzieren würden, gäbe es auch keine Ethik des Gemeinwohls; dann würde eine Ethik des Marktes ausreichen. Wenn die Marktverhältnisse die Verzerrungen nicht produzieren würden, wären menschliches Leben und Natur schon durch einfache Untätigkeit gesichert und man müsste sich genauso wenig darum sorgen, wie ein gesunder Mensch sich um seinen Herzschlag sorgt. Ein Bewusstsein darüber, dass das menschliche Wesen ein natürliches Wesen ist, wäre nicht notwendig. Dies bedeutet: Wenn die neoklassischen Theoretiker der Ökonomie von der „Tendenz zum Gleichgewicht" sprechen, dann sprechen sie von einem utopischen Ideal.

Die Ethik des Gemeinwohls dagegen erwächst aus der Erfahrung und nicht aus einer vorgreifenden Ableitung aus der Natur des Menschen. Wir erfahren die Tatsache, dass die totalen Marktverhältnisse das menschliche Leben verzerren und das Gemeinwohl angreifen. Diese Erfahrung der Verzerrung erscheint im Begriff des Gemeinwohls, indem es als Widerstand auftritt. Aber es ist eine Erfahrung aus der Perspektive desjenigen, der von den Verzerrungen, die der Markt hervorbringt, betroffen ist. Auf der anderen Seite spürt derjenige, der von den Verzerrungen nicht betroffen ist – oder sich nicht davon betroffen fühlt – keinerlei Notwendigkeit, sich auf eine Ethik des Gemeinwohls zu beziehen. (Man kann sagen: Die Geschäfte gehen gut, warum also von einer Krise reden?) Es geht dabei aber nicht einfach um Optionen, sondern um die Fähigkeiten, Erfahrungen aufzunehmen und, weiter, Erfahrungen anderer zu verstehen.

Ein Gemeinwohl, in dessen Namen die Ethik des Gemeinwohls entsteht, ist historisch. In dem Maße, in dem die Verzerrungen, die die total gesetzten Marktverhältnisse hervorbringen, sich verändern, ändern sich auch die Anforderungen des Gemeinwohls. Es geht hier nicht um eine Ethik des Gemeinwohls, wie sie aus der aristotelisch-thomistischen Tradition heraus entwickelt wurde, in der das Gemeinwohl als irgendein vorher festgesetzter, unveränderlicher Inhalt gesehen wird, mit dem im Vorhinein gewusst wird, was eine Gesellschaft zu realisieren habe. Eine solche Ethik bestimmt durch Ableitung vorab jeglicher Gesellschaft ein Gemeingut und drückt sie in für alle Zeiten und alle Gesellschaften gültigen Naturgesetzen aus und versteht diese dann als maßgebend für jedes positive Gesetz. Das Gemeingut erscheint damit als ein anzuwendendes absolutes Wissen. In einer Ethik des Gemeinwohls heutiger Prägung ist es genau umgekehrt: Das menschliche Leben, von den Verzerrungen durch den totalen Markt betroffen, kann nur durch solche Forderungen verteidigt werden, die sich auf die Verzerrungen beziehen. Diese Forderungen bewähren sich dann als Gemeinwohl, das sich mit dem Typ der produzierten Verzerrungen entwickelt.

Die produzierten Verzerrungen sind das Ergebnis der Erfahrung und nicht das Ergebnis von Ableitungen. Sicherlich kann man auch andere Ableitungen vornehmen. Aus der Erfahrung, dass es notwendig ist, dem Marktsystem ein Gemeinwohl entgegenzusetzen, ergibt sich, dass das menschliche Wesen als natürliches Wesen vor dem System kommt. Dies ist aber dann das Ergebnis und nicht der Ausgangspunkt.

Die Ethik des Gemeinwohls entsteht aus dem Konflikt mit dem System, deshalb ist sie von keiner Nutzenrechnung (Eigeninteresse) ableitbar. Das Gemeinwohl zerstört sich in dem Maße, in dem jedes menschliche Handeln einer Nutzenrechnung unterworfen wird. Die Verletzung des Gemeinwohls ist Ergebnis einer Allgemeingültigkeit der Nutzenrechnung. Genau aus diesem Grund kann Gemeinwohl auch nicht unbeschadet über längere Zeit als berechenbares Eigeninteresse formuliert werden. Das Gemeinwohl durchkreuzt vielmehr das berechnende Eigeninteresse; es geht über die Berechnung hinaus und begrenzt es. Auf lange Sicht mündet die Berechnung notwendigerweise in eine Berechnung der Grenzen des Erträglichen. Weil man Grenzen nur kennen kann, nachdem man sie überschritten hat, entsteht das Problem, das man vermeiden will. Die Ethik des Gemeinwohls entsteht im Kontext des Konflikts mit dem System, das auf den berechnenden Eigennutz aufbaut. Sie muss aber auch eine Ethik des Ausgleichs sein und darf den anderen Pol des Konfliktes nicht zerstören. Es wäre fatal, wenn diese Ethik auf eine Abschaffung des Systems zielte und damit auf die Abschaffung von Markt und Geld. Es muss eine Ethik des Widerstands, der Mahnung und der Intervention sein. Wenn die Marktverhältnisse zusammenbrechen würden, müsste sie sich bemühen, sie wieder aufzurichten, denn sie kann nur Marktverhältnisse beeinflussen, die auch irgendwie funktionieren. Diese Situation gilt auch umgekehrt. Wenn der Widerstand und die Intervention nicht existierten, hätte die praktische Mahnung des Systems keinen Ort und würde fallen. Sie würde durch ihre eigene Logik zusammenbrechen. Aktuell ist das System dabei, jeglichen Widerstand zu lähmen. Genau deshalb verwandelt es sich zu einer Gefahr für das menschliche Leben und für sich selbst. Das System verliert die Antennen, die es erlauben, sich im Umfeld zurecht zu finden. So zerstört es zunächst dieses Umfeld und damit sich selbst.

Um die Zerstörung zu verhindern, wäre eine Ethik des Gleichgewichts und der Vermittlung nötig, die gleichzeitig für die Existenz beider Pole, zwischen denen sie vermitteln soll, Sorge trägt. Das menschliche Leben ist zwischen den beiden Polen sicher, auch wenn es so aussieht, als ob der Konflikt eine Kontrolle und Steuerung der institutionellen Seite erfordert, die eine untergeordnete Funktion haben muss. Das Übel, das diese Ethik bekämpft, kann nicht die andere Seite des Konfliktes sein, sondern das Fehlen einer Vermittlung zwischen diesen Polen, deren Ausrichtung die unaufhörliche Reproduktion der Bedingungen der Möglichkeit menschlichen Lebens sein muss. Das üble Fehlen einer Vermittlung entsteht dort, wo einer der Pole zerstört wird. Die Ethik des Gemeinwohls ist eine Situation, die einem Endgericht über die Geschichte ähnlich ist, das innerhalb der Realität selbst stattfindet. Die Immanenz ist der Ort der Transzendenz. Die Ethik des Gemeinwohls arbeitet innerhalb der Wirklichkeit; es ist keine äußerliche Ethik, abgeleitet von einem menschlichen Wesen oder einem fremden Sinai, um auf die Realität nachträglich angewendet zu werden.

Sie transportiert Werte, denen jegliche Nutzenrechnung (oder Eigennutz) untergeordnet werden muss. Es sind Werte des Gemeinwohls, deren Gültigkeit vor jeder Berechnung konstituiert sind und die in einen Konflikt mit der Nutzenrechnung und deren Resultaten münden. Es sind Werte des Respekts gegenüber den Menschen, seinem Leben in all seinen Dimensionen und dem Respekt gegenüber dem Leben der Natur. Es sind Werte der gegenseitigen Anerkennung zwischen den Menschen, wobei in diese Anerkennung die Naturwesenheit jedes Menschen und die Anerkennung der natürlichen Lebenswelt der Menschen einschließt. Sie begründen sich nicht durch berechenbare Chancen im Sinne der Nützlichkeit oder des Eigennutzes. Zweifelsohne sind sie die Grundlage menschlichen Lebens, ohne die dieses sich im wahrsten Sinne des Wortes zerstört. Ihr Prinzip lautet: Keiner kann leben, wenn nicht der andere leben kann.

Diese Werte fordern das System heraus und fordern, Widerstand zu leisten, um das System zu transformieren oder um in es hinein zu intervenieren. Ohne diese Herausforderung des Systems, und ohne die Minderung der institutionellen Gefährdung, die in ihm enthalten ist, wären die Werte nur Moralismus. Das Gemeinwohl ist jener Prozess, in dem die Werte des Gemeinwohls dem System entgegengestellt werden, um es herauszufordern, zu transformieren oder zu intervenieren. Auf keinen Fall darf dies als ein *corpus* von „Naturgesetzen" verstanden werden, dem positive Gesetze gegenüber stehen. Es geht um Herausforderung, nicht Rezepte. Aus diesem Grund muss man auch der Versuchung widerstehen, ihm natürliche Institutionen oder das Naturgesetz entgegenzustellen. Es geht darum, das gesellschaftliche System in Richtung auf die Werte des Gemeinwohls hin zu verändern, wobei jegliches System im Verhältnis zu den Werten des Gemeinwohls subsidiär sein muss. Aber die Werte des Gemeinwohls sind keine Gesetze oder Normen, sondern Kriterien für Gesetze und Normen. Ihre Kraft liegt im Widerstand. Subcomandante Marcos drückt dies so aus:

> Zunächst bitte ich dich, deinen Widerstand niemals mit politischer Opposition zu begründen. Die Opposition widersetzt sich der Macht nicht und ihre schärfste Form ist die der Oppositionspartei; Widerstand kann dagegen per Definition nicht Partei sein: er ist nicht für die Regierung gemacht, sondern ... um zu widerstehen.

Die Werte des Gemeinwohls konstituieren Wirklichkeit: Mord erweist sich als Selbstmord. Erst im Kontext dieser Wirklichkeit, und in Unterordnung unter diese, bekommt die Nutzenrechnung ihren Ort.

II. Die Ganzheitlichkeit der Emanzipation

Die individuellen Menschenrechte aus der „ersten" Emanzipation, also aus dem 18. Jahrhundert, bleiben grundlegend. Sie haben uns wirklich eine menschliche Emanzipation gebracht. dass sie unter der Wirkung der Vertragsgleichheit umgekehrt wurden, kann sie nicht außer Kraft setzen oder in den Hintergrund drängen. Wir alle leben aus dieser ersten Emanzipation und wir können die Menschenrechte nicht kritisieren außer als Ergebnis dieser Emanzipation. Im Ganzen sind sie anzuerkennen.

Das Problem liegt anderswo, nämlich wie sie theoretisch zu begründen sind und wie die Emanzipation abzusichern ist gegen die implizite Diskriminierung, die sie mit sich bringen. Der politische Spielraum des Bürgers (ciudadano) führt dazu, den Konflikt an der Wurzel unserer Gesellschaften auszutragen. Das Problem ist alt und erscheint immer in Verbindung mit einer Kritik am Gesetz. Man findet es sowohl im Marxismus wie auch im Neoliberalismus. Aus ihm folgt die Unfähigkeit, eine zivile Bürgergesellschaft zu begründen, es löst sie vielmehr auf. Dies ist deutlich in der Theorie der Demokratie von Downs[17] zu sehen, aber auch bei Buchanan, Tullok und Hayek. Alles löst sich im Markt auf, wie sich in der Analyse von Marx alles in der Kritik des Marktes und schließlich in der Idee seiner Abschaffung auflöst.

Eine einfache Bestätigung einer zivilen Bürgerschaft reicht als Begründung auch nicht aus. Sie verwandelt sich schnell in einen Himmel von Werten, von dem man nicht sagen kann, warum man ihn aufrecht erhalten soll.

Ich denke, dass man zu einer Tradition zurückkehren muss, die von Rousseau begründet wurde. Darin ist der Bürger dadurch die Freiheitsinstanz, dass er die Gesetze erlässt. Er ist frei, indem er sich den Gesetzen unterwirft, die er selbst – in demokratischer Weise – akzeptiert hat. Dies ist Freiheit, wie sie die Französische Revolution verstanden hat. Das Ergebnis ist genaugenommen ein absolutes Gesetz, dem der Bürger vollständig unterworfen ist. Es wurzelt im allgemeinen Willen, der absoluter Wille ist, und zwar vor jeglichem Wahlergebnis. Der Bürger, wenn er frei sein will, muss dieses Ge-

---

[17] Downs, Anthony, Ökonomische Theorie der Demokratie, Tübingen 1968.

setzesverständnis im Vorhinein und freiwillig anerkennen. Das ist der implizite Wille zur Freiheit / Vertragsgleichheit. Der allgemeine Wille wird als Wille a priori zur Freiheit des Bürgers verstanden und der Wille aller muss sich diesem unterwerfen. Aber der Wille aller, erfasst im allgemeinen Willen, ist der Raum der zivilen Bürgerschaft, der aus der Französischen Revolution hervorgeht. Das Gesetz des Allgemeinwillens wird zum Gesetz der Vertragsgleichheit. Die Bürgerschaft, indem sie den Willen aller ausdrückt, erlangt hier Rechte, über die sich später die Kämpfe der zweiten Emanzipation vom 19. Jahrhundert an entwickeln konnten.

Ich bin überzeugt, dass dieser Aspekt neu entwickelt werden muss. Wir haben bis jetzt nur eine Ahnung von der Richtung, vor allem aber fehlt ein Verständnis des Raumes ziviler Bürgerschaft, der, wenn man im Schema von Rousseau zur politischen Bürgerschaft bleibt, zum Gegengewicht für den Allgemeinwillen wird. Es müsste ein Verständnis sein, das die zivile Bürgerschaft in ein Gut für alle umwandelt, dessen Verwirklichung objektiv notwendig ist. Versuchen wir dieses mit dem Begriff des Allgemeinwohls zu entwickeln.

Man muss dies in zwei Richtungen verstehen. Einerseits müssen die Emanzipationswerte angesichts der indirekten Folgen der Vertragsgleichheit geschützt und bestätigt werden. Hier stehen die Bedingungen der Möglichkeit des menschlichen Lebens auf dem Spiel, bedroht durch die Totalisierung der Vertragsgleichheit. Es muss also verteidigt werden, was für das menschliche Leben notwendig ist. Andererseits geht es darum, die Freiheit / Vertragsgleichheit selbst als Ausgangspunkt für diese zweite Emanzipation zu bekräftigen, ohne die sie nicht verwirklicht werden kann.

Dies ist ein konfliktives Verhältnis. Ohne Vertragsgleichheit kann die Emanzipation angesichts der diskriminierenden Folgen der Gleichheit / Vertragsfreiheit nicht verteidigt werden. Es geht hier um etwas, was zu den Grundbedingungen des Menschsein gehört. Es muss ein Gleichgewicht erreicht werden, das die analytische Vernunft nicht benennen kann. Das Leben in seiner Entwicklung, in seinen Konflikten, muss die Antwort geben.

Es gibt aber einen Möglichkeitsraum. Einerseits muss die Freiheit/ Vertragsgleichheit erhalten und – wenn nötig – gleichzeitig so begrenzt werden, dass die Sozialstruktur die Durchsetzung der Ziele der zweiten Emanzipation nicht verhindert. Andererseits muss sich die

Emanzipation selbst mit ihren Zielen so darstellen, dass ihre eigene Umsetzung mittels Freiheit / Vertragsgleichheit möglich ist.

Dies führt uns zur Notwendigkeit eines neuen gesellschaftlichen Konsenses, von dem heute viel gesprochen wird. Ein solcher Konsens ist notwendig, wenn die Konflikte der aktuellen Gesellschaft nicht in einem blinden Untergraben aller gesellschaftlicher Verhältnisse enden sollen, deren Ergebnis nur eine Dekadenz des Systems wäre, vergleichbar mit der Dekadenz des Römischen Imperiums vom 3. bis zum 6. Jahrhundert. Nachdem sich heute eine einzige Macht durch einen totalen Sieg etabliert hat, deutet sich dieser Weg an. Wir sind überzeugt, dass ein Konsens nur möglich ist über die Anerkennung des Konfliktes zwischen Freiheit /Vertragsgleichheit einerseits und Bedürfnissen und Forderungen der menschlichen Emanzipation angesichts der zerstörerischen Folgen von Freiheit / Vertragsgleichheit andererseits. Eine solche Anerkennung des Konfliktes muss auch beinhalten, dass dieser Konflikt als legitim akzeptiert wird.

Dass der Konflikt als legitim akzeptiert wird, ist nur möglich, wenn beide Seiten als legitim und notwendig anerkannt werden. Aber die Anerkennung des Konfliktes impliziert gleichzeitig, auf einseitige Lösungen zu verzichten, mit denen man den Konflikt auslöschen will, indem eine Instanz geschaffen wird, die in der Lage ist, Lösungen zu diktieren. Die falsche Vorstellung der Mächtigen, so Konflikte ausräumen zu können, gehört zur abendländischen Tradition. Heutzutage besteht die Illusion darin, dass die Demokratie diese Konflikte über Mehrheitsentscheidungen lösen könne. Aber auch die Demokratie konstituiert Herrschaft, gegen die diese Konflikte auftreten. Auch die demokratischen Herrscher sind Herrscher. Die Konflikte durch die Ernennung demokratischer Herrscher zu ersetzen ist eine andere Form einseitiger Lösung, die die Legitimität des Konfliktes negiert. Der Grund liegt in der Tatsache, dass dieser Konflikt in einer Vielzahl von Konflikten besteht. Dies bedeutet, dass der Teil, der in den Konflikt eintritt, in der Regel in der Minderheit ist, selbst wenn über das Ganze des Konfliktes betrachtet eine große Mehrheit der Bevölkerung in den Konflikt verwickelt ist. Diese Situation macht die Haltung der Mehrheit einfach gesagt zur Diktatur.[18] Möglicherweise ist es

---

[18] Hannah Arendt beschreibt dies so: „Eine Rechtsauffassung, die das, was recht ist, mit dem identifiziert, was gut für ... ist – den einzelnen oder die Familie oder das

die schlimmste Diktatur, die es geben kann, denn sie ist durch die demokratische Mehrheit legitimiert.

Aber auch die Idee der Kommunikationsgemeinschaft kann das Problem nicht lösen. Denn auch hier soll der Konflikt durch einseitige Lösungen, durch den Universalkonsens, bewältigt werden. Der Dialog wird als Dialog über Universalnormen konzipiert, dessen Umsetzung dann Gerechtigkeit schafft. Die Illusion von Freiheit / Vertragsgleichheit – jetzt durch die Universalität der Kommunikationsgemeinschaft und der Diskurse ausgedrückt – gibt vor, den Konflikt lösen zu können. Der Konflikt besteht aber zwischen Freiheit / Vertragsgleichheit und seinen impliziten oder „nicht intendierten" zerstörerischen Folgen auf die Betroffenen. Dies muss anerkannt und gelöst werden, was aber nicht durch Universalprinzipien geschehen kann, deren Umsetzung Konflikte verursachen.

Im Konsens muss deutlich werden, dass der Konflikt nicht ein für alle Mal gelöst werden kann, sondern er genau genommen die notwendige Vermittlung des Gemeinwohls ausdrückt. Deshalb ist die Position einer am Konflikt beteiligten Gruppe auch nicht von vornherein legitim. Sie muss sich im Licht des Gemeinwohls legitimieren. Legitim ist die Existenz der Konflikte, aber jeder Konflikt hat sich zu legitimieren. Dies bedeutet, dass der Konflikt zunächst zur Verhandlung und schließlich in Dialog gebracht werden muss. Ziel des Dialogs sind nicht irgendwelche Normen, sondern die Beurteilung der Normen im Lichte des Gemeinwohls. Das Gemeinwohl kann sich niemals nur in einer Norm ausdrücken.

Übersetzung: Ludger Weckel

Volk oder die größte Zahl –, ist unausweichlich, wenn die absoluten und transzendenten Maßstäbe der Religion oder des Naturrechts ihre Autorität verloren haben. Und an dieser Schwierigkeit wird gar nichts geändert, wenn man die Gesamtheit, für die das Recht gut sein soll, so erweitert, daß das Gemeinwohl, nach dem sich alles richten soll, nun die gesamte Menschheit einschließt. Denn es ist denkbar und liegt sogar im Bereich praktisch politischer Möglichkeiten, daß eines Tages ein bis ins letzte durchorganisiertes, mechanisiertes Menschengeschlecht auf höchst demokratische Weise, nämlich durch Majoritätsbeschluß, entscheidet, daß es für die Menschheit im ganzen besser ist, gewisse Teile derselben zu liquidieren." (Arendt, Hannah, Elemente und Ursprünge totaler Herrschaft, München 1986, S. 465f.)

KAPITEL IV

HUMES METHODE
UND DIE FEHLURTEILE DER MODERNE

HUMES METHODE UND DIE FEHLURTEILE DER MODERNE

I. David Humes Methode:
Die Herleitung der Ethik aus empirischen Urteilen

David Hume gehört zu den Denkern, die die Moderne begründeten, und zwar nicht nur die bürgerliche Moderne. Die Bedeutung seines Denkens geht weit darüber hinaus.

Unsere Analyse geht aus vom Hauptwerk Humes, *Ein Traktat über die menschliche Natur. (A Treatise of Human Nature)*[1]. In diesem Werk entwickelt er eine Philosophie der Welt als Welt der Menschen. Ausgangspunkt seiner Analyse ist die physische Welt, in die er später die menschliche Gesellschaft einordnet. Das ganze Werk ruht auf zwei Pfeilern. Der erste Pfeiler ist die Analyse der physischen Welt, der er den Titel gibt „Über den Verstand". Bereits der Titel weist darauf hin, dass er unter dem Gesichtspunkt der Methode zu argumentieren gedenkt. Den zweiten Pfeiler behandelt er im dritten Buch unter dem Titel „Über Moral". Auch in diesem Buch entwickelt er seine Vorstellung aus der Methodenanalyse. Das zweite Buch „Über die Affekte" schlägt die Brücke zwischen diesen beiden Hauptargumenten. Während Hume im ersten Buch die sogenannten „Sinneseindrücke" behandelt, arbeitet er im dritten über reflexive Eindrücke, die er auch Affekte nennt. Im zweiten Buch über die Affekte legt Hume das Fundament, auf dem er die Argumentation im dritten Buch gründet.

Humes gesamtes Werk konstituiert die Moral von seiner Analyse des Verstehens aus. Die Argumente für das Verstehen entsprechen den Referenzpunkten zur Konstituierung der Moral. Herzstück des ersten Buches ist die Diskussion über das Kausalitätsgesetz, Herzstück des dritten Buches die Diskussion des Naturgesetzes, das er häufig mit dem Wort Rechtsordnung gleichsetzt. Niemals spricht Hume ausdrücklich vom Kausalitätsprinzip als einem Naturgesetz. Diese Bezeichnung reserviert er für die Rechtsordnung, deren Regeln er herleiten möchte.

---

[1] Band 1 u. 2, übers. u. hrsg. v. Theodor Lipps, Hamburg 1989. Alle weiteren Zitate nach dieser Ausgabe.

KAPITEL IV

Man kann behaupten, dass die Herleitung jenes Naturgesetzes, das die Rechtsordnung und somit die Moral konstituiert, den Schlüssel zum gesamten Werk ausmacht. Hume fasst sein Argument in folgenden Abschnitt zusammen:

> Um keinen Anstoß zu erregen, muß ich hier bemerken, daß, wenn ich den Rechtssinn nicht als natürliche Tugend gelten lasse, das Wort *natürlich* nur als Gegensatz gegen *künstlich* von mir gebraucht wird. Kein Prinzip des menschlichen Geistes ist natürlicher als das Gefühl für Tugend; also ist, wenn man das Wort „natürlich" in einem anderen Sinne braucht, auch keine Tugend natürlicher als der Rechtssinn. Die Menschheit ist eine erfinderische Spezies; wenn eine Erfindung sich aufdrängt und absolut notwendig ist, so kann man sie mit eben solchem Recht natürlich nennen als irgendetwas anderes, das unmittelbar aus ursprünglichen Triebfedern hervorgeht, ohne die Vermittlung des Denkens und der Überlegung. [In jedem Falle müssen wir sagen:] So gewiß die Regeln der Rechtsordnung *künstlich* sind, so sind sie doch nicht *willkürlich*. Es ist daher auch die Bezeichnung derselben als *Naturgesetze* nicht unpassend, wenn wir unter natürlich das verstehen, was irgend einer Spezies gemeinsam ist, ja sogar, wenn wir das Wort so beschränken, daß nur das von der Spezies Unzertrennliche damit gemeint ist.[2]

Das Zitat beweist, dass es Hume um die Ableitung des Naturgesetzes geht. Aber er weiß, dass sein Argumentationsgang implizit mit der Begründung des Naturgesetzes bricht („um keinen Anstoß zu erregen"), wie sie zu seiner Zeit üblich war. Diese Begründung findet er vor allem bei John Locke und Thomas Hobbes, aber auch in vielen Argumentationen über das Naturgesetz in der europäischen Philosophie des Mittelalters. Dennoch behauptet Hume, dass trotz des Bruchs auch Kontinuität besteht. Aus diesem Grunde besteht er darauf, dass die Regeln für die Rechtsordnung, die er herzuleiten beabsichtigt, künstlich sind und in diesem Sinne im Gegensatz zum Natürlichen stehen. Aber er betont auch, dass es „nicht unpassend" sei, diese Regeln „als Naturgesetze" zu bezeichnen. Eben diese Überlegung, die Rechtsordnung – Naturgesetz – als künstlich zu bezeichnen, zwingt ihn dazu, seine Analyse mit dem Verständnis des Kausalitätsgesetzes zu beginnen. Mit Hume könnte man sagen, dass auch das

---

[2] III. Buch, Teil 2, Abschn. 1, Bd. 2, S. 227.

Kausalitätsgesetz im Gegensatz zum Natürlichen steht und auf dem Künstlichen gründet, dass dem dennoch nichts im Wege steht, die Kausalität als Naturgesetz zu begreifen.

Hier stoßen wir auf einen methodologischen Kern in Humes Denken. Er behauptet, dass die Rechtsordnung – damit meint er die Ethik – keine natürliche Tugend ist. Sie stammt nicht aus den Affekten wie die Sexualität oder der Stolz. In diesem Sinne ist sie kein Produkt spontaner Affekte. Deshalb ist sie künstlich und kein natürlicher Vorgang. Analog äußert er sich im ersten Buch zur Kausalität. Man findet sie natürlich nicht im Gegenstand, deshalb wird sie durch die Kenntnis des Gegenstandes auch nicht sichtbar. Also können wir auch sie als künstlich bezeichnen.

Aber Hume besteht darauf, dass die Regeln der Rechtsordnung nicht willkürlich sind, selbst wenn man sie als künstlich bezeichnet. Hume erklärt, dass diese Regeln für die menschliche Spezies „absolut notwendig" und von ihr „unzertrennlich" sind. Eben deshalb betont er, dass es nicht „unpassend" sei, sie als Naturgesetz zu bezeichnen. Sie sind künstlich und absolut notwendig. Klar ist, dass er sie nicht als „Werturteile" im Sinne heutiger Methodologien, vor allem der von Max Weber, bezeichnen würde.

Die Rechtsordnung als künstliche Veranstaltung gewinnt so die Bedeutung, eine Bedingung für die Möglichkeit menschlichen Lebens zu sein, die sich mit den Affekten, das heißt, der Natur des Menschen auseinandersetzt. Diese Rechtsordnung steht in Beziehung zu jener Ethik, die Max Weber einige Jahrhunderte später als Marktethik bezeichnet und deren Kern für Hume das Eigentum ist. Dieses Konzept wird Hume später entwickeln. Er hebt also hervor, dass die Rechtsordnung und ihre Regeln die Bedingung für die Möglichkeit der menschlichen Gesellschaft sind, insofern die menschliche Gesellschaft die Bedingung für die Möglichkeit der gesellschaftlichen Arbeitsteilung und diese wiederum die Bedingung für die Möglichkeit des menschlichen Lebens darstellt, sobald es den Urzustand hinter sich gelassen hat.

In der Tat ersetzt Hume das früher für die Herleitung des Naturgesetzes verwendete Argument durch ein anderes, und zwar durch das Argument von der Bedingung der Möglichkeit menschlichen Lebens. Er verzichtet keineswegs darauf, die Ethik aus empirischen Urteilen abzuleiten, sondern erklärt, dass die Vernunft legitimerweise aus empirischen Urteilen, die sich auf die Bedingung der Möglichkeit menschlichen Lebens beziehen, ethische Postulate ableiten kann. Humes Argumentation bezüglich des Kausalitätsgesetzes verläuft analog. Auch in diesem Fall leitet er das Gesetz aus der Bedingung einer Möglichkeit her. Jetzt geht es um die Bedingung für die Möglichkeit des Verstehens der objektiven Welt und damit um die Bedingung für die Möglichkeit des menschlichen Handelns, insofern es sich als zweckorientiertes Handeln versteht.

Aus diesem Grunde kann Hume sein Vorhaben für das dritte Buch seines Werkes – unter dem Titel „Über Moral" – folgendermaßen formulieren:

> Der Mangel eines ausreichenden Maßes von Vernunft kann Tiere verhindern, die Pflichten und Nötigungen der Sittlichkeit zu erkennen, aber er kann nicht das *Bestehen* dieser Pflichten verhindern, da dieselben vorher da sein müssen, wenn sie erkannt werden sollen. Die Vernunft muß sie finden und kann sie niemals erzeugen.[3]

Man muss ein ausreichendes Maß an Vernunft besitzen, um „die Pflichten und Nötigungen" der Sittlichkeit zu entdecken. Aber die Vernunft kann sie nicht erzeugen. Sie sind in der Realität bereits da. Für Hume ist die Ethik also etwas, das mit Hilfe der Vernunft gefunden wird, und nicht etwas, das man der Realität mit Hilfe der Vernunft vorschreiben könnte. Die Ethik ist real, aber in den Tatsachen nicht sichtbar. In den Empfindungen kommt sie ans Licht, aber die moralischen Empfindungen determinieren nicht die Ethik, sondern die Ethik determiniert die Empfindungen. Was Tugend und was Laster ist, bestimmt die Realität. Die Rechtsordnung ist keine Folge des Gesetzes, sondern geht dem Gesetz voraus. Das Gesetz folgt aus ihr. Hume nimmt sich vor nachzuweisen, wie die Vernunft die Gesetze ausfindig macht, und muss sich dabei von der Rechtsordnung führen lassen. Aus diesem Grunde kann Hume sagen, dass das, was er als Rechtsordnung entdeckt, im eigentlichen Sinne Naturgesetz ist. Der zuletzt zitierte Text ist die Einführung in die berühmte „Sein-Sollen"-Passage (is-ought-passage). In diesem Abschnitt stellt Hume nicht sein Programm vor, sondern wirft den Moralphilosophen vor, keine vernünftige Methode gefunden zu haben, um „die Pflichten und Nötigungen der Sittlichkeit" zu erkennen.

---

[3] Ebd., Bd. 2 S. 210.

Hume kündigt eine Methode für die Herleitung der Ethik an. Mit dieser Methode erzielt er ein bestimmtes Resultat, das er die „Rechtsordnung" nennt und das im wesentlichen die Ethik des Marktes darstellt. Die Kritik an Hume muss sich deshalb auf zwei Ebenen abarbeiten. Auf der ersten Ebene wird sie fragen müssen, ob die Methode wirklich zum Ziel führt bzw. welche weiteren Schritte die Methode braucht. Auf der zweiten Ebene wird sie fragen müssen, ob sich als Resultat wirklich die Ethik des Marktes als *die* entscheidende Ethik vor aller anderen ergibt, wenn man die Methode in angemessener Form anwendet.

Selbstverständlich sind die empirischen Urteile über die Bedingung der Möglichkeit menschlichen Lebens zu diskutieren. Die erwähnten Denker treffen solche Urteile und halten sie für empirisch. Wenn wir sie als empirische Urteile akzeptieren, folgt daraus gewiss, dass man aus empirischen Urteilen ethisches Verhalten herleiten kann. Aber es handelt sich hier nicht um empirische Urteile im Sinne von Urteilen über Zweck-Mittel- bzw. Ursache-Wirkungs-Beziehungen, die sich ja nur auf partielle Verhältnisse beziehen. Urteile, welche die Bedingung der Möglichkeit menschlichen Lebens betreffen, beziehen sich auf das gesamte Gefüge von Fakten, um sie mit Hilfe des Kriteriums „menschliches Leben" zu beurteilen.[4] Aus diesem Grund bezeichnet Hume empirische Urteile als Schlussfolgerungen des Geistes. Es handelt sich dabei um empirische Urteile, die erst die Fakten schaffen, von denen Tatsachenurteile sprechen. Tatsachenurteile setzen das Kausalitätsgesetz voraus, während es das empirische Urteil einer Schlussfolgerung ermöglicht, das Kausalitätsgesetz zu behaupten. Beide Urteile aber sind als empirisch zu bezeichnen.

Sobald wir feststellen, dass Hume die Absicht hat, die Moral (und die „Rechtsordnung") als Naturgesetz zu erweisen, geraten wir in offenen Widerspruch zur Humeinterpretation der heutigen analytischen Philosophie seit Moore. Diese behauptet, Hume unterscheide radikal zwischen Tatsachenurteilen und ethischen Urteilen. Sie stützt ihre

---

[4] Hume sagt: „Es kann aber keine Schwierigkeit haben, zu beweisen, daß Laster und Tugend keine Tatsachen sind, deren Dasein wir durch Vernunft erkennen können." (Bd. 2, S. 210). Er zieht diesen Schluss jedoch aus der Erfahrung, deren Ergebnis die Ethik ist. Diese Schlussfolgerung bezieht sich auf die Bedingungen der Möglichkeit des menschlichen Lebens. Diese Schlussfolgerung gründet zwar auf Fakten, lässt sich aber nicht auf ein Urteil reduzieren, das sich nur auf Teilfakten bezieht.

Argumente auf bestimmte Passagen des Werkes von Hume, ohne das Gesamtgefüge seiner Argumentation zu berücksichtigen. Sie unterstellt Hume Thesen, die den in seinen Texten enthaltenen vollkommen widersprechen.

Das Argument dagegen, das die Ethik auf die Bedingung der Möglichkeit menschlichen Lebens gründet, hat Geschichte gemacht. Aber diese Geschichte wird in den späteren philosophischen Diskussionen nicht einmal in Ansätzen berücksichtigt. Dennoch prägt es das spätere Denken. Große Denker haben darüber gearbeitet, aber auch diese Denker sind in der schriftlichen Philosophiegeschichte kaum zu finden. Dabei handelt es sich vor allem um den durch Marx interpretierten Adam Smith. Marx begründet seine Konzeption des historischen Materialismus mit dem eben genannten Argument. Aber es handelt sich auch um Max Weber, der in seiner gegen den Sozialismus gerichteten Argumentation dieses Argument aufgreift. Und heute ist es vor allem Hayek, der die Herleitung der Ethik aus empirischen Urteilen ausdrücklich behauptet:

> Ich bin davon überzeugt, daß wir uns nicht für eine bestimmte Sittlichkeit entscheiden, aber daß die Tradition von Eigentum und Vertrag, deren Erben wir sind, eine notwendige Bedingung für das Überleben der heutigen Bevölkerung darstellt ...
> Zu behaupten, das Recht auf Eigentum sei abhängig von einem Werturteil, wäre gleichbedeutend mit der Behauptung, der Schutz des Lebens sei ein Werturteilsproblem. Von dem Moment an, in dem wir akzeptieren, daß wir alle am Leben erhalten, die heute existieren, haben wir keine Wahl. Das Werturteil bezieht sich einzig und allein auf die Hochschätzung, die man dem Schutz des Lebens entgegenbringt.[5]

Hayek bezeichnet die Marktethik als notwendige Ethik, und zwar in der Tradition von Hume. Aus diesem Grund kann er sie aus empirischen Urteilen ableiten.

Im Folgenden werden wir diese Argumentation darlegen, indem wir das Werk von David Hume analysieren. Im einzelnen werden wir das Argument Humes analysieren und die Veränderungen, die es bei den bereits erwähnten Autoren erfahren hat. Aber wir müssen uns

---

[5] Vgl. Hayek, Friedrich von, Interview in: *Mercurio*, Santiago de Chile, 19. April 1981.

auch fragen, welche Geltung dieses Argument wirklich beanspruchen kann. Wir werden sehen, welche verwirrende Geschichte das Argument durchlaufen hat. In der eher philosophischen Ethik ist es kaum zu finden, während es bei den bedeutenden Denkern der Sozialwissenschaften eine Schlüsselrolle spielt. Aber selbst in dieser Tradition taucht es häufig nur versteckt auf, so als ob man ein schlechtes Gewissen habe, es zu verwenden. Der Extremfall ist Max Weber. Ausführlich verwendet er das Argument von Hume, um nachzuweisen, dass die Ethik des Marktes unverzichtbar notwendig ist. In seinen methodologischen Überlegungen dagegen erwähnt er es nicht. Er vertritt Positionen, die mit seiner eigenen Argumentation nicht mehr in Einklang zu bringen sind, wenn er die Marktethik aus empirischen Urteilen ableitet, die sich auf die Bedingung der Möglichkeit menschlichen Lebens beziehen. Das ist ein Grund mehr, zu verfolgen, welche Entwicklung das Argument seit David Hume durchlaufen hat.

II. *Humes Methode und das Kausalitätsprinzip*

Humes Methode impliziert eine Erkenntnistheorie, die deren vollständige Wende einläutet. Erkenntnis gründet auf der Erfahrung der Welt. Die Erkenntnis nimmt durch Erfahrung die Welt wahr und kreist ausschließlich um diese Erfahrung.

Aus dieser Erkenntnistheorie ergibt sich sein Verständnis des Geistes. Die Realität teilt sich dem Geist durch die Sinne mit, die „Eindrücke" im Geist hervorrufen. Wenn der Geist sich auf die Erfahrung bezieht, bezieht er sich stets auf solche Sinneseindrücke. Durch sie schlägt sich die Erfahrung im Geist nieder. Aus diesem Grund beziehen wir uns ausschließlich mit Hilfe der von den Sinnen in den Eindrücken des Geistes gesammelten Erfahrung auf die Realität. Dass es sich tatsächlich um die Realität handelt, können wir einzig und allein dadurch wissen, dass diese Eindrücke der Erfahrungen im Geist uns bei unserem Handeln in der Realität Orientierung bieten.

Hume bezeichnet diese Eindrücke als ursprüngliche bzw. erstmalige Eindrücke (S. 10). Nach Hume enthält jedes Urteil über die Realität solche Eindrücke. Ohne solche Eindrücke kann der Geist nichts von der Realität wissen. Er verfügt über keine den Eindrücken vorangehende Erkenntnis der Realität. Deshalb kann es weder angeborene Vorstellungen noch Vorkenntnisse von der Realität geben, um die Realität selbst zu begreifen.

Das hier Gesagte bedeutet jedoch nicht, dass der Geist sich ausschließlich passiv verhält. Nur die erstmaligen Eindrücke dringen in den passiven Geist ein. Diese kann er weder vermeiden noch verändern. Aber in der Beziehung zu ihnen ist der Geist aktiv, jedoch – um es so zu bezeichnen – strikt formal. Der Geist bearbeitet diese Eindrücke mit Hilfe der Reflexion. Im Grunde besteht die Aktivität des Geistes darin, diese ursprünglichen erstmaligen Eindrücke zu reflektieren. Die Reflexion bringt die den Eindrücken entsprechenden Vorstellungen hervor und entwickelt daraus weitere Vorstellungen. Dennoch gründen alle Vorstellungen stets auf den einfachen Vorstellungen der erstmaligen Eindrücke:

> Vorstellungen lassen in neuen Vorstellungen Bilder von sich entstehen; da aber, wie wir annehmen, jene ersteren Vorstellungen Eindrücken entstammen, so bleibt es doch dabei, daß alle unsre einfachen Vorstellungen, nämlich entweder mittelbar oder unmittelbar, aus ihnen entsprechenden Eindrücken hervorgehen. (Bd. I, S.16)

Diese einfachen Vorstellungen werden mit komplexen Vorstellungen kombiniert:

> Beständen die Vorstellungen vollkommen lose und zusammenhangslos nebeneinander, so würde nur der Zufall sie verbinden können; es könnten nicht immer wieder die nämlichen einfachen Vorstellungen sich zu zusammengesetzten Vorstellungen zusammenfinden, wie es doch zu geschehen pflegt, ohne ein Band der Vereinigung zwischen ihnen, ohne irgendeinen assoziierenden Faktor, vermöge dessen eine Vorstellung von selbst eine andere nach sich ziehen kann.
> (Bd. I, S.20/21)

Deshalb werden die Vorstellungen von Prinzipien zusammengeführt:

> Wenn ich ehemals die Beziehungen der *Ähnlichkeit*, des unmittelbaren räumlichen *Zusammenhangs* und der *Ursächlichkeit* als Prinzipien der Vereinigung der Vorstellungen faßte, ohne zugleich die Ursachen zu untersuchen, denen sie diese Bedeutung verdanken, so geschah dies in Gemäßheit jener alleobersten Regel, daß wir uns schließlich doch überall mit der Erfahrung zufrieden geben müssen, und nicht etwa

darum, weil wir nicht imstande gewesen wären, allerlei über den Gegenstand vorzubringen, das bestechend und plausibel hätte erscheinen können. (Bd. I, S. 82)

Ähnlichkeit und Zusammenhang sind leicht zu erklären. Sie beziehen sich auf Gegenstände, die irgendwie zusammen gehören. Daher kann man an den vorhandenen Gegenständen Ähnlichkeit und Zusammenhang beurteilen. Davon unterscheidet sich für Hume die Kausalität; denn sie verbindet einen vorliegenden Gegenstand mit etwas, das nicht vor Augen liegt. Damit tritt das Problem des Aufeinanderfolgens in Erscheinung, das Problem der Zeit. Um dieses Problem zu erklären, stellt er folgende Überlegung an:

> Denn wenn eine Ursache gleichzeitig mit ihrer Wirkung, und diese Wirkung wiederum gleichzeitig mit *ihrer* Wirkung wäre u.s.w., so würde es augenscheinlich nichts geben, was als Aufeinanderfolge bezeichnet werden könnte: alle Gegenstände müßten koexistieren. (Bd. I, S.103)

Die Reflexion bezieht sich auf etwas, was nur im Denken möglich ist – „wenn eine Ursache gleichzeitig mit ihrer Wirkung wäre" –, um es in der Realität als nicht machbar zu beurteilen und um mit Hilfe dieses Urteils die Realität der Kausalität zu konstituieren, mit deren Hilfe man von einer vorliegenden Wirkung auf eine Ursache schließt, die nicht offensichtlich ist, oder auch umgekehrt, von einer vorliegenden Ursache auf eine Wirkung schließt, die man nicht sieht. Wenn ein Objekt auf das andere folgt, handelt es sich um eine Wirkung in der Zeit und nicht im Raum. Das ist im Falle von Ähnlichkeit und Zusammenhang anders. Hier trifft man auf der Basis eines vorliegenden Objekts ein Urteil über ein ebenfalls vorliegendes Objekt. Dass das eine Objekt einen Einfluss auf das andere ausübt, wird nicht vorausgesetzt. Hume fragt deshalb danach, wie der Geist dahin kommen kann, eine Kausalität als notwendig, das heißt als Gesetz, zu behaupten. Weil die Ursache nicht gleich der Wirkung ist – also nicht in der Wirkung selbst vor Augen steht –, müssen beide miteinander verbunden werden. Aber diese Verbindung kann man nicht mit den Objekten selbst herstellen, die der Geist wahrnimmt.

Das Argument ist zirkulär. Es stellt der erfahrenen Realität eine imaginierte Realität gegenüber, um die erfahrene Realität wiederum als charakteristische Realität zu behaupten, die keineswegs aus logi-

KAPITEL IV

scher, durch Vernunft nachweisbarer Notwendigkeit als solche existiert. Solche Überlegungen können wir als transzendentale Reflexionen bezeichnen.

Für dieses Problem führt Hume einen rein formalen und funktionalen Vernunftbegriff ein. Er bezeichnet die Vernunft auch als Verstehen, „reine Vernunft", ohne das Wort näher zu präzisieren. Die Vernunft kann die Ursache-Wirkung-Beziehungen als Sonderfall von Beziehungen formalisieren. Sie kann feststellen, dass die Flamme Wärme erzeugt, und dann diese Beziehung formalisieren. Aber sie kann keinen Grund dafür angeben, dass diese Beziehung notwendig so ist. Sie kann also nicht begründen, dass die Flamme auch morgen wieder Hitze erzeugen wird.

Diese funktionale Vernunft kann nach Hume kein Urteil darüber fällen, dass Verursachung ein notwendiges Verhältnis ist. Hume hat keine Zweifel daran, dass es sich um ein notwendiges Verhältnis handelt, aber fragt danach, ob es Gründe dafür geben kann, diese Notwendigkeit zu behaupten, d. h. das Ursache-Wirkung-Verhältnis als Verursachungsgesetz zu definieren. Solch ein Urteil kann die Vernunft nach Hume nicht fällen, und zwar in doppelter Hinsicht:

Erstens kann die Vernunft als solche niemals beweisen, dass irgendeine Ursache für ein Objekt notwendig ist. Dass es eine Ursache gibt, ist für die Vernunft keine Notwendigkeit. Nicht die Vernunft stellt die Forderung auf, dass irgendein Verursachungsprinzip gelten müsse:

> Wir können niemals beweisen, daß jede neue Existenz oder jede Veränderung eines Existierenden eine Ursache haben müsse, ohne zu gleicher Zeit nachzuweisen, daß unmöglich irgend etwas *ohne* ein hervorbringendes Prinzip anfangen könne zu existieren; können wir die letztere Behauptung nicht beweisen, so müssen wir die Hoffnung aufgeben, daß wir jemals imstande sein werden, die erstere zu beweisen. Daß nun die letztere Annahme keinen auf Demonstration beruhenden Beweis zuläßt, davon können wir uns durch folgende Erwägung überzeugen: Da alle voneinander verschiedenen Vorstellungen voneinander trennbar sind, die Vorstellung einer Ursache aber von der Vorstellung ihrer Wirkung augenscheinlich verschieden ist, so fällt es uns leicht, einen Gegenstand in diesem Augenblick als nichtexistierend und im nächsten als existierend zu denken, ohne daß wir damit die neue Vorstellung einer Ursache oder eines hervorbringenden Prinzips verbinden. Es ist also zweifellos möglich, die Vorstellung einer Ursache in der Einbildungskraft von der des Anfangs einer

> Existenz zu trennen; folglich ist auch die tatsächliche Trennung dieser Gegenstände möglich, in dem Sinne nämlich, daß sie keinen Widerspruch und keine Absurdität in sich schließt; sie kann nicht durch eine Überlegung, die bloß auf der Natur der Vorstellungen beruht, als unmöglich erwiesen werden; ohne dies aber besteht keine Möglichkeit, die Notwendigkeit einer Ursache zu demonstrieren.
> (Bd. I., S. 106/107)

Aus diesem Grunde verzichtet Hume jedoch nicht darauf, zu beweisen, dass ein solches Prinzip für die Erfahrung gilt. Er behauptet nur, dass die Vernunft das Prinzip nicht durch „Demonstration" nachweisen kann. Das behauptet er mit dem Argument, dass die Vernunft sich widerspruchsfrei Welten vorstellen kann, in denen das Verursachungsprinzip nicht gilt. Aber wenn sich die Vernunft solche Welten widerspruchsfrei vorstellen kann, kann das Verursachungsprinzip nicht durch die Vernunft selbst hervorgebracht worden sein:

> ... so fällt es uns leicht, einen Gegenstand in diesem Augenblick als nichtexistierend und im nächsten als existierend zu denken, ohne daß wir damit die neue Vorstellung einer Ursache oder eines hervorbringenden Prinzips verbinden. Es ist also zweifellos möglich, die Vorstellung einer Ursache in der Einbildungskraft von der des Anfangs einer Existenz zu trennen. (S. 107)

Mit diesem Argument wendet sich Hume gegen das frühere metaphysische Denken, das behauptete, jeder Gegenstand müsse substanziell eine Ursache haben, und das deshalb nach einer „Erstursache" für die Existenz der Welt suchte.

Zweitens lässt sich nach Hume aus der Tatsache, dass die Erfahrung eine Aufeinanderfolge von Ereignissen und Gegenständen – als Verursachung bezeichnet – konstatieren kann, nicht auf ein Verursachungsprinzip von allgemein notwendiger Geltung schließen. Aus einem oder mehreren Fällen des Aufeinanderfolgens kann man nicht den Schluss ziehen, dass diese Aufeinanderfolge in allen Fällen notwendig sei. Aber das Prinzip der Verursachung behauptet seine Geltung in allen Fällen. Dennoch kann man keinen Beweis dafür vorlegen, dass die ständig mögliche Wiederholung zwangsläufig auch die Geltung eines Prinzips bzw. eines Gesetzes impliziere:

> Aus der bloßen Wiederholung eines früheren Eindrucks, selbst wenn die Wiederholung ins Endlose fortgesetzt würde, kann niemals eine neue originale Vorstellung, [...] entstehen; die Vielheit der Eindrücke

hat in diesem Fall keine weitere Wirkung, als auch die Beschränkung auf einen einzigen Eindruck haben würde. (Bd. I, S. 118/119)

Also kann die demonstrative Vernunft kein Verursachungsgesetz behaupten, sobald sie sich eine „notwendige Verknüpfung" vorstellt. Hume bestreitet solchen induktiven Urteilen jede Geltung.
Damit hat er die Grenzen der demonstrativen, funktionalen und formalen Vernunft aufgezeigt. Sie kann zwar die endlose Wiederholung formal beschreiben, aber sie kann diese Formeln nicht als Gesetze behaupten, solange es keinen Beweis dafür gibt, dass die Verknüpfung notwendig ist. Aber die Vernunft kann nicht beweisen, dass es sich um eine notwendige Verknüpfung handelt.

Hume will jedoch genau das von ihm als nicht-beweisbar Behauptete beweisen. Das Faktum der Kausalität kennt man nur auf Grund der Erfahrung. Die Vernunft allein kann Kausalität nicht als notwendig behaupten, auch wenn sie die Behauptung ihrer Notwendigkeit braucht, um Naturgesetze formulieren zu können.

Die nächste Frage würde nun natürlicherweise die sein, *wie uns die Erfahrung zu einer solchen allgemeinen Einsicht gelangen lassen könne.* Doch finde ich es zweckmäßiger, diese Frage in die folgende einzuschließen: *Wie kommen wir dazu, anzunehmen, daß diese bestimmten Ursachen notwendig diese bestimmten Wirkungen haben; wie kommen wir dazu, von den einen auf die anderen zu schließen?* Diese Frage wollen wir im folgenden zum Gegenstand unserer Betrachtung machen. Es wird sich vielleicht zum Schluß zeigen, daß eine und dieselbe Antwort beide Fragen zugleich beantwortet. (Bd. I, S. 109/110)

Hume führt an dieser Stelle eine neue Reflexionsform ein, die er nicht Vernunft, sondern Schlussfolgerung nennt. Er spricht von einer „Schlussfolgerung des Geistes", der Seele[6] und von einer „Nötigung des Denkens"[7], die schließlich zu der „notwendigen Verknüpfung"

---

[6] Die Wirksamkeit der Ursachen oder der ihnen innewohnenden Kraft liegt weder in den Ursachen selbst, noch in der Gottheit, noch in dem Zusammenwirken dieser beiden Faktoren, sondern ist einzig und allein dem Geiste eigen, welcher die Verbindung von zwei oder mehr Gegenständen in allen früheren Fällen sich vergegenwärtigt. Hier hat die den Ursachen innewohnende Kraft samt der Verknüpfung und Notwendigkeit ihren wahren Ort. (Bd I., S. 225)
[7] Und schließlich ist die Notwendigkeit, die in dieser Vorstellung enthalten liegt, gar nichts anderes als die Nötigung des Geistes, von einem Gegenstand auf seinen ge-

führt. Die Verursachung kennt man ausschließlich aus der Erfahrung dadurch, dass man die Verknüpfungen wiederholt. Die Schlussfolgerung des Geistes behauptet dann, dass diese Wiederholungen, deren Notwendigkeit die Vernunft nicht beweisen kann, notwendige Verknüpfungen darstellen. Auch diese Schlussfolgerung des Geistes begründet Hume erneut mit transzendentalen Reflexionen:

> Kein Gegenstand schließt die Existenz eines anderen in sich, [wir können ihre Zusammengehörigkeit nicht erkennen,] so lange wir nur eben diese Gegenstände betrachten und unseren Blick nicht über die Vorstellungen, die wir uns von ihnen machen, hinaus richten. Eine Schlußfolgerung, die so zustande käme, müßte ein [unbedingt gewisses] Wissen ergeben und den Gedanken des Gegenteils als einen vollkommenen Widerspruch und eine absolute Unmöglichkeit erscheinen lassen. (B. I, S. 116)

Die Schlussfolgerung, nach der Hume sucht, gehört nicht zur „Erkenntnis" oder zu etwas, was die Vernunft leisten könnte:

> Untersuchen wir jetzt, nachdem wir gefunden haben, daß wir nach der Entdeckung der beständigen Verbindung beliebiger Gegenstände stets von dem einen Gegenstand einen Schluß auf den anderen ziehen, die Natur dieses Schlusses und des Übergangs vom Eindruck zur Vorstellung. Vielleicht wird sich schließlich zeigen, daß die Notwendigkeit der Verknüpfung durch den Schluß, nicht aber der Schluß durch die Notwendigkeit der Verknüpfung bedingt ist. (Bd. I, S. 119)

Die Schlussfolgerung geht von der beständigen Verbindung, die von der Erfahrung festgestellt wurde, über zur Behauptung einer notwendigen Verknüpfung:

> Wir können danach allein auf Grund der *Erfahrung* die Existenz eines Gegenstandes aus der eines anderen erschließen. Diese Erfahrung nun bestimmt sich folgendermaßen näher: Wir erinnern uns, daß wir wiederholt die Existenz einer bestimmten Art von Gegenständen erlebt haben; wir erinnern uns zugleich, daß Beispiele einer anderen Art von Gegenständen stets mit ihnen verbunden, und ihnen hinsichtlich der Beziehungen der räumlichen Nachbarschaft und zeitlichen Folge

---

wöhnlichen Begleiter überzugehen, und auf das Dasein des einen aus dem des anderen zu schließen. Hier haben wir also zwei Umstände, die wir als wesentlich für die Notwendigkeit ansehen müssen, nämlich: die beständige Verbindung und die Schlussfolgerung des Geistes; wo immer wir diese entdecken, da müssen wir eine Notwendigkeit anerkennen. (Bd. II, S. 137)

in bestimmter Art zugeordnet waren. So erinnern wir uns, daß wir die Art von Gegenständen, die wir *Flamme* nennen, gesehen, und andererseits die Art von Empfindungen, die wir *Wärme* nennen, erlebt haben. Zugleich rufen wir uns ihre beständige Verbindung in allen früheren Fällen ins Gedächtnis zurück. Ohne weiteres nennen wir dann den ersteren Gegenstand *Ursache* und den letzteren *Wirkung* und schließen von der Existenz des einen auf die des anderen. [Dabei ist es zu beachten, daß] jedesmal, wenn wir uns von dem Zusammenvorkommen bestimmter Ursachen und Wirkungen überzeugt haben, sowohl die Ursachen als die Wirkungen von uns durch die Sinne wahrgenommen werden und in der Erinnerung aufbewahrt worden sind, daß dagegen, wenn wir nachher den *kausalen Schluß* ziehen, jedesmal nur der eine von uns wahrgenommen wird oder in der Erinnerung auftaucht, während der andere von uns, der früheren Erfahrung gemäß, hinzugefügt wird.
Damit haben wir im Fortgang unserer Betrachtung unversehens eine neue Beziehung zwischen Ursache und Wirkung entdeckt. Wir entdeckten sie in einem Moment, wo wir es am wenigsten erwarteten, weil wir vollauf mit einer anderen Sache beschäftigt waren. Diese Beziehung ist die der *beständigen Verbindung* von Ursache und Wirkung. Sollen wir zwei Dinge bezw. als Ursache und Wirkung betrachten, so genügt nicht das räumliche Zusammen und die zeitliche Folge derselben; wir müssen zugleich das Bewußtsein haben, daß diese beiden Beziehungen in mehreren Fällen gleichmäßig gegeben waren. – Wir sehen hier, welchen Vorteil es hatte, die direkte Betrachtung der ursächlichen Beziehung zunächst aufzugeben, und den Versuch zu machen, auf indirektem Wege die Natur jener *notwendigen Verknüpfung* kennen zu lernen, welche einen so wesentlichen Teil der ursächlichen Beziehung ausmacht. (Bd. I, S. 117/118)

Hume muss also den Schritt von der beständigen Verbindung, die er aus Erfahrung kennt, zur notwendigen Verknüpfung tun, die er als Kausalitätsprinzip bezeichnet. Es ist der Schritt von einer faktischen zu einer notwendigen Verbindung.

Hume tut diesen Schritt mit Hilfe der von ihm so genannten „Schlussfolgerung des Geistes" und behauptet damit, dass es sich nicht um ein Urteil der Vernunft handelt. Unter Vernunft versteht er hier die Vernunft allein bzw. die instrumentelle und formale Vernunft. Aber auch diese Schlussfolgerung des Geistes ist ein Urteil, wenn auch ein Urteil des Geistes und nicht dieser Vernunft.

Hume antwortet mit einer Reflexion über das Gesamt der Erfahrung. Die Totalität der Erfahrung ist für Hume nicht dasselbe wie die Totalität für die Philosophie des späteren deutschen Idealismus. Bei Hume handelt es sich um das Gesamt aller Erfahrungen als einer geordneten Gesamtheit. Humes Argument ließe sich folgendermaßen resümieren: Die beständige Verbindung ist für die Erfahrung der Beweis, dass die Totalität der Erfahrung durch die notwendige Verknüpfung geordnet ist, so dass man sie als Kausalitätsprinzip bezeichnen kann. Aber in der Tat handelt es sich hier nicht um ein Argument der induktiven Vernunft, sondern um eine Schlussfolgerung im Hinblick auf die Totalität der Erfahrung. Die Totalität sollte also durch das Kausalitätsprinzip geordnet sein, wenn die Erfahrung der instrumentellen Vernunft den Hinweis auf die ständige Verbindung gibt.

Das bisher Gesagte dreht den Beweis für die Gültigkeit der Behauptung von der notwendigen Verknüpfung um. Die instrumentelle Vernunft will beweisen, dass das, was für einige Fälle gilt, für alle Fälle gültig ist. Diesen Beweis aber kann sie niemals antreten. Aber wenn auf Grund einer Schlussfolgerung im Hinblick auf die Totalität der Erfahrung die beständige Verbindung als Beweis angesehen werden kann, dann müsste der Gegenbeweis darin bestehen, dass ein bestimmtes Faktum der Unterstellung der ständigen Verbindung nicht entspricht. Der Beweis liegt also nicht dann vor, wenn nachgewiesen wird, dass die Aufeinanderfolge in allen Fällen eintritt, sondern dann, wenn nachgewiesen wird, dass sie in einem Fall nicht eintritt. Wenn man also nicht widerlegen kann, was die beständige Verbindung unterstellt, dann ist die notwendige Verknüpfung erwiesen und folglich das Kausalitätsprinzip. Wenn man so will: Der Beweis besteht nicht mehr darin, das Kausalitätsprinzip zu verifizieren, sondern darin, dass man es nicht falsifizieren kann. Dabei geht es jedoch nicht um die Falsifikation, wie Popper sie versteht, weil sie sich auf die Totalität der Erfahrung bezieht und auf die Behauptung, dass diese Totalität durch das Kausalitätsprinzip geordnet ist. Popper bezieht sich nur auf Sätze, die Information enthalten, und weicht damit dem Problem aus, das Hume hier darlegt. Im Gegenteil: die These, dass die Totalität der Erfahrung durch das Kausalitätsprinzip geordnet wird, hat keinen Informationsgehalt.

KAPITEL IV

Das Argument, das wir hier Hume unterstellen, ist bei ihm nur andeutungsweise vorhanden, aber nicht vollständig ausgeführt. Hume besteht darauf, dass der Übergang zur Notwendigkeit – zur notwendigen Verknüpfung – nur durch die Schlussfolgerung des Geistes, die er auch Nötigung des Geistes nennt, erklärt werden kann. Die beständige Verbindung bestätigt nur eine Angewohnheit, die Nötigung des Geistes dagegen bringt das Urteil hervor, das von der Angewohnheit zur Notwendigkeit der notwendigen Verknüpfung übergeht:

> Die notwendige Verknüpfung zwischen Ursachen und Wirkungen ist die Grundlage für unsere Schlüsse von den einen auf die anderen. Die Grundlage für diese Schlüsse ist die Tendenz des Übergangs [von Vorstellung zu Vorstellung], die aus der gewohnten Verbindung sich ergibt. Jene notwendige Verknüpfung und diese Übergangstendenz sind also eines und dasselbe. (Bd. I, S. 224)
> Es gibt aber keinen anderen inneren Eindruck, der irgend eine Beziehung zu dem hier zur Rede stehenden Phänomen hätte, als jene durch Gewohnheit hervorgerufene Geneigtheit, von einem Gegenstand auf die Vorstellung desjenigen Gegenstandes überzugehen, der ihn gewöhnlich begleitete. In ihr besteht also das Wesen der Notwendigkeit. Allgemein gesagt ist die Notwendigkeit etwas, das im Geist besteht, nicht in den Gegenständen; wir vermögen uns niemals eine, sei es auch noch so annäherungsweise Vorstellung von ihr zu machen, so lange wir sie als eine Bestimmung des Körpers betrachten. Entweder also, wir haben überhaupt keine Vorstellung der Notwendigkeit, oder die Notwendigkeit ist nichts weiter als jene Nötigung des Vorstellens, von den Ursachen zu den Wirkungen oder von den Wirkungen zu den Ursachen, entsprechend der von uns beobachteten Verbindung derselben, überzugehen. (Bd. I, S. 224/225)

Aber nun stellt er auch Argumente für das Schlussfolgerungsurteil vor, die er in einer Polarisierung darstellt:

> Die beständige Verbindung von Gegenständen im Verein mit jener psychischen Nötigung ist das, was die „physische" Notwendigkeit ausmacht; die Abwesenheit dieser Momente ist gleichbedeutend mit Zufall. Da Gegenstände entweder verbunden oder nicht verbunden sein müssen und die Nötigung, von einem Gegenstand auf den anderen überzugehen, für den Geist entweder besteht oder nicht besteht, so kann kein Mittelding zwischen Zufall und absoluter Notwendigkeit zugestanden werden. (Bd. I, S. 231)

Im vorstehenden Zitat reflektiert Hume über die Totalität der Erfahrung. Diese Totalität wird von der Notwendigkeit bzw. vom Zufall beherrscht. Auf Grund dieser Polarisierung kann die beständige Verbindung nur als Beweis für die notwendige Verknüpfung verstanden werden. Aber ohne Bezug zur Totalität der Erfahrung wäre das Argument nicht haltbar.

Der Zufall als Gegenpol zur Notwendigkeit bedeutet bei Hume nicht einfach Zufälligkeit, wie er darlegt:

> Der im vorigen Abschnitt vorgetragenen Lehre zufolge gibt es keine Gegenstände, von denen wir auf Grund bloßer Betrachtung derselben, und ohne die Erfahrung zu Rate zu ziehen, ausmachen könnten, daß sie die Ursachen anderer Gegenstände seien, keine Gegenstände, von denen wir, vermöge solcher Betrachtung, mit Gewißheit ausmachen könnten, daß sie es nicht seien. Es wäre denkbar, daß Beliebiges Beliebiges hervorriefe; Erschaffung, Vernichtung, Bewegung, Vernunft, Wollen, alle diese Dinge können eines dem anderen oder auch einem beliebigen dritten Objekt, das wir uns gerade vorstellen mögen, ihr Dasein verdanken. In diesem Gedanken liegt ganz und gar nichts Verwunderliches, wenn wir die beiden oben erörterten Sätze zusammennehmen, *daß auf der beständigen Verbindung von Gegenständen der Gedanke ihrer Ursächlichkeit beruht,* und daß, *genau genommen, keine Gegenstände, Existenz und Nichteistenz ausgenommen, sich ausschließen.* Wo die Gegenstände einander nicht ausschließen, hindert sie nichts in der beständigen Verbindung miteinander zu stehen, durch welche der Gedanke einer Beziehung von Ursache und Wirkung einzig und allein bedingt ist. (Bd. I, S. 233/234)

Wiederum verwendet er hier eine transzendentale Reflexion. Dass der Zufall und nicht die Notwendigkeit bestimmend ist, ist möglich. Er erinnert an Verbindungen, die nicht der Notwendigkeit folgen: Erschaffung, Vernichtung, Bewegung, Vernunft, Wollen. Erschaffung kann ohne Ursache sein, aber auch Vernichtung. Bewegung kann ohne Ursache entstehen, aber auch eine Welt, die vom Wollen ohne Vermittlung von Ursachen bestimmt ist. In einer solchen Welt werden Steine in Brot verwandelt, wenn wir Hunger haben. Aber die Welt kann sich auch aus notwendigen Verknüpfungen zusammensetzen. All diese Welten sind möglich, jedoch nicht notwendig unsere Welt. Nur aus Erfahrung können wir wissen, welche der möglichen Welten die unsere ist.

KAPITEL IV

Hume verwendet hier einen Möglichkeitsbegriff, der sich ausschließlich auf den Widerspruch seitens der Vernunft bezieht. Alle diese Welten sind möglich, weil wir sie uns vorstellen können, ohne mit der Vernunft in Widerspruch zu geraten. Hume hat vorher bereits seinen Möglichkeitsbegriff dargelegt, der dem sehr nahe kommt, was wir heute als „im Prinzip möglich" bezeichnen würden:

> Die oben von uns angewandte Methode der Untersuchung wird uns leicht überzeugen, daß wir durch keine demonstrativen Argumente dartun können, daß diejenigen Fälle, von denen wir durch die Erfahrung keine Kenntnis erlangt haben, denjenigen, die Gegenstand unserer Erfahrung waren, gleichen müssen. Wir können uns jederzeit eine Änderung im Laufe der Natur wenigstens vorstellen. Dies beweist aber zur Genüge, daß eine solche Änderung nicht absolut unmöglich ist. Daß wir uns eine klare Vorstellung von einer Sache machen können, ist ja allemal ein unwiderlegbarer Beweis ihrer Möglichkeit und für sich allein eine genügende Widerlegung jeder vermeintlichen Demonstration ihrer Unmöglichkeit. (Bd. I, S. 119/120)

Er begründet die Möglichkeit also folgendermaßen: Sich eine klare Vorstellung von etwas machen zu können, ist ein unwiderlegbares Argument dafür, dass es möglich ist. Aber wenn wir unsere Welt beurteilen, erkennen wir, dass sie eine der möglichen Welten ist. Die Erfahrung aus beständiger Verknüpfung weist uns darauf hin, welche dieser möglichen Welten sie ist: sie ist die Welt der notwendigen Verknüpfung. Mit Hilfe seiner transzendentalen Reflexion kommt er zu dem Schluss, dass die Totalität der Erfahrung durch das Kausalitätsprinzip geordnet wird.

Das Argument durchläuft die Vorstellung möglicher Welten in dem Sinne, den Hume ihnen gibt, um zu Schlussfolgerungen über die machbare, die real existierende Welt zu kommen. Damit eröffnet Hume eine Reflexion über imaginäre Welten und gibt zugleich zu denken, dass solche transzendentalen Reflexionen helfen, die machbare Welt zu verstehen. Diese transzendentalen Reflexionen können völlig verschiedener Art sein. Zu ihnen gehört das, was die empirischen Wissenschaften Gedankenexperimente nennen, zum Beispiel Modelle vollkommener Zustände wie das Modell des vollkommenen Wettbewerbs, aber auch Imaginationen von utopischen Welten des Überflusses und andere. Zugleich jedoch eröffnet Hume damit den Raum für die Kritik solch transzendentaler Reflexionen – als Kritik der utopischen Vernunft –, insofern ihre Bedeutung nur darin bestehen kann, ein Licht auf die faktible, real existierende Welt zu werfen. Die Imagination solch anderer Welten kann nur dann ein Licht auf die machbare Welt werfen, wenn man anerkennt, dass diese anderen Welten nicht machbar sind. Sie für möglich zu halten bedeutet nur, dass ihre Verwirklichung keinen logischen Widerspruch enthält. Diese Welten sind weder im unmittelbaren Sinne machbar, noch im Sinne einer asymptotischen Annäherung an ihre Realisierung. Hier wird also erkennbar, dass durch die Schlussfolgerung des Geistes die utopische Dimension der empirischen Wissenschaft selbst in Erscheinung tritt.

Ausgangspunkt eines solchen Urteils bleibt jedoch die Erfahrung beständiger Verknüpfung, die durch Schlussfolgerung des Geistes zu der Feststellung kommt, dass notwendige Verknüpfung existiert. Damit wird die gesamte Arbeitswelt für Hume zu einem Beweis, denn das Zweck-Mittel-Handeln wendet das Ursache-Wirkung-Verhältnis nur auf die Abläufe in der Arbeitswelt an:

> Wir sind uns bewußt, daß *wir*, wenn wir unseren Zwecken die Mittel anpassen, von Vernunft und Absicht geleitet werden, daß wir nicht blind oder zufällig die Handlungen vollbringen, die auf Selbsterhaltung, Herbeiführung von Lustgefühlen und Abwehr von Unlust abzielen. Wenn wir nun andere Geschöpfe in Millionen von Beispielen gleiche Handlungen ausführen und dabei die gleichen Zwecke verfolgen sehen, so zwingen uns alle Prinzipien der Vernunft und Wahrscheinlichkeitserkenntnis unwiderstehlich, hierbei an das Vorhandensein einer gleichen Ursache zu glauben. (Bd. I, S. 237)

Aber bei Hume bleibt eindeutig, dass die Reaktion auf diesen unwiderstehlichen Zwang die Schlussfolgerung des Geistes durchläuft, mit deren Hilfe man behaupten kann, dass man an das Vorhandensein einer notwendigen Verknüpfung und folglich an das Kausalitätsprinzip glauben kann.

Die Schlussfolgerung Humes, die auf der Beziehung zur Totalität der Erfahrung basiert, führt augenscheinlich zu einer nur sich selbst bestätigenden Begrifflichkeit. Jedes mögliche Phänomen, das durch die Kausalitätsbeziehung nicht erklärt werden kann, wird von der Konzeptionalisierung selbst ausgegrenzt. Ist ein Phänomen mit dieser Begrifflichkeit nicht erklärbar, wird es mit Leichtigkeit zu etwas erklärt, das noch nicht erklärbar ist[8]. Es kann auch für irrelevant erklärt werden. Hume selbst bemerkt dies. Nachdem er betont hatte, es gebe „kein Mittelding zwischen Zufall und absoluter Notwendigkeit" (Bd. I, S. 231), erklärt er:

> Wird diese Verknüpfung und Nötigung schwächer, so ist damit nicht eine neue Art der Notwendigkeit gegeben; da ja auch schon bei den Vorgängen in der Körperwelt jene Verknüpfung und Nötigung verschiedene Grade der Beständigkeit bzw. Stärke besitzt, ohne daß doch dadurch eine andere Art der Notwendigkeitsbeziehung hervorgebracht würde.

Hier erkennt man einen sich selbst bestätigenden Zirkelschluss, der nicht notwendigerweise tautologisch ist. Er gründet auf der von Hume so genannten beständigen Verbindung, die als solche erfahren wird. Der Zirkel taucht auf, sobald man durch Schlussfolgerung behauptet, dass diese Verbindungen in der Totalität der Erfahrung als notwendige Verknüpfungen gelten. Damit wird das Kausalitätsprinzip zum Kriterium für die Beurteilung der Realität gemacht. Die Schlussfolgerung treibt die in der Erfahrung vorhandene beständige Verbindung bis zur Grenze – es handelt sich um eine Art Grenzkalkül – der Konzeptionalisierung der Totalität von Erfahrung[9], so dass

---

[8] Zweitens aber kann gefragt werden, ob wir diese Prinzipien in der *Natur* suchen oder uns nach einem anderen Ursprung umsehen müssen. Darauf entgegne ich, daß unsere Antwort auf diese Frage von der Begriffsbestimmung des Wortes „Natur" abhängt. Es gibt ja kein unbestimmteres und vieldeutigeres Wort. Stellt man die *Natur* den Wundern entgegen, so ist die Unterscheidung zwischen Tugend und Laster zweifellos ebenso „natürlich" wie alles andere, das ja in der Welt geschah, *jene Wunder ausgenommen, auf die unsere Religion sich gründet*. (Bd. II, S. 215/216)
Möglicherweise handelt es sich hier um eine simple Verbeugung vor der Gesellschaft des 18. Jahrhunderts, für die der christliche Glaube immer noch als Legitimitätsanker galt, und Hume will sich hier sicher sein. Aber die Situation muss nicht so sein, wie er sie beschreibt. In der Tat, selbst wenn es Wunder gibt, allein die Tatsache, dass man sie als Wunder betrachtet, macht sie unbrauchbar für die Zurückweisung eines Weltverständnisses, das vom Kausalitätsprinzip bestimmt wird.
[9] Hume kann die Fähigkeit des Geistes nicht als etwas erklären, das direkt von den ursprünglichen bzw. unmittelbaren Eindrücken abgeleitet ist. Aber er glaubt, sie aus den Eindrücken herleiten zu müssen. Deshalb hält er sie für einen Eindruck der Reflexion:
„Die notwendige Verknüpfung zwischen Ursachen und Wirkungen ist die Grundlage für unsere Schlüsse von den einen auf die anderen. Die Grundlage für diese Schlüsse ist die Tendenz des Übergangs [von Vorstellung zu Vorstellung], die aus der gewohn-

es den Charakter eines sich selbst bestätigenden Konzepts gewinnt und zum Kriterium für die Realität wird. Damit wird das Kriterium zu einer wissenschaftlich fundierten Vorstellung von der Welt. Diese kennt – wie jede andere Weltanschauung – keine Letztbegründung. Nur muss die Frage gestellt werden, ob die menschliche Gesellschaft mit einer solchen Weltanschauung existieren kann. Darin besteht das Wahrheitskriterium für diesen sich selbst bestätigenden Zirkelschluss. Aus eben diesem Grund ist dieser Zirkelschluss nicht tautologisch. Für Tautologien gibt es kein Wahrheitskriterium.

Mit dem zuvor Gezeigten verfügen wir über eine schematische Darstellung von Humes Methode. Wir können sie in drei Schritten formulieren, mit Hilfe derer der Geist die Realität erschließt:
1. Ausgangspunkt sind die Eindrücke, die durch die Sinne in den Geist eindringen. Sie sind die Wahrnehmungen des Geistes. Im ersten Buch seines Werkes geht Hume von den Eindrücken aus, die er als ursprünglich bzw. empfindungsbedingt bezeichnet. Mit Hilfe dieser Eindrücke erarbeitet der Geist Vorstellungen bzw. Imaginationen, die den Gegenständen entsprechen, von denen durch die Sinnesempfindungen die Eindrücke verursacht wurden.
2. Die Vernunft als Fähigkeit des Geistes vereinigt diese Vorstellungen zu zusammengesetzten Vorstellungen. Die Prinzipien dieser Vereinigung von Vorstellungen sind Ähnlichkeit, Zusammenhang und Kausalität. Die Vernunft kann entsprechend den Ursache-Wirkung-Verhältnissen Regulierungen erarbeiten, die

---

ten Verbindung sich ergibt. Jene notwendige Verknüpfung und diese Übergangstendenz sind also eines und daßelbe. Die Vorstellung der Notwendigkeit entsteht aus einem Eindruck. Kein Eindruck, der uns durch unsere Sinne zugeführt wird, kann diese Vorstellung veranlassen. Sie muß also aus einem inneren Eindruck oder einem Eindruck der Reflexion stammen." Bd. I, S. 224
Aber die Fähigkeit zu dieser Reflexion, die ursprüngliche Eindrücke in Eindrücke der Reflexion umwandelt, muss zuvor bereits im Geist vorhanden sein. Diese Fähigkeit lässt sich durch keinen Eindruck erklären. Es handelt sich um die Fähigkeit, ein Argument ins Unendliche weiterzutreiben, sie bleibt aber trotzdem eine formale Fähigkeit, die keine den Eindrücken vorangehende Realitätserkenntnis voraussetzt. Es geht hier nicht um ein a priori der Vernunft gegenüber der Realität, sondern um eine Fähigkeit des Geistes, die dem Argument der Notwendigkeit vorausgeht. Hier zeigt sich, dass auch die Argumentation von Hume eine Grenze hat.

KAPITEL IV

den Zweck-Mittel-Handlungen zugrunde liegen. Aber als instrumentelle Vernunft ist sie nicht fähig, zu behaupten, dass die Wirklichkeit allgemein unter dem Gesetz des Verursachungsprinzips steht. Deshalb kann sie nicht behaupten, dass die abgeleiteten Regulierungen Gesetze sind.

3. Die Schlussfolgerung des Geistes, die sich in der transzendentalen Reflexion auf die Totalität der Erfahrung bezieht, besteht in einer Reflexion, die in der Lage ist zu behaupten, dass die Totalität der Erfahrung durch das Kausalitätsprinzip geordnet wird. Auf der Basis dieses Ergebnisses können die von der Vernunft hergeleiteten Regulierungen als Naturgesetze angenommen werden. Dieses grundlegende Schema taucht auch in späteren Argumentationen wieder auf. Hume verwendet es, um das herzuleiten, was er als Rechtsordnung, das heißt als Ethik bezeichnet.

III. Affekte und Vernunft

Das vorstehende Grundschema haben wir aus dem ersten Buch von Humes „Traktat über die menschliche Natur" entwickelt, das den Titel „Über den Verstand" trägt und sich damit befasst, den menschlichen Geist zu analysieren, wenn er sich den Objekten zuwendet.

Die zwei folgenden Bücher des Werkes haben nicht mehr die Analyse der Welt der Objekte zum Ziel, sondern die Analyse der Affekte, die sich der Welt der Objekte zuwenden. Doch das bereits analysierte Schema treffen wir auch hier wieder an, wenngleich unter veränderten Bedingungen.

Hume geht hier von den Affekten aus, die er als sekundäre Eindrücke bzw. als Eindrücke der Selbstwahrnehmung analysiert. Diese Affekte haben eine Ursache und einen Gegenstand. Im zweiten Schritt analysiert Hume die Vernunft, die mit ihrer instrumentellen Orientierung die Affekte nicht beurteilen kann. Im dritten Schritt beschreibt Hume die Schlussfolgerung des Geistes, die sich auf die Totalität der Erfahrung bezieht und in diesem Fall auf die gesellschaftliche Arbeitsteilung. Daraus ergibt sich dann seine These zur Ethik.

Die Analyse hat eine parallele Struktur, ihre entscheidenden Schritte wiederholen sich. Hume hat die Absicht, eine wissenschaftliche Vorstellung von der Welt zu erarbeiten, die sowohl als Sachgegenstand wie als Gegenstand von menschlichen Affekten (Wünschen und Bedürfnissen) in Blick kommen soll. Hinsichtlich der Welt von Sachgegenständen kommt die Schlussfolgerung des Geistes zu der Behauptung des Kausalitätsprinzips, während parallel dazu hinsichtlich der Welt der Affekte der Geist zur Behauptung von Ethik gelangt. Der Satz vom Kausalitätsprinzip wie der Satz von der Ethik (im Sinne der Gerechtigkeit des Marktes) resultieren beide aus der Schlussfolgerung des Geistes, die jeweils nur auf einer anderen Ebene operiert.

Seine gesamte Debatte fußt auf seinem Konzept von den Affekten während sie im ersten Buch auf den Gegenständen beruhte. Auch die Affekte haben ihren Grund in den ursprünglichen Eindrücken, aber der Geist verändert sie durch Reflexion. Deshalb kann er davon sprechen, dass die Eindrücke der Selbstwahrnehmung zum Bereich der Affekte gehören:

> Sekundäre Eindrücke oder Eindrücke der Selbstwahrnehmung sind solche, die aus irgend einem primären Eindruck hervorgehen, entweder unmittelbar oder durch die Vermittlung der Vorstellung desselben. Zur ersteren Art gehören alle Sinneseindrücke und alle körperlichen Schmerz- und Lustgefühle; zur zweiten die Affekte und alle ihnen ähnlichen Gefühlsregungen. (Bd. II, S. 3/4)

Die Affekte sind nicht passiv, sondern aktiv. Sie reagieren aus der Reflexion der ursprünglichen Eindrücke, das heißt der Sinneseindrücke:

> Wir müssen also zwischen Ursache und Objekt dieser Affekte unterscheiden; zwischen der Vorstellung, die sie erregt, und derjenigen, auf die sie, wenn sie erregt werden, gerichtet sind. (Bd. II, S. 7)

Die Ursache für die Affekte liegt in den Sinneseindrücken. Diese sind die ursprünglichen Eindrücke, zu denen „alle körperlichen Schmerz- und Lustgefühle" gehören. Die Affekte wenden sich diesen Eindrücken reflektierend zu. Sie haben ein Objekt, das zugleich Projekt ist: Sie reagieren auf Schmerz- und Lustgefühle, um Schmerzen zu vermeiden und Lustgefühle zu verstärken.

Im Buch über die Affekte erwähnt Hume zwar das Eigentum, aber analysiert es nicht. Er erwähnt es nur als mögliches Objekt für die Affekte. Von der Gesellschaft spricht er nicht. Die Analyse von Ei-

gentum und Gesellschaft reserviert er für das dritte Buch „Über Moral". Diese Studie wird also auf dem basieren, was er über die Affekte analysiert.
In Verbindung mit den Affekten diskutiert er die Fähigkeit der Vernunft. Wie schon im ersten Buch seines Werkes versteht er die Vernunft ausschließlich als formale und instrumentelle Vernunft. Er will hervorheben, dass die Vernunft – so verstanden – sich den Affekten nicht entgegenstellen kann. Sie ist unfähig, sich mit ihnen auseinander zusetzen. Als formale Vernunft kann sie den Affekten höchstens dienlich sein. Die Affekte bewegen sich in der Welt des Willens und der Realität, während sich die Vernunft in der Welt der Vorstellungen bewegt. Als solche hat die Vernunft nicht den geringsten Einfluss auf die Affekte und als reine Vernunft verfügt sie über kein Urteilskriterium über die Affekte. Die Affekte erscheinen als Handelnde, die Vernunft mit ihrer Welt der Vorstellungen hat keine eigenen Kriterien, sondern dient den Affekten zur Klärung. Sie weist den Affekten einen ihrer Logik entsprechenden Weg zum Handeln, kann aber ihnen gegenüber keine Position einnehmen. Hume sagt, dass der Impuls nicht von der Vernunft ausgeht, „sondern nur von ihr geleitet wird." (Bd. II, S. 152) Sie leitet den Impuls insofern an, als sie die Affekte über ihre eigenen Konsequenzen aufklärt. Diese Position legt Hume in extrem scharfen Worten dar:

> Jedes vernünftige Geschöpf, sagt man, soll seine Handlungen nach seiner Vernunft einrichten; wenn irgend ein anderes Motiv oder Prinzip die Leitung seines Tuns beansprucht, so soll es dies Motiv so lange bekämpfen, bis daßelbe völlig unterdrückt ist oder wenigstens mit jenem höheren Prinzip sich in Einklang gesetzt hat. [...] Um die Hinfälligkeit dieser ganzen Philosophie zu zeigen, werde ich versuchen, zu beweisen, *erstens*, daß die Vernunft allein niemals Motiv eines Willensaktes sein kann; *zweitens*, daß dieselbe auch niemals hinsichtlich der Richtung des Willens den Affekt bekämpfen kann.
> Der Verstand übt eine doppelte Tätigkeit; er urteilt nach demonstrativen Beweisgründen oder nach Wahrscheinlichkeit, er tut dies, indem er das eine Mal die abstrakten Beziehungen unserer Vorstellungen betrachtet, das andere Mal jene Beziehungen von Objekten, die wir aus der Erfahrung kennen.
> Ich glaube nun, es wird kaum behauptet werden, daß die *erste* Betrachtungsweise für sich allein jemals Ursache irgend einer Handlung sein kann. Ihr eigentliches Gebiet ist die Welt der Vorstellungen; der

Wille aber versetzt uns immer in die Welt der Realitäten. Es scheinen daher Demonstration und Wollen sehr weit auseinander zu liegen. {Daher scheinen sich die Demonstration und der Wille gegenseitig völlig zu zerstören} (Bd. II, S. 150/151)

Er bezieht sich hier auf eine Vernunft, die dem Willen die Richtung vorgeben will, ohne von den Erfahrungen der Affekte auszugehen. Eine solche Vernunft steht in Konfrontation mit den Affekten. Aber er unterstreicht, dass sie sich mit den Affekten nie konfrontieren kann. Die Vernunft ist ausschließlich eine formale Fähigkeit, die auf der Basis der Realität Urteile treffen kann, aber niemals der Realität gegenüber. Die Affekte dagegen können sich nur von Schmerz- und Lustgefühlen leiten lassen. Die Vernunft kann die Affekte beim Bestreben, den Schmerz- bzw. Lustgefühlen zu folgen, zum Realismus veranlassen:

> Jeder weiß: wenn wir von einem Gegenstand Lust oder Unlust erwarten, so stellt sich ein entsprechendes Gefühl der Neigung oder Abneigung ein; und nun fühlen wir uns getrieben, dasjenige, was uns Unbehagen oder Befriedigung bereiten wird, zu vermeiden bzw. aufzusuchen. Jeder weiß ebenso, daß es nicht bei diesem Gefühl bleibt, sondern daß dasselbe uns nach allen Seiten Umschau halten läßt und alle die Dinge mitumfaßt, die mit seinem ursprünglichen Gegenstand durch die Beziehung von Ursache und Wirkung verknüpft sind. Hier nun tritt die [verstandesgemäße] Überlegung ein und läßt diese Beziehung uns zum Bewußtsein kommen, und je nach dem Ergebnis unserer Überlegungen ändern sich auch unsere Handlungen. In diesem Fall nun ist klar, daß der Impuls nicht von der Vernunft ausgeht, sondern von ihr nur geleitet wird. Die Neigung oder Abneigung gegen den Gegenstand entspringt aus der Aussicht auf Lust oder Unlust. (Bd. II, S. 152)

Dass die Perspektive von Unlust bzw. Lust Neigung oder Abneigung gegen einen Gegenstand hervorruft, hat bei Hume mit Utilitarismus nichts zu tun. Dies ergibt sich vielmehr aus seiner These, dass die Erfahrung von den Eindrücken des Geistes ihren Ausgang nimmt. Dabei handelt es sich um Eindrücke von Selbstwahrnehmung. Später wird er ein Kriterium für die Perspektive von Unlust und Lust entwickeln. Aber diese Perspektive ist nicht sein Ausgangspunkt, sondern sein Zielpunkt.

KAPITEL IV

Die Vernunft kann nur Ursache-Wirkung-Verhältnisse bzw. Zweck-Mittel-Beziehungen beurteilen. Die Gegenstände betreffen die Vernunft nur, insofern sie Affekte hervorrufen, aus sich selbst heraus ist die Vernunft nie davon betroffen. Die Empfindungen sind davon betroffen, nicht die Vernunft. Die Vernunft kennt sich bei Ursache und Wirkung aus, aber nicht bei Lust und Unlust. Doch innerhalb der Lust-Unlust-Beziehung ist ein Ursache-Wirkungs-Verhältnis im Spiel. Deshalb kann die Vernunft die Affekte aufklären. Indem das geschieht, erfahren unsere Handlungen eine Veränderung:

> Nichts kann den Impuls eines Affekts unterdrücken als ein entgegengesetzter Impuls. [...] Die Vernunft hat „keinen solchen ursprünglichen Einfluß auf den Willen" (Bd. II, S. 153). So ist demnach „das Prinzip, welches unserem Affekt entgegentritt, nicht die Vernunft selbst; dies Prinzip wird nur im uneigentlichen Sinn so genannt." (ebd.)

Hume wird erst, wenn er über die Moral arbeitet, das „Prinzip, welches unserem Affekt entgegentritt" genauer darlegen. Aber dieses entgegentretende Prinzip ist ursprünglich nicht die Vernunft, auch wenn es sich ihrer bedient, sondern eben die Ethik, die er zu entwickeln sucht. Nun folgt die berühmte „Sklavenpassage" (slave passage), die nur in schärferen Worten noch einmal das zuvor Gesagte wiederholt:

> Umgekehrt, hat die Vernunft keinen solchen ursprünglichen Einfluß, so kann sie unmöglich einem Prinzip entgegenarbeiten, das eine solche Kraft besitzt und [sie kann] ebensowenig den Geist auch nur einen Augenblick von der Entscheidung zurückhalten. Es erscheint demnach als das Prinzip, welches unserem Affekt entgegentritt, nicht die Vernunft selbst; dies Prinzip wird nur im uneigentlichen Sinne so genannt. Wir drücken uns nur nicht genau und philosophisch aus, wenn wir von einem Kampf zwischen Affekt und Vernunft reden. Die Vernunft ist nur der Sklave der Affekte und soll es sein; sie darf niemals eine andere Funktion beanspruchen als die, denselben zu dienen und zu gehorchen. (Bd. II S. 153)

Die Vernunft dient den Affekten, sie kann ihnen nicht entgegentreten. Hier von „Sklavendienst" zu sprechen, bedeutet völlige Unterordnung und beraubt die Vernunft, sofern sie nicht von den Affekten aus operiert, jeglichen weiteren Inhalts. Zu der Zeit, als Hume diesen Abschnitt schreibt, ist England Zentrum eines der ausgedehntesten

Sklavenreiche der Menschheitsgeschichte und beherrscht den Weltmarkt für Sklaven, wozu auch Afrika und Amerika gehören. Hume weiß also, wovon er spricht. Er verwendet keine simple Metapher, sondern spricht im Kontext seiner eigenen Geschichte.

Aber im „uneigentlichen" Sinne tritt die Vernunft der Vernunft entgegen. Hume legt dar, was dieses Entgegentreten bedeutet:

> Es ist also unmöglich, daß dieser Affekt von der Vernunft bekämpft werden kann oder der Vernunft und der Wahrheit widerspricht. Denn ein solcher Widerspruch besteht in der Nichtübereinstimmung der Vorstellungen, die als *Bilder* von Dingen gelten, mit diesen durch sie repräsentierten Dingen selbst. Was hierbei zuerst auffallen kann, ist dieses. Nichts kann der Wahrheit oder der Vernunft widersprechen, wenn es nicht irgendwie zu ihr in Beziehung steht; nur die Urteile unseres Verstandes aber tun dies; daraus folgt, daß Affekte der Vernunft nur widersprechen können, sofern sie von einem Urteil oder einer Meinung begleitet werden. Diesem so einleuchtenden und natürlichen Prinzip zufolge kann ein Affekt nur in zweierlei Sinn unvernünftig genannt werden. Erstens, wenn ein Affekt, wie Hoffnung, Furcht, Gram oder Freude, Verzweiflung oder Zuversichtlichkeit, auf der Voraussetzung des Daseins von Dingen beruht, die in Wirklichkeit nicht existieren. Zweitens, wenn wir bei der Betätigung eines Affekts Mittel wählen, die für den beabsichtigten Zweck nicht ausreichen, wenn wir uns also in unserem Urteil über Ursache und Wirkung täuschen. Beruht ein Affekt nicht auf falschen Voraussetzungen und werden keine für den Zweck unzulänglichen Mittel gewählt, so kann derselbe durch den Verstand weder gerechtfertigt noch verdammt werden. Es läuft der Vernunft nicht zuwider, wenn ich lieber die Zerstörung der ganzen Welt will, als einen Ritz an meinem Finger. Es widerspricht nicht der Vernunft, wenn ich meinen vollständigen Ruin auf mich nehme, um das kleinste Unbehagen eines Indianers oder einer mir gänzlich unbekannten Person zu verhindern. (Bd. II, S. 153/154)

Ist die Vernunft erst einmal völlig entleert und auf die bloße Ursache-Wirkung-Vernunft bzw. Zweck-Mittel-Vernunft reduziert, kann er sie wieder einsetzen und ihr eine Funktion für die Affekte zuordnen. Aber diese Funktion hat ihren Platz nur innerhalb der Affekte. Wenn die Vernunft diesen Platz eingenommen hat, folgt, „daß Affekte der Vernunft nur widersprechen können, sofern sie von einem Urteil oder einer Meinung begleitet werden". Es geht hier also um die

Funktion der Aufklärung, welche die Vernunft für die Affekte wahrzunehmen hat. In solcher Funktion behält die Vernunft ihren Charakter als Ursache-Wirkung-Vernunft in striktem Sinne. Hume beschreibt diese Funktion folgendermaßen:

> Erstens, wenn ein Affekt, wie Hoffnung, Furcht, Gram oder Freude, Verzweiflung oder Zuversichtlichkeit, auf der Voraussetzung des Daseins von Dingen beruht, die in Wirklichkeit nicht existieren. Zweitens, wenn wir bei der Betätigung eines Affekts Mittel wählen, die für den beabsichtigten Zweck nicht ausreichen, wenn wir uns also in unserem Urteil über Ursache und Wirkung täuschen.
> (Bd. II, S. 154)

Und er fügt hinzu:

> Beruht ein Affekt nicht auf falschen Voraussetzungen und werden keine für den Zweck unzulänglichen Mittel gewählt, so kann derselbe durch den Verstand weder gerechtfertigt noch verdammt werden. Es läuft der Vernunft nicht zuwider, wenn ich lieber die Zerstörung der ganzen Welt will, als einen Ritz an meinem Finger. Es widerspricht nicht der Vernunft, wenn ich meinen vollständigen Ruin auf mich nehme, um das kleinste Unbehagen eines Indianers oder einer mir gänzlich unbekannten Person zu verhindern. (Bd. II, S.154)

Der Wille handelt auf der Ebene der Affekte, nicht auf der der Vernunft. Die Vernunft klärt auf. Auch wenn es sich um die Zerstörung der Welt handelt oder um einen Ritz am Finger, kann die Vernunft nur über die daraus sich ergebenden Unlustgefühle aufklären. Der Wille hat seinen Platz in den Affekten. Folglich machen die Affekte den Unterschied, nicht die Vernunft. Die Vernunft kann aus sich selbst keinen Unterschied feststellen. Sie vermittelt nur die Information. Hume vertritt nicht die Meinung, es gebe keinen Unterschied. Hume besteht vielmehr darauf, dass der Unterschied sich aus den Affekten ergibt, nicht aus der Vernunft. Die Vernunft klärt die Affekte nur auf, aber indem sie aufklärt, übt sie einen Einfluss auf sie aus. Hume behauptet sogar, dass die Vernunft die Affekte anleite. Aber sie kann keinen Impuls geben, irgendeine Entscheidung zu treffen; diese stammt vielmehr aus den Affekten, in denen der Wille und die Realität hausen. Der zitierte Abschnitt, der viele heftig empörte, sagt im Grunde nur etwas, was auf der Hand liegt. Später kommt Hume auf dieses Beispiel zurück und bestätigt die dargestellte Lösung:

> Nichts kann aber gewisser sein, als daß keine Beziehung zwischen Vorstellungen uns zu dieser Fürsorge führt, sondern [allein] unsere Eindrücke und Gefühle, ohne die alles in der Welt uns gleichgültig wäre und nichts uns im geringsten affizieren könnte. (Bd. II, S. 240)

Von der Vernunft aufgeklärt entwickeln die Affekte ihren Willen. Die Vernunft macht den Willen auf das aufmerksam, was am Ende herauskommt. Aber im Licht dieser Vernunftgründe entscheidet der Wille ganz allein. An diesem Punkt beginnt die Diskussion über die Moral, die Hume im dritten Buch seines Werkes behandelt. Die Hauptfrage, die Hume bewegt, bezieht sich auf die Kriterien, an denen sich der Wille im Licht der von der instrumentellen Vernunft entwickelten Aufklärung orientiert.

Im ersten Teil des dritten Buches „Über die Moral" allerdings folgt er der hier dargestellten These und erweitert sie im Hinblick auf die moralischen Sinne. Der erste Abschnitt hat den Titel „Moralische Unterscheidungen nicht aus der Vernunft abgeleitet" und der zweite Abschnitt heißt: „Sittliche Unterscheidungen entspringen aus einem moralischen Sinn".

Wie er aus den Schmerz- und Lustgefühlen die Affekte konzipiert hatte, so entwirft er nun aus Unbehagen und Lustgefühlen gegenüber unmoralischem Verhalten die moralischen Sinne:

> Nichts kann ja wirklicher sein oder uns näher angehen als unsere Gefühle der Lust oder des Unbehagens; sprechen diese zugunsten der Tugend und gegen das Laster, so ist zur Regelung unserer Lebensführung und unseres Betragens nichts weiter nötig. (Bd. II, S. 211)

Aber schon hier wird eine Unterscheidung erkennbar, die er erst später genauer darlegt. Auch wenn Laster und Tugend scheinbar mit Unbehagen und Lust verbunden sind, treffen doch weder Unbehagen noch Lust die Entscheidung über Tugend und Laster. Tugend und Laster bleiben die Kriterien für Unbehagen und Lust, die wir gegenüber Tugend und Laster empfinden.

Aber Hume besteht darauf, dass Tugend und Laster nicht zum Gegenstand gehören und dass Vernunft bzw. Verstand sie deshalb nicht erkennen können. Zwei Forderungen stellt er jedoch auf. Zu Pflichten und Nötigungen der Sittlichkeit bemerkt er: „Die Vernunft muss sie finden, und kann sie niemals erzeugen." (Bd. II, S. 210). Zugleich gibt er uns zu verstehen, „daß Sittlichkeit auch nicht in irgendeiner *Tatsache* besteht, die durch den Verstand erkannt werden kann." (ebd.)

Die Vernunft soll die Sittlichkeit finden, jedoch nicht in den Tatsachen. Das erläutert er an Hand eines Beispiels:

> Ich denke etwa an den absichtlichen Mord. Betrachtet denselben von allen Seiten und seht zu, ob Ihr das tatsächliche oder realiter Existierende finden könnt, was Ihr *Laster* nennt. Wie Ihr das Ding auch ansehen möget, Ihr findet nur gewisse Affekte, Motive, Willensentschließungen und Gedanken. Außerdem enthält der Fall nichts Tatsächliches. Das „Laster" entgeht Euch gänzlich, solange Ihr nur den Gegenstand betrachtet. Ihr könnt es nie finden, wofern Ihr nicht Euer Augenmerk auf Euer eigenes Innere richtet, und dort ein Gefühl von Mißbilligung entdeckt, das in Euch angesichts dieser Handlung entsteht. Auch dies ist [gewiß] eine Tatsache, aber dieselbe ist Gegenstand des Gefühls, nicht der Vernunft. Sie liegt in Euch selbst, nicht im Gegenstand. (Bd. II, S. 210/211)

Dieses Argument überträgt Hume auf die Beurteilung der Moralsysteme, auf die er stößt, und zwar in der schon erwähnten „Sein-Sollens-Passage" (is-ought-passage):

> Ich kann nicht umhin, diesen Betrachtungen eine Bemerkung hinzuzufügen, der man vielleicht einige Wichtigkeit nicht absprechen wird. In jedem Moralsystem, das mir bislang vorkam, habe ich immer bemerkt, daß der Verfasser eine Zeitlang in der gewöhnlichen Betrachtungsweise vorgeht, das Dasein Gottes feststellt oder Beobachtungen über menschliche Dinge vorbringt. Plötzlich werde ich damit überrascht, daß mir anstatt der üblichen Verbindungen von Worten mit „ist" und „ist nicht" kein Satz mehr begegnet, in dem nicht ein „sollte" oder „sollte nicht" sich fände. Dieser Wechsel vollzieht sich unmerklich; aber er ist von größter Wichtigkeit. Dies *sollte* oder *sollte nicht* drückt eine neue Beziehung oder Behauptung aus, muß also notwendigerweise beachtet und erklärt werden. Gleichzeitig muß ein Grund angegeben werden für etwas, das sonst ganz unbegreiflich scheint, nämlich dafür, wie diese neue Beziehung zurückgeführt werden kann auf andere, die von ihr ganz verschieden sind. Da die Schriftsteller diese Vorsicht meistens nicht gebrauchen, so erlaube ich mir, sie meinen Lesern zu empfehlen; ich bin überzeugt, daß dieser kleine Akt der Aufmerksamkeit alle gewöhnlichen Moralsysteme

umwerfen und zeigen würde, daß die Unterscheidung von Laster und Tugend nicht in der bloßen Beziehung der Gegenstände begründet ist, und nicht durch die Vernunft erkannt wird.
(Bd. II, S. 211/212)

Anscheinend landet Hume hier bei der vom Positivismus des 20. Jahrhunderts oktroyierten dogmatischen Unterscheidung zwischen Tatsachenurteilen und Werturteilen. Aber eine solche Einschätzung stimmt nicht. Hume reagiert auf die These, die er selbst entwickelt hatte, ohne sie als Zwischenschritt zu verlassen. Aus diesem Grunde fügt er diese „Sein-Sollens-Passage" ein, um das darzulegen, was die Analyse des dritten Buches „Über die Moral" ausmacht:

> Der Mangel eines ausreichenden Maßes von Vernunft kann Tiere verhindern, die Pflichten und Nötigungen der Sittlichkeit zu erkennen, aber er kann nicht das *Bestehen* dieser Pflichten verhindern, da dieselben vorher da sein müssen, wenn sie erkannt werden sollen. Die Vernunft muß sie finden und kann sie niemals erzeugen. Dieses Argument muß recht gewürdigt werden, da es meiner Meinung nach vollständig entscheidend ist. (Bd. II,S. 210)

Hume folgt weiter seiner These, mit der er behauptet, dass die Moral nicht in den Gegenständen steckt und dass die Vernunft sie als solche nicht wahrnehmen kann. Aber die Vernunft hat den Auftrag, die Moral zu finden. Sie kann diese den Gegenständen weder vorschreiben noch sie an den Gegenständen entdecken. Hume reduziert die Moral nicht auf simple „Werturteile", sondern behauptet, sie sei in der Realität gegeben, so dass die Vernunft sie finden kann. Hume stellt der wertfreien instrumentellen Vernunft die Analyse der Realität gegenüber. Diese entdeckt, dass die Ethik in der Realität selbst enthalten ist. Die instrumentelle Vernunft befindet sich auf beiden Seiten. Als von den Affekten unabhängige Vernunft verhält sie sich indifferent. Als Vernunft jedoch, die in den Affekten enthalten ist, ist sie auch in der Ethik enthalten. Diese Ethik korrigiert die indifferente Vernunft und gibt ihr die Richtung an.

Die Parallele zur Diskussion des Kausalitätsprinzips liegt auf der Hand. Auch dort besteht Hume darauf, dass die Kausalität weder an den Gegenständen noch in der Vernunft zu finden ist. Er entdeckt vielmehr eine Selbstwahrnehmung, die er zum Prinzip und Gesetz erklärt, und zwar handelt es sich um das, was er die Schlussfolgerung des Geistes nennt. Ohne überhaupt diese Bezeichnung zu verwenden, greift er im folgenden Argumentationsstrang in der Tat stets auf diesen Schritt der Schlussfolgerung des Geistes zurück, um nachzuweisen, wie die Vernunft die Sittlichkeit erkennt.

IV. Ethik und Vernunft

Hume beginnt seine Analyse unter der Überschrift: „Sittliche Unterscheidungen entspringen aus einem moralischen Sinn". Wie stets beginnt er auch hier bei den Eindrücken

> Die unterscheidenden Eindrücke, durch die wir das sittlich Gute und das sittlich Schlechte erkennen, sind also nichts anderes als *besondere* Lust- und Unlustgefühle; daraus folgt, daß es bei allen Untersuchungen über diese sittlichen Unterscheidungen genügt, wenn wir die Gründe aufweisen, die uns bei der Betrachtung eines Charakters Befriedigung oder Unbehagen empfinden lassen. Hierdurch wird uns dann auch klar, warum ein Charakter Lob oder Tadel verdient. Eine Handlung, ein Gefühl oder ein Charakter ist tugendhaft oder lasterhaft. Warum? Weil seine Betrachtung eine besondere Art von Lust oder Unlust erzeugt. Wenn wir also einen Grund für diese Lust oder Unlust angeben, so erklären wir damit genügend das Laster und die Tugend. (Bd. II, S. 213)

Aber Hume erklärt die Unterschiede zwischen dem Guten und dem Bösen nicht mit den „besonderen Lust- und Unlustgefühlen", die sie hervorrufen. Zwar ist dies sein Ausgangspunkt, aber er verlangt eine Erklärung dafür, warum bestimmte Handlungen dieses besondere Unlustgefühl und warum andere ein bestimmtes Lustgefühl erzeugen. Liegt diese Erklärung vor, sind Laster und Tugend ausreichend erklärt. Dass Laster und Tugend Lust und Unlust erzeugen, ist für Hume ein Anlass, nach dem Grund dafür zu fragen.

Hume will nicht jedwede Ethik erklären. Die ihm vorschwebende Ethik bezieht sich auf den Zugang zu den Gütern der Erde. Diese Ethik ist für ihn die Rechtsordnung und diese ist für ihn der Schlüssel zu jeder möglichen Ethik:

Es gibt drei Arten von Gütern, die wir besitzen: die innere Befriedigung unserer Seele, die äußerlichen Vorzüge unseres Körpers, und der Genuß des Besitzes, den wir durch Fleiß und gut Glück gewonnen haben. Der Genuß des ersteren Gutes ist uns durchaus gesichert; das zweite kann uns geraubt werden, aber bringt dem, der es raubt, keinen Vorteil. Nur die Güter der letzteren Art sind der gewaltsamen Aneignung durch andere ausgesetzt und können ohne Einbuße und Veränderung auf sie übertragen werden. Gleichzeitig ist keine genügende Menge solcher Güter vorhanden, um die Wünsche und Bedürfnisse aller zu befriedigen. Die Vermehrung dieser Güter ist der Hauptvorteil der Gesellschaft; zugleich aber ist die *Unsicherheit ihres Besitzes*, vereint mit ihrer *Begrenztheit*, das Haupthindernis derselben. (Bd. II, S. 231)

Es handelt sich um den Affekt des Interesses:

Alle anderen Affekte, außer diesem Affekt des Interesses, lassen sich entweder leicht einschränken, oder sie haben, wenn man ihnen nachgibt, keinen so verderblichen Einfluß. Die *Eitelkeit* kann eher als geselliger Affekt und als ein Einigungsband unter den Menschen angesehen werden. *Mitleid* und *Liebe* müssen in demselben Licht betrachtet werden. Und was *Neid* und *Rache* betrifft, so sind sie zwar verderblich, wirken aber doch nur zeitweise und richten sich gegen einzelne Personen, nämlich solche, die wir als Bevorzugte oder als Feinde betrachten. Nur die Begierde, Güter und Besitz für uns und unsere nächsten Freunde zu erlangen, ist unersättlich, andauernd, allgemein verbreitet und unmittelbar zerstörend für die Gesellschaft. Es gibt kaum jemand, der nicht von ihr getrieben wird, und es gibt niemand, der nicht Ursache hätte, sie zu fürchten, wenn sie ohne Einschränkung sich betätigt und ihren ersten und natürlichsten Regungen folgt.

Im ganzen müssen wir danach die Schwierigkeiten der Gesellschaftsgründung höher oder geringer anschlagen, je nach den Schwierigkeiten, welchen die Regelung und Einschränkung dieses Affektes begegnet. (Bd. II, S. 235)

Dieser Affekt ist „unersättlich, andauernd, allgemein verbreitet und unmittelbar zerstörend für die Gesellschaft". Als solcher ist er selbstverständlich ein natürlicher Affekt. Wenn diese Empfindung entfesselt wird, „gibt (es) niemand, der nicht Ursache hätte, sie zu fürchten, wenn sie ohne Einschränkung sich betätigt und ihren ersten und natürlichsten Regungen folgt". Das heißt, alle haben sie zu fürchten

KAPITEL IV

bzw. alle besitzen diesen Affekt. Damit steht dieser Affekt in Widerspruch zu sich selbst. Wer diesem Affekt folgt, verfehlt das Ziel, das er mit Hilfe dieses Affektes verfolgt. Somit kann Hume auf die Funktion der Vernunft in diesen Affekten zurückkommen. Er hatte gesagt, die Vernunft könne über die Affekte urteilen:

> Erstens, wenn ein Affekt, wie Hoffnung, Furcht, Gram oder Freude, Verzweiflung oder Zuversichtlichkeit, auf der Voraussetzung des Daseins von Dingen beruht, die in Wirklichkeit nicht existieren. Zweitens, wenn wir bei der Betätigung eines Affekts Mittel wählen, die für den beabsichtigten Zweck nicht ausreichen, wenn wir uns also in unserem Urteil über Ursache und Wirkung täuschen. (Bd. II, S. 153/154)

Damit der Affekt des Interesses sich nicht selbst ruiniert, kann die Vernunft ihn in Frage stellen und eingreifen:

> die Natur sorgt für Abhilfe [durch das Urteil und den Verstand], indem sie uns das Unregelmäßige und Unzweckmäßige in unseren Zuneigungen beurteilen und verstehen lehrt. (Bd. II, S. 232)

Die Vernunft selbst – Urteil und Verstand – bewirkt, dass der Affekt sich neu orientiert. Sie bietet dem Affekt Abhilfe. Deshalb kann Hume sagen: „Die Abhilfe entspringt nicht aus der Natur, sondern wird durch *Kunst* hervorgebracht" (Bd. II, S. 232). Deshalb bezeichnet er die Rechtsordnung im allgemeinen als eine künstliche Veranstaltung. Weil der natürliche Affekt des Interesses mit sich selbst im Widerspruch liegt, kann er seine Ziele nur mit Hilfe dieser künstlichen Veranstaltung erreichen, die den Affekt des Interesses selbst einschränkt. Hier liegt für Hume der Ursprung der Rechtsordnung, der zugleich den Ursprung des Eigentums verständlich macht:

> Der Ursprung der „Rechtsordnung" erklärt den des „Eigentums". Dieselbe künstliche Veranstaltung lässt beide entstehen. (Bd. II, S. 234)

Damit ist er bei seinem Hauptargument angelangt:

> Es gibt also keinen Affekt, der fähig ist, die eigennützige Neigung im Zaum zu halten, außer dieser Neigung selbst, wenn man ihr eine andere Richtung gibt. Diese Richtungsänderung aber muß bei geringstem Nachdenken notwendig eintreten; denn offenbar wird dieser Affekt durch seine Einschränkung weit besser befriedigt, als solange er frei ist. Indem wir die Gesellschaft erhalten, kommen wir viel eher zu Besitz als in dem einsamen und verlassenen Zustande, der die notwendige Folge der Gewalttätigkeit und allgemeinen Ungebundenheit

wäre. Die Frage nach der Schlechtigkeit oder Güte der menschlichen Natur hat also mit jener anderen Frage nach dem Ursprung der Gesellschaft gar nichts zu tun; es kommt dabei nichts anderes in Betracht als die Grade der menschlichen Klugheit oder Torheit. (Bd. II, S. 236)

Die Vernunft macht es möglich, dass sich die Richtung des Affekts verändert. Aber die Vernunft kann die Veränderung nicht bewirken. Der von der Vernunft aufgeklärte Wille bringt die Veränderung zustande, und zwar weil ihm klar wird, dass „wir viel eher zu Besitz" kommen. Aus diesem Grund besiegt der eine Affekt den anderen. Die Vernunft leistet dies nicht. Sie bleibt „Sklavin" des Affektes. Aber mit Hilfe der Vernunft wird der Affekt verändert. Ohne die Aufklärung durch die Vernunft könnte sich der Wille nicht mit dem Affekt auseinandersetzen. Hume kommt zu dem Schluss:

Der Affekt des Eigennutzes wird durch die Regel, die die Sicherheit des Besitzes begründet, in Schranken gehalten. (Der Affekt begrenzt sich selbst! F.J.H.) Gesetzt nun, diese Regel ist sehr fernliegend und schwer zu entdecken, so muß man die Gesellschaft gewissermaßen als zufällig geworden und als Erzeugnis vieler Zeitalter ansehen. (Bd. II, S. 236)

Die „Regel, die die Sicherheit des Besitzes begründet", ist für ihn der Ausdruck der Rechtsordnung; sie bestimmt auch das, was wir heute als Marktethik bezeichnen. Für Hume beseitigt diese Regel die destruktive Seite am Affekt des Interesses.

„Urteil und Verstand" verweisen den Affekt auf ein Mittel, „viel eher zu Besitz" zu kommen, und verändern dadurch seine Richtung. Dieses Argument verweist nur scheinbar auf einen „Ursache-Wirkungs-Zusammenhang". Die Vernunft stellt die Logik des Affekts in Frage und reagiert dann mit dem, was Hume im ersten Teil die Schlussfolgerung des Geistes genannt hatte, was sie aber jetzt auf die Gesellschaft als die Totalität der Erfahrung überträgt, so dass sie mit Hilfe einer transzendentalen Reflexion auf das Eigentum kommt.

Hume stellt fest: „Im ganzen müssen wir danach die Schwierigkeiten der Gesellschaftsgründung höher oder geringer anschlagen, je nach den Schwierigkeiten, welchen die Regelung und Einschränkung *dieses* Affektes begegnet." (Bd. II, S. 235). Über den Affekt des Interesses sagt er, dass er „unmittelbar zerstörend für die Gesellschaft" ist. (S. 235) Aber Gesellschaft ist die Voraussetzung für das Leben des Menschen selbst, weil sie die Bedingung ist für die gesellschaftliche Arbeitsteilung, ohne die kein menschlicher Fortschritt möglich wäre:

> Nur durch Vergesellschaftung kann (der Mensch) diesen Mängeln abhelfen und sich zur Gleichheit mit seinen Nebengeschöpfen erheben, ja sogar eine Überlegenheit über dieselben gewinnen. Durch die Gesellschaft wird seine Schwäche ausgeglichen, und wenn auch innerhalb derselben seine Bedürfnisse sich jeden Augenblick vermehren, so nehmen doch seine Fertigkeiten in noch höherem Grade zu. So wird er in jeder Beziehung glücklicher und zufriedener, als er es im Zustand der Wildheit und Vereinsamung jemals hätte werden können. Wenn jeder einzelne Mensch allein und nur für sich arbeitet, so reicht seine Kraft nicht aus, um irgendein bedeutsames Werk auszuführen; seine Arbeit wird aufgebraucht durch die Beschaffung der mancherlei Dinge, welche die Not des Lebens erfordert; er bringt es in keiner Kunst zur Vollkommenheit. Zudem sind seine Kraft und die Möglichkeiten ihres Gebrauchs nicht immer dieselben und der kleinste Ausfall in einem von beiden kann (original: must) unvermeidlichen Ruin und unvermeidliches Elend nach sich ziehen. Die Gesellschaft aber sorgt für ein Mittel gegen *drei* Übelstände. Durch die Vereinigung der Kräfte wird unsere Leistungsfähigkeit vermehrt; durch Teilung der Arbeit wächst unsere Geschicklichkeit, und gegenseitiger Beistand macht uns weniger abhängig von Glück und Zufall. Durch diese Vermehrung von *Kraft, Geschicklichkeit und Sicherheit* wird die Gesellschaft nützlich. (Bd. II, S. 228/229)

Hier reflektiert Hume über die Gesellschaft als Totalität von Erfahrung, innerhalb derer die gesellschaftliche Arbeitsteilung durchgeführt ist. Er beginnt mit dem Verweis auf die Vorteile, die die Gesellschaft bietet. Es hat also den Anschein, dass er durch ein simples Kalkül von Vorteilen zur Marktethik gelangt. Aber nachdem er die Vorteile konstatiert hatte, geht er dazu über, die Gesellschaft als notwendig zu behaupten:

> ... so können wir daraus schließen, daß es für die Menschen ganz unmöglich ist, längere Zeit in jenem wilden Zustand zu verharren, der der Gesellschaft vorhergeht. Wir müssen annehmen, daß schon der anfängliche Zustand und die anfänglichen Verhältnisse gesellig waren. (Bd. II, S. 236)

Hat man die Vorteile erst einmal erfahren, wird die Notwendigkeit der Gesellschaft einsichtig. Das bedeutet, sie wird zu einer Frage auf Leben und Tod. Niemand kann auf die Gesellschaft verzichten, aber ohne Eigentum gibt es auch keine Gesellschaft. Nicht das Kalkül von Vorteilen stützt das Argument zugunsten des Eigentums, sondern es zeigt sich, dass es unmöglich ist, kein Eigentum zu besitzen. Hume sagt jedoch auch, dass es kein Eigentum gäbe, wenn der Affekt des Interesses durch Eigentum nicht eingeschränkt und diese Einschränkung anerkannt würde. Deshalb ist die Regulierung der Sicherheit des Besitzes von Eigentum notwendig. Es handelt sich eben um eine Frage auf Leben und Tod. Hume kommt zu dem Schluss:

> Niemand kann bezweifeln, daß die Übereinkunft, durch welche das Eigentum bestimmt und die Sicherheit des Besitzes gewährleistet wird, von allen Bedingungen für die Begründung der menschlichen Gesellschaft die notwendigste ist, und daß, wenn einmal in der Feststellung und Beobachtung dieser Ordnung Einstimmigkeit gewonnen ist, wenig oder nichts zu tun übrig bleibt, damit vollkommene Eintracht und voller Einklang bestehe. Alle anderen Affekte, außer diesem Affekt des Interesses, [...] haben, wenn man ihnen nachgibt, keinen so verderblichen Einfluß. (Bd. II, S. 235)

Diese Reflexion über die Gesellschaft als Totalität von Erfahrung stößt Hume also auf die Frage, ob das Eigentum eine Forderung ist, welche die Vernunft selbst erhebt. Diese Frage steht in Parallele zu der anderen, die er im ersten Teil stellte, ob nämlich das Kausalitätsprinzip eine Forderung der Vernunft sei. Wie er sie im ersten Teil negativ beantwortete, wird sie auch hier wiederum negativ beschieden. Auch das hier vorliegende Argument leitet Hume aus einer transzendentalen Reflexion her. Er beweist, dass wir uns Welten vorstellen können, die kein Eigentum nötig haben. Solche Welten sind möglich, aber nicht realisierbar:

> [Die Dichter] sehen leicht ein, daß der Wettstreit der Interessen, der eine Voraussetzung der Rechtsbildung ist, nicht länger Bestand haben würde, wenn jeder Mensch zarte Rücksicht auf den anderen nähme und wenn die Natur alle unsere Bedürfnisse und Wünsche reichlich befriedigte. Auch zu jeden Sonderungen und Abgrenzungen des Eigentums und des Besitzes, die jetzt bei dem Menschen zu bestehen pflegen, wäre dann kein Anlaß mehr. Man steigere das Wohlwollen der Menschen gegeneinander oder die Freigebigkeit der Natur in ge-

> nügendem Maße und die Rechtsordnung wird überflüssig. Andere, edlere Tugenden und wertvollere Segnungen treten an ihre Stelle. Die Selbstsucht des Menschen wird dadurch angestachelt, daß wir im Verhältnis zu unseren Bedürfnissen nur wenig Güter besitzen. [Nun,] um diese Selbstsucht in Schranken zu halten, mußten die Menschen aus der Gemeinsamkeit [des Besitzes] heraustreten und zwischen ihren Gütern und denen anderer unterscheiden.
> (Bd. II, S. 238)

Nicht ein rational organisiertes Zusammenleben verlangt nach dem Eigentum, sondern Lebensbedingungen, die keine Vernunft aus sich selbst herleiten könnte. Nicht die Vernunft also ist es, die das Eigentum erforderlich macht. Wir können hinzufügen, die Vernunft ist es auch nicht, die Warenbeziehungen und Markt erforderlich macht. Sie sind keine Bedingungen für das Zusammenleben, die sich aus vernünftiger, rationaler Betrachtung des Zusammenlebens ergäben. Deshalb können wir uns, ohne der Vernunft zu widersprechen, mögliche – aber nicht machbare – Welten vorstellen, die ohne Eigentum und Warenbeziehungen existieren:

> ... hieraus können wir leicht schließen, daß Rechtsordnung und Rechtswidrigkeit gleich unbekannt in der Menschheit sein würden, wenn den Menschen alles in gleichem Überfluß zuteil würde, oder wenn *jeder für jeden andern* dieselbe Zuneigung und zarte Rücksicht hätte, wie für sich selbst.
> Meiner Meinung nach steht [also] der Satz fest: *Die Rechtsordnung hat nur in der Selbstsucht und der beschränkten Großmut der Menschen, im Verein mit der knappen Fürsorge, die die Natur für ihre Bedürfnisse getragen hat, ihren Ursprung.* Blicken wir zurück, so werden wir sehen, daß einige hierauf bezügliche Beobachtungen, die wir bereits oben gemacht haben, durch diesen Satz erhöhte Bedeutung erhalten. (Bd. II, S. 239)

Hume hat keinen Zweifel daran, dass die Rechtsordnung notwendig ist, aber er sieht diese Notwendigkeit in der *conditio humana* begründet und nicht in der Vernunft:

> Wenn die Menschen von Natur und aus herzlicher Zuneigung für das Allgemeinwohl sorgten, so würden sie niemals auf den Gedanken gekommen sein, durch diese Regeln sich wechselseitig Schranken zu setzen. Und wenn sie ihr Interesse ohne alle Rücksicht verfolgten, so würden sie sich Hals über Kopf in jede Art von Rechtswidrigkeit und

Gewalttätigkeit stürzen. Diese Normen sind also künstlich und suchen indirekt und auf Umwegen zum Ziel zu kommen. Und das Interesse, aus dem sie entspringen, ist kein solches, das durch natürliche und abgesehen von aller künstlichen Veranstaltung bestehende Affekte erreicht werden könnte. (Bd. II, S. 240)

Im Gegenüber zu irgendeiner natürlichen Neigung bezeichnet Hume die Rechtsordnung als künstliche Veranstaltung. Als künstliche Veranstaltung nimmt sie Ausgang bei einer natürlichen Neigung:

> Es ist aber offenbar, daß der einzige Grund, weshalb bei [...] Überfluß an allem der Begriff der Rechtsordnung vernichtet werden würde, darin besteht, daß sie denselben unnütz machten. Andererseits ruft das beschränkte Wohlwollen und der äußere Notstand bei den Menschen die Tugend hervor, nur weil sie zum Wohl des Ganzen und jedes einzelnen erforderlich ist. (Bd. II, S. 240)

Der Grund also, warum es nicht alle möglichen Welten gibt, sondern nur diese eine machbare real existiert, besteht in einer Mangelerscheinung, nicht in etwas Gegebenem. Dieser Mangel ist für Hume „der äußere Notstand bei den Menschen". Damit meint er in der Tat die *conditio humana*. Das unendliche Wesen Mensch lebt sein Leben unter einer Bedingung, die sein ganzes Sein bestimmt, eben seine Begrenztheit. Die Ethik, die Hume herleitet und die er eine künstliche Veranstaltung nennt, reagiert auf eine Mangelerscheinung. Die Bezeichnung „künstliche Veranstaltung" jedoch darf nicht mit Willkür konnotiert werden. Ganz im Gegenteil: ohne diese künstliche Veranstaltung wäre menschliches Leben gar nicht möglich.

Künstliche Veranstaltung bedeutet hier so etwas wie eine Krücke. Auch die Krücke gleicht einen Mangel aus. Durch diese These konfrontiert Hume sich mit zeitgenössischen Vorstellungen von Naturgesetz. John Locke hatte behauptet, dass Gott selbst das Privateigentum in das Herz der Menschen eingeschrieben habe. Hume dagegen behauptet, dass kein Menschenherz so etwas in sich trägt. Wenn das der Fall wäre, müsste die Vernunft es entdecken können. Aber man kann vom Eigentum nicht absehen, weil es einen Mangel des Menschen ausgleicht. Damit Hume diese These von der Unausweichlichkeit des Eigentums belegen kann, macht er so viele Umschweife, die er als Schlussfolgerung des Geistes bezeichnet. Im Grunde ist es sein Bestreben, den Mangel nachzuweisen, den das Eigentum ausgleichen soll. Da die Vernunft diese Herleitung nicht greifbar vor sich liegen hat, kann sie diese nicht einfach erkennen, und zwar auf Grund des simplen Faktums, dass man nicht sehen kann, was nicht da ist. Also muss man es sichtbar machen. Das macht Hume durch die Schlussfolgerung des Geistes. Da die gesamte Realität davon charakterisiert ist, muss er die Reflexion an der Totalität der Erfahrung ausrichten. Im Hinblick auf diese Totalität der Erfahrung denkt er über mögliche Welten nach. Wenn die Vernunft über diese möglichen Welten nachdenkt, denkt sie an viele Welten, kann aber unsere reale Welt nicht denken. Deshalb findet sich unsere Welt nicht unter ihnen. Aber aus Erfahrung kennt Hume diese Welt. Deshalb kann er das analysieren, was dieser Welt fehlt, damit sie nicht zu einer der vielen möglichen Welten wird. Der Vergleich der charakteristischen Merkmale dieser realen Welt mit den möglichen Welten fällt rein negativ aus. Unsere Welt besitzt keinen Überfluss, sondern Mangel. In ihr herrscht kein allgemeines Wohlwollen, folglich gibt es Egoismus. Aus diesen Mangelerscheinungen zieht Hume die Schlussfolgerung, dass es ohne Eigentum nicht geht. Das Gesamtgefüge dieser negativen Seiten bezeichnet Hume als „äußeren Notstand". Bei seiner Herleitung des Kausalitätsprinzips hatte Hume auf analoge Weise argumentiert. Daraus ergibt sich, dass Eigentum und Warenbeziehungen einerseits ebenso wie das Kausalitätsprinzip andererseits analog betrachtet werden müssen. Beide sind aus einer Mangelerfahrung in der Welt hergeleitet. Was in der Welt der Gegenstände das Kausalitätsprinzip bedeutet, ist in der menschlichen Gesellschaft Eigentum und Markt.

Wenn wir dieser Schlussfolgerung des Geistes, wie Hume sie versteht, einen Namen geben wollen, der sie in spätere Entwicklungen der Philosophie einordnet, könnten wir sie als dialektisches Argument bezeichnen. Zwar ist sie nicht die dialektische Vernunft, aber doch eine Dialektik der Vernunft.

Nachdem Hume die Rechtsordnung im Sinne einer Ethik hergeleitet hat, kehrt er zum Ausgangspunkt zurück: „Die unterscheidenden Eindrücke, durch die wir das sittlich Gute und das sittlich Schlechte erkennen, sind also nichts anderes als besondere Lust- und Unlustgefühle". (Bd. II, S. 213). Nun aber kehrt er das Verhältnis um:

> Nach allem dem müssen wir annehmen, daß die Unterscheidung zwischen Rechtlichkeit und Rechtswidrigkeit zwei verschiedene Grund-

lagen hat, nämlich die Grundlage des Interesses, das dann sich einstellt, wenn die Menschen die Unmöglichkeit einsehen, in der Gesellschaft zu leben, ohne daß sie sich durch gewisse Regeln einschränken, und die Grundlage der Sittlichkeit, die dann sich ergibt, wenn die Forderung dieses Interesses einmal verstanden ist, und die Menschen Lust fühlen bei der Betrachtung von Handlungen, die zum Frieden der Gesellschaft beitragen, und Unlust bei der Betrachtung solcher, die demselben entgegenstehen. Die willkürliche und künstliche Übereinkunft von Menschen schafft jenem Interesse Geltung. Insofern sind jene Rechtsnormen als *künstliche* anzusehen. Ist aber jenes Interesse einmal zur Geltung gebracht und anerkannt, so folgt das Gefühl der Sittlichkeit der Beobachtung dieser Normen als etwas *Natürliches* und ganz von sich selbst nach. (Bd. II, S. 283)

Nachdem die Rechtsordnung erklärt worden ist, wird der Ausgangspunkt der Analyse, das Empfinden für Sittlichkeit, zum Resultat.

V. Das Konstrukt einer absoluten Ethik: das Fehlurteil der Moderne

Wie Hume hier eine Ethik in Bezug auf das Eigentum herleitet, scheint mir vollkommen überzeugend. Er weist nach, dass die *conditio humana* dazu nötigt, alle gesellschaftlichen Beziehungen des Menschen mit der Natur in einem Eigentumssystem zu institutionalisieren. Das belegt auch die Geschichte. Es gibt nicht eine einzige menschliche Gesellschaft, die kein Eigentumssystem etabliert hätte. Die Normen „du sollst nicht stehlen" und „du sollst nicht betrügen" durchziehen die gesamte Geschichte und alle Gesellschaften, welchen Eigentumssystems auch immer. Sogar die Norm „du sollst nicht töten" steckt implizit in dieser Ethik des Eigentums. Die o. g. These lässt sich auch auf die Marktbeziehungen ausweiten, wenn auch nicht mit gleicher Rigidität. Aber wir können behaupten, dass es keine menschliche Zivilisation gibt, die nicht zusammen mit dem Eigentumssystem auch Marktbeziehungen entwickelt hat.

Hume kann uns behilflich sein, diese Situation verständlich zu machen. Die Methode Humes vermittelt uns, wie wir glauben, die einzig gültige Erklärung für diese Fakten. Aber diese Aussage weist zugleich darauf hin, dass er keine positive Universalethik herleitet, sondern einen variablen Bezugsrahmen für jede mögliche Art von Ethik. Wäre Hume an diesem Punkt seiner Argumentation stehen geblieben, hätte er Kriterien erarbeiten müssen, um das Eigentumssystem kritisch beurteilen zu können, nämlich Kriterien für die Legitimität des Eigentumssystems, aber auch Kriterien, um die Veränderungen von Eigentumssystemen im Laufe der Vergangenheit und im Hinblick auf die Zukunft zu erklären. Darüber hinaus bräuchte es Kriterien zur Spezifizierung des Eigentumssystems, denen die Herleitung des Eigentums als variabler Bezugsrahmen dient, ohne ein bestimmtes auf deduktivem Wege vorschreiben zu können. Die Vernunft kann diese Spezifizierung nicht leisten; Hume bedürfte einer weiteren Schlussfolgerung des Geistes, um dorthin zu gelangen.

Stattdessen aber betreibt Hume eine unzulässige Deduktion. Aus der These, dass auf die Institutionalisierung des Eigentums nicht verzichtet werden kann, deduziert er ein spezifisches Eigentumssystem, nämlich das kapitalistische Eigentumssystem, obwohl seine These nur einen variablen Bezugsrahmen für mögliche Eigentumssysteme bietet. Er geht vor wie ein Zoologe, der weiß, dass ein bestimmtes Tier ein Säugetier ist, aber daraus ableitet, dass es sich um einen Elefanten handelt. Dass es sich um ein Säugetier handelt, impliziert auf keinen Fall, dass es ein Elefant ist, auch wenn es nicht unmöglich ist, dass es sich um einen Elefanten handelt. Aber es könnte ebenso gut eine Maus oder ein Tiger sein. Hume jedoch betreibt diese Art Fehl-Deduktion. Es ist die Kehrseite des naturalistischen Fehlschlusses, den Hume anderen zum Vorwurf macht. Bei all seinen Reflexionen hütet Hume sich sehr vor einer induktivistischen Illusion, die aus einigen Fällen Gültiges für alle Fälle ableiten will. Aber auch er verfällt der illusionären Induktion, wenn er aus etwas, das für alle Fälle gilt, einen einzigen spezifischen Fall deduziert.

Die erwähnte Methode verwendet Hume, wenn er aus der *conditio humana* eine bestimmte spezifische Gesellschaft, nämlich die kapitalistische, deduziert. Die einzelnen Schritte dieser Argumentation müssen wir analysieren. Das ist deshalb wichtig, weil der Fehlschluss Humes in der gesamten bürgerlichen Gesellschaft von Adam Smith über Max Weber und Hayek bis zur heutigen Ideologie der Globalisierungsstrategie wiederholt wird.

Hume argumentiert auf der Basis der These, dass die Normen der Ethik, die er abgeleitet hat, Geltung haben. Er beschäftigt sich danach damit, die These aufzustellen, dass diese Normen „per se" Geltung hätten. Das bedeutet, dass diese Normen unabhängig vom Nutzenkalkül des Individuums, das sie zu respektieren hat, Geltung haben. Die Normen stehen im Dienst des öffentlichen Interesses und das öffentliche Interesse ist das Interesse jedes einzelnen. Aber die Normen funktionieren nur, wenn jeder einzelne Mensch sie unabhängig von seinen egoistischen Partikularinteressen erfüllt. In diesem Sinne können wir also behaupten, die Normen müssen „per se" erfüllt werden, damit sie das Eigentumssystem stützen können. Hume behauptet zuerst, dass das Interessenkalkül des einzelnen die Normen zerstört, wenn man Ausnahmen gestattet:

> Wollten wir sagen, die Sorge für unser Privatinteresse und unseren Ruf sei das legitime Motiv aller rechtlichen Handlungen, so würde daraus folgen, daß, wo diese Sorge aufhört, es keine Rechtlichkeit mehr gibt. Es ist aber gewiß, daß die Eigenliebe, wenn sie freies Spiel hat, uns nicht zu rechtlichen Handlungen antreibt. Sie ist vielmehr die Quelle aller Widerrechtlichkeit und Gewalttat. Und ein Mensch kann diese Laster niemals überwinden, wenn er nicht die *natürlichen* Regungen dieser Begierde überwindet und im Zaum hält.
> (Bd. II, S. 222/223)

Aber auch die Meinung des Publikums bzw. seine Zustimmung können die Geltung nicht bestimmen. Er verwendet das Beispiel eines heimlichen Kredits:

> Nehmen wir an, das Darlehen sei heimlich gegeben worden und es liege im Interesse des Menschen, daß das Geld in gleicher Weise zurückgegeben werde (es will etwa der Darleihende seinen Reichtum verbergen); in diesem Falle hat das Beispiel keine Beweiskraft mehr. Das Publikum hat jetzt kein Interesse mehr an den Handlungen des Schuldners. Trotzdem darf ich annehmen, daß es keinen Moralisten gibt, der behaupten würde, es höre jetzt die Pflicht oder die Verpflichtung auf. (Bd. II, S. 223)

Das Problem der Normerfüllung reduziert er also auf ein Verhältnis zwischen Individuum und Normen. In dieser Beziehung gilt natürlich, was Hume betont. Eine ethische Norm muss über alles individuelle Nutzenkalkül und alle äußere Kontrolle hinaus Geltung besitzen. Eben deshalb repräsentiert sie einen Wert und hat nicht die Bedeutung einer einfachen ad-hoc-Regel. Sofern sie einen Wert repräsentiert, besitzt sie „per se" Gültigkeit.

Von der These, dass ethische Normen „per se" gültig sind, geht Hume unvermittelt über zu der Behauptung, dass die Marktethik eine absolut nicht zur Disposition stehende Ethik und das Non plus Ultra darstelle:

> Ein einzelner dieser Rechtsordnung entsprechender Akt ist häufig dem *öffentlichen Interesse* entgegen; stünde er allein da und ständen ihm nicht andere zur Seite, so könnte derselbe an sich der Gesellschaft sehr schädlich sein. Wenn ein verdienstvoller, wohlwollender Mann ein großes Vermögen einem Geizhals oder einem bigotten Aufrührer zurückgibt, so hat er rechtlich und löblich gehandelt, aber die Allgemeinheit leidet darunter. Auch ist nicht jeder einzelne den Rechtsnormen entsprechende Akt, für sich betrachtet, dem Einzelinteresse dienlicher als dem allgemeinen; man begreift leicht, daß ein Mensch sich durch einen bestimmten Akt der Rechtlichkeit um sein Vermögen bringen kann, so daß er Ursache hätte, zu wünschen, es möchten mit Rücksicht auf diesen einzelnen Akt die Normen der Rechtsordnung für einen Augenblick im Weltall aufgehoben sein.
> Mögen aber auch die einzelnen den Rechtsnormen entsprechenden Akte dem allgemeinen oder dem Privatinteresse zuwiderlaufen, so ist doch sicher, daß der ganze Aufbau oder das System derselben für die Erhaltung der Gesellschaft und die Wohlfahrt des einzelnen höchst nützlich, ja unbedingt erforderlich ist. Man kann [nun einmal] das Gute unmöglich von dem Übel trennen. Das Eigentum muß sicheren Bestand haben und muß durch allgemeine Regeln festgestellt sein. (Bd. II, S. 241)

Hume stellt fest, dass die Gültigkeit der Marktethik mit einzelnen konkreten partikularen Situationen in Konflikt geraten kann, wenngleich die Beispiele, die er wählt, sehr oberflächlich gewählt sind, weil es in ihnen nicht um Konflikte auf Leben und Tod geht. Auch setzen diese Konflikte nicht die Existenz der Gesellschaft aufs Spiel. Er zieht einen Schluss, den er durch kein Argument rechtfertigt: „so ist doch sicher, daß der ganze Aufbau oder das System derselben für die Erhaltung der Gesellschaft und die Wohlfahrt des einzelnen höchst nützlich, ja unbedingt erforderlich ist." (ebd)

Hier wird seine gesamte Argumentation sinnlos. Vorher hatte er abgeleitet, dass die Institutionalisierung von Eigentum (und Markt) notwendig ist. In der Tat erklärt sein Argument nicht nur die Institutionalisierung von Eigentum, sondern die Institutionalisierung aller gesellschaftlichen Beziehungen überhaupt, wie z. B. der Notwendigkeit des Staates als Institutionalisierung politischer Herrschaft oder die Familie. In keinem dieser Fälle leitet er bestimmte spezifische Institutionen ab, höchstens allgemeine variable Rahmen für die Institutionen und für die von diesen Institutionen institutionalisierten Ethiken. Von all diesen Institutionen ließe sich mit Hume sagen, dass sie Bedingungen für die Möglichkeit menschlichen Lebens darstellen. Ohne die Institutionalisierung der gesellschaftlichen Beziehungen kann es keine Ordnung geben und ohne Ordnung kein menschliches Leben, weil menschliches Leben sich notwendig als gesellschaftliches Leben ereignet.

Hume lässt sich auf diese umfassendere Diskussion nicht ein. Täte er es, müsste er ein Kriterium für die Spezifizierung von Institutionen diskutieren. Ein solches Kriterium könnte sich nur aus den Fragen ergeben, welches Eigentum am besten geeignet ist, welche politische Organisation am besten korrespondiert und welche Art von Institutionalisierung den Familien am besten dient. Wenn die Notwendigkeit der Institutionalisierung dazu führt, variable Bezugsrahmen für die Institutionen zu entwickeln, dann wird das Kriterium für ihre Spezifizierung dringend erforderlich. Aber auch dieses Kriterium könnte nicht mit Hilfe irgendeiner universalen Vernunft diese spezifischen Institutionen herleiten, weil es nur Kriterien für die Generierung von Institutionen anbieten könnte.

Hume kommt zu dem Resultat, dass Institutionalisierung eine Bedingung für die Möglichkeit menschlichen Lebens ist. Man könnte zusammenfassen: Die *conditio humana* ist dergestalt, dass ohne Institutionalisierung das Chaos ausbräche; aus diesem Grunde kann man menschlich nur in Verbindung mit einem Institutionalisierungsprozess leben. Diese These impliziert Ethiken, weil jede Institutionalisierung auch in der Institutionalisierung von Normen besteht. Deshalb kann man einen Bezugsrahmen für die Verschiedenartigkeit von Institutionen und den entsprechenden Normen herleiten. Darin besteht zusammengefasst die Methode Humes.

KAPITEL IV

Es gibt überhaupt keine Notwendigkeit, eine absolute Ethik und damit eine spezifische Institutionalität von universaler und absoluter Geltung herzuleiten. Notwendig ist jedoch stets ein Kriterium für die Generierung von Normen und folglich auch von Institutionen. Aber dieses Kriterium kann weder eine zu institutionalisierende Norm noch Institution bieten. Das Kriterium muss das menschliche Leben selbst sein. Der Mensch kann zwar nicht ohne Institutionalisierung der gesellschaftlichen Beziehungen leben, aber er kann auch nicht mit jedweder Form von Institution leben. Das Leben selbst, aus dessen Bedürfnis die Notwendigkeit der Institutionalisierung hergeleitet wird, muss auch das Kriterium für die Spezifizierung von Institutionen sein. Selbstverständlich bietet ein solches Kriterium wieder einmal nur einen Bezugsrahmen für sehr variable Möglichkeiten zu leben, nicht nur ein einziges Kriterium.

Hume verwischt die Notwendigkeit zu solcher Argumentation einfach damit, dass er einen illusorischen Mythos verkündet. Mit Hilfe eines Mythos fabriziert er ein Einheitsdenken. Unabhängig von dem durch das menschliche Leben bestehenden Kriterium für die Spezifizierung von Institutionen will er mit Hilfe dieses Mythos die Marktethik als absolute Ethik etablieren. Aber er leitet einen Mythos her:

> Niemand kann bezweifeln, daß die Übereinkunft, durch welche das Eigentum bestimmt und die Sicherheit des Besitzes gewährleistet wird, von allen Bedingungen für die Begründung der menschlichen Gesellschaft die notwendigste ist, und daß, wenn einmal in der Feststellung und Beobachtung dieser Ordnung Einstimmigkeit gewonnen ist, wenig oder nichts zu tun übrig bleibt, damit vollkommene Eintracht und voller Einklang besteht. Alle anderen Affekte, außer diesem Affekt des Interesses, lassen sich entweder leicht einschränken, oder sie haben, wenn man ihnen nachgibt, keinen so verderblichen Einfluß. (Bd. II, S. 235)

Er übergeht das Argument, dass die Institutionalisierung das menschliche Leben ermöglichen soll, und verheißt im Ergebnis „vollkommene Eintracht und vollen Einklang", wenn die Marktethik absolut eingeführt ist. Dann muss man sich nicht mehr darum kümmern, dass die Institutionen so gestaltet werden, dass sie das menschliche Leben unter seinen konkreten Möglichkeitsbedingungen möglich machen. Hume verkündet stattdessen eine wunderbare Institution, die einzigartig ist und für alle Fälle in der ganzen Welt jetzt und in Zukunft völlig ausreicht. Jetzt reflektiert er nicht mehr über die *conditio humana*. Wenn er diese berücksichtigte, müsste er – mit Hilfe der Schlussfolgerung des Geistes – zu dem Resultat gelangen, dass eine Institution dieser Art zum Bereich imaginärer Welten gehört, die zwar möglich, aber nicht machbar sind. Er verliert seine eigene Methode aus dem Blick und die Notwendigkeit, diese im Hinblick auf das Problem der konkreten Ermöglichungsbedingungen für das menschliche Leben weiterzuentwickeln. Aber man merkt, dass die Logik seiner Methode ihn dahin führen würde, wenn er der Logik seiner eigenen Argumentation weiter folgen würde. Es wird sogar erkennbar, wohin diese ihn bringen würde, nämlich zum historischen Materialismus, wie Marx ihn formuliert. Der historische Materialismus ist der legitime Sohn der Humeschen Theorie, auch wenn dieser der illegitime Vater ist.[10]

Diese Begrenztheit Humes ist auch in einem anderen Abschnitt seiner Argumentation ersichtlich. Über die Affekte des Interesses, dessen Kontrolle er mit Hilfe des Eigentums erreichen will, sagt er:

> Nur die Begierde, Güter und Besitz für uns und unsere nächsten Freunde zu erlangen, ist unersättlich, andauernd, allgemein verbreitet und unmittelbar zerstörend für die Gesellschaft. […] Im Ganzen müssen wir die Schwierigkeiten der Gesellschaftsgründung höher oder geringer anschlagen, je nach den Schwierigkeiten, welchen die Regelung und Einschränkung *dieses* Affektes begegnet. (Bd. II, S. 235)

---

[10] Marx beginnt *Das Kapital* mit der Feststellung, dass die kapitalistische Welt als eine ungeheure Warensammlung von einzelnen unverbundenen Waren erscheint. Das ist eine Parallele zu Hume, der mit einer ungeheuren Sammlung von Eindrücken über unverbundene Gegenstände beginnt. Doch der Ausgangspunkt von Marx ist der Endpunkt von Hume. Die gesamte Reflexion von Marx kann als Schlussfolgerung des Geistes im Sinne von Hume verstanden werden, der Hume aber ausweicht, indem er den Mythos von der automatischen Harmonie des Marktes erschafft. Dieses Kriterium verändert die Reflexion Humes völlig, aber bricht nicht mit seiner Methode, sondern deckt eine Dimension der Methode auf, von der Hume nichts sagt. Daraus ergibt sich der historische Materialismus in dem Sinne, wie Friedrich Engels ihn zusammenfassend darstellt: „Nach materialistischer Geschichtsauffassung ist das in letzter Instanz bestimmende Moment in der Geschichte die Produktion und Reproduktion des wirklichen Lebens. Mehr hat weder Marx noch ich je behauptet." (Brief an Joseph Bloch, 21./22. Sept. 1890). Somit muss „die Produktion und Reproduktion des wirklichen Lebens" als das Kriterium für die kritische Unterscheidung und die Spezifizierung von Institutionen behauptet werden. Die Menschenrechte bilden folglich für das menschliche Leben dieses Kriterium.

Für Hume droht diese „Begierde, Güter und Besitz ... zu erlangen", die Gesellschaft zu zerstören. Zwar institutionalisiert das Eigentum diese zerstörerische Begierde, aber kontrolliert sie nicht. Im Gegenteil, sie entfesselt sie geradezu. Hume jedoch verfällt einer weiteren illusionären Spekulation:

> Es gibt also keinen Affekt, der fähig ist, die eigennützige Neigung im Zaum zu halten, außer dieser Neigung selbst, wenn man ihr nämlich eine neue Richtung gibt. (Bd. II, S. 236)

Für Hume nimmt diese Regel dem Affekt des Interesses die Zerstörungskraft:

> Die Gesellschaft ist zum Wohlbefinden der Menschen absolut notwendig und diese Gesetze wiederum sind zur Erhaltung der Gesellschaft notwendig. So gewiß sie den Affekten der Menschen Zwang auferlegen, so sind sie doch in Wahrheit Erzeugnisse dieser Affekte, und nur ein kunstvolles und verfeinertes Mittel zu ihrer Befriedigung. (Bd. II, S. 274)

Aber die Institutionalisierung dieser Begierde, Güter und Besitz zu erlangen, bringt sie nicht zum Verschwinden, sondern eröffnet ihr einen weiten Spielraum. Je mehr Eigentum, Markt und die entsprechende Marktethik verabsolutiert werden, umso mehr werden sie, wie Hume es beschrieb: „unersättlich, andauernd, allgemein verbreitet und unmittelbar zerstörend für die Gesellschaft". Heutzutage wirken sie nicht nur zerstörend auf die Gesellschaft, sondern auch auf die Natur.[11] Sie schaffen nicht das Chaos, sondern eine todbringende Ordnung.

Heute geht es darum, die durch die Verabsolutierung von Eigentum und Markt entfesselte Begierde zu kontrollieren. Die Methode Humes ist immer noch ein wichtiger Bezugspunkt für diese Aufgabe, aber kann nur dann wirklich dienlich sein, wenn man sie zum historischen Materialismus auf der von Marx begonnenen Linie weiterentwickelt.

---

[11] In dieser totalisierten Form verlangt Hume auch, dass das bürgerliche System gewaltsam universalisiert und in der ganzen Welt durchgesetzt werde: „Die Vorteile des Friedens, des Handels und des gegenseitigen Beistandes veranlassen uns daher, dieselben Begriffe einer Rechtsordnung, die zwischen einzelnen gelten, auch auf verschiedene Reiche auszudehnen." (Bd. II, S. 320)

Aber auch auf dieser Linie taucht ein dem Humeschen Fehlschluss analoges Problem auf. Marx deckt auf, dass Hume eine absolute Ethik herleitet, deren Konsequenzen absolut zerstörerisch wirken. Und zwar, weil sie von der Analyse der *conditio humana* als Mangelexistenz ausgehend die Lösung in einer perfekten Gesellschaft unter Absehung von der *conditio humana* anstrebt. Dieses Bestreben bestimmt die kapitalistische Gesellschaft bis heute. Hayek hat es so weit ins Extrem getrieben, dass selbst alle Imaginationen von Hume übertrifft.

Der Marxismus jedoch führt zu einem Fehlschluss, der nur die Kehrseite des Fehlschlusses von Hume darstellt. Er besteht darin, die alternative sozialistische Gesellschaft als eine Gesellschaft ohne jede Institutionalisierung zu konzipieren. Dieses Konzept sieht ebenfalls über die *conditio humana* hinweg.

Aus diesem Grunde können wir nicht nur vom Fehlschluss Humes sprechen, sondern müssen auch vom Fehlschluss des Marxismus sprechen. Beide ergänzen sich gegenseitig. Einerseits der Fehlschluss einer Gesellschaft mit perfekten Institutionen in automatischer Harmonie, die ihre eigenen Institutionen als über jede *conditio humana* erhaben konzipiert. Andererseits die perfekte Gesellschaft, die auf eigene Institutionen verzichtet und sich deshalb ebenso jenseits aller *conditio humana* im Bereich des Nicht-Machbaren konzipiert. In ihrer Komplementarität bedeuten sie mehr als nur die Fehlschlüsse von Hume oder Marx. Sie machen den Fehlschluss der Moderne sichtbar. Die Extreme der Moderne, der Stalinismus, der Faschismus oder die heutige Globalisierungsstrategie, die möglicherweise noch schlimmere Konsequenzen nach sich zieht als die beiden anderen,[12] werden nur erklärbar, wenn man sie von ihrem Fehlschluss aus zu verstehen sucht.

---

[12] Insbesondere der evidente Parallelismus zwischen der Akkumulationsstrategie der stalinistischen Gesellschaft und der heutigen Akkumulationsstrategie der sogenannten Globalisierung ist erschreckend. Vgl. Hinkelammert, Franz J., „¿Capitalismo sin Alternativas? Sobre la sociedad que sostiene que no hay alternativa para ella", Pasos, Nr. 37 September/ Oktober 1991, DEI. San José, sowie Duchrow/ Hinkelammert, „Leben ist mehr als Kapital" – Alternativen zur globalen Diktatur des Eigentums, Oberursel 2002.

Dieser Fehlschluss der Moderne muss eindeutig über die Kritik an seinen wichtigsten Autoren, die ihn in die Debatte einführten, kritisiert werden. Darum ist sowohl die Kritik an Hume wie an Marx notwendig. Nach Durchführung der Kritik wird deutlich, dass beide Denker weit über ihre Fehlschlüsse hinausdenken. Möglicherweise gewinnen sie ihre wirkliche Bedeutung erst durch diese Kritik.

Wenn wir uns heute des Problems der Moderne selbst bewusst werden, dann geht es darum, wie wir die Moderne über ihren eigenen Fehlschluss mit dessen beiden Kehrseiten (*societas perfecta* des Marktes und Aufhebung aller Institutionen) hinausbringen. Die Lösung ist nur zu finden, wenn wir eine Gesellschaft anstreben, die fähig ist, zwischen diesen beiden Polen zu vermitteln. Auf der einen Seite der Pol notwendiger Institutionalisierung gesellschaftlicher Beziehungen, aus der die den Institutionen und den durch sie institutionalisierten Werten entsprechenden Ethiken abgeleitet werden. Auf der anderen Seite der Pol, an dem das Überleben des Menschen im Naturkreislauf des Lebens als notwendig anerkannt und zur letzten Instanz für das Gesamtgefüge gemacht wird. Hier wird die Ethik des menschlichen Lebens als materiale Ethik erkennbar, die den Tendenzen der Institutionen, sich selbst absolut zu setzen, widerspricht. Sie ist eine Ethik der Befreiung.[13] In dem Konflikt zwischen diesen beiden Polen muss ständig vermittelt werden und diese notwendige Vermittlung konstituiert das Kriterium zur kritischen Unterscheidung der Institutionen.

Die Kritik am Fehlurteil der Moderne bei den beiden Denkern Hume und Marx zeigt uns im Ergebnis ein Vermächtnis, das wir beiden zu verdanken haben. Dieses Vermächtnis besteht in der Erkenntnis, dass die Wissenschaft sich zur Ethik äußern kann und soll. Aber sie ist dazu nur fähig, wenn sie sich dessen bewusst wird, dass die notwendige Ethik sich aus dem Mängelwesen Mensch ergibt und nicht aus positiven Charakterzügen der menschlichen Natur. Aus diesem Grund wird Ethik entwickelt aus dem, was Hume als Schlussfolgerung des Geistes bezeichnet, und nicht als Deduktion aus irgendeinem rationalen Gedankengang oder aus der Natur[14]. Das gilt sogar

---

[13] Diese Position vertritt auch Dussel, Enrique, *Ética de liberación en la edad de la globalización y de la exclusión.*, Madrid 1998.
[14] In den Debatten über den Sozialismus als dem Projekt einer Gesellschaft ohne Marktbeziehungen reagieren Max Weber und Hayek mit dem Argument von Hume.

für die Ethik des Lebens. Sie hat ihre Wurzel gewiss in dem Faktum, dass der Mensch ein Naturwesen ist. Aber sie wird als Ethik deshalb gebraucht, weil die institutionalisierten Ethiken den Widerspruch durch eine Ethik des Lebens nötig haben, damit die Gesellschaft als Ganzes überhaupt existieren kann. Die Ethiken der Institutionen tendieren dazu, sich selbst absolut zu setzen, und damit tendieren sie zum Tode. Nur der Einspruch im Namen des menschlichen Lebens selbst kann sie flexibler machen und damit das Leben des Menschen ermöglichen. Deshalb muss die Ethik des Lebens das Recht auf Leben reklamieren. Das Leben bestätigt sich selbst und braucht dafür eigentlich kein Recht. Das Recht auf Leben meldet sich jedoch, weil man gegenüber den institutionalisierten Tendenzen zum Tode das Recht auf Leben reklamieren muss. Dieses jedoch ist nicht das Leben, weil das Leben dem Recht vorausgeht, sondern damit das Leben zum Zuge kommt, bedarf es der Reklamation des Rechtes. Also auch das Recht auf Leben reklamieren zu müssen bedeutet eine Reaktion auf eine Mangelerfahrung.

Vor allem Hayek war sich dessen bewusst. Er argumentiert mit der Humeschen Schlussfolgerung des Geistes. Er leitet die Notwendigkeit des Marktes nicht aus einigen Prinzipien einer Rationalität ab, sondern aus einem Mangel im Sinne der *conditio humana*. Diesen Mangel erkennt Hayek darin, dass perfektes Wissen unmöglich ist. Aus dieser Unmöglichkeit leitet er die Notwendigkeit des Marktes her und schließlich die Marktethik. Wir halten seine Argumentation für völlig einsichtig. Hayeks Problem besteht darin, dass er dem Fehlschluss von Hume ebenfalls zum Opfer fällt. Offensichtlich gibt es keine Grenzen für Legitimationserzählungen, wie Lyotard behauptet. Lyotard kann diese These nur aufstellen, weil er die entscheidende Legitimationserzählung der kapitalistischen Moderne verschweigt, nämlich die Erzählung von Hume, Adam Smith, Max Weber und Hayek. Auch Lyotard vertritt diese Legitimationserzählung, aber heuchlerisch, weil er sie verschweigt. Diese Erzählung hat sich heutzutage als Einheitsdenken durchgesetzt. Das Problem aber sind nicht die Emanzipationserzählungen, sondern ihr Ende bei irgendeiner Art Fehlschluss der Moderne. Es geht also nicht darum, die Emanzipationserzählungen hinter sich zu lassen, sondern eben ihren Fehlschluss. Und das bedeutet, die Erzählungen im Licht der *conditio humana* neu zu interpretieren. Diese Aufgabe muss erst noch geleistet werden. Das Fehlurteil der Moderne dominiert uns immer noch und wird erfahrbar in der heutigen Akkumulationsstrategie des Kapitals, der sogenannten Globalisierung. Lyotard ist nur der Ideologe dieses Fehlurteils. Vgl. Lyotard, Jean-Francois, *Das postmoderne Wissen*, Wien 1994; auch: Hinkelammert, Franz J., *El mapa del emperador*. Determinismo, caos, sujeto. DEI. San José/Costa Rica 1996.

KAPITEL IV

VI. Humes mögliche, aber nicht machbare Welten

Die möglichen, jedoch nicht machbaren Welten, von denen aus Hume sein Verständnis der *conditio humana* herleitet, haben ihre eigene Logik. Hume nennt zwei imaginäre Beispiele, deretwegen Eigentum und Markt nicht nötig wären. In der Sprache Humes müsste man sagen, es handele sich um Fälle, in denen die künstliche Veranstaltung der Rechtsordnung nicht nötig wäre. Folglich handelt es sich um imaginäre Fälle von Gesellschaften, in denen es für Hume keine Mangelerfahrung nach Art der *conditio humana* bzw. keinen „äußeren Notstand bei den Menschen" gibt. Aus ihnen leitet Hume die Ethik ab:

> ... hieraus können wir leicht schließen, daß Rechtsordnung und Rechtswidrigkeit gleich unbekannt in der Menschheit sein würden, wenn den Menschen alles in gleichem Überfluß zuteil würde, oder wenn jeder für jeden andern dieselbe Zuneigung und zarte Rücksicht hätte, wie für sich selbst. (Bd. II, S. 239)

Der erste Fall ist der Überfluss. Zweifellos wäre in einer Welt des Überflusses Eigentum und daher auch Markt überflüssig. Daraus folgt, dass es auch keine Ethik der Rechtsordnung geben müsste. Aus der Negation dieser Welt des Überflusses ergibt sich, dass unsere Welt eine Welt der Knappheit ist. Die in der *conditio humana* erfahrbare Mangelerscheinung bedeutet also, dass die hiesige Welt keine Welt des Überflusses ist. Der Erklärungsversuch Humes hat also folgende Gestalt: Weil diese Welt keine Welt des Überflusses ist, sind Eigentum und Markt nötig. Aber er geht noch weiter. Warum ist diese Welt keine des Überflusses, sondern eine der Knappheit? Über die Antwort von Hume kann es keinen Zweifel geben. Der Grund dafür ist, dass diese Welt dem Gesetz des Kausalitätsprinzips unterliegt. Das ergibt sich aus der parallelen Argumentationslinie, die er für das Kausalitätsprinzip wie für das Eigentum verwendet. Im Hinblick auf das Kausalitätsprinzip hatte er die möglichen, aber nicht machbaren Welten entworfen, aus deren Negation er abgeleitet hatte, dass das Kausalitätsprinzip nötig wäre. In diesen möglichen Welten gilt:

> Es wäre denkbar, daß Beliebiges Beliebiges hervorriefe; Erschaffung, Vernichtung, Bewegung, Vernunft, Wollen, alle diese Dinge können eines dem anderen oder auch einem beliebigen dritten Objekt, das wir uns gerade vorstellen mögen, folgen. (Bd. I, S. 233/234)

Er beschreibt verschiedene Welten: Erschaffung, Vernichtung, Bewegung, Vernunft, Wollen. Mit Ausnahme der Welt der Vernichtung sind alle anderen Welten solche des Überflusses. Es handelt sich um jene Welt, in der die Steine in Brot verwandelt werden, wenn jemand Hunger hat. Selbst wenn man sich diese Welt als möglich vorstellen kann, sie ist faktisch nicht machbar. Weil die Welt nun so nicht ist, ergibt sich daraus, dass die Welt, in der wir leben, dem Kausalitätsprinzip unterliegt. Dass sie eine Welt der Kausalität ist und nicht eine andere mögliche Welt, ist wiederum das Ergebnis einer Mangelerscheinung. In diesem Sinne ergibt sich für Hume auch das Kausalitätsprinzip aus der *conditio humana*, die er als „äußeren Notstand bei den Menschen" bezeichnet.

Damit erweitert sich das Ergebnis Humes: Weil diese Welt keine des Überflusses ist, sind Eigentum und Markt nötig. Diese Welt jedoch ist keine des Überflusses, weil sie dem Kausalitätsprinzip unterliegt. Die Mangelerscheinungen in der Welt sind die Erklärung dafür, dass es der Ethik bedarf.

Wir können nun den zweiten, von Hume konstruierten Fall der möglichen, aber nicht machbaren Welt ohne Eigentum betrachten. Es geht um den Fall, in dem „jeder für jeden dieselbe Zuneigung und zarte Rücksicht hätte, wie für sich selbst". Wieder einmal wird er den Zustand unserer Welt durch Negation jener perfekten Welt herleiten, in der diesmal alle uneingeschränkt das Gemeinwohl im Sinne haben.

> Wäre den Menschen eine so starke Rücksicht auf das allgemeine Wohl angeboren, so hätten sie sich nicht durch solche Regeln *eingeschränkt*. Es müßten also die Rechtsnormen, wenn sie aus natürlichen Triebfedern herstammen sollten, noch in höherem Grade indirekt und künstlich entstanden sein. In Wahrheit ist Selbstliebe ihr Ursprung.[15] (Bd. II, S. 278)

---

[15] Diese These muss man im Kontext seiner Theorie von den Affekten als Eindrücken der Selbstwahrnehmung her begreifen. Diese stehen mit sich selbst im Widerspruch und werden durch die Ergebnisse aus der Reflexion über die Selbstwahrnehmung eingeschränkt. Über die Selbstliebe ohne solche Beschränkung sagt Hume: „Es ist aber gewiß, daß die Eigenliebe, wenn sie freies Spiel hat, uns nicht zu rechtlichen Handlungen antreibt. Sie ist vielmehr die Quelle aller Widerrechtlichkeit und Gewalttat. Und ein Mensch kann diese Laster niemals überwinden, wenn er nicht die natürlichen Regungen dieser Begierde überwindet und im Zaum hält.

KAPITEL IV

Dass es also die uneingeschränkte Beachtung des Gemeinwohls nicht gibt, ist eine Mangelerfahrung – der *conditio humana* – , die zur Folge hat, dass die Rechtsordnung aus der Selbstliebe hervorgeht.

Diese letzte These erschien ihm dann doch ziemlich zweifelhaft, ja sogar zirkulär. Sie erklärt das Entstehen der Rechtsordnung dadurch, dass die moralische Einstellung nicht genügend ausgebildet ist, das heißt, sie erklärt die Notwendigkeit der Ethik mit einem Mangel an Ethik. Damit verfällt Hume in diesem Fall einer puren Tautologie.

Deshalb wurde dieses zweite Beispiel einer imaginären Gesellschaft ohne Eigentum und Markt später verändert. Den folgenden Text von Marx kann man als eine implizite Kritik an der Position von Hume verstehen:

> Das bloß atomistische Verhalten der Menschen in ihrem gesellschaftlichen Produktionsprozeß und daher die von ihrer Kontrolle und ihrem bewußten individuellen Tun unabhängige, sachliche Gestalt ihrer eigenen Produktionsverhältnisse erscheinen zunächst darin, daß ihre Arbeitsprodukte allgemein die Warenform annehmen.[16]

Hier erkennen wir bereits die These, dass nicht ein Mangel an Moral das Eigentum und den Markt nötig macht, sondern die Art der Realität selbst, das heißt, die gesellschaftliche Beziehung, die von der Eingeschränktheit der Menschen mitgeprägt ist. Als in der marxistischen Tradition das politische Projekt eines Sozialismus ohne Markt und folglich ein Projekt zur Überwindung „des bloß atomistischen Verhaltens der Menschen" durch den Wirtschaftsplan, ohne auf Märkte zurückzugreifen, entworfen wurde, reagierte die bürgerliche Kritik mit der These, dass die Beschränktheit des menschlichen Handelns zur *conditio humana* gehöre. In der Sprache Humes wäre diese Beschränktheit die Mangelerscheinung, aus der sich die Notwendigkeit von Eigentum und Markt herleitet.[17]

(Bd. II, S. 223).
[16] Marx, Karl, Das Kapital. Kritik der politischen Ökonomie (Karl Marx/Friedrich Engels, Werke, Band 23), Berlin/DDR 1977, S.107f.
[17] Die Argumentationen von Hume und Marx über die Notwendigkeit des Marktes und der Gerechtigkeit im Markt erscheinen überraschend verwandt. Hume sagt: „Zweitens können wir aus demselben Satz schließen, daß das Rechtsbewußtsein nicht gegründet ist auf Vernunft, oder auf die Entdeckung gewisser Zusammenhänge und Beziehungen zwischen unseren Vorstellungen, die ewig, unveränderlich und

HUMES METHODE UND DIE FEHLURTEILE DER MODERNE

Max Weber sagt es auf folgende Weise:

Aber die konkrete Feststellung; ob nach den an einem konkreten Ort gegebenen standortswichtigen Umständen ein Betrieb mit einer bestimmten Produktionsrichtung oder ein anderer mit einer modifizierten rational wäre, ist – von absoluter Ortsgebundenheit durch Monopolrohstoffvorkommen abgesehen – naturrechnungsmäßig nur in ganz groben Schätzungen möglich, geldrechnungsmäßig aber trotz

allgemein verpflichtend wären. Es mußte ja zugegeben werden, daß die oben fingierte Veränderung in der Sinnesart und den äußeren Verhältnissen der Menschheit unsere Pflichten und Verpflichtungen völlig umwandeln würden. Für die übliche Theorie, welche das Tugendbewußtsein aus der Vernunft entspringen läßt, bestände hier die Forderung, daß sie uns die Veränderungen aufzeigte, die dabei ihr zufolge vor sich gehen müßten.
Es ist aber offenbar, daß der einzige Grund, weshalb bei ausgedehntem Wohlwollen der Menschen und Überfluß an allem der Begriff der Rechtsordnung vernichtet werden würde, darin besteht, daß sie denselben unnütz machten. Anderseits ruft das beschränkte Wohlwollen und der äußere Notstand bei den Menschen die Tugend hervor, nur weil sie zum Wohl des Ganzen und jedes einzelnen erforderlich ist.
(Bd. II, S. 239/240)
Das gleiche Argument verwendet Marx gegenüber Proudhon: „*Der französische Sozialist Proudhon* schöpft erst sein Ideal der ewigen Gerechtigkeit aus den der Warenproduktion entsprechenden Rechtsverhältnissen, wodurch, nebenbei bemerkt, auch der für alle Spießbürger so tröstliche Beweis geliefert wird, dass die Form der Warenproduktion ebenso notwendig ist wie die Gerechtigkeit. Dann umgekehrt will er die wirkliche Warenproduktion und das ihr entsprechende wirkliche Recht diesem Ideal gemäß ummodeln. Was würde man von einem Chemiker denken, der, statt die wirklichen Gesetze des Stoffwechsels zu studieren und auf Grundlage derselben bestimmte Aufgaben zu lösen, den Stoffwechsel durch die ‚ewigen Ideen' der ‚Natürlichkeit und der Verwandtschaft' ummodeln wollte? Weiß man etwa mehr über den Wucher, wenn man sagt, er widerspreche der ‚ewigen Gerechtigkeit' und der ‚ewigen Billigkeit' und der ‚ewigen Gegenseitigkeit' und andern ‚ewigen Wahrheiten', als die Kirchenväter wussten, wenn sie sagten, er widerspräche der ‚ewigen Gnade', dem ‚ewigen Glauben' und dem ‚ewigen Willen Gottes'?" Marx, Karl, Das Kapital. Kritik der politischen Ökonomie. (Karl Marx/Friedrich Engels, Werke, Band 23, Berlin/DDR 1977, S. 99, Anm. 38)
Beide verwenden das gleiche Argument, Hume von der Marktethik aus, Marx direkt vom Markt aus: 1. Gerechtigkeit (Markt) ist kein Ewigkeitswert 2. das kann er nicht sein, weil es kein Widerspruch ist, eine Gesellschaft ohne Marktethik (Rechtsordnung bei Hume) bzw. ohne Markt (Marx) zu denken. Ethik ist daher auf der Grundlage einer Mangelerfahrung eine Bedingung für die Möglichkeit des menschlichen Lebens. Das Problem der Ethik ist die „Erfahrung" (Hume) bzw. sind die gesellschaftlichen Produktionsbedingungen (Marx).

der Unbekannten, mit denen stets zu rechnen ist, eine im Prinzip stets lösbare Kalkulationsaufgabe.[18]

Für Weber erscheint das Problem damit als eines möglichen Wissens. Es geht um das, was Hayek später in sehr viel entschiedenerer Sprache formuliert, wenn er behauptet, dass die Wirtschaft nur dann mit Hilfe eines einheitlichen Plans kohärent geführt werden könne, wenn man den Planern ein vollkommenes Wissen unterstelle. Diese Position von Hayek übernahm auch Popper. Das Argument ist natürlich kein Beweis für die Unmöglichkeit der Planung, sondern für die Unmöglichkeit, den Markt durch einen einheitlichen Plan zu ersetzen. Jegliche Planung muss sich auf Marktbeziehungen stützen und kann ihnen höchstens Orientierung bieten, sie aber nicht ersetzen.

Hayek bestreitet jede Möglichkeit von Planung, aber nennt keine Argumente. Sein Argument beweist nur, dass es unmöglich ist, den Markt durch den Plan zu ersetzen. Max Weber verhält sich viel vorsichtiger. Deshalb verwendet er sein Argument nur dazu, die Unmöglichkeit des „vollkommenen Sozialismus" zu beweisen. Das Verlangen nach einem solchen „vollkommenen Sozialismus" in dem Sinne, dass er in der Lage wäre, den Markt durch den Plan zu ersetzen, war in der Tat das Projekt einer bedeutenden Strömung in der deutschen Sozialdemokratie zu Zeiten von Max Weber. Dieses Projekt hatte auch der sowjetische Sozialismus übernommen. Nur in der ihm von Max Weber gegebenen Form halten wir das Argument für stichhaltig. Hayek dagegen erfindet einen Mythos, um den Markt zu rechtfertigen, wenn er bekennt:

> Zu zeigen, daß in diesem Sinne die spontanen Handlungen der Individuen unter Bedingungen, die wir beschreiben können, eine Verteilung der Mittel herbeiführen, die so aufgefaßt werden kann, *als ob* sie einem einheitlichen Plan gemäß gemacht worden wäre, obwohl sie niemand geplant hat, scheint mir tatsächlich eine Antwort für das Problem zu sein, das manchmal metaphorisch als das Problem der *kollektiven Vernunft* bezeichnet wurde. [19]

---

[18] Weber, Max, *Wirtschaft und Gesellschaft*, Tübingen 1925, S. 56.
[19] Hayek, Friedrich A., *Individualismus und wirtschaftliche Ordnung*. 2. Erw. Aufl. Salzburg, 1976, S. 75f.

Hier unterstellt Hayek dem menschlichen Handeln in Märkten jene Fähigkeit des Wissens, die er dem Plan bestreitet. Er konstruiert einen Markt, der absieht von der *conditio humana*, eine vollkommen mythische Instanz, die den Menschen aller Verantwortlichkeit für die Folgen seines Handelns enthebt. Damit wird das Fehlurteil von Hume ins Extrem gesteigert.

Wenn wir diesem Argument Folge leisten, müssten wir den zweiten Fall im Argument von Hume in Termini des Wissens formulieren. Man müsste sagen: Eine Gesellschaft ohne Markt kann man nur verwirklichen, wenn man mit vollkommenem Wissen rechnen kann. Weil dies unmöglich ist, sind Eigentum und Markt unverzichtbar und in diesem Sinne notwendig. Die Mangelerfahrung, aus der hier die Notwendigkeit des Marktes abgeleitet wird, ist die Unmöglichkeit eines perfekten Wissens, die als Bestandteil der *conditio humana* anzuerkennen wäre. Hier erklärt also die Beschränktheit menschlichen Handelns die Notwendigkeit von Markt und Geld, anders als Hume, der sie aus dem Egoismus erklärt. Aus der Beschränktheit kann dann darüber hinaus der Gesichtspunkt des Individuums im Kontext seiner beschränkten Lage betrachtet und auch sein Eigeninteresse als Ausgangspunkt genommen werden. Diese Überlegung jedoch bedeutet keinerlei moralische Vorentscheidung für die Selbstliebe. Im Gegenteil, sie führt zur Diskussion des Menschen als einem konkreten Subjekt, das sich auf Grund seines Eigeninteresses mit seiner eigenen Weise, auf die Welt zuzugehen, auseinandersetzt.

VII. Die transzendentale Reflexion

Die transzendentale Reflexion, die in Humes Schlussfolgerung des Geistes enthalten ist, ist in der Tat auch heute immer noch Bestandteil der empirischen Wissenschaften. Im folgenden verweisen wir auf zwei Beispiele. Das eine bezieht sich auf einen Vortrag, in dem Albert Einstein die Methode der Physik darlegt, das andere auf die Gesellschaftsanalyse, die Hans Albert durchführt. Einstein trägt die Methode der Physik im Bereich der Naturgesetze vor, die er als Prinziptheorien bezeichnet:

KAPITEL IV

Ausgangspunkt und Basis [von Prinziptheorien] bilden nicht hypothetische Konstruktionselemente, sondern empirisch gefundene, allgemeine Eigenschaften der Naturvorgänge, Prinzipien, aus denen dann mathematisch formulierte Kriterien folgen, denen die einzelnen Vorgänge bzw. deren theoretische Bilder zu genügen haben. So sucht die Thermodynamik aus dem allgemeinen Erfahrungsresultat, daß ein *Perpetuum mobile* unmöglich sei, auf analytischem Weg Bindungen zu ermitteln, denen die einzelnen Vorgänge genügen müssen. [20]

An anderer Stelle spricht Einstein von diesen allgemeinen Ergebnissen der Erfahrung als „Induktion aus Erfahrung" (S. 121), und bezieht sich dabei auf ein Urteil, wonach unser Erfahrungsraum euklidisch ist. Diese Reflexion fasst Einstein so zusammen:

Das generelle Prinzip ist durch das folgende Theorem gegeben: die Naturgesetze sind so, daß es unmöglich ist, ein *perpetuum mobile* (der ersten und der zweiten Art) zu konstruieren.[21]

Aber das behauptet er nicht allein für den Fall des Gesetzes zur Erhaltung der Energie, sondern überträgt es auch auf die spezielle Relativitätstheorie:

Das universale Prinzip der speziellen Relativitätstheorie ist durch das folgende Postulat gegeben: die Gesetze der Physik sind invariant in bezug auf die Transformationen von Lorentz (für die Transformation eines Inertialsystems in irgendein anderes Initialsystem, das willkürlich ausgewählt ist). Dies ist ein restriktives Prinzip für die Naturgesetze, das vergleichbar ist mit dem restriktiven Prinzip, das der Thermodynamik im Sinne der Unmöglichkeit eines *perpetuum mobile* unterliegt.[22]

Die Parallele zwischen der Humeschen Ableitung des Kausalitätsprinzips und der Einsteinschen Relativitätstheorie bzw. dem Gesetz zur Erhaltung der Energie wird noch deutlicher, wenn man die Tatsache hervorhebt, dass das im Zitat erwähnte Postulat einem weiteren

---

[20] Einstein, Albert, *Mein Weltbild.*, Berlin 1955, S. 127f.
[21] Einstein, Albert/ Grünbaum, Adolf/ Eddington A. S. u. a., La teoría de la relatividad, Madrid 1980; Einstein, Albert, Notas autobiográficas, Madrid 2003, S. 103.
[22] Ebd., S.104.

restriktiven Prinzip folgt, nämlich der Konstanz der Lichtgeschwindigkeit bzw. der Unmöglichkeit von höheren Geschwindigkeiten als der Lichtgeschwindigkeit. Die restriktiven Prinzipien sind die Prinzipien der Nicht-Machbarkeit.

Dass die von Einstein hier indizierte Methode zur Herleitung der Erhaltung der Energie und der Relativitätstheorie vollkommen der Methode entspricht, die Hume zur Herleitung des Kausalitätsprinzips verwendet, lässt uns aufhorchen. Für Hume ist es unmöglich, dass „Beliebiges Beliebiges hervorriefe; Erschaffung, Vernichtung, Bewegung, Vernunft, Wollen" (S. 233). Weil dies unmöglich ist, leitet Hume die Kausalität als das notwendige Bindeglied her. Einstein ist sich dieser Beziehung bewusst:

> Es ist klar, daß die Anerkennung dieses Axioms und seines willkürlichen Charakters (er bezieht sich auf das Axiom bezüglich der absoluten Zeit. Anm. F.J.H.) bereits die Lösung des Problems impliziert. In meinem Fall wurde die Art kritischen Denkens, die für die Entdeckung dieses zentralen Punktes notwendig war, auf entscheidende Art durch die Lektüre David Humes und Ernst Machs gefördert.[23]

Man erkennt leicht, dass das Argument zirkulär angelegt ist: Das Gesetz zur Erhaltung der Energie gilt, weil ein *perpetuum mobile* unmöglich ist. Aus dem Gesetz zur Erhaltung der Energie jedoch wird abgeleitet, dass ein *perpetuum mobile* unmöglich ist. Ein Zirkelschluss.

Aber dieser Zirkelschluss ist nicht tautologisch, weil er ausgeht von der Erfahrung, dass etwas generell nicht machbar bzw. nicht-faktibel ist. Den Vorgang, dass man eine solche Erfahrung als generell bezeichnet, nennt Einstein induktiv. Damit ist nicht die von Hume kritisierte Induktion gemeint, die von einem einzigen gültigen Fall auf alle Fälle schließt. Die von Einstein gemeinte Induktion gilt vielmehr als Schlussfolgerung des Geistes im Sinne Humes. Sie impliziert eine transzendentale Reflexion. Solche Gesetze müssen zirkulär sein, weil sie im Sinne Poppers nicht falsifizierbar sind und keine Information enthalten.

Wir können jetzt eine andere transzendentale Reflexion betrachten. Diesmal bezieht sie sich nicht auf die physische Natur, sondern auf

---

[23] Ebd., S. 103.

die Gesellschaft. Wir übernehmen das Beispiel von Hans Albert. Er will herleiten, dass der Staat für die Regulierung der gesellschaftlichen Beziehungen notwendig ist, und argumentiert gegen den Anarchismus:

> Die Anarchie – im Sinne einer allgemeinen herrschaftslosen und gewaltfreien Ordnung – ist deshalb nicht realisierbar, weil eine Ordnung irgendwelcher Art durch Zwang – und das heißt: durch glaubwürdige Androhung und damit auch fallweise Anwendung von Gewalt – gesichert werden muß.[24]

Er definiert die Bedingung der Möglichkeit von Anarchie:

> Es braucht nicht bestritten zu werden, dass die staatliche Zwangsgewalt überflüssig wäre, wenn alle Mitglieder der Gesellschaft bereit wären, die betreffenden Normen ohnehin zu befolgen, aber damit kann nicht in allen Fällen gerechnet werden.[25]

Danach betont er, dass diese Bedingung der Möglichkeit nicht machbar ist. Eine Ordnung:

> kann nach allem, was wir heute wissen, nicht durch die Moral der Mitglieder einer Gesellschaft allein gewährleistet werden, sonst wäre die Anarchie – im Sinne einer funktionierenden herrschaftsfreien Ordnung der Gesellschaft – kein utopischer Zustand.[26]

Aus der Unmöglichkeit spontaner herrschaftsfreier Ordnung leitet Albert die Notwendigkeit des Staates ab. Auch dieses Argument ist zirkulär. Aber auch dieses Argument ist weder ein *circulus vitiosus* noch tautologisch, weil ihm ein Prinzip der Nicht-Machbarkeit bezüglich einer spontanen Ordnung zugrunde liegt. Im Sinne Poppers ist es wiederum nicht falsifizierbar und enthält keine Information. Es handelt sich um ein allgemeines Prinzip, das aus der Erfahrung mit Hilfe der Methode, die Hume Schlussfolgerung des Geistes nennt und die eine transzendentale Reflexion darstellt, hergeleitet wurde. Das Argument Alberts ist das gleiche, das Hume zur Herleitung von Eigentum und Rechtsordnung verwendet:

> ... hieraus können wir leicht schließen, daß Rechtsordnung und Rechtswidrigkeit gleich unbekannt in der Menschheit sein würden, wenn den Menschen alles in gleichem Überfluß zuteil würde, oder

---

[24] Albert, Hans, Traktat über rationale Praxis, Tübingen 1978, S.100.
[25] Ebd., S. 101.
[26] Ebd., S. 139.

wenn *jeder für jeden andern* dieselbe Zuneigung und zarte Rücksicht hätte, wie für sich selbst. (Bd. II, S. 239)

Daraus, dass die Bedingung der Möglichkeit eines Zusammenlebens ohne Eigentum unmöglich ist, schließt Hume auf die Notwendigkeit des Eigentums, während Albert auf die Notwendigkeit des Staates schließt. Das bestätigt nur, was wir zuvor schon gesagt haben, nämlich, dass das Argument Humes nicht nur die Notwendigkeit des Eigentums, sondern jeder Art von Institutionalisierung erklärt.

Damit haben wir zwei transzendentale Reflexionen betrachtet. Einmal die Reflexion, die Einstein über die restriktiven Prinzipien der Nicht-Faktibilität bezüglich des Gesetzes zur Erhaltung der Energie und bezüglich der Relativitätstheorie anstellt. Zum anderen die Reflexion, die Hans Albert auf der Basis der Nicht-Faktibilität einer spontanen anarchischen Ordnung zugunsten der Notwendigkeit des Staates anstellt. Augenscheinlich erkennen wir hier die gleiche Parallele, die wir bereits bei Hume im Zusammenhang der Herleitung von Kausalitätsprinzip und Eigentum festgestellt haben. Einmal richtet sich die Reflexion auf das Gesamt der Natur, das andere Mal auf das Gesamt der menschlichen Gesellschaft. In beiden Fällen ist das Vorgehen vollkommen analog.

Als Ergebnis halten wir fest, dass sich die empirischen Wissenschaften auf transzendentale Reflexionen stützen. Die heute geltende Methodologie der empirischen Wissenschaften – Popper, Lakatos, Bunge, die analytische Philosophie – berücksichtigt dieses Faktum in keiner Weise. Deshalb erscheint es auch in den Abhandlungen zur Methodologie nicht. Auch die transzendentale Philosophie, die sich von Kant her versteht, hat keinen Blick dafür. Zwar will sie die empirischen Wissenschaften transzendental begründen, aber kümmert sich überhaupt nicht um die transzendentalen Reflexionen, die in den empirischen Wissenschaften selbst angestellt werden.

Absichtlich haben wir die transzendentale Reflexion von Hans Albert übernommen, einem dogmatischen Popper-Schüler. In seinen methodologischen Reflexionen bestreitet er die Wissenschaftlichkeit jeder Theorie, die nicht im strikesten Sinne falsifizierbar ist. Die von uns zitierte Argumentation aber widerlegt seine gesamte methodologische Reflexion. Noch nicht einmal einen Moment reflektiert er den methodologischen Status seines Arguments. Er ist methodologisch seinem eigenen Argument gegenüber vollkommen blind[27], während Einstein sich in seinen methodologischen Reflexionen dieses Faktums bewusst ist, auch wenn er das Wort „transzendental" nicht verwendet.

Die genannten transzendentalen Reflexionen sind in allen modernen empirischen Wissenschaften geläufig. Sie stützen sich alle auf allgemeine Gesetze, die stets in Analogie zu den Einsteinschen Prinzipgesetzen abgeleitet werden. Aber ebenso geläufig ist, dass die Existenz solcher transzendentaler Reflexionen bestritten wird.

Bis hierher haben wir die transzendentale Reflexion in ihrer Funktion betrachtet, die machbare Welt vom Gesamt aller möglichen Welten, das heißt im Sinne Humes vom Gesamt aller im Denken kohärent konstruierbaren Welten, abzugrenzen. Daraus ergaben sich die allgemeinen restriktiven Prinzipien bzw. die Prinzipien der Nicht-Faktibilität. Also solche Prinzipien wie „Eine Welt, in der sich die Dinge nach unserem Willen in andere Dinge verwandeln, ist nicht machbar". „Ein *perpetuum mobile* zu konstruieren, ist nicht machbar." „Eine Geschwindigkeit, die schneller ist als das Licht, ist nicht machbar". Aus diesen nicht realisierbaren Vorstellungen leiten sich die allgemeinen Gesetze her wie das Kausalitätsprinzip, das Gesetz zur Erhaltung der Energie bzw. das universale Prinzip der speziellen Relativitätstheorie. Sie entsprechen der Frage: Wie müssen die allgemeinen Gesetze beschaffen sein, die die Welt bestimmen, damit sich diese Nicht-Faktibilitäten aus ihnen ergeben? Im Bereich der Gesellschaftswissenschaften gibt es ebenfalls solche allgemeinen Prinzipien der Nicht-Faktibilität: „Eine spontane Gesellschaftsordnung zu konstituieren, ist nicht machbar." „Ein vollkommenes Wissen aller gesellschaftlichen Vorgänge (einschließlich wirtschaftlicher Fakten) ist nicht machbar". Aus diesen Prinzipien wird dann als allgemeines Gesetz hergeleitet: Alle gesellschaftlichen Beziehungen müssen institutionalisiert werden. Daraus folgen dann solche Sätze wie: „Die Koordination gesellschaftlicher Arbeitsteilung ist unausweichlich auf Eigen-

---

[27] Popper verfällt der gleichen Blindheit. Vgl. die Analyse zu Poppers Methode in Hinkelammert, Franz J., Kritik der utopischen Vernunft, Mainz/Luzern 1995. Vgl. auch: Hinkelammert, F. J. u. Mora M., Henry, Coordinación social del trabajo, mercado y reproducción de la vida humana, Kap. II, San José/ Costa Rica 2001.

tum und Marktbeziehungen angewiesen". Oder „Es ist unvermeidlich, die Gesellschaft um die Staatsgewalt (oder ein ähnliches Äquivalent) herum zu organisieren." Wiederum werden allgemeine Gesetze so formuliert, dass sie die von den restriktiven Prinzipien bzw. den Prinzipien der Nicht-Faktibiliät ausgesagten Nicht-Machbarkeiten ausschließen. Die möglichen Welten im Sinne der kohärent konzipierbaren Welten werden ausgeschlossen, um die faktible Welt zu bestimmen. Ausgeschlossen werden also die nicht-faktiblen Welten.

In dieser Form spielen die nicht-faktiblen Welten eine negative Rolle. Sie beschreiben, was sich nicht realisieren lässt. Aber in allen empirischen Wissenschaften übernehmen sie auch eine positive Funktion. Gedankenexperimente in der Physik und Modelle in den Gesellschaftswissenschaften – insbesondere in den Wirtschaftswissenschaften – spielen konstant solche Rollen. Man denkt dann die Realität im Sinne der faktiblen Welt auf den Ebenen von nicht faktiblen, aber kohärent vorstellbaren Welten weiter. Beim Übergang von der faktiblen Welt auf die Ebene der nicht-faktiblen Welten spricht man häufig von Welten, die „im Prinzip" faktibel sind. Die „im Prinzip" faktiblen Welten sind normalerweise nicht faktible Welten jenseits der von den entsprechenden Prinzipien etablierten Grenzen der Faktibilität. Wir können einige dieser Welten anführen. Einstein berichtet vom Entstehen der Relativitätstheorie:

> Nach zehn Jahren der Reflexion, ergab sich dieses Prinzip klar aus einem Paradox, auf das ich bereits im Alter von sechzehn Jahren gestoßen war: wenn ich einen Lichtstrahl mit der Geschwindigkeit c (Lichtgeschwindigkeit im leeren Raum) verfolgen würde, würde ich diesen Lichtstrahl wie ein elektromagnetisches Feld im Raum und im Ruhezustand sehen. Jedoch scheint es, daß eine solche Sache nicht existiert, weder auf der Grundlage der Erfahrung noch gemäß den Maxwellschen Gleichungen. Von Anfang an war mir intuitiv klar, daß – vom Standpunkt eines solchen Beobachters aus betrachtet – alles nach den gleichen Gesetzen so ablaufen muss wie bei einem Beobachter, der sich im Ruhezustand in bezug auf die Erde befindet. Denn wenn dies nicht so wäre, wie könnte der erste Beobachter bestimmen, daß er selbst sich in einem Zustand einer uniformen schnellen Bewegung befindet?[28]

---

[28] Einstein,Albert/Grünbaum, Adolf/Eddington A.S. u.a., La teoría de la relatividad, Madrid, 1980. Einstein, Albert, Notas autobiográficas, Madrid 2003, S. 102.

KAPITEL IV

Ein Mensch, der einen Lichtstrahl in Lichtgeschwindigkeit beobachtet, ist eindeutig unmöglich. Einstein besteht auf diesem Argument. Das muss nach der Relativitätstheorie selbst so sein, weil ein Beobachter, der der Lichtgeschwindigkeit nahe kommt, eine unbegrenzte Masse sein müsste. Diese Geschwindigkeit kann er nie erreichen.

Das Gedankenexperiment aber kann sich einen solchen Beobachter vorstellen. Indem es das tut, kommt es zu Ergebnissen, die eine Realität zu verstehen erlauben, in der das Experiment selbst im strengen Sinne nicht durchführbar ist, das heißt, die Gesetze, die die Realität bestimmen, schließen das Experiment als nicht durchführbar aus. Es handelt sich nicht um eine technische Mangelerscheinung in dem Sinne, dass das Experiment technisch noch nicht realisierbar wäre. Wenn die Theorie, zu deren Herleitung es Verwendung findet, wahr ist, dann wird das Experiment niemals durchführbar sein. Aber es klärt über die Realität auf, in der seine Durchführung nicht realisierbar ist.

Diese Art von Reflexionen ist für die empirischen Wissenschaften grundlegend. Bereits die klassische Mechanik ist voll von den Konstruktionen solcher nicht-realisierbarer Welten, die über eine Realität aufklären, in der Gesetze wirken, die die Realisierbarkeit dieser Welten ausschließen. Das gilt für das Gesetz der Trägheit und für das Gesetz vom freien Fall, aber auch für das mathematische Pendel. Zum Beispiel: das mathematische Pendel ist ein *perpetuum mobile*, das eine Welt zu erklären verhilft, in der das *perpetuum mobile* nicht realisierbar ist.

In den Gesellschaftswissenschaften stellt sich die Lage analog dar. Kantorovic entwickelte die lineare Programmierung mit Hilfe eines Modells, das ein vollkommenes Wissen des Programmierers voraussetzt. Daraus ergibt sich jedoch eine Technologie für eine Welt, in der das vollkommene Wissen nicht faktibel ist, und zwar im Sinne eines Prinzips der Nicht-Faktibilität. Eine solche Technologie lässt sich eben nur entwickeln, indem man sie auf eine Welt jenseits der Grenzen der Faktibilität überträgt. Die Modelle der Wirtschaftswissenschaften arbeiten zum großen Teil mit solchen Mitteln, um Theorien zu entwerfen, die nur mit Hilfe nicht faktibler Welten formuliert werden können. Die Unterstellung eines vollkommenen Wissens weist bereits darauf hin, dass man sich in der Dimension nicht faktibler

Welten bewegt, um von ihnen aus über die faktible Welt aufzuklären, die unsere reale Welt ist. Das gilt jedoch nicht nur in der Ökonomie. Von Laplace bis Max Planck erscheinen immer wieder allwissende Beobachter, welche die Funktion haben, den physikalischen Determinismus zu belegen.

Damit taucht die Frage auf: Wie ist das möglich, dass nicht-faktible Welten uns über Gesetze unserer faktiblen Welt aufklären? Die nicht-faktiblen Welten sind eben nicht nur Welten, deren Faktibilität bestritten wird, sondern sind zugleich Welten, die über das aufklären, was sich in der gegebenen realen Welt ereignet.

Jede wissenschaftliche Argumentation mit Hilfe nicht faktibler Welten ist eine transzendentale Reflexion. Die Subjekte, die solche Welten bevölkern – Beobachter mit Lichtgeschwindigkeit bzw. Mitwirkende mit vollkommenem Wissen – sind transzendentale Subjekte. In dem Grade, indem es die wissenschaftliche Argumentation für nötig hält, mit solchen nicht-faktiblen Welten in Verbindung zu treten, erweist sich die empirische Wissenschaft selbst als eine Wissenschaft, die auf transzendentalen Reflexionen aufbaut. Und in der Tat: die moderne empirische Wissenschaft ist transzendental; eben dies unterscheidet sie von der früheren empirischen Wissenschaft. Hinsichtlich dieses Faktums beklagt Einstein mit Recht:

> eine verhängnisvolle „Angst vor der Metaphysik", die eine Krankheit des gegenwärtigen empirischen Philosophierens bedeutet; diese Krankheit ist das Gegenstück zu jenem früheren Wolken-Philosophieren, welches das Sinnlich-Gegebene entbehren und vernachlässigen zu können glaubte.[29]

Was Einstein hier als Metaphysik innerhalb der empirischen Wissenschaften konstatiert, ist eben das, was wir als transzendentale Reflexion bezeichnen.

Aber diese „Angst vor der Metaphysik", die man überall bemerkt, äußert sich niemals ausdrücklich als Angst. Im Gegenteil, sie erscheint als Mythos, der ebenfalls innerhalb der empirischen Wissenschaften operiert. Dieser Mythos verspricht etwas. Es handelt sich um den Mythos des Fortschritts. Der Lärm, den der Mythos macht,

---

[29] Einstein, Albert, *Mein Weltbild*, München 2001, S.45.

überdeckt die Angst vor der Metaphysik. Aus diesem Grund hört er nicht auf, metaphysisch zu sein. Aber er sucht diese Tatsache zu übertünchen.

Eine fast in allen empirischen Wissenschaften anzutreffende Methode stützt diesen Mythos, und zwar die Methode, das Verhältnis zu den nicht-faktiblen Welten im Sinne einer unendlich asymptotischen Annäherung zu interpretieren. Mit Hilfe der Deutung der unendlich asymptotischen Annäherung scheinen die von der transzendentalen Reflexion erschaffenen nicht-faktiblen Welten zur Erde der faktiblen Welt herabzusteigen. Sie bleiben zwar weiter nicht-faktible Welten, aber jetzt erwecken sie den Eindruck, sie seien *noch nicht* faktible Welten, die aber im Laufe einer unendlich asymptotischen Annäherung zukünftig in Reichweite geraten. Mythisch gesprochen werden die transzendentalen Welten in innerweltlich zukünftige Welten verwandelt. Die Fähigkeit der transzendentalen Reflexion, mit Hilfe der Imagination nicht-faktibler Welten über die faktible Welt aufzuklären, wird umgewandelt zur innerweltlichen Fähigkeit des Menschen, solche Welten mit Hilfe der unendlich asymptotischen Annäherung im Laufe der Zeit zu erreichen. Scheinbar werden so die nicht-faktiblen Welten zu faktiblen Welten, wenn auch erst im Laufe eines unendlichen Fortschritts. Die Grenze der Faktibilität wird so umgeformt, dass sie *sub specie progressi infiniti* der asymptotischen Annäherung keine Grenze mehr darstellt. Aber diese Welt-Deutung *sub specie progressi infiniti* bleibt immer noch eine Welt-Deutung *sub specie aeternitatis*, wenn auch in verschleierter Form. Im Licht einer solchen Verheißung des Himmels auf der Erde scheint alles möglich. Die asymptotische Annäherung produziert eine transzendentale Illusion, die den transzendentalen Charakter der transzendentalen Reflexion verhüllt.

Wo sich die transzendentale Reflexion meldet, da taucht auch die Konstruktion asymptotischer Annäherung auf, um deren transzendentalen Charakter zu unterschlagen. Da taucht in der transzendentalen Reflexion die Vorstellung von einer idealen Uhr auf und schon meldet sich die asymptotische Annäherung mit dem Versprechen, sie in einer unbestimmbaren Frist zu produzieren. Da taucht ein Verständnis von Krankheit auf, das die Krankheit als Unfallschaden der Funktionsfähigkeit des Körpers betrachtet, schon entwickelt sich das transzendentale Konzept des perfekten Körpers und dementsprechend die asymptotische Annäherung an einen perfekten Zustand des Körpers als Folge einer unendlich asymptotischen Annäherung. Da taucht das transzendentale Konzept des perfekten Wettbewerbs auf den Märkten auf und schon wird die asymptotische Annäherung an diesen Zustand der Perfektion mit Hilfe des Marktautomatismus zum Programm gemacht. Da taucht das transzendentale Konzept des perfekten Plans auf und folglich sucht man die unendlich asymptotische Annäherung zu seiner Realisierung im zukünftigen Kommunismus zum Programm zu machen. Die Angst vor der Metaphysik schreit nach „Fortschritt". Damit entgeht sie natürlich der Metaphysik nicht, aber sie verwandelt sich in Heuchelei.

Das soeben Bedachte verweist uns zurück auf das Denken von Hume. Er ist keinesfalls der Empiriker, den seine Interpreten aus ihm gemacht haben. Hume deckt die transzendentale Reflexion innerhalb der empirischen Wissenschaften auf und bezeichnet sie als Schlussfolgerung des Geistes. Um die empirischen Wissenschaften zu erklären, brauchen wir nur das, was Hume als Sinneseindrücke bezeichnet, und diese Fähigkeit zur transzendentalen Reflexion des Geistes. Diese transzendentale Reflexion ist eine strikt formale Fähigkeit in dem Sinne, dass sie keinerlei Vorkenntnisse über die Realität benötigt und kein *a priori* der Vernunft, um diese Eindrücke miteinander zu verbinden und dadurch die Welt zu ordnen. Ein solches Denken macht Hume dazu fähig, sowohl Funktionsgesetze der Natur abzuleiten und zu etablieren als auch die Geltung von Ethiken herzuleiten. Im Licht des Denkens von Hume kann die Wissenschaft ethische Urteile vornehmen.

Die Urteile, die Hume „Schlussfolgerung des Geistes" nennt, sind folglich synthetische Urteile *a posteriori*, um die Sprache Kants zu verwenden. Kant hält sie für unmöglich. Aber sie konstituieren ein *a priori* des Urteils, die keine *a prioris* der Vernunft sind, sondern Folgerungen aus synthetischen Urteilen *a posteriori*. Deswegen können sie eine Geschichte haben.

Dieses Argument macht das Großartige an Humes Denken aus. Aber er gräbt zugleich sein eigenes Grab, in dem sein transzendentales Denken vergraben wurde, wenn er seine Ethik als absolute Ethik entfaltet. Das haben wir als den Fehlschluss von Hume analysiert.

KAPITEL IV

Durch diesen Fehlschluss entsteht der Mystizismus der asymptotischen Annäherung, wenn auch erst in höchst embryonaler Gestalt. Aber dieser Mystizismus produziert eben die Blindheit, die es später unmöglich macht, den Transzendentalismus zu erkennen, den Hume selbst entdeckt hatte.[30]

Übersetzung: Norbert Arntz

---

[30] Im Kontext dieser Klärung halten wir die folgende Interpretation, mit der Einstein das Denken von Hume darlegt, für irreführend: „Hat man sich einmal Humes Kritik zu eigen gemacht, so kommt man leicht auf den Gedanken, es seien aus dem Denken all jene Begriffe und Aussagen als ‚metaphysisch' zu entfernen, die sich nicht aus dem sinnlichen Rohmaterial herleiten lassen. Denn alles Denken enthält ja materialen Inhalt durch nichts anderes als durch seine Beziehung zu jenem sinnlichen Material. Letzteres halte ich für völlig wahr, die darauf gegründete Vorschrift für das Denken aber für falsch. Denn dieser Anspruch – wenn er nur völlig konsequent durchgeführt wird – schließt überhaupt jedes Denken als metaphysisch aus. [...] Es wird nun klar sein, was gemeint ist, wenn ich folgendes sage: Hume hat durch seine klare Kritik die Philosophie nicht nur entscheidend gefördert, sondern ist ihr auch ohne seine Schuld zur Gefahr geworden, indem durch diese Kritik eine verhängnisvolle ‚Angst vor der Metaphysik' ins Leben trat, die eine Krankheit des gegenwärtigen empirischen Philosophierens bedeutet; diese Krankheit ist das Gegenstück zu jenem früheren Wolken-Philosophieren, welches das Sinnlich-Gegebene entbehren und vernachlässigen zu können glaubte." Einstein, Albert, *Mein Weltbild.*, München 2001, S.45.

KAPITEL V

DER MARKT ALS SELBSTREGULATIVES SYSTEM UND DIE KRITIK VON MARX

DER MARKT ALS SELBSTREGULATIVES SYSTEM UND DIE KRITIK VON MARX

Auf den folgenden Seiten werden wir das Denken von Marx im strikt wissenschaftlichen Sinn untersuchen. Heute ist diese Diskussion einfacher als noch vor zwanzig oder dreißig Jahren. Die Kapitalismuskritik von Marx wurde durch das Denken der klassisch bürgerlichen politischen Ökonomie beeinflusst, vor allem durch das von Adam Smith. In den letzten dreißig Jahren hat die bürgerliche Wirtschaftstheorie Adam Smith in mehrfachem Sinn hinter sich gelassen. Man bezieht sich nicht mehr auf ihn, sondern auf eine Tradition, in der Denker wie John Stuart Mill, Marshall und Keynes starken Einfluss haben, und die einen Reformkapitalismus der Zeit zwischen dem Ende des 19. Jahrhunderts bis in die 70er Jahre des 20. Jahrhunderts vertreten. Marshall und Keynes lebten nach Marx und ignorierten sein Denken wegen angeblich fehlender Aktualität. Dies hat sich nun geändert. Die aktuelle Wirtschaftstheorie redet weder in Begriffen von Marshall noch von Keynes, sondern wieder in denen des nackten Kapitalismus des 18. Jahrhunderts. Man hat die Reformer hinter sich gelassen und ist wieder zum Denken von Adam Smith zurückgekehrt, das ja auch Ausgangspunkt für die Kapitalismuskritik von Marx war. Deshalb ist es angebracht, mit der Theorie des Kapitalismus von Adam Smith und seinen aktuellen Varianten in der bürgerlichen Welt von heute zu beginnen.

I. Die Harmonie des Adam Smith

Adam Smith beschreibt die bürgerliche Gesellschaft mittels eines großen utopischen Mythos, des Mythos des Marktes. Der Markt ist für Smith die große menschliche, zu allen Zeiten in der Geschichte gesuchte Synthese zwischen Eigeninteresse jedes einzelnen Menschen und dem öffentlichen, dem allgemeinen Interesse aller. Bewegt sich der Mensch in Märkten und verfolgt er dort sein Eigeninteresse, dient dies automatisch dem Allgemeininteresse aller. Der Markt ist ein wundertätiger Mechanismus, der dem Menschen alle Verantwortung für die Folgen seines Handelns abnimmt, da er automatisch sicherstellt, dass die Ergebnisse direkt oder indirekt allen zu Gute kommen. Je weniger der Mensch sich um die Anderen und ihr Schicksal kümmert, um so mehr sichert er die Lebensbedingungen anderer Menschen. Alle Gegensätze fügen sich in eine große Dialektik, die schon Mandeville früher beschrieben hatte: private Laster, öffentliche Tugenden. Adam Smith ergänzt dies um eine Theorie.[1]

Sozialethik wird durch eine Technik ersetzt: Um dem gerecht zu werden, was frühere Gesellschaften als Ethik dachten, wendet die Bourgeoisie nun eine simple Technik an: sie schafft Märkte. Deshalb betreibt die Bourgeoisie auch keine Politik. Wozu Politik, wenn es doch technische Mittel gibt, die aufgrund ihrer Eigenart unfehlbar das gewährleisten, was Ethik und Politik vorher vergeblich anstrebten?[2] Die Bourgeoisie hält sich für aufgeklärt; mit mathematischen Formeln und Technik ausgestattet, kann sie auf dem Weg der exakten Berechnung das erreichen, was andere vor ihr vergeblich versucht haben. Die Werte des Privateigentums und der Vertragserfüllung werden zu jenem magischen Mechanismus, der automatisch alle Träume der Menschheit erfüllt. Die Zerstörung des Menschen, die von der Bourgeoisie ausgeht, wird als die wahre Erlösung des Menschen angesehen. Die Geschichte des Kolonialismus, der christlichen und liberalen Sklaverei – des größten Sklavenhalterimperiums der Menschheitsgeschichte –, die Faschismen des 20. Jahrhunderts und die Diktaturen der nationalen Sicherheit zeigen auf eindrückliche Weise die Folgen dieser angeblich lebendigen Sicht auf die Gesellschaft.

---

[1] „Tatsächlich fördert er in der Regel nicht bewußt das Allgemeinwohl, noch weiß er, wie hoch der eigene Beitrag ist. Wenn er es vorzieht, die nationale Wirtschaft anstatt die ausländische zu unterstützen, denkt er eigentlich nur an die eigene Sicherheit und wenn er dadurch die Erwerbstätigkeit so fördert, daß ihr Ertrag den höchsten Wert erzielen kann, strebt er lediglich nach eigenem Gewinn. Und er wird in diesem wie auch in vielen anderen Fällen von einer unsichtbaren Hand geleitet, um einen Zweck zu fördern, den zu erfüllen er in keiner Weise beabsichtigt hat." Smith, Adam, Wirtschaftspolitik. Der Wohlstand der Nationen, Buch 4, München 1974, S. 371.

[2] Max Weber stellt fest: „Diese Erscheinung: daß Orientierung an der nackten eigenen und fremden Interessenlage Wirkungen hervorbringt, welche jenen gleichstehen, die durch Normierung – und zwar sehr oft vergeblich – zu erzwingen gesucht werden, hat insbesondere auf wirtschaftlichem Gebiet große Aufmerksamkeit erregt: – sie war geradezu eine der Quellen des Entstehens der Nationalökonomie als Wissenschaft." Weber, Max, Soziologische Grundbegriffe, Tübingen [5]1981, S. 53.

DER MARKT ALS SELBSTREGULATIVES SYSTEM UND DIE KRITIK VON MARX

Es entsteht ein Egoismus, der sich aus moralischer Sicht als sein genaues Gegenteil versteht: als wirkliche Sorge um das Schicksal des Anderen. Deshalb versteht die bürgerliche Gesellschaft auch den an sie gerichteten Egoismusvorwurf nicht: Für sie kommt die Verfolgung des Eigeninteresses der Förderung aller gleich, und es wäre schädlich, nach den konkreten Folgen des Handelns für den anderen zu fragen. Der Bourgeois, der ausschließlich sein Eigeninteresse verfolgt, ist vollkommen davon überzeugt, dass er damit dem Heil der Anderen dient. Er glaubt an die Konvergenz der Interessen aller durch den Markt.

Gesellschaftliche Arbeitsteilung erscheint als ein Berechnungssystem aus Eigeninteressen, das nicht korrigiert werden darf. Es gibt die naive Überzeugung, dass ein Mechanismus dieses Typs aufgrund seiner Struktur wohltätig ist. Niemand bezweifelt, dass innerhalb der gesellschaftlichen Arbeitsteilung solche Berechnungen des Eigeninteresses vorhanden sind und vorhanden sein müssen. Aber die Theorie der Harmonie verbietet es, auch nur einen einzigen anderen Gesichtspunkt zuzulassen. Alles muss auf die Berechnung des Eigeninteresses reduziert werden, und nur die Ideologie des Marktes allein wacht über das Fremdinteresse. Einer ist Diener des anderen und der erzielte Gewinn ist Erfolgskriterium für diesen Dienst für die anderen. Der Markt erscheint hier als einfacher Bereich für Dienstleistungen, in dem das Eigeninteresse jeden antreibt, den anderen auf die größtmögliche und beste Weise zu dienen.[3] Der Markt ist eine *societas perfecta*, die nie Schuld trägt, aber vor der alle schuldig sind. In dieser Position tritt er die Nachfolge der Kirche des Mittelalters an.

Begleitet wird diese Theorie der Marktharmonie aber von einer düsteren Realität. Sie behauptet nicht, dass es allen in den Märkten gut geht. Im Gegenteil, der Markt ist mit einem leisen, alltäglichen Genozid verbunden. Man feiert den Markt dafür, dass er in der Lage ist, diejenigen Menschen zu eliminieren, die nicht die Fähigkeit oder die Kraft haben, sich durchzusetzen. Im Markt überleben nur die Fähigsten, die anderen gehen unter. Der Markt ist ein Wettbewerbs-

---

[3] „Nicht vom Wohlwollen des Metzgers, Brauers, Bäckers erwarten wir das, was wir zum Essen brauchen, sondern davon, daß sie ihre eigenen Interessen wahrnehmen. Wir wenden uns nicht an ihre Menschen- sondern an ihre Eigenliebe, und wir erwähnen nicht die eigenen Bedürfnisse, sondern sprechen von ihrem Vorteil." Smith, Adam, Der Wohlstand der Nationen, Buch 1, München 1974, S. 17.

system, das nicht nur über Produkte und Produktion, sondern in gleicher Weise auch über Produzenten und ihr Leben entscheidet. Die Harmonie gilt nicht nur für Angebot und Nachfrage in Bezug auf die Produkte, sondern in Bezug auf die Produzenten. Der Markt ist ein Herr über Leben und Tod:

> In einer zivilisierten Gesellschaft kann indes die Knappheit an Lebensmitteln nur in den unteren Schichten Schranken setzen, wenn die Spezies Mensch sich weiter vermehren will. Das geschieht ausschließlich auf die Weise, daß die meisten der in diesen fruchtbaren Ehen geborenen Kinder sterben ... Auf solche Art *reguliert die Nachfrage nach Arbeitskräften, wie bei jeder anderen Ware, das Wachstum der Bevölkerung*. Sie beschleunigt es, wenn es zu langsam ist, und sie hindert es, wenn es zu schnell ist. Es ist die Nachfrage, welche das Ausmaß der Fortpflanzung in allen Ländern der Welt regelt ...[4]

Die Harmonie des Adam Smith ist keine Harmonie für alle. Sie funktioniert nur für eine gesellschaftliche Klasse. Sie vertritt einen Klassenstandpunkt und einen Klassenkampf von oben, den die Bourgeoisie seit dem 18. Jahrhundert führt. Jeder dient dem anderen, und diejenigen, denen es nicht gelingt, einen Dienst auszuüben, der ihnen zu leben erlaubt, werden ausgelöscht. Aber ihr Tod geschieht im Interesse des Allgemeininteresses und des Gemeinwohls, sie sind notwendiges Opfer, damit sich das Ganze im Sinne des Wohls aller entwickelt. Der Individualismus mündet in einen grenzenlosen zynischen Kollektivismus.

Es handelt sich um eine Weltsicht, die uns den Kapitalismus des 18. Jahrhunderts und zum Großteil auch den des 19. Jahrhunderts erklären kann. Am Ende des 19. Jahrhunderts gab es Veränderungen, die das kapitalistische System bis in die 70er Jahre des 20. Jahrhunderts hinein prägen. In diesen 70er Jahren veränderte er sich erneut und die achtziger Jahre bringen einen so veränderten Kapitalismus hervor, dass er erneut durch die Weltsicht des Adam Smith erklärt werden kann. Das erklärt auch, warum Adam Smith heute wieder neu als der wichtigste Klassiker des ökonomischen Denkens betrachtet wird. Heute begegnen wir der gleichen Weltsicht wie bei Adam Smith bei Autoren wie z. B. Hayek, der sagte:

---

[4] Smith, Adam, Wirtschaftspolitik. Der Wohlstand der Nationen, Buch 1, München 1974, S. 69f.

Eine freie Gesellschaft benötigt moralische Bestimmungen, die sich letztendlich dahingehend zusammenfassen lassen, daß sie Leben erhalten: *nicht die Erhaltung des Lebens aller*, weil es notwendig sein kann, *individuelles Leben zu opfern, um eine größere Zahl von anderen Leben zu erhalten*. Deshalb sind die einzigen wirklichen moralischen Regeln diejenigen, die zum ‚Lebenskalkül' führen: das Privateigentum und der Vertrag.[5]

Hier haben wir das selbe Argument: Menschenopfer sind nötig für das Allgemeininteresse, das von Hayek als die Erhaltung einer größeren Zahl von Menschenleben in der Zukunft beschrieben wird. Diese Aussage ist nichtssagend und mythologisch.

II. Die Kritik von Marx ausgehend: der Markt als selbstregulierendes System

Die Kritik von Marx an Adam Smith beschränkt sich nicht auf ein Einfordern der Menschenrechte gegenüber einem System eines strukturellen Automatismus. Marx übernimmt vielmehr die wissenschaftliche Methode von Smith, um damit zu Folgerungen zu kommen, von denen dieser nichts ahnen konnte.

Marx akzeptiert die Auffassung, dass der Markt ein selbstreguliertes System ist, das genau jene Harmonie hervorbringt, die Smith postuliert. Marx sucht Erklärungen und Gründe und beschreibt die Selbstregulierung durch ein charakteristisches Merkmal:

> Die bei der Teilung der Arbeit im Innern der Werkstatt a priori und planmäßig befolgte Regel wirkt bei der Teilung der Arbeit im Innern der Gesellschaft nur a posteriori als innre, stumme, im Barometerwechsel der Marktpreise wahrnehmbare, die regellose Willkür der Warenproduzenten überwältigende Naturnotwendigkeit.[6]

---

[5] Interview mit El Mercurio (Santiago de Chile, 19.4.1981). Hayek gab dieses Interview anlässlich seines Chilebesuchs, um an einem Kongress der Mont-Pellerin-Gesellschaft teilzunehmen.
[6] Marx, Karl, Das Kapital. Kritik der politischen Ökonomie (Karl Marx/Friedrich Engels, Werke, Band 23), Berlin/DDR 1977, S. 377.

KAPITEL V

Marx zufolge ist das daraus folgende Gleichgewicht ein „Gleichgewicht durch das Ungleichgewicht", ein Gleichgewicht, das einzig und allein durch die Reaktion der Akteure auf die Ungleichgewichte des Marktes zustande kommt. Es ist also ein Gleichgewicht, das das Ungleichgewicht voraussetzt und es deshalb nie überwinden kann. Dies ist auch der Grund, weshalb der Produktionsprozess ein „Martyrium des Produzenten" ist. Der Markt kann nicht anders, als dieses Martyrium zu produzieren, denn ohne dieses kann er das Gleichgewicht der Harmonie im Sinne Adam Smiths nicht hervorbringen.

Marx entlarvt den Markt schließlich als einen für die Klasse der Produzenten tödlichen Automatismus, da die Produzenten ständig vom Tod bedroht sind. Es ist ein Tod, der sich für einen Teil der Produzenten immer wieder auf effiziente Weise ereignet.

Dieser Tod ist eine Voraussetzung für die Effizienz des Marktes. Marx sieht dies nicht nur als effektiven Tod von Menschen, sondern erweitert die Problematik. Der Markt, der die Toten auswählt, zerstört die eigenen Quellen der Produktivität, auf der seine Effizienz gründet. Diese Wirkung des Marktes führt dazu, dass er sich selbst als nicht beabsichtigte Folge des Handelns der Beteiligten untergräbt. Indem er viel und immer mehr produziert, untergräbt er die Fundamente seiner Produktivität: den Menschen und die Natur:

> In der Agrikultur wie in der Manufaktur erscheint die kapitalistische Umwandlung des Produktionsprozesses zugleich als Martyriologie der Produzenten [...] Die Zerstreuung der Landarbeiter über größre Flächen bricht zugleich ihre Widerstandskraft, während Konzentration die der städtischen Arbeiter steigert. Wie in der städtischen Industrie wird in der modernen Agrikultur die gesteigerte Produktivkraft und größre Flüssigmachung der Arbeiter erkauft durch Verwüstung und Versiechung der Arbeitskraft selbst. Und jeder Fortschritt der kapitalistischen Agrikultur ist nicht nur ein Fortschritt in der Kunst, den Boden zu berauben, jeder Fortschritt in Steigerung seiner Fruchtbarkeit in eine gegebne Zeitfrist zugleich ein Fortschritt im Ruin der dauernden Quellen dieser Fruchtbarkeit. Je mehr ein Land, wie die Vereinigten Staaten von Nordamerika z. B., von der großen Industrie als dem Hintergrund seiner Entwicklung ausgeht, desto rascher dieser Zerstörungsprozeß. Die kapitalistische Produktion entwickelt daher nur die Technik und Kombination des gesellschaftli-

DER MARKT ALS SELBSTREGULATIVES SYSTEM UND DIE KRITIK VON MARX

chen Produktionsprozesses, indem sie zugleich die Springquellen alles Reichtums untergräbt: die Erde und den Arbeiter.[7]
Marx entdeckt hinter der effizienten Güterproduktion des Marktes einen damit verbundenen Destruktionsprozess, der von den Akteuren des Marktes nicht intendiert ist. Die Akteure wollen eine immer höhere Produktion, erreichen ihre hohe Effektivität aber nur durch Zerstörung, die den Produktivprozess selbst zerstört. Indem ein immer größerer Reichtum produziert wird, werden die Quellen der Produktion des Reichtums zerstört.

Bereits Adam Smith hatte den Prozess der Zerstörung des Menschen gesehen, als er erklärte, dass Angebot und Nachfrage über die Zahl der Menschen entscheiden, die überleben können. Doch hat Smith diesen Prozess nicht von der Destruktivität her erfasst, sondern nur als Ferment der Produktivität kapitalistischer Ökonomie. Deshalb begriff er den Markt als eine von vornherein festgesetzte Harmonie. Und er war sich auch nicht bewusst, dass ein solcher Prozess auch die Natur zerstört. Auch das Überleben der Natur wird von Angebot und Nachfrage entschieden. Marx hat dies in seine Analyse aufgenommen, obwohl er in diesem Aspekt noch nicht die Bedeutung sah, die er dann im 20. Jahrhundert bekommen hat.
Auf diese Weise griff Marx die These vom Automatismus des Marktes, wie sie Adam Smith formuliert hatte, wieder auf. Auch Marx betrachtet den Markt als einen Automatismus, der eine in der Menschheitsgeschichte bisher einmalige Produktivität hervorbringt, und als selbstreguliertes System, das aber nicht von vornherein Harmonie schafft, sondern vielmehr Ordnung durch Unordnung, Gleichgewicht durch Ungleichgewicht hervorbringt. Ordnung und Gleichgewicht sind Ergebnis einer fortwährenden Reaktion gegen Unordnung und Ungleichgewicht, die im Markt produziert werden. Durch diese Analyse entdeckt Marx, dass die Effekte dieses Automatismus die Quellen des Reichtums, von denen er abhängt, zerstören, und zwar ebenfalls automatisch. Der Automatismus des Marktes ist deshalb Marx zufolge langfristig ein großer Selbstzerstörungsmechanismus. Je mehr Reichtum er erzeugt, um so mehr zerstört er dessen

---

[7] Marx, Karl, Das Kapital. Kritik der politischen Ökonomie (Karl Marx/Friedrich Engels, Werke, Band 23), Berlin/DDR 1977, S. 528ff.

KAPITEL V

Quellen: den Menschen und die Natur. Es ist dem Entropiegesetz geschuldet, dass Marx dies im gleichen historischen Moment erkennt, als in der Physik das zweite Gesetz der Thermodynamik entdeckt wird.

Die Position von Marx ist eine Weiterführung des Gesichtspunktes von Adam Smith, wenn auch nun innerhalb eines genauer und detaillierter ausgearbeiteten theoretischen Rahmens. Die Veränderung besteht darin, dass aus der vorher festgelegten Harmonie des Marktes bei Smith nun bei Marx ein zu ordnendes Chaos wird. Und er fügt ein neues Element hinzu, das Smith nicht einmal erahnte: die These von der Akkumulation der Destruktivität des Marktes, wonach das System selbst auf seine Zerstörung zuläuft. Er analysiert nicht nur die Destruktivität des Marktes durch seine Produktivität, sondern kommt zu dem Ergebnis, dass diese Destruktivität schneller wächst als die Produktivität. Das System wird so zur Gefahr für das Überleben der Menschheit selbst.

Diese These entfaltet Marx in seinen Tendenzgesetzen, von denen die Verelendungstheorie besonders hervorzuheben ist. Hier behauptet Marx, dass der Markt, indem er alle ökonomischen Entscheidungen fragmentiert, Ungleichgewichte schafft, die zu einer Verelendung der Bevölkerung innerhalb des kapitalistischen Systems führen, einer Verelendung, die automatisch immer größer und stärker wird. Sie zerstört Menschen, indem sie aus der gesellschaftlichen Arbeitsteilung ausstößt, und mündet in eine wachsende Tendenz der Zerstörung. Gegen Smith behauptet Marx, dass das selbstregulierte System des Marktes langfristig nicht stabil ist. Während Smith den Tod der Ausgegrenzten und Überflüssigen als Schmieröl für die Marktmaschine betrachtet, nimmt Marx ihn als deren Destruktivität wahr, die letztlich dafür ausschlaggebend ist, dass sie sich selbst zerstört. Beide gehen vom selben empirischen Phänomen aus, den auf dem Altar des Marktes geopferten Menschen, wobei die Wirksamkeit des Opfers in der hohen Effektivität der Produktion besteht. Smith versteht sie als Grund für eine stabile gesellschaftliche Harmonie. Damit stellt er sich in die Tradition archaischer Opfermythen, seine Begründungen sind einfach nur säkularisierte Formen der Begründungen von Menschenopfern in archaischen Gesellschaften. Marx wendet sich dagegen, nennt das Kapital einen Moloch, einen der antiken Götter, dem man Menschen opferte. Aber er verurteilt diese Menschenopfer der bürgerlichen Gesellschaft nicht nur, sondern untersucht deren empirische Folgen. Als Ergebnis stellt er fest, dass die bürgerliche Gesellschaft darauf aus ist, sich selbst zu zerstören.

Marx leugnet also weder, dass es einen Marktautomatismus gibt, noch, dass dieser ein selbstreguliertes System ist. In diesem Sinn stimmt er Adam Smith zu. Aber er fügt ein Element hinzu, das die Bedeutung dieses Automatismus komplett verändert. Es handelt sich um eine akkumulative Destruktivität, die letztlich den Markt selbst gefährdet. Durch seine Analyse macht er deutlich, dass es sich um eine selbstzerstörerische Destruktivität handelt und nicht um eine einfache Zerstörung anderer, die auf den Markt selbst nicht zurückschlägt. Nach Marx ist der Markt ein Automatismus, der automatisch sich selbst vernichtet und damit zugleich die ganze Menschheit, indem er die Quellen des Reichtums zerstört, von denen er abhängt.

Als Marx seine Analyse entwickelte, interpretierte er genau das, was die europäischen Völker in dieser Zeit durchlebten: die unmenschliche Zerstörung der bürgerlichen Gesellschaft. Doch schon gegen Ende seines Lebens entstehen Veränderungen, die seine Analyse zu relativieren oder ihr zu widersprechen scheinen. Es sind Veränderungen innerhalb der bürgerlichen Gesellschaft selbst. Einerseits prallte die nackte Grausamkeit der Thesen von Smith auf bürgerlichhumanistische Strömungen, die sich dagegen zu wehren begannen, die Konsequenzen des Marktes einfach so hinzunehmen. Andererseits entstanden sozialistische Bewegungen, was die Bourgeoisie dazu zwang, Sozial- und Wirtschaftsreformen zu akzeptieren, die die Folgen milderten. Es entstand ein Reformismus bürgerlicher Gesellschaft und die Neuformulierung der Wirtschaftstheorie in ihrer neoklassischen Form, auf die sich wiederum der Reformismus stützte.

Dessen Theorie ersetzt die Opferharmonie des Adam Smith durch ein Bild vom Markt als einem perfekten Gleichgewicht. Es entsteht die Theorie des vollkommenen Wettbewerbs, die einen Markt beschreibt, der in der Lage ist, alle Beteiligten in einen Austausch unter Gleichen zu integrieren.

KAPITEL V

Man erinnert sich nur ungern an die Harmonietheorie bei Smith. Aus Sicht neoklassischer Theoretiker ist Smith bloß ein Vorläufer ökonomischen Denkens, nicht dessen Begründer. Sie selbst verstehen sich als Begründer des modernen ökonomischen Denkens, die aus einer Wirtschaftstheorie eine Wissenschaft gemacht haben.[8]

Diese Theorie des vollkommenen Wettbewerbs – oder die allgemeine Theorie des Gleichgewichts – ist ein abstraktes Konstrukt, das in der früheren Wirtschaftstheorie kaum Vorläufer hat. Zu diesen Vorläufern gehört das Robinson-Modell, wie es im ökonomischen Denken seit dem 18. Jahrhundert benutzt wurde. Aber das Gleichgewichtsmodell bezieht sich eben nicht nur auf eine Person und ihre Arbeit an der Natur, sondern es geht um einen „gesellschaftlichen Robinson", eine Gesellschaft, in der alle Menschen als Marktteilnehmer in vollkommen transparenter Weise handeln, so dass der Markt zu jeder Zeit ein Gleichgewicht all seiner Faktoren ermöglicht. Um mit Marx zu sprechen: Es geht um die Konstruktion eines Marktes mit einer „Koordination a priori" der gesellschaftlichen Arbeitsteilung.

Um dieses Modell des vollkommenen Wettbewerbs ableiten zu können, werden bestimmte theoretische Grundannahmen eingeführt. Die wichtigste ist die Annahme einer vollkommenen Kenntnis durch alle Marktteilnehmer. Man sagt: vorausgesetzt, alle haben eine perfekte Kenntnis über alles, was im Markt geschieht, dann führen ihre Konsum- und Produktionsentscheidungen die Ökonomie in ein Gleichgewicht, in dem jede Entscheidung optimal ist und kein Produzent ausgeschlossen wird.

So wird ein scheinbar vollkommen menschliches Marktgleichgewicht geschaffen, in dem der Markt funktioniert, ohne Menschenopfer zu fordern. Der Reformismus der bürgerlichen Gesellschaft macht dieses abstrakte Bild zu seiner Utopie, der man sich annähern will. Sie ist der Kontrapunkt zur Utopie von Marx, der ebenfalls eine „Koordination a priori" der gesellschaftlichen Arbeitsteilung formuliert und sein abstraktes Bild des Kommunismus erarbeitet, dem man sich anzunähern hat.

---

[8] Vgl. Assmann, H./ Hinkelammert, F. J., Götze Markt, Düsseldorf 1992.

DER MARKT ALS SELBSTREGULATIVES SYSTEM UND DIE KRITIK VON MARX

Von der Utopie des vollkommenen Wettbewerbs leitet der bürgerliche Reformismus auch die Bedingungen für eine Annäherung ab. Er geht davon aus, dass sich die Marktwirtschaft umso mehr dieser seiner Utopie annähert, je mehr man einen effektiven Wettbewerb in Verbindung mit Sozialreformen sichert, die die Integration aller in das System der Arbeitsteilung vorantreiben: Anerkennung der Gewerkschaften, Sozialversicherungen, und, seit Keynes, Politik der Vollbeschäftigung. Nach dem Zweiten Weltkrieg kam die Entwicklungspolitik für die unterentwickelten Länder dazu. Doch wird all dies als Politik der Annäherung an das Gleichgewicht des Marktes verstanden, ohne dass jemals daran gezweifelt wurde, ob die Ziele innerhalb des Rahmens, den die Funktionsweise freier Märkte absteckt, überhaupt erreicht werden können. So entsteht zusammen mit dem Reformismus der bürgerlichen Gesellschaft der Staatsinterventionismus, der als notwendiges Handeln verstanden wird, damit der Markt seine Ziele, wie sie in der Utopie des vollkommenen Wettbewerbs formuliert sind, erreichen kann. Man spricht vom Wohlfahrtsstaat.

Die bürgerliche Gesellschaft glaubt, damit die Kritik von Marx widerlegt zu haben. Scheinbar gab es keine wachsende Verelendung mehr, sondern einen allgemeinen Wohlstand, der sich über immer größere Regionen ausbreitet. Dies ist die Situation der 60er und 70er Jahre des 20. Jahrhunderts. Der Markt schien die Verteilung von Reichtum zu sein. Die These von Marx, dass der Markt seinem Wesen nach selbstzerstörerisch ist, überzeugte nicht. Gleichzeitig verlor aber auch Adam Smith seine Bedeutung. Das Gleichgewicht der Märkte schien über die Opferharmonie gesiegt zu haben.

Dies findet im marxistischen Denken nach Marx und in den sozialistischen Gesellschaften einen deutlichen Niederschlag. Sie gründen ihr Handeln nicht mehr auf die Kapitalismuskritik von Marx, sondern interpretieren die Planwirtschaft als dem Markt überlegen, gehen damit aber in die gleiche Richtung, in die auch der Markt treibt. In der Sowjetunion spricht man davon, „die USA einzuholen und zu überholen". Der kapitalistische Markt setzt die Maßstäbe, an denen sich sozialistische Gesellschaften orientieren. Kapitalismus und Sozialismus haben ein gemeinsames Ziel, das beide aber mit unterschiedlichen Mitteln zu erreichen suchen. Es stehen sich nicht zur katastrophalen Zerstörung führender Markt und eine alternative Gesellschaft, die Menschheit mit Natur ins Gleichgewicht bringt, gegenüber, sondern Markt und Plan.

Wenn der Markt die zu erreichenden Ziele definiert, dann ist der Markt auch besser und sogar der einzige Weg, diese Ziele zu erreichen. Wenn man die USA einholen will, dann muss man dies mit den Mitteln tun, die dieses Land nutzt. Deshalb gerieten die sozialistischen Länder in ein Krise, von der sie sich nur schwer hätten erholen können.

Während die reformistische bürgerliche Gesellschaft Ende der 70er Jahre ihren Höhepunkt erreichte, begann ihr Bild von einer Gesellschaft ohne Menschenopfer – eines Kapitalismus mit menschlichem Antlitz – zu bröckeln. Mehrere Krisen kündigten die Probleme an.

In den Ländern des Zentrums entstand eine Arbeitslosigkeit, angesichts derer sich die keynesianische Politik der Vollbeschäftigung als wirkungslos erwies. Obwohl die Staatshaushalte auf Ausgabenpolitik setzen, besserte sich die Situation der Arbeitslosigkeit nicht, aber die Inflation wurde dadurch angetrieben. Stagnation geht einher mit Inflation: deshalb spricht man von Stagflation. Gleichzeitig kommt die Entwicklungspolitik, die man in Lateinamerika und anderen Ländern der Dritten Welt verfolgt hatte, zum Stillstand. Trotz weiter steigender Wachstumsraten gibt es immer größere Bevölkerungsteile ohne Arbeit. Die gesamte Industrie wird zu einer großen Enklave. Die Entwicklungskrise wird in der Auslandsverschuldung der Dritten Welt sichtbar. Die Schulden sind zwar nicht Ursache der Krise, aber die Schuldenfolgen zementieren die Krise.

Parallel dazu wird eine Krise sichtbar, die einige Jahrzehnte vorher nur wenige vorhergesehen hatten: die ökologische Krise, die im Begriff ist, das Überleben der ganzen Menschheit zu bedrohen. Die Technik und deren marktförmige Nutzung führt zu Zerstörungen der Natur, deren Überleben Voraussetzung für das Überleben der Menschheit ist.

Es geht hier um Krisen, die keine Krisen des Kapitals oder des Marktes sind. Die Geschäfte gehen gut, die Profitraten steigen. Der Charakter der Krise hat sich gegenüber den zyklischen Krisen des 19. Jahrhunderts verändert. Damals fiel die Steigerung der Profitrate zusammen mit dem Wachstum der Beschäftigung, und das Sinken der Profitrate verringerte auch die Beschäftigung. Arbeitslosigkeit und in

Folge davon Verarmung traten zyklisch auf. Heute ist das anders. Arbeitslosigkeit und Verarmung nehmen zu, obwohl Dynamik und Profitrate des Handels wachsen. Aus Sicht des Kapitals gibt es keine Krise. Die Krise betrifft den Kreislauf der Reproduktion von menschlichem Leben und Natur. Die Profitraten steigen, sie haben nichts von einer Krise. Die weltweite Industrieproduktion hat sich in eine Insel, in ein Archipel, in eine Form von Enklave verwandelt, die sich umso besser entwickelt, je schlechter es den anderen geht. Die Zerstörung von Mensch und Natur fällt mit hohen Gewinnen zusammen. Es ist heute sichtbarer als früher, dass Profitraten in dem Maß steigen, in dem die Zukunft der Menschheit zerstört wird. Die Natur zu zerstören, die Entwicklung der Dritten Welt zu zerstören bringt höhere Profite als sie zu erhalten. Profitraten und Überleben der Menschheit geraten immer offensichtlicher in Widerspruch zueinander. Die Gewinnmaximierung erweist sich als der Weg, der zum Tod der Menschheit führt.

Deshalb verschwand in den 70er Jahren der Optimismus des Wohlfahrtsstaates. Die Entwicklung der unterentwickelten Länder stagnierte und die fortschreitende Naturzerstörung wurde immer offensichtlicher. Während in den 60er Jahren in den Ländern der Dritten Welt von der Notwendigkeit gesprochen wurde, die Entwicklung durch Maßnahmen zu sichern, die über den Geltungsbereich kapitalistischer Gesellschaft hinausgehen, erscheinen nun besorgte Analysen zur Umweltkrise. Im Jahr 1972 erschien der Bericht *Die Grenzen des Wachstums* des *Club of Rome*. In den 70er Jahren brachte Präsident Carter in den USA eine weltweite Bestandsaufnahme auf den Weg, die schließlich in den Bericht *Global 2000* mündete und der die Befürchtungen des *Club of Rome* bestätigte. Man kam zum Ergebnis, dass mögliche Maßnahmen tiefgreifende strukturelle Folgen für das ökonomische System haben würden.

Erstmals in ihrer Geschichte war die bürgerliche Gesellschaft offen mit einer Krise konfrontiert, die nicht mit einfachen politischen Reformen innerhalb der geltenden Grenzen des freien Spiels der Märkte gelöst werden konnte. Angesichts der Ziele – Entwicklungs- und Umweltpolitik – mündete der bürgerliche Reformismus in eine Kritik der bürgerlichen Gesellschaft selbst. Obwohl er diese Kritik nicht artikuliert, ist diese Gesellschaft ganz offensichtlich mit dem Problem konfrontiert. Sowohl die Entwicklung als auch die Erhaltung der Umwelt erfordern Maßnahmen der Koordination des technischen Apparates, die die Logik des Marktes von sich aus nicht hergeben kann. Es müssen Maßnahmen sein, die die Technik dirigieren, *bevor* sie im Markt zum Einsatz kommt.

Das ist eine Rückkehr zur Kapitalismuskritik von Marx. Der Markt hat sich tatsächlich als Automatismus erwiesen, der Reichtum produziert, indem er immer stärker die Quellen allen Reichtums zerstört: den Menschen und die Natur. Er zerstört die Natur und indem er die Menschen zerstört, beschleunigt er die Naturzerstörung zusätzlich. Denn je mehr Menschen aus der gesellschaftlichen Arbeitsteilung ausgeschlossen werden und zur Verarmung verurteilt sind, umso mehr versuchen sie, sich durch Naturzerstörung noch zu retten.

Auch die Marxschen Tendenzgesetze kehren zurück, denn sie können erklären, was heute geschieht. Wie Marx behauptete, hat der zerstörerische und vernichtende Marktmechanismus, den schon Adam Smith gesehen hat, einen akkumulativen und aufsteigenden Charakter. Heute können wir dies viel deutlicher sehen als es im 19. Jahrhundert möglich war. Es sind immer wieder die gleichen Bilder, die auftauchen. Man spricht davon, dass es fünf vor zwölf ist. Man spricht von einer Zeitbombe. Und man spricht von einer akkumulativen Zunahme der Zerstörung vor allem der Natur, die sich einem *point of no return* nähert, ab dem ein Zusammenbruch des Lebens nicht mehr umkehrbar ist.

Dennis Meadow, Herausgeber der Studie des *Club of Rome* über *Die Grenzen des Wachstums* antwortete in einem Interview auf die Frage, ob er heute nicht eine Studie mit ähnlicher Resonanz veröffentlichen wolle:

> Ich habe mich lange genug als globaler Evangelist versucht und dabei gelernt, daß ich die Welt nicht verändern kann. Außerdem verhält sich die Menschheit wie ein Selbstmörder, und es hat keinen Sinn mehr, mit einem Selbstmörder zu argumentieren, wenn er bereits aus dem Fenster gesprungen ist.[9]

---

[9] In: Der Spiegel 29 (1989), S. 118.

III. Der Raubtier-Kapitalismus

In den siebziger Jahren des 20. Jahrhunderts stieß der bürgerliche Reformismus an seine Grenze. Die Probleme struktureller Arbeitslosigkeit in den Ländern des Zentrums, die Enttäuschung über die Entwicklungspolitik in der Dritten Welt und die Umweltzerstörung konnten nicht mehr mit den herkömmlichen Methoden des bürgerlichen Reformismus bewältigt werden. Um diese Probleme zu lösen, hätte man zu Maßnahmen greifen müssen, die gegen heilige Grundsätze der bürgerlichen Gesellschaft verstoßen hätten, besonders jene, nach denen der Markt und seine Gesetze letzter und höchster Bezugspunkt jeder Wirtschaftspolitik sind. Als notwendig erschien eine neue ökonomische und ökologische Ordnung auf Weltebene. Der Weltmarkt benötigte einen Rahmen, der ihn in die Schranken einer wirtschaftlichen Vernunft weist, einer Vernunft, die die Bedingungen der Reproduktion menschlichen Lebens und der Natur respektiert.

Dies bedeutete für die bürgerliche Gesellschaft eine Herausforderung und Provokation. Sie hätte sich einem Problem stellen müssen, das die sozialistischen Gesellschaften nicht gelöst, ja nicht einmal bemerkt hatten, obwohl sie es gewesen wären, die eine Lösung hätten vorantreiben können. Die Provokation bestand für die bürgerliche Gesellschaft darin, dass sie sich dieser Herausforderung nur hätte stellen können, indem sie ihre eigenen Strukturen so verändert hätte, dass diese der Lösung der grundlegenden Probleme dienlich geworden wären.

Stattdessen machte die bürgerliche Gesellschaft eine totale Kehrtwende. Im Angesicht der Probleme leugnete sie sie. Als Reagan 1980 Präsident der USA wurde, startete er eine *tabula rasa*-Politik. Angesichts der strukturellen Arbeitslosigkeit setzte er auf die Schwächung, sogar Zerschlagung der Gewerkschaften und der Arbeitsmarktpolitik. Angesichts der Krise der Entwicklungspolitik setzte er auf Abschaffung und ein Ende der Entwicklung der Dritten Welt und angesichts der Umweltkrise schloss er einfach die Augen. Es begann eines der aggressivsten und destruktivsten Jahrzehnte in der Geschichte des Kapitalismus.

KAPITEL V

Der Raubtier-Kapitalismus kehrte zurück. Die Schwächung der Gewerkschaften wurde sehr schnell durchgesetzt. Die Länder Lateinamerikas durchlebten eine Zeit hemmungslosen Staatsterrorismus. Der Stillstand jeglicher Entwicklung in den unterentwickelten Ländern wurde durch eine Politik der Schuldeneintreibung erreicht, die die Errungenschaften der 50er und 60er Jahre zum großen Teil zerstörte. Was die Umwelt betrifft, wurden alle Schleusen der Zerstörung geöffnet und keine einzige Maßnahme – außer in Ländern des Zentrums – getroffen, das Ausmaß der Zerstörung einzudämmen. Nie zuvor war die Natur so hemmungslos zerstört worden wie in den 80er Jahren, genau in dem Jahrzehnt, das auf den Bericht *Die Grenzen des Wachstums* des *Club of Rome* und auf *Global 2000* folgte. Dort war nachdrücklich auf dieses Phänomen hingewiesen worden. Es tauchte eine Raubtier-Bourgeoisie auf, die die Zerstörung vorantrieb, ohne irgendwelche Gegenargumente zu akzeptieren. Ein ungezügelter Kapitalismus greift nach den Reichtümern des Planeten, solange sie noch existieren. Und je offensichtlicher die Krise des Sozialismus wird, um so wilder gebärdete sich der Kapitalismus.

Dieser Kapitalismus tritt gegen einen staatlichen Interventionismus auf, er ist antireformistisch und verurteilt und verfolgt die Volksbewegungen. Es ist ein nackter Kapitalismus, der uneingeschränkte Macht erlangt und diese mit uneingeschränkter Willkür nutzt. Er verwandelt die bürgerliche in eine militärische Gesellschaft, die ihre Auffassungen überall mit militärischer und polizeilicher Gewalt durchsetzt. Der Antiinterventionismus ist aber eine Verteidigung des nackten, grenzenlosen Marktes, der sich in grenzenlose Gewalt verwandelt. Der staatliche Terrorismus ist sein unverzichtbares Instrument. Wo immer es nötig ist, wird ein totalitäres Regime nationaler Sicherheit errichtet.

Der Raubtier-Kapitalismus kehrt zu Adam Smith als Klassiker zurück und feiert ihn als seinen Begründer. Die Theoretiker des bürgerlichen Reformismus, von John Stuart Mill und Marshall bis zu Keynes, werden fallen gelassen. Und er begründet sich im Namen der *unsichtbaren Hand*.

Nun kann man aber nicht einfach zu Adam Smith zurückkehren, denn er lebte in einer völlig anderen Welt, in der die akkumulativen Effekte der Destruktivität des Marktautomatismus noch nicht bekannt waren. Smith glaubt an eine Welt, in der die Vernichtung von Menschen durch Angebot und Nachfrage in den Märkten ein Opfer sei, das der Fruchtbarkeit der kapitalistischen Gesellschaft diene. Aber seit Smith ist der akkumulative Charakter dieser Zerstörungskraft vor allem durch den hervorragenden Marx bekannt geworden. Die imaginäre, halbarchaische Welt des Smith ist verschwunden. Der selbstzerstörerische Automatismus des Marktes ist heute für jeden sichtbar. Deshalb ist ein einfacher Rückgriff auf die *unsichtbare Hand* des Adam Smith so ohne weiteres nicht möglich.

Heute haben wir es nicht nur mit dem Tod von einigen zu tun, sondern tendenziell mit dem Tod der Menschheit insgesamt. Um den Raubtier-Kapitalismus aufrecht zu erhalten, betont die bürgerliche Gesellschaft dies sogar. Sie geht dazu über, den notwendigen Heroismus eines kollektiven Selbstmords der Menschheit zu propagieren. Überzeugt von der Kapitalismuskritik von Marx, entscheidet sie sich nicht für das Leben in Auseinandersetzung mit dem Markt, sondern für eine Todesmystik. Im kollektiven Selbstmord wird diese Mystik zum Projekt. Marx hat diese Möglichkeit nie gesehen. In seinem für das 19. Jahrhundert typischen Optimismus war er sich sicher, dass die Menschen auf die Entlarvung der Destruktivität des Marktautomatismus geradewegs und ohne Umweg mit Alternativen reagieren würden. Doch dem war nicht so. Das Projekt des heroischen kollektiven Selbstmords ist sehr verlockend. Der Nazismus in Deutschland war der erste Fall, in dem ein Volk sich mehrheitlich an einem Heroismus solchen Typs berauschte. Die Philosophie von Nietzsche ist das Denken, welches im Hintergrund dieser Todesmystik wie auch des aktuellen Systems steht.

IV. Die Rückkehr von Marx

Die Kapitalismuskritik von Marx war vielleicht nie so aktuell wie heute. Marx kehrt in seinen Hauptthesen zurück, die der Marxismus selbst lange Zeit nicht ernst genommen hatte. Die Wirklichkeit hat sich genau in die Richtung entwickelt, wie es Marx vorhergesehen hatte. Deshalb haben seine Thesen heute eine größere Überzeugungskraft als vor hundert Jahren. Marx kommt zurück. Aber er kommt als Klassiker, nicht als eine Autorität, die direkt durch die Probleme der Welt zu uns spricht. Marx als Klassiker hat die Grundlagen einer Kritik entwickelt, auf die man aufbauen muss, wenn man eine Zukunft für die Menschheit will.

Übersetzung: Ludger Weckel

KAPITEL VI

NIETZSCHE UND DIE MODERNE
EIN PSYCHOGRAMM DESSEN, WAS NIETZSCHE ÜBER NIETZSCHE SAGT

*I*n der folgenden Abhandlung geht es nicht darum, Nietzsche zu psychologisieren bzw. sein Denken aus seiner psychologischen Verfassung zu erklären. Nicht die Psychologie determiniert das Denken Nietzsches. Eher umgekehrt: Nietzsches Denken prägt zutiefst seine Persönlichkeit. Nietzsche ist ein äußerst strenger Asket. Er fordert ständig, sich selbst mit äußerster Härte zu behandeln, und praktiziert es selbst, ja tut sich selbst Gewalt an bis zur Selbstzerstörung.

Dieser gewalttätige Umgang mit sich selbst treibt ihn in einen inneren Konflikt, der schließlich zu echter Schizophrenie führt.

Wie kein anderer nimmt Nietzsche die Moderne in sich auf. Eben deshalb denkt und lebt er sie „bis zum äußersten" (in extremis). Nietzsche wird zur lebendigen Kopie der Moderne. Wenn wir verstehen wollen, was Moderne bedeutet, worin ihre Krise besteht und welche Zukunft sie erwartet, können wir es an Nietzsches Leben erkennen. Nietzsche ist die Inkarnation der Moderne.

Eben deshalb erkennt sich die Moderne in Nietzsche wieder, sobald sie zur Moderne *in extremis* wird. Während des Nazi-Regimes in Deutschland hat sie sich in Nietzsche wiedererkannt, auch in der heutigen sogenannten Globalisierungs-Epoche erkennt sie sich in ihm wieder. Nietzsche durchlebte in Fleisch und Blut die Moderne. Die Moderne durchlebt Nietzsches Geschick. Weil er die Moderne und ihre Krisen am eigenen Leib durchlitt, verfiel Nietzsche der Selbstzerstörung. Weil die Moderne ihre Inkarnation in Nietzsche gefunden hat, betreibt sie ihre Selbstzerstörung in Riesenschritten. Nietzsche und die Moderne spiegeln einander. Nietzsche betreibt eine *imitatio societatis*. Die Gesellschaft betreibt heute die *imitatio hominis* Nietzsche. Daraus ist ein *circulus vitiosus* geworden.

Nietzsche kann diese Funktion aus dem ganz einfachen Grund erfüllen, weil er die Moderne ins Extrem treibt, ohne auch nur im Geringsten Kritik an ihr zu üben. Die Moderne will nicht kritisiert, sondern bestätigt werden. Das leistet Nietzsche auf geniale Weise.

Nietzsche übt keinerlei Kritik, treibt vielmehr alles zum Extrem. Das lässt sich auch an der Art und Weise begreifen, wie er seine Persönlichkeit durch seine Schriften zu erkennen gibt, was überraschend naiv geschieht. Man merkt, dass er noch nicht durch das Freudsche Denken hindurchgegangen ist. Denn Freud weist ja gerade nach, was sich zeigt, wenn einer sich selbst zeigt. Nietzsche ist der letzte bedeutende Denker vor Freud. Deshalb kann er mit seiner Persönlichkeit noch in den letzten Jahren seines aktiven Lebens einen Striptease vollführen. Seine persönlichen Probleme erlebt er sehr bewusst, bleibt ihnen gegenüber aber sehr naiv. Nach Freud wird das niemand mehr so leichtfertig tun. Nur deshalb können wir die hier vorgelegte Analyse überhaupt betreiben.

Nietzsche ist die Inkarnation der Moderne. Daher hat er eine solche Bedeutung. In gewisser Weise *ist* Nietzsche die Moderne. Eben deshalb ist er auch für die Moderne eine Katastrophe. Wer sich also den Problemen der Moderne stellen will, muss sich zugleich dem Denken Nietzsches stellen. Eine Lösung für die Probleme, die Nietzsche aufwirft, lässt sich nur finden, wenn man über Nietzsche hinausgeht, nicht wenn man ihm folgt. Das postmoderne Denken bleibt der Moderne selbst verhaftet, weil es die Lösung bei Nietzsche sucht. Aber Nietzsche ist nicht die Lösung, sondern das Problem.

Trotz des bisher Gesagten bedeutet Nietzsche wirklich so etwas wie der Punkt, von dem ab es kein Zurück mehr gibt. Heutzutage muss man die Kritik an der Moderne, die es vor Nietzsche gab, wieder neu aufgreifen, weil die heutige Kritik damit beginnen muss, Nietzsche selbst zu kritisieren. Niemals zuvor ist die Moderne so treffend auf den Punkt gebracht worden wie bei Nietzsche. Aber ebenfalls war es nie zuvor so dringlich wie jetzt, die Moderne zu kritisieren, und zwar im klaren Wissen darum, dass diese Kritik Nietzsche einbeziehen muss, um über ihn hinauszugelangen.

Nietzsche als Mensch

Nietzsche ist ein friedlicher Mensch, allerdings ein bisschen kauzig und pedantisch. Er geht gern spazieren, liebt die Berge, ist tierlieb und tut niemandem weh. Er liebt Tiere so sehr, dass er sie nicht einmal auf der Jagd erschießen kann. Als er 1870/1871 in den deutsch-französischen Krieg zieht, wird er nicht als aktiver Soldat, sondern als Sanitäter eingesetzt; wahrscheinlich noch die ehrenhafteste Form der

Kriegsteilnahme, aber Nietzsche betrachtet dies als Versagen. Er hat eine schwache Gesundheit und nimmt sich daher bei Essen und Trinken in acht. Seine Gesundheit verbietet ihm, Alkohol zu trinken, so dass er Wasser vorzieht. Er ist geistreich. Er gehört zur Bildungsbürokratie der Schweiz, die ihm als Professor der Staatlichen Universität von Basel ein Gehalt bezahlt. Als er aus Krankheitsgründen schon als relativ junger Mann vorzeitig pensioniert wird, bezieht er eine Pension, die ihm ein zwar bescheidenes, aber ausreichendes Auskommen garantiert. Persönlich verhält er sich sehr menschlich, ja sogar mitleidig: er bricht endgültig zusammen, als er sieht, wie ein Pferd misshandelt wird. Weinend umarmt er es.

Er leidet an einer unheilbaren Krankheit, möglicherweise an Syphilis. Im Jahre 1889 fällt er in geistige Umnachtung, die häufig auf diese Krankheit zurückgeführt wird. In den letzten Jahren vor seinem Zusammenbruch scheint ihm klar gewesen zu sein, dass ihm dieses Schicksal bevorstand. Daher arbeitet er in diesen Jahren mit hektischem Tempo. In keinem Jahr schrieb er so viele Bücher wie gerade im Jahre 1888. Betrachtet man allerdings Nietzsches Selbstdarstellungen genauer, scheint es sehr unwahrscheinlich, dass sich sein geistiger Zusammenbruch aus der erwähnten Krankheit erklärt.

Merkwürdigerweise denkt er sich auf seinen Spaziergängen ein Menschenideal aus, das mit seinem tatsächlichen Leben nicht das Geringste zu tun hat, oder höchstens als dessen präzises Gegenteil. In seinen Fantasien liebt er den Krieg, ist er eine blonde Bestie, eine Raubkatze, erhebt er, der ein Schwacher ist, sich über die Schwachen und will sie noch stoßen, wenn sie schon fallen. Da ist er ein Herr von Sklaven – dieser Mann, der viel zu feinsinnig ist, um die Peitsche auf einen Menschenrücken niedergehen lassen zu können. Aber er träumt von Sklaven, er empört sich über den Sklavenaufstand, er ist davon fasziniert, sich selbst als einen Herrn zu fantasieren, der Sklaven zu beherrschen versteht. Er will Sklaven haben, will Sklaven beherrschen. Alle Frauen sind für ihn zur Sklaverei geboren. Er empört sich über alle, die Sklaven Recht geben und sich mit ihnen solidarisieren. Er hat von der Sklavenbefreiung in den USA gehört, und glaubt, dass damit eine Welt untergeht; er will zurückschlagen. Vielleicht glaubt er sogar, dass sein durchaus bescheidenes Gehalt, das ihm von der Universität Basel und daher durch den Schweizer Staat gezahlt wird, in Gefahr ist. Aber er, der so abgesichert ist wie wenige, ruft aus

„gefährlich leben!"[1] So geht er spazieren, steigt die Berge hinauf und wieder herunter, und gibt sich solchen Fantasien hin. Jetzt ist er Renaissancemensch, von unendlicher physischer Kraft, homerischer Held, Aristokrat, Wikinger. Wenn er mit sich selbst diskutiert, glaubt er, ein Schwert zu ziehen, wenn er schreibt, glaubt er, eine Schlacht zu kämpfen – er, der nur einen Federhalter in der Hand hat. Voller Ressentiments steckt gerade er, der scheinbar so friedlich spazieren geht und am Brunnen Wasser trinkt. Er zürnt den Schlecht-weg-gekommenen, die er nicht einmal kennt, die er aber für neidisch hält. Sie sollen es niemals anders haben, sie nicht. Sklaven sollen sie bleiben. Ihr Aufstand ist Neid, und er zieht sein Schwert, seinen Spazierstock, mit dem er zornig einen Ast abschlägt. Er sieht Blut spritzen und freut sich. Dabei ist es nur der Tau von den Blättern.

Die gesamte deutsche Mittelklasse – und nicht nur die deutsche – fängt an, so zu fantasieren. Sympathische Spaziergänger, die Hunde lieben, mit ihren Nachbarn streiten und sich wieder verstehen. Und eines Tages setzen sie in die Tat um, was sie sich auf diesen Spaziergängen ausgedacht haben. Vielleicht hatten sie nicht einmal daran gedacht, es auch wirklich auszuführen. Aber es wird zu solch einer eigenen Welt, dass sie danach verlangt, verwirklicht zu werden. So entstand eine der größten Menschheitskatastrophen. Etwas, das man ein tausendjähriges Reich nannte und als solches empfand: ein Reich, in dem die blonde Bestie – die Erlöser-Bestie – die schlecht weggekommenen, diese Leute, die schlecht riechen, dahin schickte, wohin sie gehören. Damit beginnt die Bestie ihren Höhenflug. Auf seinen friedlichen Spaziergängen, am Brunnen Wasser trinkend, denkt Nietzsche sich das tausendjährige Reich aus, das dann auf durchaus andere Weise verwirklicht wurde: „‚Das Paradies ist unter dem Schatten der Schwerter' – auch ein Symbolon und Kerbholz-Wort, an dem sich Seelen vornehmer und kriegerischer Abkunft verraten und erraten."[2]

---

[1] „Glaubt es mir! – das Geheimnis, um die größte Fruchtbarkeit und den größten Genuß vom Dasein einzuzuernten, heißt: gefährlich leben!" Friedrich Nietzsche, Werke und Briefe: Viertes Buch. Sanctus Januarius. In: Nietzsche, Friedrich, Werke in drei Bänden, Karl Schlechta (Hg.), München 1982, Bd. 2, S. 166. Alle folgenden Zitate stammen aus dieser Ausgabe.
[2] Nietzsche, Aus dem Nachlaß der achtziger Jahre. III, S. 505.

In Wirklichkeit hat er kein Schwert, sondern nur einen Federhalter. Dennoch kann ein solcher Federhalter durch jemanden, der sich Held und Heros dünkt, offensichtlich viel gefährlicher werden als ein Schwert.

Die zitierte Vorstellung entspricht genau der paranoischen Welt, die den Nazismus und heute die Globalisierungsstrategie hervorbringt. Aber vielleicht fällt Nietzsche nicht einmal ein, daß seine Träume eines Tages verwirklicht werden könnten. Auch jene, die diese Träume in die Tat umsetzen, sind friedliche Leute wie Nietzsche, lieben Spaziergänge und klassische Musik. Allerdings praktizieren sie, was gleichfalls friedliche Leute wie Nietzsche zuvor ausgedacht haben; in ihrer Freizeit gehen sie dann wieder spazieren und hören wieder klassische Musik. Nietzsche selbst hingegen würde wahrscheinlich diese Leute wieder verachtet haben, so wie er, in der Höhenluft der Berge, alle verachtete.

Die schrecklichen Träume solch friedlicher Spaziergänger, die nur Wasser trinken und vielleicht sogar Vegetarier sind, kann man heute in den Fernsehfilmen studieren, die das US-Fernsehen für Kinder nach Lateinamerika und in die ganze Welt versendet. Da sind alle diese infernalischen Vorstellungen aufs neue dargestellt, für begeisterte, friedliche Kinder gut verpackt, und es gibt keine Möglichkeit, sie vor dieser Hinterlist zu schützen.

Nietzsche, der Kämpfer

Nietzsche, der freundliche, aus Gesundheitsgründen frühpensionierte Mittelklassebürger sieht sich so:

> Ein ander Ding ist der Krieg. Ich bin meiner Art nach kriegerisch. Angreifen gehört zu meinen Instinkten. Feind sein *können*, Feind sein – das setzt vielleicht eine starke Natur voraus, jedenfalls ist es bedingt in jeder starken Natur. Sie braucht Widerstände, folglich *sucht* sie Widerstand: das aggressive Pathos gehört ebenso notwendig zur Stärke als das Rach- und Nachgefühl zur Schwäche.[3]

Nietzsche hat Feinde und bekämpft sie in Selbstgesprächen und mit Tinte. Er vergeistigt die Feindschaft, das glaubt er wenigstens. In

---
[3] Nietzsche, Ecce homo, II, S. 1078.

Wirklichkeit ist er völlig unfähig, Konflikte menschlich auszutragen. Sein Konflikt mit Richard Wagner ist der exemplarische Fall. Nietzsche dramatisiert den Konflikt gewissermaßen zu einem metaphysischen Zusammenstoß, so daß Wagner nie verstehen kann, was eigentlich passiert sein soll:

> Die Vergeistigung der Sinnlichkeit heißt *Liebe*: sie ist ein großer Triumph über das Christentum. Ein andrer Triumph ist unsere Vergeistigung der *Feindschaft*. Sie besteht darin, daß man tief den Wert begreift, Feinde zu haben. [...] Man hat auf das *große* Leben verzichtet, wenn man auf den Krieg verzichtet ...[4]

Nietzsche ist ein völlig normaler Durchschnittsbürger, der allerdings größenwahnsinnige Fantasien hat, eine Art philosophischer Karl May. Er fühlt sich als blonde Bestie, obwohl er mit Sicherheit völlig unfähig wäre, es auch wirklich zu sein.

> *Nicht* Zufriedenheit, sondern Macht; *nicht* Friede überhaupt, sondern Krieg [...] Die Schwachen und Mißratenen sollen zugrunde gehn: erster Satz *unsrer* Menschenliebe. Und man soll ihnen noch dazu helfen.[5]
>
> Nichts ist ungesunder, inmitten unserer ungesunden Modernität, als das christliche Mitleid. *Hier* Arzt sein, *hier* unerbittlich sein, *hier* das Messer führen – das gehört zu *uns*, das ist *unsre* Art Menschenliebe, damit sind *wir* Philosophen, wir Hyperboreer! –[6]
>
> Und was in der Welt stiftet mehr Leid, als die Torheiten der Mitleidigen? [...] Also sprach der Teufel einst zu mir: ‚auch Gott hat seine Hölle: das ist seine Liebe zu den Menschen.' [...] Und jüngst hörte ich ihn dies Wort sagen: ‚Gott ist tot; an seinem Mitleiden mit den Menschen ist Gott gestorben.'[7]
>
> [...] – ich bin sogar eine Gegensatz-Natur zu der Art Mensch, die man bisher als tugendhaft verehrt hat.[8]

Nichts von all dem Gesagten stimmt in der Realität, er lebt als völlig tugendhafter Mensch – mit den Seitensprüngen aller tugendhaften Menschen.

---

[4] Nietzsche, Götzen-Dämmerung. Moral als Widernatur, Nr. 3, II, S. 966f.
[5] Nietzsche, Der Antichrist. Fluch auf das Christentum. Nr. 2, II, S. 1165f.
[6] Ebd., S. 1169.
[7] Nietzsche, Also sprach Zarathustra, Vierter Teil. Anfang. II, S.477.
[8] Nietzsche, Der Antichrist, II, S. 1065.

Er macht aus ganz gewöhnlichen persönlichen Konflikten in seinen Fantasien große Kriege, übrigens die einzigen Kriege, die er führt. Als er am deutsch-französischen Krieg teilnimmt, wird er Sanitäter und erkrankt sehr bald in der Höhenluft dieses Krieges. Natürlich ist er ein Schreibtischtäter.

> Im Gegenteil, angreifen ist bei mir ein Beweis des Wohlwollens, unter Umständen der Dankbarkeit.[9]

Er fühlt sich im Angriff, mit Säbel, im Krieg, wenn er ganz einfach das Buch eines anderen kritisiert und einen Federhalter führt.

Die Unreinheit des Unten-Liegenden

Nietzsche empfindet ständig Unreinheiten. Es riecht schlecht. Er möchte vor dem schlechten Geruch fliehen – in die reine Luft, in die Höhenluft. Er ist wie besessen vom schlechten Geruch derer, die unten sind, von ihrer Fäulnis, ihrem Gift, ihrer Verwesung, ihrer Missgeburt. Vor denen, die schlecht riechen, empfindet er Ekel:

> Mir eignet eine vollkommen unheimliche Reizbarkeit des Reinlichkeits-Instinkts, so daß ich die Nähe oder – was sage ich? – das Innerlichste, die ,Eingeweide' jeder Seele physiologisch wahrnehme – *rieche* … […] der viele *verborgene* Schmutz auf dem Grunde mancher Natur, vielleicht in schlechtem Blut bedingt […] wird mir fast bei der ersten Berührung schon bewusst […] Der *Ekel* am Menschen, am ,Gesindel' war immer meine größte Gefahr.[10]

Daher stinkt ihm das Christentum:

> Wie armselig ist das ,Neue Testament' gegen Manu, wie schlecht *riecht* es![11]

Er sieht Fäulnis. Das Leben, das reine Sauberkeit sein sollte, wird durch das schlecht riechende Evangelium vergiftet:

> Unter Umständen vergiftet eine solche aus Fäulnis gewachsene Giftbaum-Vegetation mit ihrem Dunste weithin, auf Jahrtausende hin *das Leben* …[12]

---

[9] Nietzsche, Ecce homo, II, S. 1079.
[10] Ebd., S. 1080.
[11] Nietzsche, Götzen-Dämmerung. Die Verbesserer der Menschheit. Nr. 3, II, S. 980f.
[12] Götzen-Dämmerung. Streifzüge eines Unzeitgemäßen. Nr. 35, II, S. 1010.

Christentum, Alkohol – die beiden *großen* Mittel der Korruption…[13]

Nicht nur das Evangelium riecht schlecht, auch alle, die es verbreiten:

> Man lese nur irgendeinen christlichen Agitator, den heiligen Augustin zum Beispiel, um zu begreifen, um zu *riechen*, was für unsaubere Gesellen damit obenauf gekommen sind. [...] Die Natur hat sie vernachlässigt – sie vergaß, ihnen eine bescheidne Mitgift von achtbaren, von anständigen, von *reinlichen* Instinkten mitzugeben … Unter uns, es sind nicht einmal Männer.[14]

Das schlecht Riechende wagt sogar den Aufstand:

> Das Christentum ist ein Aufstand alles Am-Boden-Kriechenden gegen das, was *Höhe* hat: das Evangelium der ‚Niedrigen' *macht* niedrig …[15]

Das aber ist Missgeburt, Korruption, Verwesung, schlecht riechende Verwesung:

> [...] scheint es denn nicht, daß *ein* Wille über Europa durch achtzehn Jahrhunderte geherrscht hat, aus dem Menschen eine *sublime Mißgeburt* zu machen?[16]

Auch den Tod Gottes riecht man, der Leichnam Gottes verwest:

> Hören wir noch nichts vom Lärm der Totengräber, welche Gott begraben? Riechen wir noch nichts von der göttlichen Verwesung? – auch Götter verwesen![17]

In der ersten christlichen Gemeinde schon riecht man diese Korruption:

> Die Evangelien sind unschätzbar als Zeugnis für die bereits unaufhaltsame Korruption *innerhalb* der ersten Gemeinde. [...] Die Evangelien stehen für sich. Die Bibel überhaupt verträgt keinen Vergleich. Man ist unter Juden: erster Gesichtspunkt, um hier nicht völlig den Faden zu verlieren. Die hier geradezu Genie werdende Selbstverstellung ins ‚Heilige', [...] Hierzu gehört *Rasse*. Im Christentum, als der Kunst, heilig zu lügen, kommt das ganze Judentum, eine mehrhundertjährige jüdische allerernsthafteste Vorübung und Technik zur

---

[13] Nietzsche, Der Antichrist. II, S. 1232.
[14] Ebd., S. 1231f.
[15] Ebd., S. 1206.
[16] Nietzsche, Jenseits von Gut und Böse, Nr. 62, II, S. 624.
[17] Nietzsche, Die fröhliche Wissenschaft, II, S. 127f.

letzten Meisterschaft. Der Christ, diese *ultima ratio* der Lüge, ist der Jude noch einmal – *dreimal* selbst ... [18]

Den Geruch des Unten-Liegenden spürt Nietzsche in Paulus. Deshalb sagt er über Paulus:

> [...] wie man mit dem Symbol ‚Gott am Kreuze' alles Unten-Liegende, alles Heimlich-Aufrührerische, die ganze Erbschaft anarchistischer Umtriebe im Reich, zu einer ungeheuren Macht aufsummieren könne. ‚Das Heil kommt von den Juden.' – Dies war sein Augenblick von Damaskus.[19]

> [...] jetzt ist das Gesetz tot, jetzt ist die Fleischlichkeit, in der es wohnt, tot – oder wenigstens in fortwährendem Absterben, gleichsam verwesend.[20]

Dahinter entdeckt er die schlechten Instinkte, ein Gift:

> Das Gift der Lehre ‚*gleiche* Rechte für alle' – das Christentum hat es am grundsätzlichsten ausgesät; [...] einen Todkrieg aus den heimlichsten Winkeln schlechter Instinkte gemacht – [...] Die Unsterblichkeit jedem Petrus und Paulus zugestanden, war bisher das größte, das bösartigste Attentat auf die *vornehme* Menschlichkeit. [21]

Ungesund, schmutzig ist alles, und so kann nur ihr Gott sein:

> ... er blieb Jude, er blieb der Gott der Winkel, der Gott aller dunklen Ecken und Stellen, aller ungesunden Quartiere der ganzen Welt! [...] Und er selbst, so blaß, so schwach, so *décadent*...[22]

Der Reinlichkeitsinstinkt

Ständig verbindet er dieses Schlecht-Riechen mit der Verdauung und den Eingeweiden. Er ist ständig mit seiner Ernährung und seiner Verdauung beschäftigt. Er sagt es ausdrücklich im *Ecce Homo*, aber man merkt es all seinen Büchern an. Seine physische, übrigens sehr schwache Kondition beschreibt er:

---

[18] Nietzsche, Der Antichrist, II, S. 1205f.
[19] Ebd., S. 1230f.
[20] Nietzsche, Morgenröte, Erstes Buch, Nr. 68. I, S. 1056f.
[21] Nietzsche, Der Antichrist, II, S. 1205.
[22] Ebd., S. 1177f.

> Daß der Magen als Ganzes in Tätigkeit tritt, erste Voraussetzung einer guten Verdauung. Man muß die Größe seines Magens *kennen*.[23]
> Alle Vorteile kommen aus den Eingeweiden.[24]
> Der klimatische Einfluß auf den *Stoffwechsel*, seine Hemmung, seine Beschleunigung, geht so weit, daß ein Fehlgriff in Ort und Klima jemanden nicht nur seiner Aufgabe entfremden, sondern ihm dieselbe überhaupt vorenthalten kann: er bekommt sie nie zu Gesicht.[25]
> [...] wie hast gerade *du* dich zu ernähren, um zu deinem Maximum von Kraft, von *virtú* im Renaissance-Stil, von moralinfreier Tugend zu kommen?[26]
> [...] Christentum, Alkohol – die beiden *großen* Mittel der Korruption...[27]
> [...] Alkoholika sind mir nachteilig; ein Glas Wein oder Bier des Tags reicht vollkommen aus, mir aus dem Leben ein ‚Jammertal‘ zu machen – in München leben meine Antipoden.[28]

Seine Antipoden leben nicht nur in München. Seine Antipoden sind gerade jene Renaissance-Menschen mit ihrer *virtú*, die er doch so verehrt. Was haben denn sie mit solch einer Sauberkeitskrämerei zu tun? Was würde denn wohl ein Renaissancemensch über jemanden denken, der nicht einmal ein Glas Wein verträgt? Nietzsche hat eine physische Kondition, die es ihm gar nicht erlaubt, den Renaissance-Menschen zu spielen. Aber er will wenigstens die Pose haben, und wirkt dadurch lächerlich. Er posaunt laut heraus, was im Gegensatz zu dem Schicksal steht, das er zu ertragen hat. Stattdessen projiziert er die Probleme seiner Eingeweide auf den deutschen Geist. Er beklagt sich über

> die Herkunft des *deutschen Geistes* – aus betrübten Eingeweiden... Der deutsche Geist ist eine Indigestion, er wird mit nichts fertig.[29]

Über seine eigenen Probleme redet er, weder über die des deutschen Geistes, noch über die der Renaissance-Menschen oder der blonden Bestien. Daraus entwickelt er sogar eine Genietheorie:

---

[23] Nietzsche, Ecce homo, II, S. 1084.
[24] Ebd., S. 1085.
[25] Ebd.
[26] Ebd., S. 1082.
[27] Nietzsche, Der Antichrist, II, S. 1232.
[28] Nietzsche, Ecce homo, II, S. 1083.
[29] Ebd.

Eine zur schlechten Gewohnheit gewordene noch so kleine Einge-
weide-Trägheit genügt vollständig, um aus einem Genie etwas Mittel-
mäßiges, etwas ‚Deutsches' zu machen.[30]

Aus seiner eigenen physischen Schwäche macht er daher einen
Grund zur Aggression, und zeigt nicht die geringste Reife, sie zu ver-
arbeiten. Ebenso macht er es mit seiner eigenen Krankheit. Er wendet sie aggressiv gegen andere. Über Kant und Rousseau sagt er folgendes:

> Kant wurde Idiot. – Und das war ein Zeitgenosse *Goethes*! Dies Ver-
> hängnis von Spinne galt als der deutsche Philosoph – gilt es noch![31]
> [...]
>
> Das *Krankhafte* an Rousseau am meisten bewundert und *nachgeahmt*
> [...] Bei Rousseau unzweifelhaft die *Geistesstörung*, bei Voltaire eine
> ungewöhnliche Gesundheit und Leichtigkeit. Die *Rankune des Kran-
> ken*; die Zeiten seines Irrsinns auch die seiner Menschenverachtung
> und seines Mißtrauens.[32]

Nicht nur Kant wurde Idiot. Nietzsche, der sein eigenes Schicksal
vorhersieht, wendet es gegen andere. Er ist krank, jetzt will er krank
machen, Kranke verfolgen, Kranke beleidigen. Er begeistert sich an
der Gesetzgebung Manus. Krank machen, das macht gesund. Die
Moral hat krank gemacht:

> Sowohl die *Zähmung* der Bestie Mensch, als die *Züchtung* einer bestim-
> mten Gattung Mensch ist ‚Besserung' genannt worden: erst diese
> zoologischen *Termini* drücken Realitäten aus – Realitäten freilich, von
> denen der typische ‚Verbesserer', der Priester, nichts weiß – nichts
> wissen *will*... Die Zähmung eines Tieres seine ‚Besserung' nennen ist
> in unseren Ohren beinahe ein Scherz [...] Sie (die Bestie) wird ge-
> schwächt, sie wird weniger schädlich gemacht, sie wird durch den
> depressiven Affekt der Furcht, durch Schmerz, durch Wunden,
> durch Hunger zur *krankhaften* Bestie. – Nicht anders steht es mit dem
> gezähmten Menschen, den der Priester ‚verbessert' hat. Im frühen
> Mittelalter, wo in der Tat die Kirche vor allem eine Menagerie war,
> machte man allerwärts auf die schönsten Exemplare der ‚blonden
> Bestie' Jagd – man ‚verbesserte' zum Beispiel die vornehmen Germa-
> nen [...] Da lag er nun, krank, kümmerlich, gegen sich selbst böswil-

---

[30] Ebd., S. 1085.
[31] Nietzsche, Der Antichrist, II, S. 1172.
[32] Nietzsche, Aus dem Nachlaß, III, S. 508.

lig; voller Haß gegen die Antriebe zum Leben, voller Verdacht gegen alles, was noch stark und glücklich war. Kurz, ein ‚Christ' … Physiologisch geredet: im Kampf mit der Bestie *kann* Krankmachen das einzige Mittel sein, sie schwach zu machen.[33]

Die Schlecht-weggekommenen, die Beherrschten siegen dadurch, dass sie den Vornehmen, die blonde Bestie, krank machen. Der Vornehme kann sich nicht wehren, wenn er nicht jetzt jene Schlecht-weggekommenen, die Tschandala, krank macht. Das ist die Züchtung, die an die Stelle der Zähmung tritt. Nietzsche begeistert sich daran, wie Manu die Deklassierten seiner Gesellschaft zu behandeln vorschreibt:

> [...] daß das Wasser, welches sie nötig haben, weder aus den Flüssen, noch aus den Quellen, noch aus den Teichen genommen werden dürfe, sondern nur aus den Zugängen zu Sümpfen und aus Löchern, welche durch die Fußstapfen der Tiere entstanden sind. Insgleichen wird ihnen verboten, ihre Wäsche zu waschen und *sich selbst zu waschen*, da das Wasser, das ihnen aus Gnade zugestanden wird, nur benutzt werden darf, den Durst zu löschen [...] – Der Erfolg einer solchen Sanitäts-Polizei bleibt nicht aus: mörderische Seuchen, scheußliche Geschlechtskrankheiten und daraufhin wieder ‚das Gesetz des Messers', die Beschneidung für die männlichen, die Abtragung der kleinen Schamlippen für die weiblichen Kinder anordnend. – Manu selbst sagt: ‚die Tschandala sind die Frucht von Ehebruch, Inzest und Verbrechen (– dies die *notwendige* Konsequenz des Begriffs Züchtung). Sie sollen zu Kleidern nur Lumpen von Leichnamen haben [...] Es ist ihnen verboten, von links nach rechts zu schreiben und sich der rechten Hand zum Schreiben zu bedienen: der Gebrauch der rechten Hand und des Von-links-nach-rechts ist bloß den *Tugendhaften* vorbehalten, den Leuten von *Rasse*.'[34]

Die Vornehmen hatten sich also mit solchen Mitteln der Schlechtweggekommenen zu erwehren – Nietzsche nennt dies die „arische Humanität" –, um gesund zu bleiben:

> Und wieder hatte(n) sie kein andres Mittel, ihn ungefährlich, ihn schwach zu machen, als ihn *krank* zu machen – es war der Kampf mit der ‚großen Zahl'.[35]

---

[33] Nietzsche, Götzen-Dämmerung. Die ‚Verbesserer' der Menschheit. Nr. 2. II, S. 979f.
[34] Götzen-Dämmerung. Die Verbesserer der Menschheit. Nr. 3, II, S. 980f.
[35] Ebd.

Nietzsche war davon überzeugt, wenigstens indirekt durch die christliche Moral krank geworden zu sein. Seine Aussagen über die christliche Moral spiegeln das Verständnis seiner eigenen Lebensgeschichte. Er fordert für sich Gesundheit, indem er die krank machen will, auf deren Seite, wie er glaubt, die christliche Moral steht.

Die Höhenluft

Wer so sehr vom schlechten Geruch verfolgt wird, sucht Höhenluft:

> Wer die Luft meiner Schriften zu atmen weiß, weiß, daß es eine Luft der Höhe ist, eine *starke* Luft.[36]

In dieser Höhenluft entstand der *Ewige-Wiederkunfts-Gedanke*:

> Ich erzähle nunmehr die Geschichte des Zarathustra. Die Grundkonzeption des Werks, der *Ewige-Wiederkunfts-Gedanke*, die höchste Formel der Bejahung, die überhaupt erreicht werden kann –, gehört in den August des Jahres 1881: er ist auf ein Blatt hingeworfen, mit der Unterschrift: ‚6000 Fuß jenseits von Mensch und Zeit'[37]

In dieser Höhenluft genießt er seine Vornehmheit, die er natürlich überhaupt nicht realisieren kann:

> Im *großen Menschen* sind die spezifischen Eigenschaften des Lebens – Unrecht, Lüge, Ausbeutung – am größten.[38]

Der Mensch wird zu etwas Höherem dadurch, daß er sich über die Niedrigen, die Unten-Liegenden, erhebt. Jene, die schlecht riechen, werden zu Sklaven. Für den Höheren wird alles zum Sklaven. Nicht nur die Natur, ebenso alle Menschen und unter ihnen besonders die Frauen: „Du gehst zu Frauen? Vergiß die Peitsche nicht!". Man braucht nicht viel von Nietzsches Leben zu kennen, um zu wissen, wie hilflos er Frauen gegenüber ist. Er war immer nur unglücklich verliebt. In diesem Unglück hat natürlich eine Peitsche nie eine Rolle gespielt, wohl aber unendliche Idealisierungen von Frauen. Aber eben dieser Nietzsche entwickelt eine Utopie uneingeschränkter Herrschaft.

---

[36] Nietzsche, Ecce homo, Nr. 3, II, S. 1066.
[37] Nietzsche, Ecce homo, II, S. 1128.
[38] Nietzsche, Aus dem Nachlaß, III, S. 861.

> Es kommt ein Zeitpunkt, wo der Mensch Kraft im Überfluß zu Diensten hat: die Wissenschaft ist darauf aus, diese *Sklaverei der Natur* herbeizuführen. [...] Dann bekommt der Mensch *Muße*: sich selbst *auszubilden*, zu etwas Neuem, Höherem. *Neue Aristokratie*.[39]

Er wird zum Propheten der Tierwerdung des Menschen; das Tier muss heraus, denn es ist das Höhere. Der höhere Mensch ist der Barbar.

> Auf dem Grunde aller dieser vornehmen Rassen ist das Raubtier, die prachtvoll nach Beute und Sieg lüstern schweifende *blonde Bestie* nicht zu verkennen; es bedarf für diesen verborgenen Grund von Zeit zu Zeit der Entladung, das Tier muß wieder heraus, muß wieder in die Wildnis zurück [...] in diesem Bedürfnis sind sie sich alle gleich. Die vornehmen Rassen sind es, die den Begriff ‚Barbar' auf all den Spuren hinterlassen haben, wo sie gegangen sind [...][40]

Und jetzt will Nietzsche zuschlagen:

> Um sich aus jenem Chaos zu dieser Gestaltung emporzukämpfen – dazu bedarf es einer *Nötigung*: man muß die Wahl haben, entweder zugrunde zu gehn oder *sich durchzusetzen*. Eine herrschaftliche Rasse kann nur aus furchtbaren und gewaltsamen Anfängen emporwachsen. Problem: wo sind die *Barbaren* des zwanzigsten Jahrhunderts? Offenbar werden sie erst nach ungeheuren sozialistischen Krisen sichtbar werden und sich konsolidieren – es werden die Elemente sein, die der *größten Härte gegen sich selber* fähig sind, und den *längsten Willen* garantieren können.[41]

„Sozialismus oder Barbarei", diese Alternative stammt nicht aus den 30er Jahren und auch nicht von Adorno oder Horkheimer. Sie stammt von Nietzsche. Barbarei statt Sozialismus, das ist seine Lösung.

Diese Höhenluft verursacht bei ihm den Höhenkater. Er verfällt in die Orgie einer seinen Fantastereien entsprechenden Eitelkeit, die er ohne jede Selbstironie ausposaunt: „Warum ich so weise bin." „Warum ich so klug bin." „Warum ich so gute Bücher schreibe." sind die Titel, unter denen er solche Sachen vorlegt, sagt uns aber zumindest:

---

[39] Ebd., S. 859.
[40] Nietzsche, Zur Genealogie der Moral, Erste Abhandlung. Nr. 11. II, S. 786.
[41] Nietzsche, Aus dem Nachlaß, III, S. 690.

„daß jeder Mann gerade so viel Eitelkeit hat, als es ihm an Verstande fehlt."[42] So ernennt er sich selbst zum Aristokraten:

> Der Reichtum erzeugt notwendig eine Aristokratie der Rasse, denn er gestattet die schönsten Weiber zu wählen, die besten Lehrer zu besolden, er gönnt dem Menschen Reinlichkeit, Zeit zu körperlichen Übungen und vor allem Abwendung von verdumpfender körperlicher Arbeit. Soweit verschafft er alle Bedingungen, um, in einigen Generationen, die Menschen vornehm und schön sich bewegen, ja selbst handeln zu machen: die größere Freiheit des Gemüts, die Abwesenheit des Erbärmlich-Kleinen, der Erniedrigung vor Brotgebern, der Pfennig-Sparsamkeit.[43]

Allerdings kalkuliert Nietzsche seine eigene Chance für Aristokratie durch eine höchst unaristokratische Pfennig-Sparsamkeit, nämlich wie ein Steuerinspektor:

> Dabei ist zu bedenken, daß der Reichtum fast die gleichen Wirkungen ausübt, wenn einer 300 Taler oder 30000 jährlich verbrauchen darf: es gibt nachher keine wesentliche Progression der begünstigenden Umstände mehr.[44]

Da er 3000 Franken jährlich als Pension der Stadt Basel zur Verfügung hat, gehört er noch ganz klar dazu. Und wer mehr hat, hat keine besseren Chancen. Unter seinesgleichen bis nach ganz oben ist er sehr wohl um Gleichheit besorgt. Alle haben die gleiche Chance: „es gibt [...] keine wesentliche Progression der begünstigenden Umstände mehr". Um selber Aristokrat sein zu können, muss er die ganze Mittelklasse für aristokratisch erklären. Doch was er für aristokratisch erklärt, steht im Gegensatz zum Selbstverständnis der

---

[42] Nietzsche, Unzeitgemässe Betrachtungen, I, S. 250. Dies ist der kategoriale Rahmen, in dem Nietzsche philosophiert. Bertolt Brecht schreibt dazu eine Persiflage, in der er direkt darauf antwortet. Im Lied von Orge, das Baal singt, ist das genaue Gegenteil dessen, was Nietzsche sagt, zu hören: „Orge sagte mir: Der liebste Ort, den er auf Erden hab/ sei nicht die Rasenbank am Elterngrab./ Sei nicht ein Beichtstuhl, sei kein Hurenbett/ Und nicht ein Schoß, weich, warm und fett./ Orge sagte mir: der liebste Ort/ auf Erden sei ihm der Abort./ Dies sei ein Ort, wo man zufrieden ist/ daß drüber Sterne sind und drunter Mist./ Ein Ort der Demut, dort erkennst du scharf:/ Daß du ein Mensch nur bist, der nichts behalten darf." Brecht, Bertolt: Baal. Szene: In der Branntweinschenke.
[43] Nietzsche, Menschliches, Allzumenschliches. Erster Band. Nr. 479 I, S. 688.
[44] Ebd., S. 689.

KAPITEL VI

Aristokaten-Klasse: man ist Aristokrat und deshalb gebührt dem Aristokraten der Reichtum; nicht erst der Reichtum macht den Aristokraten.

Nietzsches Vorstellung vor der Aristokraten-Klasse entspricht seiner Vorstellung von den anderen. Über die da unten sagt er:

> ... ein ganz Armer richtet sich gewöhnlich durch Vornehmheit der Gesinnung zugrunde, er kommt nicht vorwärts und erwirbt nichts, seine Rasse ist nicht lebensfähig. [45]

Aber die aristokratische Höhe reicht nicht. Nietzsche geht weiter:

> Lieber keinen Gott, lieber auf eigene Faust Schicksal machen, lieber Narr sein, lieber selber Gott sein![46]

Aber Nietzsche bleibt sterblich. Wie sterben Götter?

> der Tod: – Man muß die dumme physiologische Tatsache in eine moralische Notwendigkeit umdrehn. *So leben, daß man auch zur rechten Zeit seinen Willen zum Tode hat!*
> Der Kranke ist ein Parasit der Gesellschaft.[47]
> Auf eine stolze Art zu sterben, wenn es nicht mehr möglich ist, auf eine stolze Art zu leben. Der Tod, aus freien Stücken gewählt, der Tod zur rechten Zeit, mit Helle und Freudigkeit, inmitten von Kindern und Zeugen vollzogen: so daß ein wirkliches Abschiednehmen noch möglich ist, wo der *noch da ist*, der sich verabschiedet, insgleichen ein wirkliches Abschätzen des Erreichten und Gewollten, eine *Summierung* des Lebens [...][48]

Was bleibt, ist dies:

> Die weisheitsvolle Anordnung und Verfügung des Todes gehört in jene jetzt ganz unfaßbar und unmoralisch klingende Moral der Zukunft, in deren Morgenröte zu blicken ein unbeschreibliches Glück sein muß.[49]

Als Nietzsche seinem Zusammenbruch nahe kommt, sieht er durchaus voraus, was ihm droht. Aber er tut nicht, was er hier ankündigt. Er stirbt wie alle Menschen, ganz menschlich.

---

[45] Ebd.
[46] Nietzsche, Also sprach Zarathustra, Vierter Teil. Werke Bd. II, S. 500.
[46] Nietzsche, Aus dem Nachlaß, III, S. 429.
[47] Nietzsche, Götzen-Dämmerung. Nr. 36. II, S. 1010.
[48] Ebd., S. 1011.
[49] Nietzsche, Menschliches, Allzumenschliches. Zweiter Band. Nr. 185, I, S. 949.

Nietzsche, der Utopist

Von seinen Höhen aus erkennt Nietzsche das Paradies und die Erlösung:

,Das Paradies ist unter dem Schatten der Schwerter' – auch ein Symbolon und Kerbholz-Wort, an dem sich Seelen vornehmer und kriegerischer Abkunft verraten und erraten.[50]

Es kommt ein Zeitpunkt, wo der Mensch Kraft im Überfluß zu Diensten hat: die Wissenschaft ist darauf aus, diese *Sklaverei der Natur* herbeizuführen.

Dann bekommt der Mensch *Muße*: sich selbst *auszubilden*, zu etwas Neuem, Höherem. *Neue Aristokratie*. Dann werden eine Menge *Tugenden überlebt*, die jetzt *Existenzbedingungen* waren. – Eigenschaften nicht mehr nötig haben, *folglich* sie verlieren. Wir haben die Tugenden nicht mehr *nötig: folglich* verlieren wir sie (– sowohl die Moral vom ,Eins ist not', vom Heil der Seele, wie der Unsterblichkeit: sie waren Mittel, um dem Menschen eine ungeheure *Selbstbezwingung zu ermöglichen*, durch den Affekt einer ungeheuren Furcht...).[51]

Zwar handelt es sich hier um eine Gegen-Utopie, aber sie bleibt dennoch Utopie. Diese bestreitet alle früheren Utopien und wird für Nietzsche zu einer Utopie von uneingeschränkter Herrschaft, deren neuer Mensch und Held der Tiermensch ist, der sich sogar von einer Ethik der Tierwerdung leiten lässt. Tierwerden verlangt ebenfalls höchste Disziplin, ebenso wie den Traum von der „Versklavung der Natur". Ein neuer Mensch tritt in Erscheinung, diesmal aus einer unvermuteten Richtung:

Nicht Zufriedenheit, sondern mehr Macht; *nicht* Friede überhaupt sondern Krieg; *nicht* Tugend, sondern Tüchtigkeit (Tugend im Renaissance-Stile, *virtù*, moralinfreie Tugend). Die Schwachen und Mißratenen sollen zugrunde gehn: erster Satz *unsrer* Menschenliebe. Und man soll ihnen noch dazu helfen.

Was ist schädlicher als irgendein Laster? – Das Mitleiden der Tat mit allen Mißratnen und Schwachen – das Christentum ...[52]

Tierwerdung wird zur *virtù* erklärt und zur Menschenliebe gemacht. Die Schwachen zugrunde gehen lassen ist der erste Schritt zur Gro-

---

[50] Nietzsche, Aus dem Nachlaß, III, S. 505.
[51] Ebd., S. 859.
[52] Nietzsche, Der Antichrist, II, S. 1165f.

ßen Utopie der Menschenliebe. Mit dieser Gegen-Utopie bietet Nietzsche die Erlösung durch einen neuen Erlöser an, einen Menschen, der von dieser großen Liebe erfüllt ist, der in der Tat niemand anderer ist als Nietzsche selbst:

> Aber irgendwann, in einer stärkeren Zeit, als diese morsche, selbstzweiflerische Gegenwart ist, muß er uns doch kommen, der *erlösende* Mensch der großen Liebe und Verachtung, der schöpferische Geist, den seine drängende Kraft aus allem Abseits und Jenseits immer wieder wegtreibt, dessen Einsamkeit vom Volke mißverstanden wird, wie als ob sie eine Flucht *vor* der Wirklichkeit sei – während sie nur seine Versenkung, Vergrabung, Vertiefung *in* die Wirklichkeit ist, damit er einst aus ihr, wenn er wieder ans Licht kommt, die *Erlösung* dieser Wirklichkeit heimbringe: ihre Erlösung von dem Fluche, den das bisherige Ideal auf sie gelegt hat. Dieser Mensch der Zukunft, der uns ebenso vom bisherigen Ideal erlösen wird als von dem, *was aus ihm wachsen mußte,* vom großen Ekel, vom Willen zum Nichts, vom Nihilismus, dieser Glockenschlag des Mittags und der großen Entscheidung, der den Willen wieder frei macht, der der Erde ihr Ziel und dem Menschen seine Hoffnung zurückgibt, dieser Antichrist und Antinihilist, dieser Besieger Gottes und des Nichts – *er muß einst kommen...*[53]

Nietzsche selbst ist der Erlöser der Welt, der Mensch der großen Liebe, der den Menschen dazu erlöst, das Paradies unter dem Schatten der Schwerter zu erfahren. Er erlöst die Menschheit von allen vorangegangenen Erlösungen sowie von all deren Idealen und Flüchen, unter denen die Menschheit gelitten hat. Jedoch nicht nur von den verfluchten Idealen, sondern auch von den verfluchten Nihilismen, die nur die Konsequenzen der Ideale sind. Der Nihilismus ist nur die Negation der Ideale. Wenn also die Ideale verschwinden, verschwindet mit ihnen der Nihilismus als ihre Negation ebenfalls. Aus der Brutalisierung des Menschen wird, wenn sie bis ins Extrem vorangetrieben wird, der neue Mensch, ein neues Ideal hervorgehen:

> Man soll das Reich der Moralität Schritt für Schritt verkleinern und eingrenzen: man soll die Namen für die eigentlichen hier arbeitenden Instinkte ans Licht ziehen und zu Ehren bringen, nachdem sie die längste Zeit unter heuchlerischen Tugendnamen versteckt wurden; man soll aus Scham vor seiner immer gebieterischer redenden ‚Red-

---

[53] Nietzsche, Zur Genealogie der Moral, Zweite Abhandlung. Nr.24. II, S. 836f.

lichkeit' die Scham verlernen, welche die natürlichen Instinkte verleugnen und weglügen möchte. Es ist ein Maß der Kraft, wie weit man sich der Tugend entschlagen kann; und es wäre eine Höhe zu denken, wo der Begriff ‚Tugend' so umempfunden wäre, daß er wie *virtù* klänge, Renaissance-Tugend, moralinfreie Tugend. Aber einstweilen – wie fern sind wir noch von diesem Ideale![54]

Das ist Nietzsches Utopie: indem man alle Ideale zerstört, stößt man auf das neue Ideal. Je schlechter, desto besser – das ist seine Utopie!

Nietzsche und seine Dreiecks-Konflikte

Nietzsche ist in seinen Beziehungen zu anderen Menschen ein friedfertiger Mensch. Seit seiner Frühpensionierung lebt er nahezu ein Nomadenleben. Alle, die ihn kennen, beschreiben ihn als liebenswürdig, mitfühlend und gleichzeitig befremdlich.

Aber wenn Nietzsche selbst über seine Beziehungen zu anderen nachdenkt, dann lebt er in seiner Vorstellung „im Schatten der Schwerter". Er glaubt sich in einem Kampf auf Leben und Tod mit seinen Feinden und sammelt deshalb seine eigenen Truppen. Er hält sich für einen Wikinger, einen Samurai, einen römischen Kaiser, einen Barbaren. Die Truppen aber, die er für seinen theoretischen Krieg sammelt, sind nicht sehr zahlreich; dazu gehören zum Beispiel Machiavelli und die Autoren des „Gesetzbuches des Manu", einem ca. zweitausend Jahre alten indischen Text mit Verhaltensregeln. Mit ihnen kämpft er gegen viele, gegen das Judentum, das Christentum, gegen Liberalismus und Sozialismus – also gegen all jene, die nicht im „Schatten der Schwerter" leben wollen. Weil er gegen sie alle kämpft, bekämpft er die Gleichheit und die Würde der Menschen. Er bekämpft all jene, die zu seiner Zeit die Sklaverei beseitigten. Weil er Krieg und Auseinandersetzung braucht, empört ihn jeder Pazifismus, selbst wenn er in seinem Alltagsleben ein sehr friedfertiger Mensch ist.

Nietzsche personalisiert die Auseinandersetzung. Weil er kein Schwert besitzt und es auch nicht zu handhaben weiß, hält er seine Feder für ein Schwert. Dieses Schwert schwingt er gegen Menschen,

---

[54] Nietzsche, Aus dem Nachlaß, III, S. 619f.

die weit entfernt von ihm leben und mit denen er sich deshalb nicht persönlich auseinandersetzen muss. Ein Paradigma für diese Art von Konflikt hat René Girard entdeckt und sehr gründlich als „mimetisches Dreieck" analysiert.[55] Ich will zwar von dieser Analyse Girards ausgehen, sie aber in etwas anderen Begriffen entwickeln.

Dieser Dreiecks-Konflikt im Leben Nietzsches entsteht in den 70er Jahren des 19. Jahrhunderts auf Grund seiner 1868 begonnenen Freundschaft mit Richard Wagner und dessen Frau Cosima. Nietzsche wird von Wagner eingeladen und besucht ihn mehrmals in seinem Wohnhaus in Tribschen. Die Musik Wagners und das gemeinsame Interesse an der Philosophie Schopenhauers verbindet sie. Ende 1878, nachdem Nietzsche sein Buch „Menschliches, Allzumenschliches" veröffentlicht hat, in dem er heftig gegen Schopenhauer polemisiert, zerbricht die Freundschaft. Das Ehepaar Wagner hält diese Veröffentlichung für einen ausreichenden Grund, Nietzsche Verrat und „Positivismus" vorzuwerfen und mit ihm zu brechen. In dieser Auseinandersetzung greift Cosima ihn heftiger an als Wagner. Nietzsche aber kritisiert Wagner scharf, ohne Cosima zu erwähnen.

Dabei kommt ans Licht, dass Nietzsche den berühmten, erfolgreichen Musiker Wagner bereits vorher als einen Rivalen angesehen hat, den es zu besiegen galt. Nietzsche bewunderte Wagner, aber in dieser Bewunderung macht er ihn zum Rivalen. Diesen Rivalen kann Nietzsche aber nicht besiegen, weil er selbst nur wenigen bekannt ist und bis zum Ende seines aktiven Lebens kaum Publikum für seine Bücher findet. Je weniger ihm das gelingt, desto mehr fixiert er sich auf Wagner als „hinderliches Modell" und Rivalen. Bei dieser Rivalität fixiert er sich auch auf Cosima, ohne ihr je überhaupt einmal näher zu kommen. Seinen Sieg stellte er sich so vor, dass er Wagner besiegen, selbst an seine Stelle treten und Cosima als Preis für den Sieg erhalten würde. In seiner Fantasie übergab Nietzsche Cosima an Wagner, damit dieser sie ihm nach der Niederlage zurückgeben müsste.

Die Rivalität besteht nicht beidseitig, sondern ist völlig einseitig. Weil Nietzsche sich als Rivale Wagners betrachtet, hält er Wagner für seinen Rivalen. Daher kann er sich auch Cosima als Preis imaginieren. Aber Nietzsche ist für Wagner gar kein Rivale. Möglicherweise merkt

---

[55] Girard, René. Estrategias de la locura: Nietzsche, Wagner y Dostoyevski, in: Id. Literatura, mímesis y antropología, Barcelona 1997.

Wagner nicht einmal, dass Nietzsche sich als sein Rivale versteht. Wenn Wagner Rivalen hatte, dann waren es gewiss andere, aber nicht solch ein Unbekannter wie Nietzsche. Und natürlich ist auch Cosima nur ein von Nietzsche imaginierter Preis.

Nach dem Bruch der Freundschaft bearbeitet Nietzsche diesen Dreiecks-Konflikt und macht daraus einen Mythos. Dazu verwendet er den Mythos von Dionysos, der in seinem Dreieckskonflikt mit Theseus dessen Frau Ariadne als Frau erhält. Schauplatz dieses Mythos ist die Insel Naxos.

In der mythologischen Fassung seines Dreieckskonfliktes erklärt Nietzsche Tribschen, den Wohnort Wagners, zu seinem Naxos. Er selbst macht sich zu Dionysos, Wagner zu Theseus und Cosima zu Ariadne. So redet er seit 1885. Aber diese mythologische Umformulierung macht den Konflikt funktional, so dass er ihn auf andere Situationen übertragen kann. Er macht daraus einen kategorialen Rahmen, der sein zukünftiges Denken beherrschen sollte. Er überträgt nun dieses Schema auf alle Diskussionen, die er je mit anderen Denkern hat. Weil er sich stets als Sieger betrachtet, wird er in seiner Vorstellung auch stets von Ariadne begleitet. Je mehr dieser Konflikt an Schärfe gewinnt, desto mehr fühlt Nietzsche sich als Dionysos, der sich in Nietzsche verkleidet hat und der seine Ariadne für immer besitzt.[56]

Mit Hilfe dieses Dreiecks-Schemas deutet Nietzsche seine gesamte Kritik als Kampf, um irgendeinen Rivalen zu besiegen und zu beseitigen. Aber der Sieg über den Rivalen ist stets verbunden mit dem Begehren, dessen Platz einzunehmen. Der Rivale wird stets bewundert, damit Nietzsche ihn beseitigen und seinen Platz einnehmen kann. Er hält den Rivalen jeweils für hoch bedeutsam, damit nach dessen Niederlage Nietzsches Bedeutung noch größer wird. Nietzsche behandelt seinen Rivalen wie viele Christen den Luzifer. Diese verherrlichen den Luzifer als schönstes Geschöpf Gottes, nur wenig geringer als Gott. Indem sie ihn beseitigen, bedeuten sie mehr als er und heben sich selbst fast auf eine Stufe mit Gott.

In den 80er Jahren konstruiert Nietzsche zwei Rivalen dieses Typs, die aufeinander folgen. Der erste ist Sokrates zusammen mit Platon.

---

[56] Vgl. Podach, Erich F., Nietzsches Ariadne. In: Salaquarda, Jörg (Hg.), Nietzsche, Darmstadt 1980.

Sein Hass auf das Christentum ist bereits spürbar, aber er hält ihn für zweitrangig und bezeichnet das Christentum als „Platonismus fürs Volk"[57]. Nietzsche hält Sokrates für den großen Philosophen, der alles nachfolgende Denken bis zu Nietzsche selbst begründet hat. Er bezeichnet Sokrates als „Wende" der Weltgeschichte. Aber zugleich betrachtet er ihn als seinen Gegner, ja hält ihn sogar für einen „Schurken". Nietzsche versteht sich selbst als neuer Sokrates, der Sokrates überwindet und beseitigt. Damit wird er zum Dionysos, der Ariadne zu Recht an seiner Seite hat[58].

Aber mit den Büchern „Jenseits von Gut und Böse" und „Genealogie der Moral" tritt Sokrates seinen Rang an Paulus von Tarsus ab, zu dem Nietzsche eine extreme Rivalität entwickelt, von der alle früheren Feinde in den Schatten gestellt werden. Diese Rivalität dauert bis zum Zusammenbruch von 1889. Er deutet Paulus als den wirklichen Begründer des Christentums, der Jesus nur als Vorwand verwendet. Nun ist das Christentum kein Platonismus fürs Volk mehr, sondern der Platonismus wird zum Christentum für Philosophen. Nietzsches Spätwerk „Der Antichrist" ist zweifellos ein Anti-Paulus. Nietzsche hebt Paulus von Tarsus in die Höhe und macht ihn für die gesamte Geschichte vor Nietzsche zu einer Schlüsselfigur, mit der die Dekadenz der Menschheit durch die Umwertung aller Werte beginnt. Während zuvor Sokrates die Wende der Weltgeschichte bedeutete, wird jetzt Paulus dazu gemacht. Aber Nietzsches Paulusinterpretation ist weit eindrucksvoller als die der meisten Theologen seiner Zeit.

Nietzsche bietet sich an, die Umwertung aller Werte noch einmal vorzunehmen, um die von Paulus bewerkstelligte Umwertung aller Werte zu beseitigen. Während er Paulus einerseits diese einzigartige Bedeutung in der Geschichte zugesteht, muss er ihn andererseits als seinen Feind zugleich herabsetzen, Deshalb bezeichnet er ihn als „Epileptiker" und „Teppichwirker". All jene Denker, die er als Nachfolger des Paulus betrachtet, deklassiert er ebenso. Augustinus ist ein

---

[57] Nietzsche, Jenseits von Gut und Böse, Vorrede, II, S. 566.
[58] Kaufmann, Walter: Nietzsche's Attitude Toward Socrates, in: Ders., Nietzsche. Philosopher, Psychologist, Antichrist, Princeton 1974. Kaufmann berücksichtigt nur den positiven Teil der Beziehung Nietzsches zu Sokrates. Daher erscheint Nietzsche nur als Bewunderer des Sokrates; die Ambivalenz verschwindet und damit der Konflikt, in dem Nietzsche steckt und der sein Leben prägt. Statt uns den wirklichen Nietzsche zu zeigen, schreibt Kaufmann eine Hagiographie.

„Untier der Moral", Kant ein „Idiot", Rousseau „ein Geistesgestörter". Aber all diese Genies des Bösen werden von Nietzsche bewundert, weil Nietzsche sich selbst als fähig glaubt, sie alle vom Thron zu stoßen und sich an ihre Stelle zu setzen.

Nietzsche ist davon überzeugt, dass er sich in sie alle – Wagner, Sokrates, Paulus von Tarsus – verwandelt, aber zugleich gegen sie gewendet, als ihre Negation. Er hält sich für den neuen Paulus von Tarsus, der alle die Werte umwertet, die Paulus ebenfalls durch Umwertung begründet hatte. Nietzsche führt eine Negation durch, die zugleich wieder in Kraft setzt, was Paulus zerstörte. Deshalb hält Nietzsche sich für den neuen Paulus, dem früheren Paulus überlegen, der die wichtigste Gestalt der vorangegangenen Geschichte war.

Durch diese Art von Negation wird Nietzsche zur Inkarnation all jener, die er durch seine imaginären Schlachten vernichtet. Aber eben weil er sie vernichten will, statt einen kritischen Dialog mit ihnen aufzunehmen, bleibt er ihr Gefangener. Er kann nur Negation betreiben. Deshalb ist er auch nicht mehr als sie, wenn auch in negierter Form, als Negation, die für Nietzsche die einzige Position ist. Er begeht Morde, aber insofern er die Inkarnation der Ermordeten ist, begeht er Selbstmord. Alle Morde Nietzsches sind Selbstmorde. Das ist Nietzsches Ressentiment. Wovon er redet und was er auf andere projiziert, betrifft ihn selbst. Deshalb übt Nietzsche niemals Kritik an irgendjemandem, sondern vernichtet.

In seinem Vernichtungswunsch hält er sich für Dionysos. Ursprünglich gilt Dionysos als Gott des Weines[59]. Aber dieser Dionysos-Nietzsche darf nicht einmal ein Glas Wein trinken: „ein Glas Wein oder Bier des Tags reicht vollkommen aus, mir aus dem Leben ein ‚Jammertal' zu machen"[60]. Dionysos, ein Gott des Weines ohne Wein, wird zur völlig leeren Gott-Hülse. Dionysos bringt sich durch Nietzsche selbst um.

Ebenso ergeht es Ariadne. Nach 1885 taucht sie verschiedene Male in den Schriften Nietzsches auf, aber spielt nur eine unbedeutende Rolle. Was er von ihr sagt, sind Dummheiten. Nietzsche empfindet für sie nichts, mit Ausnahme kurz vor seinem Zusammenbruch. Ari-

---

[59] Die Ironie will, dass Dionysos vor der Entdeckung des Weines unter anderem Namen als Gott des Bieres galt. Nietzsche redet vom Bier noch viel abfälliger als vom Wein.
[60] Nietzsche, Ecce homo, II, S. 1083.

adne ist einfach da. Sie wendet sich an Dionysos-Nietzsche mit den Worten „Mein Herr". Dann wieder redet sie plump daher. Und Nietzsche konstatiert, dass sie philosophisch 2000 Jahre im Rückstand sei. Er gibt sogar zu verstehen, dass sie hässlich sei, und fragt, warum sie nicht noch hässlicher sein könne.[61] Ohne witzigen Unterton geschrieben können solche Bemerkungen bei einem so faszinierenden Schriftsteller wie Nietzsche nicht zufällig sein.

Kurz vor seinem Zusammenbruch scheint Ariadne zu erwachen. Nietzsche schreibt an Cosima Wagner einen Brief mit dem Text: „Ariadne, ich liebe Dich, Dionysos." Und Dionysos-Nietzsche richtet sich an sie mit dem Text „Klage der Ariadne", in dem es heißt: „Muß man sich nicht erst hassen, wenn man sich lieben soll? *Ich bin dein Labyrinth ...*"[62] Darin spiegelt sich sein Hass gegen Cosima, die mit ihm gebrochen hatte. Der Hass wird zum Ausgangspunkt für seine Suche nach Liebe. Aber dieses Erwachen überlebt Nietzsche nicht. Cosima reagiert nicht, weil sie nicht einmal versteht, worum es ihm geht. Von Cosima aus hatte er Ariadne imaginiert, aber Cosima hat mit Ariadne nichts zu tun. Ariadne kommt ihm nicht zu Hilfe, weil es Ariadne gar nicht gibt, ebenso wenig Dionysos. Ariadne gilt als Frau ebenso viel wie Dionysos Nietzsche als Gott des Weines: eine Frau ohne Fleisch und Blut und ein Dionysos ohne Wein. Nur leere Imagination. Ariadne ist die Negation der Frau wie Dionysos die Negation des Weingottes darstellt.

Bis zum Ende bleibt Paulus für Nietzsche das exemplarische Hindernis. Er unterzeichnet jetzt Briefe mit der Bemerkung: „Dionysos gegen den Gekreuzigten". Weil er Paulus für den Begründer des Christentums hält, muss man diese Bemerkung auch so verstehen: Dionysos gegen Paulus von Tarsus. Zur Zeit des Zusammenbruchs

---

[61] Im Abschnitt 19 der Götzendämmerung, der den Titel trägt „Schön und hässlich", liest man folgenden Dialog: „'O Dionysos, Göttlicher, warum ziehst du mich an den Ohren?' fragte Ariadne einmal bei einem jener berühmten Zwiegespräche auf Naxos ihren philosophischen Liebhaber. ‚Ich finde eine Art Humor in deinen Ohren, Ariadne: warum sind sie nicht noch länger?'" Werke Bd. 2, S. 1001. Bekannt ist, dass Nietzsche seine eigenen kleinen Ohren schön und attraktiv fand. Lange Ohren hielt er dagegen für hässlich.
[62] Nietzsche, Dionysos-Dithyramben. Nr. 3. Klage der Ariadne. Werke Bd. II, S. 1259. Vor dem erwähnten Zitat heißt es: „Sei klug, Ariadne! ... Du hast kleine Ohren, du hast meine Ohren: steck ein kluges Wort hinein!" Als Nietzsche die Katastrophe herannahen fühlt, hält er sie für schön. Sie hat jetzt *seine* Ohren.

ändert er seine Unterschrift. Dann unterzeichnet er als „Der Gekreuzigte". Jetzt ist Nietzsche als Dionysos der Gekreuzigte. Paulus macht er den Vorwurf, die Formel „Gott am Kreuz" erfunden zu haben. Jetzt hält er sich selbst für diesen Gott am Kreuz. Auf diesem Gipfel angelangt bleibt ihm nur der Fall in die totale Verlassenheit, wohin ihn weder Cosima noch Ariadne begleiten. Der Antichrist wird zum Christus. Nietzsche hat in seinem Leben ein perfektes Spiegelbild geschaffen. Aber wie jedes Spiegelbild spiegelt es das Gegenteil. Einfach ein Reflex ohne Reflexion.

Hagiografien über Nietzsche

Die meisten biografischen Darstellungen von Nietzsche sind pure Hagiografien. Sankt Nietzsche verdient uneingeschränkte Verehrung. Alles, was er sagt, scheint Heilige Schrift zu sein. Alle Ungeheuerlichkeiten in seinen Texten werden eilfertig relativiert. Nietzsche ist immer noch eine Persönlichkeit jenseits von Gut und Böse, eine Art Heiliger. Um eine solche Hagiografie zu rechtfertigen, ist es unverzichtbar, darauf zu verweisen, das Nietzsches geistiger Zusammenbruch physische Ursachen hatte. Man trennt also das Denken Nietzsches von seiner Krankheit, und die Krankheit hat mit seinem Denken nichts zu tun.

Ein solcher Nietzsche macht sich selbst zu „Dynamit" und zum „Erdbeben". Diese Metaphern aus Natur und Technik sind aufschlussreich, weil die Vergleiche tatsächlich angemessen sind. Zum Beispiel ließ auch Franz von Assisi die Gesellschaft seiner Zeit erbeben. Aber bei ihm passen die Vergleiche aus Natur und Technik nicht. Er erschütterte seine Umgebung, indem er sie mit dem konfrontierte, was sein sollte. Aus diesem Grunde verwendete er weder Kräfte aus Natur noch Technik. Er konfrontierte sich selbst mit seiner Umgebung, um sie auf das hinzuweisen, was nicht weitergehen durfte. Franz übte Kritik.

Nietzsche dagegen konfrontiert sich nicht mit seiner Umgebung, sondern inkarniert sie. Er macht sich zum Spiegel seiner Umgebung, in der er lebt, und reproduziert sie durch sein eigenes Leben. Was als Kritik erscheint, ist ein Denken, das die Welt, die Nietzsche erfährt, zu den letzten Konsequenzen treibt. Diese Welt ist die Moderne, die in sich selbst die Katastrophe enthält, die Nietzsche in seinem Innersten abbildet und in das Desaster seines Lebens treibt. Das Desaster des Lebens von Nietzsche ist das Spiegelbild jener Katastrophe, in die die Moderne treibt, falls sie sich nicht dazu aufrafft, über sich selbst nachzudenken und sich mit sich selbst zu konfrontieren. In Wahrheit ist also nicht Nietzsche das Dynamit bzw. das Erdbeben, sondern die Moderne, die darauf zuläuft. Das Leben Nietzsches als getreues Spiegelbild der Moderne zeigt uns, wie der Kollaps enden wird.

Nietzsche reflektiert auf geniale Weise die Moderne, die er selbst erleidet. Jedoch nicht ihre Kritik, sondern ihre Folgen. Er behauptet ganz einfach: wer A sagt, muss auch B sagen. Die Moderne vor Nietzsche hatte bereits A gesagt; Nietzsche macht auf das B aufmerksam, das folgt. Er predigt eine Moderne *in extremis*, auch wenn sie Postmoderne genannt wird. Deshalb stellt Nietzsche so genial unter Beweis, was auf die Postmoderne folgt, die bereits B gesagt hat. Das hatten die Nazis verstanden, und das verstehen auch unsere heutigen Globalisierer. Sie spüren, daß Nietzsche wirklich ihr Mann ist, wenngleich sie weder über seine Genialität noch über sein Feingefühl verfügen, das er trotz allem immer noch besitzt. Sie banalisieren Nietzsche. Aber dieser banalisierte Nietzsche steckt auch in ihm selbst. Das will man nicht wahrhaben und deshalb unterschlägt man, welche Bedeutung Nietzsche für den Nationalsozialismus hatte. Würde man es anders machen, ließen sich die Parallelen zwischen dem Nazismus und der heutigen Globalisierung nicht mehr leugnen. Schließlich haben beide die gleichen Denker (zum Beispiel Nietzsche, Carl Schmitt, Heidegger, Jünger) für klassisch erklärt. Das lässt tief blicken. Um das aber nicht ans Licht kommen zu lassen, behauptet man, die Nähe dieser Denker zum Nationalsozialismus sei nur auf ein Missverständnis zurückzuführen.

Am Beispiel des Antisemitismus wird das klar. Um Nietzsches Antisemitismus zu erkennen, muss man lesen was er – vor allem beginnend mit der „Genealogie der Moral" – über die Juden sagt. Stattdessen präsentiert man uns, was Nietzsche über den Antisemitismus sagt. Er verabscheut den Antisemitismus seiner Epoche und hält ihn sogar für ein Produkt des jüdischen Ressentiments. Diese Ablehnung des Antisemitismus lässt sich wohlgemut zitieren, ohne darauf hinzuweisen, dass Nietzsche den Antisemitismus völlig neu begründet, so dass er schließlich zur Grundlage für den Antisemitismus des 20.

Jahrhunderts und damit des Nationalsozialismus werden kann. Mit Worten Hitlers könnte man nachweisen, dass er sich der Neubegründung des Antisemitismus sehr wohl bewusst war, auch wenn er sich dabei nicht direkt auf Nietzsche beruft. Aber sein Antisemitismus stammt aus dieser Quelle, und zwar über die Ludendorff-Bewegung. Diese Bewegung formulierte ihren Antisemitismus mit Nietzsche. Wenn also Nietzsche gegen den Antisemitismus seiner Zeit opponiert, darf man das nicht verwechseln mit einer Opposition gegen die Neubegründung des Antisemitismus durch die Ludendorff-Bewegung, auf die Hitler sich stützt. Eine solche Opposition wird vielmehr erfunden, um Hagiografien für Nietzsche schreiben zu können.

Nietzsche reflektiert die Moderne geradezu in einem entscheidenden Moment ihrer Entwicklung. Wenn man will, kann man dies als genial bezeichnen. Aber Nietzsche ist kein Kritiker der Moderne.

Nietzsche spricht immer wieder abfällig über den „letzten Menschen" als Antipoden seines Supermenschen. Aber er redet nicht darüber, dass sein „letzter Mensch" immer davon träumt, ein Supermensch à la Nietzsche zu sein. Diesen Traum träumt eine Vernunft, die Monster hervorbringt. Außerdem verachtet Nietzsche sich selbst auf eben die Weise, mit der er den „letzten Menschen" verachtet. Sein realer Zustand ähnelt weitgehend dem, was Nietzsche verächtlich seinem „letzten Menschen" unterstellt. Deshalb ist der letzte Mensch Nietzsche selbst. Die dementsprechende Selbstverachtung verwandelt er in Größenwahn.

Wir haben bereits gesehen, wie Nietzsche die Sklaverei preist, aber unfähig wäre, Sklaven zu halten. Er könnte nie eine Peitsche gegen einen Menschen oder gegen ein Tier erheben. Aber eben diese Unfähigkeit verachtet Nietzsche. Darin besteht im Kern sein Konflikt.

Tief versunken in die Moderne denkt Nietzsche über sie nach. Die Kritik der Moderne lässt sich also nur leisten, wenn sie eine Kritik Nietzsches impliziert. Er ist der Schlüssel zur Moderne. Und deshalb wird man über sie nicht hinauskommen, wenn man nicht über Nietzsche hinauskommt und ihn überwindet. Die Postmodernen heute spüren, dass man nur mit Hilfe von Nietzsche über die Moderne hinauskommt. Aber sie verstehen nicht, dass es genau andersherum laufen muss, als sie glauben. Sie suchen das Postmoderne bei Nietzsche, wo es eben nicht zu finden ist. Sie hören es läuten, wissen aber nicht, wo die Glocken hängen.

KAPITEL VI

Nietzsche und seine Totenmaske

Dies ist der kategoriale Rahmen, von dem aus Nietzsche philosophiert. Nietzsche sagte von den Erlösten: „Erlöster müssten mir seine Jünger aussehen". Nietzsche präsentiert sich als der Erlöser, der von der Erlösung der Welt erlöst. Aber er sieht auch nicht viel erlöster als die zuvor erlösten aus. Nietzsche ist scharf, brillant, sarkastisch, genial und zynisch. Aber er hat wenig Humor. Nietzsche kann nicht lachen.

Zu Recht ist das bekannteste Bild Nietzsches seine Totenmaske.

Übersetzung: Norbert Arntz

KAPITEL VII

DIE MENSCHENRECHTE IN DER GLOBALEN WELT

I. Die Verantwortungsethik. Direkte Aktion und indirekte Folgen

Von Menschenrechten sprechen heißt von Ethik sprechen. Die ersten Menschenrechtsdeklarationen (die der Vereinigten Staaten und der Französischen Revolution) sind Ergebnis einer breiten ethischen Diskussion, die den Deklarationen vorausging und sich danach zu einer Denkrichtung entfaltete. Auch wenn diese ethische Diskussion diejenige bleibt, deren Forderungen den größten Einfluss haben, so scheint sie doch heute kaum noch in der Ethik vorzukommen. Es geht um ein Denken, das mit David Hume begann, über Adam Smith weiterführte und von der Marxschen Kritik grundlegend verändert wurde.

Diese Denkrichtung der Ethik betrachtet Ethik selbst nicht als Werturteil, sondern als notwendige Dimension jeglichen menschlichen Handelns. Es gibt nicht auf der einen Seite Handeln und auf der anderen Seite ethisches Urteil über dieses Handeln, sondern die Ethik wird als Bedingung der Möglichkeit des Handelns selbst verstanden.

Das Handeln wird zunächst als Kosten-Nutzen-Handeln von Individuen gesehen, die die Zielrichtung kalkulieren. Es ist ein direktes und linear verstandenes Handeln und durch seinen formal-rationalen Charakter begründet. Und es ist unvollständiges Handeln, das heißt, mit begrenzter direkter Reichweite. Damit taucht die Frage nach der Ordnung auf, die eine Frage nach der Normativität der Ordnung ist. Es ist genauer gesagt die Frage nach der Ethik, die die Individuen leitet. Es ist die Frage nach dem Weg der Ethik des Marktes. Die Ordnung, die aus dem fragmentarischen sozialen Handeln entsteht, kann keine andere sein als die des Marktes. Das Chaos, das durch den fragmentarischen Charakter des individuellen Handelns entsteht, wird durch den Markt geordnet. Das heißt, es wird durch die Normen der Marktethik geordnet.

Die Affinität zwischen den Menschenrechtserklärungen des 18. Jahrhunderts und den ethischen Normen des Marktes ist offensichtlich. Auch wenn sie sich nicht auf die Marktethik reduzieren lassen, so schließen sie doch die Grundregeln der Marktethik ein. Es geht vor allen Dingen um die Anerkennung des Privateigentums, die Erfüllung von Verträgen, den Ausschluss von Mord, den Wettbewerb und auch um die Sicherheit des Individuums gegenüber Staat und Gerichtsbarkeit.

Diese Menschenrechte führen Ordnungsprinzipien ein, die gleichzeitig als ethische Normen die Ordnung begründen. Es sind Normen, die den ethischen Normen des Marktes sehr ähnlich sind, aber nicht automatisch eine bürgerliche Ordnung begründen. Hume und Adam Smith wollten sicherlich in theoretischer Form die bürgerliche Ordnung errichten. Smith tat dies in aller Deutlichkeit. Er erklärt die Tatsache, dass das fragmentarische Handeln die Ordnung des Marktes hervorbringt, das heißt jene Ordnung, die durch die Normen der Marktethik als Ergebnis indirekter Folgen des direkten Handelns geordnet ist. In Bezug auf diese indirekten Folgen spricht er von nichtbeabsichtigten Folgen. Die gesamte Marktordnung wird bei ihm als indirektes Ergebnis des direkten Handelns, das fragmentarisches Handeln ist, gesehen.

Die Diskussion über diese indirekten Folgen taucht mit der allgemeinen Ausbreitung der Handelsbeziehungen im 17. und 18. Jahrhundert und deren Umwandlung in kapitalistische Produktionsverhältnisse auf. Einerseits ist festzustellen, dass die vielen fragmentarischen Handlungen im Markt eine Ordnung hervorbringen, die kein Ergebnis geplanter Organisation durch die Machthaber ist. Andererseits werden die vom Markt geordneten indirekten Folgen des direkten Handelns deutlich sichtbar in der wachsenden Verarmung der Bevölkerung.

Diese Diskussion mündet mit Adam Smith in der Ethik der „unsichtbaren Hand". Es handelt sich um eine Marktethik, deren Normen Marktregeln sind. Einerseits ist es eine formale Ethik, die Bedingung für das Funktionieren des Marktes selbst. Indem sie behauptet, dass die Marktordnung eine vorherbestimmte Harmonie ist, ein Ergebnis der Selbstregulierung der Marktes, der automatisch das Interesse der Allgemeinheit realisiert, ist diese Ethik andererseits eine materiale Ethik.

Durch dieses materiale Argument wird die Marktethik zu einer Ethik der bürgerlichen Gesellschaft. Sie verwandelt sich in eine absolute Ethik und ihre Normen werden unanfechtbar. Diese Ethik wird gerechtfertigt mit der „unsichtbaren Hand" des Adam Smith, die manchmal mit dem Begriff des Automatismus des Marktes, manchmal aber auch mit der Vorsehung des Marktes beschrieben wird. Nur durch diese Begründung wird die Marktethik zur absoluten Ethik. Das Argument behauptet, dass der Mensch keine Verantwortung für die indirekten Folgen seines direkten Handelns hat, weil der Marktmechanismus Tendenzen beinhalte, die diese Effekte automatisch in Effekte verwandelt, die das Allgemeininteresse fördern. Deshalb steht die Verantwortung für die indirekten Folgen nicht dem Menschen zu, sondern der Markt-Institution, die kollektiv verstanden wird. Dies kann man folgendermaßen zusammenfassen: indirekter Effekt des Marktes ist es, alle indirekten Effekte des direkten Handelns so umzuwandeln, dass sie dem Allgemeininteresse dienen. Der Mensch braucht sich um diese indirekten Folgen nicht zu kümmern, wenn er innerhalb des Marktes handelt und die Normen der Marktethik respektiert. Folge daraus ist ein ethischer Rigorismus.

Auf diese Weise wird die Marktethik zu einer Ethik der Verantwortungslosigkeit. Sie erklärt, dass der Mensch nicht für die Folgen seines Handelns verantwortlich ist, wenn dieses der Marktethik entspricht. Die Verantwortung des Marktes ist reine Abstraktion, ein Himmel, der Höllen verbirgt. Indem es eine absolute Ethik ist, ist es eine Ethik absoluter Verantwortungslosigkeit. Die zentrale Aussage dieser Ethik bestimmt alles bürgerliche Denken bis heute. Max Weber griff es mit ausdrücklichem Bezug auf die „unsichtbare Hand" von Adam Smith auf. Der Ausdruck „Marktethik" stammt von Max Weber. Und er tat noch mehr. Er gab dieser Ethik absoluter Verantwortungslosigkeit den Namen „Verantwortungsethik". Er schuf eine Begriffskonfusion, die wie Falschgeld wirkte.

Die Berufung auf die „unsichtbare Hand" ist ein ethisches Argument und Adam Smith, als Moralphilosoph, verstand es auch so. In der heutigen Wirtschaftstheorie wird dies unterschlagen und von einfachen Tatsachenurteilen gesprochen. Natürlich handelt es sich um Tatsachenurteile, die in eine Ethik münden. Dies versuchen die heute herrschenden Methodologien – allerdings mit mäßigem Erfolg – zu verschleiern.

Diese Verknüpfung von Tatsachenurteil und ethischen Urteilen gibt es sowohl bei Hume als auch bei Adam Smith. Als Hume den naturalistischen Trugschluss kritisierte, verfiel er nicht in die positivistische Blindheit des 20. Jahrhunderts, die jegliche Verbindung zwischen Tatsachenurteil und ethischem Urteil auflösen will. Hume kritisiert das frühere Naturgesetz, in dem aus Tatsachen der Natur mittels Analogien Werte abgeleitet werden. Hume dreht dieses Verhältnis komplett um. Er leitet Ethik von den Bedingungen formaler Rationalität direkten Handelns ab. Er geht vom fragmentarischen Handeln der Individuen aus, um nach den Bedingungen zu fragen, die es möglich machen, dass dieses Handeln verträglich ist, das heißt, in die Ordnung passt. Die Lösung sieht er in den Handelsbeziehungen. Sie ermöglichen die formale Begründung fragmentarischen Handelns, weil sie, als indirekte Effekte, eine Ordnung hervorbringen.[1] Damit wird der Markt im Namen eines Tatsachenurteils behauptet. Aber dieses Tatsachenurteil, das den Markt als Bereich formaler Rationalität behauptet, behauptet gleichzeitig die Marktethik als Bedingung der Möglichkeit dieser Rationalität. Es gibt also einen neuen Typus von Tatsachenurteil, der in ein Urteil mündet, welches die Gültigkeit einer Ethik bestätigt. Indem er das Sein vom Sollen trennt, verknüpft Hume Prozess und Sollen. Aber die Urteile über diesen Prozess bleiben Tatsachenurteile. Deshalb trennt Hume nicht Tatsachenurteile von ethischen Urteilen, sondern führt eine neue Konzeption von Tatsachenurteilen ein. Dies bleibt auch bei Adam Smith so. Und auch bei Max Weber und Hayek finden wir dies, wenn auch eher in verschleiernden Worten. Alle diese Denker leiten eine Ethik von Tatsachenurteilen ab, zeigen aber gleichzeitig eine tiefe Verwirrung über die Differenz zwischen Tatsachenurteil und Urteilen, die auf Ethik aufbauen. Der Widerspruch ist bei Max Weber am deutlichsten. Einerseits leitet er durchgängig die Marktethik im Namen von Tatsachenbeweisen ab, während er andererseits auf der völligen Trennung von Tatsachenurteilen und Werturteilen insistiert. Es ist sehr schwer, einen solch offenen Widerspruch bei Weber zu verstehen. Man vermutet ideologische Gründe, die seine eigene Logik in die Zange nehmen. Dort scheint der Trug seine Wurzeln zu haben.[2]

---

[1] Hume sieht den Markt noch aus der Perspektive des Eigentums. Dass der Markt ein Produkt der Unzulänglichkeit jeglichen Handelns der Menschen ist, erwähnt er, oder vielmehr: er meint es mit, aber es stellt noch nicht die Achse seiner Argumentation dar. Mit Max Weber und Hayek ändert sich dies. Auch bei Marx wird der Markt vorrangig aus der Perspektive des Eigentums gesehen.
[2] Vgl. Hinkelammert, Franz, La Metodología de Max Weber y la Derivación de Valores en Nombre de la Ciencia, in: Epistemología y política (CINEP), Bogotá 1980, S.

Die Normen der Marktethik fallen mit den aus dem kategorischen Imperativ von Kant sich ergebenden Normen zusammen, auch wenn man diese nicht als Marktethik bezeichnen kann. Kant leitet sie von den Normen selbst und von der Möglichkeit ihrer Universalisierbarkeit ab. Er sieht sie völlig unabhängig von der Frage nach „Glück". Er gibt der Gültigkeit der Normen der formalen Ethik keine materielle Basis. Nach Kant fallen Erfüllung der Normen und Glück nur im *Summum Bonum*, das heißt in Gott, zusammen, er lehnt jede Möglichkeit ab, über die Normen von einer materialen Begründung her zu verhandeln. Was Adam Smith durch die „unsichtbare Hand" konstruiert, ist genau dieses Zusammenfallen von Normerfüllung und Allgemeininteresse, was in den Kantschen Begriffen das Zusammenfallen von Normgültigkeit und Glück wäre. Trotzdem behauptet Kant die von ihm abgeleitete formale Ethik in solch absoluten Begriffen, wie sie auch Adam Smith benutzt. Kant begründet eine Ethik, die die ganze Marktethik beinhaltet, aber er spricht niemals vom Markt. Seine Ethik ist nicht auf eine Marktethik beschränkt, aber sie beinhaltet sie. In der aktuellen Philosophie der Ethik wird fast ausschließlich die Ethik Kants rezipiert, kaum die Ethik von Adam Smith, die einen unvergleichlich größeren historischen Einfluss hat als die Ethik von Kant. Man unterschlägt die Tatsache, dass alles ökonomische Denken von Smith bis heute konstanten ethischen Diskussionen folgt, deren ethischen Charakter die Ökonomen selbst aber zu verheimlichen suchen. In der Tradition Kants fragt man nach der philosophischen Rechtfertigung ethischer Normen, in der Tradition von Hume dagegen fragt man nach der Notwendigkeit der Normen als Bedingung der Möglichkeit von Rationalität im sozialen Handeln.

Das Problem der Marktethik als Ethik bürgerlicher Ordnung liegt nicht darin, dass sie den Markt begründet. Auch wenn die Ordnung nicht bürgerlich ist, taucht die Marktethik auf. Das Problem liegt in der Tatsache, dass Adam Smith die Marktethik in eine absolute Ethik überführt hat. Er tat dies durch die Konstruktion der Selbstregulation des Marktes, die in die Vorsehung des Marktes mündet und das Zu-

---

125-158 (Unterlagen des II. Seminars der Studiengruppe von CLACSO „Epistemología y Política, Bogotá, Mai 1979). Auch in: Hinkelammert, Franz, Democracia y totalitarismo, San José 1987, S. 81-112. Siehe auch: Germán Gutiérrez, Ética y economía en Adam Smith y Friedrich Hayek, San José 1998.

sammenfallen von Erfüllung der Normen des Marktes und Allgemeinwohl behauptet. Damit verlieren die indirekten Effekte direkten Handelns in den Märkten ihre Bedeutung und man überträgt die Verantwortung für die Effekte auf den Markt als Ersatzsubjekt.[3] Die Marktethik wird zu Ethik der Verantwortungslosigkeit.

Die indirekten Effekte direkten Handelns

Die Theorie von Adam Smith ist eine Theorie über die indirekten Effekte von Kosten-Nutzen-orientierten Handlungen. Deshalb behauptet er, dass das direkte Kosten-Nutzen-orientierte Handeln durch den Markt und als indirekte und nicht intendierte Folge eine Harmonie der Interessen hervorbringt.

Es fehlt der Hinweis auf die Analyse dieser indirekten Effekte direkten menschlichen Handelns, um diese Theorie – die mythischen Charakter besitzt – zu belegen. Jegliches Handeln – als Kosten-Nutzen-orientiertes Handeln verstanden – hat indirekte Effekte, die oft-

---

[3] Hayek behauptet die Ableitung der Ethik von Tatsachenurteilen ausdrücklich: „Ich bin überzeugt, daß wir unsere Moral nicht wählen, aber daß die Tradition in Bezug auf das Eigentum und den Vertrag eine notwendige Bedingung für die Existenz der gegenwärtigen Bevölkerung sind. Wir können versuchen, dies punktuell und in experimenteller Form zu verbessern [...]. Zu sagen, das Eigentumsrecht hänge von einem Werturteil ab, ist gleichbedeutend damit zu sagen, die Erhaltung des Lebens ist eine Frage des Werturteils. Von dem Moment an, in dem wir die Notwendigkeit akzeptieren, daß alle gegenwärtig Lebenden leben sollen, haben wir keine Wahl. Das einzige Werturteil bezieht sich auf die Achtung gegenüber der Erhaltung von Leben." (von Hayek, Friedrich, Interview in Mercurio, 19.4.1981). Hayek spricht von Marktethik als einer notwendigen Ethik und tut dies in der Tradition von Hume. Deshalb kann er sie von Tatsachenurteilen ableiten. Aber seine Behauptungen sind nicht notwendigerweise sicher. Die Tatsachenurteile können falsch sein, ohne dass sie aufhören, Tatsachenurteile zu sein. Das Problem besteht nicht in der Behauptung, dass der Markt notwendig ist, um das Leben der Menschen heute erhalten zu können, wovon dann die Begründung des Marktes abgeleitet wird. Das Problem besteht darin, dass der Markt, wenn man nicht interveniert, die Möglichkeit menschlichen Lebens zerstört. Das Problem besteht in der Verabsolutierung des Marktes, die Hayek nicht nur in nie dagewesener Form, sondern bis zum Gefährlichen vorantreibt. Es gibt zwei Probleme, die die Welt bedrängen: Die Unordnung ... und die Ordnung. In ihren Extremen führen beide zum Tod. Das Problem der Strategie der Kapitalakkumulation besteht darin, dass es sich um eine Ordnung handelt, die zum Tod führt.

mals nicht beabsichtigte Effekte sind. In der ökonomischen Theorie spricht man von externen Effekten. Es geht um Effekte, die das Nebenprodukt von Handlungen sind, die auf zu realisierende Ziele gerichtet sind und die dem Unternehmer, der diese Ziel verfolgt, Einkünfte bringen. Wenn man Kühlschränke eines bestimmten technischen Typs baut, entstehen FCKW-Gase, deren indirekte Folge die Zerstörung der Ozon-Schicht ist, die die Erde vor bestimmten Sonnenstrahlen schützt, die wiederum schädlich für das Leben auf der Erde sind. Wenn Wälder abgeholzt werden, um landwirtschaftliche Flächen zu gewinnen, ist die indirekte Folge, dass die wichtigsten Sauerstoffquellen zerstört werden und Kohlendioxid produziert wird, das den Treibhauseffekt für die ganze Erde verstärkt. Wenn in den Alpen Europas Skipisten gebaut werden, werden schützende Wälder vernichtet, die bisher die Bildung von Schneelawinen verhindert haben. Indirekter Effekt ist, dass es mehr und größere Lawinen gibt. Wenn Abwässer als indirekte Effekte von Produktionsprozessen in Flüsse geleitet werden, führt dies zu Vergiftungen der Flüsse. Und wenn die aktuelle Politik des totalen Marktes auf Arbeits-, Wirtschafts- und Sozialpolitik verzichtet, ist ein indirekter Effekt der Ausschluss großer Teile der Bevölkerung und die Aushöhlung sozialer Beziehungen allgemein.

Diese schädlichen indirekten Effekte sind oftmals nicht intendiert. Oft weiß man gar nicht, was die indirekten Effekte bestimmter Handlungen sind, die auf Kosten-Nutzen-Kalkulationen beruhen. Aber auch indirekte Effekte, die relativ unbedeutend erscheinen, werden verkannt, wenn deren Verallgemeinerung sie in Zukunft in globale Bedrohungen verwandeln kann. Einen Wald abzuholzen bedroht allein nicht die Sauerstoffproduktion der Welt. Aber wenn das Abholzen von Wäldern allgemein gängig wird, wird es zur globalen Bedrohung, durch die sich eine globale Umweltkrise entwickeln kann.

Im Laufe der Zeit gelangen diese indirekten Effekte unseres Handelns ins Bewusstsein. Wir beginnen die Bedrohungen und die globale Krise als Nebenprodukt oder indirekte Folgen unseres unvollkommenen Handelns auf der Basis von Kosten-Nutzen-Kalkulationen zu erkennen. Dann ist es notwendig, sich diesen globalen Bedrohungen zu stellen und ihre Ursachen zu bestimmen. Aus nicht-intendierten Effekten werden erkannte und bekannte Effekte.

KAPITEL VII

Angesichts dieser indirekten Folgen, die heute als globale Bedrohungen mit entsprechenden globalen Krisen – Krise des Ausschlusses der Bevölkerung, der sozialen Beziehungen und der Umwelt – sichtbar werden, können ganz unterschiedliche Positionen eingenommen werden. Man kann sich ihnen entgegenstellen, sie akzeptieren oder gar sie jetzt mit Absicht weitertreiben. Wenn heute unbarmherzig die Auslandsschulden der Dritten Welt eingetrieben werden, ist dies direktes Handeln mit der indirekten Folge, dass es diesen Ländern unmöglich wird, eine Politik der Entwicklung anzugehen und sich in selbstbestimmter Weise in den Weltmarkt zu integrieren. Es besteht wenig Zweifel, dass dieser indirekte Effekt sehr wohl der Absicht entspricht, die hinter dem direkten Handeln der Schuldeneintreibung steckt. Man will die Entwicklung dieser Länder verhindern, ohne es zu sagen. Deshalb spricht man nur davon, dass es absolut notwendig ist, die Schulden zu bezahlen – was ein extremer ethischer Rigorismus wäre – und verschleiert so die wahre Absicht, nämlich eine autonome Entwicklung dieser Länder unmöglich zu machen.

Diese Politik kann man auch zelebrieren, wie es Schumpeter getan hat, als er von „kreativer Destruktion" sprach und damit Aussagen von Bakunin aufgriff, der die anarchistische Gewalt als kreativdestruktive Kraft gefeiert hatte. Diese Art Zerstörung zu feiern erklärt ein wenig die Todesmystik, die vor allem unter Verantwortlichen großer Unternehmen gepflegt wird. Der große Erfolg des Philosophen Cioran ist, unter anderem, ein guter Beleg für diese Todesmystik.

Offensichtlich fallen Absichtliches und Unbeabsichtigtes einerseits nicht mit Direktem und Indirektem andererseits zusammen. Nicht jedes absichtliche Handeln ist direktes Handeln und das direkte Handeln offenbart nicht notwendigerweise die Absicht des Handelnden.

Die indirekten Folgen direkter Handlung können sehr hilfreich sein. Das Handeln im Markt kann Handlungen anderer ergänzen und vervollständigen und gemeinsames Handeln kann in indirekter Weise und unbeabsichtigt ein gegenseitiger Ansporn zur Entwicklung von Produktivkräften sein. Über diese Tatsache wurde der Mythos der „unsichtbaren Hand" des Marktes und der Marktautomatismus konstruiert. Dieser Mythos hat zur Folge, dass die Existenz der zerstörerischen indirekten Folgen von effizienten Marktaktivitäten geleugnet wird. Das Problem des Gemeingutes taucht im Zusammenhang mit den indirekten zerstörerischen Effekten auf. Das ist das eigentliche Feld der Ethik, insofern sie keine funktionale Ethik für Institutionen wie den Markt ist, sondern eine Ethik der Erhaltung des Lebens.[4]

Die indirekten destruktiven Folgen sind die Wurzel der globalen Bedrohungen heute: der Ausschluss, die Umweltzerstörung und die Aushöhlung der sozialen Beziehungen. Sie schweben heute als globale Drohungen über uns.

II. Die notwendige Ethik und die Verantwortungsethik

Es fehlt im Besonderen eine Diskussion über die Ethiken des Notwendigen. Dies geht völlig unter in der gegenwärtigen Methodik, die die Ethik als Werturteil denkt, und zwar auf gleicher Ebene wie Urteile aufgrund von Vorlieben. Die Notwendigkeitsethik steht der Ethik des „guten Lebens" gegenüber, ohne deren Rechte abzustreiten. Die Ethik guten Lebens setzt die Gültigkeit der Ethik des Notwendigen voraus, man kann diese nicht mit jener begründen. Die Ethik des Notwendigen ist eine unverzichtbare Dimension jeglichen menschlichen Zusammenlebens, und wenn sie nicht in ausreichendem Maße vorhanden ist, hört menschlichen Leben selbst auf. Deshalb muss die Ethik des Notwendigen durch Tatsachenurteile bestätigt werden. Sie umfasst jene Werte, ohne die das menschliche Zusammenleben selbst – und damit das menschliche Überleben – nicht möglich ist. Es handelt sich nachweislich um ein Tatsachenurteil, das die Notwendigkeit einer bestimmten Ethik bestätigt. Sie fordert nicht, dass diese Ethik erfüllt werden soll, sondern dass deren Erfüllung notwendig ist, damit Menschen existieren können.

Einer Ethik guten Lebens geht es um etwas anderes. Sie unterstellt, dass man nicht gut lebt und fragt danach, wie man leben muss, wenn man sich an diese Ethik hält. Es handelt sich um spezifische Ethiken von Kulturen, Religionen oder sozialen Gruppen. Wenn eine Kultur Alkohol verbietet, so ist dies keine Norm der Notwendigkeit. Man

---

[4] Vgl. Gutiérrez, Germán, Ética funcional y ética de la vida, in: Pasos 74 (Nov.-Dez. 1997), San José.

kann leben, auch wenn man Alkohol trinkt. Sie verteidigt einen Typus von gutem Leben oder heiligem Leben. Deshalb ist die Ethik des guten Lebens keine Ethik des Notwendigen und kann auch nicht von irgendwelchen Tatsachenurteilen abgeleitet werden. Aus dem gleichen Grund bilden die Normen von Ethiken guten Lebens auch keine Menschenrechte. Im Licht der Ethik des Notwendigen sind sie optional. Die Ethik des Notwendigen dagegen formuliert Menschenrechte.

Die optionale Ethik kann man sehr gut von der Ethik des Notwendigen unterscheiden. Sie, die Ethik des Notwendigen formuliert die Bedingungen der Möglichkeit menschlichen Lebens. Diese Bedingungen bilden Tatsachenurteile, mit dem Ergebnis, dass die Gültigkeit der Ethik als Konsequenz von Tatsachenurteilen behauptet werden kann. Dies beinhaltet nun keinen naturalistischen Trugschluss im Sinne von Hume, und Hume selbst hat dies so verstanden. Das Urteil folgt nicht Analogien der menschlichen Natur, sondern der Rationalität menschlichen Handelns. Tatsächlich gibt es eine lange Tradition der Ableitung von der Ethik des Notwendigen. In unsystematischer Weise können wir von hier aus unsere Überlegungen weiterführen.

In einem Moment der Wut hat Caligula, römischer Kaiser und einer der schlimmsten Despoten in der Geschichte, ausgerufen: „Ich wünschte, das Volk hätte nur einen einzigen Hals, damit ich ihn abschlagen könnte." Er konnte es nicht. Aber wenn er es gekonnt und getan hätte, wäre sein Macht beendet gewesen. Es wäre sein Selbstmord gewesen. Alle seine Macht ruhte auf der Macht über das Volk. Wenn es kein Volk mehr gegeben hätte, hätte er keine Macht mehr gehabt.

Es ist nicht richtig, was Dostojewski gesagt hat: „Wenn man nicht an Gott glaubt, ist alles erlaubt." Die größten Verbrechen der Menschheit wurden mit dem Glauben an Gott gerechtfertigt. Die Bedingung dafür, dass alles erlaubt ist, lautet anders: Es ist die Bereitschaft zum Selbstmord. Caligula kann den Kopf aller unter der Bedingung abschlagen, dass er seinen eigenen Selbstmord akzeptiert. Wenn er dies nicht akzeptiert, kann er es nicht tun. Wenn er aber seinen Selbstmord akzeptiert, endet Caligula, denn er hört auf zu existieren.

Das gleiche gilt für die gegenseitige nukleare Erpressung. Die größte Macht hat in diesem Fall derjenige, der den anderen davon überzeugen kann, dass er zum Selbstmord bereit ist. Wenn er nicht zum Selbstmord bereit ist, bedeutet dies Schwäche.

Nicht zum Selbstmord bereit zu sein setzt Grenzen, die selbst für extremen Despotismus gelten. Der Despot muss diese Grenzen kennen, wenn er will, dass seine Herrschaft andauert. Es gibt viele Aktionen, die nicht erlaubt sind, wenn die Gewaltherrschaft lange währen soll. Wenn wir diese Verbote für Herrschaft Ethik nennen, gibt es eine Ethik des Despoten. Sie entsteht aus den Bedingungen der Existenz des Despotismus selbst. Es handelt sich um eine Ethik, die aus der Kalkulation der Grenzen des Erträglichen entsteht. Der Despot beschränkt sein Handeln an diesem Kalkül, weshalb es sich hier um eine Ethik an der Grenze zur Auflösung jeglicher Ethik handelt. Der Gewaltherrscher kann tun, was er will, nur in den Grenzen, die ihm dadurch gesetzt sind, was die Beherrschten ertragen können. Diese Grenzen sind nicht durch die Gefahr von Aufständen der Beherrschten gesetzt, sie werden auch dann sichtbar, wenn die Beherrschten so hart behandelt werden, dass deren Reproduktion des Lebens verhindert wird. Wenn sie aufgrund von Erschöpfung oder Hunger sterben, löst sich die Macht des Herrschers auch auf. Weil die Kalkulation der Grenzen des Erträglichen vom Despotismus ausgeht, ist dies eine despotische Kalkulation. Diese Situation kann man umkehren. Wo die Kalkulation über die Grenzen der Erträglichen auftaucht, gibt es einen Despoten, der sie umsetzt. Aber es handelt sich um eine Kalkulation, der man nicht trauen kann. Deshalb muss der Gewaltherrscher sich letztlich selbst zerstören.

Diese Idee der Selbstzerstörung jeglichen Despotismus durch die Berechnung der Bedingungen der eigenen Möglichkeiten als Gewaltherrscher tauchte schon sehr früh auf. Aber sie entsteht nicht als Ethik von Despoten, sondern als Ethik von Räuberbanden. Der Grund liegt darin, das Despoten nie allein handeln können, sondern immer auf die Ergebenheit von Mitarbeitern angewiesen sind. Der Despot taucht also als Chef einer Räuberbande auf.[5]

---

[5] Über die Ethik von Räuberbanden bei Platon, in den Evangelien, bei Augustinus und Adam Smith siehe Hinkelammert, Franz, El grito del sujeto. Del teatro mundi del evangelio de Juan al perro-mundo de la globalización, San José 1998, S. 159-185.

KAPITEL VII

Der erste, der über die Ethik von Räubern gesprochen hat, war Platon. Das Argument ist einfach und jegliche Ethik bei Platon basiert darauf. Auch wenn man es nicht will und keinerlei Ethik anerkennt, über dieses Argument kann man nicht hinweggehen. Sogar Räuberbanden brauchen es. Die Räuber wollen rauben und morden. Aber damit lehnen sie keine Ethik ab, sondern schränken sie ein. Damit eine Räuberbande funktionieren kann, muss intern sichergestellt werden, dass kein Räuber einen anderen ausraubt, keiner den anderen umbringt und sie sich nicht gegenseitig belügen. Wenn diese Ethik im Inneren nicht gesichert ist, können sie nicht effektiv rauben. Um als Räuberbande zu funktionieren, muss man sich gegenseitig vergewissern, auf der Basis dieser Ethik. Und sie müssen sich auch gegenseitig den Lebensunterhalt zusichern. Wenn sie nicht gut essen, wie sollen sie dann rauben und anderen das Essen stehlen können?

Platon entwickelt von diesem Argument ausgehend seine ganze Ethik der griechischen Polis. Er hat keine andere Ethik entdeckt. Nach Platon funktioniert die Polis auf der Basis des Paradigmas dieser Räuberethik.

Das Argument schrieb Geschichte. Es tauchte in regelmäßigen Abständen bei späteren Denkern wieder auf, auch bei Adam Smith, der die kapitalistische Unternehmerethik nach diesem Paradigma der Ethik von Räuberbanden dachte. Aber es tritt auch in den Evangelien und bei Augustinus auf, und auch bei Chuang-Tzu, dem taoistischen Philosophen, der um 200 v.Chr. in China lebte.

Die Räuberethik änderte sich mit dem Ort und dem Blickwinkel des entsprechenden Denkers. Bei Platon und Adam Smith ist es Paradigma für jegliche Ethik. Die Tatsache, dass die von ihnen vorgeschlagene Ethik sogar für Räuberbanden gilt, ist ihnen Beleg dafür, dass es die einzig gültige Ethik ist. Chuang-Tzu, die Evangelien und Augustinus dagegen klagen die Ethiken ihrer entsprechenden Gesellschaften als Ethik von Räuberbanden an. Und sie stellen ihm einen Referenzpunkt gegenüber, der es ihnen erlaubt, sie zu verurteilen. Diese Referenzpunkte sind das Tao bei Chuang-Tzu, das Reich Gottes in den Evangelien und die Stadt Gottes bei Augustinus.

Dieser Referenzpunkt taucht in den Evangelien z. B. in der Szene der Tempelreinigung auf. In den synoptischen Evangelien klagt Jesus den Tempel als „Räuberhöhle" an, das heißt als Institution, in der eine Räuberethik herrscht. Im Evangelium nach Johannes wird er als „Haus der Händler" (Warenhaus) angeklagt. Im Kontext bedeutet dies, dass das Haus der Händler als ein Ort gedacht wird, wo die Räuberethik herrscht. Diesen Räuberhöhlen stellt Jesus das Reich Gottes gegenüber. Dieser Referenzpunkt steht am Ursprung des Denkens über das Gemeingut, so wie es im Mittelalter entsteht. Die bürgerliche Gesellschaft streicht den Referenzpunkt und ersetzt ihn durch das allgemeine Interesse, wie es Adam Smith entwickelt. Es überrascht nicht, dass Adam Smith zur Position von Platon zurückkehrt, für den die Räuberethik der Referenzpunkt für jegliche Ethik ist. Adam Smith mündet damit in einem Paradox: Wenn alle sich an der Räuberethik ausrichten, ist das allgemeine Interesse als Interesse aller am besten geschützt; heraus kommt dann eine durch Räuber hervorgebrachte „vorherbestimmte Harmonie".

Derselbe Adam Smith gelangt damit zu eine Berechnung der Grenze des Erträglichen. Dies geschieht in seiner Lohntheorie, die eine Mordtheorie ist. Darin wird das Gleichgewicht im Arbeitsmarkt durch den Hungertod überflüssiger Arbeiter und deren Familien hergestellt.

Es gibt den berühmten Film „Der Pate" mit Marlon Brando. Der Pate ist Chef einer Räuberbande und sorgt unter den Räubern für die Einhaltung der Ethik, die Bedingung für das Funktionieren der Bande ist. Diese Ethik gilt natürlich nicht für die Opfer der Bande. Aber im Innern dürfen sie weder töten noch rauben, während sie dies nach außen hin dürfen und sogar sollen. Aber auch dort gelten Normen. Die Bande treibt in der von ihr beherrschten Region *Schutzgeld* von den dort ansässigen Unternehmen ein.[6] Auch dies ist wiederum von einer Kalkulation über die Grenze des Erträglichen bestimmt. Das *Schutzgeld* soll so hoch wie möglich ausfallen, darf aber die Grenze des Erträglichen für die Opfer, die Unternehmen, nicht überschreiten. Die Bande raubt, aber kümmert sich auch darum, dass die Quelle des Reichtums, die sie ausraubt, nicht zerstört wird. Deshalb kalkuliert man die Grenze, bis zu der man das *Schutzgeld* erhöhen kann, ohne

---

[6] Im Golfkrieg kassierte die Regierung der USA *Schutzgeld* von den Regierungen Japans und Deutschlands und des Nahen Ostens. Die Regierung Deutschlands schickte ohne Diskussion 20 Millionen Mark.

dass der beraubte Unternehmer bankrott geht. Der Pate fördert auch die Entwicklung der Unternehmen, weil er weiß, dass sein *Schutzgeld* sich in dem Maße erhöht, wie die Firmen wachsen.

In der Wissenschaft und vor allen Dingen in der Philosophie endet mit Adam Smith die Diskussion über die Ethik der Räuberbande. Wenn Bobbio sich auf die mögliche Differenz zwischen einer Räuberbande und dem Staat bezieht, schränkt er das Problem auf die Diskussion über deren Legitimität ein, und dasselbe geschieht bei Max Weber. Sie sehen in der Frage der Ethik nichts anderes als ein methodologisches Problem der Werturteile, die sie im Bereich der Urteile über Vorlieben diskutieren. Damit verliert die Diskussion über die Ethik ihre reale Basis. Sogar der Anspruch des Gemeingutes wird als Urteil über Vorlieben behandelt. Dass diese ernsthafte Diskussion über Ethik verweigert wird, verfolgt zweifellos ein Interesse.

Das Argument Platos, wonach keine menschliche Beziehung ohne entsprechende Ethik möglich ist, bleibt gültig. Ethik ist keine Dekoration eines Lebens in dem Sinne, dass Leben auch funktionieren würde, wenn es keine Ethik gäbe. Es gibt eine Ethik, die Bedingung der Möglichkeit menschlichen Lebens und jeglicher menschlicher Handlung ist, und sei es das Handeln von Räuberbanden. Diese Ethik wird nicht diskutiert. Aber von Platon und aus der vorhergehenden Diskussion über die Räuberethik bleibt auch noch ein anderes Ergebnis: Die Gesellschaft, die keine Ethik des Gemeingutes einführt, verfällt notwendigerweise in eine Ethik, deren Paradigma die Räuberethik ist. Sie hat also auch weiterhin eine Ethik, aber es ist eben eine Ethik der Räuberbanden.

Dies zeigt uns den Grund, weshalb die bürgerliche Gesellschaft aufgehört hat, über Ethik in Begriffen einer notwendigen Bedingung jeglichen menschlichen Zusammenlebens nachzudenken, und zur sinnlosen Diskussion über Werturteile übergegangen ist. Sie verfolgt damit ihr Interesse, zu verbergen, was ihr geltende Ethik ist. Sie möchte nicht zeigen, dass wir in einer Gesellschaft leben, deren Ethik vom Paradigma der Ethik von Räuberbanden bestimmt ist.

Deshalb ist das Problem nicht die Frage, ob man eine Ethik hat oder nicht, auch nicht die Frage von Ordnung oder Chaos, Institution oder Anomie. Es geht um den Unterschied zwischen Gesellschaften, die ihre Ethik auf die von Räuberbanden reduzieren und solchen, die diese Räuberbanden einer Ethik des Gemeinwohles unterwerfen.

Unsere Gesellschaft der Kapitalakkumulation, die Globalisierung genannt wird, kann man nur vom Paradigma der Räuberbanden aus verstehen. Alles funktioniert in diesem Sinne und man kann begreifen, was passiert, wenn man es von der Ethik der Räuberbanden aus interpretiert.

Aber diese Verengung der Ethik auf eine Ethik der Räuberbanden zerstört uns, wenn sie zur herrschenden Logik unserer Gesellschaften wird. Dies sehen wir in unserer Gesellschaft, deren indirekte Folgen eine globale Krise des Ausschlusses, der Aushöhlung sozialer Beziehungen und der Umweltzerstörung sind. Von diesen Krisen aus betrachtet, wird deutlich, was heute Gemeingut ist: sich den Krisen durch eine Neuformulierung des Ganzen der Kapitalakkumulationsstrategie entgegenstellen. Dies ist die Bedingung der Möglichkeit für realistische Lösungen. Das heutige Gemeinwohl ist nicht einfach nur eine Kopie dessen, was früher unter Gemeinwohl verstanden wurde. In der Gegenwart entsteht es als Herausforderung, den globalen Krisen zu begegnen, die ein indirektes Ergebnis des Systems sind, welches uns beherrscht. Das aktuelle System will eine wirkliche Perspektive des Gemeinwohls verhindern. Deshalb verspricht es Himmel, um die Höllen zu schaffen. Man muss der Logik dieses Systems widerstehen.

Dessen Logik, die sich ausbreitet, wenn wir nicht widerstehen, ist die des Caligula. Er wollte, dass sein Volk nur einen Hals hat, damit er ihn abschneiden kann. Er konnte dies nicht aufgrund der einfachen Tatsache, dass das Volk nicht nur einen Hals hatte. Heute dagegen ist die Welt eine globale Welt. Heute hat das Volk und die Natur nur einen Hals. Es tauchen neue Caligulas auf, die ihn abschneiden wollen, selbst wenn sie in Konsequenz sich selbst umbringen. Die Räuberbande wird zur Bande der Caligulas.

Dies ist aber keine Voraussage, sondern eine Projektion auf der Basis der Logik des Systems, wie es sich uns heute zeigt. Eine Vorhersage müsste auch berücksichtigen, dass es Möglichkeiten des Widerstands gegen das System gibt und einkalkulieren, in welchem Maße dieser Widerstand erfolgreich sein könnte und das System insofern verändern kann, dass es sich eben nicht im Sinne der Projektion entwickelt.

Hier muss man von der Fähigkeit des Systems zur Anpassung sprechen. Die These von der Tendenz zur Selbstzerstörung des Systems besagt nichts anderes, als dass das System, entstanden als Reaktion auf die Unordnung, entropisch ist. Es ist dies in dem Maße, in dem es gelingt, seine Logik aufzuzwingen. Zweifellos hat das kapitalistische System in vielen Extremsituationen seine Anpassungsfähigkeit gezeigt. Und der historische Sozialismus ist daran zusammengebrochen, dass ihm eine ähnliche Fähigkeit fehlte.

Was aber sind die Anpassungen? Im genannten Satz ist das System das grammatikalische Subjekt, das sich anpasst. Gleichzeitig aber scheint es Ersatzsubjekt zu sein. In Wirklichkeit passt sich nicht das System selbst an, sondern es schafft Unordnungen, worauf als Konsequenz Widerstand entsteht, die es zwingen, Bedingungen zu akzeptieren, die, aus Sicht der Logik des Systems, einfach nur Störungen sind. Es muss sie akzeptieren, wenn es weiterbestehen will, was bedeutet, auf die Widerstände zu reagieren. Sie zu akzeptieren umfasst auch, dass es der eigenen selbstzerstörerischen Logik entkommt. Es ist die Reaktion auf die Unordnung, die die Ordnung voran bewegt, die Ordnung selbst macht nichts von sich aus.

Diejenigen, die die Ordnung vom System her sehen, sehen in diesen Unordnungen – Widerständen – einfache Störungen des Marktes oder des Systems im Allgemeinen. Sie denken an Irrationalitäten, die sie nicht ausmerzen können, wenn die Widerstände stark genug sind. Aber das, was aus Sicht des Systems Unordnung und Störung und deshalb irrational ist, ist genau das, was das System zwingt eine Rationalität zu akzeptieren, die das System in seiner Logik ablehnt.

Wenn man jetzt das System als Ersatzsubjekt sieht, ist es treffend, wenn man sagt, dass das System sich anpasst. Diese Anpassung ist aber Reaktion auf Widerstände, die es ernst nehmen muss, damit das System weiterhin als System funktionieren kann. Aus Sicht des Systems aber wird die Macht des Widerstandes eingeschätzt, um zu entscheiden, wie weit man nachgeben muss. Indem es dies ernst nimmt, wird das System besser und rationaler, obwohl es aus Sicht des Systems eine Irrationalität begeht (indem es Störungen akzeptiert).

Wenn man heute ein ideales System (in einer perfekten Dynamik) konstruieren würde, ergäbe dies ein System, das in der Lage ist, alle Störungen auszumerzen, die aus der Sicht des Systems als solche einsortiert würden. Dieses System ist selbstmörderisch, ist selbstzerstörend. Und die Gefahr ist heute, dass das System diese unterdrückerische Fähigkeit erreicht. Wenn es diese Fähigkeit erreicht, verliert es genau die Fähigkeit zur Anpassung.

Ein real existierendes System dagegen ist ein System, dem theoretische Reinheit fehlt. Und es besteht fort, eben weil es diese nicht hat. Wenn es sie hätte, würde es nicht fortbestehen. Deshalb müssen die Lösungen heute komplex sein. Die Theoretiker des Systems – vor allen Dingen des Marktsystems – orientieren sich an dem idealen System, und je mehr sie dies tun, umso effektiver zerstören sie es und verringern aus Sicht des Systems die Fähigkeit zur Anpassung. Damit wird die Projektion zur Voraussage.

Aus diesem Blickwinkel tauchen weitere Probleme auf, die für unsere Zeit der Globalisierung spezifisch sind. Globalisierung bedeutet, dass die Bedrohungen, die die Menschheit bedrohen, globale Bedrohungen sind. Es ist legitim daran zu zweifeln, dass angesichts globaler Bedrohungen die Ordnung durch jene Reaktionen der Unordnung gesichert werden kann. Wenn dies aber so ist, dann ist das System in neuer Weise bedroht, die bisher noch nur sehr schwer zu bewerten ist.

Die Ordnung als Reaktion auf Unordnung

Nach dieser Vision ist der Markt als Ordnung weder eine vorherbestimmte Harmonie noch selbstregulierend im Sinne irgendeines allgemeinen Interesses. Wir ziehen es vor, nicht von Selbstregulation des Marktes zu sprechen, weil ihn dies zu einem handelnden Ersatzsubjekt macht. Der Markt kann nicht handeln, genauso wenig wie ein Staat handeln kann oder eine Ehe. Wir handeln, indem wir uns auf den Markt beziehen. Der Markt selbst tut nichts. Auch die Flugzeuge fliegen nicht, sondern es gibt Piloten, die mit Hilfe von Flugzeugen fliegen. Natürlich kann man sagen, dass Flugzeuge fliegen. Aber wenn man den Markt als selbstregulierend bezeichnet, dann geht es dabei nicht um die Sprechweise. Man konstituiert ein Ersatzsubjekt. Und wenn man von einer teilweisen Selbstregulation spricht, bleibt das

Problem nicht nur bestehen, sondern wird sogar größer: Kann Selbstregulation partiell sein, wenn der Begriff sich auf ein System bezieht? Gleiches gilt für Subsysteme.

Es gibt eine Verwirrung aufgrund der Komplexität. Ein Organ des Körpers ist typischerweise selbstregulierend. Aber dass die Gesellschaft komplex ist, bedeutet präzise, dass sie kein Organ ist. Tatsächlich belegt die Selbstregulation den Markt mit einem Status, „als ob" er ein Organ wäre. Die Komplexität ist vergessen. Ergebnis ist ein Paradox ohne Lösung: weil die Gesellschaft komplex ist (d. h., weil der Markt selbstregulierend ist), sind Lösungen höchst einfach und überhaupt nicht komplex, vor allem in Bezug auf Privateigentum und Vertragserfüllung, wie Hayek behauptet. Es sind Theorien von schrecklichen Vereinfachern. Die Wahrheit ist, dass die Gesellschaft komplex ist und deshalb nicht selbstregulierend. Und es gibt Lösungen, die ebenfalls komplex sind.

Die These von der Selbstregulation ist für die Erklärung entbehrlich, dass die unvollkommene Handlung eine Ordnung hervorbringt. Die Alternative zur Selbstregulation ist , dass der Markt eine Ordnung ist, die als Reaktion auf Unordnung auftaucht. Mit dieser Alternative arbeitete Marx. Sie beinhaltet eine Ordnungstheorie, die in den vergangenen Jahrzehnten die Chaostheorie entwickelt hat. Aber sie hat sie nicht auf den Markt angewandt und heute spricht man kaum noch von ihr. Sie ist zweifellos die der These von der Komplexität der Gesellschaft entsprechende Theorie.

Was also zu diskutieren wäre, lautet: Selbstregulation oder Reaktion auf Unordnung. Für uns besteht da kein Zweifel. Und auch eine Subjekttheorie entspricht genau der These von der Ordnung durch Reaktion auf Unordnung, denn die Reaktion auf Unordnung steht in vielerlei Verbindungen zur Subjektivität des Menschen. Die Ordnung als Reaktion auf Unordnung erlaubt es, das Problem der entropischen Ordnung in Bezug auf das System zu diskutieren. Denn die Ordnung als Reaktion auf Unordnung ist typisch entropisch. All dies erlaubt die Chaostheorie zu diskutieren. Ebenso erlaubt sie es zu verstehen, warum das System als selbstregulierend erscheinen kann, wenn man den Prozess aus der Perspektive des Systems als Ersatzsubjekt betrachtet. Es handelt sich nämlich um einen optischen Irrtum.

Aber es wird auch verständlich, warum die Chaostheorie eine Modeerscheinung geblieben ist. Ausgehend vom Begriff des Gleichgewichts als Reaktion auf Ungleichgewicht ist besser zu verstehen, was indirekte Effekte direkten Handelns bedeuten. Sie umfassen bedrohliche Folgen für das menschliche Leben, deren Existenz die Marktethik als absolute Ethik ablehnt oder verheimlicht.

Auf diese Weise taucht eine Verantwortungsethik auf, die auch zur notwendigen Ethik rationalen Handelns wird. In diesem Sinn geht es um eine Ethik in der Tradition von Hume und eben nicht um Werturteile. Sie bezieht sich hier auf eine Dimension von Rationalität des Handelns, die Adam Smith mit seiner „unsichtbaren Hand" unsichtbar gemacht hat. Man handelt im Namen des Gemeinwohles, nicht im Namen des allgemeinen Interesses, wie Adam Smith es versteht. Als Verantwortungsethik kann sie Ethik des Gemeinguts sein. In dieser Linie tauchen die Menschenrechte menschlichen Lebens auf, die die Entwicklung der Menschenrechte vom 19. Jahrhundert an prägen wird.

Verantwortungsethik und indirekte Effekte direkter Handlungen

Die Ethik des Gemeinwohls erscheint als Verantwortungsethik. Sie betont, dass der Mensch für die indirekten Folgen seines direkten Handelns verantwortlich ist und dass er diese Verantwortung weder an abstrakte Kollektive vom Typ Markt abgeben darf noch kann. Er leugnet nicht von vorn herein die Marktethik, bestreitet aber, dass diese Ethik eine absolute Ethik ist. Als absolute Ethik transformiert die Marktethik den Markt in eine zerstörerische Institution, die den Menschen und die Erde verschlingt. Nur in dieser Verabsolutierung beschreibt die Marktethik eine bürgerliche Ordnung.

Aber die Beziehung zur Marktethik ist konfliktiv. Der Markt ist nicht ethisch neutral, sondern übt eine Macht in Richtung Totalisierung aus. Das Geld ist ein Herr, nicht nur ein Mittel. Weber spricht von den Preisen als „Kampfpreise". Es ist Streben nach Herrschaft. Es ist eine Inkarnation des Willens zur Macht.

Sie beinhaltet eine bestimmte Weltsicht, eine Aufforderung, sich auszuliefern. Es ist eine moralische Kraft im Namen einer Ethik der Unverantwortlichkeit.

Die Verantwortungsethik dagegen besteht darin, sich verantwortlich zu zeigen für die indirekten Folgen in dem Maße, in dem es einem möglich ist, sich ihrer Existenz bewusst zu sein. Indem die Folgen nicht beabsichtigt sind, ist auch Verantwortung nicht möglich. Aber für eine Verantwortungsethik geht es genau gesagt darum, sich möglicher indirekter Folgen bewusst zu sein, sie auf die Ebene des Bewusstseins zu holen, um sich damit auseinandersetzen zu können.

Die Verantwortungsethik ist eine Ethik des Gemeinwohles aufgrund der Tatsache, dass die Verantwortung für die indirekten Folgen direkten Handelns in letzter Instanz eine gemeinschaftliche Verantwortung ist. Sie ist nicht auf die Ebene individueller Verantwortung reduzierbar, weil die indirekten Folgen nur manchmal und in Ausnahmen dem Handeln von Personen oder bestimmten institutionellen Einheiten zuzuordnen sind.

Eine funktionale Ethik wie die Marktethik ist eine normative Ethik. Die Regelverletzungen können denjenigen Individuen zugeschrieben werden, die sie begangen haben. Das gilt zumindest in einem ersten Schritt. Der Regelverletzer ist identifizierbar. Wer raubt, ist ein Räuber, wer mordet, ist ein Mörder, wer lügt, ist ein Betrüger. Andere können indirekt beteiligt sein, aber sie sind nicht die direkten Regelverletzer. Wer die Regeln verletzt ist ein Täter.

Im Fall der indirekten Folgen gibt es diese erste Zuordnung nur sehr selten. Vor allem, wenn es sich um kumulative Folgen handelt, die in globale Bedrohungen für die Existenz der Menschen münden, löst sich diese konkrete Zuschreibung auf. Wir gehen davon aus, dass es keine Gesetzgebung gegen indirekte Folgen gibt, diese sich ganz im legalen Bereich abspielen, weil in diesem Fall die herrschende Ethik die funktionale Marktethik ist. Sie hat ihre Verbote, aber diese beziehen sich allein auf Normen in Bezug auf direktes Handeln. Die reine bürgerliche Legalität basiert auf einer Ethik, die diesem Typ entspricht. Was nicht verboten ist, ist erlaubt und die Verbote beziehen sich allein auf das Vorgehen im Rahmen des direkten Handelns in den Märkten.

Nehmen wir ein Beispiel: Ein Bananenproduzent nutzt Herbizide, die schädlich für die Arbeiter sind, und leitet die Abwässer in den Fluss. Die Bevölkerung, die am Fluss lebt, verliert ihr Trinkwasser und, weil die Fische im Fluss sterben, auch eine wichtige Ernährungsgrundlage. Die Arbeiter werden krank oder sterben sogar. Vom Gesetz her gesehen, begeht das Unternehmen keinerlei Vergehen, wenn die gültige Gesetzgebung ausschließlich auf der Marktethik basiert.

Das Unternehmen tötet niemanden und raubt auch nichts. Es hat den Rechtsstaat, die Richter und die Polizei auf seiner Seite. Im Sinne einer Verantwortungsethik allerdings begeht das Unternehmen Mord und Raub. Wenn die Geschädigten sich verteidigen, haben sie den Rechtsstaat, die Richter und die Polizei gegen sich. Und wenn die Geschädigten rebellieren, werden sie, wenn es gut läuft, von der Polizei eingesperrt, wenn es schlecht läuft, getötet. Nach dem Gesetz sind die unschuldig, die töten, das heißt die Richter und die Polizei, die Regierung und das Unternehmen. Aber die Geschädigten müssen sich verteidigen. So wird der Konflikt zwischen Verantwortungslosigkeit und Verantwortung deutlich, wobei die Gesetze auf der Seite der Verantwortungslosigkeit stehen. Die Gesetze zeigen sich als eine Ethik, deren Paradigma die Räuberethik ist.

Nun können neue Gesetze erlassen werden, die das Unternehmen einschränken. Man kann bestimmte Herbizide verbieten oder die Reinigung der Abwässer auferlegen. Damit wird das bisherige Handeln des Unternehmens zu illegalem Handeln. Die Geschädigten brauchen sich nicht an das Unternehmen wenden, sondern können auch Richter und Polizei einschalten. Dabei sind die Bedingungen zu beachten, die den gesetzlichen Schutz vor den indirekten Folgen direkten Handelns in den Märkten ermöglichen, denn dieser gesetzliche Schutz wird nun Teil des Machtkampfes.

Vorgelagert ist aber noch ein ethisches Problem. Das Beispiel zeigte zwei Phasen. In der ersten Phase gab es keine Gesetze gegen die indirekten Folgen, die das Unternehmen produzierte. Deshalb handelte das Unternehmen legal. Liegt hier ein Delikt vor? Und die Polizei, die die Geschädigten festgenommen hat, verhielt sie sich richtig? Und die Richter, begingen die eine Straftat? Und das Unternehmen, indem es die Unterdrückung der Geschädigten einforderte, beging es ein Delikt? Und ist der Rechtsstaat ein Staat, der Vergehen im Namen des Rechts begeht? Es gibt keinen Zweifel, dass alle den Gesetzen gemäß handelten. Aber war es ein Vergehen, den Gesetzen gemäß zu handeln? Im Sinne der Legalität sicher nicht.

In der zweiten Phase, unter der Verantwortungsethik waren es dann Vergehen. Sie sind verantwortlich, und zwar unabhängig davon, ob es ein Gesetz gibt, das sie für verantwortlich erklärt. Unter einer Verantwortungsethik, die eine Ethik des Gemeinwohls ist, sind sie

Mörder und Räuber, geschützt durch das Gesetz, welches ein Gesetz ist, dessen Paradigma die Ethik von Räuberbanden ist. Die Erfüllung des Gesetzes sichert nicht die Unschuld dessen, der das Gesetz erfüllt. Es gibt Verbrechen, die man begeht, indem man das Gesetz erfüllt.

Wir haben dieses Beispiel konstruiert, in dem die Verantwortung für die indirekten Effekte bei einem einzigen Akteur liegt. Dies ist aber nicht die Regel. Wenn es um kumulative indirekte Effekte geht, die zu globalen Bedrohungen führen, gibt es mehrere bis hin zu einer großen Menge Akteure. Es können sogar alle beteiligt sein, wenn auch immer in unterschiedlicher Weise.

Wenn viele beteiligt sind, kann man niemandem vorrangig oder von vornherein die indirekten Effekte zuordnen. Viele gemeinsam schaffen die globale Bedrohung. Aber niemand produziert sie als einzelner Akteur. Aus der Sicht jedes einzelnen verursachen die anderen den Schaden. Zwischen den einzelnen gibt es keinen Kontakt, zumindest gibt es einen solchen Kontakt nicht notwendigerweise. Der indirekte Kontakt führt zur Akkumulation indirekter Effekte ihres Handelns und produziert die globalen Bedrohungen.

Im Fall des FCKW-Gases, das als indirekten Effekt zum Ozonloch führt, gibt es eine Vielzahl von direkt Handelnden. Wenn man die Konsumenten mal außen vor lässt und nur von den Produzenten ausgeht, könnte man diese vielleicht ausfindig machen und eventuell sogar kontrollieren. Wenn man aber auch die Konsumenten dazu nimmt, dann sind fast alle daran beteiligt, die globale Bedrohung, also in diesem Fall das Ozonloch, zu produzieren. Nehmen wir den Fall der Erderwärmung: Alle sind in irgendeiner Weise an der Kohlendioxid-Produktion beteiligt, die die Erderwärmung als indirekte Folge nach sich zieht. Aber es ist eine sehr ungleiche Beteiligung. Auch hier ist die indirekte Folge nicht a priori jemandem zuzuschreiben. Und die, die als einzelne wenig dazu beitragen, tragen viel dazu bei, wenn man ihre Beiträge zusammen nimmt.

Der Ausschluss

Dies gilt aber nicht nur für die Bedrohung der Umwelt. Der Prozess der Ausgrenzung eines großen Teils der menschlichen Bevölkerung vom Weltmarkt vollzieht sich analog. Das Wort Ausschluss, Exklusion beschreibt nur sehr ungenau, worum es eigentlich geht. Tatsächlich handelt es sich um eine Art des Zusammenstauchens durch die Verabsolutierung und Totalisierung des Marktes. Es geht um ein Zusammenstauchen, das sich in Armut und den Ausschluss von der Grundversorgung übersetzt. Die vom Markt Ausgeschlossenen befinden sich nicht außerhalb des Marktes, sondern sind Teil von ihm, indem sie ausgeschlossen sind. Aber dieser Ausschluss ist kein Exodus. Der totale Markt erlaubt keinen Exodus. Im Exodus kann sich das Volk befreien. Im Ausschluss wird es vom Markt zerquetscht, obwohl es Teil dieses Marktes ist.

Dieser Ausschluss ist eine indirekte Folge der Verabsolutierung des Marktes. Diese hat Folgen, die kumulativ sind und die Exklusion in eine globale Bedrohung verwandeln. Ein Beispiel für die Globalisierung der Exklusion als Bedrohung ist die Migration. Teilweise ist sie direkt erzwungen. Zu ihrem größten Teil ist es aber Migration, die man als „freiwillig" bezeichnet. Aber sie ist nicht freiwillig. Es sind die Kräfte der indirekten Folgen direkten Handelns, organisiert im Namen der Totalisierung des Marktes, die einen großen Druck zur Migration ausüben. Die Bevölkerung kann sich auf ihrem Gebiet nicht wehren. Auch dass es Demokratie gibt, nützt da nichts. Sie stimmen mit ihren Füßen ab, aber ihre Stimme gilt nicht. Regierungen, die mit regionalen Lösungen versuchen, Autonomie gegenüber dem totalen Markt zu erlangen, werden angeklagt, gestürzt, umgebracht. Die Marktmächte regieren, die Regierungen werden entmachtet. So wird Migration erzwungen, die in Richtung der Länder geht, deren Wirtschaft wächst.

Diese Länder schotten sich ab, es entstehen Festungen, Festung Europa, Festung Nordamerika, Festung Japan. Es sind die Länder, die die Totalisierung der Märkte vorantreiben, die Exklusion fördern und damit die erzwungene Migration, die sie dann auch gewalttätig abwehren. Aber die Migration ist auch eine Bedrohung für das Land, auf das sie sich richtet. Wenn man alle frei hereinlassen würde, würde dies dessen Stabilität untergraben, da sich die Mehrheit der Weltbevölkerung in Migrationsprozessen befindet. Freie Einwanderung kann deshalb nicht zugelassen werden, sie würde zu einem Schock führen. So werden Migranten zu Feinden, gegen die die Gesellschaften mit hohem Einkommen Krieg führen.

KAPITEL VII

Weil die indirekten Folgen der Totalisierung der Märkte Migration erzwingen, können sie nur gewaltsam dagegen vorgehen. Es gibt einen Konflikt, aber es ist ein Konflikt, für den es innerhalb des Rahmens der Totalisierung des Marktes, auch Globalisierung genannt, keine Lösung gibt. Aber es ist ein Konflikt, der die gesellschaftlichen Beziehungen aushöhlt. Faktisch ist es nicht nur ein einfacher Konflikt um irgendwelche Ausgeschlossenen, denen andererseits die Eingeschlossenen gegenüberstehen. Die Ausgeschlossenen sind Teil des Systems, stehen nicht außerhalb. Indem die Eingeschlossenen im Namen der Markteffizienz jegliche Solidarität aufgeben, sind sie selbst durch den Konflikt betroffen. Sie stützen ein System, das ausschließt, zerstören menschliche Solidarität und beschuldigen die Ausgeschlossenen, an ihrem Ausschluss selbst Schuld zu sein. Je mehr sie dies tun, umso mehr verändern sie sich. Um das ausschließende System zu erhalten, werden sie immer brutaler. Die Unmenschlichkeit fällt zunächst über die Ausgeschlossenen her, aber die Eingeschlossenen, die sie unmenschlich behandeln, müssen selbst auch immer unmenschlicher werden. So zerstören sie die Solidarität unter sich selbst, genauso wie sie sie zunächst gegenüber den Ausgeschlossenen zerstört haben. Damit werden die menschlichen Beziehungen insgesamt immer brutaler, nicht nur die gegenüber den Ausgeschlossenen. Es entsteht eine Gesellschaft der Angreifer, in der jeder jeden angreift, eine brutalisierte Gesellschaft, die sich selbst immer unmenschlicher macht, um anderen gegenüber unmenschlich sein zu können. Der Krieg eines jeden gegen jeden ist nicht, wie es Hobbes wollte, der Beginn der Zivilisation. Er ist ihr Ergebnis. Es ist das Ende, auf das wir uns zubewegen. Die Barbaren sind nicht draußen, sind nicht die Ausgeschlossenen, sondern die Barbaren sind dieses Mal diejenigen, die ausschließen und von Mal zu Mal barbarischer werden. Die Eingeschlossenen ersticken zunehmend an ihrer eigenen Kriminalität. Privatpolizeien und Sirenen der Alarmanlagen sind der Schrei der Angst unserer eigenen Brutalisierung.

Deshalb ist die Exklusion wirklich eine globale Bedrohung. Sie beschränkt sich nicht darauf, Bedrohung für die Ausgeschlossenen zu sein. Sie bedroht alle und untergräbt alle sozialen Beziehungen. In einer Welt, die eine globale Welt ist, kann die Ausschließung nicht auf die Opfer der Exklusion begrenzt werden.[7] Sie überschwemmt alle. Die Brutalisierung der Eingeschlossenen ist nichts anderes als die Rückseite der Exklusion. Der Mord wird zum Selbstmord.

Es kommt zu einem Verbrechen. Der Ausschluss wird durch die indirekten Effekte der Markttotalisierung zu einem Verbrechen. Es ist Raub und Mord. Es ist ein Verbrechen, das sich ausbreitet und globalisiert. Um diese Verbrechen am Leben zu erhalten, verwandelt sich die Gesellschaft zu einer Gesellschaft von Tätern. Auch hier kann man sich wegen des Verbrechens weder an Gerichte oder Richter noch an die Polizei wenden. Sie stehen auf Seiten des Verbrechens im Namen des Gesetzes. Und wer sich diesem Verbrechen entgegenstellt, der wird durch Richter und Polizei, durch Regierungen und mächtige Unternehmer, die die öffentliche Meinung dominieren, verfolgt. Deshalb kann man sich wegen dieser Vergehen auch nicht an die Medien wenden, die ebenfalls am Verbrechen beteiligt sind.

Aber es ist nicht nur Raub und Mord. Es ist auch Lüge. Man lügt, wie man niemals gelogen hat. Die Lüge der Selbststeuerung des Marktes, die Lüge der Selbstschuld der Ausgeschlossenen. Aber auch die Lüge der Meinungsfreiheit, die heute auf die Meinungsfreiheit großer Bürokratien von Privateigentümern der Kommunikationsmedien beschränkt ist, die an der Fortführung des Verbrechens interessiert sind.

Selbst hier gibt es aber nicht nur wenige Verantwortliche, die einfach durch viele andere, die sich unschuldig wähnen, bloß gestellt und angeklagt werden könnten. Es gibt in Bezug auf dieses Verbrechen keine Unschuldigen. Alle oder fast alle sind eingebunden, wenn auch einige mehr als andere. Die Opfer dieser Exklusion selbst sind beteiligt, indem sie die Lügen ihrer eigenen Schuld für die Situation, die sie erleiden, glauben.

Die globalen Bedrohungen sind damit also mit einem Verbrechen verbunden. Damit sind sie aber auch nicht mehr nur technische Probleme, die mit technischen Mitteln zu lösen wären. Schon im Ur-

---

[7] Rufin, Jean-Christophe, Das Reich und die neuen Barbaren, Berlin 1993. Rufin schreibt sein ganzes Buch in der Illusion, einen integrierten Kern des Imperiums angesichts der ausgeschlossenen „neuen Barbaren" aufrecht erhalten zu können.

sprung der totalen Märkte ist grundgelegt, dass alles Handeln auf technische Maßnahmen direkten Handelns in Märkten reduziert wird. Deshalb kann der Markt kein Ausweg sein.

Was aber ist zu tun, wenn es um ein Verbrechen geht, an dem alle oder fast alle beteiligt sind? Das Kriterium der Mehrheit kann offensichtlich nicht helfen, wenn es die Mehrheit ist, die daran beteiligt ist. Sündenböcke zu suchen hilft auch nicht, weil die Verfolgung der Sündenböcke das Verbrechen nur noch schlimmer macht. Sündenböcke werden überall gesucht, aber dies ist nur ein deutlicher Hinweis darauf, dass das Verbrechen weitergehen wird. Der Krieg im Kosovo basierte ersichtlich auf dem „Abschlachten" eines Sündenbockes, um mit dem Verbrechen fortfahren zu können. In diesem Krieg wurde die Doppelbödigkeit sichtbar: Er wurde gegen die „ethnische Säuberung" der Politik von Milosevic geführt, aber alle, die diesen Krieg führten, waren und sind zu Hause genau an solchen „ethnischen Säuberungen" gegen illegale Migranten beteiligt. Man tötet einen Sündenbock, um dann „gereinigt" mit der verurteilten Politik des Sündenbocks weitermachen zu können. Der Tod des Sündenbocks ermöglicht es, diesen Weg, der eigentlich versperrt ist, weiterzugehen.

Die Grenzen der Länder, in die die Migranten gelangen wollen, gleichen heute Schlachtfeldern mit tausenden Toten jährlich. Unsere öffentliche Meinung schweigt dazu fast immer. Es gibt keine Hilfe für die Opfer, es gibt nur Getötete. Aber dies sehen wir so nicht. Wir sehen Unfälle. Aber diese Unfälle sind durch Regierungen der betreffenden Länder provoziert. Ist es Mord?[8]

---

[8] Manchmal gibt es Meldungen wie die folgende mit dem Titel: „Der Todesfluss. Behörden fischen mehr Leichen als Fische". „Tausende Leichen wurden aus dem Rio Grande geholt, und zwar in so alarmierenden Mengen, dass die Gewässer, die stark verschmutzt sind, als ‚Todesfluss' bekannt sind. Die Mehrzahl der Leichen stammen von illegalen Einwanderern, die bei dem Versuch ertrinken, den Fluss in einer unvorstellbaren Kraftanstrengung schwimmend zu überqueren, um in den USA Arbeit zu finden. ‚Die Menge der Leichen hat mich an eine Kriegszone erinnert', sagt Arturo Solís, Chef des Zentrums für Grenze und Menschenrechte. Die Statistik von Solís nennt die Zahl von 134 Leichen, die im Jahr 1993 aus dem Fluss geborgen wurden, 1992 waren es 128, und dies allein in einem Flussabschnitt von 580 Kilometern zwischen Nueva Laredo und Matamoros im Bereich der Flussmündung. (Die Grenze zwischen den USA und Mexiko ist insgesamt 2019 Kilometer lang.) Es gibt keine offiziellen Statistiken und Solís meint, dass seine Zählung, die auf der Durchsicht von Lokalzeitungen im Grenzbereich in Bezug auf Flussleichen beruht, noch weit entfernt ist von den wirklichen Zahlen. Mexikanische Schleuser überqueren den Fluss

Was aber ist zu tun, wenn die Mehrheit am Vergehen beteiligt ist und kein Sündenbock da ist, auf den man das Problem schieben kann? Man muss die Mehrheiten ändern, aber nicht durch das Spiel von Regierung und Opposition. Man muss die Rechtskategorien ändern, nicht einfach nur das Recht.

Das Verbrechen macht sich unsichtbar. Es wird begangen, weil man die indirekten Folgen des direkten Handelns nicht sieht. Es mangelt daran, die Augen zu öffnen, aber die Augen bleiben geschlossen, weil man nicht sehen will. Was man nicht sehen will, das sieht man auch nicht. Das Verbrechen beginnt damit, dass man es nicht sehen will. Wie in Deutschland nach dem Zweiten Weltkrieg, als die Verbrechen des Regimes veröffentlicht wurden. Es ging eine große Welle der Überraschung durchs Land, fast niemand hatte etwas davon gewusst, was passiert war. Aber fast alle hatten es gesehen, nur nicht sehen wollen, und deshalb doch nicht gesehen. Wenn man etwas nicht sehen will, was man sieht, dann sieht man es nicht. Aber dieses „Sehen" gehört in den Bereich der Verantwortlichkeit. Es ist verantwortungslos, nicht zu sehen, was man sieht. Eine ähnliche Situation gab es in den 90er Jahren in Chile, als der *Rettig*-Bericht über die Verbrechen des Pinochetregimes veröffentlicht wurde. Es gab eine große Welle der Überraschung. Es war die Überraschung der Menschen, die die Verbrechen gesehen hatten, sie aber nicht sehen woll-

---

häufig nur auf luftgefüllten Schläuchen und verlangen zwischen 15 und 100 Dollar, um Menschen auf das Gebiet der USA zu bringen. Aber viele Schleuser – man nennt sie Kojoten, Pateros oder Polleros – gehören Banden an, die sehr einfallsreich sind, ihren Opfern Geld und Habseligkeiten rauben und sie dann töten. Es ist eine der gewalttätigsten Regionen Amerikas." (nach Reuter, in: Tageszeitung La Nación, San José 13.3.94) Solche Grenzen gibt es nicht nur am Rio Grande, sondern auch in der Karibik, im Osten Deutschlands, zwischen Albanien und Italien, in der Meerenge von Gibraltar. Die Bürgermeisterämter der Orte im Süden Spaniens haben eigens Regelungen erlassen, wie solche Toten zu beerdigen sind. An der Mauer in Berlin hat man, mit Recht, Tötungen angeklagt. Aber diese Anklage war nichts anderes als ein Nebelschleier, um die Toten an den Grenzen der anklagenden Länder zu vertuschen. Warum spricht man nicht von Mord, wenn dies in unseren Ländern passiert? Der aktuelle Präsident von Mexiko, Fox, wird bei seinem nächsten Treffen mit Präsident Bush für „eine offene Grenze mit freiem Durchgang ... für Personen eintreten, um die illegale Migration unnötig zu machen, die jedes Jahr Hunderte von Toten bei der Durchquerung der unwirtlichen Grenzregionen fordert" (La Nación, San José 23.1.01).

ten. Mit den Verbrechen, die mit den globalen Bedrohungen heute zusammenhängen, geschieht etwas Ähnliches. Man sieht sie, aber man will sie nicht sehen, deshalb sieht man sie auch nicht.[9]

Was fehlt ist Bekehrung, keine religiöse Bekehrung, sondern eine Bekehrung zum Sehen. Es geht um etwas, was man sehen kann, aber nicht sehen will und man deshalb auch nicht sieht. Sich zum Sehen zu bekehren, heißt zu glauben, was die Augen sehen. Es ist eine Bekehrung zum Menschlichen. Die Bekehrung, die fehlt, ist eine Bekehrung, das Menschliche zu akzeptieren. Menschlich sein heißt, wenn man einen Mord sieht, daraus zu schließen, dass man einen Mord sieht. Wenn man einen Raub sieht, zu entscheiden, dass man einen Raub sieht. Wenn man eine Lüge hört, an Lüge zu denken.

Die Moral des Gemeinwohls

Moral aber umfasst das, was Verantwortungsethik aktuell konstituiert. Das führt zur Schlussfolgerung, dass wir Komplizen der Morde, der Raube, der Lügen sind, wenn es indirekte Effekte direkten Handelns sind. Wir müssen aufstehen und sagen, dass Mord Mord und Raub Raub ist. Die Lüge, die besagt, dass in diesen Fällen die Morde und Räubereien Handlungen sind, die durch den Marktautomatismus dem allgemeinen Interesse dienen, müssen wir Lüge nennen. Der Markt macht nicht aus privaten Lastern öffentliche Tugenden, wie unsere Marktideologen mit Mandeville und Adam Smith uns erzählen wollen, sondern er macht aus privaten Lastern öffentliche Laster und schließlich globale Bedrohungen. Dies geschieht, indem er sie in indirekte Folgen direkter Handlungen verwandelt. Die globalen Bedrohungen belegen die öffentlichen Laster, die die globalen Bedrohungen hervorgebracht haben. Die gesamte menschliche Existenz hängt an einem Faden, weil man weiterhin die öffentlichen Laster zu Zeugen der Tugenden des Marktes erklärt.

---

[9] Nietzsche hat dies sehr gut begriffen: „Überall, wo die Vorstellung stärker wirkt, wenn sie unbewußt ist, *wird* sie unbewußt." (Der Wille zur Macht Nr. 806, Paderborn o. J., S. 551). Der klassische Text dazu ist das 9. Kapitel des Evangeliums nach Johannes.

Verantwortungsethik impliziert Moral: eine Moral, mit der sich jeder einzelne auseinandersetzen muss, inwieweit er mit seinen Einzelinteressen in den Zerstörungsprozess involviert ist, der im System voranschreitet. Er muss seine eigenen Interessen positionieren, um den umfassenden Interessen im System entgegentreten zu können.

Dies ist die Bekehrung zum Menschlichen. Für einige wird es gleichzeitig eine Bekehrung zu Gott sein, für andere nicht. Aber für alle ist das Wahrheitskriterium die Menschlichkeit. Es geht um jenen kategorischen Imperativ, den Marx formuliert hat: „mit dem kategorischen Imperativ, alle Verhältnisse umzuwerfen, in denen der Mensch ein erniedrigtes, ein geknechtetes, ein verlassenes, ein verächtliches Wesen ist"[10].

Dabei handelt es sich nicht um eine Ethik des „guten Lebens". Seit Aristoteles dominiert im philosophischen Denken die Idee des „guten Lebens". Das menschliche Leben wird für selbstverständlich genommen, das philosophische Problem dagegen ist die Frage, was ein „gutes" Leben ist. Heute dagegen geht es offensichtlich um etwas anderes. Heute geht es darum, das Leben selbst abzusichern, denn die Realität der Globalisierung der Welt bedeutet, dass das menschliche Überleben vom Verhalten der Menschen abhängt. Es fehlt aber die Frage danach, welches Verhalten notwendig ist, damit das Leben selbst weiterhin existieren kann.

Hinter der modernen Verachtung jeglicher Ethik steckt die Vorstellung, dass es der Ethik um das „gute Leben" geht. Die Wissenschaft sichert das Leben, die Ethik ist für die Dekoration dieses Lebens zuständig und die Philosophen diskutieren, wie man es anstellt, damit das Leben gut ist. Auf der globalisierten Erde mit den globalen Bedrohungen für das menschliche Leben stellt sich das Problem der Ethik etwas anders. Wie müssen wir uns verhalten, damit menschliches Leben möglich bleibt, unabhängig davon, welche Vorstellungen wir vom guten Leben haben?

Davon handelt Ethik. Es ist notwendige Ethik, damit man leben kann. Eine Wissenschaft, die die Wirklichkeit erklären will, muss diese Frage der Ethik stellen. Max Weber hat die Möglichkeit zurückge-

---

[10] Marx, Karl, Einleitung „Zur Kritik der Hegelschen Rechtsphilosophie", zit. nach: Fromm, Erich, Das Menschenbild bei Marx, Frankfurt a.M. 81980, S. 188.

wiesen, dass Wissenschaft über Ethik dominieren könnte, aber sich niemals Rechenschaft darüber abgelegt, worum es geht, wenn er von Ethik spricht. Es geht um eine Ethik als Bedingung der Möglichkeit des Lebens selbst. Weber hat niemals damit gerechnet, dass es ein Problem dieses Typs geben kann, ohne dessen Lösung menschliches Leben selbst unmöglich werden könnte.

Heute können wir behaupten, dass die Verantwortungsethik als Ethik des Gemeinwohls eine Bedingung der Möglichkeit menschlichen Lebens ist. Grundlage ist ein Tatsachenurteil, das besagt: Mord ist Selbstmord angesichts der globalen Bedrohungen, die wir alltäglich erleben. Wenn wir keinen Selbstmord der Menschheit wollen, müssen wir dies Ethik befolgen.

III. Die Ethik als Bedingung der Möglichkeit menschlichen Lebens: Das Gemeinwohl

Das Überleben der Menschheit ist heute zu einem ethischen Problem geworden. Die Reduzierung jeglicher Ethik auf Werturteile hat die Zerstörung der Menschen und der uns umgebenden Natur freigegeben. Die Reduzierung der Ethik auf Werturteile gibt vor, dass die Ethik reine Dekoration des menschlichen Lebens ist, auf die man auch verzichten könnte. Wir haben auf Ethik verzichtet und stehen vor der Selbstzerstörung. Diese kalkulieren wir gut und treiben sie so effektiv wie möglich voran. Wir sägen den Ast ab, auf dem wir sitzen und sind stolz darauf, wie effektiv wir dies tun. Diese heutige Ethik nimmt ihren Ausgangspunkt dort, wo ihn frühere Ethiken nicht genommen haben und wo sie ihn möglicherweise auch gar nicht nehmen konnten. Ausgangspunkt sind die indirekten Folgen direkten Handelns. Dass die Ethik heute hier ansetzen muss, ist Ergebnis der Globalisierung der Welt. Weil die Welt heute global ist, bringen direkte Handlungen indirekte Effekte hervor, aus denen heraus globale Bedrohungen entstehen. Mit diesen indirekten Folgen hat die Ethik heute umzugehen. Deshalb ist eine Ethik des Gemeinwohls heute anders als Gemeinwohlethiken früherer Zeiten.

Direkte Handlungen bestehen in Teil- und Einzelentscheidungen der Produktion und des Konsums, der empirischen Forschung, Entwicklung und Anwendung von Technologien. Alle diese Handlungen sind zweckrational, in Kosten-Nutzen-Kalkulationen berechnet und koordiniert durch Geschäftsbeziehungen und entsprechende Effizienzberechnungen (Gewinne, Wachstumsraten, Sozialprodukte usw.). Die Moderne in all ihren Formen – was den historischen Sozialismus einschließt – hat bis zum Letzten menschliches Handeln auf diesen Typus direkter Handlungen reduziert. Die Rationalität direkten Handelns rechtfertigt man auf der Basis von Teilzielen und die Mittel werden durch die Kosten bestimmt. Weil die Mittel Ziele anderer direkter Handlungen sind, entsteht ein Mittel-Ziel-Kreislauf, in dem alle Mittel-Ziel-Verhältnisse durch fragmentierte direkte Handlungen miteinander verbunden sind.

Alle direkten Handlungen bringen indirekte Effekte mit sich. Diese können positiv sein, zum Beispiel wenn ein Produktionsprozess zu indirekten Effekten führt, die sich auf andere Produktionsprozesse auswirken, indem sie irgendeine von deren Bedingungen begünstigen. Handelsbeziehungen können positive indirekte Effekte bewirken, indem sie Produktionsanreize schaffen, Warenaustausch fördern oder Preisabschläge begünstigen.

Aber die indirekten Folgen haben auch noch ein anderes Gesicht. Dies ist das Gesicht der Zerstörung. Jede Produktion führt zu einer Zerstörung, jeder Handelsanreiz, dem man folgt, zerstört die Grundlagen des Zusammenlebens. Um Holzmöbel zu bauen, muss man einen Baum zerstören, um bestimmte Kühlschränke zu bauen, müssen bestimmte Gase in die Luft abgegeben werden, die diese vergiften. Wenn man Wasser gebraucht, muss man es als Brauchwasser wieder ableiten, was oft bedeutet, dass Flüsse und Meere verschmutzt werden und Fische sterben. All dies sind indirekte Effekte direkter Handlungen.

Diese indirekten Effekte werden umso mehr akkumuliert, je mehr die Erde wirtschaftlich geregelt wird. Je mehr direkte Handlungen entwickelt werden – was man heute gemeinhin Fortschritt nennt –, um so mehr wird die Erde globalisiert. Die Ergebnisse dieser indirekten Folgen häufen sich an und werden zu globalen Bedrohungen des Ausschlusses, der Aushöhlung sozialer Verhältnisse und der Umweltzerstörung. Es gibt keine natürlichen Gegenkräfte mehr, weil alle Natur dieser fragmentierten direkten Handlung ausgesetzt ist, auch unberührte Natur und Orte der Verwurzelung ausgeschlossener Bevölkerung. Folge ist die Bedrohung des Überlebens der Menschheit. Diese Bedrohung ist heute deutlich sichtbar.

Es fehlt eine neue Ethik. Es sind aber nicht ethische Normen, die gefragt sind, es geht nicht um neue Gebote. Gebote haben wir schon: nicht töten, nicht rauben, nicht lügen. Aber alle diese Normen wurden reduziert auf eine funktionale Ethik des Systems, die fast ausschließlich auf der Basis der Rationalität direkten Handelns – und deshalb eben fragmentarisch – funktioniert. Damit wurden sie auf die Normen des Paradigmas einer Räuberethik reduziert. Die funktionalen Ethiken beachten diese Normen, indem sie sie verletzen: du sollst töten, rauben, lügen. Sie kehren sie um.

Wenn wir diese Umkehrung verstehen wollen, müssen wir uns den indirekten Effekten direkter Handlungen zuwenden. Mittels dieser indirekten Effekte verwandeln sich die Normen in ihr Gegenteil. Im direkten Handeln wird die Beachtung dieser Normen verlangt, indem diese zu einer funktionalen Ethik wie der Marktethik umgewandelt werden. Indem die indirekten Effekte dieses Handelns nicht in die ethische Bewertung einbezogen werden, werden Genozide an der Bevölkerung und eine gigantische Ausplünderung der Erde vollzogen. Die funktionale Ethik selbst fördert diese Völkermorde, indem sie, geleitet durch die so entstandenen ethischen Normen, über die indirekten Folgen dieser Handlungen hinweg geht. Dieselbe funktionale Ethik wird zu einem kategorischen Imperativ: du sollst töten, du sollst rauben, du sollst lügen.

Es geht also nicht darum, die Normen zu wechseln, sondern darum, sie gegenüber den indirekten Effekten direkten Handelns in Kraft zu setzen. Wir entdecken, dass es Mord ist, die Luft zu verschmutzen, dass es Raub ist, der Bevölkerung die materiellen Bedingungen ihrer Existenz zu nehmen und die Umwelt zu zerstören und dass es Lüge ist, dieses System der Ausplünderung als Fortschritt zu präsentieren. Es sind Morde, Ausplünderungen und Lügen, die im Namen einer Ethik gefördert werden, die zu einer Funktionsethik des Systems direkten Handelns in den Märkten verkommen ist. Deshalb erreicht man die Wurzel des Problems weder damit, die Normen zu diskutieren, noch damit, nach einer philosophischen Rechtfertigung der Gültigkeit dieser Normen zu fragen. Die Normen sind im Innern menschlichen Zusammenlebens. Das Problem wurzelt in der Reduktion von Ethik auf das Paradigma einer Ethik der Räuberbanden.

Wenn wir heute die indirekten Folgen direkter Handlungen in Normen einbeziehen, verändert sich die Ethik der Räuberbanden in eine Ethik des Gemeinwohls. Die Normen, als formale Normen, lassen es nicht zu, dass man zwischen diesen beiden Bereichen der Ethik unterscheidet. Deshalb: die Marktethik ist die universalisierte Ethik der Räuberbanden. Nur die indirekten Folgen des Handelns zeigen den materialen Gehalt der formalen Ethik. Sich diesen zu stellen ist eine Herausforderung, die sich aus der Anerkennung des Menschen als konkretem, lebendigem Subjekt ergibt. Die indirekten Effekte zeigen die notwendigen Wege dieser Anerkennung.

Aus diesem Grund ist es wichtig, diese indirekten Effekte nicht als unbeabsichtigte Effekte zu denken. Auch wenn die indirekten Effekte nicht beabsichtigt sein können, so kann doch die Frage der Absicht nicht entscheidend sein. Viele der indirekten Folgen erscheinen als unbeabsichtigt. Aber indem man sie wahrnimmt, rückt ihr Charakter als indirekte Effekte ins Bewusstsein. Damit hören sie auf, unbeabsichtigte Effekte zu sein. Sie sind nun bewusste indirekte Effekte. Und indem sie als indirekte Effekte anerkannt werden, können sie sehr wohl moralische Bedeutung bekommen. Aber damit werden sie zu bewussten indirekten Effekten.

Die moralische Relevanz kann man aber mit dem Hinweis auf die Absichtlichkeit einer Handlung nicht ausreichend ausdrücken. Dass die Handlung Absichten hat, schlechte oder gute, ist eine einfache Voraussetzung, um überhaupt von Handeln sprechen zu können. Dass eine Handlung Handlung im sozialen Sinne ist, impliziert immer und notwendiger Weise eine formale Ethik von Seiten derjenigen, die gemeinsam handeln. Dies ist Bedingung ihrer Möglichkeit. Aber die Handlung muss nicht ethisch verantwortlich sein, wenn man sich verantwortlich zeigt für die indirekten Folgen, die diese Handlung mit sich bringt. Dies ist die Dimension von Verantwortlichkeit für Handlungen, die die Ethik des Gemeinwohls von der funktionalen Ethik unterscheidet, deren Paradigma die Ethik der Räuberbanden ist.

Diese Verantwortlichkeit ist sozial, ist etwas, das die Gesellschaft absichern muss, es kann nicht einfach Privatethik bleiben. Es ist Bedingung der Möglichkeit menschlichen Lebens und die Gesellschaft hat dies zu verteidigen. Als Gesellschaft darf sie es nicht dulden, dass direktes Handeln sich nur an rein formalen Kriterien orientiert. Sie muss sich in der Weise transformieren, dass die Ethik des Gemeinwohls vom Wünschenswerten zum effektiv Möglichen wird. In diesem Sinne ist die Ethik des Gemeinwohls eine Verantwortungsethik.

Die Sachzwänge: Die Ethik direkten Handelns

Verantwortungsethik bezieht sich auf Delikte, die als indirekte Effekte direkter Handlungen begangen werden. In diesem Sinne geht es um Delikte, die in Befolgung des Gesetzes begangen werden. Es sind Delikte, die der Rechtsstaat schützt. Es geht um Menschenopfer in Folge von Gesetzeserfüllung. Aus der Logik der Befolgung des Gesetzes resultiert das Opfer. Mord, Raub und Lüge sind die Wege dieses Opferwesens. Es gibt aber keine Verantwortlichen. Wie das?

Das Umfeld dieser Delikte, die durch die indirekten Effekte direkter Handlungen zustande kommen, bilden die Sachzwänge. Es gibt einen Zwang, diese Delikte zu begehen, dieser steckt in den Tatsachen selbst. Als an der Mauer in Berlin Morde geschahen, wurden diese durch Sachzwänge gefördert. Es war das Regierungssystem der DDR. Indem es sich über die Tat stellte, zwang es dazu, diese Taten zu begehen. Das Gleiche geschieht heute in den entwickelten Ländern des Nordens. Das Regierungssystem dieser Länder selbst steht in Frage, wenn sie sich gewaltsam gegen Einwanderer abschotten. Indem sie das Herrschaftssystem über das Vergehen stellen, zwingen sie dazu, es zu begehen. An der Grenze zwischen Deutschland und Polen gibt es heute mehr Tote als es an der Mauer in Berlin gegeben hat. Die Wiedervereinigung hat die Grenzen Deutschlands nicht friedlicher gemacht, sondern gewalttätiger. Aber man spricht nicht über diese Gewalt.

Angesichts dieses Typs der Zwänge wird der Ruf nach Menschenrechten zu leerem Geschwätz. Man verfällt der Illusion, die Menschenrechte als durch irgendeinen Rechtsstaat garantierte Rechte behandeln zu können. Die Tatsache, dass die meisten Menschenrechtsverletzungen im Bereich indirekter Effekte direkten Handelns geschehen, entgeht. Es ist unmöglich, zu einem Urteil zu kommen, ohne dass die Zwangskräfte der Tatsachen in diesem Urteil impliziert sind, weil die Vergehen Resultate dieser Zwänge sind. Man kann sie nicht so beurteilen, wie man sie im Bereich direkten Handelns behandeln würde.

Dies bedeutet natürlich nicht, dass die Verbrecher nicht für ihre Verbrechen verantwortlich sind. Die Pinochets sind verantwortlich für ihre Verbrechen. Aber es ist sehr schwierig, sie vor ein Gericht zu bringen und sie verantwortlich zu machen. Diese Verbrechen werden durch die Regierungen, von den ökonomisch Mächtigen, von den Medien bis hin zu weiten Kreisen der Bevölkerung gestützt. Nur in sehr besonderen politischen Situationen ist es möglich, sie zu bestrafen. Wenn diejenigen, die die Verbrechen begehen, erfolgreich sind, dann können sie die Geschichte auf eine Weise schreiben, als ob die Verbrechen heldenhafte Taten wären. Sie können nur verurteilt werden, wenn sie verlieren. Und wenn sie verurteilt werden, fallen die Strafen im Verhältnis zu den Strafen, die im Bereich direkten Handelns ausgesprochen werden, sehr gering aus. Nur in ganz besonderen Augenblicken werden die großen Räuber genauso hart bestraft wie die kleinen Täter, werden Massenmörder genauso hart wie die Mörder von Einzelnen bestraft. Als Pinochet in London im Gefängnis saß, besuchte ihn Margret Thatcher demonstrativ und nannte ihn ihren Freund. In derselben Woche wurde der Arzt Shipman wegen der Ermordung von 15 Personen zu 15 mal lebenslänglich verurteilt. Die gesamte öffentliche Meinung in Großbritannien war empört über Shipman. Aber ein großer Teil derselben öffentlichen Meinung sympathisierte mit den Verbrechen Pinochets, der doch viel mehr Menschen auf wesentlich brutalere Weise hat umbringen lassen. Und eine ganze Reihe von Regierungen setzten sich für Pinochet ein.

Eine moralische Anklage dieser Verbrechen nützt nicht viel, wenn die Medien, die ökonomisch Mächtigen und die Regierungen die Verbrecher, meistens versteckt und verdeckt, unterstützen. Es führt zu nichts, diese Taten anzuklagen, es ist vergeblich.

Es gibt Verbrechen, die nicht als Verbrechen verurteilt werden. Wenn es sich um Morde handelt, dann werden sie als menschliche Opfer verstanden, die unvermeidlich sind und die im Nachhinein als Akte der Gerechtigkeit gefeiert werden, obwohl es sich doch um säkularisierte Opfer handelt, da es säkularisierte Menschenopfer sind. Es geht um Vergehen, die als unvermeidlich angesehen werden.

KAPITEL VII

Dies gibt es schon im Bereich der Moral direkter Handlungen, wo es um individuelle Verbrechen geht. Man baut das Verhältnis Verbrechen – Strafe auf, das auf einfachster Ebene ein Verhältnis Verbrechen – Verbrechen ist. Die Bestrafung an sich ist auch ein Verbrechen. Auch die Todesstrafe ist ein Mord, das ändert sich auch nicht, wenn sie an einem Mörder verübt wird. Aber ein Mord kann einen anderen nicht aufheben, vielmehr gibt es jetzt zwei Ermordete. Wir betrachten aber den zweiten Mord – die Todesstrafe – als Bestrafung und deshalb als einen Akt der Gerechtigkeit. Es geht um eine einfache Zurechnung (so nennt es Kelsen[11]). Es gibt keinerlei Wiedergutmachung, sondern eine Umkehrung. Aber die Umkehrung macht das Verbrechen nicht ungeschehen. Sie macht es nicht ungeschehen, trotzdem wird sie als unvermeidlich erklärt. Wir denken diese Umkehrung als unvermeidlich und sie ist es wirklich. Aber es ist ein unvermeidliches Verbrechen, bleibt also ein Verbrechen. Alles soziale Leben ruht auf diesen Verbrechen, die in gewisser Weise unvermeidlich sind, weil eine Ordnung ohne diese Basis des Verbrechens nicht existieren kann. Es sind die Verbrechen der Kinder Kains, denn er ist der Gründer jeglicher Zivilisation und Kultur.

Auf diese Weise taucht auf der Ebene der Moral direkten Handelns das Menschenopfer auf. Jede Todesstrafe ist Menschenopfer. Die Azteken verurteilten den Mörder zur „Opferung". Durch die Säkularisierung haben wir den Gedanken, dass es sich bei Todesstrafe um Götzenopfer handelt, verdrängt, denn die Götzen sind heute säkularisiert. Es sind in gewisser Weise unvermeidliche Opfer, aber es sind Opfer. Es sind Verbrechen und bleiben es, selbst wenn sie unvermeidlich sind.

Aber schon auf dieser Ebene der Analyse der Moral direkten Handelns tritt ein Problem auf, das später grundlegend wird. Es ist das Problem der Unvermeidbarkeit. Die Verletzungen der Normen geltender Ethik – du sollst nicht töten, du sollst nicht rauben, du sollst nicht lügen – werden unvermeidbar. Es ist unvermeidlich, dass es Mord, Raub und Lügen gibt. Wir können mit großer Sicherheit die

---

[11] Kelsen, Hans, Was ist Gerechtigkeit? Wien 1953. Vgl. Solórzano, Alfaro/ Norman, José, Los marcos categoriales del pensamiento jurídico moderno. Avances para la discusión sobre la inversión de los derechos humanos (Manuskript).

Zahl der Morde und Raube im Laufe des nächsten Jahres in einer bestimmten Stadt voraussagen. Wir berechnen die Rate auf 100.000 Einwohner und erzielen große Genauigkeit. Diese Zahlen können langsam steigen oder fallen, aber nur ganz selten machen sie Sprünge. Und ganz verschwinden diese Gewalttätigkeiten nie. Sie sind unvermeidbar. Diese Unvermeidbarkeit ist in keinem Gesetz enthalten, aber sie ist tatsächlich. Und obwohl wir wissen, dass diese Morde als gesellschaftliche Kategorie unvermeidbar sind, halten wir sie für Verbrechen, machen die Täter verantwortlich und erklären sie schuldig. Wenn wir die Gewalttat, die der Mörder begeht, als soziale Kategorie sehen, dann müssen wir sie als unvermeidbar denken. Wir handeln, um den Mord zu verhindern und verbieten ihn. Aber wir können machen was wir wollen, Mörder gibt es trotzdem.

Die Unvermeidbarkeit der Verletzung ethischer Normen ist eine soziale Kategorie. Jeder Mord liegt in der Verantwortung von irgend jemandem. Dieser Jemand hätte den Mord auch nicht begehen können. Gehen wir davon aus, dass er einen freien Willen besitzt. Aber Mord als soziale Kategorie geschieht mit absoluter Sicherheit und unvermeidbar. Mord verschwinden lassen zu können ist reine Illusion. Jede Ethik aber gibt vor, sicherstellen zu können, dass er nicht vorkommt. Aber es ist unvermeidbar. Und kein Gesetz, sei es gesellschaftlich oder Naturgesetz, kann dies erklären. Es folgt weder Gesetzmäßigkeiten noch ist es in den Genen enthalten.

Dass ein Geschehen wie Mord als soziale Kategorie unvermeidbar ist, macht es nicht unvernünftig, dagegen vorzugehen. Wenn man gut dagegen vorgeht, kann man die Zahl der Morde mindern. Aber auch wenn man die Zahl reduziert, sie wird nicht auf Null sinken.

Diese Kategorie der Unvermeidbarkeit taucht auch in anderen Bereichen auf. Auch Verkehrsunfälle sind unvermeidbar. Sie gänzlich vermeiden zu können ist eine Illusion. Aber alle Verkehrssysteme werden entwickelt, um Verkehrsunfälle zu vermeiden. Auch hier gilt, dass man die Anzahl von Unfällen vermindern kann, wenn man gut arbeitet. Aber sie werden niemals ganz verschwinden. Unfälle sind unvermeidbar. Auch dies wird durch kein soziales oder Naturgesetz erklärt, auch nicht durch das Fehlen von Gesetzen. Die Gesetze können so gut sein wie sie mögen, Unfälle geschehen und als soziale Kategorie verschwinden sie nie. Sie sind unvermeidbar. Aber trotz der Unvermeidbarkeit von Unfällen hat es Sinn, sich darum zu bemühen, sie zu vermeiden, die Zahl der Unfälle zu verringern. Aber sie wird nie auf Null sinken.

Das Gleiche gilt für den Tod. Er ist unvermeidbar, aber es gibt kein soziales oder Naturgesetz, das den Tod erklären könnte. Jeder Tod ist zufällig und wir können Bedingungen formulieren, die diesen hätten vermeiden können. Es gibt kein Gen, das die Sterblichkeit bestimmt. Auch wenn man das Älterwerden als Krankheit versteht, erklärt dies keinen individuellen Tod. Jeder Tod ist zufällig. Trotzdem gibt es nichts Sichereres als den Tod. Er ist unvermeidbar. Wir können uns ihm entgegenstellen und wenn wir dies gut machen, erhöht dies die durchschnittliche Lebenserwartung, was durchaus Sinn hat. Aber dies verschiebt nur den Tod. Es wäre reine Illusion zu glauben, den Tod ausmerzen zu können. Auch wenn wir uns noch so bemühen würden, die Zahl der Toten geht nie auf Null.

Alle Menschenrechte sind auf die Unvermeidbarkeit bezogen, weil jegliche Moral und Ethik sich auf Unvermeidbarkeiten beziehen. Man kann diese Unvermeidbarkeiten beeinflussen, aber niemals ganz bewältigen. Die Situation ist paradox. Wir kämpfen gegen etwas, das notwendigerweise siegen wird. Das ist die *conditio humana*, der wir nie entkommen werden.

Die Tatsache der Unvermeidbarkeiten zeigt uns, dass es Sachzwänge gibt, die die Übertretungen ethischer Normen begünstigen. Sie sind so zwingend, dass sie jeglichen Sieg unmöglich machen. Die Verantwortungsethik tritt in Verbindung mit den Unvermeidbarkeiten auf, weshalb sie die *conditio humana* anerkennt. Gleichzeitig aber tritt sie zusammen mit der Umkehrung der Menschenrechte auf. Sie hat das Doppelgesicht von Verbrechen und Strafe. Paradigmatisch steckt diese Umkehrung in dem Motto der Ermordung des Mörders. Sie bringt den Terror, mögliche Mörder zu terrorisieren, also alle. Deshalb folgt dem Mord die Ermordung des Mörders durch die Todesstrafe. Die Gesellschaft errichtet diese Abfolge und lässt sie als ursächlichen Zusammenhang erscheinen.

Es gibt keinen ursächlichen Zusammenhang in dieser Abfolge im gleichen Sinn, wie Hume den substanziellen Zusammenhang in natürlichen Abfolgen zurückweist. Jede Handlung existiert für sich und die Abfolge von Handlungen ist aus keinem Gesetz ableitbar. Die Handlungen sind fragmentierte Handlungen. Deshalb sind sie aber noch keine isolierten Handlungen. Die Abfolge von Mord und Ermordung des Mörders ist auch nicht willkürlich. Sie ist vielmehr unvermeidbar, weil es ohne die Errichtung dieser Abfolge nicht möglich wäre, eine Ethik in den Begriffen von Legalität aufrecht zu erhalten. Die Gesetzgebung fordert die Errichtung dieser Abfolge, weil ohne sie dem Gesetz, das Mord verbietet, keine Geltung verschafft werden kann. Die Form des ethischen Gesetzes fordert die Umkehrung des Gesetzes selbst. Indem sie ein Menschenrecht formuliert, fordert sie zu dessen Einhaltung die Umkehrung des Menschenrechts. Durch die Unvermeidbarkeit der Übertretung der Ethik erfolgt die Unvermeidbarkeit des Gesetzes und daraus wieder die Unvermeidbarkeit der Umkehrung des selben Gesetzes. Jetzt ermordet man den Mörder. Alles geschieht gemäß den Sachzwängen.

Wenn diese Abfolge etabliert wird, gibt es Entsetzen, ein Entsetzen bis hin zum Zusammenbruch der sozialen Ordnung. Aber es ist kein Entsetzen über das Verbrechen. Das Verbrechen bedroht nicht die Ordnung. Es ist Entsetzen über die Tatsache, dass alle Komplizen des Verbrechens sind. Es ist ein Verbrechen aller, obwohl es von einem bestimmten Verbrecher umgesetzt wurde. Aber alle und jeder einzelne hätte es sein können. Nicht das Verbrechen bedroht die Ordnung, sondern die Möglichkeit, dass alle Kriminelle sein könnten. Das würde die Ordnung bedrohen und den Selbstmord aller bedeuten. Alle sind durch das Verbrechen bedroht, weil alle es begehen könnten. Es gibt keine Unschuldigen. Wie der hl. Franziskus sagte: „Ich kenne kein Verbrechen, das ich nicht begangen haben könnte." Nur wenige sind so ehrlich, aber es ist wahr für alle. Die Abschreckung der Strafe richtet sich nicht in erster Linie gegen den Schuldigen. Das hätte auch gar keinen Sinn, denn er hat das Verbrechen ja schon begangen. Der Schrecken richtet sich gegen jene, die es nicht gewesen sind, und das sind alle anderen. Er richtet sich gegen sie, weil sie potenzielle Täter sind. Der Terror der Abschreckung richtet sich gegen jene, die das Verbrechen nicht begangen haben, aber ohne Ausnahme fähig sind, es begehen zu können. Derjenige, der das Verbrechen nicht begangen hat, richtet die Abschreckung der Strafe gegen sich selbst. Er tut dies, weil er weiß, dass er ein Komplize des Verbrechens ist. Man verurteilt das Verbrechen, das der andere – der Schuldige – begangen hat. Durch diese Strafe distanziert man sich von der Tat, an der man beteiligt ist.

Eine moralische Person existiert deshalb auf zwei Ebenen. Einerseits auf der Ebene der Komplizenschaft mit allen Verbrechen dieser Welt und andererseits auf der Ebene der Verurteilung des Verbrechers, der als schuldig angesehen wird und im Verhältnis zu dem sich die moralische Person als unschuldig betrachtet. Man muss verurteilen, damit der notwendige Schrecken entsteht, und die eigene Komplizenschaft am Verbrechen nicht darin mündet, es selbst zu begehen. Aus genau diesem Grund ist eine moralische Person notwendigerweise scheinheilig.[12] Sie kann es nicht nicht sein. Eine Wahrhaftigkeit, die die Scheinheiligkeit überwindet, wäre eine Handlung, durch die sich alle zu Verbrechern machen, was schließlich einen kollektiven Selbstmord bedeuten würde. Jede Bestrafung eines Schuldigen verurteilt deshalb einen Sündenbock. Die Scheinheiligkeit verschleiert dies. Die Scheinheiligkeit ist etwas, was direkt der *conditio humana* entspringt.

Damit haben wir jetzt die Schritte der Moral direkten Handelns: aus der Bruchstückhaftigkeit und Unvollkommenheit des Handelns werden Sachzwänge, die wiederum die Unvermeidbarkeit von Verbrechen als soziale Kategorie hervorbringen. Damit taucht die Umkehrung der Moral auf, indem Werte herrschender Moral angesichts des Schuldigen in ihr Gegenteil verkehrt werden. Die Bruchstückhaftigkeit und Unvollkommenheit des Handelns aber impliziert die Schuldigkeit aller am Verbrechen, was die moralische Person zu einer scheinheiligen werden lässt.

Wie ist also dem Verbrechen zu begegnen? Bestrafung ist keine Antwort, sondern die Bedingung dafür, dass das Verbrechen auf legale Weise als Verbrechen gesehen werden kann. Die Antwort auf Verbrechen muss angesichts der Sachzwänge gegeben werden, die an der Wurzel ihrer Unvermeidbarkeit stehen. Weil es nicht möglich ist, Verbrechen ganz zu vermeiden, weil das Fragmentarische des Han-

---

[12] „Der Instinkt der décadence, der als *Wille zur Macht* auftritt. Beweis: die absolute *Unmoralität der Mittel* in der ganzen Geschichte der Moral. Gesamteinsicht: die bisherigen höchsten Werthe sind ein Specialfall des Willens zur Macht, die Moral selbst ist ein Specialfall der Unmoralität" (Nietzsche, Der Wille zur Macht Nr. 461, Paderborn o. J., S. 332f.) „*Moral als Werk der Unmoralität*. 1. Damit moralische Werthe zur *Herrschaft* kommen, müssen lauter unmoralische Kräfte und Affekte helfen. 2. Die *Entstehung* moralischer Werthe selbst ist das Werk unmoralischer Affekte und Rücksichten ... „Unmoralität" des *Glaubens* an die Moral." (Ebd. Nr. 266, S. 195).

delns nicht auszumerzen ist, geht es darum, das Verbrechen zu kanalisieren und zu reduzieren. Dies ist eine Aufgabe, die nicht die Polizei allein leisten kann, weil sie alle Dimensionen menschlichen Lebens betrifft. Man muss den darunter liegenden Sachzwängen des Verbrechens begegnen. Jeder Verbrecher bleibt verantwortlich gegenüber Vergehen und Strafe. Das Verbrechen als soziale Kategorie ist eng verknüpft mit dem Projekt des Lebens jedes einzelnen und der Gesellschaft. Allein auf der Ebene dieser Projekte und ihrer Realisierung kann man den Sachzwängen, die Verbrechen unvermeidbar machen, begegnen und sie in Schranken weisen. Die Menschenrechte und damit Moral, Ethik und Gesetze sind eine Dimension des Lebensprojektes, eine Weise zu leben.

Die Sachzwänge: Ethik der indirekten Effekte direkten Handelns

An diesem Punkt der Analyse der Moral direkten Handelns angekommen, müssen wir zu einer anderen Analyse wechseln, der Analyse der Moral indirekter Effekte direkten Handelns. Das bereits Untersuchte behält seine Bedeutung, bekommt aber eine neue Reichweite. Die Moral direkten Handelns ist integrativer Teil des Handelns. Deshalb ist es eine funktionale Moral direkten Handelns. Das Problem der Moral der indirekten Folgen direkten Handelns besteht darin, dass die moralischen Übertretungen als Nebenprodukt direkten Handelns erscheinen. Deshalb handelt es sich um Übertretungen, die das Gesetz erfüllen.

Dies impliziert ein besonderes Verhältnis von Verbrechen und Absicht. In der Moral direkter Handlung ist die Verantwortlichkeit direkt verknüpft mit der Absicht. Ein Mord ist nur einer, wenn man die Absicht zum Töten hatte. Wenn diese Absicht fehlt, handelt es sich um einen Unfall. Damit kann Fahrlässigkeit vorliegen, aber kein Mord.

In der Moral indirekter Effekte kann eine Absicht vorliegen, muss es aber nicht unbedingt. Im Namen der Moral kann man nur urteilen, wenn man die indirekten Effekte kennt oder es möglich ist, sie zu kennen. Das Problem besteht in den direkten Handlungen, deren indirekte Folgen man kennt oder kennen kann, diese aber nicht beachtet. Dies ist das typische Feld der Urteile über indirekte Folgen direkter Handlungen.

KAPITEL VII

Die Vergehen, die auf diesem Gebiet begangen werden, sind offensichtlich. Aber es ist nicht so offensichtlich, dass es sich um Verbrechen handelt. Quellen zu vergiften wurde immer als eines der schwersten Verbrechen angesehen. Heute werden die Quellen vergiftet und wir wissen nicht, ob es ein Verbrechen ist. Man vergiftet das Wasser, aber unsere Kultur steht auf Seiten derer, die vergiften. Und jene, die vergiften, fordern das Recht, vergiften zu dürfen.

Man vergiftet Quellen. Indem man dies im Rahmen der Produktion tut, als indirekte Folge direkten Handelns, wird es als einfache Tat, nicht als Verbrechen behandelt. Es gibt eine Kultur der Verteidigung solcher Vergehen. Man misst unternehmerisches Handeln nicht an den Ergebnissen zugunsten der Bedingungen der Ermöglichung menschlichen Lebens, sondern an den Gewinnen und dem Wert an der Börse. Weder die Verbrechen, die die Grundlage dieses Erfolgs bilden, noch deren Kosten werden zur Kenntnis genommen. Solche Verbrechen zu begehen wird so gesehen, als ob es zur Funktion eines Unternehmers gehört, für das dieser nicht verantwortlich gemacht werden kann, da es keine Gesetze gibt, die solches Verhalten explizit verbieten. Die Tatsache, dass er die Folgen, um die oft nur er wissen kann, verbirgt, hat für ihn keine Folgen. Und je mehr sich die Folgen solchen Handelns anhäufen, umso bedrohlicher werden sie. Schumpeter nannte sie „kreative Zerstörung", indem er ein Motto aufgriff, mit dem Bakunin in einem anderen Kontext gearbeitet hatte. Dass der Unternehmer produziert, dient als Rechtfertigung der Zerstörung menschlicher Lebensbedingungen, die er produziert.

Keine Zerstörung kann kreativ sein, und sie ist es weder im Kontext von Bakunin noch in dem von Schumpeter. Jede Produktion und damit auch jeglicher Konsum impliziert Zerstörung. Aber dies macht aus der Zerstörung noch keine kreative Kraft. Die Zerstörung an sich zerstört nur. Als Bestandteil der Produktion und des Konsums ist sie aber unvermeidbar. Die Produktion ist *creatio ex nihilo*. Aber die Zerstörung bleibt Bedrohung. Der Zerstörung muss man entgegentreten, damit die Produktion nicht die Quellen jeglichen Reichtums, den Menschen und die Erde zerstört, die ja die Grundlage für alles sind, was produziert wird. Wenn die Produktion die Bedingungen der Möglichkeit menschlichen Lebens – und dies schließt das Leben der Natur ein – untergräbt, hört diese Produktion auf kreativ zu sein und wird zur reinen Zerstörung. Diese Zerstörung so zu regulieren, dass sie von der Produktion ausgeglichen wird, ist eine Forderung der Menschenrechte in diesem Bereich. Die Mystik der Zerstörung, wie sie Schumpeter zelebriert, ist einfach gesagt ein Hindernis für eine ökonomische Vernunft.

Eine ähnliche Situation gibt es im Bereich der Marktverhältnisse. Auch Marktverhältnisse sind unvermeidbar. In genau dem Maße sind aber auch indirekte Effekte unvermeidbar, die aus dem Handeln durch Marktbeziehungen entstehen. Die Produktionseinheit im Markt muss so produzieren, dass es wenigstens keine finanziellen Verluste gibt. Deshalb gibt es eine Tendenz zur Ausgrenzung, wer nicht in diesem Rahmen produzieren kann wird ausgeschlossen. Es können sowohl das Unternehmen als Produktionseinheit als auch ein Teil jener, die in diesem gearbeitet haben, ausgeschlossen werden. Der Marktmechanismus fördert keinerlei Sicherheiten, die Ausgeschlossenen wieder aufzunehmen. Durch dieses Phänomen wird Ausschluss und Unterentwicklung geschaffen. Die Marktlogik selbst wird irrational.

Je kapitalistischer der Markt ist, umso mehr fördert er Ausgrenzungen. Es geht hier wieder um eine Unvermeidbarkeit, der man begegnen muss, damit die Gesellschaft stabil bleibt. Wenn man ihr nicht begegnet, breitet sich eine Zerstörung sozialer Beziehungen aus bis hin zu den Marktbeziehungen selbst. Man ändert die Situation nicht dadurch, die Ausgeschlossenen selbst für ihren Ausschluss verantwortlich zu machen, wie es heute üblich ist. Dies brutalisiert die sozialen Beziehungen nur umso mehr und macht die Situation mehr und mehr unerträglich. Auch hier also geht es um Unvermeidbarkeiten, denen begegnet werden muss, damit Grenzen aufrecht erhalten bleiben, die das menschliche Leben erhalten.

Aber in der Marktlogik gibt es einen Unterschied: Sich den indirekten Folgen entgegenzustellen wird als Marktstörung verstanden. Der Markt koordiniert die direkten Handlungen, ohne seine indirekten Folgen zu berücksichtigen. In dem Maße, in dem der Markt totalisiert wird, wird es unmöglicher, in Bezug auf die indirekten Folgen zu agieren. Man weiß sie nicht mehr zu begrenzen oder zu kanalisieren. Folge ist die Unmöglichkeit, sie innerhalb der Grenzen zu halten, die das menschliche Leben sichern.

Auf diese Weise produziert die Totalisierung des Marktes Krisen, die durch die indirekten Folgen direkten Handelns entstehen. Die Märkte laufen gut, es gibt keine Marktkrisen. Aber es gibt Krisen der

KAPITEL VII

Reproduktion und Erhaltung menschlichen Lebens und der Natur im Allgemeinen, die als Verletzung von Menschenrechten wahrgenommen werden, wenn wir sie vom Recht auf Leben her interpretieren. Die Totalisierung des Marktes macht uns also wehrlos gegen die indirekten Folgen direkter Handlungen.

Da aber der Widerstand weitergeht, entstehen repressive Regime, um die Totalisierung des Marktes durchzusetzen. Diese Repression ist an sich auch nicht vermeidbar. Institutionalisierung ist immer unvermeidbar mit Repression verbunden. Das ist ihr zweites Gesicht, weil jede Institution Verwaltung des Todes ist. Auch jene Gewalt, die notwendig ist, um die Grenzen zur Erhaltung menschlichen Lebens zu schützen, ist an sich unvermeidbar. Wenn über die indirekten Folgen direkten Handelns ein System errichtet wird, muss der Gegendruck über diese Grenzen hinausgehen und damit tauchen unvermeidbar Regime eines institutionalisierten Terrorismus auf.

Dieser Terrorismus kann Staatsterrorismus sein, aber viel öfter ist es privater Terrorismus, ausgeübt durch private Bürokratien von Unternehmen, die oftmals ihre eigenen Sicherheitsdienste haben, oder anderen privaten Gruppen, wie im Fall der Ermordung der Straßenkinder in lateinamerikanischen Ländern. Ein solcher Typus waren auch die totalitären Regime nationaler Sicherheit.

Angesichts dieses institutionellen Terrorismus zerbrechen die normalen Kontrollen repressiver Macht. Aber ohne diesen Terrorismus kann die Totalisierung des Marktes nicht durchgesetzt werden. Er entsteht also als indirekte Folge dieser Strategie. Die Strategie entwickelt die Sachzwänge, und allein der institutionelle Terrorismus ist in der Lage, die Widerstände zu brechen. Wo immer eine solche Strategie vorhanden ist, ist der Terrorismus unvermeidbar. Hinter der unvermeidbaren Repression taucht der irrationale Terrorismus mit den entsprechenden Menschenrechtsverletzungen auf.

Es entsteht ein Kreislauf, den wir durch den Begriff der Sachzwänge und die Unvermeidbarkeit indirekter Folgen direkten Handelns beschreiben können. Die indirekten Folgen direkten Handelns im Markt zielen auf die Zerstörung menschlichen Überlebens durch Exklusion und Zerstörung der den Menschen umgebenden Natur. Eine Strategie der Totalisierung der Märkte kann die Widerstände gegen diese Zerstörungen nicht anders brechen als durch institutionellen Terrorismus. Dieser Terrorismus entspricht den Sachzwängen, die durch die Strategie totaler Märkte hervorgebracht werden. Das Ganze zusammen führt zur Aushöhlung der menschlichen Gesellschaft und ihrer Nachhaltigkeit. Es entwickelt sich ein spezieller Fall des Entropiegesetzes, der nur in der Katastrophe enden kann.

Die Strategie der Totalsetzung der Marktes versucht den daraus folgenden Konflikt zu verschweigen. Sie muss dies tun, denn wenn dieser Konflikt bekannt ist, wird es unmöglich, der Strategie weiter zu folgen.

Dies führt zur grundlegenden Frage nach der Legitimation der Strategie totaler Märkte. Diese Legitimation liegt zunächst in dem Mythos von der Maximierung der Gewinne, der Wachstumsraten und als deren Resultat einer Maximierung des sogenannten Fortschritts begründet. Die Versprechen dieser Maximierungen sind unendlich, obwohl sie illusorisch sind. Die Unendlichkeit erdrückt die Endlichkeit und man hält alles für zulässig, was diesem Prozess der Maximierung dient, der immer illusorischer wird. Mit dieser Situation aber gerät die grundlegende Vernunft jeglichen ökonomischen Handelns aus dem Blick. Es geht um jene Vernunft, die darin besteht, das Notwendige zu tun. Jegliche Maximierung müsste sekundär sein im Verhältnis zu diesem Notwendigen. Der herrschende Mythos der Maximierung opfert das Notwendige auf dem Altar einer niemals zu erreichenden Zukunft. Dieses Opfer ist in Wirklichkeit die Opferung der Bedingungen der Möglichkeit menschlichen Lebens in Folge einer Maximierung, deren Leere mehr und mehr sichtbar wird. Die Peitsche dieser Maximierung ist jene reale oder eingebildete Drohung, das Notwendige nicht zu haben. Damit wird der Weg der bremsenden Kräfte der indirekten Folgen dieses Wettlaufs verschlossen und die Zerstörung der Bedingungen der Möglichkeit menschlichen Lebens gefördert. Deshalb kann die Politik der Totalisierung der Märkte folgendermaßen beschrieben werden: das Notwendige aufgeben, um das Maximum zu erreichen.

Die Aushöhlung menschlicher Gesellschaft schwächt die Wachsamkeit für alle wirklichen Menschenrechte, das heißt für jene Menschenrechte, die aus dem menschlichen Recht auf Leben entspringen. Die Analyse des destruktiven Kreislaufs als Ergebnis der Totalisierung der Märkte hat aufgezeigt, dass diese Menschenrechte keine „Werturteile" sind, wie es die herrschende Methode der Sozialwissenschaften behauptet. Diese Menschenrechte und der Respekt vor ih-

KAPITEL VII

nen sind Bedingung der Möglichkeit menschlichen Lebens, weil ohne deren Beachtung eine Erhaltung des Lebens unmöglich ist. Es geht nicht um beliebige Urteile, sondern um Tatsachenurteile. Weil es darum geht, über die Erhaltung menschlichen Lebens und seiner Grundbedingungen zu urteilen, geht es darum, über Tatsachen zu urteilen. Diese Tatsachenurteile münden in Werte, die wir dann Menschenrechte nennen.

Dies erlaubt uns jetzt, über eine wichtige Unterscheidung in Bezug auf die Menschenrechte zu sprechen. Wir können unterscheiden zwischen Menschenrechten, die mit direktem Handeln verknüpft sind und das Handeln im Markt einschließt, und den Menschenrechten, die das Menschenrecht auf Leben angesichts indirekter Folgen direkten Handelns verteidigen. Die ersten sind die Menschenrechte auf der Basis des Vertrags zwischen Individuen (und Kollektiven, die wie Individuen angesehen werden). Die zweiten sind die Menschenrechte des Lebens. Die ersten sind besonders in den Menschenrechtserklärungen des 17. Jahrhunderts der USA und Frankreichs festgehalten. Die zweiten wurden vom 19. Jahrhundert an entwickelt, weil es darum ging, den zerstörerischen Wirkungen des direkten Handelns entgegenzutreten. Sie haben bereits einen wichtigen Platz in der Menschenrechtserklärung der Vereinten Nationen nach dem Zweiten Weltkrieg gefunden. Oft bezieht man sich auf sie, indem man von den Menschenrechten der zweiten oder dritten Generation spricht, einfach weil sie später formuliert wurden. Sie antworten auf die Menschenrechte der ersten Generation, beziehen sich in konfliktiver Weise auf sie. Die ersten Menschenrechte in ihrer Logik direkten Handelns in den Märkten wenden sich gegen die zweiten. Und indem sie sich gegen die zweiten wenden, zerstören sie den Bestand der menschlichen Gesellschaft und damit das menschliche Leben, mit dem Ergebnis, dass sie schließlich sich selbst zerstören. Sie werden zu jenem berühmten Monster im Film *Yellow Submarine*, das sich selbst verschlingt.

Wenn man die Menschenrechte sichern will, gibt es nur die eine Lösung, sie den Sachzwängen entgegenzustellen, die die Verletzungen hervorrufen. Weder ein Bekenntnis an der Flagge noch Tribunale oder Polizei allein können die Menschenrechte sichern. Wenn man nicht zunächst die Sachzwänge angeht, entwickeln diese eine Macht, die die Menschenrechte selbst fortreißt. Wenn dies geschieht, dann verschwinden in unserer Gesellschaft die Menschenrechte nicht als solche, sondern sie werden vielmehr auf die Menschenrechte reduziert, die es im Feld der Vertragsrechte gibt. Es wird die Geltung der Menschenrechte im Namen der Menschenrechte auf Vertragsebene zerstört.

Die Menschenrechte zu sichern ist deshalb ein Projekt des Lebens, eine Frage des Lebensstils für jeden Einzelnen wie auch für die ganze Gesellschaft. Nicht in jeder Gesellschaft ist es möglich, die Menschenrechte zu sichern, es bedarf einer Gesellschaftsstruktur, die es möglich macht, sie zu sichern. Sie zu sichern heißt aber nicht einfach, ihre Geltung zu beteuern. Es gibt keine Gesellschaft und es kann keine geben, die die Menschenrechte in ihrer idealen Gesamtheit sichert. Wir können von diesen Gesellschaften träumen, aber wir können sie niemals errichten. Es handelt sich vielmehr um eine Gesellschaft, die in der Lage ist, Verletzungen von Menschenrechten in ausreichender Weise entgegenzutreten, so dass die Integrität des menschlichen Lebens und seine Grundbedingungen respektiert werden. Um dies zu erreichen, müssen wir auf ihre ganze Einhaltung und Erfüllung setzen. Wieder stehen wir vor jener „Heuchelei", die eine Folge der menschlichen Bedingtheit selbst ist.

Eine solche Gesellschaft muss in die reale Logik direkten Handelns eingreifen, um sie der Gültigkeit der Rechte menschlichen Lebens zu unterwerfen. Diese Rechte müssen als Grundlage allen menschlichen Lebens anerkannt werden, was notwendigerweise das Leben der den Menschen umgebenden Natur einschließt. Dies ist ein andauernder Konflikt, der wesentlicher Bestandteil der Verfassung einer Gesellschaft sein muss. Man muss sich dauerhaft den Sachzwängen entgegenstellen, die durch das direkte Handeln ausgelöst und zu zerstörerischen indirekten Folgen werden, auf die man antworten muss. Diese Antwort ist notwendigerweise eine Antwort, die nicht auf individuelle Aktionen begrenzt sein kann, sondern es bedarf gemeinschaftlicher und solidarischer Aktionen. Es geht um das Handeln von privaten oder öffentlichen Akteuren, die aber niemals auf die Möglichkeit staatlichen Handelns verzichten dürfen, denn der Staat ist die einzige Instanz, die rechtsverbindliche Grenzen errichten kann.

Es geht sicherlich nicht um die Verteidigung von Gruppeninteressen. Es wird das Gemeinwohl verteidigt, was ein Interesse aller ist.

Alle sind in das direkte Handeln eingebunden und deshalb auch in die Produktion der indirekten Folgen dieses Handelns. Aber es ist das Interesse aller, sich diesen Folgen entgegenzustellen und sie den Rechten auf menschliches Leben unterzuordnen. Es ist ein allgemeiner Konflikt, dem sich keiner entziehen kann. Es ist ein Konflikt innerhalb jeder Person, der immer in doppelter Dimension existiert: als Einzelakteur leitet sie ihre Interessen aus der Logik direkten Handels ab, als Teilsubjekt sieht sie sich mit sich selbst konfrontiert, als derjenige, der seine Einzelinteressen im Rahmen kalkulierten Handelns verfolgt. Es geht um einen moralischen Konflikt, der in der Gesellschaft entsteht, obwohl nun zwischen Gruppen (oder gesellschaftlichen Kräften), von denen sich die einen mit den Regeln direkten Handelns identifizieren, während die anderen ein Handeln fordern, das sich gegen die indirekten Folgen dieses direkten Handelns richtet: ein gesellschaftlicher Konflikt wird sichtbar.

Es ist der Konflikt mit der Zivilgesellschaft, wenn wir unter Zivilgesellschaft die Gesamtheit von Aktivitäten und Bewegungen verstehen, die den indirekten Folgen direkter Handlungen, insofern diese zerstörerisch wirken, ihren Widerstand entgegensetzen. Die Zivilgesellschaft übt diesen Widerstand im Namen der Menschenrechte für das menschliche Leben aus. Deshalb geht es hier nicht einfach nur um alle nichtstaatlichen Aktivitäten. Auch Privatunternehmen handeln nicht-staatlich. Die Zivilgesellschaft stellt sich bestimmten Tendenzen der Zerstörung entgegen, die zu einem großen Teil durch private Unternehmen verursacht werden. Und für das Handeln von Zivilgesellschaft ist wesentlich, Einfluss auf den Staat auszuüben, damit dieser Maßnahmen in die gleiche Richtung wie die Aktionen der Zivilgesellschaft ergreift. Die Zivilgesellschaft schließt den Staat nicht aus, sondern sucht Einfluss auf sein Handeln zu nehmen.

IV. Die Berechnung der Grenze des Erträglichen

Ungebremst im gegenwärtigen System weiterzumachen erscheint als sehr verlogene Argumentation, die belegt, dass der Glaube an die „unsichtbare Hand" eher deklamatorisch ist. Das Argument ist die Grenzberechnung des Ertragbaren. Es werden Fragen gestellt, die schließlich zur reinen Rhetorik werden: „Wie weit können wir mit der gegenwärtigen Strategie der Kapitalakkumulation, auch Globalisierung genannt, gehen, ohne dass das System oder die Natur kollabiert? Bis zu welchem Punkt können wir die Exklusion der Bevölkerung voran treiben, bevor das System unbeherrschbar wird? Wie hoch können wir die Erderwärmung anheben, ohne dass uns die Naturkatastrophen erreichen? Bis wohin können wir die Ausbeutung der Menschen und der Natur treiben, bis es zum globalen Kollaps kommt? Diese Fragen zeigen uns die Grenzkalkulation des Erträglichen. Man glaubt, dass man bis zu dieser Grenze vorangehen kann, um dann an dieser Grenze des Erträglichen entlang balancieren zu können. Das System oder seine Strategie wird aber niemals in Frage gestellt.

Lester Thurow, Wirtschaftswissenschaftler des Massachusetts Institute of Technology (MIT), beschreibt in einem Interview, was diese Berechnung des Erträglichen ist. Danach stellt er fest, dass „die amerikanischen Kapitalisten ihren Arbeitern den Klassenkampf erklärt haben – und ihn gewonnen haben" –, und er stellt fest:

> Wir testen das System: Wie tief können die Löhne fallen, wie hoch kann die Arbeitslosenquote steigen, ehe das System bricht. Ich glaube, daß die Menschen sich immer mehr zurückziehen. ... Ich bin überzeugt, daß der Mensch immer erst dann die Notwendigkeit einsieht, Dinge zu ändern, wenn er in eine Krise gerät.[13]

Dies ist die Berechnung, die über die Menschen, die sozialen Beziehungen und die Natur angestellt wird. Alles wird ausprobiert. In den Zeitschriften erscheinen Titel wie: „Wie viel Sport vertragen die Alpen?" oder „Wie viel Markt verträgt die Demokratie?" Das Schlimme in diesen Aussagen liegt aber nicht im Zynismus der Forderungen, sondern in der Zumutung der Berechnung. Alle Berechnungen sind Schein, denn eine wirkliche Berechnung der Grenze des Erträglichen ist unmöglich. Niemand kann diese Grenze kennen, es sei denn, nachdem man sie erreicht hat. Dann aber könnte es zu spät sein, um gegenzusteuern. Besonders die Grenze des Erträglichen für die Natur ist ein *point of no return*. Wenn man die Grenze überschritten hat, kann man nicht mehr zurück, weil die zerstörerischen Prozesse akkumulie-

---

[13] Wir testen das System, US-Ökonom Lester C. Thurow über weltweite Konkurrenz und die Folgen für die Gesellschaft, in: Der Spiegel 40/96, S. 140-146, hier S. 146.

ren und sich verselbstständigen. Und auch wenn man den *point of no return* bereits überschritten hat, weiß man dies nicht, sondern erfährt es erst im Laufe der Zeit.

Meadows, der erste Verantwortliche für die Studie *Grenzen des Wachstums* des Club of Rome im Jahr 1972, antwortete in einem Interview auf die Frage danach, ob er nicht heute eine Studie über die Auswirkungen erstellen wolle:

> Ich habe mich lange genug als globaler Evangelist versucht und dabei gelernt, daß ich die Welt nicht verändern kann. Außerdem verhält sich die Menschheit wie ein Selbstmörder, und es hat keinen Sinn mehr, mit einem Selbstmörder zu argumentieren, wenn er bereits aus dem Fenster gesprungen ist.[14]

Nach Meadows haben wir also den *point of no return* in Bezug auf die Zerstörung der Lebensumwelt bereits überschritten. Die entsprechende Schlussfolgerung lautet, dass man nichts mehr tun könne. Dies aber bedeutet gleichzeitig, dass man sorglos weitermachen kann, denn das Ergebnis bleibt gleich, egal ob man mit der Zerstörung fortfährt oder nach Auswegen sucht. Die Berechnung der Grenze des Erträglichen ist das Gleiche wie eine Berechnung von Selbstmord. Aber diese Berechnung gibt vor, der aktuellen Strategie der Kapitalakkumulation – Globalisierung – zu folgen. An der Wurzel der heutigen großen Krisen – Exklusion, Krise der sozialen Beziehungen, Umweltkrise – liegt diese Strategie, die die Krisen als Nebenprodukt und indirekte Folge hervorbringt. Die Berechnung der Grenze des Erträglichen ist ein simpler Nebelvorhang, der die Verantwortlichkeit jener verstecken soll, die dies der ganzen Welt überstülpen. Es handelt sich um eine selbstmörderische Unverantwortlichkeit. Möglicherweise, sogar wahrscheinlicherweise, wird der kollektive Selbstmord der Menschheit durch die Verantwortlichen für diesen Prozess bewusst in Kauf genommen.

Ein Widerstand dagegen muss sich darüber bewusst sein, dass die aktuellen globalen Krisen indirekte Effekte der gegenwärtigen Akkumulationsstrategie sind, die man auch Globalisierung nennt. Es gibt keine Lösung für die globalen Krisen, wenn sie nicht darauf zielt, diese Akkumulationsstrategie zu ändern. Keine moralischen Argu-

---

[14] Es ist bereits zu spät, Interview mit Dennis Meadows über die Gefährdung des Planeten, in: Der Spiegel 29/89, S. 118.

mente sind ausreichend, um dieser Krise zu begegnen. Wenn man ihr etwas entgegensetzen will, muss das System der Kapitalakkumulation und seine Strategie verändert werden.

Eine tatsächlich globale Welt wird durch die Folgen der Kapitalstrategie der „Globalisierer" bedroht. Wir müssen uns wehren. Die Globalisierer zerstören den Globus. Der globale Charakter der Erde steht dieser Globalisierung genannten Strategie entgegen. Die Strategie berücksichtigt nicht den globalen Charakter der Erde. Deshalb zerstört sie sie. Es geht darum, diese Strategie zu verändern, um die Erde erhalten zu können, die zu einer globalen Erde geworden ist.

Diese Aufgabe zu erfüllen bedeutet heute, das Gemeinwohl zu sichern. Dieses Gemeinwohl drücken wir in der Erklärung der Menschenrechte aus, die damit nicht Bedingung der Möglichkeit einer Institution wie des Marktes – wie im Fall der Marktethik – sind, sondern Bedingung der Möglichkeit menschlichen Lebens, das durch indirekte Folgen direkten Handelns in den Märkten bedroht ist. Deshalb ist es eine Ethik menschlichen Lebens.

Die Berechnung der Grenze des Erträglichen und die Menschenrechte

Wir können jetzt zurückkehren und über die Berechnung der Grenzen des Erträglichen sprechen. Unsere Gesellschaften geben vor, mit dieser Berechnung auf die zerstörerischen Tendenzen zu reagieren, die aus den indirekten Folgen direkten Handelns in den heutigen totalen Märkten resultieren. Man berechnet die Grenzen des Erträglichen im Verhältnis zum Menschen, indem man von den Grenzen der Regierbarkeit spricht. Man kalkuliert, bis wohin man die Exklusion der Bevölkerung steigern und bis wohin man die Löhne senken kann. Angesichts der Natur werden ähnliche Berechnungen angestellt. Man berechnet, bis wohin die Durchschnittstemperatur der Erde steigen kann, ab wann die mächtigen Länder in Gefahr geraten. Man kalkuliert, wie groß das Ozonloch werden darf, wie weit man die Luftverschmutzung in den Städten ausweiten darf etc. Man stellt Berechnungen an, um einerseits bis an die Grenze zu gehen, andererseits diese aber nicht zu überschreiten.

Die Tatsache dieser Berechnungen zeigt, dass man darum weiß, dass es keine Selbststeuerung der Märkte im Sinne einer prästabilisierten Harmonie gibt, obwohl die Ideologie des Systems dies fälschlicherweise behauptet. Man weiß, dass es globale Bedrohungen gibt, obwohl man diese nicht in ihrem wirklichen Ausmaß berücksichtigt.

Es gibt keine Werte, die angesichts dieser Orientierung an einer Grenze des Erträglichen in unserer Gesellschaft weiterhelfen. Angesichts des Elends wirkt kein Gerechtigkeitsargument, sondern nur das Argument, das sich auf Regierbarkeit bezieht. Auf das Elend reagiert man, wenn das System in Gefahr ist. Wenn es für den Menschen gefährlich wird, zählt das nicht. Über die Lösung wird je nach Standpunkt entschieden. Wenn stärkere Unterdrückung die Regierungsfähigkeit sichern kann, wird dies einer Hilfe zum Notwendigsten vorgezogen, selbst wenn dies billiger wäre.[15] Die Berechnung in Bezug auf die Natur ist die Gleiche. Ihre Existenz als solche und ihre Schönheit zählen nicht, sie zählt nur, wenn ihre Zerstörung das System betrifft.

Die Berechnung der Grenze des Erträglichen als Handlungskriterium untergräbt jegliche Werte. Sicherlich, es wird vorausgesetzt, dass es in dieser Grenze eine Nachhaltigkeit sowohl für die Bevölkerung als auch für die Natur geben würde. Es ist die Kalkulation, die der Ethik entspringt, deren Paradigma die Ethik der Räuberbanden ist. Die Räuber dürfen nicht alle Welt umbringen, damit sie nochmals zurückkommen können, um zu rauben. Und diejenigen, die die Natur ausbeuten, dürfen sie nicht total zerstören, damit sie sie weiter ausbeuten können. Deshalb gibt es die Norm der Begrenzung direkten Handelns, die, eben in der Grenze, eine Ethik deutlich macht. Es handelt sich aber um eine Ethik der Räuberbande, die die Gültigkeit jeglicher Werte an sich leugnet.

Deshalb kann eine Orientierung an einer Berechnung der Grenzen des Erträglichen auch keine Menschenrechte vom Typ der Men-

---

[15] „Das Recht kommt nicht aus dem Leiden, es kommt daher, daß dessen Behandlung das System performativer macht. Die Bedürfnisse der am meisten Benachteiligten dürfen nicht aus Prinzip dem System als Regulator dienen; denn nachdem die Art, sie zu befriedigen, ja schon bekannt ist, kann ihre Befriedigung seine Leistungen nicht verbessern, sondern nur seine Ausgaben belasten. Die einzige Kontraindikation ist, daß die Nichtbefriedigung das Gefüge destabilisieren kann. Es widerspricht der Kraft, sich nach der Schwäche zu regeln." (Lyotard, Jean-François, Das postmoderne Wissen, Graz/ Wien 1986, S. 181.)

schenrechte für das Leben anerkennen. Sie kann keine Menschenrechte akzeptieren, die sich gegen die indirekten Folgen direkten Handelns in den Märkten richtet. Sie kann nichts anderes akzeptieren als die Grenzen des Erträglichen, angesichts derer sie reagiert und sich erneut ihrer Berechnung zuwendet. Man hört nicht auf, von Werten zu sprechen, die aber nun ausgehöhlt und schließlich durch die Berechnung vernichtet sind. Als Werte fristen sie eine eher deklamatorische Existenz. Jenseits der Kalkulation gesteht man ihnen keinerlei Gültigkeit zu.

Die Berechnung der Grenzen des Erträglichen ist offenkundig. Man kann diese Grenzen nicht kennen, bevor man sie nicht überschritten hat. Im Falle einer Situation *of no return* wird diese Berechnung zum Irrlicht, das den Weg ins Verderben weist.

Wenn diese Berechnung der Grenze des Erträglichen verallgemeinert wird, schließt sie auch die Werte direkten Handelns in den Märkten ein. Die Verletzung der Ethik des Marktes wird auf diese Weise einkalkuliert. Aber für den Markt gilt, dass in ihm eine Ethik gilt, die auch Gültigkeit jenseits der Berechnung beansprucht. Im Markt darf alles berechnet werden, aber die Ethik des Marktes ist ein Wert jenseits jeglicher Berechnung von Chancen. Wenn die Marktteilnehmer die Gültigkeit der Marktethik von der Chancenberechnung abhängig machen, dann verliert der Markt seine Effizienz. Wenn jeder einzelne die Grenzen des Erträglichen berechnet, führt dies zur Gesetzlosigkeit des Marktes. Auch die Marktethik braucht Werte, die an sich gültig sind.

Dies bringt uns zurück zu Kant, dazu, Ethik auf grundsätzlich andere Weise zu entwickeln als Hume und Adam Smith und die Ethiker des Gesellschaftsvertrages. Kant beabsichtigte, die Werte von etwas Gültigem jenseits jeglicher Berechnung abzuleiten. Wir glauben nicht, dass für unsere Argumentation die Ableitung Kants weiterhilft, aber wir müssen doch sein Grundanliegen, seine Sorge berücksichtigen. Wenn den Werten keine Gültigkeit an sich zukommt, dann werden sie durch Kalkulation weggespült und in Konsequenz ist das menschliche Leben selbst bedroht. Man kann damit nur zeigen, dass die Gültigkeit an sich der Werte – und damit der Menschenrechte – notwendig ist, aber wir glauben, dass eine Rechtfertigung im Sinne der Schuld kein positives Ergebnis bringt.

KAPITEL VII

Die Gültigkeit der Werte an sich ruft heute den größten Widerspruch hervor. Max Weber beschimpfte sie als „Gesinnungsethik" und gab ihr die Schuld für die größten Probleme der Gegenwart. Die Unterwerfung der Werte unter die Berechnung dagegen nannte er „Verantwortungsethik". Auf diese Weise trug er entscheidend zur Aushöhlung aller Werte durch die Berechnung bei. Es handelt sich schlicht um einen nihilistischen Zugang.

Aber die Gültigkeit der Werte an sich bedeutet nicht die Transformation aller Werte in absolute Werte im Sinne eines ethischen Rigorismus, auch wenn Kant es letztendlich so gedacht hat.[16] Dies schließt eine Vermittlung der Werte nicht aus. Aber der Referenzpunkt dieser Vermittlung darf niemals die Berechnung der Grenzen des Erträglichen sein, die sie nur entleert. Referenzpunkt kann einzig und allein das menschliche Leben und die Möglichkeit eines Überlebens für alle sein. Im Sinne der Berechnung handelt es sich um eine Geschenk, ohne das das menschliche Leben bedroht ist.

---

[16] Kant nennt zwei Beispiele, die das Problem erklären können. Das erste ist das „Depot", das faktisch ein Darlehen ist. Ich habe ein Darlehen von jemandem bekommen und mich verpflichtet, es zurückzuzahlen, ohne dass etwas schriftlich darüber verfasst wurde. Jetzt stirbt der Darlehengeber. Muss ich zurückzahlen? Keine Berechnung treibt mich dazu, zurückzuzahlen. Im Gegenteil, wenn ich kalkuliere, gibt es keinen Grund zurück zu zahlen, denn die Erben wissen entweder nichts davon oder, wenn sie es denn wissen, können sie es nicht beweisen. Kant verteidigt, dass man zurückzahlen müsse, denn die Verpflichtung besteht über die Berechnung hinaus. Und ich denke, dass Kant Recht hat. Es handelt sich um ein Problem, für das es in der Tradition von Hume und Adam Smith keine Lösung gibt.
Das andere Beispiel ist die Lüge. Ein Mörder fragt mich, wo die Person ist, die er, was ich weiß, töten will. Darf ich ihm sagen, wo sie ist? Und Kant antwortete mit Ja. Nachdem er die Vermittlung durch Berechnung abgelehnt hat, lehnt er jetzt jegliche Vermittlung ab. Er gelang zu einem ethischen Rigorismus, der in die Zusammenarbeit mit einem Mörder mündet. Er setzt die Behauptung eines Jenseits der Berechnung mit der Behauptung von absoluten Werten gleich. Denn die Vermittlung muss um des menschlichen Lebens willen geschehen, nicht um der Berechnung willen. Dies führt im ersten Beispiel zur Zahlungsverpflichtung – sicherlich nur unter der Voraussetzung, dass der Schuldner zahlen kann –, während es im zweiten Beispiel zur Verpflichtung führt, nicht die Wahrheit zu sagen, d.h. zu lügen.
Bei Hume und Adam Smith ist der Bezug auf Glück (menschliches Leben) kurzsichtig und geht nicht über einen groben Utilitarismus hinaus, während dies bei Kant fehlt. Hume und Adam Smith können keine Werte begründen, die jenseits von Kalkulation gültig sind, während Kant sie nur in Begriffen eines ethischen Rigorismus absoluter Werte bilden kann.

V. Thomas von Aquin, David Hume und wir

Es ist aufschlussreich, das scholastische Naturrecht, wie es bei Thomas von Aquin zu finden ist, im Licht der Ableitung der Ethik von Tatsachenurteilen zu betrachten. Dort geht es um „Nahrungsschutz", wenn es um ein „anständiges Leben" für jeden Einzelnen geht, was als Naturrecht formuliert wird. Gewöhnlich wird die thomistische Naturrechtsforderung als Werturteil interpretiert, was unerlaubterweise Tatsachenurteil und Werturteil durcheinander wirft. Beispiel dafür ist Max Weber, der sich darüber äußert, nachdem er eine vermeintliche Verwischung der Ebenen kritisiert hat. Weber schreibt:

> So steht es schon mit der „Idee" des „Nahrungsschutzes" und manchen Theorien der Kanonisten, speziell des heiligen Thomas, im Verhältnis zu dem heute verwendeten idealtypischen Begriff der „Stadtwirtschaft" des Mittelalters, den wir oben besprachen. Erst recht steht es so mit dem berüchtigten „Grundbegriff" der Nationalökonomie: dem des „wirtschaftlichen Werts". Von der Scholastik an bis in die Marxsche Theorie hinein verquickt sich hier der Gedanke von etwas „objektiv" Geltendem, d. h. also: Sein sollendem, mit einer Abstraktion aus dem empirischen Verlauf der Preisbildung. Und jener Gedanke, daß der „Wert" der Güter nach bestimmten „naturrechtlichen" Prinzipien reguliert sein solle, hat unermessliche Bedeutung für die Kulturentwicklung – und zwar nicht nur des Mittelalters – gehabt und hat sie noch.[17]

Stellen wir uns die Situation vor, von der aus Thomas sein Naturrecht des „Nahrungsschutzes" begründet. Wir wissen, wer Thomas war. Es ist Aristokrat, Universitätsprofessor in Paris im 13. Jahrhundert. Gleichzeitig ist er ein glänzender Intellektueller. Nehmen wir uns die Schritte seiner Argumentation vor:

1. Thomas schreibt gute Bücher, aber um zu leben, muss er essen und sich bekleiden. Ohne zu leben kann er ja schließlich seine Bücher nicht schreiben. Er kann ja nicht die Bücher essen. Was er isst, ist das Produkt der Arbeit der Landbevölkerung. Und er berücksichtigt, dass er sein Frühstück nicht essen kann, wenn diese Landbevölkerung, die

---

[17] Weber, Max, Die „Objektivität" sozialwissenschaftlicher und sozialpolitischer Erkenntnis, in: Ders., Gesammelte Aufsätze zur Wissenschaftslehre, Tübingen³ 1968, S. 146-214, hier S. 196.

sein Frühstück produziert, ihrerseits nicht auch frühstücken kann. Denn dann hören sie auf zu existieren, produzieren nicht mehr und Thomas hat nichts zum Frühstück. Korrekt schließt er daraus, dass diejenigen, die sein Frühstück produzieren, frühstücken sollen, damit er selbst frühstücken kann. Dies gilt aber für alle Nahrung, die er isst (und er aß sehr gern, er war sehr dick) oder für seine Kleidung. Man kann sich nicht mit seinen Büchern kleiden, wenn also diejenigen, die die Kleidung produzieren, sich nicht kleiden können, dann können sie keine Kleidung produzieren und Thomas sitzt ohne Kleidung da. Deshalb kommt er wieder zum Schluss, dass jene, die für ihn die Kleidung produzieren, genügend haben müssen, damit sie sich selbst auch kleiden können.

Diese Schlussfolgerungen enthalten noch keine Werturteile, sondern sind einfach Tatsachenurteile. Wenn sich nun Thomas darum sorgt, dass die Bauern und die Weber genug zum Leben haben, sind dies noch keine Werte. Er respektiert einfach die Tatsache, dass das Leben von der Bedingung der Möglichkeit des Lebens dieser anderen abhängt. Wenn sie nicht genug haben um zu leben, dann kann Thomas auch nicht leben und auch nicht seine Bücher schreiben. Was er voraussetzt ist die gesellschaftliche Arbeitsteilung, die nicht funktionieren kann, ohne dass jeder Produzent genug zum Leben hat. Es handelt sich um ein Tatsachenurteil, aber gleichzeitig ist es eine Tatsache, die mit dem menschlichen Leben verbunden ist. Sie enthält eine Forderung an das System; diese Forderung – die ein Muss ist – ist durch Tatsachen begründet. Es gibt kein Werturteil im Sinne von Max Weber darin. Es geht um ein Muss, das erfüllt werden muss, damit das System gesellschaftlicher Arbeitsteilung funktioniert. Sicherlich ist dieses Urteil nur gültig, wenn alle leben wollen. Wir müssen die Möglichkeit des Selbstmords ausschließen. Wer zum Selbstmord bereit ist, benötigt die anderen nicht, der stellt sich über die Tatsachen, um sie für nichtig zu erklären. Es handelt sich um Tatsachen, insofern alle weiterhin leben wollen; in diesem Sinne sind die Tatsachen menschliches Produkt. Deshalb verlieren sie aber nicht ihre Objektivität.

2. Aber Thomas zieht nicht nur den Schluss, dass alle Teilnehmer an dieser gesellschaftlichen Arbeitsteilung leben können müssen. Er besteht auch darauf, dass sie ein anständiges Leben führen können müs-

sen. Für Thomas bedeutet anständiges Leben nicht, dass alle das gleiche Lebensniveau erreichen. Er versteht anständig leben abhängig vom sozialen Status jedes Einzelnen. Deshalb bedeutet anständig zu leben für einen Bauern etwas anderes als für einen Handwerker oder einen Kleriker und für einen Aristokraten wieder etwas anderes. Der Bauer muss auch essen, aber nicht so gut wie der Adlige. Es handelt sich also um einen variablen Rahmen, in dem der, der weniger hat, trotzdem genug haben muss.

In Bezug auf diese Ungleichheit etabliert Thomas ein Prinzip. Er meint, dass es höhere und geringere Werte gibt: Er als Adliger und Hochschullehrer diene höheren Werten, während der Bauer, der die Nahrung produziert, niedrigeren Werten dient. Thomas setzt das Prinzip, dass ein höherer Wert niemals dadurch zur Geltung gebracht werden kann, dass ein niedriger Wert geopfert wird. Er relativiert die Hierarchie der Werte, indem er die niedrigen Werte zur letzten Instanz für die Realisierung der höheren Werte erklärt. Auf diese Weise gelingt es ihm, das anständige Leben über jeglichen höheren Wert zu stellen. Thomas fasst dies in den Worten *gratia suponit naturam* (Gnade setzt Natur voraus) zusammen.

Für diese Ebene des Ausreichenden gibt es keine eindeutigen Kriterien. Aber die Forderung nach einem anständigen Leben auch für den, der ein geringes Einkommen hat, ist ihrem Sinn nach sehr präzise. Man kann es mit dem Begriff der Berechnung der Grenze des Erträglichen erläutern. Aus Sicht der Macht, und Thomas spricht aus der Perspektive der Macht, existiert immer die Spannung, ein Minimum an Versorgung für diejenigen zu sichern, die nicht an der Macht sind. Man weiß, dass es eine gewisse Versorgung braucht, aber aus der Perspektive der Kalkulation der Einkommenssteigerung der Mächtigen müssen die anderen mit dem minimal Nötigsten versorgt werden, damit das System nicht zusammenbricht. Deshalb wird die Berechnung der Grenze des Erträglichen immer weiter verfeinert.

Aber es handelt sich nur scheinbar um eine Berechnung, denn die Grenze des Erträglichen kennt man nur dann, wenn man sie überschritten hat. Konsequenz ist die Krise, die Bedrohung des Fortbestehens menschlichen Lebens und deshalb des Systems selbst.

Die Forderung nach einem anständigen Leben auch für jene, die wenig haben, wie es Thomas fordert, entspricht einem Prinzip der Klugheit. Es schließt eine Praxis der Berechnung des Minimums, mit dem man noch leben kann, aus und fordert ein anständiges Leben für alle. Es handelt sich um ein Prinzip der Einschränkung von Kalkulation zugunsten der Unterwerfung unter die Forderung nach Aufrechterhaltung menschlichen Lebens. Um menschliches Leben, und damit die Gesellschaft, erhalten zu können, muss es Orientierungen jenseits von Kalkulationen größter Macht und höchster Gewinne geben.

Auch hier handelt es sich nicht um Werturteile im Sinne Max Webers, sondern einfach um Tatsachenurteile, auch wenn es in diesem Fall ein Urteil aus Klugheit ist. Die Tatsachen, auf deren Basis man urteilt, bilden sich auf der Basis der Bejahung menschlichen Lebens und der Verneinung von Selbstmord – in diesem Fall einem kollektiven Selbstmord – der Menschen. Wenn man kollektiven Selbstmord akzeptiert, gibt es keinen objektiven Grund, die Kalkulation einzuschränken. Aber auch die Verneinung kollektiven Selbstmords ist kein „Werturteil", sondern die Bejahung der Realität, die sich angesichts des Selbstmords immer auflöst.

Wenn wir hier in der Gegenwart von anständigem Leben für alle sprechen, dann schließt dieses anständige Leben die den Menschen umgebende Natur ein. Thomas nennt sie nicht, weil dies in seiner Zeit nicht als Problem erschien. Heute dagegen müssen wir sie in die Argumentation einschließen.

3. Die Behauptung der Werte. Es entstehen Bedürfnisse, die als Werte bezeichnet werden und deren Geltung „an sich" man durchsetzt, das heißt jenseits jeglicher Chancenkalkulation. Aber auch dies sind keine „Werturteile", denn man bezeichnet damit kein Muss, sondern das Bedürfnis eines Müssens. Damit menschliches Leben nachhaltig besteht, müssen diese Werte behauptet werden, und zwar jenseits jeglicher Berechnung des Erträglichen. Auch dies ist ein Tatsachenurteil, auch wenn es in die Behauptung mündet, bestimmte Werte seien „an sich" gültig. Sie enthalten kein moralisches Urteil, sondern ein Urteil über die Moral von den Tatsachen her. Das moralische Urteil taucht dort auf, wo man behauptet, dass jeder Einzelne moralischerseits diese Werte zu übernehmen habe. Diesen Schritt kann keine wissenschaftliche Analyse gehen. Sie kann nur behaupten, dass dieser Schritt gegangen werden muss, damit menschliches Leben nachhaltig bestehen kann.

4. Die absolute Gültigkeit von Normen. Dass den Werten Gültigkeit an sich zukommen muss, bedeutet nicht notwendigerweise, dass es sich um absolute Werte handelt. Es bedeutet nur, dass sie nicht abgelehnt werden können im Namen irgendeiner Chancenberechnung. Wenn absolute Werte als Normen ausgedrückt werden, befindet man sich immer im Widerspruch zu den Werten, die an sich gültig sind, denn diese schränken die Kalkulation ein. Absolute Normen zerstören das menschliche Leben; dem entgegen stehen die an sich gültigen Werte, die zwar auch eine Vermittlung benötigen, aber immer Werte des konkreten menschlichen Lebens sind und das Leben der umgebenden Natur einschließen. Sie konstituieren die Menschenrechte als Rechte menschlichen Lebens.

Das Ergebnis dieser Argumentation stimmt überein mit dem, was Thomas von Aquin über Naturrecht in Bezug auf soziale Gerechtigkeit sagt. Aber ist dies auch die Argumentation von Thomas von Aquin? Nein, zumindest nicht in diesen Worten. Die Argumentation ist unsere und sie ist eine heutige. In diesen Begriffen gibt es sie erst in der Moderne und aufgrund unserer Geschichte der Moderne. Es handelt sich um ein Schema, das erst in dieser Geschichte der Moderne aufgetaucht ist und verschiedene Stadien durchlaufen hat. Wir können drei nennen:
1. Die Methode der Ableitung der Ethik, die David Hume entdeckte und die zu Adam Smith führte, dann aber in einer Marktethik als einziger Ethik und damit absoluter Norm mündete.
2. Die Kritik von Marx, die diese Methode aufgrund der Orientierung am konkreten menschlichen Leben transformierte.
3. Die Kritik an Marx, die in den vergangenen Jahrzehnten durch das Verständnis entstand, dass Institutionen unvermeidlich sind. Man bleibt im Rahmen der Methode, die Hume entdeckte, und transformiert sie nochmals. So integriert man beide vorherigen Positionen. Damit mündet die Moderne in eine Kritik der Moderne.

Dann bleibt eine Frage. Wenn die Moderne heute in eine Position mündet, die, wie die vorherige Analyse zeigte, die gleiche ist wie die, zu der einer der größten Denker der vormodernen Zeit gelangte, dann scheint es notwendig, jener Kritik zunächst einmal zu misstrauen, die die Moderne, zumindest seit David Hume, gegenüber dem vorhergehenden Denken formulierte. Es muss einen gemeinsamen Rahmen geben, der für unseren Blick noch unsichtbar existiert. Wir können hier nur die Frage aufwerfen, ohne eine überzeugende Antwort zu geben.

Epilog: Das Kolosseum und der Juwel

Wenn die Gesellschaft nicht allen einen Platz gibt, gibt sie Platz für niemanden. Wenn wir das Gesamte der Menschenrechte als Rechte menschlichen Lebens in einem Begriff zusammenfassen wollen, könnte dieser lauten: eine Welt, in der alle Platz haben, die ganze Natur eingeschlossen. Die Gesellschaft der Räuberethik ist eine Gesellschaft, die alle sozialen Beziehungen dem Kalkül unterwirft. (Die ersten nackten Kalküle sind die des Krieges, die der Piraterie und die des Pyrrhus.) Es taucht eine Gesellschaft auf, die erfolgreich versucht hat, alle Ethik menschlichen Lebens als Störungen des Marktes zu behandeln, eine Gesellschaft, die sich heute in den Grenzen einer Räuberethik bewegt. Sie hat diese Ethiken durch die Verabsolutierung der Marktethik ersetzt.

Diese Gesellschaft existiert, sie ist aber nicht von dauerhaftem Bestand. Eine Gesellschaft ist überlebensfähig, wenn menschliches Leben von dauerhaftem Bestand ist. Eine Gesellschaft mit einer Räuberethik sucht den Bestand des Systems, nicht des menschlichen Lebens. Um das System aufrecht zu erhalten, opfert man menschliches Leben und indem man dies opfert, hört das System selbst auf, nachhaltig zu sein. Nur ein System, in dem das menschliche Leben nachhaltig ist, kann ein nachhaltiges System sein.

Wenn eine Gesellschaft die Ausgeschlossenen als Objekte behandelt, indem sie deren Grenzen des Ertragbaren kalkuliert, hören die sozialen Beziehungen im Innern der Gesellschaft – also die der „Integrierten" – auch auf nachhaltig zu sein. Es ist keine integrierte Gesellschaft mehr, die sich Ausgeschlossenen öffnen muss. Integration einschließlich der integrierten Gesellschaft hört zu funktionieren auf, wenn sie die Ausgeschlossenen als Objekte sieht, die es zu bändigen gilt. Die integrierte Gesellschaft verliert ihre Integration, wenn Exklusion besteht. Sie brutalisiert sich.

Ein Kalkül der Grenze des Erträglichen macht in letzter Konsequenz Schluss mit dem Leben, auch mit dem eigenen Leben. Weil man *a priori* nicht weiß, wo die Grenze des Ertragbaren ist, überschreitet man die Grenze und ist verloren.

Die Strategie der Kapitalakkumulation, Globalisierung genannt, leugnet global die Globalität der Welt. Sie entwickelt eine globale Aktivität, die es verhindert, dass die Globalität der Welt beachtet wird. Die Kugel, die wir heute abschießen, dreht eine Runde um die Erde und erwischt uns im Genick. Das ist der Erdkreis, wie er heute besteht. Die Alternative ist nicht eine Globalisierung von unten, sondern die Anerkennung, dass die Welt wirklich global ist, mit der Konsequenz, dass die globale Last direkten Handelns, das unfähig ist, die Gesamtheit der Welt anzuerkennen, überwunden wird. Die Erde ist rund und wir entdecken immer neue Dimensionen dieser Kugel. Die Globalisierungsstrategie dagegen leugnet auf globaler Ebene, dass die Welt rund ist. Deshalb zerstört sie sie, indem sie globale Bedrohungen produziert und verhindert, dass man diesen etwas entgegensetzt.

Dass man nicht leben kann, wenn nicht alle leben können, ist zum Einen eine Forderung der praktischen Vernunft, zum Anderen bestimmt es eine Praxis, und zwar eine Praxis, die den Menschenrechten des Lebens entspricht. Nach Lévinas heißt die richtige Übersetzung der Nächstenliebe: „Liebe deinen Nächsten, denn du bist es". Dies ist nur möglich, wenn es sich um eine Haltung jenseits des Kalküls handelt.

Wir haben einen neuen Terrorismus, der ohne erkennbaren Grund tötet, indem der Mörder sich selbst tötet. In der Umkehrung zeigt sich, was der Mensch als Subjekt ist: töte nicht den anderen, damit du dich selbst nicht tötest. Mord ist Selbstmord. Kehre dies nicht um in: Töte den anderen, damit du dich am Ende selbst tötest. Man errichtet ein *teatrum mundi* und darin stirbt man effektiv. Diese Umkehrung folgt dem faschistischen Denken, indem zwei einen tödlichen Kampf kämpfen, um in einer Umarmung zu sterben, die als Liebe erscheint. Diese Terroristen sind wahnsinnig, aber ihr Wahnsinn hat Logik. Wie sagt Hamlet: „Ist dies auch Tollheit, so hat sie doch Methode!" Man spielt ein surrealistisches Werk und setzt es theatralisch in Szene. Man macht wirkliches Theater, aber vom Typus eines Kolosseums. Der Akteur, der in diesem Theater stirbt, erhebt sich anschließend nicht

KAPITEL VII

wieder, um den Applaus zu ernten, sondern ist wirklich tot, genauso wie seine Opfer. André Breton, der surrealistische Dichter, sagte: „Die einzig sinnvolle Handlung ist, ein Maschinengewehr zu nehmen und wild umherzuschießen." Sein Bild war noch nicht vollständig. Es fehlt noch der letzte Schuss, den er gegen sich selbst richtete. Die gegenwärtige Welt zeigt sich in ihren verrückten Mördern. Die verrückten Mörder halten uns den Spiegel vor. Es sind neue Verrückte. Niemals in der Geschichte hat es solche Verrücktheit gegeben. Aber in der Umkehrung zeigen sie uns die Wahrheit. Weil es ja scheinbar keine Alternative gibt, sagen uns die Verrückten in der Umkehrung die Wahrheit. Der Mörder bringt sich schließlich selbst um. Das ist die Umkehrung von: du musst das Leben aller sichern, um nicht selbst im Selbstmord zu enden.

Es ist *teatrum mundi*. Was die verrückten Mörder als reales und brutales Theater aufführen, das macht unsere Gesellschaft im Großen. Unsere ganze Gesellschaft führt auf, was uns das *teatrum mundi* der verrückten Mörder zeigt: man tötet in dem Wissen, dass man schließlich zum Selbstmörder wird. Wir halten die verrückten Mörder für Kriminelle. Diejenigen, die dasselbe mit der ganzen menschlichen Gesellschaft tun, haben ehrenvolle Posten.

Das ist unser Kolosseum. Aber das Kolosseum war das Gegenteil: es war vom Herrscher erbaut und man jubelte dem Kriminellen zu, wenn er sich zeigte. Unser Kolosseum ist von der Bevölkerung selbst ausgestattet, nicht vom Herrscher. Und man jubelt nicht angesichts des Verbrechens sondern sagt: Welch ein Horror! Danach geht man zu Tisch um zu essen und mit dem Fest fortzufahren, genau wie die Römer.

Das Fest findet täglich auf unseren Leinwänden und Fernsehern statt. Je gewaltsamer unsere Gesellschaft wird, umso mehr feiert man die Gewalt. Wir sehen Szenen des Hungers und haben umso mehr Hunger beim Essen. Uns vergeht fast der Appetit, wenn wir nicht vorher auf dem Bildschirm ein Kind haben verhungern sehen. Wir leben in einem tagtäglichen Kolosseum, selbst die Kinder. Und diese Inszenierungen benötigen wir manchmal, um sie in Realität umzusetzen, und es fehlen nie die Ausreden. So macht es der neue Herrscher und bedient sich dabei der UNO und der NATO. Und wenn wir uns in diesen Bildern selbst sehen, sehen wir die Boshaftigkeiten der anderen, die uns dazu zwingen, dieses Theater der Gewalt fortzusetzen. Dies ist die Ausrede, um in Umkehrung die eigene Gewalt weiter verherrlichen zu können. Die brutalen Theater, die wir offiziell feiern, zeigen immer die große Lüge: wir können mit der Gewalt fortfahren, ohne dass dies für uns selbst Folgen hat. Sie versuchen zu zeigen, dass Mord nicht Selbstmord ist. Sie träumen davon, Achilles ohne Achillesferse zu sein. Sie betonen immer wieder, dass es kaum Tote auf Seiten der Herrschenden gibt. Blut ist im Wasser und die Haie werden wild. Die Kriege der neuen Herrscher wollen das Gegenteil zeigen von dem, was die verrückten Mörder zeigen. Das Hoffen auf einen Raketenabwehrschirm ist der groteske Gipfel: Ein Gedanke, geträumt, produziert Ungeheuer. Es ist der Wunsch, die ganze Welt so behandeln zu können, wie man Serbien behandelt hat, alle zerstören zu können, ohne selbst die Zerstörung zu riskieren. Sie wollen zeigen, dass das Imperium töten kann, ohne dass dies in Selbstmord mündet. Dazu sagt Lord Acton: „Die Macht korrumpiert; die absolute Macht korrumpiert absolut." Die neuen Terroristen sind deutlicher. Sie töten, um sich dann selbst umzubringen. Sie zeigen aller Welt die Wahrheit: Mord ist Selbstmord. Der Punkt der größten Stärke ist immer zugleich der Punkt der größten Schwäche.

Aber auch von der Brutalität wissen wir nur durch die Bilder, zumindest solange, wie sie uns nicht selbst betrifft. Danach gibt es keinen Unterschied mehr zwischen beiden. Alles ist virtuell. Aber wer virtuell ist, das sind letztendlich wir selbst. Und selbst wenn wir dies dechiffrieren, bleibt immer die zynische Frage, die heute lautet: Ja und? Warum nicht? Und damit schließt sich der Kreislauf, wird tautologisch und es gibt keinen Ausweg mehr.

Man spricht viel vom Rinderwahnsinn, der die Menschen bedroht. Es ist aber umgekehrt. Der Wahnsinn der Menschen ist so groß, dass sich jetzt die Tiere anstecken und die Ansteckungsgefahr zu uns zurückkehrt. Die ganze Natur ist verrückt geworden durch unsere Verrücktheit. Dies ist alles menschlicher Wahnsinn, dessen Konsequenzen jetzt noch verrückter zu den Menschen zurückkehren. Und all dieser Wahnsinn zeigt nur eins, dass Mord Selbstmord ist. Die verrückten Mörder sagen die Wahrheit, aber in Form einer Umkehrung. Und sie sind die Einzigen, die die Wahrheit sagen. Hier zeigt sich die Grenze des Kalküls und der Berechenbarkeit. Das Reale kann man nicht messen, das Reale entkommt, wenn alles auf Messbarkeit reduziert wird. Das Nicht-Messbare, das Qualitative ist das Reale. Das Messbare als Reales zu denken, heißt, sich im Nichts zu befinden. Hier hat der Nihilismus seine Wurzel.

Dass Mord Selbstmord ist, zeigt die Grenze des Kalküls auf. Und die Grenze des Kalküls offenbart das Subjekt. Aber das Subjekt ist nicht das Individuum. Das Individuum ist kalkulierbar. Deshalb verteidigt es seine Teilinteressen, sowohl als Individuum wie auch als Gruppe. Die Person als Subjekt verteidigt auch ihre Interessen, aber sie tut dies innerhalb der Intersubjektivität, die durch das Kriterium errichtet wird, nach dem die Bedrohung des Lebens des Anderen auch eine Bedrohung des eigenen Lebens ist, auch wenn es nicht den geringsten Anhaltspunkt für eine solche Annahme gibt. Wenn der Andere nicht leben kann, kann ich auch nicht leben. Aus diesem Grund ist es auch nicht möglich, ein Subjekt allein zu denken, Robinson ist nichts anderes als ein Individuum. Die Subjektivität durchbricht die Individualität, sie ist der Messias, der immer an der nächsten Straßenecke steht (Walter Benjamin). Subjektivität ist die Identität mit den Anderen, aber eine vermittelte Identität. Sie ist vermittelt durch die Leben-Tod-Beziehung des Anderen und meiner selbst. Dass Mord Selbstmord ist, ist ein Ergebnis der Forderungen praktischer Vernunft und vielleicht das Einzige.

Das Subjekt zeigt sich im Gemeinwohl. Die Person als Subjekt verteidigt ihre Interessen innerhalb des Gemeinwohls. Deshalb ist das Gemeinwohl historisch und kein vorab festgelegter Normenkatalog.

Wenn Afrika im Stich gelassen wird, weiß ich als Subjekt, dass mich – mich und meine Kinder – dies betrifft, auch wenn ich noch nicht weiß, wie es mich betrifft. Wenn ich mich solidarisiere, verteidige ich nicht nur die Afrikaner, ich verteidige mich auch selbst. Nach dem Kalkül macht diese Behauptung keinen Sinn. Es geht aber nicht darum, sich für den anderen zu opfern, sondern seine Verantwortung als Subjekt zu übernehmen. Dies geht nicht, ohne Verantwortung für den anderen zu übernehmen. Aus dieser Übernahme von Verantwortung entsteht Solidarität als Praxis, denn in der Verantwortungsübernahme als Subjekt übernimmt die Person Verantwortung in der Gesamtheit der Anderen. Der Andere ist in mir und ich bin im Anderen.

Diese Intersubjektivität des Subjekts – nicht zwischen Subjekten, sondern alle als Subjekte – ist es, die verloren gegangen ist, als man das Sein vergessen hat. Es wäre ein Sein für das Leben, nicht ein Sein für den Tod.

Anthony de Mello erzählt eine kleine Geschichte[18]: ein indischer Mönch, der von dem lebt, was die Leute ihm als Almosen geben, findet eines Tages auf seinem Weg einen schönen und glitzernden Juwel. Weil er ihm gefällt, hebt er ihn auf und steckt ihn in seine Tasche, in der er auch das aufbewahrt, was die Leute ihm schenken. Und er setzt sein Leben fort. Eines Tages bittet ihn ein anderer Mönch um Hilfe, weil er nicht genug Gaben erhalten hatte und Hunger litt. Der Mönch öffnete seine Tasche und gab ihm Reis, den er übrig hatte. In diesem Moment sah der andere Mönch den Juwel und bat darum. Der Mönch nahm ihn heraus, sah ihn sich an und überreichte ihn. Der andere Mönch dankte ihm und fühlte sich glücklich, da er meinte, ab jetzt sein ganzes Leben unabhängig sein zu können. Aber am anderen Tag kam er zum ersten Mönch zurück, holte den Juwel heraus und gab ihn zurück. Auf die Frage Warum? Antwortete er: Ich möchte, dass du mir etwas gibst, was wertvoller ist als dieses Juwel. Der erste Mönch beharrte darauf, dass er nichts Wertvolleres habe und fragte: Was willst du denn von mir? Da sagte der andere Mönch: Ich möchte, dass du mir dasjenige gibst, was es dir möglich macht, mir einen solchen Juwel zu schenken.

Der Bezugspunkt für „dasjenige" ist das, was menschliches Leben möglich macht. Wenn wir den Bezugspunkt für dieses „dasjenige" nicht neu entdecken, können keine Werte und auch keine Menschenrechte Geltung erlangen. Das „dasjenige" ist der Juwel, um den es geht. Ihn zu entdecken ist nicht nur eine Tugend, es ist gleichzeitig die Bedingung der Möglichkeit des Überlebens der Menschen.[19] Es ist

---

[18] Vgl.: Vallés, Carlos G., Frei und unbeschwert: das spirituelle Vermächtnis von Anthony de Mello; Aufzeichnungen aus seinem letzten Sadhana-Workshop, Goch 2001.
[19] Dies ist kein Werturteil, sondern ein Tatsachenurteil. Das Werturteil, das die Wissenschaft nicht ableiten kann, ist das Urteil, einer Ethik anhängen zu müssen, deren Notwendigkeit bewiesen werden muss. Man muss unterscheiden zwischen dem Urteil einerseits, das die Ethik begründet und das ein Urteil ist, welches die Wissen-

der Punkt des Archimedes, den dieser nicht gefunden hat: Umkehr – nicht eine Umkehr zu Gott, sondern eine Umkehr zum Menschen.[20]

Wenn wir unsere Situation bis zum Extrem vorantreiben, ohne dabei über die notwendigen Vermittlungen nachzudenken, werden wir wieder vor der Wette von Pascal stehen.[21] Es ist die Wette um das Leben und das Glück. Wir müssen wählen: Das Kolosseum oder den Juwel.

Übersetzung: Ludger Weckel

---

schaft hervorbringen kann und ständig hervorbringt, selbst wenn sie dies nicht explizit tut, und dem Urteil andererseits, welches ein Urteil des Sollens ist, das jedem einzelnen auferlegt, sich an diese Ethik zu halten und sich diese anzueignen. Dieses letztere Urteil kann die Wissenschaft nicht beeinflussen. Max Weber bringt in seinem Begriff des Werturteils diese beiden Urteile durcheinander.

Das Urteil des Sollens ist das Urteil, das das Leben dem Tod vorzieht und das den Selbstmord ablehnt. Niemand kann beweisen, dass man den Selbstmord ablehnen muss. Dies ist kein ethischen Urteil, sondern ein Urteil, das in letzter Instanz jegliche Ethik begründet. Im engen Sinne kann man Selbstmord nicht verbieten, weil man im Falle des erfolgreichen Selbstmords nicht bestraft werden kann.

[20] Dies schließt eine Umkehr zu Gott nicht aus. Aber das Kriterium, ob jemand sich zu Gott bekehrt hat oder nicht, ist das Menschliche.

[21] Die Wette, in: Pascal, Blaise, Gedanken, Wiesbaden o. J., S. 39ff.

KAPITEL VIII

DIE REBELLION AUF DER ERDE UND DIE REBELLION IM HIMMEL: DER MENSCH ALS SUBJEKT

DIE REBELLION AUF DER ERDE UND DIE REBELLION IM HIMMEL

Die Geschichte des Himmels ist die Kehrseite der Geschichte auf der Erde, also Geschichte der Erde in Kategorien des Himmels. Aber die Geschichte des Himmels stellt kein simples Spiegelbild der Geschichte auf der Erde dar. Oftmals ereignet sich im Himmel die Geschichte erst, wenn der Himmel auf die Erde herabkommt.

Die Geschichte des Menschen als Subjekt ist geradezu ein Paradebeispiel dafür, wie die Geschichte im Himmel mit der Geschichte auf der Erde zu tun hat. In unserer Tradition finden wir eine Reihe von zentralen Mythen, die diese Geschichte aufdecken. Durch solche Mythen wird das Subjektsein des Menschen sowohl bestätigt als auch untergraben. Die Interpretationen solcher Mythen ändern sich im Laufe der Geschichte, sie können die Mythen sogar ins Gegenteil verkehren. In bestimmten Momenten der Geschichte tauchen diese Mythen als Ursprungsmythen auf oder auch als Mythen zur Rückgewinnung der Ursprünge.

Die Analyse solcher Mythen zeigt, dass mythisches Denken niemals als irrational begriffen werden darf. Mythisches Denken ist vielmehr rational, arbeitet jedoch nicht mit Begriffen. Es verweist stattdessen durch Geschichten und Bilder auf eine Wirklichkeit, die dem begrifflichen Denken vorausliegt. Das begriffliche Denken ersetzt also nicht das mythische Denken, sondern setzt es voraus. Im folgenden Text werde ich einige grundlegende Mythen unserer Tradition auslegen, die den Menschen als Subjekt begreifen.

I. Eva, der verbotene Baum und das Problem der Freiheit

Das Verbot, von der Frucht eines bestimmten Baumes im Paradies zu essen, ist sinnlos, es sei denn man unterstellt, hier wolle ein Despot seinen Untergebenen beweisen, wie wehrlos sie ihm gegenüber sind. In diesem Sinn gilt das Verbot soviel wie der Gessler-Hut im Mythos von Wilhelm Tell. Dieser Mythos erzählt vom Schweizer Landvogt Gessler, der die Schweiz als Provinz des österreichischen Reiches verwaltet. Eines Tages lässt Gessler seinen Hut vor der Vogtei auf einen

Stock stellen und verlangt von allen, sie sollten den Hut grüßen, indem sie ihren eigenen Hut ziehen, genauso als wollten sie den Landvogt oder den Kaiser selbst grüßen. Tell aber verweigert diesen Gruß und löst damit die Rebellion aus, die zum Rütlischwur und zur Unabhängigkeit der Schweiz führt. Die eigene Würde gebietet die Rebellion und verpflichtet dazu, Gesslers Gesetz zu übertreten. Das Verbot, von der Frucht eines bestimmten Baumes im Paradies zu essen, ist vergleichbar mit dem Gessler-Hut. Adam und Eva müssen sich dem Verbot unterwerfen, um nicht bestraft zu werden. Wenn sie dem Verbot gehorchen, tun sie es ausschließlich, um die Strafe zu meiden. Es geht hier also nicht um irgendein Gesetz, sondern um ein sinnloses Gesetz. Eben darin besteht sein Sinn. Das Gesetz stellt jede menschliche Würde in Abrede. Wer das Gesetz akzeptiert, macht sich selbst würdelos.

Hat Gott das Recht, jede Art von Gesetz zu erlassen, das ihm gerade in den Sinn kommt? Ein solcher Gott ist ein Despot und handelt aus Willkür. Die von Gott geschaffenen Menschen können einen solchen Willkür-Akt nicht zulassen. Ganz anders das Gebot: „Du sollst nicht töten!" Dieses Verbot ist sinnvoll. Der Mensch kann es in Freiheit akzeptieren. Aber das Verbot, das Gott im Paradies ausspricht, ist willkürlich. Einem Wesen, das Würde beansprucht, bleibt nur die Konsequenz, das Verbot zu übertreten. Anderenfalls würde es seine eigene Würde widerlegen und dadurch seine Freiheit verlieren. Hier geht es nicht um die sprichwörtliche Attraktivität des Verbotenen. Wenn ein sinnloses Verbot erlassen wird, dessen Sinn geradezu darin besteht, Würde und Freiheit zu untergraben, verlangt die menschliche Freiheit, dass der Mensch das Verbot übertritt. Die Frucht weckt den Appetit, der Appetit ist die Kehrseite des Bedürfnisses. Jedes Bedürfnis meldet sich durch Appetit. Indem man den Appetit sättigt, stillt man zugleich das Bedürfnis. Bedürfnis und Befriedigung des Bedürfnisses haben mit dem Subjekt zu tun. Das Subjekt befriedigt und zügelt sein Bedürfnis. Freiheit besteht darin, als Subjekt ein Bedürfnis zu befriedigen. Willkürliche Verbote bestreiten diese Freiheit. Damit ist aber nicht gesagt, dass Freiheit darin besteht, jegliche Art von Appetit willkürlich zu sättigen. Vielmehr hat die Einschränkung des Appetits mit einer Entscheidung des Subjekts zu tun, selbst seinen Appetit zu zügeln. Ein solches Subjekt steht notwendig in Beziehung zu einem anderen Subjekt. Daher bestätigt Eva als Subjekt ihre Freiheit, wenn sie die Frucht mit Adam teilt. Ihre Freiheit verlangt, dass sie das Verbot übertritt. Diese Freiheit aber verliert sich nicht in Libertinage, sondern anerkennt das Subjektsein des Menschen.

Den Paradies-Mythos kann man – wie Erich Fromm – als den Mythos einer legitimen Rebellion deuten. Diese Rebellion macht frei, und die Freiheit macht das Menschsein aus. Freiwerden und sich gegen solche Art Gesetz auflehnen ist ein und dasselbe. Zugleich werden Sterblichkeit und Tod entdeckt. Das Tier weiß vom Tod nichts, weil es diese Freiheit nicht kennt.

Die Freiheit beschreibt die Unendlichkeit des Menschen. Freiheit darf nicht auf den freien Willen reduziert werden. Dieser ergibt sich aus der Freiheit, darf aber nicht mit der Freiheit verwechselt werden. Weil der Mensch die Unendlichkeit in sich trägt, ist er frei. Der Mensch ist körperliche Unendlichkeit. Sie macht es dem Menschen möglich, seine Endlichkeit zu entdecken. Ein Sein, das ausschließlich endlich ist, kann seine Endlichkeit nicht erfahren. Dass ein Sein um seine Endlichkeit weiß, ist der Nachweis dafür, dass es unendliches Sein ist, das unter den Bedingungen der Endlichkeit lebt. Die Endlichkeit setzt der Freiheit eine Grenze.

Durch sein unendliches Sein erkennt der Mensch nicht nur den Tod, sondern auch die Sünde. Die Sünde kann nur ein unendliches Sein begehen, das der Begrenzung durch die Endlichkeit unterworfen ist.

Deshalb ist das menschliche Leben seit Adam und Eva von Tod und Sünde gezeichnet. Das bedeutet aber nicht, dass Evas und Adams Rebellion „Sünde" ist. Durch die Rebellion beanspruchen sie vielmehr ihre Unendlichkeit, indem sie ihre Freiheit in Anspruch nehmen. Diese Freiheit bedeutet zugleich, Sünde und Tod zu entdecken. Adam und Eva sind nicht die Urheber von Sünde und Tod, sondern heben Sünde und Tod nur ans Licht. Der Mythos selbst enthüllt die Unendlichkeit des Menschen, wenn er Gott sagen lässt: „Seht, der Mensch ist geworden wie wir ..." (Gen 3,22). Deshalb wird der Baum der verbotenen Frucht zum Baum der Erkenntnis und der Unterscheidung zwischen Gut und Böse.

Das durch Willkür-Akt erlassene Gebot zu übertreten, war notwendig, um ein Bewusstsein von Gut und Böse zu erlangen. Das ist wahr, aber Adam und Eva haben kein Sittengesetz übertreten müssen, um wissen zu können, was Moral bedeutet. Nach Kant und Hegel führt die Verletzung des Sittengesetzes zur Erkenntnis von Gut und Böse. Das ist im Mythos der verbotenen Frucht anders. Hier führt eine von der eigenen Würde gebotene, also legitime Übertretung des Verbots zur Erkenntnis von Gut und Böse. Würden Adam und Eva das Verbot nicht verletzen, dann missachteten sie ihre Menschenwürde. Sie verletzen also kein moralisches Gesetz. Deshalb ist ihre Rebellion legitim. Das Sittengesetz wird zum ersten Mal durch Kain verletzt, der seinen Bruder Abel umbringt. Diese Verletzung macht nicht frei. Sie ist keine legitime Rebellion.

Wenn Kant das Essen der verbotenen Frucht als Verletzung des Sittengesetzes bezeichnet, hätte er uns sagen müssen, welches Sittengesetz verletzt worden ist. Das willkürlich erlassene Verbotsgesetz missachtet jegliches Sittengesetz, weil es die Menschenwürde leugnet. Auch für Kant wurzelt jedes Sittengesetz in der Würde des Menschen. Die Leugnung der Menschenwürde ist mit der Autonomie der Moral nicht in Einklang zu bringen. Deshalb kann Kant kein Gesetz allein deshalb für legitim halten, weil Gott es erlassen hat.

Adam und Eva essen von der verbotenen Frucht und werden deshalb verurteilt. Die Verurteilung macht sie frei. Jetzt müssen Adam und Eva als freie Menschen leben. Kains Verurteilung dagegen zieht das Kainszeichen als Symbol des Schuldbewusstseins nach sich. (Gen 4,15). Von Kain heißt es: „Kain wurde Gründer einer Stadt" (Gen 4,17). Kain ist der Mensch, der den Fortschritt betreibt. Und dem Fortschritt liegt der Brudermord zugrunde, also eine Verletzung des Sittengesetzes. Statt diese Verletzung als Ursünde zu bezeichnen, macht man die Befreiung im Paradies zur Ursünde. Dabei ist der Brudermord die Erbsünde. Das bestätigt auch Lamech, ein Nachkomme Kains, wenn er ausruft: „Einen Mann erschlug ich für meine Wunde, einen Jüngling für meine Strieme. Wird Kain siebenmal gerächt, dann Lamech siebenundsiebzigmal" (Gen 4,23-24). Lamech äußert sich so überheblich gegenüber „seinen" Frauen, wie der Text darlegt. Solch ein Ruf stammt eigentlich aus einer bestimmten Art von Machismo, die vermutlich die Geschichte des Patriarchats bestimmt.

In der griechischen Tradition dagegen gibt es keine rebellische Eva. Dort tritt vielmehr eine Iphigenie auf, die in krassem Gegensatz zu Eva steht. Als Iphigenie dazu bestimmt wird, sich zu opfern, um den Griechen freie Fahrt nach Troja zu ermöglichen, stimmt sie ein Lied an, das dem Ausruf des Lamech ähnlich ist. Hier aber hat die gleiche Einstellung eine Frau internalisiert und besungen:

DIE REBELLION AUF DER ERDE UND DIE REBELLION IM HIMMEL

> ... Sterben muss ich unabwendbar und vollenden will ich es / auch mit Ruhm, unedle Regung tilgend aus der edlen Brust. / ... Mir hat Hellas' ganzes großes Volk die Blicke zugewandt,/ und auf mir ruht seiner Schiffe Fahrt und Trojas Untergang; / ... All dies Heil werd ich erringen, wenn ich sterbe, und mein Ruhm / wird unsterblich weiterleben, daß ich Hellas' Volk befreit. / Denn warum sollt' auch das Leben mir vor allem teuer sein? / Allen hast du mich geboren, allem Volk, nicht dir allein. / ... Sollte da mein einzig Leben alledem im Wege sein? / ... Dieses einen Mannes Leben wiegt ja tausend Frauen auf. / Und wofern als blutend Opfer Artemis mein Leben will, / Soll ich ihr entgegentreten, Göttern ich, die Sterbliche? / Nein! Unmöglich! Hellas geb ich meinen Leib zum Opfer hin. / Tötet mich, verwüstet Troja ... / Den Hellenen sei der Fremdling untertan, doch, Mutter, nie / Fröne Hellas' Volk den Fremden; Knechte sind sie, Freie wir![1]

Nicht übersehen werden darf hier, dass ein Mann den Text des Liedes für Iphigenie geschrieben hat. In Wahrheit spricht also der Mann in den Worten von Iphigenie. Sie ist als eigenständige Frau eliminiert und wird stattdessen nach dem Bild und Gleichnis von Kain und Lamech neu erschaffen. Nietzsche erinnert auf seine spezifische Weise wieder an den Brudermord, der aller Zivilisation zugrunde liegt, wenn er sagt:

> Auf dem Grunde aller dieser vornehmen Rassen ist das Raubtier, die prachtvoll nach Beute und Sieg lüstern schweifende blonde Bestie nicht zu verkennen; es bedarf für diesen verborgenen Grund von Zeit zu Zeit der Entladung, das Tier muss wieder heraus, muss wieder in die Wildnis zurück – römischer, arabischer, germanischer, japanischer Adel, homerische Helden, skandinavische Wikinger – in diesem Bedürfnis sind sie sich alle gleich. Die vornehmen Rassen sind es, die den Begriff ‚Barbar' auf all den Spuren hinterlassen haben, wo sie gegangen sind ...[2]

Deshalb ruft er dazu auf:

> Um sich aus jenem Chaos zu dieser Gestaltung emporzukämpfen – dazu bedarf es einer Nötigung: man muss die Wahl haben, entweder zugrunde zu gehn oder sich durchzusetzen. Eine herrschaftliche

---

[1] Euripides, Iphigenie in Aulis, Stuttgart 1984, S. 52f.
[2] Nietzsche, Friedrich, Werke in drei Bänden. Karl Schlechta (Hg.), München, 1982. Genealogie Erste Abhandlung. Nr. 11, II, S. 786.

Rasse kann nur aus furchtbaren und gewaltsamen Anfängen emporwachsen. Problem: wo sind die Barbaren des zwanzigsten Jahrhunderts? Offenbar werden sie erst nach ungeheuren sozialistischen Krisen sichtbar werden und sich konsolidieren – es werden die Elemente sein, die der größten Härte gegen sich selber fähig sind, und den längsten Willen garantieren können.[3]

Hier hört man Lamechs Stimme wieder, nur viel schärfer. Nietzsche ruft dazu auf, wieder Barbaren zu werden. Unsere Welt stimmt ihm zu. Aber dieser Aufruf zur Barbarei schafft keine neue Kultur, sondern bewirkt den Untergang jeder Kultur. Anstelle einer neuen Kultur haben wir es mit Hollywoodfilmen und mit primitiven Fernsehserien zu tun. Diese Kultur, die sich ihres Denkers Nietzsche rühmt, basiert mehr denn je auf dem Brudermord. Die früheren Kulturen verschleierten den Brudermord, der ihnen zu Grunde lag – darauf kommen wir im nächsten Kapitel zurück. Mit Nietzsche aber beginnt man, den Brudermord zu zelebrieren, und untergräbt damit jede Kultur. Nietzsche spricht als erster von der „Gesundheitspolizei", die dafür zu sorgen hat, dass Parasiten beseitigt werden. Solche Redeweise soll den Brudermord rechtfertigen.

Dass Eva die Rationalität der Freiheit entdeckt und sie an Adam weitergibt, hat eine tiefe Bedeutung, die sich per se nicht mehr patriarchal umdeuten lässt. Die Frau steht der Freiheit im Sinne der Unendlichkeit näher, weil sie selbst körperliche Unendlichkeit ist. In diesem Mythos steht die Unendlichkeit des Geistes nicht in Konfrontation mit der Endlichkeit des Körpers. Die Frau offenbart vielmehr die Unendlichkeit des Körpers gegenüber den Begrenzungen der Körperlichkeit, die durch den Tod gesetzt sind. Diese körperliche Freiheit findet der Mensch, der – wie der Autor des Paradies-Mythos – von einer patriarchalen Umgebung her denken muss, am ehesten bei der Frau. Deshalb überlässt der Mythos ihr den ersten Platz. Der Mythos gibt den Schwachen den Vorrang. Weil die Frau diskriminiert wird, reklamiert sie als erste die Freiheit. Dieser Vorgang wiederholt sich wieder und wieder in der jüdischen Geschichte: der diskriminierte Mensch reklamiert seine Freiheit gegen die Freiheit des Kain, der sich die Freiheit des Herrschers nimmt und Diskriminierung betreibt.

---

[3] Nietzsche, Aus dem Nachlaß, III, S. 690.

Erst nach der Vertreibung aus dem Paradies erhält die Frau den Namen „Eva" – „Mutter alles Lebendigen". Als Gesetz „für das Leben" wird später das Gesetz des Mose bezeichnet. Dagegen dient das Gesetz, das von der Frucht des Baumes zu essen verbietet, nicht dem Leben, sondern der Willkür eines Despoten. Der Gott, der Mose das Gesetz für das Leben gibt, ist ein anderer als der Gott des Paradieses. Also hat auch der biblische Gott seine Geschichte. Er kann sogar bereuen, was er getan hat. Der biblische Gott ist nicht perfekt. Gott offenbart das göttliche Antlitz des Menschen, der Mensch das menschliche Antlitz Gottes.

Der menschliche Körper ist der Ort, an dem Unendlichkeit erfahren wird, nicht etwa der vom Körper getrennte Geist. Paulus spricht vom „geistlichen Leib". Dass dem sterblichen Körper die Auferstehung verheißen wird, ist Ausdruck dieser körperlichen Unendlichkeit. Der sterbliche Körper ist unendlicher Körper unter der Bürde der Endlichkeit, die sich in der Sterblichkeit erweist. Die Bürde ist also nicht der Körper, sondern die Sterblichkeit.

Aus all den angeführten Gründen bezeichnet der Paradiesmythos die Rebellion von Eva und Adam also nicht als Sünde, und noch weniger als Ursünde/Erbsünde. Im Genesis-Text geht es nicht um Sünde, sondern um den Akt der Freiheit, der einerseits Sünde und Tod, andererseits aber auch die Unendlichkeit des Menschen offenbart und erfahrbar macht. Eben weil der Text die Unendlichkeit des Menschen – das Wie-Gott-Sein des Menschen – offenbart (Jahwe Gott sprach: Seht, der Mensch ist geworden wie wir ... (Gen 3,22), offenbart er zugleich Sünde und Tod des unendlichen Seins, das unter der Bürde der Endlichkeit lebt, des Menschen.

Also wird verständlich, warum der Genesis-Text bei der Übertretung des Verbots nicht von Sünde spricht. Weder Eva noch Adam bekennen irgendeine Schuld. Adam versteckt sich, weil er nackt ist, nicht weil er das Verbot übertreten hat. Wenn Adam erklärt, er habe von der Frucht gegessen, die Eva ihm gab, bekennt er nicht zwangsläufig ein Schuldgefühl. Er kann damit auch gemeint haben, er sei von Evas Argument überzeugt worden. Demnach enthält der Satz auch keine Verschiebung seiner persönlichen Verantwortung auf Eva. Genauso lässt sich deuten, was Eva sagt, wenn sie erklärt, dass die Schlange sie dazu brachte, von der Frucht zu essen. Die Schlange hatte eben Argumente, die Eva überzeugten. Beide – Adam und Eva

– sehen keinen Grund, irgendeine Schuld zu bekennen. Wenn Gott sie deswegen verflucht, zieht er möglicherweise eine Konsequenz, erhebt aber nicht unbedingt einen Schuldvorwurf.

Das ist im Falle Kains anders. Der Text spricht von einem Verbrechen (Sünde) und Kain bekennt seine Schuld. Auch Gott erklärt Kain für schuldig. Aber es gibt noch einen weiteren Unterschied. Eva und Adam übertreten ein ausdrückliches Verbot. Kain dagegen übertritt kein Verbot, wenn er seinen Bruder umbringt. Gott hatte den Mord nicht verboten. Obwohl also kein Gesetz den Mord verbietet, begeht Kain ein Verbrechen. Durch sein Schuldbekenntnis anerkennt Kain das Verbrechen. Einerseits haben wir es in diesem Mythos also mit einer Gesetzesverletzung zu tun, die kein Vergehen ist, andererseits mit einem Mord, der ein Vergehen ist, obwohl keine Gesetzesverletzung begangen wird. Einem Verbot zuwider zu handeln, heißt also nicht unbedingt, dass aus dem Handeln ein Vergehen wird, und das Nicht-Vorhandensein eines Gesetzes ist keine Garantie dafür, dass kein Verbrechen begangen wird. Das Verbrechen geschieht, selbst wenn kein Gesetz es verbietet, und das freie Handeln muss kein Verbrechen sein, selbst wenn das Gesetz es ausdrücklich verbietet. Schuld gibt es auch ohne Gesetz. Das Kriterium der Freiheit ist nicht das Gesetz. Das Kriterium der Freiheit ist vielmehr ein Handeln, das menschliches Leben möglich macht. Wenn mit Hilfe dieses Kriteriums das Handeln kritisch geprüft wird, gewinnt der Mensch die Freiheit.

Daher stehen Gott und die Schlange nur scheinbar im Gegensatz zueinander. Die Schlange ist nicht der Teufel und Gott nicht der Gott Abrahams. Bereits die Schlange hat ein Doppelgesicht: Einerseits sagt sie „Ihr werdet sein wie Gott" und lügt nicht, weil Gott selbst bestätigt, dass der Mensch nach dem Essen der verbotenen Frucht wie Gott geworden ist. Andererseits lügt die Schlange auch, weil sie verheißt: „Ihr werdet nicht sterben", obwohl die Menschen sich durch ihre Rebellion als sterblich erkennen und mit dem Tod konfrontiert werden. Einerseits also erfüllt sich die Verheißung der Schlange, dass die Menschen Gott gleich sind, andererseits erfahren die Menschen durch die Rebellion, dass sie ihr Gott-Gleich-Sein unter der Bürde des Todes leben müssen. Aber auch das Gott-Gleich-Sein erscheint doppeldeutig und widersprüchlich. Einerseits erweist es sich als Herrschaftsstreben, das „wie Gott" sein will – so im Mythos vom Turm zu Babel, der dazu gebaut wird, bis zum Himmel zu gelangen. Der Herrscher hält sich selbst für Gott und bestreitet zugleich, dass alle anderen Menschen auch „wie Gott" sind. Andererseits zeigt sich das Gott-Gleich-Sein als Freiheit gegenüber dem Gesetz – so im Mythos vom Isaakopfer, bei dem wiederum Abraham ein Gesetz verletzt, nämlich das Gebot, den Erstgeborenen zu opfern. Aber eben dadurch entdeckt er seinen Glauben an den Gott, der ihn gegenüber dem Gesetz frei macht. Daher spricht der Psalm 82 von dem befreienden Handeln, das die Menschen Gott gleich macht, so dass alle Menschen potenziell Gott gleich sind.

Die Schlange hat also ein Doppelgesicht und spricht doppeldeutig. Sie ist Gott und Teufel zugleich. Das wird Tradition. Die Schlange kann sowohl Heil bringend wie mörderisch sein. Auf der einen Seite vergleicht in Joh 3,14 sogar Jesus sich selbst mit der Schlange, indem er an die Geschichte von der lebensspendenden Schlange des Mose in Num 21,4-9 erinnert. In dieser Szene wird das Volk von Feuerschlangen überfallen, die krank machen und viele umbringen. Mose verfertigt eine eherne Schlange und bringt sie an einer Stange an, so dass alle, die sie anschauen, geheilt werden. Auf der anderen Seite erscheint in der Offenbarung des Johannes die Schlange als Satan und als Bestie.

In der späteren christlichen Tradition wird Jesus häufig als Schlange dargestellt, und zwar nicht nur von Häretikern (z. B. den Offiten, Templern, Rosenkreuzern oder Freimaurern). Im Mittelalter trifft man auf Kreuzbilder, auf denen eine Schlange gekreuzigt wird. Diese Darstellungen finden sich immer noch in einigen Kathedralen.

Aber auch Gott erscheint doppeldeutig. Einerseits ist er der despotische Gott, der das Verbot erlässt, von der Frucht des Baumes zu essen, so dass Eva und Adam ihrer Würde wegen rebellieren müssen. Und dieser despotische Gott ist sogar neidisch. Als er anerkennen muss, dass die Menschen wie Gott geworden sind, greift er ein und vertreibt die Menschen aus dem Paradies, damit sie nicht auch noch vom Baum des Lebens essen können. So verhält sich der Herrscher-Gott. Dieser Gott wird wahrscheinlich am Hofe des Königs Salomon geschaffen.

Andererseits sagt der gleiche Gott zur Schlange: „Feindschaft setze ich zwischen dich und die Frau, / zwischen deinen Nachwuchs und ihren Nachwuchs. / Er trifft dich am Kopf / und du triffst ihn an der

Ferse." (Gen 3,15) Er ist also zugleich ein Gott, der Hoffnung weckt. Hier wird bereits der Gott des Bundes erkennbar. Der Gott, der den Kampf zwischen der Frau und ihrem Nachwuchs gegen die Schlange ankündigt, kann sehr wohl der Gott sein, der gesetzlich verbietet, von der Frucht des Baumes zu essen, und zwar mit der Absicht, dass Eva und Adam das Gesetz legitim überträten, um sich aus ihrem tierischen Dasein zu erheben und Menschen zu werden.

Im Genesistext stehen also Gott und die Schlange nicht einfach dualistisch gegeneinander. Beide haben vielmehr ein Doppelgesicht: Die Schlange wird in bestimmten historischen Momenten sogar mit Jesus identifiziert, und Gott kann sogar als despotischer Gott erscheinen, der eher dem Satan ähnlich ist. Man darf nicht vergessen, dass Satan ursprünglich als Anwalt am Hofe Gottes fungiert, der darüber wacht, dass das Gesetz blind befolgt wird. Dieser Satan in der Rolle des Anwalts wird später zur Figur des Teufels. Beide – Gott und die Schlange – tauschen in aller späteren Geschichte immer wieder einmal ihre Plätze. Im Kommentar der Jerusalemer Bibel zu Gen 3,15 wird diese Doppelgesichtigkeit völlig zum Verschwinden gebracht. Und das hat bestimmte negative Konsequenzen:

> Wenn man mit der Tradition in der Schlange den Teufel sehen darf, dann stellt der hebräische Text, der Feindschaft zwischen der Nachkommenschaft der Schlange und der Nachkommenschaft des Weibes ankündigt, den Menschen in Gegensatz zum Teufel und seiner ‚Brut'. Vielleicht deutet der Unterschied zwischen Kopf (der Schlange) und Ferse (des Menschen) den schließlichen Sieg des Menschen an: Das wäre ein erster Schimmer des Heiles, das ‚Protoevangelium'. Die griechische Übersetzung beginnt den letzten Satz mit einem männlichen Fürwort und schreibt so den Sieg nicht der Nachkommenschaft des Weibes im allgemeinen zu, sondern einem der Söhne des Weibes; so erklärt sich die messianische Auslegung durch viele Kirchenväter. Mit dem Messias ist seine Mutter mitgemeint; so hat die Vulgata übersetzt: ‚Sie (d. h. Maria) wird dir den Kopf zertreten'.

Ein solcher Kommentar will der diskriminierten Frau den Platz streitig machen, von dem aus sie ihre Würde reklamieren kann. Der Mann wird an jene Stelle gerückt, die im Genesistext der Frau zukommt. Die Frau wird darauf reduziert, die Mutter des einzigen Erlösers zu sein. Der Messias, den dieser Kommentar vorstellt, ist ein purer Herrscher und kein Befreier.

DIE REBELLION AUF DER ERDE UND DIE REBELLION IM HIMMEL

In der Entwicklung des Christentums während der ersten Jahrhunderte wird der Mythos so verdreht und verschleiert, dass Augustinus die These von der einen Ursünde formulieren kann. Verbunden damit taucht auch die Idee von einer Rückkehr zum Paradies auf, die allen Strömungen des Urchristentums völlig fremd ist. Was Würde und Freiheit ist, wird in Sünde verwandelt. Eben dies macht die Sünde des Christentums aus. Diese Sünde verleiht dem Christentum die große Bedeutung, die es für die Errichtung der späteren Imperien gewinnt. Denn die Ideologie der Herrschaft konstruiert die Ur- bzw. Erbsünde. Die ursprüngliche Botschaft des Christentums aber spricht von der Hoffnung auf die Neue Erde, die eine Erde ohne den verbotenen Baum ist. Dieses ursprüngliche Christentum hat kein Interesse daran, ins Paradies zurückzukehren, um dann endlich den verbotenen Baum zu respektieren, sondern es sucht die neue Welt der Freiheit, in der es keinen verbotenen Baum mehr gibt.

Das Christentum, das die Neue Erde ersehnt, sieht sich – wie Eva – im Konflikt mit einem despotischen Gesetz. Aber es weitet die Gesetzeskritik aus. Jedes Gesetz wird despotisch, sobald es zum simplen Legalismus verkommt. Die Kritik am Gesetz eines Despoten entwickelt sich also weiter zur Kritik am potenziellen Despotismus jedes Gesetzes. Jedes Gesetz verliert seine Legitimität, sobald es sich absolut setzt und dadurch despotisch wird. Die Kritik am Gesetz jedoch bleibt in beiden Fällen die gleiche.

Als Ergebnis unserer Textanalyse halten wir fest: Es gibt verschiedene Männer- bzw. Frauen-Bilder. Einerseits haben wir es mit dem Männer-Bild eines Lamech zu tun, das dem Frauen-Bild der Iphigenie entspricht. Auf der anderen Seite sehen wir das Frauen-Bild der Eva und jenes Männer-Bild, das der Autor des biblischen Mythos zu erkennen gibt. Die typisierten Gestalten dieses patriarchalen Textes, der zweifellos aus den Anfangszeiten des Patriarchats stammt, lassen darauf schließen, dass das Patriarchat über kein homogenes Männer- bzw. Frauen-Bild verfügt. Beide Vorstellungen stehen zueinander in konfliktiver Polarität.

KAPITEL VIII

II. Der Sündenfall: Kain und der Brudermord

Der Sündenfall ereignet sich nicht im Paradies. Dort geschieht vielmehr eine Art Aufstieg. Der Mensch hört auf, ein Tier zu sein, und wird zum Menschen. Das Paradies – sagt Hegel – ist ein Garten, in dem nur Tiere leben können. Der Mensch lässt das Paradies hinter sich, weil er seine Freiheit entdeckt, die unendliche Freiheit, die Freiheit zur Unendlichkeit seines eigenen Menschseins.

Aber die Befreiung findet in einer Welt statt, welche die Freiheit verflucht. Sobald Eva und Adam das Paradies verlassen, bekommen sie es mit solchen Verfluchungen zu tun. Die Verfluchungen schleudert kein Gott von oben herab. Vielmehr die Realität selbst verhängt die Verfluchungen. Die Realität ist derart gestaltet, dass sie die gewonnene Freiheit verflucht. Die Verfluchungen stellen sich ein, wenn die Freiheit sich gegenüber der Realität behaupten will.

Die erste Verfluchung ist der Tod. Alle anderen Verfluchungen ergeben sich aus ihr. Der Mensch entdeckt, dass er sterblich ist, und zwar deshalb, weil die Realität ihn lehrt, dass er sterben muss. Als Tier würde der Mensch auch sterben; aber erst durch die gewonnene Freiheit – durch die Freiheit als Dimension seines Seins – entdeckt er seine Sterblichkeit, erlangt er das Bewusstsein der Sterblichkeit. Erst die unendliche Freiheit gestattet es dem Menschen, den Tod als Verfluchung seiner Freiheit zu entdecken. Die Freiheit reicht weiter als der Tod, aber der freie Mensch muss seine unendliche Freiheit unter dem Joch des Todes leben. Der Tod offenbart dem Menschen, dass er nicht zur Fülle der Freiheit gefunden hat, obwohl er seine Freiheit stets als notwendige Dimension seines Menschseins erlebt.

Aus dem Paradies vertrieben hören die ersten Menschen aus dem Munde Gottes jene Verfluchungen, die aus dem Tod hervorgehen. Was die Menschen durch die Realität erfahren, legt der Text dem despotischen Gott als Fluch in den Mund. Der hat durch die Befreiung der Menschen eine Niederlage erlitten und stößt aus Ressentiment den Fluch aus. Die erste Verfluchung gilt der Schlange, der schlangenhaften Dimension im Inneren des Menschen, deren Ambivalenz offenkundig ist. Die zweite Verfluchung gilt der Frau: Sie verurteilt die Frau, unter dem Patriarchat und unter den Schmerzen der Schwangerschaft zu leiden. Die dritte Verfluchung gilt dem Mann: Sie versichert dem Mann, dass er im Schweiße des Angesichtes sein Brot essen werde, und erinnert ihn an den Todesfluch. Alle Verfluchungen durchkreuzen die unendliche Freiheit. Der Paradiesmythos gipfelt schließlich in der Aussage, dass der Rückweg ins Paradies durch Kerube und das zuckende Flammenschwert versperrt wird, um den Zugang zum Baum des Lebens unmöglich zu machen (Gen 3,24).

Die Verfluchungen bedeuten keine Strafen, sondern sind Konsequenzen der Freiheit. Sie können nicht als Bestrafungen verstanden werden, weil nicht sündigt, wer seine Freiheit in Anspruch nimmt. Deshalb redet der Text im Zusammenhang des Tuns von Eva und Adam nie ausdrücklich von einer Bestrafung. Die Realität ist vielmehr von diesen Verfluchungen genauso wie vom Tod gezeichnet. Der Mensch erkennt diese Verfluchungen aber erst, sobald er seine Freiheit bejaht. Die Freiheit fordert also dazu heraus, die Verfluchungen nicht zu akzeptieren, sondern sie zu bekämpfen, und zwar in dem Wissen, sie nicht ein für alle Mal überwinden zu können. Sie werden vielmehr stets wiederbelebt. Sie machen die *conditio humana* aus. Der Mensch soll sich ihnen nicht unterwerfen, sondern sie überwinden in der Einsicht, dass jegliche Überwindung provisorisch bleibt. Die Verfluchungen machen sich immer wieder aufs neue bemerkbar, um wieder und wieder bekämpft zu werden. Im Buch Genesis wird die Sünde zum ersten Mal im Zusammenhang mit dem Brudermord erwähnt.

Der Brudermord: ein Gründungsmord

In dieser unendlichen Freiheit unter dem Joch der aus der Realität selbst hervorgehenden Verfluchungen tritt als zweiter Akt nun im Mythos der Brudermord in Erscheinung. Die Ermordung des Abel durch seinen Bruder Kain wird als Gründungsmord für jede menschliche Kultur dargestellt. Als Kain sich entscheidet, seinen Bruder umzubringen, wird die Sünde denunziert. Gott spricht zu Kain: „... lauert an der Tür die Sünde als Dämon. Auf dich hat er es abgesehen, / doch du werde Herr über ihn!" (Gen 4,7)

Die Verfluchungen des Paradieses bezeichnen die *conditio humana*. Jetzt aber wird sichtbar, dass das Leben unter der *conditio humana* auch dem Verbrechen, der Sünde einen Raum eröffnet. Und das Verbrechen par excellence ist der Brudermord. Der Mensch entdeckt einen

Raum für das Verbrechen, ist aber nicht dem Zwang ausgeliefert, es zu begehen. Die Verfluchungen des Paradieses gehören zur *conditio humana*. Die Natur selbst macht sie unausweichlich. Für diese *conditio humana* trägt der Mensch keine Verantwortung, verfügt aber über die Freiheit, sie zu bekämpfen. Im Fall des Brudermordes ist das anders: Es gibt einen Raum für den Brudermord; für den Mord trägt der Mensch Verantwortung. Dieser Raum der Verantwortung eröffnet sich dem Menschen durch die *conditio humana*. Dieser ergibt sich nicht zwangsläufig aus der durch die Befreiung im Paradies gewonnenen unendlichen Freiheit. Aber dadurch, dass der Mensch seine unendliche Freiheit unter den Verfluchungen der *conditio humana* lebt, entsteht zwangsläufig auch ein Raum für den Brudermord. Sie ruft nicht unmittelbar den Brudermord hervor, sondern eröffnet nur die Möglichkeit zum Brudermord. Nur aus diesem Grunde kann der Mensch für den Brudermord verantwortlich sein.

Nach dem Brudermord sagt Gott zu Kain: „Was hast du getan? Das Blut deines Bruders schreit zu mir vom Ackerboden." (Gen 4,10) Und Kain lebt in der Furcht: „Wer mich findet, wird mich erschlagen." (Gen 4,14). Gottes Antwort aber lautet dagegen: „Darum soll jeder, der Kain erschlägt, siebenfacher Rache verfallen. Darauf machte der Herr dem Kain ein Zeichen, damit ihn keiner erschlage, der ihn finde. Dann ging Kain vom Herrn weg. ..." (Gen 4,15-16)

Die Bedeutung dieses Zeichens wird unmittelbar danach erklärt. Es handelt sich nicht um ein auf die Stirn gemaltes Kennzeichen, sondern um ein charakteristisches Merkmal der Realität selbst. Kain, der Mörder seines Bruders, wird als Begründer der Zivilisation vorgestellt. Seine Kinder und Kindeskinder setzen diese Aufgabe in die Tat um. Der biblische Text erwähnt folgende Taten: Henoch ist der Erbauer der Stadt, Lamech ist ein Mörder und ein extrem machistischer Patriarch, Jabal „Stammvater derer, die in Zelten und mit den Herden leben", Jubal „Stammvater aller Zither- und Flötenspieler"[4]

---

[4] Was hat das Flötenspiel mit dem Brudermord zu tun? Warum erfinden Kains Söhne sogar die Flöte? Nur ein Beispiel: Ich halte Händels „Messias" für eine schöne und bedeutende Schöpfung unserer Tradition. Aber Händel hat das Werk in England geschaffen, als Indien erobert wurde. Das Werk sollte den Sieg feiern, mit dem England die Kolonialisierung Indiens vollendete. Wenn man diesen Zusammenhang kennt, darf man nicht verschweigen, dass das Werk also zugleich einen ungeheuren Brudermord feiert. Hinter der Schönheit verbirgt sich der Horror.

und Tubal-Kain „Stammvater aller Erz- und Eisenschmiede". Was also ist das Kainszeichen? Gott verheißt Kain nicht, dass er – Gott – es an jedem, der Kain tötet, siebenfach rächen wird. Gott sagt vielmehr: „Jeder, der Kain erschlägt, soll siebenfacher Rache verfallen!" Wer soll die Rache vornehmen? Die Antwort lautet einfach: Kain und seine Söhne werden dafür sorgen, dass der Mörder es siebenfach zu zahlen hat. Wer Kain tötet, muss dafür zahlen – dieses Gesetz bringt die Realität selbst hervor. Lamech, Kains Sohn, sagt: „Wird Kain siebenmal gerächt, dann Lamech siebenundsiebzigmal." (Gen 4, 24)

Kain, der Begründer der Zivilisation, ist auch der Begründer aller Herrschaft. Kain ist der Vater aller Machthaber. Und alle Machthaber sorgen dafür, dass siebenmal, ja sogar siebenundsiebzigmal zu bezahlen hat, wer sich ihnen in den Weg stellt. Das Kainszeichen ist Herrschaftsmacht, sie besitzt die überlegenen Waffen der Herrschaft. Dieses Kainszeichen haben die Machthaber in der Hand, wenn sie die Gewalt ihrer Waffen auf Untergebene und Widerständler niederfahren lassen. Die von der Herrschaft ausgeübte Gewalt ist das Kainszeichen, das Kennzeichen des Brudermords. Auch das heutige sogenannte Anti-Raketen-System – die schlimmste Waffe, die es gegenwärtig geben kann – ist ein Kainszeichen. Gott malt kein Zeichen auf die Stirn Kains, sondern deckt eine weitere Verfluchung auf, die sich im Inneren der Realität selbst verbirgt: nämlich die Verfluchung, die in der Möglichkeit steckt, dass ein Brudermörder die Macht hat, sich siebenmal bzw. siebenundsiebzigmal an jenen zu rächen, die versuchen, dem Mörder das Handwerk zu legen.

Kain, der Zivilisationsgründer, ist „unstet und flüchtig auf Erden" (Gen 4,14). Er besitzt alle Häuser, aber ist nirgendwo zuhause. Er muss durch das ganze Leben laufen, um sich siebenundsiebzigmal an jenen rächen zu können, die sich ihm möglicherweise in den Weg stellen. Sobald er sich zuhause fühlen möchte, schreit das Blut seines Bruders von der Erde. Dann muss er den Bruder erneut töten, um nicht selbst getötet zu werden. Kain muss töten, um den Schrei des ermordeten Bruders nicht hören zu müssen. Der Lärm der Mordtat muss den Schrei des Bruders übertönen. Der Lärm, den der Städtebau macht, legt sich über diesen Schrei. Der „unstet flüchtende" Kain erfährt das „Unbehagen an der Kultur", wenn er ein Haus hat, aber niemals zuhause sein kann.

KAPITEL VIII

Am Kainsmythos wird erkennbar, dass die menschliche Zivilisation – das heißt, jede Zivilisation und nicht nur diese oder jene einzelne Zivilisation – auf dem Brudermord gründet und darin immer noch ihr Fundament hat.

Der Paradiesmythos als Gründungsakt der Menschheit, der übergeht in den Gründungsmord der Zivilisation, unterscheidet sich von dem Mythos, der in unserer Gesellschaft erzählt wird. In der Tat hat jede Gesellschaft ihren eigenen Mythos vom Gründungsmord. Der Mythos unserer Gesellschaft stammt aus der griechischen Tradition. In ihr ist der Gründungsmord nicht der Brudermord, sondern der Vatermord. Es handelt sich um ein kreisförmiges Mordmotiv: die Söhne ermorden den Vater, der Vater ermordet die Söhne. Doch wenn der Vater seinen Sohn umbringt, geschieht das nur, weil er sich durch eine Vorhersage dazu veranlasst sieht, die ihm ankündigt, dass dieser Sohn ein künftiger Vatermörder ist. Geht es um einen Mord unter Brüdern, dann handelt es sich stets um die Folge eines vorangegangenen Vatermordes. Das Paradigma dafür haben wir in der griechischen Ödipustragödie.

Diesen Mythos greift in der Moderne Freud wieder auf, wenn er in „Totem und Tabu" den Mythos im Zusammenhang der Ethnologie primitiver Völker interpretiert. Freud konstruiert seinen Mythos des Gründungsmordes auf der Basis einer primitiven Horde von Brüdern, die von einem despotischen Vater beherrscht wird. Gemeinsam bringen die Brüder den Vater um. Da sie aber den Vater gleichzeitig verehren, entwickeln sie nach dem Mord ein Schuldgefühl, das schließlich zu der Entscheidung führt, den Vater nie mehr umzubringen. Diese Entscheidung machen sie sich nun selbst zum Gesetz. Das despotische Gesetz des Vaters verwandelt sich in das Ordnungsgesetz der Söhne. Wer dieses Gesetz bricht, wiederholt den Vatermord und bricht damit den Schwur der Brüder, den Vater nicht mehr zu ermorden. Die Söhne geben zu, den Vater ermordet zu haben, fühlen sich schuldig und halten sich für erlöst, weil sie geschworen haben, dass sie das Gesetz, den Vater nie mehr umzubringen, respektieren werden. Dieses Gesetz wird zur Grundlage aller weiteren Gesetze.

Gegen Freuds These kann man einwenden: Eine Tierhorde, die der Menschwerdung voraufgeht, bringt den Vater um, kann daher nicht wissen, dass er der Vater ist, und kann auch nicht wissen, dass sie einen Mord begeht. Sie kann niemals einen Gründungsmord am

Vater begehen, selbst wenn Freud ihn entdeckt haben will. In Freuds Argumentation gibt es einen offensichtlichen *circulus vitiosus*. Wenn die Söhne nach der Ermordung des Vaters vom Schuldgefühl geplagt werden, mussten sie vor der Tat bereits ein Gesetz gehabt haben, das sie freiwillig als Verpflichtung akzeptiert hatten. Nur dann können sie ein Schuldgefühl empfinden. In Freuds Argumentation entdecken wir eine *petitio principii*, wenn er das Schuldgefühl aus dem Vatermord herleiten will. Damit es einen Gründungsmord am Vater geben kann, muss bereits vorher ein Gründungsmord am Vater geschehen sein – ein unendlicher Regress. Eben deshalb kann er niemals zum Gründungsmord werden. Den unendlichen Regress kann man nur vermeiden, wenn man einen Gründungsakt der Freiheit zugesteht, der dem Vatermord voraufgeht, so dass Schuldgefühl und Verantwortung für die Schuld entstehen können. Im biblischen Mythos geschieht dieser Freiheitsakt im Ungehorsam gegenüber dem despotischen Gott. Durch ihren Ungehorsam werden die Menschen frei. Aber der Freiheitsakt kann nicht ein Gründungsmord sein, weil der Gründungsmord den Befreiungsakt voraussetzt, durch den die Menschen erkennen, dass der Gott des Paradieses ein Despot ist und dass sein Gesetz keine Legitimität besitzt, sondern ein Willkürgesetz und folglich despotisch ist.

Wenn die Menschen dieses Gesetz nicht anerkennen, begehen sie keinen Gottesmord, sondern verpflichten Gott, Position zu beziehen und sich zu ändern. Es geht also um einen Akt, der die Möglichkeit überhaupt erst begründet, Schuldgefühl zu empfinden. Eben dieser Akt aber kann kein Vatermord sein. Der Vatermord setzt die Freiheit voraus. Sie muss eingeführt sein, bevor man überhaupt von Mord reden kann. Eva und Adam werden frei, da kann Gott tun und lassen, was er will. Der biblische Gott nimmt die Herausforderung an. Diese Entwicklung zeichnet das gesamte Genesisbuch im Anschluss an die Vertreibung aus dem Paradies nach.

Im biblischen Mythos ist kein Vater umgebracht worden und kein Vater hat ein Kind umgebracht. Alle sind Geschwister. Auch die Eltern Eva und Adam sind Geschwister, selbst wenn sie die Erzeuger ihrer Kinder sind. Aber da kann nun der Mord sein Unwesen treiben. Dass es ein Vatermord sein soll, gibt jedoch keinen Sinn. Dass vielmehr ein Brudermord geschieht, hat seine mythische Logik.

KAPITEL VIII

Die Konstruktion des Vatermordes folgt historisch später als der Brudermord. Nur so lässt sich erklären, dass der Mythos vom Gründungsmord am Vater quasi universal geworden ist. Der Vatermord hat seinen Ursprung im Brudermord. Kain und seine Söhne konstruieren den Mythos vom Vatermord als Gründungsmord. Und weil wir in gewissem Sinne alle Kinder Kains sind, haben wir alle teil an diesem Mythos. Dieser Mythos verschleiert das Faktum, um das es wirklich geht: nämlich dass alle menschliche Zivilisation auf dem Brudermord gründet. Die Söhne Kains beseitigen alle, die sich ihnen in den Weg stellen. Sie begehen ständig Morde an ihren Geschwistern, aber geben diesen Morden einen anderen Namen. Sie machen jene, die sie umzubringen gedenken, zu Vatermördern; so dass sie sich legitimiert wähnen können, diese zu beseitigen. Die Söhne Kains als Machthaber erklären ihr eigenes Gesetz zum Gesetz des Vaters, setzen es mit Gewalt durch und verklagen dann alle, die sich widersetzen, als Vatermörder. Folglich begehen sie bei ihrem mörderischen Tun keinen Brudermord mehr, sondern verfolgen im Bruder kriminalisierte Vatermörder.

Der Brudermord wird unsichtbar gemacht und verdrängt. Aber der verdrängte Brudermord droht jederzeit ins Bewusstsein zurückzukehren. Kain steht dann wieder vor dem Faktum, dass das Blut seines Bruders von der Erde zum Himmel schreit. Aber Kain verfügt über eine Methode, um diese Erinnerung stets wieder zu verdrängen. Er erfindet die Wiederkehr eines verdrängten Vatermordes, um das Blut, das von der Erde schreit, ständig zu überdecken. Für die Wiederkehr des verdrängten Brudermordes gibt es solange keinen Platz, wie behauptet wird, es gebe einen verdrängten Vatermord. Die beständig wiederholte Behauptung vom verdrängten Vatermord verdrängt also den Brudermord, der wieder von der Erde zum Himmel schreien will. Ein erfundener Gründungsmord am Vater dient zur Verschleierung, um zu verhindern, dass man sich des Brudermordes bewusst wird, der überall geschieht und der der Zivilisation insgesamt zugrunde liegt.

Wenn man Serbien bombardiert, begeht man einen Brudermord. Aber Kain und seine Söhne erklären das Gegenteil. Sie behaupten, Vatermörder zu bestrafen. Welchen Vater sollen sie ermordet haben? Der Vater ist derjenige, der das Gesetz erlassen hat, in diesem Fall das Gesetz der globalisierten Akkumulation. Der Vater ist immer die Herrschaftsmacht. Als Kind des Kain verschleiert sie sorgsam den

Brudermord, indem sie einen Vatermord denunziert. Der vermeintlich verdrängte Vatermord kehrt zurück, um den Mord am Bruder, dessen Blut von der Erde schreit, zu verdecken. So geschah es im Irak und in Vietnam, so machte man es mit den Kommunisten. Um die Brudermorde zu überdecken, macht man den Bruder zum Vatermörder, weil er den nach dem Gründungsmord am Vater geleisteten Schwur brach, den Vater niemals wieder zu ermorden, sondern sein Gesetz zu respektieren.

Diese Konstruktion lässt sich bei jeder Herrschaftsmacht wiederfinden. Jede Zivilisation legitimiert sich mit solchem Vatermord. Pinochet nannte die sogenannten „Subversiven" ausdrücklich Vatermörder. Andere denken nur so, ohne davon zu sprechen. Auch Stalin verfolgte nur Vatermörder, während die kapitalistische Gesellschaft Stalin als Vatermörder denunzierte. Der gesamte Antisemitismus konstruierte seine Art von Brudermord als Bestrafung von Vatermördern, wobei es sich in diesem Fall um Gott selbst handelte. Deshalb hat man die Juden als „Gottesmörder" umgebracht.

Noach und der Vatermord

Selbst in der Genesis lässt sich diese Konstruktion in einem eindeutig ideologischen Abschnitt finden, und zwar in der Erzählung von Noach und seinen Söhnen Sem, Cham und Japhet unmittelbar nach der Sintflut. Auch hier stoßen wir auf den Vorwurf des Vatermordes. Der Kontext zeigt auf, worum es geht.

Eines Tages liegt Noach berauscht und entblößt in seinem Zelt. Sein Sohn Cham verspottet ihn, die anderen beiden Söhne aber bedecken seine Blöße mit abgewandtem Gesicht, um die Blöße nicht zu sehen. Der Spott des Cham kann in mythischer Sprache als symbolischer Vatermord gedeutet werden.

Als Noach erwacht und erfährt, was geschehen ist, stößt er einen Fluch aus. Diese Verfluchung interessiert nur hinsichtlich dessen, was der Text über die Nachkommen Chams sagt. Sie gründen „die Städte Babel, Erek und Akkad", ebenso die Stadt Ninive und errichten Imperien. Der Sohn Nimrod „war der erste Machthaber auf Erden" (Gen 10,8). Eine klare Anspielung auf die Söhne Kains. Der Text braucht diesen Verweis, weil er davon ausgeht, dass die ganze

KAPITEL VIII

Menschheit – mit Ausnahme von Noach und seiner Familie – durch die Sintflut umgekommen war. Sie sind Kinder des Set, des dritten Sohnes von Eva und Adam. Also gibt es nach der Sintflut keine Söhne Kains mehr. Was hier über Cham und seine Söhne gesagt wird, lässt darauf schließen, dass sie nach der Sintflut die Söhne Kains ersetzen sollen. Aber der Text präsentiert sie nicht als Brudermörder, sondern als Vatermörder. Die Deutung hat sich völlig geändert.

Die Änderung wird noch begreiflicher, wenn wir uns auf den Sohn Chams beziehen, der Kanaan heißt. Noach verflucht ausdrücklich nicht seinen Sohn Cham und auch nicht alle Söhne Chams. Der Fluch lautet folgendermaßen:

> Verflucht sei Kanaan, der niedrigste Knecht sei er seinen Brüdern! ...
> Gepriesen sei Jahwe, der Gott Sems, und Kanaan sei sein Knecht!
> (Gen 9,25-26)

Offensichtlich spricht hier Herrschaftsmacht. Sie übertüncht den Brudermord, indem sie Vatermörder denunziert. Die Söhne Kanaans werden das Land Kanaan bevölkern, das nach dem Exodus später vom jüdischen Volk erobert wird.

Diesen Text schreiben Menschen, die nach der Eroberung in Kanaan leben. Das müssen sie legitimieren. Deshalb erfinden sie einen (symbolischen) Vatermord, um die Ermordung der Brüder zu verdecken. Auch das jüdische Volk ist nun eine Zivilisation und baut Städte. Deshalb handelt es wie ein Sohn Kains, bestraft Vatermörder und verschleiert die Tatsache des Brudermords.

Die Verfluchung Kanaans, des Sohnes des Cham, hat in den letzten Jahrhunderten unserer Geschichte eine dramatische historische Wendung genommen. Die christlichen Sklavenhändler der USA haben die Verfluchung auf ihre Weise uminterpretiert. Sie erklärten, dass Cham ein Schwarzer war, der Vater der Schwarzafrikaner. Sich selbst betrachteten sie als das neue auserwählte Volk, das in Nordamerika sein Kanaan als Gottesgeschenk erobert hatte. Kanaan war legitimerweise ihr Sklave, weil er den Vater Noach ermordet und seinen Fluch auf sich geladen hatte. Deshalb konnten die Sklavenhändler legitim die Afrikaner in Afrika als Söhne Kanaans jagen, um sie zu Sklaven im neuen Kanaan zu machen, das sie in Nordamerika errichtet hatten. Diese perverse Deutung kann man heute immer noch von Menschen in den USA hören. Sie glauben im Ernst, dass der Spott des Sohnes über seinen betrunkenen und entblößten Vater die Versklavung Afrikas für alle Zeiten rechtfertigt. Ähnliche Vorstellungen kann man in Brasilien antreffen.

Möglicherweise steht hinter der Erzählung über Noach und seinen Fluch über Kanaan eine jüdisch-orthodoxe Gruppe, die zugunsten ihrer Herrschaftsmacht redet. Weil so jede Herrschaft spricht, ist auch diese davon nicht ausgenommen.

Die Wiederkehr des verdrängten Gründungsmordes

Auch jüdische Herrschaft verdeckt den Brudermord durch die Verfolgung eines erfundenen Vatermordes. Aber sie hinterlässt andere Spuren, die man aufspüren muss. Sogar im Text selbst geschieht nur ein symbolischer Vatermord. Außerdem hat der Vatermord im Judentum nie eine solch starke Stellung besessen wie in anderen Kulturen. Er spielt in Israel eine vergleichsweise sekundäre, fast marginale Rolle. Die Begründung für den Fluch grenzt ans Lächerliche. Die Erzählung erweckt den Eindruck, als hätten die Autoren sie nur mit schlechtem Gewissen eingefügt. Im Kontext des gesamten Genesis-Buches scheint die Erzählung eher ein fremdes Element, das irgendein Hofideologe eingeführt hat. Ihr fehlt nahezu jede Überzeugungskraft. Was andere Kulturen leichter durch den Rückgriff auf den Mythos des Gründungsmordes am Vater verhindern können, bleibt deshalb in Israel möglich: Der verdrängte Gründungsmord am Bruder kehrt wieder. Dafür steht im wesentlichen die prophetische Tradition. Dieser Tradition gehört auch Jesus an. Die Wiederkehr des Gründungsmordes am Bruder beseelt die prophetische Forderung nach Gerechtigkeit selbst im Lande Kanaan.

In der Tat ereignet sich eine Wiederkehr des Verdrängten. Schon Freud interpretiert die jüdische Geschichte als Wiederkehr des verdrängten Gründungsmordes, und zwar in „Moses und die monotheistische Religion". Aber er will der jüdischen Geschichte einen Vatermord als Gründungsmord unterschieben. Für Freud ist Moses dieser Vater. Deshalb behauptet er, Moses sei während des Exodus vor der Ankunft im Lande Kanaan ermordet worden, und stellt die These auf, dass dieser Gründungsmord am Vater durch die Mörder verdrängt wurde. Im Laufe der späteren jüdischen Geschichte sei folglich das

Verdrängte wiedergekehrt. Freud erkennt in den Propheten die Zeichen für die Wiederkehr des verdrängten Mordes am Vater Moses.

Freud sucht in der jüdischen Tradition nach einem Gründungsmord. Den tatsächlichen Gründungsmord aber, nämlich die Ermordung des Abel durch seinen Bruder Kain, erkennt Freud nicht, weil er sich nicht vorstellen kann, dass der Vatermord nicht der Gründungsmord sein soll. Freud ist fixiert auf den Vatermord als Gründungsmord für die Menschwerdung des Menschen. Er hält – der griechischen Tradition folgend – den Mord für die Wurzel der Freiheit. Das Tier wird zum Menschen durch den Vatermord, der des Menschen Freiheit begründet und bestätigt. In der jüdischen Tradition aber kann Freud den Vatermord nicht finden, weil hier der Mensch sein Menschsein durch einen Akt der Freiheit entdeckt, der kein Mord ist, sondern eine Rebellion, und zwar gegen ein Gesetz, das im Hinblick auf Leben und Würde des Menschen nicht gerechtfertigt werden kann. Zwar gibt es in der jüdischen Geschichte einen Gründungsmord, aber er ereignet sich erst nach dem Erringen der Freiheit und bestätigt den Verlust der Freiheit. Dieser Mord begründet nicht die Menschlichkeit, sondern verrät sie. Aber als Verrat an der Freiheit liegt dieser Mord allen Zivilisationen zugrunde. Freud also findet auf der Suche nach einem Mord, der die Freiheit begründet, in der jüdischen Tradition zu recht keinen Vatermord, konstruiert ihn deshalb durch die Ermordung des Mose und unterschiebt diesen Mord der jüdischen Tradition.

Wir müssen die Frage nicht entscheiden, ob Mose nun tatsächlich ermordet wurde oder nicht. Uns interessiert vielmehr zu erkennen, ob die Wiederkehr eines verdrängten Vatermordes uns helfen kann, die jüdische Geschichte zu begreifen. Ich glaube, dass sie nichts erklärt, sondern dass Freud seine Theorie dogmatisch über die Fakten streift, die seiner Theorie widersprechen. Vatermord wird stets von einer Position der Herrschaft aus denunziert, weil der Vater selbst die Position der Herrschaft innehat. Die Eroberung Kanaans oder die Herrschaft von David und Salomon ließe sich vielleicht mit Hilfe der Denunzierung eines Vatermordes erklären. Sie könnte imperiale Politik stützen. Aber diese betrieb Israel höchstens in ganz kurzen Perioden. Niemals aber lässt sich mit Hilfe der Denunzierung eines Vatermordes erklären, dass sich in Israel die Vorstellung von einer Gerechtigkeit für alle und von einem Gott der Schwachen entwickelt, wie es bei den Propheten geschieht. Auch die Gestalt des Propheten Jesus lässt sich damit nicht erklären. Dieses Defizit allerdings drängt dazu, die genannten Fakten mit Hilfe der These zu erklären, dass in den Propheten der verdrängte Gründungsmord am Bruder wiederkehrt. In den Evangelien versteht Jesus sich selbst sogar als Erwiderung auf Kain[5]. Der Ruf Jesu und der Propheten nach Gerechtigkeit ist die Antwort darauf, dass das Blut des ermordeten Bruders zum Himmel schreit. Sie sind die Söhne Abels, der keine Kinder haben konnte, weil er von seinem Bruder ermordet wurde.

Weil die Zivilisation auf dem geleugneten Brudermord gründet, entwickelt sich ein so unstet umherirrendes Schuldgefühl, wie Kain umherirrt, der Gründer der Zivilisationen. Auch wenn man versucht, den Brudermord unsichtbar zu machen, gelingt es dennoch nicht, das durch den Brudermord geschaffene Schuldgefühl zu überwinden. Man macht es höchstens unverständlich. Das Schuldgefühl erscheint als Krankheit der Psyche. Dann kommen die Seelenheiler, um es zum Verschwinden zu bringen. Trotzdem aber verschwindet es nicht, ja es lässt sich nicht einmal mehr behandeln. Man empfindet Schuld, weiß aber nicht warum. Die Vorstellung des Vatermordes bewirkt nicht das Schuldgefühl, sondern verhindert, das Schuldgefühl zu bearbeiten, und verwandelt es in Aggressivität gegen die vermeintlichen Vatermörder. Dabei ist die bewusste Einsicht, dass der Brudermord aller Zivilisation zugrunde liegt, das einzige Mittel, um das Schuldgefühl rational zu bearbeiten. Der rationale Umgang mit dem Schuldgefühl führt zum Ruf nach Gerechtigkeit für den Bruder. Gerechtigkeit impliziert die Entscheidung, den Bruder nicht weiter zu ermorden. Die bewusste Einsicht bringt das Schuldgefühl nicht zum Verschwinden, aber gestattet, rational mit ihm umzugehen.

Eine Reaktion auf den Vatermord dagegen erzählt die Geschichte von der Opferung Isaaks durch Abraham. Hier wird die Figur des Vatermordes umgekehrt, insofern der Vater den Sohn umbringen soll. Die Bedeutung aber bleibt gleich, weil der Vatermord stets eine

---

[5] Bei Matthäus heißt es: „Da trat Petrus hinzu und sprach zu ihm: ‚Herr, wenn mein Bruder sich gegen mich verfehlt hat, wie oft soll ich ihm vergeben? Bis zu siebenmal?' Jesus antwortete ihm: ‚Ich sage dir, nicht bis siebenmal, sondern bis zu siebenundsiebzigmal.'" (Mt 18,21-22) Offensichtlich handelt es sich hier um eine Anspielung auf Kain. Dieser wird siebenfach, sogar siebenundsiebzigmal gerächt. Hier aber lautet die Antwort auf den Brudermord die Vergebung.

zirkuläre Struktur hat: der Sohn bringt den Vater um und der Vater bringt den Sohn um. Die Ermordung des Sohnes durch den Vater ist nur die Kehrseite der Ermordung des Vaters durch den Sohn. Abraham bricht mit seinem Sohn Isaak auf, um ihn als Opfer darzubringen und so zu ermorden. Im entscheidenden Moment stellt er sich seinem Sohn und bekehrt sich. Er tötet den Sohn nicht, sondern kehrt von der Opferstätte auf dem Berg gemeinsam mit ihm zurück. Was als Ermordung des Sohnes durch den Vater beginnt, endet mit der klaren Erkenntnis, dass Vater und Sohn Brüder sind, die sich nicht umbringen dürfen. Tatsächlich steigen Abraham und Isaak als Brüder vom Berg herab. Die Geschichte offenbart, dass die Opferung des Sohnes durch den Vater ein Brudermord ist, und sie tut es, indem sie darlegt, dass Abraham als Bruder seinen Bruder Isaak nicht umbringt.[6]

Diese Geschichte stellt die Wiederkehr des Gründungsaktes dar, durch den der Mensch das Menschsein zurückgewinnt. Hier ereignet sich eine ähnliche Rebellion wie die im Paradies. Hier wird zugunsten des Lebens rebelliert, denn das Leben kann nicht gerettet werden, wenn man andere ermordet. Die Rebellion geschieht durch das Nein zum Töten. Es ist die Rebellion des Subjekts.

Heute erleben wir eine Wiederkehr des verdrängten Brudermords. Wir können verstehen, warum der Brudermord, der auch die Geschwisterlichkeit mit der Natur umfasst, wieder in Erinnerung kommt. Wir stehen einem System gegenüber, das global den Bruder und die Schwester umbringt, aber den Mord leugnet, verschleiert und unsichtbar macht. Zugleich beschwört das System eine Situation herauf, die das Bewusstsein wachrüttelt. Das Subjekt rebelliert, indem es den Mord an den Geschwistern denunziert und eine Gesellschaft anstrebt, die keinen Brudermord mehr begeht. Diese Rebellion muss stattfinden, wenn wir wollen, dass das Leben des Menschen auch in Zukunft noch möglich sein soll.

Wir behaupten nicht, dass der Brudermord stets und überall vermieden werden kann. Aber selbst wenn er hier oder da unvermeidlich ist, bleibt es ein Mord und der Mörder hat zu akzeptieren, dass er

---

[6] Vgl. Franz J. Hinkelammert, Der Glaube Abrahams und der Ödipus des Westens, Münster 1991.

selbst als Komplize in den Mord verwickelt ist, den er zu verfolgen trachtet. Die Unvermeidlichkeit verwandelt den Brudermord nicht in einen Akt der Gerechtigkeit. Auch die Todesstrafe in allen Formen und Dimensionen bleibt ein Mord, dessen Komplize stets auch jener ist, der den Mord verfolgt und verurteilt. Nicht nur das Verbrechen entmenschlicht den Menschen; auch die Strafe entmenschlicht denjenigen, der die Strafe verhängt. Man muss das Menschsein nicht nur vor dem Verbrechen retten, sondern ebenso vor der Bestrafung. Im Grunde geht es stets um das Schuldgefühl angesichts des Brudermords. Die Strafe wiederholt das Verbrechen im gegenläufigen Sinne. Deshalb entmenschlicht sie ebenso wie das Verbrechen selbst. Ja, die Bestrafung kann sogar noch schlimmer entmenschlichen, wenn sie die einen Morde bestraft, aber andere nicht, wenn sie also implizit behauptet, es gebe offiziell erlaubte Morde. Die Gerechtigkeit geht über Verbrechen und Bestrafung hinaus. Sie zielt auf eine Gesellschaft, in der das Verbrechen möglichst überwunden ist.

Das Grundschema der Beziehung von Vatermord und Brudermord ändert sich am Ende des 19. Jahrhunderts, ohne dass es ganz verschwindet. Diese Änderung wird offenkundig in der Philosophie Nietzsches, in bestimmten Strömungen der Psychoanalyse und in den höchst aggressiven Ideologien des 20. Jahrhunderts. Der Rückgriff auf den Vatermord wird aufgegeben. Das Gesetz gilt als simple Regelung von Auseinandersetzung. Damit stellt sich der Brudermord völlig anders dar. Solange man die Regel beachtet, kann man die Geschwister ungestraft umbringen. Der Mord an ihnen geschieht ohne Hass und Leidenschaft, und mit Hilfe technischer Mittel häufig sogar, ohne die Geschwister überhaupt zu Gesicht zu bekommen. Nun verschleiert man die Ermordung der Geschwister nicht mehr durch die Erklärung, sie hätten den Vater umbringen wollen, sondern man bringt sie um, wie die „Gesundheitspolizei" die Flöhe ausrottet. In dieser Perspektive erscheint das Schuldgefühl nur noch wie eine Krankheit, die der Psychiater zu heilen hat. Der Psychiater aber heilt den Patienten, indem er ihm beibringt, den Vater so gründlich zu beseitigen, dass der Patient sogar vergisst, einen Vater gehabt zu haben. In den USA zum Beispiel bezeichnete man das Schuldgefühl, das man nach dem Vietnam-Krieg empfand, als „Vietnamsyndrom". Nach dem Golfkrieg erklärte der damalige Präsident Bush, dieser

KAPITEL VIII

Krieg war der Beweis dafür, dass die Krankheit des „Vietnamsyndroms" geheilt worden sei. Als Präsident Reagan zu töten befahl, sagte er, es gehe darum, „ein Krebsgeschwür auszumerzen". Und als Präsident Bush die Bombardierung Libyens mit dem eindeutigen Auftrag anordnete, den Präsidenten Ghaddafi umzubringen, nannte er Ghaddafi einen „tollwütigen Hund". In all diesen Fällen wird eine zynische Einstellung zum Mord sichtbar, die möglicherweise in der gesamten Menschheitsgeschichte immer wieder zu finden ist, die aber erst heute zur herrschenden Einstellung wird.[7] Zusammengefasst behauptet der Kain-Mythos: Jeder Mord ist ein Brudermord.

---

[7] Heute begegnen wir dieser Art „sauberen" Mordes im Umgang mit den Immigranten. Wenn sie illegal ins Land kommen, gelten sie nicht mehr als Geschwister, können sich selbst überlassen bleiben oder sogar getötet werden. Man beschuldigt sie nicht mehr, Vatermörder zu sein. Hier taucht der Vorwurf des Vatermordes nicht mehr auf. Er enthielt wenigstens noch ein gewisses Maß an Anerkennung des/der Anderen, wenn auch in negativer Form. Den „sauberen" Mord dagegen kann man ohne jede Anerkennung und ohne jeden Schuldvorwurf begehen. Hier werden „Überflüssige" oder „Wegwerf-Menschen" eliminiert, „desechables" nennt man in Lateinamerika die ermordeten Straßenkinder. Man beschuldigt sie nicht, unmenschlich zu sein, sondern hält sie einfach für solche, die nicht zur Menschheit gehören. An bestimmten Grenzen, nämlich an den Grenzen der Festungen USA und Europa, werden täglich solche Morde verübt. Diese Grenzen liegen am Rio Grande zwischen Mexiko und den USA oder in Europa zwischen Tanger und Gibraltar, zwischen Albanien und Italien, zwischen Polen und Deutschland. Die Notiz einer Tageszeitung von Costa Rica illustriert die Situation: „Der Fluss des Todes – Behörden fangen mehr Leichname als Fische.
Hunderte Leichname werden in alarmierender Menge aus dem Rio Grande geholt, so dass man sein stark vergiftetes Wasser bereits als „Fluss des Todes" bezeichnet. In der Mehrzahl sind es die Leichen illegaler Immigranten, die in dem verzweifelten Bemühen, in den USA Arbeit zu finden, versuchen, den Fluss schwimmend zu überqueren, und dabei ertrinken. ‚Die Menge der Leichname lässt mich an eine Kriegszone denken', bemerkt Arturo Solis, Leiter des Zentrums für Studien von Menschenrechten an Landesgrenzen. Die Statistiken von Solis decken auf, dass 1993 aus dem Fluss 134 Leichen geborgen wurden gegenüber 128 im Jahre 1992, und zwar auf einem Abschnitt von nur 580 km zwischen Nuevo Laredo und Matamoros an der Mündung des Flusses. (Die Grenze zwischen Mexiko und den USA hat eine Länge von 2.019 km). Offizielle Statistiken gibt es nicht. Solis weist darauf hin, dass er nur über eine elementare Zählung verfügt, die auf Informationen durch grenznahe lokale Tageszeitungen beruht. Diese Zählung aber unterscheidet sich erheblich vom tatsächlichen Saldo ... ‚Hier ist eine der gewalttätigsten Regionen beider Amerikas', bekundet er." (Reuter, La Nación, 13.3.1994) Das gleiche ließe sich von anderen Grenzen berichten.

III. Die Rebellion im Himmel

Hegel sagte, es gebe keine Revolution ohne Reformation. Dabei bezog er sich auf den Zusammenhang der französischen Revolution im 18. Jahrhundert mit der Lutherischen Reformation im 16. Jahrhundert. Hegel deutete die Reformation als Rebellion im Himmel, die in der französischen Revolution zur Erde niederstieg. Genauso redete Tschu En Lai, der Außenminister der Mao-Regierung in China: Ohne Revolution im Himmel gibt es keine Revolution auf der Erde. Dabei bezog er sich auf die Neufassung des Konfuzianismus, die das Mao-Regime in China durchführte.

Es gibt nicht nur eine Geschichte des Himmels, die in himmlischen Metaphern die Geschichte der Erde reproduziert. Tatsächlich werden die Rebellionen auf der Erde von Rebellionen im Himmel begleitet. Aber diese Einsicht gilt auch in einem noch viel umfassenderen Sinn. Auch Konterrevolutionen auf der Erde sind ohne Konterrevolutionen im Himmel nicht zu denken. Denn auch die Konterrevolution ist eine Revolution, sie erscheint zumindest als solche. Jede irdische Realität wird auch entsprechend in Himmelskategorien erlebt. In unserer Tradition kennen wir bedeutsame Rebellionen, die den Himmel umfassen. Sowohl in der griechischen als auch in der jüdischen Tradition beginnt die Geschichte mit einer Rebellion. Erich Fromm deutet sie folgendermaßen:

> Die menschliche Geschichte begann mit einem Akt des Ungehorsams und wird vielleicht mit einem Akt des Gehorsams enden. Was will ich damit sagen? Ich beziehe mich auf die hebräische und griechische Mythologie. In der Geschichte von Adam und Eva besteht das Gebot Gottes, nicht von der Frucht zu essen, und der Mann – vielmehr die Frau, um gerecht zu sein – ist imstande, „nein" zu sagen. Sie ist imstande ungehorsam zu sein und sogar den Mann dahin zu bringen, daß er wie sie ungehorsam ist. Was ist die Folge? Im Mythos wird der Mensch aus dem Paradies vertrieben – das bedeutet, er wird aus einem präindividualistischen, vorbewussten, prähistorischen und, wenn man so will, vormenschlichen Zustand vertrieben, den man mit der Lage des Fötus im Mutterleib vergleichen könnte.

Er wird aus dem Paradies vertrieben und auf die Straße der Geschichte gezwungen.[8]

Hier wird nicht einfach ein Gesetz übertreten, sondern hier wird das Gesetz übertreten, weil die Selbstachtung es verlangt. Das Subjekt, das menschliche Subjekt tritt in Erscheinung, das über das Gesetz urteilt. Das Subjekt übertritt das Gesetz, das sich als illegitim erweist. Aber nicht das Gesetz bewirkt die Freiheit des Subjekts, sondern das Leben des Subjektes selbst. Aus dem Leben selbst bricht die Freiheit gegenüber dem Gesetz hervor. Das Gesetz wird aus der Perspektive des menschlichen Lebens kritisch geprüft. Nur deshalb humanisiert die Übertretung den Menschen, bestätigt seine Würde und macht ihn zum Subjekt. Eine solche Rebellion ist legitim. Deshalb spricht der Genesis-Text hier nicht von Sünde.

Auf diese legitime Rebellion folgt eine andere, die illegitim ist: die des Kain, der seinen Bruder Abel umbringt. Diese Rebellion bestärkt nicht die Würde des Subjekts, sondern entmenschlicht es. Diese Rebellion ist der Sünden-Fall. Aber dieser Fall wird – wie der Text darlegt – zum Mord, der jeder menschlichen Zivilisation zugrunde liegt. Damit unterstreicht der Text, dass in allen Humanisierungen, die die Zivilisation hervorbringen kann, die Dehumanisierung nistet. Jede Zivilisation trägt das Kainszeichen an sich, den Brudermord. Jede Zivilisation ist illegitim, aber gültig.

Erich Fromm erwähnt an anderer Stelle des oben angeführten Textes eine weitere Rebellion, diesmal aus der griechischen Tradition. Er bezieht sich dabei zweifellos auf die Rebellion des Prometheus. Aber diese Rebellion unterscheidet sich erheblich von jener aus der jüdischen Tradition. In der griechischen Sage rebelliert ein Gott, kein Mensch. Die Rebellion dieses Gottes provoziert nirgendwo eine Rebellion von Menschen, sondern macht diese überflüssig. Die Rebellion des Gottes ersetzt die Rebellion des Menschen. Die Menschen

---

[8] Fromm, Erich, Der revolutionäre Charakter, in: Fromm, Erich, Das Christus-Dogma und andere Essays, München 1965, S. 146/147. Fromm fügt völlig zu Recht einige Zeilen später folgende Bemerkung an: „Wenn ein Atomkrieg in zwei oder drei Jahren die Hälfte der Menschheit vernichten und eine Periode völliger Barbarei einleiten sollte – oder dies in zehn Jahren geschieht und möglicherweise alles Leben auf der Erde zerstört –, so wird das auf einen Akt des Gehorsams zurückzuführen sein. Ich meine den Gehorsam von Menschen, die auf den Knopf drücken, gegenüber denen, die Befehle erteilen ...", ebd., S. 148.

sind Zuschauer, aber keine Mitwirkenden. Sie empfangen das Feuer als eine Gabe. Der rebellierende Gott bringt den Menschen das Feuer, das heißt die Zivilisation. In diesem Mythos erscheint die menschliche Zivilisation als völlig unschuldig. Der rebellierende Gott – für alle Ewigkeit von Zeus bestraft – leidet für etwas, das jetzt im Besitz der Menschen ist. Die Zivilisation der Menschen scheint ganz rein, weil sie scheinbar nicht in einem Brudermord wurzelt.[9]

Für das griechische Denken kann keine Rebellion von Menschen legitim sein. Jede Rebellion gilt ihm als „Hybris". Die Griechen brauchen eine Rebellion am Beginn der Geschichte, aber delegieren sie an einen Gott. Für Götter aber gelten andere Regeln. Obwohl Prometheus bestraft wird, spielt sich der gesamte Vorgang als Tragödie zwischen Göttern ab. Damit haben die Menschen den Vorteil, in diese Tragödie nicht verwickelt zu sein. Die Zivilisationen wurzeln nicht in einem Verbrechen. Es gibt nur ein einziges Verbrechen gegen die Ordnung der Zivilisation: die „Hybris". Der Befund lautet also: die griechische Tradition hat für den Menschen als Subjekt keinen Platz. Und wo ein Mensch sich als Subjekt verhält, gerät er in Bedrängnis und endet schließlich in einem tragischen Akt, den andere – in den Tragödien der Chor – kommentieren. Hybris ist die Kehrseite zum Vatermord.

In der jüdischen Tradition werden drei Rebellionen erzählt. Eine ergibt sich aus der anderen. Zwei von ihnen sind legitim, eine illegitim. Die erste ist legitim und ereignet sich im Paradies. Sie ist der Ursprung für die Verfluchung zum Tod und zur Unterwerfung unter die *conditio humana*. Aber jene, die rebellieren, entdecken ihre Würde und werden Menschen. Die zweite Rebellion ist die von Kain. Die Zivilisationen haben ihren Ursprung in einem Brudermord. Die Rebellion Kains ist illegitim, aber niemand entkommt ihr. Kain kann sich siebenundsiebzigmal an jedem rächen, der sich ihm in den Weg stellt. Die dritte Rebellion wagt Abraham. Er rebelliert gegen das Gesetz des Baal, das Gesetz jener Zivilisation, die Kain und seine Söhne ge-

---

[9] Der junge Goethe schreibt das bekannte Gedicht „Prometheus". Es wirkt griechisch, hat aber wenig damit zu tun. Im Gedicht ist der Mensch selbst Prometheus. Er rebelliert, ohne verflucht zu werden. Die Rebellion ist rein wie auch das Menschenwerk rein ist, das aus ihr hervorgeht. Später – im zweiten Teil des Faust – deckt Goethe den Brudermord an der Wurzel der Zivilisation auf: den Mord an Philemon und Baucis.

schaffen haben. Dieses Gesetz verlangt von Abraham, seinen Sohn Isaak umzubringen. Es ist das Gesetz der Zivilisation, die glaubt, ihren Ursprung im Vatermord zu haben. Abraham aber bringt seinen Sohn nicht um, sondern anerkennt ihn als seinen Bruder.

Die drei Rebellionen formen einen Zyklus. Die eine Rebellion reagiert auf die andere. Durch die erste Rebellion wird das Tier zum Menschen. Der Mensch entdeckt den Tod und die *conditio humana* als Fluch. Die zweite Rebellion richtet sich gegen das Leben des Menschen, das Leben des Bruders; daraus gehen die Zivilisationen hervor. Die dritte Rebellion aber gibt dem Leben den Vorrang vor jedem Gesetz der Zivilisationen.

Alle drei Rebellionen haben ihre Entsprechungen im Himmel. Die erste Rebellion richtet sich gegen den neidischen, ja despotischen Gott des Paradieses. Dieser Gott verbietet die Menschwerdung des Menschen und reagiert auf die Offenbarung des Todes und der *conditio humana* mit einem Fluch. Dieser Gott behandelt die Rebellion wie ein Delikt. Anders aber der Autor des Mythos. Er scheint sie nicht als Delikt anzusehen. Das geht daraus hervor, dass der Autor weder von einer Sünde noch von einem Schuldgefühl spricht. Am Ende des Mythos stellt dieser Gott sich der Realität und sagt: „Siehe, der Mensch ist geworden wie einer von uns!" Er kündigt der Frau an, dass sie am Ende triumphieren werde. Gott ändert sich. (vgl. Gen 22,1)

Es handelt sich um den Gott jener Gesellschaft, aus der Abraham stammt. Zweifellos ist es Baal. Im Abrahamsmythos wird er Gott genannt, nicht Jahwe. Erst nach der Bekehrung, die Abraham dazu bringt, seinen Sohn nicht zu opfern, spricht der Text von Jahwe. Gott Baal verlangt von Abraham, dass er seinen Sohn umbringt, d. h. ihn opfert, wie es das Gesetz jener Gesellschaft, deren Gott er ist, verlangt. Er ist der Gott des Vatermordes und des Kindesmordes, der Gott der Konstrukteure der Zivilisation, der Gott des Kain und seiner Söhne. Dieser Gott ist väterliche Autorität, die Gesetz und Ordnung sichert. Diesen Vater bringen die Söhne immer wieder um, während der Vater immer wieder seine Söhne umbringt, und zwar durch jene folgsamen Söhne, die ihn als Vater anerkennen. Dieser Gott schafft den Zirkel von Gesetz und Aggressivität. Auf ihn beziehen sich die Söhne Kains, wenn sie den Brudermord begehen, in dem die von ihnen konstruierte Zivilisation wurzelt.

DIE REBELLION AUF DER ERDE UND DIE REBELLION IM HIMMEL

Die Rebellion im Himmel, die aus der Opferverweigerung des Abraham hervorgeht, richtet sich gegen den Gott der Söhne Kains. Hier rebellieren der Mensch und sogar Gott selbst dagegen, dass die Menschen den Brudermord als Opfer vor Gott tarnen. Der Gott, der jedes Menschenopfer ablehnt, steht im Gegensatz zu den Göttern der Imperien, die um der Macht und des Fortschritts willen ihre Brüder umbringen und dann diese Morde als Opfer feiern, die sie Gott oder dem Fortschritt, der Nation, der Rasse oder was sonst noch darbringen.

Mit gegensätzlichen Göttern haben wir es zu tun. In der Perspektive der Griechen mit ihrer Kritik an der Hybris erscheint die Opferverweigerung des Abraham als ein Akt der Hybris und des Hochmuts. In der Perspektive des Abraham mit seiner Kritik am Götzendienst erscheint die Position der Griechen mit ihrer Kritik an der Hybris als purer Götzendienst. Ein Streit der Götter wird erkennbar, in dem für die einen Gott ist, was die anderen als Teufel betrachten. Dieser Streit entbrennt auf der Erde und im Himmel. Darin wechseln die Gegner stets Position und Stellung. Sie beginnen mit Gott, aber im Lauf des Streits wird er zum Gegenteil und umgekehrt. Es wird notwendig, immer wieder zwischen den Göttern zu unterscheiden. Bei diesem Unterscheidungsprozess ist die Verweigerung des Opfers – die Aufdeckung jeden Opfers als Brudermord – das entscheidende Kriterium. Aber der Unterscheidungsprozess bleibt deshalb so schwierig, weil unvermeidliche Menschenopfer kritisch zu prüfen sind. Die Beurteilung muss im Herzen eines jeden Menschen und mitten in den gesellschaftlichen Konflikten vorgenommen werden.

In der jüdischen Tradition haben wir es mit einer weiteren Rebellion sowohl im Himmel wie auf der Erde zu tun, die zur Gründung des Christentums führt. Sie wird von der christlichen Botschaft erzählt. Darin ist ausdrücklich davon die Rede, dass die Rebellion im Himmel und auf der Erde stattfindet.

Die Rebellion erhebt sich einerseits gegen das formalisierte Gesetz des Rechtsstaats, den das *Imperium Romanum* errichtet, und andererseits gegen die von den Pharisäern geförderte formalistische Interpretation des mosaischen Gesetzes, die Jesus als Verrat beklagt, während er selbst das mosaische Gesetz für sich in Anspruch nimmt. Diese Rebellion lässt sich folgendermaßen resümieren: Auch das formale Recht und Gesetz wurzeln im Brudermord. Das Gesetz erlaubt den Brudermord und tötet den Bruder in der Tat. Mit Hilfe des Gesetzes wird der Bruder ermordet. Dieses Ergebnis kann nicht überraschen: Im Namen des Gesetzes wird Jesus schließlich umgebracht. Das Johannesevangelium nennt den Grund dafür. Man klagt Jesus der Hybris und des Hochmutes an, weil er den Götzendienst des Gesetzes denunziert hatte (vgl. Joh 19,7). In der Perspektive der griechischen Tradition macht sich Jesus tatsächlich der Hybris schuldig. Was aus der Perspektive Jesu Götzendienst ist, stellt sich aus der Perspektive des Gesetzes als Hybris dar. Daher deutet man Jesu Rebellion als Rebellion gegen Gott selbst, als Mord am Vater-Gott im Sinne der Söhne Kains.

Dieser Rebellion auf der Erde entspricht die Rebellion im Himmel. Sie wird in der Offenbarung des Johannes beschrieben (Offb 12,7-12). Die von Michael angeführten Engel rebellieren gegen das vergöttlichte Gesetz, dem der Satan, der Ankläger am Hofe Gottes, zur Durchsetzung verhilft. Im Text heißt es: „Gestürzt wurde der Ankläger unserer Brüder, der sie vor unserem Gott Tag und Nacht verklagt" (Offb 12,10). Hier geht es um das Gesetz (des Rechtsstaates), das im Brudermord seine Wurzel hat und das den Brudermord rechtfertigt, wenn es vergöttlicht wird. Eben dies tut Satan, er betreibt die Vergöttlichung des Gesetzes. Im Kontext des vergöttlichten Gesetzes bzw. der Identifikation Gottes mit dem Gesetz wird der Name Michael verständlich: „Wer ist wie Gott?" Michael wendet sich gegen das Gesetz und denunziert den Götzendienst.

Nachdem der Satan vom Himmel auf die Erde gestürzt worden ist, stellt die Apokalypse ihn als den Drachen vor, der das Imperium gründet – zweifellos das *Imperium Romanum*. Für die Apokalypse ist es das Imperium dessen, der das Gesetz vergöttlicht, des Satans. Seine Untertanen beten ihn als Gott an und rufen ihrerseits aus „Wer ist wie Gott?", und zwar im Gegensatz zu dem, was Michael bedeutet und getan hat. Jetzt erklingt der Ruf als Denunzierung der Hybris.[10]

Das Buch der Offenbarung erläutert auf diese Weise die Aussage Jesu im Lukasevangelium: „Ich sah den Satan wie einen Blitz vom Himmel fallen." (Lk 10,17)

Selbstverständlich kann Jesu gesamte Haltung nur auf dem Hintergrund der drei Rebellionen in der jüdischen Tradition verstanden

---

[10] Nach dem Text sagen die Untertanen: „Wer ist dem Tier gleich?" (Offb 13,4). Aber eindeutig ist, dass sie selbst es nicht Tier nennen, sondern Gott.

werden: der Rebellion von Eva und Adam im Paradies, der Rebellion von Kain und der Rebellion von Abraham. Jesus rettet die Rebellion im Paradies und die Rebellion Abrahams gegenüber dem Gesetzesformalismus seiner Zeit, sowohl im Rechtsstaat Roms als auch in Israel. Jesus legitimiert seine Kritik stets durch den Rückgriff auf die jüdische Tradition und das mosaische Gesetz. In der von Jesus entfesselten Rebellion des Subjektes gegenüber dem Gesetz als der vergöttlichten Gestalt der Norm geht es deshalb um den Schrei des Subjektes. Das Johannesevangelium meint diesen Schrei, wenn es im ersten Satz sagt: „Am Anfang war das Wort" (Joh 1,1). Das Wort ist der Schrei des Subjekts.[11] Ihm korrespondiert das, was Leonardo Boff den „Schrei der Erde" nennt.

Sobald sich das Christentum als Religion des Imperiums etabliert, begräbt es schleunigst diese beiden Rebellionen, und zwar dadurch, dass es sie ins Gegenteil verkehrt. Jetzt behauptet das Christentum, dass Jesus ein neues Gesetz brachte, das definitiv das Gesetz Gottes ist, und dass all jene, die Jesus kreuzigten, es ablehnten, sich diesem Gesetz zu unterstellen. Jetzt wirft das Christentum den Kreuzigern Jesu Hybris vor. Es hält sie für Mörder des Vater-Gottes, der immer noch der Gesetzes-Gott ist. Jesus selbst wird verwandelt in ein vergöttlichtes Gesetz. Damit verändern sich die Deutungen des Kreuzestodes Jesu als Opfer in ihr Gegenteil. Ebenso verkehrt sich die Bedeutung des Textes aus der Apokalypse über die Rebellion im Himmel in ihr Gegenteil, indem man ihr einen Sinn unterstellt, den sie einfach nicht hat. Man interpretiert sie als einen Aufstand gegen die Rebellion wider das Gesetz. Aus der Rebellion gegen Satan wird eine Rebellion gegen Luzifer. Die Konterrebellion im Himmel unterstützt mit himmlischer Sprache die Niederschlagung des Subjektes auf der

---

[11] Im Konflikt zwischen Christentum und Gnosis tritt diese Auffassung zutage. Vgl. Jonas, Hans, Gnosis. Die Botschaft des fremden Gottes, Frankfurt 1999. Das Christentum konstituiert das Subjekt als körperliches Subjekt gegenüber dem Gesetz. Die Gnosis dagegen ersetzt dieses körperliche Subjekt durch ein ätherisches Subjekt, das die Körperlichkeit hinter sich lässt, um dem Bereich des Gesetzes zu entkommen. Die Gnosis identifiziert Gesetz und Körperlichkeit miteinander. Wenn die Gnosis also den Konflikt mit dem Gesetz sucht, muss sie auch die eigene Körperlichkeit verlassen. Sie zerstört das Subjekt statt es zu retten, und zwar im Namen eines ätherischen Subjekts, das den Tod des körperlichen Subjekts nach sich zieht. Weil Jonas das körperliche Subjekt als letzte Instanz des Christentums nicht erkennt, entgeht ihm die Ursache für den Konflikt zwischen Christentum und Gnosis.

Erde. In dieser verfälschten Gestalt leistet der Text nahezu ausnahmslos allen Konterrevolutionen des Okzidents bis heute gute Dienste.

Aus diesem Veränderungsprozess geht ein Christentum hervor, das in seinem Inneren an zwei gegensätzlichen, ständig miteinander streitenden Lehren festhält. Damit entsteht eine Religion der Häresien. Diese Religion bewegt sich stets zwischen der Legitimation von Herrschaft und der Kritik an Herrschaft hin und her. Aus der Interpretation der Ursprünge ergeben sich gegensätzliche Positionen für die Gegenwart. Der Gott der Söhne Kains und der Gott Abrahams widersprechen einander innerhalb der gleichen Religion, wobei die Botschaft des rebellischen Subjekts ständig unter Häresieverdacht fällt.

Die Säkularisierungen seit dem 18. Jahrhundert bringen diese Auseinandersetzung nicht zum Verschwinden, aber verändern sie. Der Konflikt setzt sich in den säkularisierten Ideologien selbst fort, so dass auch sie wiederum – ebenso wie das Christentum – Häresien hervorrufen. Die Häretiker werden überall gleich behandelt, unabhängig davon, ob sie im Sozialismus oder im liberalistischen Kapitalismus auftreten. Die letzte Inquisitionswelle des modernen Liberalismus bildete der Staatsterrorismus der Diktaturen der Nationalen Sicherheit in Lateinamerika. Aber auch der kürzliche Krieg gegen Serbien hatte diesen Charakter.

Die Aufklärung, in der der heutige Liberalismus seine Wurzeln hat, versteht sich selbst als Wiederbelebung der griechisch-römischen Tradition. In gewissem Sinne hat sie recht. Wieder begräbt sie das Subjektsein des Menschen, aber ersetzt es jetzt durch den individuellen Eigentümer. Die Aufklärung hat also recht, insofern sie von neuem das Subjekt begräbt, das in der Philosophie der Renaissance (durch Nikolaus Cusanus, Rabelais, Francisco de Mirandola, Giordano Bruno, Leibniz, Pascal) wieder erweckt worden war. Die Aufklärung begräbt das Subjekt durch das Individuum, nicht durch die Polis und nicht durch den Kosmos der Stoa. Der Bezug auf die griechisch-römische Tradition dient als Vorwand, um das Subjektsein des Menschen erneut zu begraben. Die Negation des Subjektseins also führt zum liberalen Individualismus. Zweifellos entstehen beide Positionen, die der Renaissance wie die der Aufklärung, während des europäischen Mittelalters.

IV. Menschenrechte und kritische Prüfung der Institutionen

Das Problem der Vermittlung zwischen den beiden Polen Subjekt und Gesetz einerseits sowie zwischen antisakrifizieller und nicht-sakrifizieller Einstellung andererseits ist immer noch ungelöst. Der eine Pol kann den anderen nicht beseitigen. Wollte man das versuchen, stünde die Existenz der Menschheit selbst auf dem Spiel. In heutiger Sprache formuliert geht es um das Problem der Menschenrechte.

Die Menschenrechtserklärungen des 18. Jahrhunderts widersetzen sich sowohl dem damaligen Staat, den sie als despotisch verwerfen, als auch der mit diesem Staat identifizierten Kirche, die sie als dogmatisches System eines Einheitsdenkens verwerfen. Die Opposition artikuliert sich zugunsten der Zivilgesellschaft bzw. der bürgerlichen Gesellschaft.

Die Zivilgesellschaft ist ein Geflecht von Institutionen, das von der Institution des Privateigentums zusammengehalten wird. Daher ist für die Zivilgesellschaft das Recht auf Privateigentum das wichtigste Menschenrecht. Von diesem zentralen Recht her wird der Rang weiterer Menschenrechte bestimmt. Der Mensch zählt nur als Individuum. Das Individuum gilt als Mensch, insofern es mit dem Recht auf Privateigentum ausgestattet ist. Das Recht auf Privateigentum konstituiert den Menschen, auch wenn er kein Privateigentum besitzt.

Man erarbeitet weitere Rechte, die nicht Eigentumsrechte sind, wie das Recht auf körperliche Unversehrtheit der Person (nicht gefoltert oder willkürlich getötet zu werden). Aber auch die Rangordnung dieser Rechte wird durch das Privateigentum bestimmt, so dass diese Rechte regelmäßig an solchen Menschen verletzt werden, die sich nicht der Geltung des Privateigentums als oberstem Prinzip der auf Menschenrechten gründenden Gesellschaft unterordnen wollen.

Aus dieser Hierarchisierung der Menschenrechte geht die bürgerliche Gesellschaft mit ihren durch Menschenrechte geheiligten Institutionen hervor. Sie tritt an die Stelle der aus dem mittelalterlichen Feudalismus ererbten Gesellschaft mit ihren durch Natur- und Königsrecht geheiligten Institutionen. Zwar ersetzt die neue Gesellschaft die alte, aber beide gleichen sich durch ihre geheiligten Institutionen, die jeweils nur von anderen Prinzipien sakralisiert werden. Deshalb befreit die bürgerliche Gesellschaft nicht von der Sakralisierung der

Institutionen, sondern kerkert die Freiheit wieder durch andere Institutionen ein. Sogar Max Weber kennzeichnet diese Gesellschaft als „stählernes Gehäuse".

Wie sehr der Mensch durch das Recht auf Privateigentum reduziert wird, erkennen wir noch deutlicher, wenn wir die Reduktion negativ formulieren. Positiv formuliert lautet die Reduktion: Der Mensch ist ausschließlich Individuum mit dem Recht auf Privateigentum, so dass alle seine Rechte diesem Recht auf Privateigentum untergeordnet und von ihm in ihrem Rang bestimmt werden. Negativ formuliert lautet die Reduktion: Der Mensch hat kein Recht eine Gesellschaft anzustreben oder zu realisieren, in der das Recht auf Privateigentum nicht das wichtigste Recht ist, das alle anderen Rechte sich unterordnet und in ihrem Rang bestimmt. Man zwingt dem Menschen das Recht auf, in einer bürgerlichen Gesellschaft zu leben. Dessen Kehrseite besteht darin, dass man ihm jegliches Recht nimmt, in einer Gesellschaft zu leben, die nicht die bürgerliche Gesellschaft ist. Wer nach einer Gesellschaft strebt, die nicht bürgerlich ist, dem werden selbst die Menschenrechte verwehrt. Die Opposition gegen die bürgerliche Gesellschaft wird als Opposition gegen die Menschenrechte selbst interpretiert. Daher deutet man jede Opposition gegen die bürgerliche Gesellschaft als Verzicht auf die Inanspruchnahme der Menschenrechte. Im Namen der Menschenrechte des 18. Jahrhunderts werden alle Opponenten zu absoluten Feinden gemacht, die die Menschenrechte der sakralisierten bürgerlichen Gesellschaft nicht in Anspruch nehmen können.

Daraus ergibt sich, dass die bürgerliche Gesellschaft weder anderen Kulturen noch Oppositionsbewegungen gegenüber tolerant sein kann. In bestimmten Fällen lässt man eine gewisse Toleranz gelten. Da diese Toleranz aber im Widerspruch zu den eigenen Prinzipien steht, kann sie jederzeit wieder mit vollem Recht suspendiert werden.

Mit dieser Einstellung reproduziert die bürgerliche Gesellschaft selbst den Despotismus und die Intoleranz der feudalen Gesellschaft, gegen die sie sich einst erhob. Der Kolonialismus, der die nicht-bürgerlichen Kulturen zerstört, Genozide und Ethnozide in aller Welt, Zwangsarbeit in den Jahrhunderten liberaler Sklaverei, die Guillotine der französischen Revolution und das Massaker an der Kommune von Paris – all das muss zusammen gesehen werden und belegt den Despotismus und die Intoleranz der bürgerlichen Kultur. Die Menschenrechtserklärungen des 18. Jahrhunderts formulieren den Despotismus und die Intoleranz auf eindrucksvolle Weise.

Heutzutage werden die Menschenrechte, wie sie in den Erklärungen des 18. Jahrhunderts niedergelegt sind, durch das Projekt der globalen Kapitalakkumulation mit noch brutaleren Mitteln gewaltsam durchgesetzt. Die Theorien des „public choice" in den USA behandeln das Recht auf Eigentum nicht mehr nur als ein Recht, das den Rang aller anderen Menschenrechte definiert, sondern tolerieren ausschließlich solche Menschenrechte, die unmittelbar aus dem Eigentumsrecht abgeleitet sind. Die Rechte auf körperliche Unversehrtheit werden darauf reduziert, das Recht auf Eigentum über einen Körper zu haben. Die staatsbürgerlichen Rechte werden nur noch als Recht auf Eigentum an der Machtausübung auf einem nationalen Territorium interpretiert.

Begleitet wird diese Reduktion aller Menschenrechte auf das Recht einer sakralisierten Institution durch das Auftreten der Unternehmen als machtvolle Privatbürokratien. Sie treiben die Politik der globalen Kapitalakkumulation voran. Ihre Macht kontrolliert niemand, sie aber haben die Kontrolle der Öffentlichkeit in der Hand. Sie unterliegen keiner demokratischen Abstimmung, aber diktieren die Politik, die von den Regierungen auszuführen ist. So marginalisieren sie die Staatsbürger. Die Privatbürokratien der Unternehmen bestimmen ohne nennenswertes Gegengewicht über die wichtigsten Kommunikationsmedien und zerstören die Natur nach purem Machtkalkül. Sie unterwerfen alle Welt einem zugleich dogmatischen und tautologischen Einheitsdenken.

Diese absolute Macht ist zugleich despotisch und dogmatisch. Heute wird sichtbar, dass die Aufklärung des 18. Jahrhunderts schließlich selbst zu der Reproduktion der despotischen und dogmatischen Macht führt, gegen die sie sich einst erhob und ihre Revolutionen richtete. Ausgerechnet die bürgerliche Zivilgesellschaft hat diese Macht geschaffen.

Die despotische und dogmatische Macht wird legitimiert durch die Menschenrechte, die in den Erklärungen des 18. Jahrhunderts niedergelegt sind.[12] Diese Rechte haben diesen Machttypus hervorgebracht.

---

[12] Dies unterscheidet die Menschenrechtserklärung der UNO von den Menschenrechtserklärungen des 18. Jahrhunderts. Die UNO-Erklärung enthält Menschen-

KAPITEL VIII

Im Namen der Freiheit wird die Freiheit unterdrückt, und im Namen der Menschenrechte werden die Menschenrechte annulliert.

Der Grund für diese Umkehrung ist darin zu erkennen, dass diese Menschenrechts-Erklärungen von Institutionen behaupten, sie realisierten die Menschenrechte. Wenn Menschenrechte und Institutionen miteinander identifiziert werden, geraten die Menschenrechte selbst in einen Widerspruch und werden schließlich eliminiert. Sobald Institutionen Menschenrechte haben, kommen sie den Menschen abhanden. Verabsolutierte Institutionen ersetzen dann schließlich die Menschen. Die Institutionen werden zu alleinigen Trägern der Menschenrechte, so dass die Menschen nur dann Rechte haben, wenn sie sich mit diesen Institutionen identifizieren. Dadurch werden die Menschenrechte aufgelöst. Der Mensch selbst ist dann nur noch ein Individuum, das seine Rechte von der Institution erhält, und zwar nur in dem Maße, wie es sich damit begnügt, die Institution zu erhalten.

Heutzutage ist diese absolute Institution letztlich der Markt, wie ihn die privaten Bürokratien global vorantreiben. Diese Bürokratien begründen ihre despotische Macht mit den Menschenrechten. Deshalb werfen sie all jenen, die dem widersprechen, Ablehnung der Menschenrechte vor. Weil die Privatbürokratien sich direkt aus der Formulierung der Menschenrechte selbst ableiten, gilt jeder Widerspruch als illegitim. Weltweit können sie dieses Denken zugunsten ihrer Macht durchsetzen, weil sie die Kommunikationsmedien und damit die menschliche Kultur unter ihrer Kontrolle haben. Die Privatbürokratien haben sich zur großen Walze der Gleichmacherei aller Menschen entwickelt.

Die Moderne und die Aufklärung, die einmal als Emanzipation des Menschen begannen, sind gescheitert. Die Emanzipation mündet in vollkommener Abhängigkeit des Menschen.

---

rechte, die Rechte des Menschen und daher nicht einfach Rechte von Institutionen sind. Dies bezieht sich insbesondere auf die dort garantierten Rechte auf menschliche Bedürfnisbefriedigung. Dies sind Rechte des Menschen, die den Institutionen gegenüber gelten. Es handelt sich gleichzeitig um Rechte, die durch die heutige Strategie der Globalisierung wieder annulliert werden. Die heute herrschende Auffassung der Menschenrechte hat diese erneut im Sinne der Menschenrechtserklärungen des 18. Jahrhunderts reduziert.

DIE REBELLION AUF DER ERDE UND DIE REBELLION IM HIMMEL

Der Mythos des unbegrenzten Wachstums und seine Transformation in eine innerweltliche Religion: Aufhebung und Wiedererrichtung des Himmels

Die Aufklärung und die bürgerlichen Revolutionen betreiben keine Rebellion im Himmel, sondern beseitigen ihn. Sie ersetzen ihn und verwenden ihn damit in anderer Gestalt. An die Stelle des jenseitigen religiösen Himmels führen sie den unendlichen Fortschritt ein, der sich aus der Allianz von Unternehmen und Technologie, von Fabrik und Labor ergibt. Sie entwickeln eine innerweltliche Religion, die den unendlichen Fortschritt zu ihrem Gründungsmythos macht. Der quantitativ unendliche Charakter des Fortschritts wird nun zum innerweltlichen Himmel. Diese dem menschlichen Leben äußerliche Transzendenz erzwingt eine angespannte Ausrichtung auf die Zukunft, die keine Rast mehr gestattet. Sie funktioniert wie eine Peitsche. Diese äußere Transzendenz bleibt vollkommen innerweltlich, insofern sie die gegenwärtige technische Entwicklung ganz einfach ins Unendliche projiziert. Aufklärung und bürgerliche Revolutionen setzen den Himmel der traditionellen Religionen ab und stattdessen ihren eigenen Himmel des unendlichen Fortschritts ein. Sie bauen einen Turm, der diesmal tatsächlich bis zum Himmel dieser Unendlichkeit reicht.

Der unendliche Fortschritt ist nicht nur ein Mythos, sondern auch eine Illusion. Hier haben wir den mythischen Kern der Moderne. In der okzidentalen Gesellschaft beseitigt dieser Mythos die Religionen nicht. Aber sie haben keine Bedeutung mehr für die Gestaltung der Gesellschaft. Der Mythos vom unendlichen Fortschritt wird zum Wahrheitskriterium für alle Religionen. Der Gott des unendlichen Fortschritts ersetzt alle früheren Götter. Diese behalten zwar ihre Namen, werden aber trotzdem in diesen neuen Gott verwandelt, der viel eifersüchtiger ist, als alle anderen je waren.[13]

Der Wert der traditionellen Religionen bemisst sich jetzt nach ihrer Fähigkeit, als Vehikel für den Fortschrittsmythos bei der Allianz zwischen Unternehmen und Technologie zu dienen. Die traditionellen Religionen werden nach ihrer Fähigkeit klassifiziert, den Kapitalismus voranzubringen oder nicht. Max Webers Buch über die Protestantische Ethik etabliert dieses Kriterium, mit dessen Hilfe man den Wert

---

[13] Ein Extremfall von Theologie für den Gott des unbegrenzten Wachstums scheint mir Tipler, Frank J., The Physics of Immortality, New York 1994.

dieser oder jener Religion prüft. Über ihre Wertigkeit entscheidet, was sie zur „Entwicklung" beiträgt. Entwicklung aber bedeutet nichts anderes als Integration in jene Gesellschaft, die sich am Mythos des unendlichen, durch die Allianz von Unternehmen und Technologie gesicherten Fortschritts orientiert. Alle Religionen werden unterschiedlichen Rangstufen zugeordnet. An der Spitze steht der calvinistische Puritanismus gefolgt vom Konfuzianismus. Danach kommen die Religionen, welche die „Entwicklung" ein wenig verzögern und deshalb immer mehr der unanfechtbaren Wahrheit der Gesellschaft angenähert werden müssen. Dazu gehören der Katholizismus, die russische Orthodoxie und schließlich auch der Islam. Dann folgen die Religionen, die mit der Wahrheit des unendlichen Fortschritts überhaupt nicht mehr kompatibel sind, wie die Religionen der UreinwohnerInnen in Lateinamerika oder die ursprünglichen Religionen Afrikas. Diese Hierarchisierung wird verquickt mit Verurteilungen von einzelnen Strömungen innerhalb dieser Religionen, wie z. B. von Theologien der Befreiung. Man behauptet von ihnen nicht nur, sie „bedrohen die Sicherheit der USA", sondern sie bedrohen die Hauptreligion unserer Zeit, die innerweltliche Religion des unendlichen Fortschritts. Auf dem Religionsmarkt findet so etwas wie ein Schönheitswettbewerb statt: die traditionellen Religionen defilieren und der religiöse Mythos des unendlichen Fortschritts entscheidet als Schiedsrichter.

Der Bedeutungsverlust tangiert alle traditionellen Religionen, aber sie werden noch mehr untergraben, je stärker sie sich dem Wahrheitskriterium der Religion des unendlichen Fortschritts unterwerfen. Dann haben sie keinen Bestand mehr. Um nicht unterzugehen, nehmen sie daher blind fundamentalistische und häufig höchst aggressive Positionen ein. Diesen Fundamentalismus finden wir in allen Religionen. Er tritt als christlicher Fundamentalismus in den USA auf, erscheint in verschiedener Gestalt im Islam, im Judentum und auch im Vatikan. Überall treffen wir auf Talibane, die sich gegenseitig bekämpfen.

Aber die Religion, die dem Mythos des unendlichen Fortschritts folgt und alle traditionellen Religionen niedermacht, durchläuft zugleich selbst eine tiefe Krise. Ihr zutiefst illusorischer Charakter wird erkennbar an den globalen Bedrohungen der Umweltzerstörung und der Exklusion von Menschen, die sich aus der strikten Befolgung des

Mythos ergeben. Zumindest der Bericht des Club von Rom „Die Grenzen des Wachstums" zerbricht den Mythos und entzieht ihm die Legitimation. Aber auf diese Krise der Legitimität reagiert man nicht mit der Neuformulierung einer vernünftigen Politik. Vielmehr verfällt die Moderne selbst einem neoliberalen Fundamentalismus, der ebenso blind und aggressiv, aber weitaus machtvoller agiert als die Fundamentalismen der traditionellen Religionen. Jetzt treten die Talibane des Weltwährungsfonds und der G-7-Konferenzen auf. Die Einsicht in die Gefahren des Wachstums und folglich auch des Mythos vom unendlichen Fortschritt fördert also keine gemäßigte Periode. Stattdessen beschleunigt man die destruktiven Tendenzen des Systems und verstärkt die Beschleunigung noch mehr nach dem Zusammenbruch des historischen Sozialismus.

Die Zerstörung der Buddhastatuen in Afghanistan durch die Taliban ist in dieser Hinsicht sehr instruktiv. Eindeutig handelt es sich hier um einen Akt der Barbarei, der vom Fundamentalismus der Taliban verursacht worden ist. Aber dieser barbarische Akt erinnert an einen ähnlichen Akt vor einer Reihe von Jahren: nämlich an den Bau des Assuanstaudammes in Ägypten während der sechziger Jahre des vergangenen Jahrhunderts. Bei diesem Bau wurden ebenfalls gigantische Denkmäler zerstört, welche die ägyptische Kultur vor mehr als dreitausend Jahren geschaffen hatte. Die zur damaligen Zeit in den Tageszeitungen veröffentlichten Fotos dieser Skulpturen hatten große Ähnlichkeit mit den Fotos von den Buddhaskulpturen in Afghanistan kurz vor ihrer Zerstörung. Beide Male geht es um fundamentalistische Akte der Barbarei. Aber die Zerstörung von Assuan betrachtete man als legitim, während man die Zerstörung von Afghanistan für illegitim erklärt. Kaum jemand wagte es, die Barbarei der Talibane von Assuan anzugreifen, weil der Mythos vom unendlichen Fortschritt absolute Wahrheit beanspruchte und jegliche Kritik zum Schweigen brachte. Die Taliban von Afghanistan mit ihrer absoluten Wahrheit dagegen werden lauthals verurteilt. Beide Taliban-Gruppen jedoch sind von gleichem Kaliber. Und die Talibane von Assuan haben auch heute noch freies Spiel, um zu zerstören, was ihnen in den Sinn kommt, ob Kulturen, Menschen oder die Natur, – wenn es nur dazu dient, in der Anwendung rentabler Technologien voranzukommen.

Die Kulturen, die der Okzident zerstört hat, waren höchst entwickelte, wenn auch nicht moderne Gesellschaften und Kulturen. Die amerikanischen Kulturen in Mexiko und Cuzco, die Kulturen Chinas und Indiens, die arabische Kultur und die Kultur des europäischen Mittelalters hatten große Bedeutung. Der Okzident hat sie ohne jede Toleranz und erbarmungslos zerstört. Ihm galten sie als bedeutungslos, weil sie keine modernen Kulturen waren. Die Menschen selbst werden ausgeschlossen und auf den Müll geworfen. Die sogenannten „humanitären Interventionen" radieren ganze Länder aus. Auch Naturschönheiten werden zerstört. Mururoa im Pazifik wird von Atombombentests vernichtet, Vieques in Puerto Rico täglich von der Luftwaffe der USA bombardiert. Das Amazonasgebiet und der Himalaja werden abgeholzt, Quellen und Brunnen vergiftet, die Luft verpestet. In Costa Rica geschieht heute das gleiche bei den Bohrungen nach Ölvorkommen. Die Schönheiten des Landes werden dem Meistbietenden überlassen, damit er sie zugunsten des unendlichen Fortschritts ausbeute. So geht es in ganz Zentralamerika.[14] Wo nur irgendetwas dem Wirtschaftswachstum oder der Nationalen Sicherheit dienen kann, zerstört die Moderne, was ihr entgegenkommt: Menschen, Kulturen, Natur. Die Talibane der Moderne erscheinen gefährlicher als jeder andere Taliban.

Wir erleben den großen Totentanz der Talibane aller Schattierungen. Der Wahnsinn hat sogar die Rinder erfasst. Auch die Rinder werden wahnsinnig. Wir haben heute die Aufgabe, die ganze, von der okzidentalen Moderne verwüstete Welt wieder aufzubauen.

Die heutige Emanzipation des Menschen

Unsere Feststellung, dass das Projekt der Aufklärung des 18. Jahrhunderts gescheitert ist, bedeutet nicht, dass wir damit auch die Emanzipation des Menschen verabschieden müssen. Aber die Feststellung macht uns darauf aufmerksam, dass wir das Projekt völlig neu zu entwerfen haben. Die gescheiterte Emanzipation der Aufklärung entzog das private Handeln der öffentlichen Kontrolle, führte zur bürgerlichen Gesellschaft und machte weltweit die Durchsetzung des ihr ent-

---

[14] Vgl.: Petroleras en accion, selva en destruccion, Oliwatch Mesoamerica y Panama, Juni 2000.

sprechenden Kapitalismus möglich. Das private Handeln der Individuen verwandelte sich in die Errichtung von Privatbürokratien mit absoluter Macht. Sie bemächtigten sich der Menschenrechte, um sich zu legitimieren, sich als despotische Mächte über alle anderen Machtpositionen zu erheben und den Lehrstuhl für weltweites Einheitsdenken zu errichten, von dem aus unser Denken heute beherrscht wird.

Wir müssen auf diesen Prozess reagieren, können es aber nur im Rückgriff auf die Menschenrechte selbst tun. Daher brauchen wir eine Kritik an den in den Erklärungen des 18. Jahrhunderts formulierten Menschenrechten. Wenn wir die Entwicklung und die Gründe für das Scheitern der Emanzipation des Menschen im Kontext der Menschenrechte berücksichtigen, entdecken wir zwangsläufig den Kernpunkt dieser Kritik, die wir nicht länger aufschieben dürfen. Der Kernpunkt besteht in der grundlegenden Feststellung, dass Institutionen, welcher Art sie auch immer sein mögen, niemals Menschenrechte haben und niemals durch Menschenrechte legitimiert werden können. Institutionen sind niemals objektivierte Menschenrechte.

Das 18. Jahrhundert bestritt, dass die Könige und Trägerinstitutionen der mittelalterlichen Feudalgesellschaft sich auf ein Naturrecht bzw. substanzielles Recht berufen können. Aber ihm gelang es nicht, Menschenrechte im buchstäblichen Sinn des Wortes, also Rechte für den Menschen zu formulieren. Stattdessen machte es wieder Institutionen zu Trägern von Menschenrechten und damit zu Repräsentanten der Legitimität und schrieb ihnen substanzielle Geltung zu, zum Beispiel dem Markt als zentraler Institution. Das Naturrecht der Könige ging über in das Naturrecht von Privatbürokratien. Dahin hat die Rebellion des Individuums geführt. Es wurde von seinen eigenen Wirkungen erschlagen.

Jetzt geht es darum, den Institutionen die Menschenrechte zu bestreiten. Keine Institution kann durch irgendein Menschenrecht legitimiert werden. Menschenrechte müssen endlich als Rechte für Menschen begriffen werden, die auf Institutionen nicht übertragbar sind. Keine Institution kann irgendein Menschenrecht ersetzen. Heute reicht die Rebellion des Individuums nicht mehr aus, vielmehr geht es um eine Rebellion des Menschen als Subjekt. Keine anderen Institutionen sollen durch andere Menschenrechte sakralisiert werden, sondern die Beziehung zu den Institutionen als solche ist zu verändern.

KAPITEL VIII

Wenn Menschenrechte keine Rechte von Institutionen sein können, dann muss man bei der Formulierung von Menschenrechten darauf verzichten, Institutionen als menschenrechtsgemäß zu definieren. Institutionen können sich stets nur als Konsequenzen aus Menschenrechten ergeben, anderenfalls werden Menschenrechte in einem simplen *circulus vitiosus* als Institutionen definiert. Solange Menschenrechte Rechte von Institutionen sind, definieren die Institutionen, was Menschenrechte sind, und nicht die Menschen. Wenn das Recht auf Privateigentum ein Menschenrecht ist, definiert das Privateigentum die Menschenrechte und nicht der Mensch. Das gilt für jede Art von Institution. Hier geht es eindeutig um eine *petitio principii*.

Wenn wir also vermeiden wollen, dass Institutionen über Menschenrechte entscheiden, dann müssen die Menschenrechte solche Rechte sein, die dem Menschen unabhängig von den Institutionen zustehen, innerhalb derer er lebt. Die Menschenrechte beschreiben keine Institutionen, sondern formulieren Forderungen gegenüber den Institutionen. Menschenrechte sind Kriterien zur kritischen Prüfung von Institutionen, und zwar ohne jede Ausnahme. Menschenrechte haben Vorrang vor jedem Institutionalisierungsprozess.

Menschenrechte sind die Rechte des menschlichen Lebens im weitesten Sinn des Wortes. Das menschliche Leben gründet auf dem Recht, am natürlichen Kreislauf des menschlichen Lebens teilzuhaben. Es genügt also nicht, in den Kreislauf des Lebens überhaupt integriert zu sein, von dem jedes lebendige körperliche Wesen abhängt. Es geht insbesondere um den natürlichen Kreislauf des menschlichen Lebens, das selbstverständlich die dem Menschen äußerliche Natur voraussetzt. Auf die Bewahrung dieser Natur muss das Lebensrecht des Menschen ausgeweitet werden, so dass die Natur im Hinblick auf das Leben des Menschen ebenfalls ein Lebensrecht besitzt.

Diese Integration in den natürlichen Kreislauf des menschlichen Lebens ist spezifisch menschlich: Menschlich essen, menschlich bekleidet sein, menschlich ausgebildet werden. Daher ist jegliche Integration in den natürlichen Kreislauf des menschlichen Lebens zugleich eine kulturelle Tat. Sie setzt die Freiheit des Menschen voraus. Sie impliziert also auch Freiheiten, die nicht unmittelbar aus dem natürlichen Kreislauf des Lebens aller lebendigen Wesen abgeleitet werden können, wie zum Beispiel die Freiheit der Meinungsäußerung, die Freiheit der aktiven Mitwirkung für das gemeinsame Wohl, die Bewegungsfreiheit. Ohne diese Freiheiten kann die Integration in den natürlichen Kreislauf des menschlichen Lebens nicht gelingen. Im Gefängnis mag es die Integration in den natürlichen Kreislauf des Lebens geben, aber dabei handelt es sich um eine nicht menschengerechte Integration. Nur durch das Gesamt solcher Rechte kann der Mensch sich als Subjekt selbst bestimmen. Diese Selbstbestimmung ist ohne die Selbstbestimmung der anderen nicht zu haben.

Die hier genannten Menschenrechte gelten diesseits und jenseits ihrer Institutionalisierungen. Es gibt kein vorgängiges Prinzip, das die Menschenrechte legitimiert. Wenn der Sinn des Lebens darin besteht, das Leben zu leben, dann bringen die Menschenrechte nur diesen Sinn zum Ausdruck.

Aber damit ist noch nicht gesagt, in welcher Beziehung die Menschenrechte zur *conditio humana* stehen. Die Menschenrechte gehen der *conditio humana* voraus und folgen ihr. Aber die *conditio humana* zwingt dazu, einen Prozess der Institutionalisierung zu durchlaufen, der es möglich macht, die Menschenrechte in der Realität des Lebens zu erfahren. Sie ist kein Gesetz, sondern setzt dem menschlichen Leben die Bedingung, dass es sich nur durch Gesetze in der Realität bewegen kann. Institutionen lassen sich zur Vermittlung der Menschenrechte also nicht vermeiden, aber keine spezifische Institution kann sich aus den Menschenrechten herleiten.

Folglich können Menschenrechte, weil sie Vorrang vor jeder Institutionalisierung haben, nur als Kriterien zur kritischen Prüfung der Institutionen gelten. Sie können niemals unmittelbar verwirklicht werden, das heißt durch direktes Handeln. Sie müssen stets institutionalisiert und zugleich im Konflikt mit den Institutionen gerettet werden.

Jede Institutionalisierung bedeutet Negation, niemals Realisierung der Menschenrechte. Institutionen sind Autoritäten, Menschenrechte aber schaffen Freiheit gegenüber jeder Autorität. Die Geltung von Menschenrechten muss sich jedoch stets auf Gesetzesverfahren (Legalität) stützen. Daher sind die Menschenrechte nur durch einen ständigen Konflikt mit den Institutionen in ihrer Eigenständigkeit zu bewahren. Institutionen sind niemals identisch mit Freiheit. Es gibt keine freien Institutionen. Aber sich die Freiheit gegenüber den Institutionen zu bewahren, ist möglich.

Es ist Menschenrecht, freien Zugang zu den irdischen Gütern zu haben. Darin gründet das Menschenrecht, dem gemäß alle irdischen

Güter zur Sicherung der menschlichen Grundbedürfnisse bestimmt sind. Aber das Menschenrecht auf freien Zugang zu den irdischen Gütern muss in einer Eigentumsverfassung institutionalisiert werden. Das Eigentumsrecht jedoch negiert zwangsläufig das Menschenrecht auf freien Zugang zu den irdischen Gütern. Daraus entsteht die Notwendigkeit, das System des Eigentumsrechtes kritisch zu prüfen, damit es sich „so weit wie möglich" dem Menschenrecht auf die universale Bestimmung aller irdischen Güter annähere. Das Phänomen der Exklusion von Menschen gibt klar zu erkennen, dass wir es gegenwärtig mit einem Eigentumsrecht zu tun haben, das mit den Menschenrechten nicht in Einklang zu bringen ist. Wenn aber das geltende System des Eigentumsrechts durch ein vermeintliches Menschenrecht auf Privateigentum legitimiert wird, dann bestreitet man im Namen vermeintlicher Menschenrechte die Rechte der Menschen.

All unsere institutionalisierten Rechte, die ständig mit den Menschenrechten verwechselt werden, haben Menschenrechte zur Grundlage. Diese verlangen den institutionalisierten Rechten ab, sie „so weit wie möglich" zu respektieren. Im Licht der Menschenrechte können und müssen die institutionalisierten Rechte kritisch geprüft werden, etwa solche Rechte wie das Recht auf Pressefreiheit, das Wahlrecht, das Staatsbürgerrecht. Diese sind keine Menschenrechte. Sie haben vielmehr die Menschenrechte auf freie Meinungsäußerung und freien Zugang zur Information sowie die Rechte auf Teilhabe am gesellschaftlichen Leben zur Grundlage. Im Licht dieser Menschenrechte sind die institutionalisierten Rechte zu prüfen. Unterwirft man die institutionalisierten Rechte einer solchen Prüfung nicht, dann entwickeln sie sich zu Transmissionsriemen von Autoritarismus, Despotismus und Dogmatismus des Einheitsdenkens.

Deshalb überragt die erwähnten Menschenrechte noch ein weiteres Menschenrecht, in dem sich die Forderung zur Respektierung aller Menschenrechte zusammenfassen lässt: Es ist das Recht auf Überprüfung der Institutionen im Licht der Menschenrechte. Biblisch gesprochen handelt es sich um die Erkenntnis: Der Mensch ist nicht für den Sabbat da, sondern der Sabbat für den Menschen. Diese Erkenntnis ist die Bedingung der Möglichkeit, die Menschenrechte überhaupt zu respektieren. Alle Institutionen müssen diesem Kriterium unterstellt werden.

Die Institutionen und folglich alle Gesetze kritisch zu überprüfen, macht das rebellische Handeln des Subjekts aus. Als Subjekt verlangt der Mensch nach Freiheit, die Menschenrechte artikulieren diesen Anspruch. Daher hat die Forderung nach kritischer Prüfung der Institutionen nichts anderes im Sinn, als die Subjektivität der Gesellschaft zu reklamieren.

V. Die historische Bedeutung des Christentums

Das Christentum bewirkt in der Tat einen tiefen Einschnitt in der Geschichte der Menschen, der bis heute die okzidentale Gesellschaft entscheidend prägt. Diese Wirkung geht von seiner Herkunft aus. Es hat seine Herkunft im Ja zum Leben durch ein entschiedenes Nein zum Töten. Das Ja zum Leben macht den Menschen zum Subjekt. Das Nein zum Töten wird zum Ursprung für das Nein zum Menschenopfer, das zugleich ein Nein zum Opfer der dem Menschen äußerlichen Natur darstellt. Insofern jedes Opfer der Erfüllung eines Gesetzes dient, stehen Subjekt und Gesetz einander gegenüber.

Durch das Christentum tritt das Nein zum Menschenopfer in der menschlichen Geschichte nicht zum ersten Mal in Erscheinung. Das Nein zum Menschopfer hat seine tiefen Wurzeln ebenso in den östlichen Kulturen, wo insbesondere der Buddhismus aus ihm eine großartige Kultur entwickelt hat. Das Nein zum Menschenopfer ist sogar in der aztekischen Kultur zu finden, wird aber zum Verschwinden gebracht, als die christliche Eroberung diese Kultur vernichtet.

Das aus der jüdischen Tradition übernommene christliche Nein zum Menschenopfer, die nicht-sakrifizielle Haltung weist ein besonderes Charakteristikum auf, das dem Christentum die Errichtung des Okzidents ermöglichte. Die nicht-sakrifizielle Einstellung des Christentums strebt danach, das Zusammenleben in allen menschlichen Beziehungen und in der gesamten Gesellschaft aktiv so zu umzuformen, dass menschliches Leben ohne Menschenopfer bejaht werden kann. Hierin unterscheidet sich das nicht-sakrifizielle Christentum wesentlich vom Buddhismus. Dieser sucht die Lösung durch Weltflucht. Allerdings nicht, weil er den Körper verachtet. Der Buddhismus hat vielmehr große Achtung vor dem körperlichen Dasein. Sondern es ist das Ereignis des Karma, das die Körperlichkeit des Menschen durchzieht und das dem Menschen keinen anderen Ausweg als die Weltflucht lässt. Ausgangspunkt des Buddhismus ist die Innerlichkeit des körperlichen Lebens selbst. Keine andere Kultur hat es so vermocht wie die Kultur des Buddhismus, die praktische Kenntnis dieser Innerlichkeit so weit zu entwickeln.

Im griechischen Denken begegnet uns dagegen der Leib-Seele-Dualismus, der die Befreiung der Seele durch Befreiung vom Körper anstrebt. Indem die Seele den Körper verlässt, wird sie frei. Dieser Dualismus entspricht dem Denken in abstrakten Begriffen, aber er macht unfähig, eine kritische Einstellung zum Menschenopfer zu entwickeln. Dass die Befreiung auch den Körper selbst einbezieht, ist undenkbar. Die körperliche Seite der Existenz spielt keine Rolle für das Rechtssystem. Die Schönheit mag den Körper betreffen, aber nicht die Gerechtigkeit. Körperlich existiert eine große Handlungsfreiheit, aber nicht, weil man den Körper schätzt, sondern weil er für die Befreiung unwichtig ist und der Libertinage Raum lässt.

Das Christentum hält wegen seiner jüdischen Tradition daran fest, dass Gerechtigkeit körperlich erfahrbar werden muss. Als es sich von der jüdischen Religion trennt und als Universalreligion konstituiert, entwickelt es in seinem Denken auch die Vorstellung von einer universalen nicht-sakrifiziellen Einstellung. Es sagt überall Ja zum Leben durch das Nein zum Töten. Daher dürfen nirgendwo mehr Menschenopfer praktiziert werden. Das Christentum entwickelt die Idee von einer Menschheit, die jede Art von Opfer, also auch alle Menschenopfer hinter sich gelassen hat. Diese Idee formuliert es in der Vorstellung vom Reich Gottes. Das Reich Gottes gehört nicht zum „Jenseits", sondern ist kritischer Anspruch im Diesseits. Die ganze Menschheit soll zum Reich Gottes werden. Das Reich Gottes ist schon da, wird aber immer noch unterdrückt. Die Gestalt des Reiches Gottes beschreibt eine Transzendenz im Innern der Welt.

Das Christentum begreift sich am Anfang als eine nicht-sakrifizielle Bewegung, die die Welt verändern will. Die christlichen Gemeinden leben diese Veränderung bereits – sie wollen gemeinsam das Reich Gottes gegenwärtig machen –, aber sie erwarten, dass erst bei der Wiederkunft Christi das Reich Gottes überall verwirklicht wird.

Dieses Christentum verhält sich höchst friedfertig. Es strebt die Veränderung der Welt dadurch an, dass es die Bevölkerung des Imperiums zur Umkehr bringt. Damit weist es – trotz seiner weltverändernden Tendenz – viele Ähnlichkeiten zum Buddhismus und zum Taoismus auf.

Schon bald aber wandelt sich das Christentum zur aggressivsten Religion der Geschichte. In dieser Gestalt ist und bleibt es der Ausgangspunkt für die Gesellschaft der Moderne, der aggressivsten Gesellschaft der Geschichte. Durch das gewandelte Christentum wird Aggressivität transzendentalisiert. Die Umformung des Christentums selbst geschieht ausgerechnet durch seinen nicht-sakrifiziellen Kern, nämlich durch sein Nein zu jedem Menschenopfer. Dieses Nein wird umgeformt in eine aktive Gegnerschaft gegen jedes Menschenopfer, in eine antisakrifizielle Einstellung. Diese kann sogar den Mord als kategorischen Imperativ interpretieren. Das Nein zum Menschenopfer – also die Vorstellung von einer Welt ohne Menschenopfer – verwandelt sich in ein Ziel, das die menschliche Aggressivität anstachelt. Aggressiv werden all jene verfolgt, die immer noch Menschenopfer darbringen. Die gewaltsame Bekehrung ersetzt die friedfertige Bekehrung. Aber selbst in der gewaltsamen Bekehrung gilt im Kern immer noch das Projekt, menschliche Verhältnisse ohne Menschenopfer anzustreben. Dieses Projekt jedoch entwickelt sich zum Motor einer Verfolgung, der alle Nicht-Christen ausgesetzt werden, weil man sie als solche betrachtet, die Menschenleben opfern. Sie müssen gewaltsam niedergeschlagen werden, damit der Friede entstehen kann, in dem menschliche Verhältnisse ohne Menschenopfer gesichert sind.

Das so verstandene Christentum baut das Imperium mit auf. Das Imperium selbst nimmt dieses Christentum mit offenen Armen auf und fördert es, weil es in ihm eine völlig neue und bis dahin in der Geschichte einzigartige Quelle für seine Macht entdeckt. Ein klares Indiz für die Umgestaltung des Christentums ergibt sich aus dem Aufkommen des Antisemitismus im 4. Jahrhundert. Der Antisemitismus ist die Kehrseite des christlichen Imperiums. Als erste werden die Juden umgebracht, damit es keine Morde mehr gebe.

Die Ermordung der Juden wird durch einen perversen Mythos gerechtfertigt: Wenn die Juden Christus als ihren Messias anerkannt hätten, wäre das Reich Gottes bereits überall auf der Erde verwirklicht. Dass dies nicht geschah, ist die Schuld der Juden. Folglich haben sie auch die Schuld dafür, dass wir in einer Gesellschaft leben, die

KAPITEL VIII

dem Reich Gottes widerspricht. Ein solcher Antisemitismus strebt aber immer noch die Bekehrung der Juden an. Er will die Juden zum Christentum bekehren, denn das Reich Gottes kommt erst, wenn sie bekehrt sind. Diese Bekehrung betreibt der christliche Antisemitismus mit Feuer und Schwert.

Die aktive Gegnerschaft gegen jedes Menschenopfer, die antisakrifizielle Bewegung ist ein Antiutopismus zugunsten einer großen Utopie. Die antisakrifizielle Bewegung betrachtet all ihre Feinde als solche, die Menschenopfer darbringen. Weil sie falschen Utopien nachlaufen, müssen sie niedergeschlagen werden, damit die große Utopie von menschlichen Verhältnissen ohne Menschenopfer Wirklichkeit werden kann. Auf diese Weise wird jedes Massaker sakralisiert, als Gebot eines kategorischen Imperativs interpretiert und zur humanitären Intervention umgedeutet. Durch diese aktive, aber opferbereite Gegnerschaft gegen alle Menschenopfer, durch diesen Anti-Sakrifizialismus leben die Menschenopfer wieder auf, werden als solche aber nicht mehr wahrgenommen, obwohl sie ihren sakralen Charakter beibehalten.

Als Ideologie des Imperiums ist das antisakrifizielle Christentum jeder früheren Ideologie des *Imperium Romanum* weit überlegen. Daher versteht man, warum das Imperium diesen Typ des Christentums schätzt und fördert. Aktive, aber opferbereite Gegnerschaft gegen alle Menschenopfer ist nur ein anderer Name für eine Macht ohne alle Grenzen. Eben dieser Sieg des Christentums führt zu seiner Niederlage.

Sobald das christliche Imperium etabliert ist, braucht man den Anti-Sakrifizialismus christlicher Herkunft nicht mehr. Er diente nur als Steigbügelhalter, mit dessen Hilfe der Okzident an die Macht kam. Er hat jetzt ausgedient und kann verworfen werden. Der Anti-Sakrifizialismus verwandelt sich jetzt in die Ideologie der liberalen Imperien. Die Menschenrechte besetzen den Platz, den das Nein zum Menschenopfer, die nicht-sakrifizielle Einstellung im Reich Gottes innehatte. Der aggressive Mechanismus aber funktioniert nicht nur ungebrochen weiter, sondern mit noch größerer Geschwindigkeit. Über die liberalen Imperien hinaus breitet er sich sogar im sozialistischen Imperium aus. Auch der Stalinismus ist ein Anti-Sakrifizialismus okzidentaler Herkunft.

Dennoch verschwindet die nicht-sakrifizielle Einstellung, das ursprüngliche Nein des Christentums zum Menschenopfer nicht. Selbst das offizielle Christentum mit seiner aktiven Gegnerschaft gegen das Menschenopfer, mit seiner anti-sakrifiziellen Orientierung bedarf dieses Ursprungs, um sich ein utopisches Erscheinungsbild zu bewahren. Denn ohne diesen utopischen Anschein verlöre der kategorische Imperativ zu töten seine durch die Umkehrung des Ursprungs gewonnene Rechtfertigung. Aber das ursprünglich friedfertige Nein zum Menschenopfer kehrt aus diesem Grund auch immer wieder zurück und verlangt, unverdreht und unmittelbar ins Recht gesetzt zu werden. Häufig wird es als Häresie bezeichnet. Und selbst wenn man es nicht für häretisch erklärt, gilt es in den Augen des Imperiums und des anti-sakrifiziellen kirchlichen Lehramtes als verdächtig oder gar als „utopisch" im negativen Sinn. Die aktive Gegnerschaft gegen jedes Menschenopfer, der Anti-Sakrifizialismus versteht sich selbst als Realismus und seine Utopien als realistische Utopien.

Das antisakrifizielle Christentum hat nicht per se eine anti-körperliche Einstellung. In diesem Sinne ist es nicht platonisch. Es richtet sich nur gegen die konkrete Körperlichkeit, die Lebensrechte einklagt. Das anti-sakrifizielle Christentum bezieht sich auf die abstrakte Körperlichkeit des *homo faber*, aus der man keine Rechte ableiten kann. Dieses Verständnis von Körperlichkeit wird am Ende des europäischen Mittelalters entfaltet und mit Entschiedenheit, wenn auch in säkularisierter Gestalt, vom Denken der Moderne übernommen. Diese Körperlichkeit setzt dem *homo faber* keine Grenzen und schafft eine Welt, die dem Erfolgskalkül unbegrenzt zur Verfügung steht.

Im anti-sakrifiziellen und deshalb opferwilligen Christentum wurzelt der Okzident. Es formt das griechisch-römische Denken auf eine Weise um, die dem neu entstehenden Imperium dienlich ist.

Die Frage nach der Wahrheit des Christentums wird auf neue Weise dringlich. Die Antwort kann nicht so lauten, wie sie der christliche Fundamentalismus in all seinen Schattierungen gibt. Zwar hat der Fundamentalismus gesiegt. Aber Sieg ist kein Kriterium für Wahrheit. Weil der Fundamentalismus darüber hinaus in der Gestalt des anti-sakrifiziellen Christentums gesiegt hat, wird er überflüssig. Sein Sieg gestattet ihm nicht einmal, die Wahrheit für sich in Anspruch zu nehmen.

In säkularisierter Gestalt treffen wir den Fundamentalismus heute im anti-sakrifiziellen Liberalismus. Er stützt die Strategie der Globalisierung und rechtfertigt „humanitäre Interventionen", bei denen

Bomben über Bagdad und Belgrad abgeworfen werden. Vom anti-sakrifiziellen Christentum zum anti-sakrifiziellen Liberalismus führt eine direkte Linie.

Aber das nicht-sakrifizielle Christentum mit seinem friedfertigen Nein zu jedem Menschenopfer gewinnt erneut an Aktualität. Es kann jedoch in der Aktualität nicht allein für sich die Wahrheit beanspruchen. Die nicht-sakrifizielle Tradition ist Erbteil der universalen Menschheit, vom Orient bis zu den Azteken. Aber heute verfügt die Menschheit über dieses Erbteil nur in einer bestimmten Gestalt, das heißt als Projekt für die Gesellschaft. Nur in solcher Gestalt kann und muss das friedfertige Nein zu jedem Menschenopfer wiederaufleben; denn sonst führt der Okzident die Menschheit in die Katastrophe.

Das Nein zu jedem Menschenopfer, die nicht-sakrifizielle Überzeugung wird also nur in säkularisierter Gestalt wiederkehren, zwar auch innerhalb des Christentums, aber nicht als ausschließlich christliche Tradition. Heutzutage ist die nicht-sakrifizielle Einstellung ein ökumenisches Projekt, das nicht nur alle Religionen, sondern auch den Atheismus einbezieht. Seine säkularisierte Gestalt wird auch vielfach in religiöser Sprache erneut aufgenommen. Historisch betrachtet verbreitete sich die nicht-sakrifizielle Überzeugung mit dem Christentum, heute aber stellt sie kein christliches Sondergut mehr dar. Noch weniger ist sie Privateigentum irgendeines Christentums, wie die neuen katholischen Fundamentalisten glauben machen wollen.[15] Das Leiden unter der Strategie der Globalisierung gibt heute zu erkennen, wie notwendig das Wiederaufleben der nicht-sakrifiziellen Tradition ist, und zwar unter den verschiedensten kulturellen, humanistischen und religiösen Blickwinkeln. Diese Tradition gehört der Menschheit und nicht einer bestimmten Gruppe, die sie zuerst entwickelt hat. Weil sie diese inzwischen verloren hatte, kann sie sie heute ebenfalls zurückgewinnen. Zweifellos spielt bei dieser Rückgewinnung die östliche Spiritualität eine Schlüsselrolle.

Die nicht-sakrifizielle Grundhaltung – das Ja zum Leben durch das Nein zum Töten – erhält heutzutage eine völlig neue Dimension, der gegenüber alle früheren Traditionen keinerlei Antwort zur Verfügung haben. Die neue Dimension besteht in dem Faktum, dass die nicht-

---

[15] Vgl. z. B. die vom früheren Kardinal Ratzinger unterzeichnete Erklärung *Dominus Jesus* der vatikanischen Glaubenskongregation.

sakrifizielle Grundhaltung mit den anti-sakrifiziellen Schemata in Konflikt gerät. Das hat es für keine frühere Tradition gegeben. Heutzutage zeigt sich die anti-sakrifizielle Bewegung in den sogenannten „humanitären Interventionen". Durch sie werden die Menschenrechte wieder verletzt. Zur Rechtfertigung dieses Anti-Sakrifizialismus werden die Menschenrechte so umgekehrt, dass aus ihnen der kategorische Imperativ zum Töten hervorgeht.

Zwar ist das Wort „humanitäre Intervention" erst kürzlich erfunden worden. Aber ohne Zweifel lässt sich die Geschichte der Menschenrechtsverletzungen als eine Geschichte von vorgetäuschten „humanitären Interventionen" interpretieren.[16] Die Kolonialisierung der Welt wurde als humanitäre Intervention legitimiert und verschleiert. Seit dem Ende des 19. Jahrhunderts hat sich diese Tendenz verallgemeinert. Seitdem glauben alle Konfliktparteien von sich, humanitäre Interventionen zu praktizieren. Die eigene humanitäre Intervention prallt auf die humanitäre Intervention des Feindes. Im 19. Jahrhundert verfügten die Staaten noch über „Kriegsministerien". Die gab es im 20. Jahrhundert nicht mehr, sondern nur „Verteidigungsministerien". Im 21. Jahrhundert wird es vielleicht nur noch „Ministerien für humanitäre Interventionen" geben. Trotzdem wurden bei jeder dieser Umbenennungen die Kriege immer inhumaner.

Heutzutage müssen die Menschenrechte gegen „humanitäre Interventionen" beschützt werden. Denn humanitäre Interventionen drohen, mit den Menschenrechten selbst ein Ende zu machen.[17]

Das anti-sakrifizielle und deshalb opferwillige Christentum hat mit seinen Säkularisierungen eine Welt geschaffen, die einzig und allein dann weiterleben kann, wenn es ihr gelingt, das Projekt einer nichtsakrifiziellen Gesellschaft zu schaffen, also das Ja zum Leben durch das Nein zum Töten zu sagen. Dafür muss dieses Projekt sich aber in Konfrontation mit dem anti-sakrifiziellen Projekt der „humanitären Interventionen" begeben, welche die Menschenrechtsverletzungen zu einer „realistischen" Methode machen, um Menschenrechte zu gewährleisten. So werden Menschenrechte von der Machtposition aus

---

[16] Vgl. Kap. II in diesem Buch: Die Umkehrung der Menschenrechte. Der Fall John Locke.
[17] Von Washington aus erhebt sich heute der Adler, ein Raubvogel, überfliegt die Erde und sucht ein neues Ziel für die humanitäre Intervention. Die Länder der Dritten Welt zittern bereits in der Furcht, wen es diesmal treffen könnte.

interpretiert. Die Macht kann ausbeuten, berauben, bedrohen, vernichten und präsentiert all diese Brutalitäten als Dienst an den Menschenrechten. Gegen solcherart Verwendung müssen die Menschenrechte heute geschützt werden.

Beide Projekte – das anti-sakrifizielle und das nicht-sakrifizielle, die immer stärker in Widerspruch zueinander geraten – bringen sich überall in säkularisierter Sprache zum Ausdruck. Selbst wenn die heutigen Religionen sie wieder integrieren, werden sie doch nicht erneut zu religiösen Projekten. Die Realität selbst bringt sie jetzt hervor und die menschliche Vernunft hält sie für notwendig. Die geforderte Bekehrung ist nicht mehr religiös, sondern eine Umkehr zum Leben des Menschen.

Wieder werden die Religionen einem Kriterium der Wahrheit unterworfen. Aber diesmal nicht dem Mythos des unendlichen Fortschritts, sondern dem konkreten Menschen und seinen Lebensmöglichkeiten. Der außerweltliche Himmel wird auch dieses Mal ersetzt, aber nicht durch einen illusorischen Mythos, sondern durch das konkrete menschliche Subjekt selbst. Das menschliche Subjekt ist das Kriterium für die kritische Prüfung der gesamten Welt. Das Subjekt bezeichnet eine Transzendenz innerhalb der Realität.[18] Eva, Kain und Abraham kehren zurück und begründen alle Dinge neu. Aber sie sind weder Juden noch Christen. Sie lassen vielmehr den Schrei des Subjekts hören, der in der ganzen Menschheitsgeschichte widerhallt. Unter vielen verschiedenen Namen ist er in allen Kulturen zu hören. Immer wieder wird dieser Schrei unterdrückt und trotzdem wird er wieder zu allen Zeiten gehört. Würde er eines Tages verstummen, dann verlöre die Menschheit ihre Überlebenschance. Den Schrei aufzuspüren und zu hören, ist überlebensnotwendig.[19]

---

[18] Diese Ersetzung des Himmels durch das Subjekt als Transzendenz innerhalb der Realität kündigt sich bereits in den Anfängen des Christentums an, insbesondere im Johannes-Evangelium. Vgl. Hinkelammert, Franz J., Der Schrei des Subjekts, Luzern 2001.

[19] „Bekanntlich soll es einen Automaten gegeben haben, der so konstruiert gewesen sei, daß er jeden Zug eines Schachspielers mit einem Gegenzuge erwidert habe, der ihm den Gewinn der Partie sicherte. Eine Puppe in türkischer Tracht, eine Wasserpfeife im Munde, saß vor dem Brett, das auf einem geräumigen Tisch aufruhte. Durch ein System von Spiegeln wurde die Illusion erweckt, dieser Tisch sei von allen Seiten durchsichtig. In Wahrheit saß ein buckliger Zwerg darin, der ein Meister im Schachspiel war und die Hand der Puppe an Schnüren lenkte. Zu dieser Apparatur

Theologen aus Indien sprechen in diesem Sinn von einer *missio humanitatis*. Anthony de Mello hatte diese Überlegungen auch bereits angestellt. Wir müssen zum Leben des menschlichen Subjekts umkehren. Dann kann ein Weltethos entstehen, das seine Wurzeln in einem universalen Ökumenismus hat.

Epilog: Die Geschichte lebt.

Es gibt eine doppelte Geschichte. Die eine Geschichte ist jene, die wir leben. Wir verstehen die Vergangenheit nicht als simple Chronik, sondern als Geschichte. Diese Geschichte hat nicht einfach ein Vorher und Nachher, sondern entwickelt sich. In dieser Entwicklung ist das, was später geschieht, nur zu verstehen aus dem, was zuvor geschehen ist. Aber deshalb ist es kein simples Produkt dessen, was zuvor geschah, und dadurch determiniert. Entscheidungen jedoch werden immer innerhalb des Kontextes getroffen, der durch die zuvor geschehenen Ereignisse geprägt worden ist, und sind nicht erklärbar, ohne die Folgen dessen zu berücksichtigen, was zuvor getan wurde.

Das ist die Geschichte, in der wir leben. Aber es gibt noch eine „zweite" Geschichte, und zwar die Geschichte dieser Geschichte. Der Historiker Ranke sagte, dass jede Generation ihre eigene Geschichte schreibt. Das ist wahr. Aber was ändert sich da? Die Ansicht über die Geschichte oder die Geschichte selbst? Im ersten Fall gibt es eine fixe Geschichte, die als solche ein unveränderliches Wesen hat und über die wir unterschiedlicher Meinung sein können. Im zweiten Fall ist die Geschichte für jede Generation eine andere; es gibt keine einmal fixierte, wesentliche Geschichte, von der aus zu ermessen ist, was wir jeweils über die Geschichte denken. Im zweiten Fall haben wir nicht eine Geschichte, sondern sind Geschichte. Wenn wir uns verändern, verändert sich auch die Geschichte. Also ist die Geschichte der einen Generation nicht wahrer als die Geschichte der

---

kann man sich ein Gegenstück in der Philosophie vorstellen. Gewinnen soll immer die Puppe, die man ‚historischen Materialismus' nennt. Sie kann es ohne weiteres mit jedem aufnehmen, wenn sie die Theologie in ihren Dienst nimmt, die heute bekanntlich klein und häßlich ist und sich ohnehin nicht darf blicken lassen". Benjamin, Walter, Ein Lesebuch, Michael Opitz (Hg.), Frankfurt 1996, S. 665.

anderen. Aber das ist kein Relativismus von Meinungen über die Geschichte, insofern es die Geschichte selbst ist, die sich verändert. Jede Generation hat eine Geschichte, die sich von der der anderen Generation unterscheidet. Und all diese Geschichten sind objektiv gültig.

Wie ist das möglich? Mit der Anekdote aus einer Lebensgeschichte kommen wir dem Problem näher: Ein junger Mann in einem Dorf hatte einen Unfall mit schrecklichen Folgen; er verlor ein Bein. Einige Zeit später brach ein Krieg aus. Alle jungen Männer mussten in den Krieg ziehen – bis auf den, der den Unfall hatte. Im Lauf des Krieges verloren alle ihr Leben. Der Verunglückte war schließlich noch der einzig Überlebende. Das ist die Geschichte eines Lebens. Aber auch in diesem Fall ändert sich die Geschichte durch die Ereignisse. Die Lebensgeschichte hat drei Etappen: Die Etappe vor dem Unfall, die Etappe nach dem Unfall vor dem Krieg und die Etappe nach dem Krieg. In der ersten Etappe gibt es eine lineare, möglicherweise glückliche Geschichte. In der zweiten Etappe wird das gesamte Leben von dem Unfall bestimmt, so dass es nur als Desaster verstanden wird. In der dritten Etappe stellt sich heraus, dass der Unfall möglicherweise auch ein Glücksfall gewesen sein könnte. In der ersten Etappe kann der junge Mann zufrieden gelebt haben; in der zweiten Etappe wird er unglücklich gewesen sein und auf die erste Etappe als eine Phase zurückblicken, die auf den Unfall zuläuft. Davon ist alles überschattet. In der dritten Etappe wird aus dem Unfall ein Vorteil, und dann erscheint auch die erste Etappe als eine Phase, die zwar auf den Unfall zuläuft, der aber nicht nur als Katastrophe, sondern zugleich als Faktum gilt, das die Zukunft garantiert.

Hat sich von einer zur anderen Etappe die Meinung über eine fixe Geschichte verändert oder hat sich die Geschichte selbst verändert? Die nackten Fakten ändern sich nicht; die nackten Fakten fügen sich nur zur Chronik. Die historische Bedeutung der Fakten jedoch ändert sich. Die Bedeutung ist nicht nur eine simple Meinung über die Fakten, sondern gehört zum Faktum selbst. Die Bedeutung als historisches Faktum verändert sich. In der zweiten Etappe gilt der Unfall als Katastrophe, in der dritten wird er zu einem Glücksfall, insofern er die Zukunft gewährleistet. Über diese objektiven Bedeutungen können wir zwar Meinungen äußern, aber die objektiven Bedeutungen gehören dennoch zu den historischen Fakten. Selbstverständlich kann der junge Mann auch in der dritten Etappe sein Los, überlebt zu haben, verfluchen. Das wäre eine Meinung – ein Werturteil – zur Bedeutung des Faktums. Aber die Meinung ändert nichts an der Bedeutung des Unfalls als eines Faktums, das die Zukunft gewährleistet. Und ebenso wenig ändert sich das Faktum, dass die Bedeutung des Unfalls sich verändert hat und dass sich folglich die gesamte Lebensgeschichte in der dritten Etappe von der in der zweiten Etappe unterscheidet. Der historischen Abfolge wird kein weiteres Faktum hinzugefügt. Dennoch – ohne ein zusätzlich neues Faktum – ändert sich die gesamte vorherige Geschichte. Ein solcher Prozess kommt erst am Ende des Lebens zum Abschluss. Aber dann hört die Lebensgeschichte des Menschen auf, der diese Lebensgeschichte hat. Nur andere können nun diese Geschichte als abgeschlossene Geschichte und folglich als fixe Geschichte weiter erzählen.

Mit der Geschichte der Menschheit oder eines Volkes geschieht Ähnliches. Auch diese Geschichte ändert sich durch neue historische Fakten. Um nackte Fakten herum entwickelt sich das historische Ensemble im Laufe der Geschichte. Aber das impliziert nicht Willkür. Das historische Ensemble verändert sich im Laufe der Geschichte. Jede Generation hat eine andere Geschichte und schreibt deshalb auch die Geschichte neu. Sie schreibt sie nicht nach Lust und Laune neu. Sie schreibt objektiv eine Geschichte, die sich verändert hat und die jetzt eine andere ist.

Die historische Bedeutung eines Ereignisses besteht in der Tatsache, dass jedes heutige Ereignis mit vorhergehenden Ereignissen in der Vergangenheit zusammenhängt. Die vorhergehenden Ereignisse sind keine Ursachen, sondern eine Bedingung *sine qua non, ohne die* das heutige Ereignis als Möglichkeit nicht erklärbar ist. Sie sind Vorgeschichte. Bevor das heutige Ereignis stattgefunden hat, waren die vorhergehenden Ereignisse keine Vorgeschichte, auch wenn sie das morgen sein werden. Als man die Relativitätstheorie und die Quantentheorie entdeckte, gab es überhaupt keinen Gedanken an die Atombombe. Die beiden Theorien sind vielmehr relevant, weil sie etwas erklären. Nach der Entwicklung der Atombombe verändert sich die historische Bedeutung dieser Theorien. Es verändert sich also in der Tat die Vergangenheit. Was sich verändert, sind nicht die Meinungen über diese Theorien, sondern die Theorien verändern sich als historische Fakten. Meinungen über diese Fakten und auch Werturteile kann es in Fülle geben. Aber die Theorien haben sich als Fakten objektiv verändert. Heute sind sie Vorgeschichte der Atombombe. Zur Zeit ihrer Entdeckung waren sie das nicht, und zwar auf Grund der einfachen Tatsache, dass niemand wusste und wissen konnte, dass sie später einmal als Grundlage für die Technologie der Atombombe dienen würden. Ohne diese Veränderung zu berücksichtigen, kann man die Differenzen in den Diskussionen über die beiden Theorien weder vor noch nach dem zweiten Weltkrieg verstehen.

Ein ähnlicher Vorgang ereignet sich mit der Entdeckung, dass die Erde eine Kugel ist. Christoph Kolumbus verwendet diese Entdeckung dazu, von Europa aus Amerika zu entdecken, und setzt die Conquista in Gang. Die astronomische Theorie ist als vorhergehendes Ereignis notwendig. Aber vor Kolumbus hatte die Theorie diesen Charakter nicht; Kolumbus erst hat aus ihr ein anderes historisches Faktum gemacht. Für die durch die Conquista eroberten Völker bedeutet dies eine ähnliche Katastrophe wie die Atombombe für die Bewohner von Hiroshima.

Gewissermaßen gilt dies für alle historischen Ereignisse. Neue historische Ereignisse von heute verändern die Ereignisse der Vergangenheit. Die Vergangenheit ist kein Ensemble einmal geschehener und nun fixer Ereignisse. Deshalb schreibt jede Generation mit Recht ihre eigene Geschichte und muss es tun. In diesem Prozess sind es nicht die Meinungen über die Geschichte, die sich ändern, sondern es sind die historischen Fakten selbst, die sich durch die Analyse der Geschichte ändern.

Im Grunde geht es hier um die Zeitlichkeit des menschlichen Lebens. Weil man die Zukunft nicht kennt, kann man nicht wissen, an welcher Vorgeschichte für zukünftige Ereignisse man mitwirkt. Man kann theoretisch vorwegnehmen und vermuten, aber nicht wissen. Die Zukunft ist ungewiss und deshalb auch die Vergangenheit; denn die Vergangenheit ändert sich, wenn sie in die Zukunft vordringt. Es handelt sich um einen großen Zirkel. Wenn wir behaupten, dass die Vergangenheit auf nackten Fakten beruht, haben wir nichts ausgesagt, denn es gibt keine Fakten ohne Bedeutung, selbst wenn wir versuchen, von der Bedeutung zu abstrahieren, um das nackte Faktum herauszuarbeiten. Durch Abstraktion verschwindet die Bedeutung nicht einfach. Sie bleibt stets die Bedeutung, von der wir abstrahieren. *Negatio positio est.* Natürlich gibt es die nackten Fakten: Aber wir machen sie zu nackten Fakten, indem wir von der Tatsache abstrahieren, dass es Geschichte gibt. Deshalb kann es keine Geschichte nackter Fakten geben. Das wäre ein simpler Widerspruch. Die Zeit ist einfach die Kehrseite der Tatsache, dass unsere Erkenntnis notwendig fragmentarisch ist; die Bruchstückhaftigkeit gehört zur Grundbedingung unseres menschlichen Lebens, zur „conditio humana".

Die ständigen Veränderungen der Vergangenheit können wir als Geschichte der Geschichte begreifen. Aber auch diese Geschichte der Geschichte kann nicht geschrieben werden. Man kann nur auf sie verweisen, indem man auf die Gründe verweist, die die Geschichte verändern.

Was wir heute erleben, ist eine Veränderung der Geschichte der Moderne. Es ändert sich das, was die Moderne war. Die Moderne, wie sie vom 16. Jahrhundert zu uns gekommen ist, hält sich für die Pfeilspitze der gesamten Geschichte: Sie unterstellt, dass der von ihr begonnene Fortschritt ein unendlicher Prozess sei. Die vormodernen Kulturen erscheinen als simple Vorläufer und gelten als Kulturen, die ihre Bedeutung verloren haben. Man radiert sie einfach aus oder betrachtet sie im besten Fall noch als Folklore. Diese absolute Arroganz der Moderne geht mit ihrer absoluten Fähigkeit einher, die gesamte Welt zu beherrschen. Deshalb auch das Aggressions- und Zerstörungspotential der modernen Gesellschaft, die ganze Welten zerstört und ganze Bevölkerungen auf Kontinenten ohne jegliche Gewissensbisse auslöscht. Auch wenn die Arroganz immer noch anhält, die Selbstsicherheit des unbegrenzten Fortschritts ist zerbrochen.

Deshalb offenbart sich das, was man als notwendiges Opfer für den unendlichen Zivilisationsprozess betrachtet hatte, jetzt als Verbrechen. Die Moderne war organisierte Kriminalität. Wenn wahr ist, dass durch die entfesselte Moderne die Selbstzerstörung der Menschheit und der gesamten Natur möglich ist, dann gerät die gesamte historische Bedeutung der Moderne in die Krise und wird neu gedeutet. Die historische Bedeutung der Moderne ändert sich, und nicht einfach eine Meinung über die Moderne.

Damit verändert sich zugleich die historische Bedeutung der vormodernen Gesellschaften. Als die moderne Gesellschaft noch felsenfest vom Mythos des unendlichen Fortschritts überzeugt war, schienen diese Gesellschaften keine Bedeutung mehr zu haben. Auch wenn sie überlebten, hatten sie nichts zu sagen. Selbst wenn sie sich zu Wort meldeten, hörte ihnen die Moderne nicht zu. Jetzt aber stellt sich heraus, welche Bedeutung sie hatten, das heißt, welche Fähigkeit, Jahrtausende hindurch zu leben, ohne die Lebensbedingungen des Menschen oder der Natur zu zerstören. Eben diese Fähigkeit fehlt der modernen Gesellschaft. Sie ist dabei, die Erde und mit ihr die Menschheit zu zerstören. Damit verändert sich die Geschichte der vormodernen Gesellschaften. Nun haben die noch existierenden vormodernen Gesellschaften etwas zu sagen. Es zeigt sich, dass sie über Werte, Kenntnisse und Auffassungen verfügen, deren Verlust in der modernen Gesellschaft eben diese in ihrer Existenz bedroht. In ihrer Arroganz hat die moderne Gesellschaft ihren eigenen Selbstmord vorbereitet[20].

Wenn die Geschichte am Ende ist, hört die Geschichte auf. Aber auch das ist keine exakte Aussage. Die Geschichte hört auf, weil das Subjekt der Geschichte – die Menschheit – aufhört zu existieren. Wenn die Geschichte aufhört, gibt es kein Subjekt der Geschichte mehr, um festzustellen, dass die Geschichte aufgehört hat. Man kann zwar ein metaphysisches Wesen konstruieren, das auf diese zu Ende gegangene Geschichte schaut. Dieses Wesen wäre dann der oberste Richter. Aber er gehörte nicht zur Geschichte.

Was mit dem Ensemble der Geschichte passiert, passiert natürlich auch mit den mythischen Texten der Geschichte. Es gibt Gründungsmythen der Kulturen, vielleicht sogar Mythen, die alle Kulturen begründen und die in den verschiedenen Kulturen als Variationen auftauchen. Einmal aufgeschrieben sind diese Mythen nackte Fakten, die sich in der Geschichte nicht mehr verändern. Aber als nackte Fakten sind sie ohne Bedeutung, sondern nur physische Gegebenheiten. Zu diesen Mythen gibt es in jedem historischen Moment verschiedene Interpretationen, die es deshalb immer geben kann, weil die Texte ambivalent sind. Aus diesen Interpretationen setzt sich die Interpretationsgeschichte der Mythen zusammen.

Im Laufe der Geschichte jedoch verändern sich die Bedeutungen der Mythen, auf die sich die Interpretationen beziehen. Die Interpretationen beziehen sich nicht auf nackte Texte – das können sie ja auch gar nicht –, sondern nur auf Texte mit Bedeutungen. Schon wenn man die Texte kennenlernt, liest man sie als Texte mit Bedeutung, um sie zu interpretieren.

---

[20] Max Weber über Ägypten.

Diese Bedeutung jedoch ändert sich durch die Geschichte. Diese Veränderung kann keine Veränderung des Textes sein, weil der schriftlich fixierte Text nicht verändert werden kann. Aber die Veränderung kann auch nicht darauf reduziert werden, dass sich nur die Bedeutung einzelner Worte verändert, die natürlich eine große Rolle spielen. Vielmehr: indem sich die Geschichte entwickelt, entwickeln sich auch die historischen Situationen des Kontextes, aus dem heraus die Texte der Mythen entworfen wurden.

Hier geht es nicht um absichtlich herbeigeführte, intentionale Veränderungen, sondern um Veränderungen, die ohne Intention vor sich gehen. Zu dem historischen Kontext zurückzukehren, innerhalb dessen die Mythen entwickelt wurden, führt uns nicht zu der einmal fixierten Wahrheit des Textes, weil auch dieser historische Kontext sich im Laufe der Geschichte verändert.

Die Philosophie der Geschichte ist der Versuch, die Geschichte der Geschichte zu schreiben. Aber sie hat ein Problem. Die Bedeutung der Geschichte zeigt sich erst im Kontext der Zukunft. Die Vergangenheit rein als solche enthüllt sie nicht. Aber auch die Zukunft rein als solche enthüllt sie nicht. Sobald die Zukunft im Laufe unserer Geschichte Gegenwart wird, enthüllt sich die Bedeutung der Vergangenheit. Aber dann zeigt sich keine definitive bzw. allein gültige Bedeutung. Die Bedeutung der Geschichte enthüllt sich im Kontext der Gegenwart, die sich in der Geschichte entwickelt. Zwar handelt es sich um eine objektive Bedeutung, aber weil sie jeweils von den Bedeutungen abhängig ist, die eine neue Gegenwart in der Zukunft mit sich bringt, wird sie sich wieder verändern.

Damit man Philosophie der Geschichte treiben kann, muss man das Ende der Geschichte antizipieren, um ihr eine definitive Bedeutung zu geben. Aber wir kennen das Ende nicht und es offenbart sich auch nicht. Es ist wie mit dem Ende des Romans „Hundert Jahre Einsamkeit". Das Ende zeigt sich erst, wenn es sich ereignet, aber dann nützt es der Interpretation nicht mehr. Die Vorwegnahme des Endes also ist notwendigerweise dogmatisch.

Diese Philosophie der Geschichte hat eine Analogie zur christlichen Gestalt der Heilsgeschichte. Aber auch das ist nur eine Analogie. Die Heilsgeschichte enthüllt die Bedeutung der Geschichte nicht, auch wenn man an sie glaubt. Sie hält vielmehr daran fest, dass es unabhängig vom Ausgang der Geschichte Heil gibt. Sie behauptet

KAPITEL VIII

nicht, dass die immanente Geschichte ein positives Ende findet. Sie verheißt, dass es Heil gibt, auch wenn die Geschichte kein positives Ende nimmt. Die Heilsgeschichte ist im Hinblick auf die Geschichte vollständig offen, während die Philosophie der Geschichte dogmatisch die Geschichte zu einem Ende bringen muss, sei es nun die Katastrophe der Geschichte oder irgendein absoluter Geist. Die Heilsgeschichte kennt keine systematische Lösung für die Geschichte, sondern das Heranreifen der Zeiten. Der Messias kommt, wenn die Zeit reif bzw. erfüllt ist. Darüber aber kann keine Philosophie der Geschichte etwas Enthüllendes sagen.

Es geht nicht darum, dass es keine Geschichte der Geschichten geben kann. Sondern sie ist unabgeschlossene Geschichte, innerhalb derer niemand den Ausgang bestimmen kann. Deshalb ist eine Philosophie der Geschichte, die den Sinn der Geschichte aufzeigen will, nicht möglich.

Aus dem gleichen Grund können auch die Mythen nicht in ihre Bedeutung eingesperrt werden. Die Intention des Autors, der den Mythos niedergeschrieben hat, kann niemals dessen Bedeutung aufzeigen. Das gilt schon aus dem Grunde, dass der Autor nur derjenige ist, der den Mythos schriftlich formuliert, aber nicht der wahre Autor des Mythos. Der Autor ist nicht der Herr des Mythos. Außerdem können wir nicht wissen, was die Intention des Autors ist. Nicht einmal der Autor selbst kennt sie. Der Mythos hat viele mögliche Bedeutungen. Aber der Autor kennt sie nicht; er kann sie auch nicht kennen, ebenso wenig wie wir das Ensemble der Bedeutungen kennen, die der Mythos hat. Aber seine Bedeutungen zeigen sich in der Geschichte. Ob es noch weitere Bedeutungen gibt, die sich bisher noch nicht gezeigt haben, können wir nicht wissen. Aber wir können vermuten, dass es sie gibt.

Wir können danach fragen, welche Bedeutung der Mythos hatte, als er schriftlich fixiert wurde. Dann ordnen wir ihn in seinen historischen Kontext ein. Aber mit dieser Frage nähern wir uns ihm nur von dem historischen Moment aus, in dem wir leben. Jene zum Beispiel, die den Mythos vor 2500 Jahren schriftlich fixierten, kannten unsere Geschichte noch nicht, auch wenn unsere Geschichte heute die ihre mit umfasst. Um wirklich verstehen zu können, welche Bedeutung der Mythos zu ihrer damaligen Zeit hatte, müssten wir von der Geschichte der 2500 Jahre abstrahieren und uns an ihre Stelle setzen. Aber auch wenn wir von den 2500 Jahren unserer Geschichte abstrahierten, brächten wir sie nicht zum Verschwinden. Selbst wenn wir von diesen Jahren abstrahieren, haben wir sie immer noch und damit auch die Bedeutungen, die sie damals nicht hatten. Aber wir kennen ja nicht einmal die in den 2500 Jahren angesammelten Bedeutungen des Mythos hinreichend, um überhaupt von ihnen abstrahieren zu können. Aus diesem Grunde bleibt unsere Interpretation dessen, was der Text zur damaligen Zeit bedeutet hat, als er niedergeschrieben wurde, doch immer noch unsere Interpretation und wird nicht zu der, die sie damals wirklich war. Diese Unmöglichkeit resultiert nicht aus einem Informationsmangel, der zukünftig behoben werden könnte, sondern bezeugt, was die Geschichte ist.

Diese Einsicht fördert keinerlei Willkür im Hinblick auf die Bedeutung des Textes und folglich auch des Mythos. Sondern die Bedeutung ergibt sich immer aus unserer historischen Situation und kann nie den Anspruch erheben, eine absolute Bedeutung zu sein. Aus diesem Grund kann der Mythos nie abgeschlossen sein, auch wenn uns das völlig schlüssig erscheint. Aus dem gleichen Grund kann man auch im Laufe der Zeit niemals auf eine essentielle bzw. definitive Wahrheit des Mythos stoßen.

Deshalb hat die Idee des Fortschritts keinen Sinn. Einerseits wissen wir mehr, andererseits wissen wir weniger. Und wir können niemals beweisen, dass dieses Mehr mehr ist als das Weniger.

Eine solche Einsicht beraubt uns weder der Verantwortung noch der Wahrheit. Aber wir sind nicht verantwortlich für das, was andere Generationen taten. Wir sind verantwortlich für das, was wir tun. Die Wahrheit ist das, was es uns möglich macht, verantwortlich zu sein. Eine historische Wahrheit unabhängig von dieser Verantwortung gibt es nicht und kann es nicht geben. Wir sind verantwortlich für das, was der Mythos bedeutet. Wir sind verantwortlich für unsere Geschichte. Aber die Toten ordnen nichts an. Wenn wir behaupten, die Toten ordnen etwas an, dann legen wir den Toten nur unsere eigenen Anordnungen in den Mund und legitimieren sie durch Rückgriff auf die Toten. Wir sind nicht verantwortlich für das, was andere Generationen taten, und andere Generationen schreiben uns auch nicht vor, was wir zu tun haben. Aber als geschichtliche Wesen sind wir verantwortlich für die Bedeutung, die die historischen Fakten für uns haben. Diese Bedeutung jedoch stellen wir nicht her. Wir finden sie vor, weil sie schon da war, bevor wir anfingen, nach ihr zu suchen. Sie ist objektiv. Wir sind für die Conquista Amerikas nicht verantwortlich. Aber wir sind verantwortlich für die Bedeutung, die die Conquista heute hat. Wir sind auch verantwortlich für die Werturteile, die wir über diese Bedeutung fällen. Aber die Bedeutung gehört zu unserer Welt und ist objektiv da. Mit dieser Bedeutung treten wir in Beziehung.

Unsere Quellen sind Spiegel. Ohne Spiegel sehen wir uns nicht. Aber wenn wir diesen Quellen den Charakter von Spiegeln, in denen wir uns sehen, nehmen, dann werden sie leer. Wenn wir sie zwingen, selber zu sprechen, sprechen nur die Toten, um uns Anordnungen zu erteilen. Aber auch diese Toten sind dann höchstens wir selbst, die sich in Tote verwandeln. Im Spiegel sehen wir uns, aber wir erkennen nicht, wer wir sind. Durch das, was wir sehen, schließen wir auf das, was wir sind; ohne den Spiegel können wir das nicht wissen. Narziss glaubte, dass das Bild im Spiegel er selber sei. Deshalb verschlang es ihn. Aus dem Spiegel sprach ein Toter, der er selber war.

Die Geschichte lebt, und die Mythen leben. Es gibt eine Geschichte der Geschichte, die die Geschichte dessen ist, was die Geschichte in jedem historischen Augenblick ist. Und es gibt eine Geschichte dessen, was unsere Mythen bedeuten. Deshalb gibt es eine Geschichte des Himmels und eine Geschichte der Hölle, eine Geschichte Gottes und eine Geschichte des Teufels.

Übersetzung: Norbert Arntz

KAPITEL IX

GEGENÜBER DER GLOBALISIERUNG: DIE RÜCKKEHR DES VERDRÄNGTEN SUBJEKTS

DIE RÜCKKEHR DES VERDRÄNGTEN SUBJEKTS

*D*ass der Mensch Subjekt ist, ist eine Bestimmung, die mit dem Beginn der Moderne auftaucht. Sie geht durch das ganze Denken der Moderne hindurch, aber die Entwicklung dieser Moderne führt in ihrer Konsequenz zu einer allgemeinen Negation des Subjekts.

Der Begriff des Subjekts jedoch unterliegt dabei tiefen Veränderungen und wenn wir heute aufs neue vor der Notwendigkeit stehen, die Frage nach dem Subjekt zu stellen, so tun wir dies, weil der Begriff einem tiefen Wandel unterzogen ist.

Der Begriff des Subjekts erlangt Bedeutung in der Analyse der Beziehung Subjekt-Objekt, wie Descartes sie formuliert. Das menschliche Subjekt wird dabei gesehen als die denkende Instanz, die sich dem Objekt gegenübersieht – *res cogitans gegenüber der res extensa*. Es handelt sich daher um ein denkendes Subjekt gegenüber einer Welt von Objekten. Dieses Subjekt sieht alle Körperlichkeit als sein Objekt und daher nicht nur die Körperlichkeit des Anderen – die externe Natur und die Körperlichkeit anderer Menschen –, sondern ganz ebenso den eigenen Körper. Alle Körper einschließlich des eigenen Körpers sind *res extensa*, über die das Subjekt als *res cogitans* urteilt. Das Subjekt ist folglich nicht körperlich. Diese Begrifflichkeit konnte dazu führen, die ganze körperliche Welt als eine Welt aufzufassen, die die Objektivierung eben dieses denkenden Subjekts ist, so dass die ganze externe Welt ein Ergebnis dieses denkenden Ichs zu sein scheint.

Dieses Subjekt des *cogito ergo sum* ist ein transzendentales Subjekt, das von außerhalb der körperlichen Wirklichkeit der Welt über diese Welt als eine objektive Welt urteilt. Es ist nicht Teil dieser Welt, sondern ihr Richter. Um dies zu sein, muss es ohne Körperlichkeit vorgestellt werden. Wenn es daher behauptet, zu existieren, kann es das nur als Ergebnis einer Selbstreflexion tun. Da es keine Körperlichkeit hat, kann es ja nicht Objekt irgendeiner Sinneswahrnehmung sein, denn die Sinne können nur Körper wahrnehmen. Es ist daher ein transzendentales Subjekt, denn es denkt die objektive Welt der Sinne auf transzendentale Weise.

Dieses Subjekt des Denkens ist gleichzeitig Individuum, das Eigentümer ist. Der Eigentümer ist so wenig sinnlich wahrnehmbar wie es das denkende Subjekt ist. Wir können Menschen wahrnehmen, aber als Eigentümer nehmen wir sie nicht wahr. Als Eigentümer ist der Mensch dieses Subjekt, das der Körperlichkeit der *res extensa* gegenübersteht, um sie zu beherrschen und zu besitzen. Dieser *res extensa* gegenüber entsteht daher das Subjekt als Eigentümer, das sich als Individuum aufführt, das Eigentumsverhältnisse zur gesamten externen Welt hat und das selbst seinen eigenen Körper einschließlich seiner Gedanken und Gefühle als externe Welt betrachtet. Als Individuum interpretiert sich dieses Subjekt daher als Eigentümer seines eigenen Körpers und von allem, was dieser Körperlichkeit entspringt. Das Subjekt der Beziehung Subjekt-Objekt ist nicht nur *res cogitans*, sondern als Eigentümer Individuum, das in Beziehung auf die objektive körperliche Welt als *res extensa* handelt. Vom Standpunkt dieses Subjekts her gesehen, reduzieren sich alle Menschenrechte auf Eigentumsrechte.

In den letzten hundert Jahren wurde dieses Subjekt als Begriff aufgelöst. Als transzendentales Subjekt dachte sich das Subjekt einer Welt von Objekten gegenüber. Indem es das tat, sprach es sich selbst eine Existenz zu – *cogito, ergo sum* – und dachte sich daher selbst als etwas, das wieder im Denken ein Objekt ist. Es ist das Denken als Objekt, aber da es gleichzeitig denkendes Subjekt ist, ist es ein Objekt ohne Körperlichkeit. Dies führt zu einem unendlichen Regress und mündet in die Frage ein: Was ist das Subjekt, das sich selbst als existierend denkt? Ich denke, dass ich denke, und ich denke, dass ich denke, dass ich denke usw. Aus dieser Reflexion als solcher gibt es keinen Ausweg. Daher löst man sie einfach auf und verlässt sie. Aber dies löst das Problem nicht. Denn das Subjekt muss jetzt überall aufgelöst werden, auch als Subjekt, das innerhalb der Strukturen vorgestellt wird. Wenn dann Lévy-Strauss in Bezug auf Strukturen von Transzendentalismus ohne Subjekt spricht, verlässt er die Vorstellung eines Subjekts, das sie schafft und in ihnen sich darstellt. Aber damit ist die Situation nicht überwunden, auf die hin das Subjekt des *cogito, ergo sum* gedacht wurde. Lévy-Strauss analysiert die Strukturen weiterhin von einem externen Standpunkt aus und faktisch ist er weiterhin das transzendentale Subjekt, das als Beobachter auftritt. Aber diese Situation wird nicht mehr reflektiert. Daher führt dies nicht zu einem Ausweg aus der Situation des Subjekt-Objekt. Weiterhin ist das Objekt da als körperliches Objekt und seine Ableitungen, während der Beobachter faktisch das transzendentale Subjekt bleibt, das weder Körperlichkeit noch Strukturen hat.

Diese Negation des transzendentalen Subjekts hat daher die Position des besitzenden Individuums, die sein einfaches Gegenstück ist, überhaupt nicht berührt. Sie hat das denkende Subjekt durch das handelnde ersetzt, das besitzendes Individuum ist und das seine Interessen kalkuliert. Es interpretiert alle körperliche Welt weiter als Objekt seines Handelns, aber sieht sich selbst als eine kalkulierende Substanz, die sich in dieser Welt der reinen Objekte bewegt, zu der seine eigene Körperlichkeit gehört. Es kalkuliert seine Möglichkeiten des Zugangs zu dieser Welt, um sie zu konsumieren und um einen ständig größeren Teil davon zu akkumulieren. Für dieses besitzende und kalkulierende Subjekt ist der eigene Körper ein Objekt, so wie es die externe objektive Welt ist. Es ist nicht körperlich, sondern besitzt seinen eigenen Körper und Teile der externen körperlichen Welt. Dieses kalkulierende Subjekt ist das Individuum, das sich durch die Negation des transzendentalen Subjekts überhaupt nicht berührt sieht.

Allerdings entsteht eine andere Position angesichts dieses Problems, die die Subjekt-Objekt-Beziehung selbst in Zweifel zieht und sich ihr gegenüber reflektiert und mit der wir es heute zu tun haben. Wenn der Mensch sich als ein Wesen vergegenwärtigt, das sich selbst als körperliches Wesen vorstellt, das sich in seiner Körperlichkeit und von seiner Körperlichkeit aus denkt, dann macht er sich als lebendes Subjekt den Anderen gegenüber gegenwärtig, die sich ebenfalls als lebende Subjekte geltend machen, die ihre Leben denken und sich daher als lebende Wesen aller Welt gegenüber verhalten. Diese Beziehung ist die von denkenden Körpern zu denkenden Körpern. Es entsteht daher nicht die Frage, ob ich existiere, sondern die Frage, wie ich weiterexistieren und weiterleben kann. Es ist nicht die Frage, ob das Leben ein Traum ist, sondern die Frage nach den Bedingungen der Möglichkeit des körperlichen Existierens als lebendes Wesen. Selbst wenn das Leben ein Traum wäre, müsste man ja weiterhin dieses Problem lösen. Ob ich als lebendes, körperliches Wesen mein Leben führen kann, bleibt das reale Problem auch dann, wenn das Leben ein Traum ist.

Wenn eine der Figuren im Theater von Shakespeare ausruft: „Ihr nehmt mir mein Leben, wenn ihr mir die Mittel nehmt, von denen ich lebe", spricht das lebende Subjekt. Und wenn jemand fordert: „ich will nicht einfach als Objekt behandelt werden", spricht ebenfalls das lebende Subjekt. Und wenn jemand sagt: „Unglücklicherweise habe ich keinen Ausweg aus der Situation, in der ich als Objekt behandelt werde", spricht ebenfalls noch ein lebendiges Subjekt, wenn es auch jetzt das unterdrückte Subjekt ist. Aber wenn jemand sagt: „Wir sind frei, wenn wir uns gegenseitig und völlig gleich als Objekte behandeln", dann hat er darauf verzichtet, Subjekt zu sein und dieses ist selbst zerdrückt. Die heutige Marktgesellschaft hat gerade eine solche Vorstellung als ihr Ideal. Alles in Objekte zu verwandeln, einschließlich sich selbst, wird als Freiheit und als Ausweg dargestellt.

Das kalkulierende Individuum als Ausgangspunkt der Reflexion

Im Folgenden will ich nicht so sehr die philosophische oder theologische Dimension dieser Bezugnahme auf das lebende Subjekt zeigen, sondern vielmehr jene Phänomene der Wirklichkeit vorstellen, in denen heute dieses menschliche Subjekt sichtbar wird, über das dann von den verschiedensten Gesichtspunkten aus zu reflektieren wäre.

Wollen wir dieses lebende Subjekt aufzeigen, so scheint mir das Beste zu sein, vom besitzenden Individuum auszugehen, das in unserer heutigen Gesellschaft ins Zentrum aller sozialen Beziehungen gesetzt wird. Es ist ein kalkulierendes Individuum, das seine materiellen Interessen in Bezug auf seinen Konsum und auf die Akkumulation von Möglichkeiten hin kalkuliert, die die Erhöhung seines Einkommens bewirken können. Aus dieser Sicht wird alle objektive Welt zu Kapital einschließlich des sogenannten Humankapitals, indem der Mensch sich selbst als ein Mittel dieser Akkumulation ansieht. Das besitzende Individuum betrachtet sich dann selbst mit seinem Körper und seiner Seele als sein eigenes Kapital. Alle seine Fähigkeiten und sogar seine soziale Geltung benutzt es jetzt als Kapital in der kalkulierten Verfolgung seiner materiellen Interessen. Wenn wir hierbei von materiellen Interessen sprechen, so handelt es sich nicht nur um körperliche, materielle Gegenstände. Es handelt sich um jede objektiv gegebene Chance, irgendein Ziel zu verfolgen.

Allerdings sind diese materiellen Interessen immer kalkulierte, partikuläre Interessen. Es werden daher die Möglichkeiten kalkuliert, diese Interessen zu fördern. In diesem Sinne wird kalkulierter Nutzen verfolgt. Dieser Nutzen kann daher in Konsum- oder Akkumulationschancen ausgedrückt werden. Ist daher der Mensch als Person nichts weiter als dieses kalkulierende Subjekt, so ist er darauf reduziert, Individuum zu sein und erfüllt das Ideal des *homo oeconomicus*. Dieses Kalkül ist ein Zweck-Mittel-Kalkül, das man auch Kosten-Nutzen-Kalkül nennt. Dieses Kalkül verfolgt mit gegebenen Mitteln ein quantitativ maximales Ergebnis, oder ein bestimmtes Ergebnis mit minimalem Mittelaufwand. Es wählt die Ziele gemäß dem Nutzen, den das Individuum als Ergebnis erwartet. Indem das Individuum sich so verhält, gilt sein Verhalten als rationales Handeln. Das Kalkül setzt voraus, dass es in Geld ausgedrückt werden kann, um Mittel und Ziele quantitativ vergleichen zu können.

Das rationale Handeln, in dieser Perspektive aufgefasst, ist das herrschende Handeln im sozialen System, in dem wir heute leben. Effizienz und Wettbewerbsfähigkeit als höchste Kriterien über alle Lebensbedingungen entstehen in dieser Perspektive des rationalen Handelns. Diese Theorie des rationalen Handelns wurde zuerst unter diesen extremen Voraussetzungen von Max Weber formuliert, obwohl die zentralen Linien dieses Denkens lange vor ihm auftauchen. Aber diese Perspektive begrenzt sich nicht auf das, was wir gewöhnlich als Wirtschaft bezeichnen, sondern auf alle Bereiche der Kultur und der Religion und die Bestimmung dessen, was als ethisch gültig angesehen wird. Sie beherrscht nicht nur das wirtschaftliche Denken, sondern taucht ganz ebenso im soziologischen, philosophischen und theologischen Denken auf. So entwickelt auch Heidegger diese Perspektive des rationalen Handelns als Ausgangspunkt seines Denkens in „Sein und Zeit". Ebenso wird sie von allem postmodernen Denken vorausgesetzt.

Vom Gesichtspunkt dieses rationalen Handelns her gesehen, verwandelt sich das gesamte soziale System in ein am eigenen Funktionieren ausgerichtetes Räderwerk. Alles ist Input für einen Output, alles ist Mittel für einen Zweck, denn alle Zwecke sind wiederum Mittel für andere Zwecke. Es gibt überhaupt keinen Zweck mehr, der als solcher Geltung hätte. Das Produkt des Ganzen aber wird dann unter der Maxime eines maximalen Wachstums beurteilt. Erziehungs-

und Gesundheitssystem werden in Systeme zur Schaffung von Humankapital verwandelt, die Einkommensverteilung in ein Anreizsystem für die Intensivierung dieses dynamischen Wachstums, die Kultur als Aktivität, die diesem Prozess ohne Sinn seinen Sinn gibt. Die Ethik wird in eine funktionale Ethik des Systems verwandelt, die die Normen verwaltet und durchsetzt, die die Funktionsbedingungen eben dieses Systems sind, so wie dies im Fall des Marktes für die Normen der Garantie des Eigentums und der Erfüllung von Verträgen gilt. Das System in seiner Dynamik selbst fordert diese Normen und ihre Durchsetzung. Auch die Religion fällt unter das Funktionsurteil des Systems in dem Sinne, in dem Max Weber die protestantische Ethik als ein unverzichtbares Element für die Entstehung des Geistes des Kapitalismus ansah. Das System verlangt daher von der Religion, sich so auszugestalten, dass sie zur Stütze dieser scheinbar unaufhaltsamen Bewegung des Systems wird, das seine eigene Bewegung maximiert. Hier erscheint der Nihilismus der modernen Gesellschaft, der aus dieser maximierten Bewegung erwächst, die überhaupt kein Ziel und kein Kriterium hat, das nicht selbst Ergebnis dieser Bewegung wäre. Diese Bewegung selbst wird damit zu einer sich selbst perpetuierenden Bewegung, die alle menschlichen Äußerungen und Werte in ihren Dienst stellt und ihnen damit ihren Wert nimmt.

Ein solches System kann ein menschliches Subjekt nur als Element seiner Umwelt zur Kenntnis nehmen, wie Luhmann es nennt. Es verfügt über alles ohne irgendein Ziel, das nicht seine eigene Bewegung wäre. Aber dieses Subjekt erscheint als etwas ganz anderes als nur bloßes Element der Umwelt des Systems, sobald man die Konsequenzen des Systems für den Menschen in Betracht zieht.

Die Ordnung der kalkulierten, materiellen Interessen

Wenn das System als eine Ordnung entsteht, die sich als Produkt der Verfolgung von kalkulierten materiellen Interessen – von dem kalkulierten Nutzen her – konstituiert, so ergibt sich eine Ordnung, die die Effekte außer Betracht lässt, die diese Art Handeln auf die Gesamtheiten der Gesellschaft und der Natur ausübt, innerhalb derer sich dieses Handeln vollzieht. Die Marktordnung ist eine typische Ordnung dieser Art. Das Markthandeln schafft eine Ordnung, aber es handelt sich um eine Ordnung, die diese Gesamtheiten, innerhalb derer sie entsteht, untergräbt. Sie sägt den Ast ab, auf dem sie sitzt.

Dies ist das Problem der nicht-intentionalen Effekte des intentionalen und kalkulierten Handelns. Je mehr sich das Handeln am partikulären Zweck-Mittel-Kalkül orientiert, um so weniger kann es die Effekte, die es auf die realen Gesamtheiten der Gesellschaften und der Natur hat, in Betracht ziehen, da sie nicht in das Kalkül dieser Aktion eingehen können. Das System existiert in einer Umwelt, aber diese Umwelt des Systems stellt Gesamtheiten dar, die das Kalkül nicht in Betracht zieht und nicht in Betracht ziehen kann. Daher verzerrt es diese Gesamtheiten und untergräbt sie. Die nicht-intentionalen Effekte des kalkulierten Handelns werden zu perversen Effekten. Diese Verzerrungen, die dieses Handeln in den Gesamtheiten von Gesellschaft und Natur auslöst, erleben wir als Krisis. Es handelt sich nicht notwendig um Krisen des Systems, sondern um Krisen, die das System in der Gesellschaft und der Natur auslöst, in die das Handeln eingreift, ohne ihren Charakter als Gesamtheiten in Betracht zu ziehen. Diese Krisen ergreifen alle Welt, ohne dass das System in eine Krise gerät. Alles ist in Krisis, aber die Geschäfte gehen gut, so dass man vom System aus nicht einmal von Krisen spricht. Diese Krisen sind heute offensichtlich: Die immer größer werdende Ausgrenzung von Teilen der Bevölkerung, die Krise aller sozialen Beziehungen und die Umweltkrise. Je mehr das Handeln sich an dem kalkulierten Nutzen ausrichtet, um so mehr verwandeln sich diese Krisen in globale Bedrohungen, denen gegenüber das System unfähig ist zu reagieren. Die Ordnung entwickelt Tendenzen zu ihrer eigenen Zerstörung und wird daher selbstzerstörerisch.

Auf diese Weise ergibt sich das Problem der Irrationalität des Rationalisierten. Das Handeln ist völlig rational, wenn man es unter dem Gesichtspunkt des Zweck-Mittel-Kalküls betrachtet, aber indem dieses als soziales System organisiert ist, zeigt es seine Irrationalität in dem Grade, in dem sich diese nicht-intentionalen Effekte als perverse Effekte unvermeidlicher Nebenprodukte des intentionalen Handelns ergeben. Tatsächlich sind diese perversen Effekte völlig unvermeidlich in dem Maße, in dem sich das System als Ordnung vom Kalkül materieller Interessen her konstituiert. Aber das, was für das Gesamtsystem gilt, gilt auch für alle seine Subsysteme. Alle untergraben sich selbst, wenn sie sich als Ordnung durch die Totalisierung des Kalküls der materiellen Eigeninteressen konstituieren.

Die Diskussion über diese nicht-intentionalen Effekte intentionalen Handelns, das seine materiellen Interessen kalkuliert, taucht in der Moderne zusammen mit der Diskussion der Tatsache auf, dass die Ordnung des entstehenden bürgerlichen, kapitalistischen Systems im 17. und 18. Jahrhundert eine Ordnung ist, die selbst ein nicht-intentionales Ergebnis des die Herrschaft antretenden Kalküls materieller Interessen ist. Sie beginnt im England des 18. Jahrhunderts und ihre Klassiker sind David Hume und Adam Smith, die allerdings diese nicht-intentionalen Effekte ausschließlich als gutartig interpretieren. Sie zeigen, dass aus der Vorherrschaft des Kalküls partikulärer materieller Interessen tatsächlich eine Ordnung entsteht, die die bürgerliche Ordnung ist. Aber sie zeigen in keiner Weise die Ambivalenz dieser Ordnung auf. Adam Smith kommt zu dem Ergebnis, dass die nicht-intentionalen Effekte des partikulären Interessenkalküls in die Aktion einer „unsichtbaren Hand" einmünden, nach der die partikularen Handlungen, ob sie das wollen oder nicht, das allgemeine Interesse der ganzen Gesellschaft fördern. Sie tun dies, sofern diese Aktion im Markt geschieht, der der Ort des Wirkens dieser unsichtbaren Hand ist. Daher scheinen die nicht-intentionalen Effekte des kalkulierenden Handelns keine weiteren, besonderen Probleme aufzuwerfen.

Die marxsche Kritik hingegen weist darauf hin, dass diese Ordnung keineswegs eindeutig gutartig, sondern durchaus zweischneidig ist. Das die materiellen Interessen kalkulierende Zweck-Mittel-orientierte Handeln schafft zwar eine Ordnung, aber es handelt sich um eine Ordnung, die sich selbst untergräbt. Sie ist ein geordnetes Chaos. Indem die Ordnung als nicht-intentionales Produkt dieses Handelns entsteht, entstehen gleichzeitig nicht-intentionale Effekte perverser Art, werden die realen Gesamtheiten der Gesellschaft und der dem Menschen externen Natur zerrüttet, so dass selbstzerstörische Tendenzen entstehen. Marx fasst diese seine Behauptung folgendermaßen zusammen:

> Die kapitalistische Produktion entwickelt daher nur die Technik und Kombination des gesellschaftlichen Produktionsprozesses, indem sie

zugleich die Springquellen alles Reichtums untergräbt: die Erde und den Arbeiter.[1]

Danach untergräbt die intentionale Produktion des Reichtums auf nicht-intentionale Art die Quellen allen Reichtums, den Menschen und die dem Menschen äußerliche Natur. So wird sie selbstzerstörerisch. Es handelt sich um Gesamtheiten, die in der Verfolgung kalkulierter und partikulärer materieller Interessen nicht in Betracht gezogen werden und auch nicht in Betracht gezogen werden können. Daher werden sie untergraben. Die Krisen der Ausgrenzung der Bevölkerung, der sozialen Beziehungen selbst und der Umwelt sind die Folgen und verwandeln sich in wahre apokalyptische Reiter. Im Endeffekt ist das System selbst durch diese Krisen bedroht, die es als Subprodukt seines Bestehens auf unbegrenzte Vorherrschaft des Interessenkalküls für die Konstitution der Ordnung hervorgebracht hat. George Soros, der bekannte Finanzmanager, kommt zu eben diesem Ergebnis, wenn er heute darauf besteht, dass nach der absoluten Vorherrschaft des Kapitalismus nur noch ein Feind des Kapitalismus bleibt: der Kapitalismus selbst.

Aber diese Bedrohung führt keineswegs automatisch zur Substitution des Kapitalismus durch eine neue Gesellschaft, sondern bedroht den Kapitalismus nur deshalb, weil er das Überleben der Menschheit gefährdet und weil schließlich dieses Überleben selbst die Bedingung für das Überleben des Kapitalismus ist. Es gibt kein Überleben des Kapitalismus ohne das Überleben der Menschheit, aber die Logik dieses Kapitalismus selbst bedroht das Überleben der Menschheit und in seiner Folge eben das Überleben des Kapitalismus selbst.

Der innere Bruch in der Verfolgung
von partikulären materiellen Interessen

Was wir heute erleben, ist ein immanenter Bruch innerhalb der kalkulierten Verfolgung der materiellen Interessen. Diese Interessen selbst untergraben sich in dem Grade, in dem sich das Interessenkalkül über

---

[1] Karl Marx/ Friedrich Engels, Werke Bd. 23, Das Kapital, Berlin/DDR. 1976, S. 530.

alle Grenzen hinaus durchsetzt. Man kann partikuläre materielle Interessen nicht rational verfolgen, wenn dieses Kalkül in die letzte Instanz allen menschlichen Handelns verwandelt wird. Hier wird die Irrationalität des Rationalisierten sichtbar, die sich in globale Bedrohung des Überlebens des Menschen selbst verwandelt. Daher müssen die großen Krisen unserer Zeit als Zeugen dieser Irrationalität des Rationalisierten gesehen werden. Es handelt sich um Krisen dieser realen Gesamtheiten von Bevölkerung und Natur, die als nicht-intentionales Produkt (oder als Subprodukt) eines menschlichen Handelns entstehen, das in den Termini des Zweck-Mittel-Kalküls völlig rational ist, das aber seine Irrationalität dadurch erweist, das es den Ast absägt, auf dem wir alle sitzen. Indem es das auf völlig rationale Weise tut, enthüllt es die Irrationalität des Rationalisierten.

Dieser Bruch im Innern der Logik der kalkulierten materiellen Interessen fordert eine Antwort heraus, eine Antwort nicht von außerhalb dieser Interessen, sondern von innen her. Als Naturwesen muss der Mensch sich an seinen materiellen Interessen orientieren. All unser Leben ist körperliches Leben und braucht die Befriedigung von körperlichen Bedürfnissen, ohne die niemand leben kann. Auch die spirituellsten vorstellbaren Interessen gründen in der Befriedigung körperlicher Bedürfnisse und können nie mehr sein als Seele eines Körpers.

Daher kann sich eine Antwort niemals gegen die Verfolgung der materiellen Interessen als solche richten. Sie muss sich vielmehr darauf richten, die Verfolgung der materiellen Interessen selbst vor ihrer eigenen Logik zur Selbstzerstörung zu bewahren. Das Problem der Antwort wächst aus den materiellen Interessen selbst heraus. Man muss also anerkennen, dass die materiellen Interessen sich selbst transzendieren, eine Tatsache, die dieser Bruch in ihrem Inneren enthüllt. Da sie sich selbst transzendieren, brauchen sie eine Antwort im Namen einer Rationalität, die auf die Irrationalität des Rationalisierten antwortet, die diese materiellen Interessen selbst erzeugen. Sie müssen Kriterien unterworfen werden, deren Notwendigkeit aus dem inneren Bruch innerhalb der Verfolgung materieller Interessen selbst folgt, die aber durch die Totalisierung der Logik eben dieser materiellen Interessen unterdrückt werden.

Nun zeigt sich heute viel Widerstand gegen diese Effekte der Irrationalität des Rationalisierten, aber selten wird in der Öffentlichkeit sichtbar, dass es sich um nicht-intentionale Effekte eines Handelns handelt, das durch das Zweck-Mittel-Kalkül rationalisiert worden ist. Gerade deswegen ist dieser Widerstand heute so oft orientierungslos.

Daher muss es heute darum gehen, die allseits geltende Entscheidung in Frage zu stellen, alle Entscheidungen über die materiellen Interessen in letzter Instanz dem Kalkül von Eigeninteressen zu unterwerfen: nicht nur auf der Ebene des globalen Systems, sondern auch auf der Ebene aller Subsysteme. Das Argument dafür aber erwächst aus den materiellen Interessen selbst, deren Nachhaltigkeit gesichert werden muss und die nicht gesichert werden kann, wenn nicht das Kalkül des Eigeninteresses selbst anderen Gesichtspunkten unterworfen wird und damit eine untergeordnete Bedeutung bekommt.

Es handelt sich also um eine Ethik, der die kalkulierten Eigeninteressen unterworfen werden müssen. Es handelt sich aber nicht etwa um eine Ethik, die wir vom irgendeinem Sinai herunterholen könnten, sondern um eine Ethik der materiellen Interessen, die von der Verfolgung materieller Interessen selbst gefordert wird, wenn das menschliche Leben, das auf der Befriedigung körperlicher Bedürfnisse beruht, gesichert werden soll. Sie entsteht daher durchaus aus dem Gebiet des Nützlichen, das sich dem kalkulierten Nutzen entgegenstellt, da dieser kalkulierte Nutzen des Eigeninteresses in seiner selbstzerstörerischen Logik alle Nützlichkeit zerstört, in deren Namen er auftritt. Es handelt sich also um eine notwendige Ethik, ohne die die Menschheit nicht weiterleben kann. In diesem Sinne handelt es sich nicht um eine optionale Ethik in dem Sinne, wie etwa Max Weber Werturteile auffasst. Natürlich gab es immer optionale Ethiken und es wird sie immer geben. Aber eine Ethik der materiellen Interessen ist Bedingung der Möglichkeit menschlichen Lebens, das nur gegenüber dem selbstzerstörerischen Charakter der kalkulierten Eigeninteressen gesichert werden kann. Das kalkulierte Eigeninteresse wird das gesamte Amazonasgebiet abholzen, solange dies hohe Gewinne und eine wachsende Produktion materieller Güter einbringt. Eine Ethik der materiellen Interessen hingegen stellt sich dagegen, insofern die Zerstörung des Amazonasgebietes die Zerstörung einer Lebensquelle für alles zukünftige Leben ist. Auch diese Ethik spricht im Namen von materiellen Interessen und der Nützlichkeit, aber gerade darum widersetzt sie sich der Logik des kalkulierten Eigeninteresses. Aber sie tut es im Namen einer Rationalität, die auf die Irrationalität des Rationalisierten antwortet. Gerade deshalb ist sie nicht mit einem Interessenkalkül auf lange Sicht zu verwechseln. Es handelt sich um eine Nützlichkeit, die über jedes Nutzenkalkül hinausgeht.

Die Rückkehr des verdrängten Subjekts und das Gemeinwohl

Wenn wir heute von der Rückkehr des verdrängten und unterdrückten Subjekts sprechen, sprechen wir über den Menschen als Subjekt jener Rationalität, die auf die Irrationalität des Rationalisierten antwortet. In dieser Perspektive ist die Rückgewinnung des Subjekts Befreiung. Sie stellt der Aktion von kalkulierten Eigeninteressen die Tatsache gegenüber, dass Bevölkerung und Umwelt Gesamtheiten darstellen, in die dieses partikuläre Handeln ständig integriert werden muss. Da aber die partikuläre und kalkulierende Aktion des Individuums unvermeidlich diese Existenz von realen Gesamtheiten außer Betracht lässt und dadurch die selbstzerstörerischen Tendenzen im System oder seinen Subsystemen auslöst, ist es das Handeln des Menschen als Subjekt, das die Gültigkeit dieser Gesamtheiten von seiner Erfahrung der Zerstörung her gegenwärtig macht. Daher urteilt es über die kalkulierende partielle Handlung ausgehend von den zerstörerischen nicht-intentionalen Effekten, die es in diesen Gesamtheiten – Gesamtheit der Menschen oder der Natur, sei es im globalen System oder in seinen Subsystemen – auslöst.

In diesem Sinne tritt der Mensch als Subjekt den kalkulierten Eigeninteressen gegenüber, obwohl es durchaus im Namen eines materiellen Interesses handelt und keineswegs im Namen irgendeiner Idee oder Idealisierung. Es handelt im Namen des Interesses, das jeder Einzelne hat in dem Sinne, dass diese Gesamtheiten respektiert werden, um sich so den selbstzerstörerischen Tendenzen entgegenstellen zu können, die sich von der Totalisierung des Kalküls der Eigeninteressen ableiten. Insofern hat dieses Subjekt einen realen Ort deshalb, weil dieser Respekt für die Gesamtheiten als Bedingungen der Möglichkeit des menschlichen Lebens eben eine Bedingung der Möglichkeit jedes einzelnen Lebens ist. Es „opfert" sich nicht etwa für die anderen oder für irgendein ideales Gesamtinteresse, sondern entdeckt, dass seine eigenen Lebensmöglichkeiten mit den Lebensmöglichkeiten der anderen und der Natur selbst positiv verknüpft sind. Deshalb opfert es auch nicht die anderen. Es ist das kalkulierende Individuum, das sich selbst opfert und auch die anderen.

Genau deshalb ist das Subjekt keine individuelle Instanz. Die Intersubjektivität ist Bedingung dafür, dass der Mensch Subjekt wird. Er weiß sich dann in einem Netz, das alle Menschen und die dem Menschen externe Natur einschließt: dass der andere leben kann, ist Bedingung für die Möglichkeit des eigenen Lebens. Nach Lévinas ist dies die Bedeutung auch der biblischen Nächstenliebe:

> Was bedeutet ‚wie dich selbst'? Buber und Rosenzweig kamen hier mit der Übersetzung in größte Schwierigkeiten. Sie haben gesagt: ‚wie dich selbst', bedeutet das nicht, daß man am meisten sich selbst liebt? Abweichend von der von Ihnen erwähnten Übersetzung, haben sie übersetzt: ‚liebe deinen Nächsten, er ist wie du'. Doch wenn man schon dafür ist, das letzte Wort des hebräischen Verses, ‚kamokha', vom Beginn des Verses zu trennen, dann kann man das Ganze auch noch anders lesen: ‚Liebe deinen Nächsten; dieses Werk ist wie du selbst'; ‚liebe deinen Nächsten; das bist du selbst'; ‚diese Liebe des Nächsten ist es, die du selbst bist'.[2]

So aufgefasst, handelt es sich um einen Aufruf, Subjekt zu werden. Der Mensch ist nicht Subjekt als Substanz, sondern der Prozess des Lebens enthüllt, dass der Mensch nicht leben kann, ohne sich als Subjekt zu verwirklichen. Anders gibt es kein Überleben der Menschheit, da der Prozess, wie er sich aus der Trägheitslogik des Systems ergibt, selbstzerstörerisch ist. Er erdrückt und verdrängt das Subjekt, das sich des Aufrufs, Subjekt zu werden, bewusst wird, indem es Widerstand gegen diese Zerstörungstendenz leistet. Der Mensch muss sich der Trägheitslogik des Systems widersetzen, wenn er sein Leben sichern will, und indem er sich widersetzt, entwickelt er sich als Subjekt.

Dieser Aufruf, Subjekt zu werden, enthüllt sich also im Verlauf eines Prozesses. Daher ist das Subjekt kein Apriori eines Prozesses, sondern resultiert aus einem a posteriori. Das menschliche Sein als

---

[2] Lévinas, Emmanuel: Wenn Gott ins Denken einfällt. Diskurse über die Betroffenheit von Transzendenz. Freiburg/München, S. 115.

KAPITEL IX

Subjekt ist keine Substanz und schon gar kein transzendentales Subjekt a priori. Subjekt zu werden zeigt sich als Notwendigkeit, indem sich enthüllt, dass die Trägheitslogik des Systems selbstzerstörerisch ist. So enthüllt sich die Möglichkeit des Menschen, Subjekt zu werden, so dass das Subjektsein eben nie völlig eine positive Gegenwart ist, wie dies etwa für das Sein des Individuums gilt. Das Subjekt enthüllt sich zunächst als eine Abwesenheit, die gegenwärtig ist und schreit. Es ist gegenwärtig als Abwesenheit, die erfleht.[3] Subjekt zu werden, ist positive Antwort auf die Abwesenheit, die diese Antwort erfleht. Aber es handelt sich um eine Antwort auf die Abwesenheit, die diese Abwesenheit nicht beseitigt. [4] Sie antwortet eben. Die

---

[3] Wir sind von Abwesenheiten umgeben. Ein Witz aus der DDR zeigte dies. Ein Käufer kommt in einen Laden und fragt nach Apfelsinen. Der Verkäufer antwortet: Was es hier nicht gibt, sind Kartoffeln. Gegenüber gibt es keine Apfelsinen. Ständig erleben wir, das etwas nicht da ist, dessen Abwesenheit aber Folgen hat. Gegenüber dem System ist es das Subjekt, das abwesend ist, dessen Abwesenheit bedrängt. Marx beschreibt die Beziehungen im Markt in Begriffen von Anwesenheit und Abwesenheit: „Den letzteren (den Produzenten) erscheinen daher die gesellschaftlichen Beziehungen ihrer Privatarbeiten als das, was sie sind, d. h. nicht als unmittelbar gesellschaftliche Verhältnisse der Personen in ihren Arbeiten selbst, sondern vielmehr als sachliche Verhältnisse der Personen und gesellschaftliche Verhältnisse der Sachen." Marx, Karl, Das Kapital. Kritik der politischen Ökonomie (Karl Marx/Friedrich Engels, Werke, Band 23), Berlin/DDR 1977, S. 87. Auch hier wird das, was nicht ist, nämlich „unmittelbar gesellschaftliche Verhältnisse der Personen in ihren Arbeiten selbst" als ein Teil dessen gedacht, was ist. Es handelt sich um die andere Seite dessen, was ist und daher um eine anwesende Abwesenheit, die bedrängt.

[4] In seinen Tagebüchern spürt Wittgenstein das Problem eines solchen Subjekts: „Das vorstellende Subjekt ist wohl leerer Wahn. Das wollende Subjekt aber gibt es." (Wittgenstein, Ludwig. Tagebuch vom 5.8.1916; Tractatus, 5.631). Weiter: „Und das Subjekt gehört nicht zur Welt, sondern ist eine Grenze der Welt." (Tagebuch 02.88.1916; Tractatus, 5.632). „Eine Voraussetzung seiner Existenz" (Tagebuch 02.08.1916).
Aber dann distanziert er sich im Tractatus, indem er ein Beispiel entwickelt: „Meine Sätze erläutern dadurch, daß sie der, welcher mich versteht, am Ende als unsinnig erkennt, wenn er durch sie – auf ihnen – über sie hinausgestiegen ist. (Er muß sozusagen die Leiter wegwerfen, nachdem er auf ihr hinaufgestiegen ist.)." (Tractatus 6.54) Das Subjekt ist eine Grenze der Welt, denn es transzendiert alle Positivitäten in der Welt. Dennoch ist es tatsächlich Voraussetzung ihrer Existenz. Auch Wittgenstein abstrahiert von den autodestruktiven Tendenzen, die dort erscheinen, wo die Welt und das System als ein träges System behandelt werden.
Wittgenstein nimmt die Welt als etwas, das unabhängig davon garantiert ist, was der Mensch tut. In diesem Sinne geht gerade er von einer metaphysischen Garantie der Existenz der Welt aus, die er niemals rechtfertigen kann. Unsere Erfahrung heute

Antwort muss sich zum Teil des Systems machen, das Subjekt aber als Abwesenheit, die gegenwärtig ist, steht dem System gegenüber, weil es das System überschreitet und transzendiert.

Diese Antwort ist das Gemeinwohl. Es ist ein Vorschlag oder eine Alternative, die vom Subjekt her auftaucht. Sie fordert das System heraus, um es zu verändern, und wird gerade deshalb zu einem Teil des Systems. Aber diese Herausforderung hat ihre Wurzel darin, dass der Mensch sich als Subjekt verhält. In dieser Formulierung beinhaltet das Gemeinwohl überhaupt keine a priori gewussten Werte, die dann zu verwirklichen wären. Was man einzig zeigen kann, ist, dass das Gemeinwohl und das, was es fordert, sich von den selbstzerstörerischen Tendenzen des Systems in seiner Trägheitsbewegung her als Antwort ergibt. Das Gemeinwohl formuliert dann in positiver Form das, was implizit in der Sorge des abwesenden Subjekts vorhanden ist. Es hat nicht die geringste Wahrheit a priori, sondern ergibt sich als Ergebnis einer Interpretation der Wirklichkeit von der Abwesenheit des Subjekts her.

Dieser Begriff des Gemeinwohls ist sehr verschieden vom mittelalterlichen thomistischen Begriff, der aus einem Naturgesetz abgeleitet ist, das aller positiven Ordnung vorausgeht und unabhängig von ihr gekannt werden kann. In diesem Sinne ist diese Gemeinwohlvorstellung statisch und apriorisch. Sie setzt das Wissen voraus, was das Gemeinwohl ganz unabhängig von der Entwicklung einer positiven Ordnung ist. Der Gemeinwohlbegriff, den wir vorstellen, meint anderes. Hier wird das, was das Gemeinwohl fordert, von der Erfahrung der selbstzerstörerischen Tendenzen des Systems her entdeckt: Die Werte dieses Gemeinwohlverständnisses sind veränderbar.

Auch das Gemeinwohl ist niemals die positive Gegenwart des Menschen als Subjekt. Im Namen des Gemeinwohls wird die Transformation des Systems gefordert. Es handelt sich daher um die Einführung von Gemeinwohlvorstellungen in das System. Im Ergebnis können sich diese Gemeinwohlvorstellungen durchaus wieder gegen den Menschen als Subjekt richten, wenn sich das System wieder in

---

aber ist, dass es diese metaphysische Garantie nicht gibt. Insofern hängt alles davon ab, ob der Mensch sich als Subjekt der Welt gegenüber verhält, wenn diese existieren soll und daraus wiederum resultiert eine Ethik, die die Bedingung der Möglichkeit des menschlichen Lebens ist.

einer bloßen Trägheitsbewegung entwickelt. Die Erfordernisse des Gemeinwohls müssen also ständig verändert werden.

Aus diesem Grunde kann der Mensch als Subjekt niemals mit bestimmten Werten identifiziert werden, vielmehr ist das Subjekt Kriterium aller Werte. Es ist die Bestätigung des Subjekts als Teil von Gesamtheiten der Menschheit und der Natur gegenüber dem partiellen und kalkulierenden Handeln und seiner materiellen Interessen. Das Grundurteil lautet: ein gelungenes Leben ist nur möglich, wenn auch den anderen und der außermenschlichen Natur gelungenes Leben zugestanden wird. Gelungenes Leben wird nicht durch die Vernichtung der anderen als Bedingung eigenen Lebens möglich. Wenn man es in der Vernichtung des anderen sucht, werden selbstzerstörerische Prozesse ausgelöst, die zu Ergebnissen führen, die letztlich die eigene Vernichtung implizieren. Daher ist es kein Opfer, das gelungene Leben dadurch zu suchen, dass es dem anderen auch zugestanden wird, sondern es ist Realismus.

Es handelt sich dabei nicht um ein langfristiges Kalkül, das im Endeffekt immer wieder das Problem reproduziert, um dessen Lösung es sich handelte. Es handelt sich vielmehr um eine notwendige Transformation des Systems in der Perspektive einer Gesellschaft, in der alle Platz haben – einschließlich der Natur. Diese Forderung geht über alle Interessenkalküle hinaus, aber ihre Erfüllung ist die Bedingung allen zukünftigen menschlichen Lebens. In diesem Sinne handelt es sich um etwas, das nützlich und notwendig ist, obwohl es im Konflikt steht mit dem Nutzenkalkül des Eigeninteresses. Es ist aber andererseits die realistische Bedingung für jeden Respekt vor den Menschenrechten, die als Rechte des Menschen als Subjekt geachtet werden müssen.

Es geht um eine ethische Notwendigkeit, um eine Ethik, die nicht beliebig, sondern notwendig ist. Die Menschheit kann ihre Existenz heute nicht mehr sichern, ohne sie zu verwirklichen.

Übersetzung: Norbert Arntz

KAPITEL X

FÜLLE UND KNAPPHEIT – WER DEN HIMMEL AUF ERDEN NICHT WILL, SCHAFFT DIE HÖLLE
FÜLLE UND KNAPPHEIT ALS ORIENTIERUNGEN DES HANDELNS

FÜLLE UND KNAPPHEIT

Das Thema „Fülle und Knappheit" bezieht sich auf soziales Handeln, nicht auf Zustände. Es geht um Orientierungen für gesellschaftliches Handeln. Vorläufig können wir vom Konflikt zwischen Gemeinwohlorientierung und individuellem Nutzenkalkül sprechen. Die beiden Orientierungen stehen nicht wie zwei manichäische Gegenpole in totalem Konflikt gegeneinander. Vielmehr geht es um einen Konflikt, dessen Existenz überhaupt erst anerkannt werden muss und der nur durch Vermittlungen gelöst werden kann. Aber es handelt sich wirklich um einen Konflikt, und ich will versuchen, seine Elemente zu entwickeln.

Es gibt eine Szene, die in allen Evangelien auftaucht und die wir zum Ausgangspunkt nehmen können. Es ist die Szene, die wir gemeinhin die wunderbare Brotvermehrung nennen. Diese Brotvermehrung ist natürlich kein magischer Akt, durch den Jesus eine Menge Brote herbeizaubert, von denen dann jeder für sich soviel nehmen kann wie er will. Es handelt sich überhaupt nicht um eine quantitative Vermehrung von Broten. Was geschieht, ist, dass eine unverbundene Menge von Zuhörern der Worte Jesu sich als Gemeinschaft konstituiert und das Mitgebrachte gemeinsam verzehrt. Dadurch entsteht die Fülle von Broten. Alle können essen und alle haben genug, weil sie gemeinsam essen. Die Fülle ist nicht quantitativ, sondern ergibt sich daraus, dass alle so teilen, dass genug für alle da ist.

Gandhi bezieht sich auf diese Fülle, wenn er sagt: Indien hat genügend Reichtum, damit alle leben können. Aber es hat nicht genug, um die Habsucht einiger weniger zu befriedigen. Fülle ist möglich, denn es ist möglich, dass alle genügend haben. Amartya Sen stellt fest, dass keine Hungersnot jemals durch physische Knappheit erklärt werden kann. Die Erklärung ist immer darin zu suchen, dass diejenigen Gruppen, die Nahrungsmittel haben, sich weigern, sie gemeinsam mit den anderen zu verzehren[1]. Die mögliche Fülle wird zerstört und das Nutzenkalkül – Knappheitskalkül – verwandelt Knappheit in Katastrophe. Das Verhalten gemäß dem Nutzenkalkül verschärft die

---

[1] Vgl. Amartya Sen, Leben und Tod als ökonomische Indikatoren. Aus dem Internet.

KAPITEL X

Knappheit, um dann mit der Knappheit die Notwendigkeit einer Totalisierung eben dieses Nutzenkalküls zu begründen. Während der großen Hungerkatastrophe in Bangladesch, die durch die Kolonisierung der Engländer seit der zweiten Hälfte des 18. Jahrhunderts. hervorgerufen wurde, und bei der ungefähr 10 Millionen Menschen starben, exportierte Bengalen immer noch Reis und Getreide.

Sicher können wir hier zu Recht von einem Problem der Solidarität sprechen. Aber der Verweis auf Solidarität kann das Verständnis auch verdunkeln. Das Problem, um das es geht, ist nicht Solidarität, obwohl es ohne Solidarität nicht lösbar ist. Solidarität ist letztlich ein formaler Wert und formalen Werten liegt immer ein Inhalt – eine Materialität – zugrunde, die über ihre Bedeutung entscheidet. Es gibt auch die Solidarität der Verbrecher untereinander und im 19. Jahrhundert sprach man in den USA von der Solidarität der „pro-slavery-rebellion", das heißt, von der Solidarität derer, die die Sklaverei verteidigten. Nicht jede Solidarität orientiert sich an der Fülle. Es gibt auch die Solidarität derer, die jede Orientierung an der Fülle – wir können auch sagen: am Gemeinwohl – zerstören wollen.

Es geht um den inhaltlichen Kern, der es möglich macht, die Solidarität an der Fülle zu orientieren. Ich will versuchen, diesen inhaltlichen Kern herauszuarbeiten. Dieser Kern heißt bei Jesus das „Himmelreich" oder auch das „Reich Gottes". Da dieses Reich Gottes nicht das Jenseits, sondern der Kern des Irdischen ist, kann Jesus sagen: „Denn siehe, das Reich Gottes ist mitten unter euch" (Lk 17,21). Er fügt hinzu, dass man es ergreifen muss. Es ist nicht einfach da, sondern als Abwesenheit gegenwärtig, die in positive Anwesenheit verwandelt werden muss. Wenn eine der Figuren von Sartre in den „Gefangenen von Altona" sagt: „Die Hölle – das sind die Anderen", so behauptet Sartre nicht etwa das Gegenteil des Jesuswortes, sondern er bestätigt es. Ergreift man das Reich Gottes, das mitten unter uns ist, nicht, dann verwandelt sich der Andere in die Hölle, die eben dann mitten unter uns ist. Wenn wir nicht die Hölle mitten unter uns wollen, dann müssen wir das Reich Gottes – dieses Himmelreich – ergreifen. Das Reich Gottes zeigt sich so als der Kern des Irdischen.

Die Verwirklichung des Himmels auf Erden

Der Kirchenvater Johannes Chrysostomus sagt in seinen Homilien über den ersten Timotheusbrief:

> Man betrachte, welche Ehre Gott uns angetan hat, indem er uns mit einer solchen Aufgabe betraute! Ich, sagt er gleichsam, habe Himmel und Erde erschaffen; ich gebe auch Dir Schöpferkraft: mache die Erde zum Himmel! Du kannst es ja![2]

Es geht um dieses Problem des Reiches Gottes als dem Kern alles Irdischen. Das ist es wirklich, und deshalb ist es in aller Moderne trotz aller Säkularisierung gegenwärtig. Man kann sogar sagen, dass sich das Denken der Moderne um dieses Problem dreht. Der Grund liegt darin, dass hier die Gesellschaft zum Gegenstand der Transformation wird.

Dies beginnt mit dem liberalen Denken. Mandeville setzt bereits zu Beginn des 18. Jahrhunderts entscheidende Akzente für das auf den Markt bezogene Harmoniedenken und fasst diesen Standpunkt zusammen: „private Laster – öffentliche Tugenden". Adam Smith macht daraus das Projekt der bürgerlichen Gesellschaft und gibt ihm einen himmlischen Anstrich. Er spricht von der „unsichtbaren Hand". Der Ausdruck taucht bereits bei Newton auf, der ihn in Bezug auf die Ordnung des Planetensystems benutzt, das durch die unsichtbare Hand Gottes mittels der Naturgesetze gelenkt wird. Sein Ursprung aber liegt in der Stoa. Mit Smith wird es dann auf den Markt angewendet, dessen Harmonie durch die unsichtbare Hand mittels des Wertgesetzes hergestellt wird. Die Idee dieser prästabilisierten Harmonie beherrscht seither das bürgerliche Denken.

Diese Idee behält ihre Eindeutigkeit allerdings nicht lange. In Goethes Faust ist es Mephistopheles, der sich im Namen dieser Harmonie vorstellt, nämlich als „ein Teil von jener Kraft, die stets das Böse will und stets das Gute schafft." Es handelt sich bei Goethe offensichtlich um eine Bezugnahme auf Mandeville und auf die unsichtbare Hand des Adam Smith. Aber es ist nicht mehr Gott, der dies sagt, sondern der Lügner Mephistopheles. Faust glaubt, dass er

---

[2] Aus: Johannes Chrysostomus: Homilien über den ersten Brief an Timotheus, übersetzt von J. Wimmer. Bibliothek der Kirchenväter, Bd. 6, Kempten/München 1880, S. 209. Ich verdanke diesen Hinweis Herrn Norbert Arntz.

durch die Allianz mit Mephistopheles das Paradies auf Erden geschaffen hat. Die Naturgewalten aber verschlingen das Werk im Moment des Todes von Faust, in dem er sein Ziel erreicht zu haben glaubt. Faust, der bereits erblindet ist, hört den Lärm von Schaufeln und glaubt, dass das Aufbauwerk weiter geht. Er weiß aber nicht, dass es der Lärm der Totengräber ist, die ihm sein Grab schaufeln.

Auf diese Marktmystik folgend entsteht dann im 19. Jahrhundert ein neuer Humanismus der Praxis. Er nimmt ebenfalls den mythischen Raum einer neuen durch die Praxis zu schaffenden Gesellschaft in Anspruch, wendet sich aber gegen die den Markt verhimmelnde Mystik des Marktes. In ironischer Form bringt Heinrich Heine dies in einem Gedicht so zum Ausdruck: „Wir wollen auf der Erde schon das Himmelreich errichten". Dieses Gedicht ist zu einem der bekanntesten der deutschen sozialdemokratischen Arbeiterschaft im 19. Jahrhundert geworden.

Allerdings meint es nicht das Gleiche, was Chrysostomus in dem vorher zitierten Text gesagt hatte. Denn Heine fügt hinzu: „Den Himmel überlassen wir den Engeln und den Spatzen". Himmel und Erde sind auseinandergerissen, die irdische Ordnung wird zum Referenzpunkt für den Himmel. Der Himmel wird irdisch und es gibt kein Reich Gottes mehr, das mitten unter uns wäre. Marx beschreibt seinen Humanismus sicher nicht mit den Worten Heines, er lehnt dies sogar ab. Dennoch umschreibt das, was der Dichter dichterisch sagt, durchaus den Humanismus der Praxis, wie ihn Marx dann differenziert sieht:

> „Es ist in der Tat viel leichter, durch Analyse den irdischen Kern der religiösen Nebelbildungen zu finden, als umgekehrt, aus den jedesmaligen wirklichen Lebensverhältnissen ihre verhimmelten Formen zu entwickeln. Die letzte ist die einzig materialistische und daher wissenschaftliche Methode.[3]

Marx differenziert. Er will nicht nur den irdischen Kern der religiösen Nebelbildungen suchen – nicht das Himmelreich auf Erden errichten – sondern aus diesem irdischen Kern die verhimmelten Formen entwickeln. Aber das Ziel bleibt: den irdischen Kern so zu verändern, dass die religiösen Nebelbildungen überflüssig werden. Der Himmel

---

[3] Karl Marx/ Friedrich Engels, Werke Bd. 23, Das Kapital, Berlin/DDR. 1976, S. 393, Fußnote 89.

bleibt ein Ort, der den Engeln und den Spatzen überlassen wird. Himmel und Erde widersprechen einander. Wer die Erde bejaht, muss den Himmel aufgeben.

Gegen diesen Humanismus der Praxis entsteht ein neues, extremes Denken der bürgerlichen Gesellschaft. Es beginnt mit Nietzsche, durchzieht den Nazismus und den Faschismus, und prägt seit dem Beginn des kalten Krieges die gesamte bürgerliche Gesellschaft. Es ist das Denken des Nihilismus, das Platz greift. Die Formulierung, die Popper ihm gibt, hat Geschichte gemacht:

> „Die Hybris, die uns versuchen läßt, das Himmelreich auf Erden zu verwirklichen, verführt uns dazu, unsere gute Erde in eine Hölle zu verwandeln – eine Hölle, wie sie nur Menschen für ihre Mitmenschen verwirklichen können."[4]

Hier wird nun jede Hoffnung denunziert, jede Utopie, jeder Humanismus, jede Solidarität der Unterdrückten. Alles dies wird mit Luzifer identifiziert, dem zum Dämon gewordenen Lichtengel. Alles, was die kapitalistische Gesellschaft transzendiert, wird dämonisiert. Es handelt sich um ein Denken, das vorherrschend geworden ist. Es hat sich durch Nazismus und Faschismus hindurch entwickelt, um im heutigen Antiutopismus seine bestimmende Form anzunehmen, was nicht selbstverständlich ist. Noch Max Weber lehnte es durchaus ab:

> Es ist – richtig verstanden – zutreffend, daß eine erfolgreiche Politik stets die ‚Kunst des Möglichen' ist. Nicht minder richtig aber ist, daß das Mögliche sehr oft nur dadurch erreicht wurde, daß man nach dem jenseits seiner liegenden Unmöglichen griff.[5]

Selbst Max Weber ist noch bewusst, dass es unrealistisch ist, realistische Ziele zu haben. Jeder Realismus muss das Bewusstsein einschließen, dass es häufig darum geht, das Unmögliche möglich zu machen. Wer das Unmögliche nicht anzielt, wird nie das Mögliche entdecken. Ernst Bloch sagt: „… über das Ziel hinausschießen, um zu treffen. Das Utopische ist nicht der Irrealismus, sondern die Bedingung jedes realistischen Handelns".

---

[4] Popper, Karl: Das Elend des Historizismus. Tübingen 1974, Vorwort.
[5] Weber, Max: Der Sinn der Wertfreiheit der Sozialwissenschaften, in: Max Weber, Soziologie. Weltgeschichtliche Analysen. Politik, Johannes Winckelmann (Hg.), Stuttgart, 1956, S. 279.

KAPITEL X

Die Denunzierung der „Martinsethik"

Der Antihumanismus der Popperschen Formulierung führte daher zu einer solch extremen Verhimmelung des existierenden Marktes, wie es sich selbst Adam Smith nie hätte vorstellen können. Dies geschah durch Denunziation jeglichen Marktinterventionismus' und seiner Logik. In den 90er Jahren des vergangenen Jahrhunderts erfand man in Deutschland ein Wort, mit dem alles bezeichnet wurde, was denunziert werden sollte. Es war das Wort Martinsethik.[6] Es bezieht sich auf die Martinslegende, nach der dieser in einem harten Winter auf seinem Pferd unterwegs war. Am Wegesrand begegnete er einem armen Mann, der am Erfrieren war und um Hilfe bat. Der heilige Martin nahm seinen Mantel, teilte ihn mit seinem Schwert in zwei Teile und gab einen davon dem Armen. Dann ritt er weiter, aber bemerkte hinter sich ein strahlendes Licht. Als er sich umblickte, sah er den Armen, der sich in Christus verwandelt hatte und ihn grüßte.

Es gab Kampagnen und Denunzierungen gegen diese „Martinsethik" des Teilens, die von den Unternehmensbürokratien und ihren Vertretern ausging. Die Martinsethik bezeichnete in deren Sinne jenen Himmel, von dem man behauptete, dass der Versuch seiner Verwirklichung die Hölle auf Erden schafft. Die folgenden Zitate verdanke ich Kuno Füssel. Vor Jahren haben wir häufig und ausführlich dieses Problem diskutiert und ich erinnere mich gern daran:

> Die industrialisierte Welt des Westens ist über Jahrhunderte hinweg geprägt worden von der christlichen Ethik des Teilens. Dabei geriet die ihr logisch und zeitlich vorausgehende Ethik des Produzierens unter die Räder.

So hat auch der gewerbliche Unternehmer ein spezifisches Ethos, dem er nachleben muss, wenn er seiner sozialen Funktion und Aufgabe entsprechen soll. Seine höchste ‚soziale Verantwortung' besteht darin, auf möglichst wirtschaftliche Art Güter und Dienstleistungen anzubieten. Sein Imperativ als Unternehmer heißt darum: Produziere!

---

[6] Martinsethik ist hier ein Wort für das, was bei Max Weber die Gesinnungsethik ist. Max Weber denunziert die Gesinnungsethik auf ähnliche Weise wie es in den 90er Jahren mit der sogenannten Martinsethik geschieht. In beiden Fällen handelt es sich um eine Totalisierung der Marktethik, die als einzige Ethik übrig bleibt.

Nütze Deinem Kunden! Sei erfolgreich! Unternimm! Zwischen dem ökonomisch Gebotenen und dem moralisch Richtigen besteht für ihn insofern kein Gegensatz: beide fallen zusammen. Es widerspricht so auch nicht der Moral, sondern ist geradezu sittliche Pflicht des Unternehmers, im Rahmen der Unternehmensräson alles zu tun, um das Unternehmen ‚fit' zu halten, auch etwa für einzelne Mitarbeiter schmerzliche Maßnahmen durchzuführen.[7] Dazu bemerkt Gerhard Schwarz:

> Eine St.-Martins-Ethik des Teilens als Basis einer Wirtschaftsordnung muß letztlich in die Armut aller führen, so sehr der alte christliche Grundsatz der Solidarität einen zentralen Wert darstellt, dem man als Christ nachleben sollte, jeder an seinem Platz.[8]

Als Lösung gilt:

> Anstatt nach dem Vorbild Martins den Mantel mit dem frierenden Bettler nur solidarisch zu zerschneiden, kann man sich die Massenproduktion von Mänteln zur Aufgabe machen, so daß sie für alle erschwinglich werden und viele schlecht Bekleidete in Brot und Arbeit kommen. Nach aller historischen Erfahrung hat die Maxime des unternehmerischen Handelns mehr für die jeweils Bedürftigen erreicht als die Ethik der Aufteiler. Denn mit letzterer wird Armut in den allerwenigsten Fällen wirklich überwunden. Und das Erbe geteilter Mäntel führt, massenhaft vollzogen, zu frierenden Gesellschaften. Eine soziale Kälte besonderer Art breitet sich in ihnen aus ...[9]

Mandeville und Adam Smith sind zurückgekehrt, aber mit einem extremen Antihumanismus verbunden, der letztendlich den Markt als Versprechen des Himmels ankündigt. Es ist der Himmel, der für den Fall versprochen wird, dass niemand mehr den Himmel auf Erden verwirklichen will. Bereits Dietrich Bonhoeffer sagte hierüber:

---

[7] Habermann, Gerd, Arbeitsgemeinschaft selbstständiger Unternehmer (ASU) und Lehrbeauftragter an der Universität Bonn, Teilen oder produzieren? Bemerkungen zum Ethos des Unternehmers, in: NZZ, 12./13. Sept.93 S.13.

[8] Schwarz, Gerhard, Katholische Kirche (und ihr Verhältnis zur Marktwirtschaft), in: Marktwirtschaft Teufelswerk? Die Weltreligionen und die Wirtschaft. Informedia-Stiftung. Köln, 1992, S.83-99, hier: S.83. (Schwarz ist Redakteur bei der NZZ) Dass man der Solidarität nachleben soll, ist dann nichts weiter als das *Requiem Aeternam Deo* unserer Neoliberalen.

[9] Weiner, Wolfram, Das Teilen und die Moral der Märkte, in: FAZ, 24.12.93.

Daß das Böse in Gestalt des Lichtes, der Wohltat, ... des sozial Gerechten erscheint, ist für den schlicht Erkennenden eine klare Bestätigung seiner abgründigen Bosheit.[10]

In einer Rede zu Ehren von Mandeville, der eigentlich der Begründer der Theorie der unsichtbaren Hand ist, drückt auch Keynes diesen von Mandeville begründeten Standpunkt aus, ohne ihn aber zu verhimmeln:

> Noch mindestens 100 Jahre, davon müssen wir uns überzeugen, wird das Gute das Böse und das Böse das Gute sein: einfach deswegen, weil das Böse nützlich ist und das Gute eben nicht.[11]

Ohne den Markt zu verhimmeln, bringt Keynes den Standpunkt des Marktes und seines Nutzenkalküls zum Ausdruck. Aber damit haben wir die Formulierung des Problems: Das Böse ist nützlich, das Gute ist unnütz. Keynes nennt das Böse nicht das Gute, wie es die Denunziation der Martinsethik tut. Es bleibt das Böse. Aber es ist nützlich. Das Gute bleibt durchaus das Gute, aber es ist unnütz. Unser Thema „Fülle und Knappheit", „Gemeinwohl und Nutzenkalkül" scheint beantwortet. Was die Fülle und das Gemeinwohl anbetrifft, können wir nur noch ein Requiem Aeternam Deo singen.

Wollen wir aber Popper und den Vertretern unserer Unternehmerbürokratien glauben, so ist das Gute gerade das Gefährliche, das die Hölle auf Erden hervorbringt, während das Böse nützlich ist. Das Gute führt in die Hölle, das Böse aber bringt den Himmel des Fortschritts. War bei Paulus die Wurzel allen Übels die Liebe zum Geld, so ist jetzt die Wurzel allen Übels die Liebe zum Nächsten, das Gute. Nietzsche kann dann sagen, dass Gott an seinem Mitgefühl gestorben ist. Wir sind zu Steppenwölfen geworden. Die Hölle, das sind die anderen.

---

[10] Bonhoeffer, Dietrich, Bonhoeffer-Auswahl, Otto Dudzus (Hg.), Bd.4., Gütersloh 1982, S.81.
[11] Nach: Dupuy, Jean-Pierre: Ordres et Désordres. Enquête sur un nouveau paradigme, Paris 1990. S. 167.

FÜLLE UND KNAPPHEIT

Das Paradox der Nützlichkeiten

Dies führt uns zur Notwendigkeit, über die Nützlichkeit zu sprechen. Wenn der Bezug auf Fülle, auf das Gute, auf Ethik nicht nützlich ist, ist er zu nichts nutze. Was aber ist Nützlichkeit? Aus dieser Frage ergeben sich zwei durchaus konträre Vorstellungen von Nützlichkeit, die den Polen von Fülle und Knappheit, Gemeinwohl und individuellem Nutzenkalkül entsprechen.

Ich möchte sie an Hand einiger Texte vorstellen, die aus dem Mittelalter und daher dem Ursprung der Moderne stammen. Es sind Texte von Hildegard von Bingen. Auf der einen Seite besteht sie darauf, dass die gesamte Schöpfung auf den Nutzen des Menschen gerichtet ist:

> Die ganze Natur sollte dem Menschen zur Verfügung stehen, auf daß er mit ihr wirke, weil ja der Mensch ohne sie weder leben noch bestehen kann.[12]
>
> Die gesamte Schöpfung, die Gott in der Höhe wie in den Tiefen gestaltet hat, lenkte Er zum Nutzen des Menschen hin.[13]

Die Natur steht dem Menschen „zur Verfügung" und ist „zum Nutzen des Menschen" gelenkt. Aber bei Hildegard von Bingen schließt diese Bestimmung der Natur gerade die Unterwerfung der Natur unter das individuelle Nutzenkalkül aus. Die Kräfte des Kosmos halten

> auch den Menschen zu seinem Wohle an, auf sie Rücksicht zu nehmen, weil er ihrer bedarf, um nicht dem Untergang zu verfallen.[14]
>
> Mißbraucht der Mensch seine Stellung zu bösen Handlungen, so veranlaßt Gottes Gericht die Geschöpfe, ihn zu bestrafen ...[15]

Dieses „Gericht Gottes" befindet sich im Innern der Wirklichkeit. Nicht Gott straft, sondern Gott veranlasst seine Geschöpfe, den Menschen zu bestrafen:

---

[12] Riedel, Ingrid, Hildegard von Bingen. Prophetin der kosmischen Weisheit, Stuttgart 1994, S. 125.
[13] Ebd., S. 133.
[14] Ebd., S. 145.
[15] Ebd., S. 133.

KAPITEL X

> Und ich sah, daß das obere Feuer des Firmaments ganze Regenschauer voll Schmutz und Unrat auf die Erde schüttete, die beim Menschen, aber auch bei Pflanze und Tier, schleichende Schwären und schwerste Geschwulste hervorrufen. Weiter sah ich, wie aus dem schwarzen Feuerkreis eine Art Dunst auf die Erde fiel, welcher das Grün ausdörrte und der Äcker Feuchte austrocknete ...[16]

Diese Reflexionen von Hildegard von Bingen erinnern an die berühmte Rede von Häuptling Seattle, die er im Jahre 1855 vor Vertretern der US-Regierung hielt, als der Völkermord an der Urbevölkerung Nordamerikas in vollem Gange und sein endgültiges Resultat voraussehbar war. Er sagt über die Eroberer:

> Die Erde ist sein Bruder nicht, sondern Feind ... Er behandelt seine Mutter, die Erde, und seinen Bruder, den Himmel, wie Dinge zum Kaufen und Plündern ... Sein Hunger wird die Erde verschlingen und nichts zurücklassen als eine Wüste ... Was immer den Tieren geschieht – geschieht bald auch den Menschen ... Was die Erde befällt, befällt auch die Söhne der Erde ... Die Erde ist unsere Mutter. ... Denn das wissen wir, die Erde gehört nicht den Menschen, der Mensch gehört zur Erde ... [17]

Das ist nicht der Nutzen des Marktkalküls, der heute das Wort Nutzen vollkommen okkupiert hat. Der Nutzen, wie Hildegard ihn versteht, enthüllt das Nutzenkalkül als gefährlich für das, was dem Menschen nützlich ist. Es ist nützlich für den Menschen, die Natur zu achten, sie anzuerkennen. Es ist nützlich, nicht alles dem Markt-Nutzen-Kalkül zu unterwerfen. Für das individuelle Nutzenkalkül hingegen ist gerade dieses unnütz. Er ist das alles zerstörende Gesetz, das, nach Paulus, den Tod bringt, wenn man durch seine blinde Erfüllung das Heil sucht.

Andererseits kennt Hildegard von Bingen auch diese Art von Nutzenkalkül. Es handelt sich um einen Dialog zwischen der Herzenshärte und der Barmherzigkeit. Nach Hildegard sagt die Herzenshärte über sich selbst:

---

[16] Ebd.
[17] Ich zitiere nach Drewermann, Eugen: Der tödliche Fortschritt. Von der Zerstörung der Erde und des Menschen im Erbe des Christentums, Regensburg 1981, S. 161-164.

> Ich habe nichts hervorgebracht und auch niemanden ins Dasein gesetzt. Warum sollte ich mich um etwas bemühen oder gar kümmern? ... Ich will mich für niemanden stärker einsetzen, als auch er mir nützlich sein kann. Gott, der da alles geschaffen hat, der soll auch dafür geradestehen und für sein All Sorge tragen! Was für ein Leben müßte ich führen, wenn ich auf alle Stimmen der Freude und der Trauer antworten wollte. Ich weiß nur von meiner eigenen Existenz! Die Barmherzigkeit antwortet: O, du versteinertes Wesen ...![18]

Hier handelt es sich um den Nutzen des individuellen Nutzenkalküls als Marktkalkül. Aber er drückt sich bei Hildegard von Bingen als einfacher Egoismus aus, wie dies durchaus der mittelalterlichen Gesellschaft entspricht. Die Herzenshärte spricht in einer Gesellschaft wie der bürgerlichen, die das Nutzenkalkül totalisiert hat, eine lügnerischere Sprache. Sie sagt: private Laster sind öffentliche Tugenden. Aus dem versteinerten Wesen der Herzenshärte ist das geworden, was Bonhoeffer das abgründig Böse nennt. Nützlichkeit und Nutzen stehen sich gegenüber und befinden sich im Konflikt.

Aber die Kritik am Nutzenkalkül ist nicht einfach moralisierend. Worum es geht, ist, dass das Nutzenkalkül in seiner abstrakten Logik die Grundfesten des menschlichen Lebens und der Natur bedroht. Die Natur selbst rebelliert gegen diese Bedrohung und die sich daraus ergebenden Katastrophen sind ein „Gericht Gottes", das aus dem Innern der irdischen Wirklichkeit spricht.

Es kann kein Zweifel sein, dass das, was Hildegard von Bingen zu Beginn der Moderne sieht, heute in unerhört größerem Umfang unsere Erfahrung ist. Die Globalisierung des Nutzenkalküls als Marktkalkül bringt indirekte Effekte hervor, die sich heute als globale Bedrohungen äußern: die Ausgrenzung großer Teile der Weltbevölkerung, die innere Auflösung der zwischenmenschlichen Beziehungen und die Zerstörung der Natur. Sie machen sich als Sachzwänge geltend, die die heutige Totalisierung des Nutzenkalküls als Marktkalkül unvermeidlich begleiten. Sie stellen das Urteil der Wirklichkeit dar über das, was geschieht.

---

[18] Hildegard von Bingen, zit. nach: Sölle, Dorothee: O Grün des Fingers Gottes. Die Meditationen der Hildegard von Bingen, Wuppertal 1989, S.12.

KAPITEL X

Wir können damit auf das zitierte Wort von Keynes zurückkommen, dem gemäß das „Böse nützlich ist und das Gute eben nicht." Es ist jetzt klar, dass diese Nützlichkeit des Bösen ein Erzeugnis des Nutzenkalküls ist, wenn es totalisiert wird. Was aber ist das Gute? Es ist heute äußerst offensichtlich, dass es das ist, was nötig ist, um den globalen Bedrohungen zu begegnen.

Aber dann ist eben das Gute nützlich und steht in Konflikt mit dem Nutzen des Nutzenkalküls. Was Keynes sagt, und was heute noch herrschende Meinung ist, ist falsch. Das Gute ist nicht nur nützlich, es ist schlechterdings notwendig, denn es ist das Fundament der Möglichkeit des Überlebens der Menschheit. Die Menschheit wird nicht überleben können, wenn es nicht gelingt, die Totalisierung des Nutzenkalküls aufzulösen. Es ist nützlich, dem Nutzenkalkül einen nachgeordneten Platz zuzuweisen. Das Nutzenkalkül führt zur Abholzung des Amazonasgebietes, aber es ist nützlich – und gut –, den Amazonas-Urwald nicht abzuholzen.

Dieses Gute – das wir auch als Orientierung am Gemeinwohl bezeichnen können – geht über alle Kalkulierbarkeit – auch über die sogenannte langfristige Kalkulierbarkeit – hinaus. Es handelt sich um eine Ethik, die nicht nur nützlich ist, sondern die Bedingung unseres Überlebens ist. Da ihre Nützlichkeit nicht kalkulierbar, ihre Notwendigkeit aber einsehbar ist, ist es eine Ethik der Anerkennung des Anderen, sei es der des anderen Menschen oder der dem Naturwesen Mensch äußerlichen Natur.

Wer sein Leben liebt, verliert es: der himmlische Kern des Irdischen

Hier geht es um das, was in den Evangelien als Fülle bezeichnet wird. Im Johannesevangelium heißt diese Fülle „ewiges Leben". Es ist kein Jenseits, sondern der innere Kern des Diesseits. Wenn es bei Johannes heißt: „Ich bin gekommen, damit sie Leben haben und es in Fülle haben" (Joh 10,10) handelt es sich um das, was an anderen Stellen des Evangeliums das ewige Leben ist.

Nach dem Johannesevangelium drückt Jesus den Konflikt der Nützlichkeiten – zwischen dem Nützlichkeitskalkül und der Orientierung auf die Fülle – als Paradox aus: „Wer sein Leben liebt, verliert es, und wer sein Leben in dieser Welt hasst, der wird es zum ewigen Leben bewahren" (Joh 12,25). Dieses Paradox taucht in allen Evangelien mit leichten Varianten auf.[19]

„Wer sein Leben liebt, wird es verlieren." Dies ist das Leben unter dem Nutzenkalkül, wo es das ganze Leben bestimmt. „Wer sein Leben in dieser Welt hasst", das ist das Leben unter dem Nutzenkalkül, das man verliert, wenn man es liebt. Und das „ewige Leben" ist die Fülle des Lebens, die von diesem Leben her über den Tod hinausstrahlt, nicht etwa ein abstraktes Jenseits. Wir könnten also in heutiger Sprache sagen, und ich glaube, dass dies den Sinn des Jesuswortes trifft: „Wer sein Leben durch das Nutzenkalkül bestimmen lässt, wird es verlieren. Wer aber dieses Leben unter der Herrschaft des Nutzenkalküls nicht liebt, sondern hasst, wird die Fülle des Lebens gewinnen".

Es geht hier um den festen Punkt des Archimedes, den er nicht fand. Auf ihn bezieht sich Jesus in kurzen Gleichnissen über den Schatz im Acker und die Suche der kostbaren Perle: „Das Himmelreich ist gleich einem im Acker verborgenen Schatz. Den fand einer und deckte ihn (wieder) zu. Voll Freude ging er hin, verkaufte alles, was er hatte, und kaufte jenen Acker." (Mt 13,44) „Wiederum ist das Himmelreich gleich einem Kaufmann, der Perlen suchte. Als er aber eine kostbare Perle fand, ging er hin, verkaufte alles, was er besaß und kaufte sie." (Mt 13,45) Anthony de Mello erzählt eine Geschichte, die uns diese Gleichnisse interpretieren kann:

Ein Bettelmönch sah eines Tages auf seinem Weg einen Edelstein, fand ihn schön und steckte ihn in seinen Beutel. Eines Tages traf er einen anderen Reisenden, der hungrig war und ihn um Hilfe bat. Um ihm von dem, was er hatte, abzugeben, öffnete er seinen Beutel. Da sah der Reisende den Edelstein und bat ihn, ihn ihm zu schenken. Ohne weiteres schenkte der Mönch ihm den Edelstein. Der Reisende bedankte sich und entfernte sich hochzufrieden, denn jetzt hatte er

---

[19] Vgl. Lk 9,24: „Denn wer sein Leben retten will, der wird es verlieren. Wer aber sein Leben verliert um meinetwillen und um der Heilsbotschaft willen, der wird es retten." Und Mt 16,25: „Denn wer sein Leben retten will, der wird es verlieren; wer aber sein Leben verliert um meinetwillen, wird es retten". Schließlich Mk 8,35: „Denn wer sein Leben retten will, wird es verlieren. Wer aber sein Leben verliert um meinetwillen und des Evangeliums willen, der wird es finden."

Reichtum und Sicherheit für sein ganzes weiteres Leben. Aber am nächsten Tag kam der Reisende aufs Neue zum Bettelmönch, gab ihm den Edelstein zurück und bat ihn: Gib mir bitte etwas, das mehr wert ist als dieser wertvolle Stein. Der Mönch sagte ihm, daß er nichts wertvolleres habe. Da fügte der Reisende hinzu: Gib mir dasjenige, was es dir möglich machte, mir den Edelstein zu schenken.[20]

Dieses „dasjenige" ist der Schatz im Acker. Es ist der feste Punkt, den Archimedes suchte. Es ist der Ausgangspunkt des Reiches Gottes, das mitten unter uns ist. Natürlich ist es nicht die gerechte Gesellschaft selbst. Es ist dasjenige, das uns dazu bringt, eine gerechte Gesellschaft zu suchen.

Die Religionskritik unserer Gesellschaft seit dem 18. Jahrhundert hat immer den irdischen Kern des Himmels gesucht. Sie lebt daher in der Vorstellung, dass der Himmel überflüssig wird, wenn man seinen irdischen Kern erkennt und von diesem irdischen Kern aus die menschliche Praxis lenkt. Wir stehen heute vor den Trümmern einer Moderne, die sich daran orientierte.

Aber nun sind wir an einem Punkt angelangt, um entdecken zu können, dass es im christlichen Ursprung der Moderne gar nicht um einen Himmel geht, dessen irdischer Kern zu entdecken wäre. Es ging von Anfang an um den himmlischen Kern des Irdischen. Wir können aber auch erkennen, dass es kein Überleben der Menschheit gibt, wenn sie diesen himmlischen Kern des Irdischen nicht wiederentdeckt und sich daran orientiert. Dieser himmlische Kern des Irdischen ist die Fülle. Erkennen wir ihn nicht, wird der Andere zur Hölle und die irdische Wirklichkeit verwandelt sich in den Ort des Gerichts.

Dieser himmlische Kern des Irdischen ist kein religiöses Phänomen, obwohl er als Bezugspunkt wohl in allen Religionen vorkommt. Es ist leicht zu erkennen, dass dieses Reich Gottes als himmlischer Kern des Irdischen mit dem Tao des Laotse oder dem Nirvana Buddhas verwandt ist, so wie es auch eine Verwandtschaft zwischen dieser Logik des Lebens, das man verliert, wenn man es als Nutzenkalkül liebt und lebt und dem Kharma des Buddhismus gibt. Aber das

---

[20] Carlos G. Vallés, Ligero de equipaje. Tony de Mello. Un profeta para nuestro tiempo, Santander 1987, S.58.

alles kann nicht auf religiöse Beziehungen reduziert werden, etwa in dem Sinne, als ob es den, der nicht in einer solchen Religion lebt, nichts anginge. Was da in einer religiösen Begrifflichkeit auftaucht, ist eine objektive Wirklichkeitserkenntnis, die für jeden bedeutsam ist, ganz gleich ob er einer Religion anhängt oder nicht. Die Wirklichkeit ist so, dass dies gilt. Es handelt sich um das, was die Welt „im Innersten zusammenhält". Es handelt sich um einen Bezugspunkt, der transversal zur Logik des Nutzenkalküls ist und daher in der Logik dieses Kalküls nicht angezielt werden kann. Es gibt ihn daher auch im atheistischen Humanismus. Bei Marx ist er wie folgt formuliert:

> Die Kritik der Religion endet mit der Lehre, daß der Mensch das höchste Wesen für den Menschen sei, also mit dem kategorischen Imperativ, alle Verhältnisse umzuwerfen, in denen der Mensch ein erniedrigtes, ein geknechtetes, ein verlassenes, ein verächtliches Wesen ist. [21]

Dieser kategorische Imperativ geht aus dem himmlischen Kern des Irdischen hervor. Wir erfinden ihn nicht, sondern entdecken ihn und graben ihn aus. Er ist da, aber man kann ihn nicht beherrschen. Wir können nur sein Drängen aufnehmen. Indem der Mensch dies tut, wird er zum Subjekt.

Dieses Paradox des Nutzens ist ausgedrückt in der Wette von Pascal. Es geht bei dieser Wette nicht darum, ob Gott existiert oder nicht. Die Positionen dieser Wette sind die Position eines Lebens, das durch das Nutzenkalkül bestimmt ist, und eines Lebens, das sich am himmlischen Kern des Irdischen orientiert. Dieser letztere ist das ewige Leben im Sinne des Johannesevangeliums. Das Paradox dieser Wette ist das Paradox der Nützlichkeit des zitierten Jesuswortes.

Die Freiheit dem Nutzenkalkül gegenüber

Man kann weder als Einzelner noch als Menschheit leben, ohne sich von der Welt des Nutzenkalküls zu befreien. Ich bin davon überzeugt, dass die Menschheit ihr Weiterleben heute nicht mehr ohne diese Freiheit vom Nutzenkalkül sichern kann. Diese Freiheit aber

---

[21] Karl Marx/ Friedrich Engels – Werke, Band 1, Berlin/DDR. 1976, S. 385.

wurde von der Moderne so gründlich zerstört, dass wir dafür nicht einmal ein Wort haben.

Es geht um die Freiheit angesichts des Zwangs zum Nutzenkalkül. Im Spanischen bewahrt das Wort *gratuidad* noch einiges von dieser Bedeutung. Aber auch diesem Wort fehlt die Bedeutung des Nutzens im Sinne des Gemeinwohls. Die Freiheit vom Nutzenkalkül ist von Nutzen, denn sie zerstört zweifelsohne das Nutzenkalkül in seiner Totalität.

Mir fällt hierzu ein Zitat von E. Lévinas ein, das sich auf die Übersetzung des Wortes: „Liebe deinen Nächsten wie dich selbst" bezieht:

> Was bedeutet ‚wie dich selbst'? Buber und Rosenzweig kamen hier mit der Übersetzung in größte Schwierigkeiten. Sie haben gesagt: ‚wie dich selbst', bedeutet das nicht, daß man am meisten sich selbst liebt? Abweichend von der von ihnen erwähnten Übersetzung haben sie übersetzt: ‚liebe deinen Nächsten, er ist wie du'. Doch wenn man schon dafür ist, das letzte Wort des hebräischen Verses, ‚kamokha', vom Beginn des Verses zu trennen, dann kann man das Ganze auch noch anders lesen: ‚Liebe deinen Nächsten; dieses Werk ist wie du selbst'; ‚liebe deinen Nächsten; das bist du selbst'; ‚diese Liebe des Nächsten ist es, die du selbst bist'.[22]

Ich glaube, dass diese Übersetzung von Lévinas wiederum die Paradoxie der Nutzen im vorher zitierten Jesuswort interpretieren kann. Das Leben, das man verliert, wenn man es gewinnen will, ist gerade das Leben, das leugnet, dass der Nächste man selbst ist.

Dies hat Konsequenzen für das, was Selbstverwirklichung des Menschen bedeuten kann. Es gibt den Versuch, sich durch das Nutzenkalkül hindurch selbst zu verwirklichen. Wenn heute von Selbstverwirklichung gesprochen wird, ist meist das damit gemeint. Diese Selbstverwirklichung ist der Zerstörungsprozess einer schlechten Unendlichkeit. Letztlich wird hier der Mord zur letzten Instanz des Lebens, die als Selbstverwirklichung interpretiert wird. Die Selbstverwirklichung, die sich aus sich selbst als Individuum verwirklichen will, wird damit zum Verzweiflungsakt eines Steppenwolfes, der nur im Selbstmord enden kann.

---

[22] Lévinas, Emmanuel: Wenn Gott ins Denken einfällt. Diskurse über die Betroffenheit von Transzendenz, Freiburg/München. S.115.

Selbstverwirklichung ist nur im Anderen und mit ihm möglich. Dies aber setzt wiederum eine Nützlichkeit voraus, die sich im Konflikt zum Nutzenkalkül befindet. Sie ist nicht kalkulierbar, denn sie zerbricht das totalisierte Nutzenkalkül. Es ist die Nützlichkeit, die im Anderen – und letztlich ist der Andere die Menschheit und der Kosmos – liegt, von dem ich aber Teil bin, indem ich im Anderen bin und der Andere in mir ist. Da ist dann kein Opfer, das ich bringe, damit auch der Andere leben kann. Dass auch der Andere lebt, ist Bedingung der Möglichkeit meines Lebens. Indem ich dieses Verhältnis lebe, verwirkliche ich mich selbst. Hier wird gerade der Mord als Weg zur Selbstverwirklichung ausgeschlossen. Es ergibt sich ein Prinzip der Selbstverwirklichung, das aus einem Postulat der praktischen Vernunft folgt: Mord ist Selbstmord.

Wir stehen heute vor einer solchen Frage angesichts der Tatsache, dass ein ganzer Kontinent – nämlich Afrika – der Zerstörung preisgegeben wird. Jahrhunderte lang war Afrika für die europäischen Länder und danach auch für die USA ein Sklavenjagdgebiet, das sie mit Zwangsarbeitern versorgte. Danach wurde es als Kolonie erobert und ausgeplündert. Nach seiner Unabhängigkeit wurde es gezwungen, sich in das System zu integrieren und wurde – wie es scheint – lebensunfähig. Der Westen überlässt es heute seinem Schicksal, plündert es aber weiterhin aus. Ist dieser Mord Selbstmord für den Okzident? Die Zerstörung Afrikas ist das Ergebnis eines Handelns, das sich strikt am Nutzenkalkül orientierte. Das Postulat der praktischen Vernunft behauptet: auch dieser Mord ist Selbstmord. Kein Kalkül kann das beweisen. Die Kalküle des Westens gehen davon aus, dass dieser Mord kein Selbstmord ist. Dennoch ist er es. Der Okzident zerstört sich selbst, indem er auf diese Weise die Anderen zerstört. Diese kreisläufige Beziehung von Mord und Selbstmord bekommt durch die zunehmende Globalisierung der Welt nur einen noch dringenderen Ausdruck.

Man kann solch ein Postulat nicht kalkulierbar ableiten, so wie man auch dessen Umkehrung nicht kalkulieren kann. Man muss die Wirklichkeit entdecken. Dies aber wird immer zu einer Überlegung führen, die der Wette von Pascal analog ist. Zweifelsohne ist das Postulat der praktischen Vernunft: „Mord ist Selbstmord" eine Aussage über die Wirklichkeit und ihre Charakteristika. Daher hat es die

Form eines Erfahrungsurteils, das etwas darüber aussagt, was die Wirklichkeit ist. Aber es geht über die Kalkulierbarkeit hinaus. Kehrt man es um, so kommt man zum entgegengesetzten Erfahrungsurteil: Mord ist kein Selbstmord. Auch das ist ein Erfahrungsurteil, allerdings eines, das es erlaubt, die Wirklichkeit auf das Nutzenkalkül zu reduzieren und deswegen der Totalisierung des Nutzenkalküls unterliegt. Die Frage ist: Welches dieser beiden entgegensetzten Urteile ist falsch?

Aber ist der Selbstmord nicht gerade diese Totalisierung des Nutzenkalküls? Es ist der Selbstmord, in dem unsere Gesellschaft heute gefangen ist. Wenn das stimmt, ist also das Urteil: Mord ist kein Selbstmord falsch und enthält eine Apologie des Selbstmordes.

Welches dieser beiden Erfahrungsurteile ist also richtig? Es gibt nur eine Antwort: Mord ist Selbstmord. Wenn man das Gegenteil unterstellt, dann nur als Postulat der praktischen Vernunft. Das aber ist analog zur Wette von Pascal, die zum gleichen Ergebnis kommt.

Aber insofern das Postulat der praktischen Vernunft ein Erfahrungsurteil ausdrückt, ist es kein ethisches Urteil. Nur, wenn man den Selbstmord ausschließt, folgt daraus eine Ethik der Notwendigkeit eines Sollens: Du sollst nicht töten. Es folgt nicht analytisch aus dem Erfahrungsurteil, denn man kann den Selbstmord als analytisches Urteil nicht ausschließen.

Dies führt uns zum himmlischen Kern des Irdischen zurück. Es ist das Leben, das das Nutzenkalkül herausfordert, um es unterzuordnen. Dies ist das Gemeinwohl, das das Wohl aller ist und deshalb das Wohl eines jeden. Es ist aber nicht erfassbar über das Nutzenkalkül des einzelnen Individuums, zu dem es ständig in Konflikt tritt. Es ist ein Konflikt sowohl im Innern des menschlichen Subjekts wie auch im Innern der Gesellschaft. Dieses Gemeinwohl ist auch nicht erfassbar als Nutzenkalkül von Gruppen oder Staaten. Es ist nicht der Gemeinnutz, der ein Nutzenkalkül von Gruppen ist. Auch das, was man Realpolitik nennt, ist nur das Nutzenkalkül vom Standpunkt des Staates aus. Im Extrem ist nicht einmal der Gemeinnutz der gesamten Menschheit das Gemeinwohl. Auch dieser Gemeinnutz bleibt ein Nutzenkalkül, der in Konflikt treten kann zum Gemeinwohl.

Die Nutzenkalküle von Gruppen konstituieren durchaus Solidaritäten, was wiederum zeigt, dass Solidarität ein formaler Wert ist und kein Gemeinwohl begründen kann. Dennoch, nur durch die Solidarität hindurch können wir das Gemeinwohl gegenwärtig machen. Aber es handelt sich um eine durch dieses Gemeinwohl spezifizierte Solidarität.

Auf diese Weise bekommen wir aus dem Postulat der praktischen Vernunft einen Zugang zur Ethik. Es handelt sich aber nicht um eine normative Ethik, die absolut gesetzt werden könnte, sondern um ein Erschließungsprinzip möglicher Ethiken, insofern sie notwendige Ethik sind. Dies hat folgende Voraussetzungen:

1. das Postulat der praktischen Vernunft: Mord ist Selbstmord,
2. das Subjekt, das sich als konkretes und lebendes Subjekt bestätigt.

Auf Grund des Postulats folgt aus der Bejahung des Subjekts eine Ethik. Sie besteht aber nicht aus einer gegebenen Menge von Normen, sondern aus einer Geschichte der Hervorbringung. Die Normen entdeckt man als Normen, die dem Prinzip der Hervorbringung von Ethik entsprechen. Deshalb kann diese Ethik historisch sein. In jedem historischen Moment muss aufs Neue entdeckt werden, welche Ethik der Situation entspricht. Aber es handelt sich dabei nie um Normen, die absolut und einfach als solche zu erfüllen sind, sondern um Normen als Vermittlung zwischen dem Subjekt und einer Wirklichkeit, in der Mord Selbstmord ist. Es handelt sich dabei nicht nur um ein Prinzip der Hervorbringung von Ethiken, sondern auch von Religionen, den Atheismus eingeschlossen. Aus diesem Grund ist das Reich Gottes keine gerechte Gesellschaft und ihre Antizipation, sondern es ist die transzendente Wirklichkeit, die aus dem Inneren der empirischen Wirklichkeit zu gerechten Gesellschaften aufruft. Dieses Rufen zu hören ist Bedingung der Möglichkeit der empirischen Wirklichkeit selbst.

Das Ergebnis ist, dass wer den Himmel auf Erden nicht will, die Hölle auf Erden schafft. Wir leben die Hölle. Sie ist von denen geschaffen, die all diejenigen denunzieren, die aufgebrochen sind, den Himmel auf Erden zu schaffen.

KAPITEL X

Anhang

Daraus ergibt sich ein transzendentales Problem: Könnten wir absolut genau kalkulieren, müsste unser kalkulierter Nutzen mit dem Guten – der Nützlichkeit des Gemeinwohls – übereinstimmen. Ich glaube sogar, dass das richtig ist. Unter dieser – transzendentalen – Perspektive kommen gemeinwohlorientiertes und vom Nutzenkalkül bestimmtes Handeln genau zum gleichen Ergebnis. Allerdings hilft diese Erkenntnis unserem Handeln überhaupt nicht, obwohl es der Reflexion über das Handeln hilft. Man könnte der Versuchung erliegen, daraus zu folgern: Je besser wir unseren Vorteil kalkulieren und je mehr alle dies tun, umso mehr nähern wir uns dem Gemeinwohl. Dies aber wäre nichts weiter als die transzendentale Illusion einer asymptotischen Annäherung. Ich glaube, dass sie das Herz des Mythos der Moderne ist. Aber es ist die *conditio humana*, die eine qualitative Grenze darstellt, die durch keine asymptotische Annäherung übersprungen werden kann. Der bekannteste Versuch dieser Art ist die Identifikation von Eigeninteresse und Gesamtinteresse von Adam Smith, die „unsichtbare Hand". Aber auch die sowjetische Idee des Übergangs zum Kommunismus ist etwas Ähnliches.

Eine Ethik folgt nur, wenn wir uns von dieser Illusion befreien (das aber heißt, diese Unmöglichkeit der transzendentalen Illusion als *conditio humana* anzuerkennen).

Ich glaube, dass heute keine Konstituierung von Ethik möglich ist ohne die Lösung dieses transzendentalen Problems. Eine solche Ethik wäre eine Ethik der Solidarität, in der die Solidarität aber nicht der zentrale Wert wäre. Es müsste vielmehr eine Ethik des Lebens sein. Mit ihr erscheinen die Werte, die nur durch solidarisches Handeln verwirklicht werden können und daher Solidarität implizieren. Man kann den Anderen und die Natur nur in solidarischem Handeln respektieren, eben deshalb, weil diese Werte das Nutzenkalkül überschreiten und zerstört werden, wenn man das Leben dem Nutzenkalkül unterwirft. Indem aber diese Werte das Nutzenkalkül überschreiten, sind sie nützlich, obwohl keinem Nutzenkalkül, wohl aber solidarischem Handeln zugänglich. Ich halte diese Reflexion für nötig, um zu zeigen, dass Solidarität kein letzter Wert ist. Der letzte Wert ist immer das Subjekt als konkretes menschliches Subjekt.

Dies aber führt dazu, dass Nutzenkalkül und Nützlichkeit über das Nutzenkalkül hinaus (Nützlichkeit für alle, was die Natur einschließt) sich nicht gegenseitig ersetzen können. Überlasse ich mich mit meinen direkten Interessenkoordinaten einem kalkulierenden Trägheitsprinzip, falle ich immer in ein Nutzenkalkül, aus dem zerstörerische Sachzwänge entstehen. Aber ich kann mich ohne diese Beziehung zu meinen Interessenkoordinaten überhaupt nicht verhalten. Sie unterliegen meinem Verhalten. Daher ist der Ausgangspunkt des Handelns notwendig egozentrisch, was ja nicht bereits Egoismus bedeutet. Ich urteile von mir aus, und dabei drängen sich als erstes meine kalkulierten Interessen auf. Aber zugleich entdecke ich, dass sich meine kalkulierten Interessen gegen mich selbst wenden, wenn ich sie nicht überschreite. Diese Entdeckung ist im selben Moment die Entdeckung, dass ich ja der Andere bin und der Andere ich ist. Die Trennung zwischen meinen berechnenden Interessen und dem Gemeinwohl drängt mich zum Bewusstsein, dass ich dieses egozentrische Wesen eigener Interessen nicht sein kann. Es sind keine manichäischen Pole, die sich dabei gegenüberstehen, sondern es handelt sich um eine Trennung und daraus folgende Spannung, die ständig aufzulösen ist.

Hieraus ergibt sich eine bestimmte Konzeption des Anthropozentrismus. Wenn Anthropozentrismus bedeutet, dass der Mensch im Mittelpunkt steht, so muss auch dies wieder analog zu obiger Argumentationsfigur gesehen werden. Der Mensch, der sich in den Mittelpunkt der Welt stellt, muss zugleich entdecken, dass er der Andere ist, dass also er die Welt ist. Er zerstört nicht die Welt, sondern sich selbst. Nicht einfach: „liebe deinen Nächsten; das bist du selbst", sondern eine Ausdehnung auf die Welt und die Natur: „liebe die Welt (Natur); das bist du selbst". Jetzt brauche ich natürlich neue Kriterien: einen Hund lieben, ist nicht das Gleiche wie den Nächsten lieben. Wieder müsste es darum gehen, das Nutzenkalkül in eine nachgeordnete Position zu drängen, obwohl es wohl immer der Ausgangspunkt ist.

Unsere gegenwärtige Gesellschaft macht hingegen aus dem Nutzenkalkül ein metaphysisches Prinzip. Unter diesem Prinzip ist die Egozentrik das Natürliche, die Solidarität das Künstliche, die Egozentrik das Ursprüngliche, die Solidarität das Hinzukommende. So ist dann das Kind ein ursprünglicher Egozentriker, ein idealer Marktteilnehmer, der später durch die Erziehung zur Solidarität verfälscht wird. In Wirklichkeit aber ist es doch wohl so, dass das Kind die Unterscheidung im Nützlichen zwischen Nutzenkalkül und der Nützlichkeit des Gemeinwohls für alle lernt und von der Einheit beider ausgeht.

Übersetzung: Norbert Arntz

EPILOG

EINE KRITISCHE THEORIE UND KRITIK DER MYTHISCHEN VERNUNFT

EINE KRITISCHE THEORIE UND KRITIK DER MYTHISCHEN VERNUNFT

Nicht alles Denken, das kritisiert, ist deshalb schon kritische Theorie. Die Kritik einer kritischen Theorie ist konstituiert durch einen bestimmten Gesichtspunkt, unter dem die Kritik stattfindet. Dieser Gesichtspunkt ist der der menschlichen Emanzipation und also der Humanisierung der menschlichen Beziehungen selbst und der Beziehung zur Natur insgesamt. Emanzipation ist Humanisierung und Humanisierung mündet in Emanzipation.

Dieser Gesichtspunkt begründet kritische Theorie und durchzieht daher alle ihre inhaltlichen Aussagen. Ich will mich hier allerdings auf die Elemente beziehen, die die kritische Theorie selbst von der Humanisierung des Menschen auf seine Emanzipation hin begründet. Die Begriffe des Humanismus und der Emanzipation sind Produkte der Moderne, wie sie ab der Renaissance im Europa des 15. und des 16. Jahrhunderts auftauchen. Natürlich haben sie viele Vorläufer, aber sie sind nicht irgendeine Rückgewinnung von etwas vorhergehendem, wie es das Wort Renaissance andeuten könnte. Es wird nichts wiedergeboren, obwohl die Zeit der Renaissance dies häufig glaubt. Es handelt sich vielmehr um die Schöpfung von etwas Neuem, das von einer säkular gewordenen Welt aus begriffen wird und diese Welt immer mehr als eine säkulare und zur Verfügung stehende Welt begreift.

Da die Welt säkular ist und als solche gesehen wird, ist die Humanisierung, die hier als Anspruch auftaucht, notwendigerweise universal. In den Worten Schillers: „Frei ist der Mensch auch wenn er in Ketten geboren". Mit anderen Worten: Der Mensch hat Menschenwürde, auch wenn er in Ketten geboren ist. Die Ketten, um die es sich handelt, sind die Negation dessen, was der Mensch ist: sie bedeuten Entmenschlichung. Humanisierung bedeutet, den Menschen von diesen Ketten zu befreien. Freiheit heißt Freiheit von Ketten und eine kritische Theorie muss analysieren und ableiten, worin diese Ketten bestehen. Sie muss ebenso danach fragen, was die Freiheit ist, die die Welt der Ideologien anbietet und in welchem Grade diese versprochenen Freiheiten neue Ketten in sich enthalten und unsichtbar machen.

EPILOG

In der ersten Hälfte des 19. Jahrhunderts wird der Schrei nach Humanisierung und Emanzipation auf besonders nachdrückliche Weise hörbar. Dies geschieht von der Philosophie Hegels aus im Denken von Feuerbach und Marx. Die bürgerliche Gesellschaft – besonders in der französischen Revolution – war als Emanzipation von den weltlichen und kirchlichen Mächten des europäischen Mittelalters begründet worden und stellte sich als *die* emanzipierte Gesellschaft vor, ja sogar als das Ende der Geschichte. Aber inzwischen waren neue Emanzipationsbewegungen entstanden, die sich auf die Auswirkungen eben dieser bürgerlichen Gesellschaft bezogen. Es handelte sich um Emanzipationsbewegungen, die aus dem Inneren der bürgerlichen Gesellschaft und als ihr Gegenüber auftauchten. Von der entstehenden bürgerlichen Gesellschaft aus wurde die Emanzipation als ein Zusammenstoß mit den Mächten einer anderen, „vormodernen" Gesellschaft verstanden. Jetzt aber stellten sich Emanzipationsbewegungen als Emanzipation von der bürgerlichen Gesellschaft und ihren Auswirkungen dar. In der französischen Revolution fand dieser Zusammenstoß der Emanzipationen seinen symbolischen Ausdruck. Sie guillotinierte mit den Aristokraten die Mächte der vorherigen Gesellschaft, von der man sich emanzipieren wollte. Aber sie guillotinierte auch drei Personen, die symbolisch für die neuen Emanzipationsbewegungen standen, die aus dem Inneren der bürgerlichen Gesellschaft selbst hervorgingen: Babeuf, der den entstehenden Arbeiterbewegungen nahestand, Olympe de Gouges für die politische Emanzipation der Frauen als Staatsbürgerinnen und, unter Napoleon, Toussaint Louverture, eine der zentralen Figuren der Sklavenemanzipation in Haiti, der im Gefängnis erdrosselt wurde. Die bürgerliche Gesellschaft stellte sich gegen die Emanzipation des Menschen als Menschen. Später kamen zu diesen Emanzipationsbewegungen andere hinzu, wie die der Emanzipation der Kolonien, der Kulturen und schließlich der Natur selbst. Die bürgerliche Emanzipation hatte sich auf die Rechte des Menschen als Individuum und Vertragspartner beschränkt. Jetzt erschienen Emanzipationsbewegungen, die vom Menschen als körperlichem Wesen und seiner Diversität ausgingen. Die Bedeutung des Wortes Emanzipation veränderte sich. Es bezieht sich nun vor allem auf die Emanzipationen, die aus dem Inneren der bürgerlichen Gesellschaft selbst entstehen.

Von hier aus tauchen neue, bis heute geltende Emanzipationsverständnisse auf. Ich möchte von ihnen aus in drei Schritten eine Art kategorialen Rahmen des Denkens aufzeigen, das wir heute als kritische Theorie bezeichnen und bezeichnen können: die Ethik der Emanzipation, der Gerechtigkeitsbegriff, der den Prozess der Emanzipation orientiert und das Verhältnis von Subjekt und Gemeinwohl, das dem Prozess zugrunde liegt.

Die Ethik der Emanzipation: der Mensch als höchstes Wesen für den Menschen

Kritische Theorie, wie wir sie heute verstehen, taucht im Zusammenhang der Emanzipationsbewegungen auf, wie sie vom Ende des 18. Jahrhunderts an entstehen. Ihre nachdrücklichste Formulierung finden wir bei Marx. Daher möchte ich damit beginnen, sie an Hand von zwei Marxzitaten vorzustellen, die mir auf besondere Art das Paradigma dieser kritischen Theorie aufzuzeigen scheinen, innerhalb dessen sie sich auch heute noch entwickelt.

Es handelt sich um Zitate vom jungen Marx, von denen aus wir diese Anfangsposition aufzeigen können:

> 1. Die „Philosophie", die bei ihm schon als kritische Theorie zu verstehen ist, setzt ihren „Spruch gegen alle himmlischen und irdischen Götter, die das menschliche Selbstbewusstsein nicht als die oberste Gottheit anerkennen."[1]

Selbstbewusstsein ist bei Marx immer als bewusstes Sein zu verstehen. „Das Bewusstsein kann nie etwas anderes sein als das bewusste Sein, und das Sein der Menschen ist ihr wirklicher Lebensprozess."[2]

> 2. „Die Kritik der Religion endet mit der Lehre, daß der Mensch das höchste Wesen für den Menschen sei, also mit dem kategorischen Imperativ, alle Verhältnisse umzuwerfen, in denen der Mensch ein erniedrigtes, ein geknechtetes, ein verlassenes, ein verächtliches Wesen ist."[3]

---

[1] Marx, Karl, Differenz der demokritischen und epikureischen Naturphilosophie. Marx Engels Werke, Ergänzungsband, Erster Teil, S. 262.
[2] Marx/Engels, Deutsche Ideologie, MEW Bd.3, S. 26.
[3] Marx, Karl, Zur Kritik der Hegelschen Rechtsphilosophie. Einleitung. MEW I, 385.

Kombiniert man beide Zitate, ergeben sich zwei Grundaussagen über das, was wir als Paradigma einer kritischen Theorie bezeichnen können:
1. Die kritische Theorie setzt ihren „Spruch gegen alle himmlischen und irdischen Götter", die nicht anerkennen, „daß der Mensch das höchste Wesen für den Menschen sei".
2. Die kritische Theorie setzt ihren „Spruch gegen alle himmlischen und irdischen Götter", in deren Namen „der Mensch ein erniedrigtes, ein geknechtetes, ein verlassenes, ein verächtliches Wesen ist".

Marx spricht, um seinen Standpunkt der Kritik festzuhalten, von einem höchsten Wesen, sogar von einer obersten Gottheit. Aber dieses höchste Wesen ist säkular und nicht etwa ein überirdischer Gott. Das höchste Wesen für den Menschen ist der Mensch selbst, allerdings nicht der Mensch wie er *ist*. Es ist der Mensch, wie er *nicht* ist, es ist der Mensch, wenn er menschlich ist. Aber das, was der Mensch zu sein hat, ist seine eigene Menschlichkeit. Es handelt sich um eine Abwesenheit, die gegenwärtig zu machen ist.

Daraus folgt eine Transzendenz, die im Inneren der menschlichen Beziehungen erscheint und von der aus die Kritik eine Kritik an der Entmenschlichung des Menschen ist. Von der Tatsache aus, dass der Mensch das höchste Wesen für den Menschen ist, begründet sich der Humanismus, der mit der menschlichen Emanzipation als dem Prozess der Humanisierung verbunden ist.

Dass das höchste Wesen für den Menschen der Mensch ist, führt zur Kritik der Götter und daher zur Kritik der Religion, die bei Marx immer mit der Kritik am Christentum beginnt. Diese Kritik erklärt alle diejenigen Götter zu falschen Göttern, die nicht anerkennen, dass der Mensch das höchste Wesen für den Menschen ist.

Auffällig ist, dass es sich nicht nur um eine Kritik der himmlischen sondern der irdischen Götter handelt. Welches sind aber die irdischen Götter? Für Marx ist dies durchaus klar. Bei den irdischen Göttern handelt es sich einerseits vor allem um Markt und Kapital, andererseits um den Staat. In ihrer Vergöttlichung (Marx spricht später von Fetischisierung) stellen sie sich gegen den Satz, dass der Mensch das höchste Wesen für den Menschen ist, und erklären Kapital und Staat zum höchsten Wesen für den Menschen. Indem sie sich mit himmlischen Göttern verbinden, schaffen sie falsche Götter, die den Menschen als höchstes Wesen für den Menschen genauso wenig anerkennen. Sie zwingen sich dem Menschen auf und unterwerfen ihn ihren eigenen Logiken der Unterdrückung.

Der Mensch, als höchstes Wesen für den Menschen, transzendiert den Menschen selbst und wird zum Anspruch von Menschlichkeit. Marx drückt diesen Anspruch aus: es ist der Anspruch, „alle Verhältnisse umzuwerfen, in denen der Mensch ein erniedrigtes, ein geknechtetes, ein verlassenes, ein verächtliches Wesen ist." Dies beschreibt die Transzendenz des Menschen, nicht als „ein erniedrigtes, ein geknechtetes, ein verlassenes, ein verächtliches Wesen" behandelt zu werden. So erscheint der Anspruch, in einem Prozess der Emanzipation „alle Verhältnisse umzuwerfen, in denen der Mensch ein erniedrigtes, ein geknechtetes, ein verlassenes, ein verächtliches Wesen ist."

Es ist daher verständlich, dass sich Marx als Konsequenz hieraus der Kritik der politischen Ökonomie und des Kapitals als dem herrschenden irdischen Gott zuwendet. Er analysiert die Eigenlogik des Kapitals, die er nun Fetischismus nennt. Insofern gibt es keinen Bruch zwischen dem jungen und dem reifen Marx. Der Marx, der sich der Kritik des Kapitals zuwendet, tut dies im Rahmen des Paradigmas der kritischen Theorie, das er als junger Marx entwickelt hat.

Daraus leitet sich eine Spiritualität des Menschlichen ab, auch wenn Marx vom Materialismus spricht. Es handelt sich um eine Spiritualität, die von der körperlichen Welt ausgeht und insofern auch Materialismus genannt werden kann. Man kann den historischen Materialismus vielleicht auf folgende Weise zusammenfassen: „Mach's wie Gott, werde Mensch". Daraus folgt eine notwendige Ethik, ohne die das Überleben der Menschheit nicht gesichert werden kann, aber auch eine Ethik des „guten Lebens".

Es handelt sich um eine Idolatriekritik, eine Kritik der falschen Götter: nur ist das Kriterium für diese Kritik säkular, menschlich und keineswegs religiös. Wenn der Mensch das höchste Wesen für den Menschen ist, folgt daraus diese Religionskritik, die zugleich das Kriterium für alle Kritik mythischer Vernunft ist.

Dass der Mensch das höchste Wesen für den Menschen ist, ist eine andere Art zu sagen: „Gott ist Mensch geworden". Es ist auch ein – allzu häufig nicht-intentionales – Ergebnis des Christentums selbst, das in Konflikt mit der Orthodoxie dieses Christentums tritt. Tatsächlich geht dieser Humanismus aus dem Ursprung des Christentums hervor: „Mach's wie Gott, werde Mensch". Jugendliche protestierten im Zürich der 80er Jahre vor den Banken mit diesem Transparent: „Mach's wie Gott, werde Mensch".

Marx war dies vermutlich nicht bewusst, aber es handelt sich nicht um eine einfache Säkularisierung. Die Sicht der Welt als einer säkularen Welt entstand aus dem Christentum und gegen die christliche Orthodoxie, und innerhalb einer säkularen Welt wird sichtbar, dass Gott tatsächlich Mensch geworden ist. Es entstand eine anthropologische Tatsache, die von einem säkularen Bewusstsein aus sichtbar wird. Daher handelt es sich nicht bloß um ein Überbleibsel, wie das Wort Säkularisierung andeuten könnte.

Marx zog aus seiner Analyse allerdings einen Schluss, der heute sicherlich nicht mehr haltbar ist, obwohl er aus seiner Zeit verständlich ist. Dieser Schluss war: wenn Gott Mensch geworden ist und damit der Mensch das höchste Wesen für den Menschen geworden ist, wozu denn dann noch Gott? Er ging daher davon aus, dass die Religion – und zwar als Ergebnis des Humanismus selbst – absterben würde. Marx wollte nie die Religion abschaffen und schon überhaupt wollte er nicht irgendeinen militanten Atheismus, wie ihn die spätere marxistische Orthodoxie häufig vertrat. Aber er erwartete das Absterben der Religion als solcher. Nach seinen Überlegungen führt die Spiritualität des Menschlichen, die vom körperlichen Sein des Menschen ausgeht, zum Tod der Religion selbst. Der atheistische Humanismus erschien als die einzig widerspruchslose Lösung. Marx glaubte, dass die Kritik der Religion beendet war, soweit sie sich auf die himmlischen Götter bezog. Sein Problem war nun die Kritik der irdischen Götter.

Tatsächlich aber lassen sich die irdischen Götter, gegen die sich die Kritik von Marx richtet, weiterhin und vielleicht heute mehr als früher von himmlischen Göttern begleiten, so dass die Notwendigkeit einer Kritik der Religion ganz offensichtlich weiter besteht. Die himmlischen Götter Reagans oder Bushs spielen eine entscheidende Rolle in der Legitimität ihrer Macht, so wie damals im Faschismus der himmlische Gott Hitlers eine große Rolle spielte. Und viele Kirchen spielten und spielen da heute noch mit. Gleiches gilt für die himmlischen Götter innerhalb der Fetischisierung der heutigen Wirtschaftsbeziehungen. Die heutige Globalisierungsstrategie hätte ohne den christlichen Fundamentalismus des apokalyptischen Fundamentalismus und des Fundamentalismus der Theologie der Prosperität nicht die Wucht, mit der sie vor allem in den USA auftritt. Max Weber unterlag hier dem gleichen Irrtum, dem auch Marx unterlag. Weber glaubte, dass der protestantische Puritanismus des 18. Jahrhunderts eine Übergangsform zum folgenden säkularen Kapitalismus war und dass das System sich danach aus sich selbst reproduzieren würde. Auch das hat sich weitgehend als falsch erwiesen. Das System entwickelt eine Spiritualität der Unterdrückung, die sich mythische und religiöse Bereiche erschließt.

Dies zeigte sich ebenfalls in den 70er Jahren des 20. Jahrhunderts, als die US-Regierung die Befreiungstheologie zu einer der wichtigen Gefahren für die nationale Sicherheit der USA erklärte, woraus eine Christenverfolgung in Lateinamerika folgte, die den himmlischen Göttern des System viele tausende Märtyrer opferte.

Die Formulierung des kritischen Paradigmas, wie wir sie bei Marx fanden, zeigt selbst den Fehlschluss an, der ihn zur Erwartung des notwendigen Absterbens der Religion führte, und der den späteren sozialistischen Bewegungen sehr schadete. Wir können also die Frage stellen: Wie ist es um die Götter bestellt, für die der Mensch das höchste Wesen für den Menschen ist und die daher auf der Seite derer stehen, die darauf bestehen, „alle Verhältnisse umzuwerfen, in denen der Mensch ein erniedrigtes, ein geknechtetes, ein verlassenes, ein verächtliches Wesen ist"? Marx stellte sich diese Frage nicht, aber schon die Formulierung des kritischen Paradigmas zwingt dazu, sie zu stellen. Stellt man sie nicht, bleibt die Kritik der mythischen Vernunft schon im Ansatz stecken. Die Formulierung, die Marx dem kritischen Paradigma gab, hat eine Leerstelle, über die er einfach hinwegsah.

Aber gerade in diesem Sinne entstand in Lateinamerika die Befreiungstheologie im Inneren der kritischen Theorie und ihres begründenden Paradigmas. Sie entstand, indem man in der eigenen Tradition – in diesem Falle in der christlichen Tradition – einen Gott offenbarte, für den das höchste Wesen für den Menschen der Mensch selbst ist und in dessen Namen „alle Verhältnisse umzuwerfen (sind), in denen der Mensch ein erniedrigtes, ein geknechtetes, ein verlassenes, ein verächtliches Wesen ist". Es ist der Gott, in dessen Namen Erzbischof Romero von San Salvador einen Satz von Irenäus von

Lyon aus dem II. Jahrhundert reinterpretierte: *gloria dei, vivens homo* (Die Ehre Gottes ist es, dass der Mensch lebt.). Es ist ein Gott der Kooperation, ein Komplize der menschlichen Emanzipation.

Für diesen Gott ist der Mensch das höchste Wesen für den Menschen. Gott ist das höchste Wesen, indem er gegenwärtig macht, dass das höchste Wesen für den Menschen der Mensch ist. Dies ist für die Befreiungstheologie die Bedeutung dessen, dass Gott Mensch geworden ist.

Die Befreiungstheologie entsteht genau an einem Ort, den das kritische Paradigma von Marx aufzeigte, aber leer ließ. Von der Befreiungstheologie her wird diese Leerstelle in der Religionskritik von Marx sichtbar. Heute stehen in den Befreiungsbewegungen atheistischer und religiöser Humanismus nebeneinander: auf der Basis der Anerkennung, dass beide Formen des Humanismus möglich sind und keine ausschließlichen Anspruch haben kann.

Der Glaube ist derselbe: es ist der Glaube daran, dass der Mensch das höchste Wesen für den Menschen ist. Er ist unabhängig von jeder religiösen Position. Die Tatsache, dass der Mensch das höchste Wesen für den Menschen ist, konstituiert diesen Glauben. Diesen Glauben zu leben, geht aller Frage nach der Religion voraus. Es ist der Glaube, der dem kritischen Paradigma selbst unterliegt und zwar in allen seinen Formen. Er konstituiert die Menschenwürde. Es ist ein humanistischer Glaube. Der Befreiungstheologe Juan Luis Segundo drückt am ehesten diese Position aus, wenn er von einem konstituierenden anthropologischen Glauben spricht.

Deshalb ist die Befreiungstheologie noch nicht marxistisch, aber sie ist Teil des großen kritischen Paradigmas geworden, das von Marx aufgedeckt wurde und das auch nicht einfach marxistisch ist, sondern menschlich. Die Befreiungstheologie selbst wird aus ihren eigenen Quellen geboren. Aber sie wird Teil dessen, was das kritische Paradigma beschreibt und ist eine Brücke zur Entwicklung einer Kritik der mythischen Vernunft. Sie erscheint mit der Entdeckung, die der zentrale Mythos der Moderne seit 2000 Jahren ist: „Mach's wie Gott, werde Mensch". Er durchzieht die Zeit bis zur Renaissance, in der die Moderne keimhaft vorhanden ist. Er konstituiert das Labyrinth der Moderne und ist Grundlage dafür, sie zu verstehen. Diese Menschwerdung Gottes ist der Faden der Ariadne, der – gemäß griechischer Mythologie – von roter Farbe ist.

Dass der Mensch das höchste Wesen für den Menschen ist, ist nicht spezifisch für den Marxismus, sondern es ist Humanismus. Gleichwohl bleibt das Denken von Marx weiterhin das fundierende Denken für die Entwicklung des kritischen Paradigmas. Kritisches Denken in diesem Sinne ist also nicht möglich, wenn es nicht gleichzeitig Kritik der mythischen Vernunft ist.

Das Gerechtigkeitsprinzip der Emanzipation

Dass der Mensch das höchste Wesen für den Menschen ist, konstituiert eine Ethik. Aber es handelt sich nicht einfach um eine Ethik des „guten Lebens", sondern eine Ethik des Lebens überhaupt. Eine Ethik guten Lebens setzt voraus, dass das Leben gesichert ist: ganz unabhängig von der Ethik, obwohl man gleichzeitig davon ausgeht, dass ohne eine solche Ethik guten Lebens das Leben banal oder unbedeutend oder elendig ist. Die Ethik guten Lebens, für sich genommen, ist in diesem Sinne sekundär und optional.

Marx braucht seine Analyse des Kapitals, um die Ethik des kritischen Paradigmas als notwendige Ethik zu begründen, also als eine Ethik, die notwendig ist, um überhaupt leben zu können und in der das Leben nicht vom „Werturteil" wie bei Max Weber abhängt. Das Urteil, zu dem Marx in seiner Analyse des relativen Mehrwerts im ersten Band des Kapitals – dem einzigen Band, der von Marx selbst herausgegeben wurde – kommt, ist folgendes:

„Die kapitalistische Produktion entwickelt daher nur die Technik und Kombination des gesellschaftlichen Produktionsprozesses, indem sie zugleich die Springquellen allen Reichtums untergräbt: die Erde und den Arbeiter."[4]

Dieses Zitat nimmt unsere heutige Weltwahrnehmung vorweg und formuliert unsere Kapitalismuskritik. Es drückt eine Sichtweise aus, die den Menschen heute weitgehend allgemein geworden ist, jenseits von Rechts oder Links, jenseits gesellschaftlicher Klassen.

---

[4] Karl Marx, *Das Kapital*, Bd. 1, MEW, 23, S. 528/530.

Gleichzeitig aber fasst es den Kernpunkt der Kapitalismuskritik von Marx zusammen. Jenseits von Leerformeln ewiger Werte, die von irgendeiner unauffindbaren menschlichen Essenz abgeleitet werden, präsentiert es uns diejenigen Werte, die Marx selbst vertritt, insbesondere sein Konzept von „Gerechtigkeit". Ich glaube, dass wir auch heute noch kein Gerechtigkeitskonzept haben, das darüber hinausgeht.

Dieses Konzept von Gerechtigkeit, das uns das Zitat präsentiert, entsteht vor dem Hintergrund eines Konzeptes von Ungerechtigkeit. Das lässt sich leicht vom Text ableiten: Ungerechtigkeit entsteht, wenn man den Reichtum produziert, indem man „zugleich die Springquellen allen Reichtums untergräbt: die Erde und den Arbeiter". Der Begriff „Arbeiter" bezieht sich hier nicht allein auf die Arbeiterklasse, sondern auf den Menschen als arbeitendes Wesen. Hieraus können wir schließen, was Gerechtigkeit ist: den Reichtum auf solche Weise produzieren, dass zugleich die Springquellen allen Reichtums *bewahrt* werden: die Erde und der Arbeiter. Mit anderen Worten können wir sagen, dass das Zitat heute definiert, was das „Allgemeinwohl" ist: ein Interesse von allen, und somit ein Interesse jedes Einzelnen. Sich für Gerechtigkeit einzusetzen, heißt heute tatsächlich: sich für dieses Allgemeinwohl einzusetzen. Gerechtigkeit beschränkt sich daher nicht auf die sogenannte „Verteilungsgerechtigkeit", sondern sie umfasst das ganze menschliche Leben.

Die These lautet: die kapitalistische Gesellschaft produziert Reichtum, indem sie zugleich die Quellen der Produktion des Reichtums untergräbt. Das muss nicht absolut verstanden werden. Zu einem guten Teil hatten auch die Gesellschaften des historischen Sozialismus analoge Auswirkungen. Wenn wir das berücksichtigen, erleben wir heute aber zweifellos von neuem, dass die kapitalistische Gesellschaft das Zentrum dieser Art von Zerstörung ist.

Diese These ist in keiner Weise „ökonomistisch", denn sie geht von den Bedingungen der Möglichkeit des menschlichen Lebens aus. Und die allein bestimmen, was Gerechtigkeit und Allgemeinwohl sind. Diese Bedingungen aber sind „körperlich". Zwar bezieht sich die Aussage auf die Gesellschaft in allen ihren Dimensionen, aber sie charakterisiert diese Gesellschaft in Bezug auf die Bedingungen der Möglichkeit des menschlichen Lebens. So ergibt sich ein Unterscheidungskriterium, das sich auf die ganze Gesellschaft bezieht. Dieses Kriterium gilt somit auch für die Ökonomie, wenn man Wirtschaft so versteht, wie das heute üblich ist: als Raum der Zuordnung knapper Mittel für Zwecke.

Diese Bedingungen der Möglichkeit des menschlichen Lebens begründen einen Kreislauf: den Naturkreislauf des menschlichen Lebens. Menschliches Leben ist nicht möglich, wenn es nicht in diesen natürlichen Kreislauf integriert ist. Von diesem Kreislauf getrennt zu werden, bedeutet den Tod. Und die Untergrabung der Springquellen aller möglichen Produktion ist lediglich die andere Seite der Untergrabung dieses natürlichen Kreislaufs des menschlichen Lebens.

Diese Sicherung des Naturkreislaufs des menschlichen Lebens ist Gerechtigkeit. Man kann sie nicht sichern ohne zugleich die Ethik der Emanzipation zu verwirklichen, wie sie Marx in seinem kritischen Paradigma und in seiner Formulierung des kategorischen Imperativs formuliert. Es gibt kein Überleben der Menschheit ohne die Verwirklichung dieser Gerechtigkeit, die in diesem kategorischen Imperativ wurzelt. Die Ethik der Humanisierung (und der Emanzipation) stellt sich als notwendige Ethik heraus, die gleichzeitig eine Ethik des guten Lebens ist. Das Sachurteil, dem gemäß der nackte Kapitalismus in einen selbstzerstörerischen Prozess einmündet, und das ethische Urteil zur Humanisierung und Emanzipation des Menschen vereinigen sich in einem einzigen Urteil: Das Überleben der Menschheit kann nicht auf ein technisches Problem reduziert werden, sondern ist wesentlich mit der Ethik der Humanisierung und Emanzipation verknüpft, die die Emanzipation der Natur einschließt. Verantwortlich für die Erderwärmung ist nicht das CO_2, sondern die Ungerechtigkeit unserer Gesellschaft in dem Sinne, wie wir den Begriff entwickelt haben. Das CO_2 spielt nur die Rolle eines Mittels – durchaus eines nicht-intentionalen Mittels – durch das hindurch die Ungerechtigkeit der Gesellschaft das Überleben der Menschheit bedroht, indem sie zur unkontrollierten Produktion des CO_2 führt. Diese Ethik der Humanisierung ist das, was die Befreiungstheologie die Option für die Armen nennt.

EPILOG

Das Subjekt und das Allgemeinwohl.

Diese Ethik, die auf Gerechtigkeit gegründet ist, drückt das Allgemeinwohl aus. Allgemeinwohl ist nicht identisch mit dem Allgemeininteresse, von dem die Tradition des Wirtschaftsliberalismus spricht. Denn dort drückt sie eine Ideologie der Macht aus, die die bedingungslose Unterwerfung unter die Macht – letztlich die ökonomische Macht – als das Interesse aller ausgibt.

Nimmt man den Ausdruck in seiner wörtlichen Bedeutung, so gründet sich alle Moderne seit der Renaissance auf die These, dass der Mensch das höchste Wesen für den Menschen ist. Dies tut daher auch der Wirtschaftsliberalismus, aber ohne den Schluss zu ziehen, den das kritische Paradigma zieht: alle Verhältnisse umzuwerfen, in denen der Mensch ein erniedrigtes, ein geknechtetes, ein verlassenes, ein verächtliches Wesen ist. Er zieht den umgekehrten Schluss, aus dem seine schlechte Dialektik folgt: Damit der Mensch das höchste Wesen für den Menschen sei, muss er sich bedingungslos dem Markt und seinen Gesetzen und damit den herrschenden Mächten unterwerfen. Dies ist die Bedeutung der ideologischen Konstruktion einer unsichtbaren Hand und des sogenannten Marktautomatismus mit seiner automatischen Tendenz zum Gleichgewicht, die durch den Markt hindurch wirkt und die seit Adam Smith das Denken des wirtschaftlichen Liberalismus prägt. Eine solche Tendenz, wenn sie denn existiert, gibt es nur auf Teilmärkten, aber nie in der Gesamtheit der Märkte. Ihre Verabsolutierung zu einer geradezu göttlichen unsichtbaren Hand ist die Ideologisierung und Divinisierung des Marktes und des Kapitals. Der wirtschaftliche Liberalismus behauptet diese These im Namen des Allgemeininteresses. Es ist eine Ideologie der absoluten Macht des Marktes und des Kapitals, die sich als Dienst am Menschen vorstellt. Damit beansprucht sie eine magische Fähigkeit, mit der mittels der absoluten Unterwerfung unter eine dem Menschen externe Macht gesichert werden soll, dass der Mensch das höchste Wesen für den Menscheln wird.

Durch diese schlechte Dialektik konstituieren sich in der Moderne alle Autoritäten und Mächte, dort, wo sie sich verabsolutieren und divinisieren. Es handelt sich um eine allgemein übliche Methode: Die gleiche Argumentation finden wir in der *notificatio*, in der der Vatikan vor kurzer Zeit den Befreiungstheologen aus El Salvador, Jon Sobrino, verurteilt hat. Im Ergebnis handelt es sich um die gleiche Verabsolutierung und Divinisierung: nur hier eben kirchliche Autorität in der katholischen Kirche. Dem Vatikan entgeht die Tatsache völlig, dass Gott nicht Christ geworden ist, sondern Mensch und dass, wenn Gott spricht, der Mensch verantwortlich dafür ist, was er sagt. Auch viele Demokratietheorien leiden unter einer solchen Verabsolutierung der politischen Macht, auch wenn sie demokratisch legitimiert ist. Die gleiche Methode der Argumentation taucht auch in allen Tendenzen von modernem Totalitarismus auf; es hat sie auch im historischen Sozialismus gegeben. Hier wurden sie auf dem Weg über die Konstituierung einer sogenannten Avantgarde des Proletariats entwickelt. Das Ergebnis aber ist immer das gleiche: allen geht es besser, wenn sie sich bedingungslos der jeweils legitimierten Macht unterwerfen, damit der Mensch das höchste Wesen für den Menschen sei.

Die gesamte Moderne konstituiert sich durch die Menschwerdung Gottes, aber je nachdem, wie man sich zu Autorität und zur Macht positioniert, geschieht dies auf sehr konträre Weisen. Immer gilt der Mensch als das höchste Wesen für den Menschen. Was nicht allgemein ist, ist gerade das, was Marx als seinen kategorischen Imperativ vorstellt.

Das Allgemeinwohl, in das das kritische Paradigma einmündet, ist das Gegenteil eines aufgezwungenen Allgemeininteresses und formuliert die Grenzen der Macht und ihrer Geltung. Es geht um ein Wohl aller im Sinne des konkreten menschlichen Lebens, das von der Körperlichkeit des Menschen als Naturwesen her gedacht wird. Es handelt sich nicht um ein kollektives Wohl, sondern um das Wohl eines jeden. Der Markt kann es nicht hervorbringen. Ganz im Gegenteil, er zerstört es, wenn er sich selbst überlassen wird. Es handelt sich um ein Wohl im Sinne des konkreten menschlichen Lebens, dessen Verwirklichung die Relativierung und Kanalisierung des Marktes durch eine systematische Intervention in Richtung auf die Sicherung des menschlichen Lebens voraussetzt, zu der eben auch die Reproduktion aller Natur gehört. Die Ablehnung solcher Interventionen in den Markt verwandelt den Markt (und das Kapital) in das höchste Wesen gegenüber dem Menschen und daher in einen Fetisch (einen falschen

Gott). Dies tut man natürlich auf ideologische Art, und behauptet, dass gerade durch diesen Verzicht auf Selbstbestimmung der Mensch zum höchsten Wesen für den Menschen wird.

Es handelt sich um das Allgemeinwohl aus der Perspektive des Menschen als Subjekt und nicht des Individuums im Sinne einer individualistischen Auffassung. Diese Auffassung des Allgemeinwohls leitet das Gemeinwohl nicht aus irgendeiner menschlichen Natur ab, die *a priori* gegeben ist, wie es in der Tradition des aristotelisch-thomistischen Gemeinwohls geschieht. Das Allgemeinwohl ist historisch und wird im Leben selbst entdeckt und aufgedeckt überall dort, wo „der Mensch ein erniedrigtes, ein geknechtetes, ein verlassenes, ein verächtliches Wesen ist." Sein Kriterium ist, dass dieser konkrete Mensch das höchste Wesen für den Menschen ist (in der Befreiungstheologie: *gloria dei vivens homo*, die Ehre Gottes ist es, dass der Mensch lebt als Kriterium nicht nur des Menschen, sondern ebenso Gottes). Da es sich um ein Wohl aller und jedes einzelnen handelt, gilt, dass durch die Emanzipation der Diskriminierten nicht nur diese emanzipiert werden. Die Emanzipationen münden in die Emanzipation aller ein. Ich bin, wenn du bist. Wenn du nicht bist, verliere ich mich selbst. Mord ist Selbstmord.

Mit der Emanzipation der Frau muss auch der Mann sich ändern, da es sich um eine Beziehung handelt. Aber als Ergebnis einer effektiven Emanzipation der Frau wird auch der Mann in seiner künstlichen Herrenposition emanzipiert und lebt besser, obwohl er an kalkulierbarer Macht verloren hat. Die Emanzipation geht von den diskriminierten Teilen der Menschheit aus, aber der diskriminierende Teil kann im Spiegel dieser offenbar gewordenen Diskriminierung die Hohlheit seiner eigenen Herrenposition entdecken. Entdeckt er sie, wird er Teil des Emanzipationsprozesses und gewinnt gerade dadurch, dass er verliert. Dies ist so bei allen Emanzipationsprozessen und sie dienen deshalb dem Allgemeinwohl, nicht einfach einem Gruppeninteresse. Die Herrenposition ist unmenschlich, was gerade in der Diskriminierung des Diskriminierten offenbar wird. Den Diskriminierten als Menschen in seiner Würde zu behandeln, ermöglicht auch dem herrschenden Teil, der diskriminiert, sich von der Unmenschlichkeit seiner eigenen Herrenposition zu befreien: Die Befreiung des Sklaven ermöglicht es dem Herren, sich von seiner eigenen Unmenschlichkeit zu befreien; die Befreiung des Arbeiters ermöglicht es demjenigen, der ihn ausbeutet, auch Mensch zu werden. Besser leben ist nicht das Gleiche wie mehr kalkulierbare Macht zu haben. Es gibt angesichts dieses Allgemeininteresses einen Konflikt sowohl in der Gesellschaft als auch im Innern einer jeden Person: zwischen Befreiung und dem Kampf um mehr kalkulierbare Macht. Auch wenn diese Konflikte immer auch vom Klassenkonflikt durchdrungen sind, reduzieren sie sich nicht darauf. Durch diese Konflikte hindurch wird die Diskriminierung sichtbar und es wird die Notwendigkeit dessen, der diskriminiert, sichtbar, sich ebenfalls von der Unmenschlichkeit seiner eigenen Position zu befreien.

In diesem Sinne verteidigt die Emanzipation nicht einfach die Gruppeninteressen der Diskriminierten, sondern es geht um ein Wohl aller und jedes einzelnen, das das Allgemeinwohl ist. Daher können wir auf den Begriff des Allgemeinwohls in diesem angegebenen Sinne nicht verzichten. Das Allgemeinwohl geht vom Interesse von diskriminierten Gruppen und Menschen aus, das aber gleichzeitig die Dimension dieses Allgemeininteresses hat. Es steht in diesen Konflikten gleichzeitig immer ein Allgemeinwohl auf dem Spiel, das das Wohl aller und jedes einzelnen und daher auch das Wohl dessen einschließt, der der diskriminierende Teil des Konfliktes ist und der sich daher niemals ausschließlich auf das Gruppeninteresse der Diskriminierten beschränken darf. Nur dann handelt es sich um Emanzipation. Jede Gruppe, die sich auf ihr einzelnes Gruppeninteresse beschränkt, um es als Gruppeninteresse zu maximieren, unterminiert ihr eigenes Gruppeninteresse, wenn wir es aus der Perspektive des Allgemeinwohls betrachten. Sie zerstört das Allgemeinwohl und produziert allgemeines „Un-wohl".

Es handelt sich um einen Konflikt zwischen den kalkulierten Vorteilen und der Macht von Gruppen und Einzelinteressen einerseits und dem besseren Leben aller und jedes einzelnen andererseits. Es handelt sich um einen authentischen, immer auch ethischen Konflikt auch und gerade im sozialen und politischen Bereich. In diesem Konflikt wird der Mensch Subjekt und transzendiert sich als Individuum. Es ist ein Konflikt zwischen zwei verschiedenen Nutzenbegriffen: zwischen dem Nutzenkalkül vom Standpunkt der Gruppen- und Einzelinteressen aus und der Nützlichkeit im Sinne des Allgemeinwohls, das in quantitativen Ausdrücken nicht kalkulierbar ist. Es geht um einen Nutzen, der gerade im Sinne des Nutzenkalküls von Einzelinteressen nutzlos zu sein scheint. Aber auch die Nützlichkeit im Sinne des Allgemeinwohls muss natürlich auf Kalküle zurückgreifen. Nur sind diese Kalküle nicht einfach Kalküle von Mitteln, die die Zwecke definieren. Dass das Nutzenkalkül die Zwecke selbst bestimmt, ist ja gerade der Grund dafür, dass uns der Kollaps bedroht. Dass das Allgemeinwohl alle unsere Kalküle transzendieren muss, überwindet die Realpolitik in Richtung auf politischen Realismus.

Übersetzung: Norbert Arntz

EDITION ITP-KOMPASS

Institut für Theologie und Politik, Friedrich-Ebert-Str. 7, 48153 Münster
Tel: 0251/524738; Fax: 0251/524788; E-Mail: itpol@muenster.de

Bisher erschienen:

Band 1: *Institut für Theologie und Politik (Hg.)*
In Bewegung denken
Politisch-Theologische Anstöße für eine Globalisierung von unten
Norderstedt 2003
232 Seiten, Paperback, 16,80 Euro

Angesichts von Globalisierung und Neoliberalismus werden Protest und Entwicklung von Gegenmacht erst langsam wieder Bestandteil des Handlungsrepertoires von sozialen Bewegungen. In diesem Buch geht es um eine kritische Wiederaneignung dieser Traditionen und um neue Versuche politischen Handelns. Es versucht Theorie und Theologie für die Praxis fruchtbar zu machen.

Band 2: *Olaf Kaltmeier*
¡Marichiweu! – Zehnmal werden wir siegen!
Eine Rekonstruktion der aktuellen Mapuche-Bewegung in Chile aus der Dialektik von Herrschaft und Widerstand seit der Conquista
Münster 2004
420 Seiten, Paperback, 24,80 Euro

Olaf Kaltmeier untersucht im Anschluss an die machttheoretischen Arbeiten Michel Foucaults einen Zeitraum von 450 Jahren und arbeitet dabei die komplexe Dialektik von Macht und Widerstand durch die Unterscheidung epochaler Herrschaftsformationen heraus. Diese historische Rekonstruktion bildet die Grundlage für die Analyse der aktuellen Mapuche-Bewegung.

Band 3: *Institut für Theologie und Politik (Hg.)*
Der gekreuzigte Messias und die Erwartung vom Land der Freiheit
Christologie im Kontext der Globalisierung
Münster 2004
236 Seiten, Paperback, 16,80 Euro

Der Sammelband dokumentiert Vorträge, die auf dem gleichnamigen Kongress im Frühjahr 2003 in Münster gehalten wurden – unter der Fragestellung, worin die christliche Hoffnung besteht „in einer Zeit, in der das ‚Ende der Geschichte' proklamiert wird. Was haben ChristInnen der zerstörerischen kapitalistischen Globalisierung entgegenzusetzen?

EDITION ITP-KOMPASS

Band 4: *Sandra Lassak, Katja Strobel (Hg.)*
Von Priesterinnen, Riot Girls und Dienstmädchen
Stimmen für eine feministische Globalisierung von unten
Münster 2005
192 Seiten, Paperback, 13,00 Euro

Um mit Frauen aus verschiedenen Kontexten die Auswirkungen neoliberaler Globalisierung zu diskutieren und herauszufinden, was feministische Theologinnen dazu zu sagen haben, fand in Münster ein internationales Seminar statt. Die Beiträge in diesem Buch stellen Themen, Fragen und Diskussionen des Seminars vor und denken sie weiter. Sie beschäftigen sich exemplarisch mit globalisierungsbedingten Prozessen wie Privatisierungen, Prekarisierung der Arbeit und zunehmende Migration und suchen nach Antworten in Richtung auf Befreiung.

Band 5: *Alexandra Hippchen, Michael Ramminger (Hg.)*
Beharrlich gegen die Macht
Otto Meyer zu Ehren
Münster 2005
276 Seiten, Paperback, 16,80 Euro

In der Festschrift anlässlich des 70. Geburtstags von Otto Meyer – Theologe, Pastor, Handwerker, Schriftsteller und Straßenkämpfer – haben 21 AutorInnen ihre Gedanken zum Thema „Beharrlich gegen die Macht" zu Buche getragen. Frauen und Männer ganz unterschiedlicher Profession haben – wissenschaftlich, privat, politisch – formuliert, woran die Welt zu Grunde geht und was am „Aufgeben" hindert.

Band 6: *Alberto da Silva Moreira, Michael Ramminger, Afonso Ligorio Soares (Hg.)*
Der unterbrochene Frühling
Das Projekt des II. Vatikanums in der Sackgasse
Münster 2006
252 Seiten, Paperback, 16,80 Euro

Der Band ist die Dokumentation einer Tagung im November 2005 an der päpstlichen Universität von São Paulo anlässlich des 40. Jahrestages der Beendigung des II. Vatikanischen Konzils. Die Idee zu dieser gemeinsamen Veranstaltung entstand aus der Einsicht, dass das II. Vatikanum als ernsthafter Versuch der katholischen Kirche, sich den Herausforderungen der Moderne zu stellen, unbedingt in Erinnerung gehalten werden muss. Es ging um den Versuch, angesichts einer Krise der Kirche, in der sie grundsätzlich auf dem Prüfstand steht, im Rückgriff auf dieses Ereignis nach Antworten zu suchen.